U0136055

臺灣史研究叢書 21

明清福建臺灣史第四卷：

# 南明福建臺灣史

徐曉望著

蘭臺出版社

作者簡介

　　徐曉望，上海人，中國經濟史博士。原福建社會科學院歷史研究所所長、二級研究員、國務院特殊津貼專家、福建省優秀專家、福建省文化名家。歷任中國漢民族研究分會副會長、中國宗教協會常務理事、廈門大學宗教研究所兼職教授、福建師範大學社會歷史學院兼職教授、福建歷史學會副會長、福建媽祖文化研究會副會長。出版專著 32 部，發表論文 300 多篇，共計 1200 多萬字。主要著作有：《福建民間信仰源流》、《福建文明史》、《閩國史》、《媽祖的子民——閩臺海洋文化研究》、《閩南史研究》、五卷本《福建通史》、《大航海時代的臺灣海峽與周邊世界》、《媽祖信仰史研究》、《21 世紀的文化使命》、《中國福建海上絲綢之路發展史》、《閩北文化述論》、《澳門媽祖文化研究》（合著）。曾獲福建社會科學優秀成果一等獎、二等獎、三等獎。

# 目　錄

# 緒論：鄭氏家族和閩海南明史

　　鄭芝龍和鄭成功是 17 世紀在歐洲最有影響的中國人。荷蘭人是 17 世紀的海洋霸主，他們縱橫於世界各個海洋，與各地的海洋勢力交戰。在東亞，荷蘭人對中國海洋史的影響也很大。按照荷蘭一些書籍的說法，在荷蘭人稱霸世界的時代，如果要他們挑選一個讓他們最為佩服的中國人的話，他們會選擇鄭芝龍。然而，若是要荷蘭選擇一個他們最恨的中國人，他們會選擇鄭成功，因為，鄭成功將荷蘭人占據的臺灣給奪回去了！荷蘭人失去臺灣之後，就開始走下坡路，接連失去了許多海外殖民地，漸漸淪為歐洲的二流國家。能給荷蘭人留下深刻印象的便是鄭氏家族的兩代英雄：鄭芝龍與鄭成功父子！他們出身於海盜，卻能贏得多方面的認同，並成為明清之際中國海上力量的代表，鄭氏家族的命運，也就是中國民間海洋力量奮鬥的歷史。

## 一、明代民間海洋力量發展史

　　由於明朝海禁政策的影響，中國傳統的海洋力量被分為兩個部分，其一為官府的海洋力量，其代表是水師和官商。明代前期的鄭和是官商加水師的代表，他的成就名載青史。不過，自鄭和之後，官府的海洋力量就剩下水師了。明代的水師力量強大，不論是對戰倭寇、海盜還是葡萄牙、荷蘭等歐洲殖民者，明朝水師都獲得過驚人的勝利。然而，他們是官府鎮壓

民間海洋力量因而產生的被動力量，隨著民間海洋力量的波動而消長，主要目的就是控制民間的海洋力量，歷史意義相對消極。中國海洋力量的另一部分是來自民間的海洋力量。它包括民間的商人、漁民、海盜。在明朝以前的宋元時期，中國民間海洋力量並不構成官府的反對派，多數情況下，商人和漁民都是官府海洋力量的支持者，並接受官府的領導。那時，海盜的數量也不多，不影響朝廷對海洋的控制。迨至明代，官府為了壟斷海洋之利，頒布了禁海之令，自此之後，民眾不得私自下海貿易。最初，官府的這一禁令是為了讓海洋利潤都流入官府手中，因此，在明代初年，海外各國向中國進貢是被允許的，官府也曾多次派使者到海外貿易，招徠使者。在官府看來，既然有外國使團前來進貢，並帶來海外各種商品，中國的老百姓就沒有必要到海外去做生意了，以免引來倭寇的入侵。為了達到這一目的，明朝下令沿海各衛所嚴厲禁止老百姓到海外貿易。明代前期，中國沿海的衛所星羅密布，除了漁民之外，普通商人確實很難到海外貿易。

然而，明朝的萬里海防也有其弱點，那就是閩粵交界處的漳州和潮州。這裡山高林密，海灣眾多。老百姓躲在某個海灣伐木造船，官府很難查覺。他們選好海船之後，便選擇黑夜偷越官府的封鎖線，只要一到外海，便可揚帆順風，航海到海外國家做貿易。可是，他們若是被官方的水師發現，很可能被當作海盜處理，少說也是沒收千辛萬苦賺來的財物。因此，這些走私的人漸漸成為官府的對立面，一旦在海上遇到水師，便抽刀反抗。一開始，他們的反抗失敗的多。後來，這些走私的船隻裝備越來越好，每個船員都像亡命之徒一樣惡鬥，明朝水師反而不是他們的對手。實際上，明代水師的成員多為閩粵一帶的漁民，他們同情那些下海走私的人，很多時候是放縱這些人去海外貿易的。這樣，民間的海洋力量便在漳州、潮州一帶發展壯大，並且成為官府的敵人。

明代嘉靖年間，日本的白銀開採獲得成功，閩粵商船紛紛到日本貿易，獲取大量的利潤。其時，在日本利潤最大的是浙江的生絲。因此，閩、粵、浙江、江蘇沿海的商船都匯集到浙江寧波外面的雙嶼港採購絲綢等物，然後運到日本。由於這是非法的貿易，走私商人便用錢雇傭日本浪人為打手，用以保護商隊。可是，這些被雇的日本浪人，往往在路過的浙江沿海村落搶劫，因而被稱為倭寇。因此，嘉靖後期，浙江、福建沿海形勢大亂，許

多生意也無法進行了。那些原來是到浙江進行貿易的商船隊，發現貿易很難做，而搶劫可以得到大量財物。便在其首腦汪直的許可下，發兵到浙江沿海村落搶劫，這就形成了大規模的倭寇運動。商船隊將搶劫來的絲綢等物運到日本出售，讓日本的浪人看得眼紅，從而結隊到中國東南沿海搶劫，導致東南的江蘇、浙江、福建三省大亂。日本九州的一些諸侯，見到倭寇的利潤很高，也想來分一杯羹，他們也派出一些日本人直接控制的倭寇集團到中國來。汪直、徐海等人對這些新來的倭寇也是有看法的，因為他們不受控制。於是，汪直和徐海有意安排他們與明朝的主力部隊打仗。在王江涇一仗中，新來的倭寇剛好遇上明朝從廣西調來的狼兵，一場血戰之後，倭寇主力大部被殲滅。這場戰鬥，汪直和徐海借刀殺人，粉碎了妄圖自立一股勢力的新來倭寇，但也將汪直、徐海暴露於日本人的口水之下。他們的家屬老是向汪直要人，這讓汪直無法在日本待下去。這樣，汪直就剩下一條很危險的路可以走──向官府投降，接受官府招安。然而，儘管汪直、徐海對待官府方面低姿態，卻也無法消除官府對他們的懷疑，他們曾經犯過的罪行也無法讓人原諒，最終，徐海和汪直都被官府用計殺死。此後，剩下的倭寇都被趕到福建境內，抗倭戰爭也轉到福建。浙江倭寇被消滅之後，倭寇活動向閩粵兩省發展。此後，官府在江浙一帶厲行海禁，江浙海商因而退出了直接的對外貿易。而福建與廣東境內，倭寇及海寇的活動卻越來越厲害。從此以後，中國民間海洋勢力就是以閩粵海商及海盜為主了。

　　明朝官員研究倭寇，發現他們的基本成分是中國沿海居民。進一步的研究使他們認識到，要完全消滅倭寇，一定要開放海禁，允許閩粵一帶的居民到海外貿易，才能化寇為民。海禁持續下去，只會化民為寇。因此，明朝已經準備好了通商政策。然而，明朝官員也認識到：一定要在軍事上狠狠打擊倭寇及閩粵海盜，然後再實行這一政策，否則，老百姓會看低官府，潛在問題很多。在打擊倭寇方面，戚繼光立下了大功。他率戚家軍入閩之後，砍殺倭寇成千上萬。嘉靖末年，隨著戚家軍的戰鬥勝利，明軍將倭寇從江浙趕到福建，再從福建趕到廣東。基本解決了閩浙兩省陸上的倭寇問題。隨著戚家軍進入月港，明朝宣布在月港一帶建立海澄縣，並且允許當地民眾到海外貿易，只是不許他們去日本。恰好這時西班牙人占據了菲律賓群島的馬尼拉港，西班牙人知道中國商人喜歡白銀，便從美洲運來

大量的白銀。馬尼拉與漳州一水之隔，漳州人駕船到馬尼拉，順風只要數天。那時馬尼拉的外來人口大增，漳州人不論運去什麼東西，都可以賣掉。於是，大量白銀湧入漳州的月港，再轉運全國各地，美洲白銀就這樣氾濫全國了。總之，在美洲白銀浪潮中，漳州海洋力量適時轉身，成為合法的力量。其後，漳州海商集團的商船四處貿易，重建了華商在東南亞的商業網絡。

廣東潮州的情況與漳州不同。潮州位於廣東的邊遠地帶，當地官府統治力相對薄弱。倭寇進入廣東後，很快和當地山寨勢力結合，形成下海為寇的浪潮。在隆慶及萬曆初年，廣東數千人一股的海寇就有多組，他們大都活動於潮州沿海，南澳島成為他們交換商品的地方。當時日本的商船也常到南澳島做生意，不過，隨著南澳島的反政府武裝的發展，日本來船之中，做非法生意的也越來越多。許多日本浪人在家無以為生，便成群結隊乘船來到南澳島，加入潮州的某支海盜隊伍。因此，從某種意義上說，倭寇運動並沒有因明軍的鎮壓而停息，他們的活動一直到明末，直到日本閉關鎖國為止。

對於大鬧潮州沿海的海寇，當時主政的張居正調動了很多的力量去鎮壓。一開始，廣東官員很想引入福建漳州的成功辦法，在潮州實行和平贖買的方式，開放口岸，讓潮州人到海外經商。然而，廣東省的官紳不同意。因為，廣東的情況與福建不同。明代福建對外貿易重心一向是在漳州的月港，而廣東對外貿易中心是在廣州和澳門。而且形成了主要依靠外商進口的方式，倘若潮州開放對外貿易，就會威脅到廣州的地位。廣州官紳的意見很快影響了總督，於是，廣東方面決策對潮州海寇以鎮壓為主。經過多年的戰鬥，潮州海寇集團大都被消滅，剩下的林道乾、林鳳兩大集團，一部分遠遁泰國與柬埔寨交界的山區，一部分遠遁臺灣沿海，因閩粵水師駐紮於南澳島，南澳不再是海寇的門戶。潮州以往海寇橫行的局面結束後，萬曆中葉的潮州成為廣東經濟文化最發達的區域之一。不過，潮州人的海上走私仍在進行，只是由於形勢不利，明末潮州人在東南亞的勢力不如泉州人和漳州人。這樣，海澄通商之後的晚明民間海上力量，可分為兩股勢力。其一為泉州人、漳州人構成的合法的海上商人集團，其二為潮州人構成的相對野性的海上商人集團。由於明朝官府對福建及廣東不同的政策，

明末泉漳商人集團的勢力更大，潮州商人略次。總的來說，環中國海區域都是屬於閩南語系商人的天下。

## 二、明末閩粵海上力量的重起

明代末年，華商與歐洲殖民者的關係發生變化。由於利益衝突日益嚴重，雙方從合作發展到明爭暗鬥，明末東南亞和臺海地區，爆發了多次屠殺華人的事件。最著名的有萬曆三十二年（1604 年）馬尼拉的大屠殺，以漳州人、泉州人為主的華商死亡達兩萬五千人以上；明末崇禎十二年（1639 年），馬尼拉再次發生屠殺事件，華人死亡約為 0.4 萬—2.2 萬人。其後又有 1662 年的屠殺事件，華人被殺 2000—4000 人；1686 年，華人再次被殺數百人[1]。荷蘭人的殖民地也屢有屠殺事件發生，1652 年，郭懷一事件中，在臺灣的華人被殺三四千人。這些事件的發生，表明海外形勢漸漸對華人不利，華人只有像歐洲殖民者那樣武裝起來，才能保衛自己。其時，明朝的水師力量又進入了衰落期，無法支援海外中國人的勢力。華商期待的武裝力量支持，只有民間力量了。而且，這些力量多表現於海盜。

明末海盜活動的特點，漸漸趨向於臺灣、澎湖等外海島嶼。實際上，萬曆初年林道乾、林鳳等海盜就已經在臺灣活動。他們進入了臺灣的時間很早，大約在隆慶及萬曆初年，閩粵海盜已經在臺灣駐紮。不過，當時明朝的水師還十分強大，福建官府與臺灣的原住民聯手，迫使海盜退出臺灣。所以，一直到萬曆末期，海盜出沒臺灣的事件才多了起來，例如袁進與李忠在臺灣活動，福建水師在臺灣的活動也多了起來，例如水師將領趙秉鑑築巢赤嵌城。這都將臺灣納入福建經濟圈。當時臺南的港口也在福建留有名聲了。不過，這一時期的臺灣還有另一個身分：華商對外貿易的一個中轉站。當時明朝仍然禁止和日本的貿易，於是，通常情況下，從日本出發的商船要到東南亞的馬尼拉、會安等地採購中國商品。多年之後，華商來到臺灣南部的北港，這樣，不僅可以發展對東南亞的關係，而且將中國與日本的貿易線縮短了許多。北港發展到一定程度後，北港自有鹿皮、烏魚子等商品也可以輸往大陸和日本。這樣，北港出現了一種奇特的現象：海

---

1　陳碧笙，《世界華人華僑簡史》，廈門大學出版社 1991 年，第 80—84 頁。

盜與商人共同生活於這個海港。

　　臺灣的海盜中，最出名的是顏思齊和鄭芝龍。他們於天啟元年抵達臺灣。不過，鄭芝龍在臺灣應當是亦商亦盜。顏思齊死後，鄭芝龍成為臺灣海盜十寨的首領。天啟二年，荷蘭人的艦隊突然來到澎湖，想向明朝租借該島嶼，進行對華貿易。他們的要求未獲批准，於是，荷蘭派出戰船攔截在臺灣海峽活動的中國商船。荷蘭海盜活動最猖獗的時候，菲律賓的馬尼拉港幾乎沒有華商的船隻進入，西班牙人十分困窘。為了抵禦荷蘭海盜，明朝在福建官員的建議下，重起海禁，就是禁止福建商船到海外貿易。這對東南經濟打擊很大。其時，明朝合法的海商不僅要面對荷蘭人肆無忌憚的搶劫，而且受到明朝官府的禁止。好在當時的荷蘭人只能著力於東南亞海上，無力封鎖北方的海洋。那時的福建海商只能將貿易的重點轉向日本，不斷有人從福州及浙江海面到日本長崎貿易，中國對外貿易重心北移。

　　明末海上形勢的變化，對閩南商人十分不利。他們的糧食供應主要依賴廣東的港口，海上運輸線被封鎖，本地糧食不夠吃，每當災荒出現，閩南人的生存十分艱難。明末恰天災多發的時代。當天災出現，東南沿海民眾無以為生，轉為海盜，鄭芝龍成為他們的首領。海盜隊伍漸漸發展到數萬人，多次打敗明軍。明朝官府沒有辦法，招安鄭芝龍，使之成為福建水師官員。這樣產生了一個閩商多年來夢寐以求的結果：明朝的民間海洋力量與國家海洋力量結合在一塊。這是明朝建國之後少見的現象。

　　鄭芝龍正式被招安是崇禎元年的事情。在招安過程中，泉州名儒何喬遠起了很大的作用。鄭芝龍對這位聲譽很好的泉州縉紳印象很好，主動與何喬遠聯繫，從而建立了與官府的可靠關係。其後，福建官府起用鄭芝龍為水師首領，清剿那些再次叛逃入海的海盜，經過多年的戰爭，鄭芝龍手下的福建水師成長壯大，完成了平定海盜的任務，東南形勢也歸於平靜。

　　鄭芝龍起於海盜，卻又投降明朝，完成明朝平定東南海盜的任務。從階級變化的立場來看，這一結合，意味著民間的海上力量與官府的結合，而不是鬥爭。民間力量從此為官府所用，不再是破壞秩序的力量；對民間商業力量來說，高高在上的官府也不再是阻礙民間力量發展的障礙，而成為鄭芝龍一派民間海洋力量的代表。對於非鄭芝龍的海上力量來說，這當

然是有些遺憾的。例如，漳州人的海上力量在鄭芝龍當官之後，一直遭到打壓，所以，漳州士人對鄭芝龍家族一直有意見。事實上，在鄭芝龍建立海上霸權之後，泉州的海上力量逐步超越了漳州人，這是漳州士人長期對鄭芝龍不服氣的原因，也是隆武政權中漳州士人首領黃道周、何楷等人與鄭芝龍鬧矛盾的原因。但從海商整體利益來看，鄭芝龍降明，意味著中國海上勢力與官府力量的結合，海商的基本利益從而得到保證。因而有了統一對外的競爭能力。

## 三、明末清初閩粵海洋力量的影響

明代末期，東亞的海上競爭已經進入了一個新的時代。在明中葉和明代晚期，進入東亞的殖民勢力主要是伊比利亞半島的兩個國家，即西班牙和葡萄牙。迨至明代晚期，荷蘭及英國的勢力也來到了東亞，並且展開對東南亞國家的殖民，這就大大改變了東亞的形勢。

在明代末年的東亞區域，歐洲殖民國家內部產生了矛盾。先是，西班牙於 1580 年吞併了葡萄牙，迄至 1640 年，葡萄牙又從西班牙獲得獨立。葡萄牙經此大變之後，對西班牙的關係發生變化，開始依附英國、荷蘭，對抗西班牙。西班牙遭此打擊，在東亞的殖民地僅限於菲律賓群島，沒有繼續擴張。葡萄牙在東方的地位，卻有很大的衰落。當葡萄牙依附於西班牙之時，他們在麻六甲的殖民地被荷蘭人奪走，他們在香料群島的地位也被荷蘭人取代。最後，葡萄牙只剩下澳門和帝汶兩個小塊殖民地，只能在大國的夾縫中謀取一點不太大的生意。西班牙曾經與荷蘭人展開全方位的爭奪。然而，在香料群島的戰爭中，他們敗給了荷蘭人，在日本市場的競爭中，也因為西班牙有傳播天主教的意圖，被日本幕府驅逐。此後西班牙人接連後退，他們在臺灣北部的殖民地也被荷蘭人奪取。此後的西班牙人便減少了進取心，為能保住菲律賓而感到滿足，東亞的主要殖民國家轉向了荷蘭國。

荷蘭是歐洲後起的國家，但是該國的海上力量雄厚。當 17 世紀上半期，荷蘭的阿姆斯特丹成為歐洲航海、貿易及金融的中心。據說，荷蘭有 25 萬水手，數萬船舶，原為西班牙殖民地，打敗西班牙後獨立。為了報復西班

牙軍隊對荷蘭人民的屠殺，荷蘭人在全世界追逐西班牙人的船舶，打了一場世界性的戰爭。不過，長久下去，荷蘭人逐漸轉化為橫行世界的海盜商人集團，在東亞實行又商又盜的殖民統治。早期荷蘭人在東亞的商業據點有印尼的萬丹，馬來亞半島的北大年，還有日本的長崎。後來，荷蘭人在印尼的爪哇建立殖民地，這就是有名的巴達維亞，今名雅加達。因其海上勢力強大，也將中國的臺灣納入殖民地範圍。

荷蘭人占據臺灣後，進一步的野心是切斷中國商人與其他國家的貿易，這就和閩粵商人集團發生矛盾。荷蘭艦隊出沒於閩南沿海，沉重打擊了漳州海商集團。福建方面，官軍在與荷蘭艦隊作戰過程中遭受極大的損失，於是，官府支持鄭芝龍的艦隊與荷蘭人作戰。鄭芝龍承擔了這一任務。鄭芝龍在對荷蘭艦隊的多次戰爭中，也摸索出一套戰法，因而多次挫敗荷蘭艦隊。荷蘭人受到打擊後，對中國海船的攔截有所減少，鄭芝龍時代，華商保住了對日本及對馬尼拉的航路。當時的荷蘭艦隊是世界的霸主，能夠打敗荷蘭艦隊是了不起的一件事。

儘管鄭芝龍多次擊敗荷蘭艦隊，但荷蘭人依然占據臺灣，這成為福建商人的一個鯁。荷蘭人在臺灣，其實抑制了福建商人的海外發展。然而，這個問題最終被鄭成功解決了，他於 1662 年攻克了臺灣島上荷蘭人據點，並且有向菲律賓發展之意。倘若鄭成功不是死於收復臺灣之年，西班牙人想要保住馬尼拉確實有一點危險。然而，鄭成功不幸死去，他的子孫只能堅守被清朝孤立的臺灣島。中國再次出現海洋力量內戰的情況。最終，新興的清朝招安了多數明鄭集團的骨幹，因而打敗了明鄭集團。被清朝招安的福建海商集團不再具有與朝廷對抗的野性，他們可以下南洋發展，可以北上中國沿海各個港口，但不再對海外殖民國家形成威脅，其發展空間是有限的。於是，東亞的海上和平在清代初年出現。其後，荷蘭人逐步殖民印尼，西班牙人殖民菲律賓，英國人殖民馬來亞，後來的法國人殖民印度支那。因清朝對外採取綏靖政策，歐洲國家逐步完成了對東南亞的殖民，並將侵略對象轉向中國。於是，1840 年之後，東亞的形勢發生大變化。回顧這段歷史，讓人感歎：從 17 世紀到 19 世紀，中國的民間海上力量已經衰退了。

## 四、南明史、鄭成功研究概述

南明史的研究自民國以來就是熱門，由於清朝一直壓制有關南明時代的研究，那一時代的著作大都成為嚴禁的對象，只有一些著作躲過官方嚴屬的封殺，傳之後世。民國時代學者最大的貢獻是挖掘有關南明的史料，各種孤本、抄本問世，柳亞子、朱希祖、謝國楨等人都以發掘南明史料而聞名。他們的貢獻使人們大致瞭解這一時代的基本著作。1950 年後，相關研究漸漸多了起來，眾所周知的政治原因是臺灣海峽兩岸學者研究這一時段歷史的動因，更多地的學術的堅持。越是紛亂的時代，學者越是具有釐清時代脈絡的興趣。多年來，從整體上研究《南明史》的著作出了多種。美國司徒琳（Lynn A. Struve）教授的《南明史（1644—1662）》由上海人民出版社於 2017 年出版，但其原文早在 1985 年就出版於美國耶魯大學。陳捷先的《明清史》（臺北，三民書局 1990 年）在臺灣出版，其重點是鄭芝龍和鄭成功的政治活動。南炳文的《南明史》出版較早，後來作者做了補充，由北京故宮出版社於 2012 年次出版。顧誠的《南明史》擅長挖掘地方志的史料，得到大家的讚譽，由北京中國青年出版社出版於 1997 年；謝國楨的《南明史略》是一部較完整的明清變革政治史（吉林出版集團 2009年）。錢海岳以傳統的人物傳記為中心，出版了一百二十卷的《南明史》（北京，中華書局 2006 年）。

對於南明的歷史人物，作為福建臺灣區域史關注更多地是鄭成功和他的家族。臺灣早在 20 世紀 60 年代就展開了鄭成功研究，大陸學者選其要者編成了《臺灣鄭成功研究論文選》（福建人民出版社 1982 年）。與此同時，大陸歷史學家編纂的《鄭成功研究論文選》（福建人民出版社 1982 年）也付諸出版。其後不久，又有《鄭成功研究論叢》（福建教育出版社 1984年），1994 年，廈門大學出版社又有《鄭成功研究》出版。隨著鄭成功研究學術會議的召開，以後陸續有多種關於鄭成功研究的論文集出版，例如《鄭成功與臺灣》（廈門大學出版社 2003 年）等等，顯示了這個課題無窮魅力。福建省歷史學界編輯的《月港研究論文集》（1983 年自刊本）和《安海港史研究》（福州，福建教育出版社 1989 年），研究了兩個和鄭成功關係極深的港口成長歷史。

在個人研究方面，黃典權的《鄭成功史事研究》（臺灣商務印書館

1975 年）詳細考證了鄭成功一生的家世和主要事蹟。黃玉齋的《鄭成功與臺灣》收錄了他研究鄭成功的多篇論文（臺北，海峽學術出版社 2004 年）。陳在正的《臺灣海疆史》（臺灣，揚智文化事業公司 2003 年）對鄭成功歷史相當關注，陳碧笙的《鄭成功歷史研究》也是一部個人學術論文集，由北京九州出版社出版於 2000 年。同時出版的還有鄧孔昭有關鄭成功的專論：《鄭成功與明鄭臺灣史研究》（北京，臺海出版社 2000 年）。鄧孔昭又一部專著是：《鄭成功與明鄭在臺灣》（廈門大學出版社 2004 年）。歐陽泰以較大篇幅研究了鄭成功收復臺灣的戰役，出版了《1661，決戰熱蘭遮》[2]，並且加上了「中國對西方的第一次勝利」這樣的副標題。陳啟鐘有關明鄭臺灣史的專著在陳支平主編的六卷本《臺灣通史》獨占一卷。[3] 鄭永常來自《來自海洋的挑戰——明代海貿政策演變研究》（臺北縣，稻鄉出版社 2008 年刊本）將鄭成功相關歷史的研究投影於更深厚的歷史背景。徐曉望的五卷本《福建通史・明清卷》（福建人民社 2006 年）用兩章九節約 8 萬字的篇幅論述了明清之際隆武政權和明鄭集團的歷史。松浦章[4] 和雪珥[5] 從海盜史的角度觀察了明鄭集團的歷史演變。

　　有關鄭芝龍的研究起始於 20 世紀 20 年代，連橫在《臺灣通史》一書中討論了鄭芝龍移民臺灣問題。陳谷川於 1929 年發表了〈鄭芝龍與鄭成功：日本史料上之所見〉（《南洋研究》1929 年第 5 期）；三十年代，岩生成一著〈明末僑寓日本支那人甲必丹李旦考〉（《東洋學報》第 23 編第 3 號），此文對鄭芝龍早年與李旦的合作進行了研究。四十年代，日本學者石原道博的《明末清初日本乞師の研究》（東京富山房昭和二十一年出版）、〈受洗禮的鄭芝龍〉（《歷史學研究》1940 年第 10 期），《鄭芝龍的日本南海貿易》，諸文都以史料豐富著稱。賴永祥的〈明鄭與天主教之關係〉和方豪的《臺灣早期史綱》研究了鄭芝龍的天主教信仰。鄭喜夫很早就對鄭芝龍與荷蘭人鬥爭的歷史進行研究，著〈鄭芝龍滅海寇劉香始末考〉（《臺

2　歐陽泰，《1661，決戰熱蘭遮——中國對西方的第一次勝利》，陳信宏譯，北京，九州出版社 2014 年。

3　陳支平主編，《臺灣通史》，福建人民出版社 2020 年。

4　〔日〕松浦章，《清代帆船東亞航運與中國海商海盜研究》，上海辭書出版社 2009 年。

5　〔澳大利亞〕雪珥，《大國海盜》，山西人民出版社 2011 年。

# 第一章　鄭芝龍的少年時代和他的家族

　　明末的鄭芝龍是一個名貫中西的海寇首領，他當過翻譯、商人而後成為海寇。未過幾年，他又實現了從海寇到軍官的華麗轉身，並且憑著閩粵兩省的支持成為東亞的海上霸主之一。他的崛起有一定的神祕性。

## 第一節　鄭芝龍家族及其少年時代

　　鄭芝龍，福建泉州府南安縣石井鎮人，小名一官，號飛黃，也作飛虹。關於鄭芝龍的家世，明清時期的許多著作都有記載，或說其父為庫吏，或說其父兩兄弟好賭，蕩盡家產。例如曹若皋的《南沙文集》云：「芝龍字飛虹，福建南安人，父紹祖，為泉州府庫吏。」[1] 川口長孺的《臺灣割據志》云：「芝龍字飛黃，小名一官（鄭成功傳），後號飛虹將軍（武經開宗、華夷變態）；泉州南安縣石井巡司人也。父紹祖。芝龍兄弟四人：仲芝虎，叔鴻逵，季芝豹，伯為芝龍。」[2] 以上兩篇文字都說鄭芝龍之父名鄭紹祖，曾擔任過庫吏。在鄭氏族譜發現之前，人們對鄭氏家族的瞭解不過如此。

　　隨著民國以來對鄭成功研究的深入，有關鄭氏家族的新史料陸續發現。北京圖書館藏的《鄭氏宗譜》、《鄭氏家譜》以及南安鄭氏家族的《石井本宗譜》等三部族譜面世，使人們對鄭氏家族有一個較全面的瞭解；近年

---

1　洪若皋，《南沙文集》卷五，〈海寇記〉，清刊本，第 68 頁。
2　川口長孺，《臺灣割據志》，第 5 頁。

又發現了鄭芝龍撰寫的〈伯父春庭鄭公繼室慈慎黃孺人合葬嗣志〉及其編纂的《鄭氏宗譜》原稿，這都是研究鄭氏家族的重要史料。

## 一、鄭芝龍的家族

石井的鄭氏和泉州許多族譜一樣，都說自己的祖先來自河南。崇禎十三年（1640年），鄭芝龍在其〈石井本宗族譜序〉一文中說：「我鄭自唐光啟間入閩，或於三山、於莆、於漳、於潮，是不一處。」[3]

與鄭芝龍同輩的鄭芝鸞寫到：「述其光啟間，十姓從王，緣光州固始入閩，於是有鄭焉。如祭酒閩中公，德行煌煌宋冊。嗣而分派，有居莆、居武榮。」[4]

按，唐僖宗光啟年間，光州刺史王緒率光州、壽州二州吏民輾轉入閩，其後，他們隊伍中的光州固始縣人王潮、王審邽、王審知三兄弟在軍中崛起，取代王緒，相繼攻克了泉州與福州，建立了福建威武軍政權，其子孫三代割據福建達60年之久。如鄭氏家譜所述，鄭芝龍的祖先也是跟隨王潮、王審知兄弟入閩，後散布於福建沿海各地，其中一支來到南安縣的武榮。

《鄭氏宗譜》對一世祖鄭隱石的記載如下：「諱綿，字原永。有宋靖康間避亂，兄弟散處，或居莆，或居漳、居潮。五郎公由閩侯官來居泉郡之武榮，築室家居，卜地築墳，日事耕稼業。值歲不登，厥食維艱，聞海濱利藪，日易以給，乃因懿表相依，遷楊子山下石井焉。祖父墳塋尚在武榮如故。」[5] 鄭芝鸞說：「旋就武榮遷於楊子山下居者，吾祖五郎隱石也。綿綿瓜瓞，蕃滋衍沃，氏絲於蟻矣。」[6] 鄭芝龍則說：「獨我五郎公隱石，與二三懿親若許、若伍者，蔦蘿相附，意味投合，遂於楊子山下石井家焉。今武榮山邱壟俱在，則隱石公之所自來也。」[7] 總之，約在南北宋之際，原

3　鄭芝龍，〈石井本宗族譜序〉，廈門鄭成功研究會、廈門鄭成功紀念館編，《鄭成功族譜三種》，福州，福建人民出版社1986年，第72頁。

4　鄭芝鸞，〈石井本宗族譜序〉，廈門鄭成功研究會、廈門鄭成功紀念館編，《鄭成功族譜三種》，第74頁。

5　鄭玉海、鄭沂、鄭澤，民國《鄭氏宗譜》，廈門鄭成功研究會、廈門鄭成功紀念館編，《鄭成功族譜三種》，第3頁。

6　鄭芝鸞，〈石井本宗族譜序〉，廈門鄭成功研究會、廈門鄭成功紀念館編，《鄭成功族譜三種》，第74頁。

7　鄭芝龍，〈石井本宗族譜序〉，廈門鄭成功研究會、廈門鄭成功紀念館編，《鄭成

居於武榮的鄭隱石與親友伍姓、許姓共同來到南安海濱楊子山下的石井村居住，他的子孫定居於此，逐漸發達。據《鄭氏宗譜》的記載，石井鄭氏家族的第五世之前，每代都只有一二個男丁，其第六世孫碻齋公雖有六個男丁，其中兩個早逝，兩個出家，只有二名男丁得以娶妻生子，傳下後人。不過其中樂齋公有子五人，古人以農業為主，要養活五個兒子不容易，看來這時鄭氏的家庭情況有了較大改善，所以能養活較多的子女。

古代泉州人以讀書為榮，富裕的家庭都會教子讀書。石井鄭氏的第九世西庭公妻妾四人，有子二人：士儔、士表，士表就是鄭芝龍的父親。兄弟二人都是讀書人，鄭芝龍在給伯母黃氏的墓誌中寫道：「伯父初治書，家亦居約。伯母歸，辛勤佑讀，旦宵甚劬，口少言瘁。伯父搏飛之志，不言生業，一切支撐，俱伯母力任之，而性文靜敦睦。伯父與先贈公唔咿罷，而相助於外。伯母與余封母機杼罷，而相勞於內。一門之間，藹藹雍雍，雖伯父之克友哉，亦由伯母衣勒於里者之無間於中也。憶余兄弟少歲，與二弟芝鷥、芝蘭，居同堂，學同塾，伯母撫之，提攜訓誨，情等鳲鳩。」[8]

這條史料的發現，說明鄭芝龍出生於一個儒生家庭，其父親與伯父都以讀書為業，而鄭芝龍兄弟小時候也在家塾中讀書。瞭解這一點，就可知道，為何鄭芝龍能在海盜中脫穎而出，並一心招安，這是他的身世所決定的。

另有一點值得注意的是：野史筆記載鄭芝龍之父名「紹祖」，而《鄭氏宗譜》記載鄭士表字毓程，並無紹祖之名，可見，鄭紹祖之名最多是他的號，而不是真名。

日本學者依據《駿府紀事》的史料，說鄭芝龍曾經隨其父祖官晉見幕府將軍德川家康。例如東京帝國大學編的《大日本史料》，小宮山南梁編的《德川太平記》，葉山高行編《河內浦鄭氏遺跡碑》等，都有類似記載。其中，葉山高行的《河內浦鄭氏遺跡碑》，撰於清咸豐二年壬子（1852年，日本嘉永五年）云：「其父鄭芝龍福建南安人。以慶長壬子來我邦，幕府

功族譜三種》，第 72 頁。

8　鄭芝龍，〈伯父春庭鄭公繼室慈慎黃孺人合葬嗣志〉；許慶芳，《新發現鄭芝龍撰寫的墓誌銘》，載泉州市政協、南安市政協合編，《鄭成功與臺灣》，廈門大學出版社 2003 年，第 300 頁。

召見，問以外國事，命館長崎，遂徙我平戶河內浦，娶士人田川氏女，屢訪藩主家，學雙刀技」。[9] 後來的日本學者也繼承了這一說法：例如，寺尾善雄說：「鄭芝龍，萬曆三十六年（慶長十三年，1608 年）五月，18 歲，芝龍抵長崎，萬曆四十年（1612 年）進謁德川家康」。[10] 宮崎來城的《鄭成功》說：「芝龍，字飛黃，後號飛虹將軍。明萬曆九年甲辰三月十八日生於福建省泉州府南安縣的石井鎮。鄭芝龍 18 歲時在平戶賣履為生，時為萬曆二十七年，日本慶長二十四年。乘商船往來於平戶及泉州之間。慶長十七年曾赴駿河府，拜謁德川秀忠將軍，請獻數筐藥，將軍亦優待之。親自問以外國事。命往長崎，其後，鄭芝龍遂定居平戶，號為平戶老一官。」[11]

但查原始資料，《駿府紀事》只是說德川接見了來自福建的客商「祖官」及其家人，日本學者認為祖官即是鄭紹祖，因而產生了鄭芝龍隨父參見德川家康的說法。按，閩南人的小名常是取姓名中的某字，然後加上官以示尊重。若紹祖是鄭士表之名，他可能有「祖官」的小名。但若認定「紹祖」只是號而不是名，就可知道他的小名不可能是「祖官」，也就是說，晉見德川家康的「祖官」不會是鄭芝龍之父，可見，鄭芝龍曾見德川家康之說無法成立。說明這一點，有助於掃除一些關於鄭芝龍歷史的誤會。

按，鑒定日本史實的真偽，還要看鄭芝龍的年紀。如前所述，鄭芝龍飛石擊中太守紗帽應在萬曆四十五年至四十六年，當時芝龍應是 14 歲或是 15 歲。[12] 而日本學者認為鄭芝龍，萬曆三十六年已經有 18 歲，並於萬曆四十年（1612 年）進謁「德川家康」，只怕都高估了鄭芝龍的年紀。所以，當時去日本本島去見德川家康或是德川秀忠的某一鄭氏商人，不會是鄭芝龍。

其次，史載鄭芝龍之父任過泉州府的庫吏，這一身分很說明問題。中國古代的縣政官少吏多，正式官員只有知縣、主簿、典史等少數幾人，其他縣政都聘請當地人承擔，這些受官府聘用的人就是縣吏。縣吏中，「庫吏」是最不好當的，因為，他要看管縣政府的財庫，承擔全縣的開支。由

---

9　黃玉齋，〈鄭成功時代與德川幕府〉，《臺灣文獻》第 13 卷，第 1 期，第 117 頁。

10　寺尾善雄，《明末の風雲兒——鄭成功》，東方書店 1986 年，第 13 頁。

11　宮崎來城，《鄭成功》，東京大學館，明治三十六年版，第 29—30 頁。

12　陳碧笙，〈明代末期海上商業資本與鄭芝龍〉，北京，九洲出版社 2000 年，第 76 頁。

於晚明的縣財政大多是入不敷出，當新的賦稅未入庫時，庫吏為了支付官府的開支，往往要將自己的財產抵充，為此破產的人不少。明朝實行「一條鞭法」為名的賦稅改革，主要是為了減輕本縣富人的負擔。

　　一條鞭法的原則是「量出為入」，就是說，每個縣要預測本年有多少開支，然後確定本年要增加多少稅額，這些事務都要庫吏來承擔。鄭紹祖當任庫吏已是明代末年，他雖不要負擔縣財政的不足部分，但要規劃為縣財政各項支出，這個管家不是好當的。一般地說，晚明的庫吏多選用有文化的富人承擔，這類人物的文化足以保證他們與官員交流，而其對家族財富的管理經驗也可移用於縣庫管理。鄭紹祖能當上庫吏，不僅證明他有文化，也證明他家頗有財產，鄭芝龍小時候應是在一個有文化傳統的富裕家庭中成長起來的。

## 二、鄭芝龍的少年時代

　　在鄭紹祖任庫吏的期間有這樣一則逸事：「鄭芝龍，字飛黃，福建南安（石井巡司）人。父紹祖，為泉州庫吏。庫接太守官舍，芝龍十歲時，戲投石子中知府蔡善繼額，捕治，見姿容麗秀，笑曰：孺子貴而封，釋之。」[13]

　　這樁逸事使少年鄭芝龍與泉州知府結緣。以後當鄭芝龍大鬧東南沿海之時，為了招安鄭芝龍，福建官府還專門請出了蔡善繼到福建官場任職。其次，這則逸事透露了鄭芝龍的真實年齡。歷史上有關鄭芝龍的年齡一直有爭議。鄭芝龍生前雖然編過族譜，但族譜的規矩是「生不入傳」；鄭芝龍的晚年被軟禁於北京，他和他的家人都被清廷處死，加上長子鄭成功早年病逝，因而他的生年史料多未傳下。這是幾部鄭氏族譜都未記載鄭芝龍生日的原因。目前記載鄭芝龍生年的僅有江日昇的《臺灣外紀》一書：「是年萬曆甲辰（三十二年，1604 年）三月十八日辰時，其母黃氏夢三婦人引紅霞一片堆於懷，徐而採抹地下，取名一官。」不過，由於《臺灣外紀》是一部小說體的鄭氏家族傳記，對其記載的可靠性歷來有爭議。臺灣學者廖漢臣於 1959 年寫的〈鄭芝龍考〉贊成江日昇的記載。[14] 但其他的臺灣學者多受日本學者的影響，認為既然鄭芝龍於慶長十七年（萬曆四十年，

---

13　邵廷寀，《東南紀事》卷十一，臺灣文獻叢刊本第 96 種，第 131 頁。
14　廖漢臣，〈鄭芝龍考〉，臺北，《臺灣文獻》第十卷，第四期（1959 年）。

1612 年）見過德川家康，他當時的歲數至少十八歲，因而黃玉齋提出：鄭芝龍應生於明萬曆二十三年，那是 1595 年。18 歲時到平戶，那當是 1612 年。[15] 這一說法和江日昇的記載相比，將鄭芝龍的年紀增加了 9 歲。如前所述，有關鄭芝龍晉見德川家康的說法實際上是不可靠的，因而此說可以不考慮。目前來看，還是江日昇的萬曆三十二年說較為可靠。

陳碧笙先生就鄭芝龍與蔡善繼的關係進而考察鄭芝龍的年紀，他寫下了這一段文字：「據《泉州府志》，蔡善繼任知府，是萬曆四十三年（1615 年）至四十六年（1618 年）；又據陸圻《纖言》，『芝龍父紹祖于丁巳、戊午間充泉州庫吏』，丁巳是萬曆四十五年（1617 年），戊午是萬曆四十六年（1618 年）；合兩者觀之，飛石過牆擊中太守紗帽應在萬曆四十五年至四十六年，當時芝龍應是 14 歲或是 15 歲。」[16] 按，此處陳碧笙是照閩南民間習慣，以虛歲紀齡，若以足歲計算，此時的鄭芝龍僅 11—13 歲。這個年紀的兒童常以頑劣聞名，當年的鄭芝龍即是這樣一個頑童。

以上史料反映了少年鄭芝龍的兩個方面，其一，在書齋讀書；其二，異常地頑劣，因「擲石中太守紗帽」一事而聞名泉州。此事對他肯定是有影響的。試想，蔡善繼是泉州的最高長官，在民間受到萬人尊敬，卻因鄭芝龍擲石而傷額，縱然蔡善繼不與其計較，但鄭芝龍犯了官場、學場的大忌，所有的學生看到鄭芝龍，都會將其當作不肖之子，芝龍心情如何可想而知。這對解釋他為何不再讀書、流浪江湖大有助益。

## 第二節　鄭芝龍家族在澳門的經營

廈門新發現的《鄭氏族譜》的主要部分為鄭芝龍所作，其中記載了南安石井鄭氏下廣謀生及入澳門經商的歷史。本文結合閩人著作中的有關史料，進一步探討明末閩商在澳門的活動。

### 一、廈門《鄭氏族譜》的發現及其價值

關於明末海盜商人鄭芝龍與澳門的關係，金國平、吳志良曾著〈鄭芝

---

15　黃玉齋，〈鄭成功時代與德川幕府〉，《臺灣文獻》第 13 卷，第 1 期，第 117 頁。

16　陳碧笙，〈明代末期海上商業資本與鄭芝龍〉，北京，九洲出版社 2000 年，第 76 頁。

龍與澳門——兼談鄭氏家族與澳門黑人〉一文，該文依據新發現的西文史料，揭示了鄭芝龍部下由黑人組成的親兵來自澳門的歷史，文中還談到鄭芝龍有一個女兒居住於澳門，嫁給葡萄牙人。[17] 該文對鄭芝龍研究及澳門研究都是重要的突破。廈門版《鄭氏族譜》則是金吳二先生論文發表以來最重要的史料新發現，因此，有必要介紹該譜的發現過程。

　　福建沿海的宗族文化發達，農村的大姓家族都有自己的祖祠，南安石井是鄭芝龍、鄭成芝家族所在之地，一直建有鄭氏祖祠。不過，在文化大革命中，各姓宗族都受到衝擊，宗族活動停止，分散在異地的各姓子孫之間中斷了往來。近年由於國家政策日趨寬鬆，許多家族的祖祠得以重建，族譜得以重修，異地同姓家族也紛紛尋祖追源，來到石井認宗的事例不少。2001 年，廈門海滄鐘山村的鄭氏將自己寶藏六代人的族譜送到石井鄭氏祖祠，祖祠的人非常重視這部已經破爛不堪、見風就碎的紙卷，有人用透明膠紙將其貼好，並送給文物專家鑒定。這一老譜很快在閩南的鄭成功專家中引起轟動，關於該譜的編纂年月，有兩種意見，有人認為它是一部編纂於明末的鄭氏族譜，也有人將其時代推至清代初年。

　　按，今傳世的鄭成功族譜有三種，分別是原藏於北京圖書館的《鄭氏宗譜》、《鄭氏家譜》，以及南安鄭氏家族收藏的《石井本宗族譜》。《鄭氏宗譜》的作者是民國九年刊印該書的鄭玉海，《鄭氏家譜》作者未著其名，但其記載及於清末民初，二者應當都是北京鄭成功子孫留下的族譜。在鄭氏祖居地南安石井，則傳下了《石井本宗族譜》，從族譜中寫於道光甲午年的序文來看，本譜修於清代後期。與這些宗譜相比，倘若廈門版的《鄭氏族譜》可以確定為明末清初，自有其價值。按，《石井本宗族譜》載有明末庚辰年鄭芝鸞、鄭芝龍所寫的兩篇譜序，鄭芝鸞在序中說：「都護弟素所留心于忠孝，知國有史錄，宗有譜牒，念本宗舊譜遭兵燹，邨邨然，亟命修輯，克盡展親矣。」文中的都護弟是指任職總兵的鄭芝龍，而芝龍在序中說：「今核其名，稱其行次，昭穆雁行與塋域生卒，臚然俱在也。」[18] 這些史料說明，鄭芝龍在明代末年曾親自參與鄭氏族譜的編修。那

17　金國平、吳志良，〈鄭芝龍與澳門——兼談鄭氏家族與澳門黑人〉，泉州，《海交史研究》，2002 年第 2 期。

18　廈門鄭成功研究會、廈門鄭成功紀念館，《鄭成功族譜三種》，福州，福建人民出

麼，這部修於明末的族譜是否就是廈門鄭氏族人所藏的《鄭氏族譜》呢？
且看其中有關鄭成功的記載：「飛黃公第一子諱森，字明儼，號長公，邑
庠生，加例入國子監太學，應襲錦衣。」按，鄭成功在隆武元年晉見隆武
帝之後，即被封為招討大將軍等職，此文未載鄭成功後來的職務，僅載鄭
成功入國子監讀書，說明此譜收集的鄭成功史料尚是明末的，而且相關文
字很可能是鄭芝龍的親筆。

　　不過，廈門的《鄭氏族譜》抄本又有些清代初年廈門族人的記載，該
譜記載十二世的喬公第一子：「諱光進，官名員，字明陞，號元初，謚節齋。
號欽授金吾將軍，光祿大夫，卻清聘，隱居同安縣溪邊。」[19]此處說鄭光進
隱居同安，不肯做清朝的官，說明這段文字是清以後廈門鄭氏後人增補的。
除此之外，該譜記載鄭芝鵬在南明魯王時期被封為太師，而同時期鄭芝龍、
鄭成功的情況都未收入，綜上所述，廈門的《鄭氏族譜》抄本應是在明末
鄭芝龍編纂的《鄭氏族譜》上添加了一些廈門族人的史料，而其主體應是
屬於明末版《鄭氏族譜》。可見，廈門的這部《鄭氏族譜》自有其獨特價值。

　　族譜編纂的傳統是詳今略古，每一部新譜的編纂，都會放棄一些古人
的記載，增補較詳細的當代史料。換一種說法，古譜記載的古代史料往往
不見於新譜。因而，對我們這些研究者來說，古譜的發現具有極高的價值，
因為，常常可在古譜中發掘一些罕見的史料。將廈門的《鄭氏族譜》手抄
本比之原有的三部鄭氏族譜，其價值便展現出來。首先，原有的鄭氏族譜
只記載鄭芝龍直系祖先的發展序列，而明末版的《鄭氏族譜》記載了南安
石井所有的旁支，從而較全面地展示了石井鄭氏家族的歷史。其次，明末
版《鄭氏族譜》詳細記載了鄭氏家族每一個男性的葬地，從而使人們瞭解
這一家族遷徙的歷史及其謀生方式，對鄭芝龍為何到澳門謀生，也可在族
譜中看出端倪。

## 二、明末版《鄭氏族譜》有關族人到廣東的記載

　　南安石井是一個港口市鎮，它位於泉州東南部，它的北面是晉江縣，

版社 1987 年，第 74、72 頁。
19　鄭芝龍等，《鄭氏族譜》，陳支平等編，《臺灣文獻匯刊》第一輯第五冊，北京，
　　九州出版社、廈門大學出版社 2005 年，第 613 頁。

南安是同安縣的金門、廈門二島，水上交通發達。石井面臨的岐海深入內地數十里，岐海的深處是著名的安海鎮，它自宋代開始便是泉州對外交通的著名港口，石井位於海邊，像是安海的衛士，所以，宋朝在這裡設石井巡檢司，以防海盜突入。宋元時期，從安海出發的海船航行東南亞各國，運去中國產的絲綢、瓷器，輸入香料等商品，對外貿易十分發達。不過，明代的海禁使當地的貿易衰落，《鄭氏族譜》表明，明代前期的鄭氏族人大都葬於本土娘仔宮山下的鄭氏墳地。這說明他們以農業為主，大都死於世代所居的鄉村。可是，到了晚明，明朝海禁政策鬆動，鄭氏族人中有一些人葬身於海外，族譜記載如下：

> 三峰公第二子，諱舉，字懋薦，號口口，死於海，娶，無嗣；
>
> 南衢公第四子，諱珙，字明楚，號口口，失船沉死，娶，無嗣；
>
> 西江公第三子，諱芳，字德芳，號巨亭，死於海；
>
> 會江公第一子，諱拔選，字曰欽，號珍明，失舟沒。[20]

這些記載說明鄭氏家族開始探險海外，所以有不少人翻船而死。晚明的廣東以富裕聞名，閩人評價廣東：「粵中繁富，十倍閩中。」[21] 所以，有許多福建人到廣東去謀生，鄭氏家族也趕上這一潮流，有許多人死後葬於廣東：

> 其蘊公第一子，諱居約，字懋豫，號次樂，往高川死，娶，無嗣；
>
> 我衡公第一子，諱居憲，字懋規，號我式，葬廣省義山，無嗣；
>
> 仰川公第三子，諱居聚，字懋萃，號海山，往廣東死；
>
> 遠著公第四子，諱安，字宗靜，號毅齋，少年商販高州，遇寇口口口；
>
> 謙齋公第一子，諱暹（第九世），字宗晉，號翠樓，妣張氏先故，葬加頭；翠樓公遂往廣東海經紀，不歸。生子口；
>
> 集東公第一子，諱滐理，字堯悅，號我一，娶，無嗣，葬廣省義山；

20 鄭芝龍等，《鄭氏族譜》，第 560、574、588、611 頁。

21 李世熊，〈明兵部職方司主事李公（魯）家傳〉，錄自李魯，《重編爐餘集》卷五，民國重刊本，第 9 頁。

洲海公第一子，諱家驊，字懋靈，號棲臺，葬廣省，娶王氏，無嗣，養子一；

羹如公第一子，諱家騏，號得還，適揭，被寇沉死，娶郭氏，生男一；

巨亭公第三子，諱大閣，字毓政，號□□，往廣南死；

西園公第三子，諱益惠，字毓立，號心宇，中年夭折，葬廣省；

隱泉公第四子，諱振卿，字毓富，號明西，葬揭陽縣，娶吳氏，一男，瑛。[22]

　　以上鄭氏族人積極往廣東貿易，是因為廣東與福建之間的糧食貿易發達。明代的廣東地廣人稀，糧食產量豐富，糧價很低。如萬曆四十六年的高州府吳川縣，「斗米錢未二十」[23]，而福建的米價昂貴，曾經出現「斗米二百錢」[24]，因故，廣東能向福建輸出糧食。最早成為福建糧食來源地的是廣東的潮州，如漳州「民皆航潮米而食，不專恃本土」。[25]漳州商人每每到潮州採購糧食，如廣東的興寧縣，「其又甚多者曰穀，山氓無所事事，惟力田，新穀既升，潮人之舟鱗次於河下，潮人、漳人，歲數千艘萬艇來集，不仁者開倉要善價，雖厲禁遏糶，竟順流東下，莫之能止也。是故家無蓄藏。」[26]以上史料表明興寧的糧食大量輸出潮州，然後再從潮州輸入漳州。潮州沿海的揭陽是輸出米穀最多的縣之一，郭子章的〈請救荒議〉提到：「潮中之穀，常以貴漳泉，賈客航海乘潮而來」，「無許他郡賈客巨艦滿載出，竟航海」。[27]藍鼎元《揭陽圖說》記載，明末揭陽縣對福建運米船設有「落地稅」，「歲額一千八百六十四兩有奇」，黃挺和陳占山估計，若每石稻米價值 0.8 兩銀，而以三十稅一的傳統定稅，反推之，每年由揭陽縣運汕

22　鄭芝龍等，《鄭氏族譜》，第 503—599 頁。

23　陳舜系，《亂離聞見錄》卷上，《明史資料叢刊》第三輯，江蘇人民出版社 1983 年，第 232 頁。

24　郝玉麟等，雍正《福建通志》卷六五，〈雜紀・興化府〉，文淵閣四庫全書本，第 27 頁。

25　王世懋，《閩部疏》，叢書集成初編本，第 12 頁。

26　黃國奎等，嘉靖《興寧縣志》卷三，〈地理下〉，上海書店，天一閣選刊續編本，第 1100 頁。

27　郭子章，《潮中雜記》卷六，〈請救荒議〉，萬曆十三年刻本，上海圖書館藏二冊，第 19 頁。

頭的稻米達 707400 石！[28] 按，若以郭子章「每百石抽銀三錢」[29]的稅率去算，則為 621333 石！其數量也是相當可觀的。明人說，「且閩以魚船為利，往浙往粵，市溫、潮米穀，又知幾千萬石」。[30]

　　廣東西部的高州也是糧食產地，「泉漳二郡商民，販東西二洋……或假給東粵高州，閩省福州、及蘇杭買貨文引，載貨物出外海。」[31]其中到高州的大船主要是購買糧食。據朱紈所記，早在嘉靖年間，福建興化府就常有來自高州的米船，「今聞廣東高州有穀船到海上，五隻泊在平海，一隻泊在吉了，三隻入涵頭。」[32]迄至萬曆年間，高州輸出的糧米更多，有一年，福清商人劉省宇到吳川購糧，他的船隊有六艘大船。[33]「萬曆戊戌（1598年）……五月十二日，有閩商五舟往吳川買米，歸至碣石海面。」[34]高州的口岸在吳川縣，而吳川原為很荒涼的地方，「萬曆間，閩廣商船大集，創鋪戶百千間，歲至數百艘，販穀米，通洋貨。……年收稅餉以萬千計。」[35]明末，瞿昌文在鄭鴻逵的支助下，從安海搭船到高州，「漳泉每歲自高雷糴濟，春往夏回」。舟於四月初五從安海出發，途中遇到風暴，到十六日抵達高州的口岸。途中經歷了 12 天的海程。[36]

　　如前所述，明末福建與廣東產米區之間的貿易十分發達，許多漳泉商人做閩粵之間的糧食貿易，鄭氏家族的人應有許多人捲入當時的閩粵貿易，所以，他們往來廣東之地多為高州、潮州等糧食產區。而其中有一些人葬於廣東，如鄭振卿死後葬於潮州府的揭陽縣。也有一些人在廣東娶妻，鄭芝龍的祖父鄭瑢曾娶潮州澄海縣人譚氏為妻，鄭芝龍的父親便是澄海譚氏

---

28　黃挺、陳占山，《潮汕史》，廣州，廣東人民出版社 2001 年，第 306 頁。

29　郭子章，《潮中雜記》卷六，〈請救荒議〉，第 19 頁。

30　《明熹宗實錄》卷三七，臺灣中研院影印本，第 19 頁。

31　沈鈇，〈上南撫臺暨巡海公祖請建彭湖城堡置將屯兵永為重鎮書〉，顧炎武，《天下郡國利病書》第 26 冊，福建，第 31 頁。

32　朱紈，《天馬山房遺稿》卷五，〈答此齋林大參參論海寇書〉，文淵閣四庫全書本，第 8 頁。

33　陳舜系，《亂離聞見錄》卷上，《明史資料叢刊》第三輯，第 234、245 頁。

34　郭棐纂修，萬曆《廣東通志》卷四一，〈潮州府‧兵防‧惠潮海上事略〉，第 109 頁。

35　陳舜系，《亂離聞見錄》卷上，《明史資料叢刊》第三輯，第 234、245 頁。

36　瞿昌文，《粵行紀事》，上海古籍出版社 1987 年版，第 354 頁。

的嫡親之子。[37] 鄭芝龍一名姓李的妾，也是潮州府海陽縣人。[38] 鄭氏家族中還有人在廣東考中舉人，「盛熙公第一子，諱若崗，字懋御，附廣東羅定州東安縣口科鄉試九十七名，榜名亮績，號寅修。」[39] 鄭氏家族廣泛進入廣東貿易，為其進入澳門貿易打下基礎。

## 三、明代福建商人在澳門的經營

崇禎年間葡萄牙人委黎多的〈報效始末疏〉回顧葡萄牙人抵達澳門的歷史：

> 迨至嘉靖三十六年（1557年），歷歲既久，廣東撫按鄉紳悉知多等心跡，因阿媽等賊竊據香山縣濠鏡澳，出沒海洋，鄉村震恐，遂宣調多等，搗賊巢穴，始准僑寓濠鏡。比作外藩子民，授廛資糧。雖海際窮嶋，長不過五里，闊僅里餘，祖骸孫喘，咸沐皇恩。[40]

這段文字中，最引人注目的是「阿媽等賊」這句話，以意料之，這應是一夥信奉「阿媽」的福建海盜[41]。文中明確指出：濠鏡澳原被「阿媽賊」盤踞，後來才被葡萄牙人「奪取」。考慮到天順年間漳州海盜嚴啟盛就到達了香山外海，應當承認：濠鏡澳自天順二年（1458年）以來一直是福建海盜控制的地方，他們在這裡一面與官軍作戰，一面與東南亞番船貿易，將濠鏡澳發展為一個重要的港口，直到葡萄牙人的進入。

其次，自宋元以來，福建的航海者就以敬奉媽祖出名，不論是水師還是海盜，都在船上供奉媽祖的香火，並在所到之處搭蓋媽祖的廟宇。很顯然，在葡萄牙人抵達濠鏡澳之前，當地就有了媽祖的廟宇，所以，當地的海盜才會被稱之為「阿媽賊」。「阿媽」一詞在粵語中又可作「亞媽」，明代有兩本萬曆年間的著作將澳門稱之為「亞媽港」。其一，在萬曆十九年出版的《全海圖注》的一幅澳門地圖上，澳門的內側為「濠鏡澳」，外

---

37  鄭芝龍等，《鄭氏族譜》，《臺灣文獻彙刊》第一輯第五冊，第589頁。

38  鄭芝龍等，《鄭氏族譜》，《臺灣文獻彙刊》第一輯第五冊，第606頁。

39  鄭芝龍等，《鄭氏族譜》，《臺灣文獻彙刊》第一輯第五冊，第570頁。

40  〔葡萄牙〕委黎多，〈報效始末疏〉（崇禎元年稿），原載韓霖，《守圉全書》卷三，〈制器篇〉，崇禎八年刊本。轉引自湯開建，《委多黎〈報效始末疏〉箋正》，廣東人民出版社2004年，第2頁。

41  湯開建，《委多黎〈報效始末疏〉箋正》，第50頁。

側為「亞馬港」，明代的媽閣廟正位於「亞馬港」岸上。其二，在明代萬曆二十三年成書的《粵大記》一書中，澳門的港口被稱為「亞媽港」，閩粵語中，「亞馬」與「阿媽」同音，所謂「亞馬港」，即為「阿媽港」，特指澳門媽閣廟面臨的一片水域。[42] 這都說明亞馬港的命名與信仰「娘媽（天妃）」的福建人有關。

圖 1-1　著名的澳門媽祖閣洋船石，相傳雕於明萬曆
年間。此石為閩粵洋船到澳門貿易的證明。

圖 1-2　澳門媽祖閣名為「神山第一」的小廟，可在
明清之際葡萄牙人的地圖上看到。

　　在澳門有一個家喻戶曉的傳說：當年葡萄牙人第一次航海來到澳門時，已見澳門半島港灣裡有一座娘媽廟，看廟的是一個福建人，葡萄牙人問此地何名？這位看廟人用福建話回答：「阿媽角」。「角」在閩南話中的意

---

42　郭棐，萬曆《粵大記》卷三二，〈政事類・海防・廣東沿海圖〉，第 917 頁。

思即為「海岬」，「阿媽角」之意為有娘媽廟的海岬。閩南話「角」的讀音類似普通話的「告」。

於是，葡萄牙人將澳門稱為「阿媽角」、「阿媽港」，即「AMACAN」。以後才精簡為「MACAU」或是「MACAO」，類似閩南語「媽角」（或是媽閣、媽港）的發音。所以有「澳門是世界上唯一以媽祖命名的城市」的說法。[43] 以上史料表明，福建商人在澳門附近海域經營貿易的歷史可追溯到明代早期。

和葡萄牙人一起來到廣東海面的閩浙商人繼續與他們合作。例如林弘仲。朱紈在嘉靖二十八年奏疏中提到過林弘仲：「福建都司署都指揮僉事盧鏜呈稱會同巡海道副使柯喬訪得長嶼等處慣通番國，林恭、林乾才、林叄田、林弘仲……鄭總管即板尾叄等，各號為喇噠、總管、柁工、水梢等項名色，勾引夷船、賊船，前來大担嶼、舊浯嶼作耗。」[44] 此處的長嶼即為漳州龍溪縣海滄鎮附近的一個村落，此處民眾下海為生的不少，林弘仲即為海滄長嶼村人。以上史料表明，嘉靖二十八年時，林弘仲是葡萄牙人的合作者之一。其人日後定居澳門。隆慶二年廣東官員張瀚的《臺省疏稿》也提到其人：「隨據總兵官俞大猷揭帖：開稱香山澳商自請欲助兵滅賊，及查見造并未完大福船共有一十九隻，加以冬仔及近刷橫江船，整理亦頗有勢。福兵已點選二千三百名，澳商亦集二千名，本職親督前去追賊，收功可望。」[45] 由此可知，當時澳門的閩商集約了 2000 餘人的軍隊和 19 隻大福船協助廣東官府作戰。俞大猷的〈海戰軍令〉中提到林弘仲，「把總林弘仲等四隻，前月寫右字，後月寫中字」。可見，林弘仲和其同夥有船四隻。[46] 他們在戰役中有一定的功勞。張瀚又說：「總兵官俞大猷、郭成手本開報，頭目林弘仲、何中行等部領兵夫夾剿前賊，生擒賊徒二十五名，斬獲賊級四十八顆，及總兵官郭成家兵林得成等斬獲賊級一顆，共一百二十八名顆。」[47] 可見，當時在澳門的閩商不可小視。

---

43　金國平、吳志良，〈澳門與媽祖信仰早期在西方世界的傳播——澳門的葡語名稱再考〉，氏著，《早期澳門史論》，廣州，廣東人民出版社 2007 年，第 321—353 頁。
44　朱紈，《甓餘雜集》卷五，〈申論議處夷賊以明典刑以消禍患事〉，第 61 頁。
45　張瀚，《臺省疏稿》卷五，〈查參失事將官疏〉，萬曆二年吳道明刻本，續修四庫全書第 478 冊，第 45 頁。
46　俞大猷，《正氣堂全集·洗海近事》卷下，〈海戰軍令〉，第 867 頁。
47　張瀚，《臺省疏稿》卷六，〈海上擒獲捷音疏〉，第 2 頁。

　　澳門在嘉靖後期及隆慶、萬曆年間獲得較大的發展。「滿伽剌等國番商，素號獷悍。往因餌其微利，遂開濠境諸澳以處之，致趨者如市，民夷雜居。」[48] 在澳門街上，雲集來自各地的商人，其中以福建人為多。明代嘉隆年間的名臣廣東人龐尚鵬說澳門：

> 其通事多漳、泉、寧、紹及東莞、新會人為之，椎髻環耳，效番衣服聲音[49]。

　　這段話表明在澳門開港之初，福建的漳州人、泉州人，浙江的寧波人、紹興人，都在澳門十分活躍，他們穿上有異於內地的奇裝異服，且能用「番語」與葡萄牙人經商。值得注意的是：在這四地人員中，漳州人排在第一位，泉州人排在第二位，可見他們在澳門商界的地位之高。

　　由於地利與人緣的關係，明末福建人「走澳經商」成為普遍現象。在《盟水齋存牘》中有〈走澳奸徒王懷東等〉一案，文中點明「王懷東以閩棍通夷，為粵東之禍」。結果，王懷東等六人中，二人受杖，四人被判徒刑[50]。在福建方志內，我們可以看到福建商人在澳門經商的例子：福清縣施作岐之父，在澳門經商數十年不歸，最後「在粵亡其貨，死於澳中」[51]。有名的福建南安人鄭芝龍，早年就是在澳門給葡萄牙人做翻譯的。郭尚賓說：

> 閩廣亡命之徒，因之為利，遂乘以肆奸。有見夷人之糧米牲菜等物，盡仰於廣州，則不特官澳運濟，而私澳之販米於夷者更多焉。有見廣州之刀環硝磺銃彈等物，盡中於夷用，則不特私買往販，而投入為夷人製造者更多焉。[52]

　　閩商在澳門與葡萄牙人的關係不錯。廣州的外貿市場對葡萄牙人關閉之後，葡萄牙人雇傭福建商人為代理人，前往廣州購貨，這些人被稱之為「閩攬」。廣東文獻記載這些「閩攬」的活動頗為出格，「其閩船四隻突

---

48　《明穆宗實錄》卷三八，隆慶三年十月辛酉。

49　龐尚鵬，〈題為陳末議以保海隅萬世治安事〉，陳子龍等編，《明經世文編》卷三五七，第 3835 頁。

50　顏俊彥，《盟水齋存牘》讞略二卷，〈走澳奸徒王懷東等〉，北京，中國政法大學出版社 2002 年，第 76 頁。

51　饒安鼎、邵應龍修，林昂、李修卿纂，乾隆《福清縣志》卷一五，〈孝友傳〉，福清縣方志委點校本，第 587 頁。

52　郭尚賓，《郭給諫疏稿》卷一，〈防澳防黎疏〉。叢書集成初編 0908 冊。

入裏海者，據番禺報，水客船戶，各有姓名，並無違禁貨物，已經海道發市舶照例輸餉」[53]。「審看得郭玉興、高廷芳、陳仰昆、包徐良四船，滿載番貨，排列刀銃，聚集千人，突入省地，通國驚惶。詢之父老，此粵中從來未有之創見也」。「蒙察院梁批：郭玉興等，藉閩引以通番，販番貨以闖粵，此走死如鶩之巨奸也」[54]。「總之，閩攬之不利於粵，自有大緣因，而非其目前之謂也。粵之欲去閩攬，自有大主持，而非其數人之謂也」[55]。這都表明：在葡萄牙人租借澳門之後，閩人長袖善舞，在澳門的事業更有發展，並形成了一定規模的閩商集團。

明末天啟崇禎年間，因荷蘭人入侵福建沿海，月港對外貿易關閉。赴澳門貿易的閩商就更多了，其中不少人與海盜有來往。陳仁錫說：「市舶絕而香山之澳市仍開，私禁嚴而諸番之貿遷難禁，市舶與澳夷市，而澳夷薦處為之居停。不逞之徒，倚為外府。則閩之二萬稅金其崇也。利其稅，不得不與之市，停壓寄泊，違抗而不可問矣。莫若亟捐此稅勿與市而澳夷可驅也。」[56]可見，在福建對外貿易政策驟變的背景下，大量閩商重赴澳門。

明末福建人旅居澳門的數量可觀，《崇禎長編》記載：崇禎三年（1630年），禮科給事中盧兆龍言：「閩之奸徒聚食於澳，教誘生事者不下二三萬人」[57]。此處對閩人頗有貶語，但也說明當時寓居澳門的閩人不少。那麼，此時澳門有多少人呢？據西方的史料，崇禎三年「在澳門居住的葡萄牙人不足千人，澳門全部人口大約11000（人）」[58]，可見，如果盧兆龍對閩人在澳門數量估計可靠，那麼，他們的數量超過了本地人。另一種可能是：盧兆龍為了達到他文章的效果，誇張了在澳門的閩人數量，不管怎麼說，明末閩人在澳門華人中占很大比例，這一點是不可否認的。他們在澳門從事各種營生，據荷蘭人著的《巴達維亞城日誌》，1640年，因澳門貿易異常不振，鄭芝龍乃將在廣東澳門之織工150家族召回安海城外，使就

---

53　顏俊彥，《盟水齋存牘》讞略一卷，〈詐財姚昇等〉，北京，中國政法大學出版社2002年，第72頁。
54　顏俊彥，《盟水齋存牘》讞略二卷，〈閩商闖入郭玉興等〉，第78、80頁。
55　顏俊彥，《盟水齋存牘》讞略二卷，〈奸攬謝玉宇等〉，第74頁。
56　陳仁錫，《無夢園初集》漫二，〈紀閩舶稅〉，明崇禎六年張一鳴刊本，第89頁。
57　《崇禎長編》卷三四，崇禎三年五月丙午。
58　〔英〕庫珀（Michael Cooper），《通辭：羅德里格斯》，松本玉譯本，原書房1991年，第17章，第328頁。

所業[59]。

## 四、明末版《鄭氏族譜》有關族人到澳門的記載

　　閩商在澳門的成功與其掌握外語有很大關係。明代隆慶年間的名臣廣東人龐尚鵬說澳門：

> 其通事多漳、泉、寧、紹及東莞、新會人為之，椎髻環耳，效番衣服聲音。[60]

　　這篇奏疏是研究澳門史上極為著名的一篇文獻，它說明在澳門開港之初，福建的漳州人、泉州人，浙江的寧波人、紹興人，都在澳門十分活躍，他們穿上有異於內地的奇裝異服，且能用「番語」與葡萄牙人經商。值得注意的是：在這四地人員中，漳州人排在第一位，泉州人排在第二位，可見他們在澳門商界的地位之高。明代泉州安平鎮人李光縉自述其兄到廣東澳門貿易的經過：

> 余家世治書，不喜賈，有之下，但坐窺市井耳，不喜行賈。兄伯自其王父由吾儒林徙安平，安平人多行賈周流四方，兄伯年十二，遂從人入粵。尠少有誠壹輻輳之術，粵人賈者附之。纖贏薄貨，用是致貲，時為下賈。已徙南澳，與夷人市，能夷言，收息倍於他氏，以故益饒，為中賈。呂宋澳開，募中國人市，鮮應者，兄伯遂身之大海外而趨利，其後安平人效之為上賈。[61]

　　這位李姓商人是泉州商人中的典型，他年紀很小就到廣東貿易，並進入澳門。由於年紀小，他很快學會了「夷言」，可與葡萄牙人直接貿易，因而他掙了很多錢。在澳門打下基礎後，他又到呂宋貿易，當年西班牙人剛到東方，為了打開貿易管道，對中國商人十分優待，所以，這位李姓商人發了大財，成為一代鉅賈。這位李姓商人成功的原因和其掌握外語很有

59　轉引自楊緒賢，〈鄭成功與荷蘭之關係〉，載鄭成功研究學術討論會學術組編，《臺灣鄭成功研究論文選》，福建人民出版社 1982 年，第 311 頁。

60　龐尚鵬，〈題為陳末議以保海隅萬世治安事〉，陳子龍等編，《明經世文編》卷三五七，北京，中華書局影印本，第 3835 頁。

61　李光縉，《景璧集》卷三，〈寓西兄伯壽序〉，江蘇廣陵古籍刻印社 1996 年，影印明崇禎十年本，第 512—513 頁。

關係：

> 當是之時，中國之人新與夷交，語言不通，嗜好不同，而譯者用事。
> 兄伯身所之夷，與語輒習之。見其國王，王以為異人，是以徵貴賤，
> 不復問譯，而取信于兄伯，兄伯不之詒也，遂為雁行中祭酒大夫也。
> 凌大海之波，泛條枝之窟，睹扶桑之上下，識魚龍之變化，而能掉
> 三寸舌，通華夷之情，行忠信於蠻貊，此亦魁然一奇丈夫也。[62]

　　李光縉之兄為泉州安平人，安平與南安石井隔海相望，其間有著名的
安平橋相通。安平橋長達五里，在古代世界有「天下無橋長此橋」之譽。
安平鎮是明代著名的海港，它的繁華可與泉州府城相比，所以，鄭芝龍成
名之後，從石井遷居安平並定居於此。從本質而言，石井商人也屬於安平
商人集團，安平人謀生的方式石井人同樣可以複製。事實上，鄭氏家族積
極參加在澳門的貿易，他們之中有許多人死於澳門，明代《鄭氏族譜》記載：

> 第十世供辰公第三子，諱恩澤，字堯商，號紹唐，葬廣省香山澳，
> 娶曾氏，無嗣；
>
> 第十世斐齋公第二子，諱馴，字堯和，號濱澤，葬香山澳乞子廟下；
>
> 第十世敬南公第一子，諱良邁，字懋雄，號爾杜，葬蠔鏡澳哨舡頭；
>
> 第十世三澤公第二子，諱之迪，字懋坦，號爾培，中年夭折，葬濠
> 鏡澳乞子廟下，娶，無嗣；
>
> 第十世三澤公第三子，諱之達，字懋貫，號廉萬，往香山，被寇沉
> 死，娶王氏，生男一；
>
> 第十世巨亭公第六子，諱大都，字毓鑒，號從中，中年夭折，葬香
> 山澳，娶無；
>
> 第十世西源公第二子，諱益奇，字毓憲，號翰亭，少年夭折，葬廣澳；
>
> 第十世西波公第二子，諱珪，字曰荊，號石沖，廣澳乞子廟下；
>
> 第十世口任公第一子，諱裕，字曰裕，少年夭折，葬廣澳，無嗣；
>
> 第十世瑞吾公第一子，諱廷祿，字曰俸，號英萬，少年夭折，葬廣

---

62　李光縉，《景璧集》卷三，〈寓西兄伯壽序〉，第 513—514 頁。

澳，娶，無嗣；

第十世觀吾公第一子，諱廷福，字曰福，號口口，少年夭折，葬在廣澳；

第十世雲亭公第一子，諱廷魁，字曰解，號擢五，少年夭折，葬廣澳，娶無；

第十世翰亭公第一子，諱廷桂，字曰桂，號擢一，少年夭折，葬廣澳；

第十世奕泉公第二子，諱涴，字曰琯，號少年，夭折，葬廣澳。娶，無嗣；

第十二世二我公第一子，諱鼎輔，字明奠，號我召，娶，無嗣，葬香山澳；

第十二世南衢公第五子，諱琰，字明苑，號口口，少年夭，葬香山望村，娶，無嗣；

第十三世庭潮公第一子，諱拔曜，字弘倩，號裕吾，少年夭折，葬廣澳，娶，無嗣；

第十三世諮公第一子，諱拔沛，口口口口，少年夭折，葬廣澳。[63]

　　以上材料表明，南安石井鄭氏家族的第十世子弟中，有 14 人葬身於澳門；第十二世子弟與第十三世子弟，各有二人葬身於澳門。僅就這些史料，可證明鄭芝龍的家族經營澳門至少有四代人。

## 五、鄭芝龍與澳門關係再探

　　鄭芝龍早年在澳門謀生，江日昇的《臺灣外志》第一卷記載：「歲天啟元年辛酉，一官年十八，性情蕩逸，不喜讀書，有膂力，好拳棒。潛往粵東香山澳，尋母舅黃程。程見雖喜，但責其『當此年富，正宜潛心。無故遠遊，擅離父母。』一官詭答以『思慕甚殷，特候起居，非敢浪遊。』程留之。」「至天啟三年癸亥夏五月，程有白糖、奇楠、麝香、鹿皮欲附李旭船往日本，遣一官押去。」[64]這段史料大家都熟悉，不過，《臺灣外紀》

---

63　鄭芝龍等，《鄭氏族譜》，《臺灣文獻彙刊》第一輯第五冊，第 498—640 頁。

64　江日昇，《臺灣外志》，上海古籍出版社 1984 年，第 3 頁。

畢竟是一部小說，雖然許多歷史學家都認為此書接近於事實，但還存在許多疑問，例如，鄭芝龍為何跑到澳門去謀生，而不是去其他地方？而明末版《鄭氏族譜》表明，鄭氏家族經營澳門有多年的歷史，鄭芝龍是南安石鄭氏第十一代子孫，在他之前，鄭氏家族已經有人在澳門開拓，其中第十代人葬身於澳門的就有 14 人。由於前人打好了基礎，鄭芝龍才敢於到澳門冒險。

其時，在澳門的華人要學葡萄牙語，最好是進入葡萄牙人家庭。臺灣學者廖漢臣的〈鄭芝龍考〉引用外文資料認為鄭芝龍早年在葡萄牙人家做傭人，並信仰天主教。德國史學家威爾斯（Albrecht Wirth）的《臺灣史》說：「鄭芝龍，歐洲人稱他為一官（Iquanlly Kuan）是福建的漁夫之子。他幼時到澳門去謀生，受洗禮而被稱為 Nicholas Gaspard，做傭人以糊口。後來他也在馬尼拉為傭人；然後他到日本的平戶去。」[65] 然而，自從威爾斯提出這一觀點後，至今我們還找不到鄭芝龍在菲律賓經歷的漢文資料，所以，這一點一直有疑問。但是，鄭芝龍應是在澳門加入了葡萄牙人的天主教，因為，鄭芝龍成年以後也一直堅持天主教信仰。村上直次郎翻譯的《長崎荷蘭商館日記》於 1644 年九月二十八日條云：「約在四年前（即 1641 年）官人一官，因母與妻之均染惡疾，曾由臺灣延請荷蘭外科醫生前往診治，該醫生滯留三月，將患者完全醫好後返臺。據醫生對其長官之報告稱：官人一官家中，常舉行彌撒及其他天主教之儀式云云」。[66] 因此，鄭芝龍是一個天主教信徒。就鄭芝龍的一生來看，他在澳門為傭時加入天主教的可能性最大。

總之，鄭芝龍到澳門的年紀較小，所以，到歐洲人家庭作傭人。他的經歷使他會說一些外語：早期是葡萄牙語和西班牙語及日語，在日本平戶成為李旦夥計之後，鄭芝龍又要與英國人及荷蘭人打交道，可能還學會了英語、荷蘭語基本對話，由於他能與外國人打交道，才被夥伴重視，成為首領。

關於鄭芝龍的婚姻情況，在明末版《鄭氏族譜》中也有記載。該譜揭

---

65　廖漢臣，〈鄭芝龍考〉，臺北，《臺灣文獻》第十卷，第四期（1959 年），臺灣，成文出版社 1983 年，第 2143 頁。
66　廖漢臣，〈鄭芝龍考〉，臺北，《臺灣文獻》第十卷，第四期，第 2144 頁。

示，鄭芝龍在娶田川氏之前還有一個陳氏夫人，族譜說鄭芝龍「娶陳氏。祖系漳州府平和縣，因年荒移居廉州府合浦縣三林鄉，因寇全家皆沒，僅遺一子，名森，係日本人翁氏出。飛黃先帶外經商，今帶回家。娶顏氏、翁氏，誥封鎮國夫人。」[67]鄭芝龍頭一位正妻是合浦縣三林鄉人，合浦今屬廣東，但在明代和清代，都屬於廣東，它位於澳門西面。鄭芝龍能娶一位合浦縣的女子為妻，應與他在澳門謀生有關。他娶了陳氏之後，應是將其帶到澳門生活。不過，陳氏應很早去世，當年澳門有葡萄牙武裝保護，不會輕易受到海寇入侵，陳氏「因寇全家皆沒」，應是在合浦縣三林鄉。

鄭芝龍的婚姻關係表明他去日本後還常回到澳門。當年這類「走四方」的商人在每一個常去的港口都會有一個夫人和一個家，鄭芝龍不能免俗。不過，其陳氏夫人為何遭受滅門之災，其中原因不明。

鄭芝龍娶的第一位夫人陳氏在族譜中排第一位，說明她是正妻，鄭芝龍娶鄭成功之母時，陳氏尚在，所以，當時的田川氏（暨翁氏）的地位只是妾，因此，在鄭芝龍手寫的族譜上，鄭森（成功）是陳氏之子！廣西距福建較遠，福建人與廣西人通婚的很少。但在明清時期，廣西人到廣東謀生的不少。因此，鄭芝龍得娶廣西美女，應當是在澳門時期。又如《石井本宗族譜》記載鄭芝龍：「先娶陳氏，繼娶日本翁氏一品夫人，後娶顏氏；側室陳氏（逐出）、李氏、黃氏。生男五。」據西方的史料，鄭芝龍在澳門有一個女兒，她應是嫡妻陳氏所出。他的這個女兒很早就加入了天主教，後來有一個葡萄牙籍的女婿。鄭芝龍定居安海之後，這個女婿率領一隊黑人成為鄭芝龍的保鏢。由此看來，鄭芝龍在澳門的歷史還是很精彩的，他年紀很輕，卻在那裡學會了葡萄牙語，並在那裡娶妻生子。不過，她的妻子陳小姐後來早死，其原因不明。對於鄭芝龍在廣東澳門，我們沒有更詳細的資料。[68]

鄭芝龍即使在成名之後，還與澳門保持密切的關係。鄭氏家族中，第十二代及第十三代人，都有葬身於澳門的，表明這一時期仍有鄭氏家族的人在澳門做生意。據荷蘭人著的《巴達維亞城日誌》，1640 年，因澳門貿

---

67　鄭芝龍等，《鄭氏族譜》，《臺灣文獻彙刊》第一輯第五冊，第 606 頁。
68　金國平、吳志良，〈鄭芝龍與澳門——兼談鄭氏家族與澳門黑人〉，泉州，《海交史研究》，2002 年第 2 期。

易異常不振，鄭芝龍乃將在廣東澳門之織工 150 家族召回安海城外，使就所業。[69] 可見，當時鄭氏家族一直在澳門保有影響。

綜上所述，明代福建人下廣經商成風，從而在廣東商界形成了巨大的勢力。葡萄牙人入居澳門之後，他們的翻譯多為福建漳泉人，其中有一些是鄭芝龍家鄉的安平人。鄭芝龍家族石井鄭氏在澳門經商多年，其中有 14 人死後葬於澳門。鄭芝龍早年到澳門經商是因為鄭氏家族在澳門已經打下深厚的基礎。鄭芝龍赴日本後還曾回到澳門，因而他在澳門有一位陳氏妻子。鄭氏家族在澳門的活動，說明澳門石刻記載福建商人在澳門的活動都是可信的。[70]

## 第三節　鄭芝龍在日本平戶的經營

從澳門到日本。關於鄭芝龍早期歷史，江日昇的《臺灣外志》第一卷記載：「天啟元年辛酉，一官年十八，性情蕩逸，不喜讀書；有膂力，好拳棒。潛往粵東香山澳尋母舅黃程。程見雖喜，但責其『當此年富，正宜潛心。無故遠遊，擅離父母。』一官詭答以『思慕甚殷，特候起居，非敢浪遊。』程留之。」「至天啟三年癸亥夏五月，程有白糖、奇楠、麝香、鹿皮欲附李旭船往日本，遣一官押去。然前日本與今不同，今之日本，凡船隻到港，人都入在班中拘束，不許四處散歇。交易只許六十萬兩，各船攤開，數足將餘貨發還，給水米蔬菜駕回。（昔之日本，最敬唐人。凡各洋悉唐朝與通，故稱中國人曰唐人。）船一到岸，只有值日庫街搬頓公司貨物，公司乃船主的貨物洋船通稱。其餘搭客暨船中頭目、夥記、貨物悉散接居住，轉為交易。」[71]

如果這條史料可靠，鄭芝龍在澳門之時，他的母舅黃程已經是富翁了。不過，若是情況如此，鄭芝龍何必要給葡萄牙人做傭人呢？因此，《臺灣外紀》的記載只怕有誤。實際上，鄭芝龍初到日本時過得不好。川口長孺的《臺灣鄭氏紀事》說：「遂來本邦（鄭成功傳）。時年十八（談往），

69　轉引自楊緒賢〈鄭成功與荷蘭之關係〉，載鄭成功研究學術討論會學術組編，《臺灣鄭成功研究論文選》，福建人民出版社 1982 年，第 311 頁。

70　徐曉望，〈鄭芝龍家族與明代澳門的閩商〉澳門，《澳門研究》2008 年 8 期。

71　江日昇，《臺灣外志》，上海古籍出版社 1984 年，第 3 頁。

居肥前平戶（南塾乘、華夷變態。華夷變態曰：『賣履為業』。按芝龍至駿府與居平戶，歲月前後不可得而詳，姑係於此），稱平戶老一官（琉球事略）」。[72]「芝龍生而姿容秀麗（鄭成功傳），稍長，膽智材略，過絕等倫，時人或以戚繼光擬之（談往）。頗有文才，吹彈歌舞，無所不解（談往）。……遂來日本（鄭成功傳）。時年十八（談往），居肥前平戶（南塾乘、華夷變態），賣履為業（華夷變態）。娶其地婦，生成功（鄭成功傳）。」[73]

平戶是日本對外貿易的重要港口。幸田成友的《日歐交通史》：「平戶島南北十里，東西二里半，隔平戶瀨戶，與松浦半島相對，平戶港位於海峽最狹之處，市街自港北岸沿南岸而成。港口有一小島曰黑子島港之西南一里半有河內浦，便於大船之停泊及修理。浦之東端至丸山之砂灘曰千里濱，相傳國姓爺即鄭成功，乃在此海岸誕生者」。[74]

如上所述，鄭芝龍赴日本後，在平戶賣履為生，此時的生活應很艱難。不過，他會葡萄牙語，這在閩南商人中是一項重要的才能。他後來受到平戶閩南籍富豪李旦和顏思齊的重視。李旦和顏思齊經常要和西方商人打交道，肯定要重用會葡萄牙語的鄭芝龍。然而，民間傳說多將鄭芝龍當作李旦或是顏思齊（顏振泉）的「契子」或是「契弟」。「鄭芝龍……少隨大賈李習（即李旦）販日本。習與同寢，見巨人數十，披甲持兵侍列，心異之，撫為義子，為娶日本長崎王族女為妻。」[75]洪若皋的〈海寇記〉說：「萬曆末年為海寇顏振泉所掠，愛其少艾，有寵。」[76]沈德符說：「閩人酷重男色，無論貴賤妍媸，各以其類相結。長者為契兄，少者為契弟。其兄入弟家，弟之父母撫愛之如婿，弟後日生計及娶妻諸費，俱取辦於契兄。」[77]明代一個官員論福建沿海風俗：「又見漳泉惡俗，童男、幼女抵當番貨，或受其直而徑與其人而賺得其貨」[78]；其中以童男抵押給別人就是作契兒了。福建的史籍記載：「殷富之家大都以販洋為業，而又不肯以親生之子令彼涉險，

72 川口長孺，《臺灣鄭氏紀事》卷上，臺灣文獻叢刊第5種，第2—3頁。
73 川口長孺，《臺灣割據志》，第5頁。
74 廖漢臣，〈鄭芝龍考〉，臺北，《臺灣文獻》第十卷，第四期，第2146頁。
75 溫睿臨，《南疆逸史》卷五四，〈鄭芝龍傳〉，中華書局1959年，第422頁。
76 洪若皋，《海寇記》昭代叢書本，第2頁。
77 沈德符，《萬曆野獲編‧補遺》卷三，〈契兄弟〉，第902—903頁。
78 馮璋，〈通番舶議〉，陳子龍等，《明經世文編》卷二百八十，第2966頁。

因擇契弟之才能者螟蛉為子，給以厚資，令其販洋貿易。獲有厚利，則與己子均分。」由於成為富人契弟或契子是一條致富之路，「貧者之父母兄弟不以契弟之稱為可恥，而反以此誇榮里黨。」[79] 可見，明代的民間流行結契習俗，普通人家子弟和富人結契是一條翻身之路。鄭芝龍、李旦和顏思齊的關係是否結契關係，其實後人無法知道。但是，鄭芝龍懂得葡萄牙語，這是他人不具備的優勢。葡萄牙語在東方歐洲商界的地位很高，西方商人之間打交道通常是用葡萄牙語，不論是荷蘭人、英國人還是西班牙人，在東方經商，都會懂一些葡萄牙語。它的地位就像今日的英語。鄭芝龍懂得葡萄牙語，便可以和歐洲各國商人對話了。當時的平戶，有荷蘭人、英國人的商館，也有葡萄牙、西班牙人的據點，李旦和顏思齊周旋於日本及各國歐洲商人之間，鄭芝龍是一個很好的助手。鄭芝龍因是在給李旦及顏思齊辦事中富了起來，因而能夠在平戶娶妻生子。

　　如前所述，鄭芝龍在澳門早就有一名妻子和一個女兒。但是，當時的商人大多漂泊無定，無法長久住在一個港口。他們的對策是在每一個港口都娶一位太太，組成家庭，自己往來於各個港口之間。從時序上看，鄭芝龍在澳門娶的妻子是最早的，在日本娶的田川氏要排在陳氏的後面。所以，鄭成功的母親實際上是鄭芝龍的妾，她在鄭氏族譜上的地位，應當遜於陳氏。不過，後來因鄭成功成名後影響巨大，「母以子貴」，鄭成功子孫重修族譜，肯定會抬高田川氏。而鄭芝龍親寫族譜中的妻子陳氏在鄭成功子孫所寫的族譜中，便失去記載了。

　　據泉州的資料，平戶田川氏的父親鐵匠翁笠皇也是泉州人。館森鴻的《朱成功傳》云：「蔡孝廉國琳，語余曰：有泉州冶工翁姓者，嘗住飛鸞臺（按即平戶之音譯），或為邑主鍛刀劍，娶田川氏舉一女，芝龍聘其女而生成功，故稱翁氏，亦異聞也。」[80] 翁笠皇很早就到日本去了，因而被當作日本人。鄭克塽的〈鄭氏附葬祖父墓誌銘〉，謂曾祖母翁，「生於壬寅年（1602年）八月十八日未時，卒於丙戌年（1646年）十一月三十日巳時」。鄭芝龍生於萬曆三十二年，即西元 1604 年，比田川氏小兩歲。鄭芝龍於 18 歲

---

79　德福，《閩政領要》卷二，〈民風好尚〉，第 29 頁。

80　廖漢臣，〈鄭芝龍考下〉，臺北，《臺灣文獻》第十一卷，第三期（1960 年），臺灣，成文出版社，1983 年，第 2708 頁。

到日本，其年應為 1621 年，也就是天啟元年。鄭芝龍十二三歲便到江湖闖蕩，他到日本時，風華正茂，恰如玉樹臨風。他與田川氏年齡相當，同為天涯淪落的泉州人，相互吸引是很自然的。這段愛情給鄭芝龍帶來頭生兒子，即鄭成功。當時他的名字是「福松」，出生於天啟四年，不過，此時鄭芝龍已經到臺灣去闖事業了。

## 小結

福建古代有「陳林半天下，黃鄭滿街走」之說，是形容福建四大姓數量之多。作為福建傳統的四大姓之一，明朝以前，鄭氏的數量是非常多的。然而，自從出了鄭芝龍、鄭成功等人之後，鄭氏在福建遭受官府有形無形的壓力，有許多鄭氏家族向外省移民。在廣東一帶，鄭氏成為海盜家族的首腦，清代很長一段時間裡，廣東海盜都要推出一位姓鄭的人作海盜首腦。就算到了 19 世紀的嘉慶年間，廣東的海盜頭目仍然是「鄭一嫂」。鄭氏家族在閩粵社會底層的力量令人矚目。它的另一方面的影響是：經過清朝三百年統治之後，鄭氏的人口數量在福建退出前四的位置，數量遠少於「陳」、「林」、「黃」諸姓。這一事實，反映了福建底層社會發展的一個側面，給我很大的震撼。

明末的鄭芝龍成為亦商亦盜的人物，有其家族淵源。福建東南一帶的家族很早就建立了與葡萄牙人的貿易關係。明朝嘉靖年間，葡萄牙人到福建漳州、泉州一帶貿易，福建人中，慢慢出現了一個能講葡萄牙語的通譯集團，他們跟隨葡萄牙人定居澳門，南安石井的鄭氏家族中應有這樣的一位祖先。在鄭芝龍之前，他們已經在澳門生存了四代人。由此看來，通文而調皮的鄭芝龍被送到澳門學生意，就不是偶然事件了。他是鄭氏家族有意培養的翻譯人員，將來注定要吃通譯這碗飯。後來，鄭芝龍又被派到日本經商，在那裡又學會的日語。明代後期的東亞貿易圈，閩南語是最重要的商業語言，而在歐洲人之中，葡萄牙語是大家共用的貿易語言，鄭芝龍是閩南人，又掌握了葡萄牙語和日語，這就打下了鄭芝龍在商業領域長袖善舞的條件。

四百年前的福建邊海區域，已經有這樣一批熟悉洋務的通譯人員，這一事件是很有意義的。

# 第二章　明末鄭芝龍海寇商人集團的崛起

明末的東亞海上，是由中國、日本、荷蘭、西班牙、葡萄牙、英國諸國武裝競爭的時代。沒有一支能打的水上武裝保護，各國的商人都無法維護自己的利益。在明朝水師日漸衰落的背景下，臺灣海峽終於崛起一支以鄭芝龍為核心的海上武裝。

## 第一節　明末海禁及臺灣海峽海寇猖獗的原因

明末福建自然災害頻發，社會矛盾激烈。荷蘭人的入侵造成海上航行的危險性增大。官府無力禦侮卻重新實行海禁，閩南大進大出的經濟模式遭到破壞，許多無以為生的農民下海為盜，導致海寇隊伍的發展。

### 一、明末福建社會矛盾加劇的原因

氣候方面的原因。從明代後期開始，中國的氣候逐漸變冷，自然災害頻發。竺可楨認為：1620 年至 1720 年之間是近五百年來最冷的年代。[1] 明末福建的氣候十分反常。《閩書》記載，泉州府在萬曆七年、萬曆八年、萬曆三十四年、萬曆四十五年都有大饑荒發生。[2] 漳州府萬曆十八年的饑荒中，「城內外饑民聚眾搶掠大戶數十餘家」。萬曆三十八年，漳州三月不

---

1　竺可楨，〈中國近五千年來氣候變遷的初步研究〉（1973 年 2 月），《竺可楨全集》第 4 卷，上海科技教育出版社 2004 年，第 461 頁。

2　何喬遠，《閩書》卷一四八，第 4393—4394 頁。

下雨，「人凋米貴」。[3]同安人洪朝選說：「蓋敝縣地方負山而襟海，界海之東則曰東鄉，自長興、同禾以至於翔鳳、嘉禾等里皆東也，界於海之西，則曰西鄉，自感化、歸德以至於積善等里，皆西也。而負郭之坊有四，東田瘠薄，故年年薄收，居民貧而富家不能百一，西田腴故年年豐收，居民富而貧者一二，負郭之田視西，此其歲事之常也。自丙子、丁丑、戊寅三歲，年來三次之田僅有薄收，而今歲之春，不但東田無所收成，雖負郭之田，與西鄉之田，有此有而彼無，有彼有而此無，而今歲雨澤之沾被，亦若有界限。」[4]如其所說，從萬曆四年到萬曆七年，同安縣連年災害。洪朝選又說：「惟山田則資山泉以灌溉，今秋薄有收成耳。然山田少而平原之田、斥鹵之田十居其七八也。……敝縣東鄉之民，所以養生之具，半資於田，半資於地也。自今春小米不收，今秋綿花不收，荳、芝蔴不收，所望者惟田耳，田復不收，復何望哉？是以先賣牛，牛價食盡，則食羊，羊食盡則海菜，海菜食盡則採海榕樹葉，採芭蕉根。聞之鄉人，海菜、蕉根尚可食也，海榕樹之葉，食之輒浮腫，皮裂水流，盡青葉之色，以其性特寒甚也。生計既蹙，粒食又竭，於是行乞者往安溪，傭雇者入山，拾穗者、採蕨根、柯子者，扶攜老少，不絕於道。有一鄉百十家而僅存五六家者，而強竊盜時作矣。」[5]旱災頻發將農民逼到了絕路上。

　　當時的社會矛盾十分激烈。地主豪紳對民眾的壓迫成為一大社會問題：「何謂土豪擾民之害？今之士風民俗寖不如昔，中間有志修身謹行之士夫與士夫之子弟不可謂無人。然多有交結官府，憑恃氣力收納門義凌辱鄉里者矣。大則取詞狀差人拿人，設牢獄監禁，小則縱惡僕、盜僕白晝當街辱打，暮夜割桷穴墻；大則脅取田地、房屋、山蕩、菓園，小則或在海取蛤者、取蠣房者，每一耙納錢四文，每一刀納錢二文；或在陸道經其門者，凡一肩之柴、一挑之靛，自山而至者，彼必縱狼虎之僕，橫道攔截，取其半以供私奉，如古之宮市，然謂之抽分。」[6]「唯是勢家窩主，則人過其門者，囓齒而不敢言，受其害者，閉聲而不敢哭，何也？慮將來之害命有甚

<hr />

3　何喬遠，《閩書》卷一四八，第4415—4416頁。

4　洪朝選，《洪芳洲先生讀禮稿》雜著，〈與佘樂吾分守論救荒〉，第6頁。

5　洪朝選，《洪芳洲先生讀禮稿》雜著，〈與佘樂吾分守論救荒〉，第6—7頁。

6　洪朝選，《洪芳洲先生讀禮稿》雜著，〈代本縣回勞軍門諮訪事宜〉，四庫未收書輯刊本，第9—10頁。

於今日之盜財，而明知官府無如之何也。」[7] 有些科舉出身的士紳也雇用了許多名為奴僕的打手：「往時發科登第，家中僕從僅取足用，即門義亦不過三五人而已。今則父兄子弟，人各鉤致，不數十人不止。甚至勢家親識，鄉隅頭目，稍習事曉衙門之人，輒倚傍數人者。或為一事則靠一人，曰非此不可自存活。或靠一人則生一事，曰彼固無如我何，即靠人者之親戚，亦復轉相假藉，紛紛多事，皆由此輩。噫，小人附炎，固無足怪者，吾為縉紳家懼耳。」[8] 由於縉紳的勢力強大，民間的公眾利益都被他們強取豪奪：「山海之利，古推與民，後筭與官。然官所不能儘筭者，豪右或籠之以為利，下戶竇夫，一搖手投足，即觸厲禁。其稅反倍蓰於官。此其敝不與為民為官之意，大相剌謬哉！宜為持憲振窮者之所隱也。吾同文崎之民甚貧，而取蛤於海，其糊口之計甚薄，乃借海界豪名而索稅者，是不一家，其情甚苦。澳民魏君阜、魏承鄒等於是援石潯之例，控於巡憲詹公，事下署篆貳守舒公，因得請於憲臺嚴禁，勒石以示永久。澳民慶若更生，又恐其既去而渝也，相與磨石鐫憲約，而乞言於予，予喜二公之能恤民，宜垂後觀。」[9]

在這些土豪劣紳的壓迫下，普通民眾也起而反抗。蔡獻臣說：

> 敝同（安）年來風尚大異，小民好賭好盜，相爭相殺，甚且抗提不出，而毆打公差；甚且有一種無為教，而輕田宅、混男女，又甚毆辱衙官者。然此猶一嚴治一嚴諭而可止也。又有鼓眾群聚，而恐釀成大亂者。蓋敝邑田地，原有東界、西界之不同，所謂地有肥磽，畝有廣狹，入有多寡，價有高低，所從來矣。然田種一斗出租一石者，舊止價五六金，漸增至七八金，而近且增至十一二金矣。小民自買耕者，價且十四五金矣。若以斗租論，則有斗有八升、九升、十升之不同。以石租論，則有八升斗、九升斗、十升斗之不同，又有大租一石而十五八升斗者，然蓋少矣。此皆業主佃戶百十年相沿舊規，非今驟為增減也。乃近有無賴游民倡為平斛之說，而驅率深山窮谷之夫，千百為群，叩縣求平斛者。賴口父母且留待明臺之至。蓋有鑒於德化、晉南之紛紛多事也。近又聞苧溪十八保亦相率為平斛之說。其言曰：今夏田熟，不許挑送業主，第留穀在家，俟業主

---

7　洪朝選，《洪芳洲先生讀禮稿》雜著，〈代本縣回勞軍門諮訪事宜〉，第 14 頁。
8　蔡獻臣，《清白堂稿》卷一七，〈同安縣志‧風俗志〉，第 19—21 頁。
9　蔡獻臣，《清白堂稿》卷七，〈文崎澳嚴革海稅記〉，第 37 頁。

自來駝載。吾一石大租，弟以十二八升斗與之。且一人不出爭攘、一人納租業主，則相率罰之、毆之。如此則業主反為佃戶，而佃戶反為業主。若業主計較，則毆打反亂，無所不至，尚可謂安靜世界乎。計老父母榮涖之後，當且有惡佃千百相率叩臺，是必先有鎮定默消之術，又必訪治其為首之人，乃可預弭。蓋天下事，止是照常二字，百世無弊。不然何其祖父百十年而相安，何向時田價之賤而相安？今乃一旦作鬧作反也哉？[10]

面對社會的兩極分化，明末的官府不是想方設法調停，而是多方榨取民眾的財富，以滿足統治階級的需要。

## 二、明末朝廷加派「三餉」的破壞

萬曆後期，努爾哈赤崛起於東北，頻頻發動南下掠奪的戰爭。為了抵禦八旗軍隊，明朝從各地調來的大軍雲集遼東。由於經費開支浩大，各地官員都在搜羅庫存白銀運到北方。福建布政司原有庫存銀被搜括一空，全部被輸送到國庫。缺少了這筆多年來積累的庫存基金，福建財政更顯緊張。除此之外，加派再一次出現。李光縉說到當時福建巡撫的困難：「榷稅使出歲括金於民間而額不可盈，當事者不得已分兵餉五萬餘鏹以佐之。一制成額，其後遂不復減，又不能枵軍士之腹，於是借別項徵應以餉兵，醫瘡而剜肉，折東以補西，而藩司橐告匱矣。徐公惟是檄諸游寨將領按籍稽伍，按伍稽士，見存者簡之。已缺者虛之。有不急者裁之。夫兵精則勢強，冗去則食減，如是歲省餉金三四萬兩，而借支之害可免，此難者一也。往者島夷犯朝鮮，召四方兵討之。東南為之騷動，是以閩海上生事者有傳報倭欲寇雞籠、淡水之警，而當事張惶矣。議增置戰艦，水軍，復費藩帑金以數萬計。閩甌脫地耳。中使既歲輸之陸海，官復洩之尾閭，東南民力有幾堪再竭乎？徐公在事海上仍報聞，公第傳令謹風汛屬材官修備而已。不增兵與艦矣。」[11]這些加派中，以「遼餉」的破壞力最大。

曹學佺說：「遼餉者，自萬曆四十六年有事于遼，部文該派每石七分一釐七毫，共該派銀四萬七千七百三十兩四錢一分，經布政司皆公懋

---

10　蔡獻臣，《清白堂稿》卷十，〈與吳旭海新令君〉，第56—58頁。
11　李光縉，《景璧集》卷八，〈中丞徐公去思碑〉，第1244—1246頁。

良、糧道魏公時應，說撫院王公士昌，按院崔公爾進搜括鹽鈔銀抵解，各州縣一年免派矣。四十七年又該派銀如上年，經二公搜括料剩站剩銀一萬四千四百五十一兩三錢一分抵解，每石實只派五分耳。四十八年部文加派至一錢八分四釐三毫，共派一十二萬二千七百二十五兩三錢，幾與起運正糧等。二公又多方搜括銀二萬七千五百三十四兩三錢抵解，每石得減派四分。天啟元、二年，又該加派如上年，而前後布政閔公洪學、游公漢龍，詳撫院商公周祚，按院鄭公宗周，又多搜括銀五萬二百五十六兩一錢六分，抵解，每石減去七分五釐，只派銀一錢零八釐，視上年又多減矣。故閩省雖有遼餉而不甚為害，以此。然所慮者，搜括有限而遼禍未艾，瘠民困何以堪之。所願當道諸大夫預為之所，節縮他費以補派額，庶臨渴掘井之患。其可免乎？」[12] 可見，當時福建巡撫為了緩和賦稅對民眾的壓力，想了很多方法，多方挪用，這才保證了上納朝廷的賦稅。然而，這都不是長久之計，經過幾年的搜羅，福建財政囊空如洗，不得不將加派銀兩施之於民。

崇禎初年，福建省的加派每畝七釐銀，全省共為 12 萬兩餘，而崇禎三年，由於對遼戰事頻繁，戶部又加到每畝九釐，於是，全數再增加 4 萬餘兩白銀。[13] 但是，隨著明軍在戰場上屢屢戰敗，明朝的加派越來越多。據《福建通志》的記載，明末福建「共計每年應派遼餉二十九萬四千九百兩三錢」，這是個相當沉重的負擔。[14]

稅收的增加，必然引起相應的社會問題。官府稅收增加，民間的大戶卻想方設法避稅。國家稅收被轉嫁到民眾身上。「今者財用日詘，賦役煩興，規避精巧，彼強宗巨姓蕃衍至於什百，視國初通天詭寄之名尤甚，縣官曾不得庸調其寸縑，則荷重役者，俱屬何人？近有蜑戶輸魚課米，里胥獰索至一丁一斗，每銀一兩。吞聲哽咽，曾不得泣訴。縣官是驅之使盜也。孰如清其戶口，使利歸公家，額外之派，藉可以少減乎？派多矣，耗亦隨之，天不能雨粟，麥不肯兩岐，而蓄田之家，無利有害，望門持一券，十不一售，此亦閩俗之大變也。」[15] 當時民眾的負擔十分沉重。《長樂縣志》

---

12　曹學佺，《曹能始先生石倉全集》，《湘西紀行》卷下，〈賦役〉，第 21 頁。
13　《崇禎長編》卷三八，崇禎三年九月庚子。
14　陳壽祺，道光《福建通志》，卷十九〈田賦志〉，清同治十年刊本，第 24 頁。
15　曹學佺，《曹能始先生石倉全集》，《湘西紀行》卷下，〈賦役〉，第 22—23 頁。

的作者夏允彝說：「余生吳越間，所聞丁口銀不一，俱絕寡，長吏鮮有催科及此者。長邑丁銀至重，且十倍吳越，民其巧者，賄里之長，多漏脫，拙者身輸全丁，又每為其父兄既沒、親故逃亡者代輸，苦不堪忍。」[16] 明代的稅收人員胡作非為，無人管轄。「蓋公稅一，私稅十」[17] 成為當時的慣例。有權有勢的家族可以多方避稅，而沒有權力的百姓，往往被徵以十倍的稅收。「而今者財用日詘，賦役煩興，規避精巧，彼強宗巨姓蓄衍至於什百，視國初通天詭寄之名尤甚，縣官曾不得庸調其寸縑，則荷重役者，俱屬何人？近有蜑戶輸魚課米，里胥獰索至一丁一斗，每銀一兩。吞聲哽咽，曾不得泣訴。縣官是驅之使盜也。孰如清其戶口，使利歸公家，額外之派，藉可以少減乎？派多矣，耗亦隨之，天不能雨粟，麥不肯兩岐，而蓄田之家，無利有害，望門持一券，十不一售，此亦閩俗之大變也。」[18] 可見，雖說當時稅收總額看似不多，其實際效用是使民眾不敢蓄田，以免承擔過多的稅收。這對以農立國的明朝，是致命的。由於對農業的投入下降，福建有限的田地收穫銳減，糧荒更為嚴重。

　　自然與人事的問題交加，老百姓的生活十分困難。以泉州為例：「泉郡宅於海山間，閩越奧區也。山海之產視九州之得於山海者，貿繁而異。山而居者，歲食其山之入，猶出其餘以貿易於海；海之居者，亦食其海之入，舉得而有焉。蓋山海之利居田之半，其民亦佟然安其利以自足矣。民樂安其利，相觀而善，故吏於土者恆不勞而理，號曰佛國。數歲以來，有賦其山之利於官……有賦其海之利於官……始而開若賦，繼而倍若賦，今則殫其山海之出而賦之，而山海之人俱告困矣。」[19] 而且，泉州人倍感投訴無門，「維泉介在海隅，去京師八千里而遙。其去藩城，亦無慮三百里。故下民之困，仰不得其平者，上不能直之於輦轂，次不能直之於臺省，皆求諸府而直焉。」[20] 泉州號稱福建最富裕的府州，泉州如此，其他地方可想而知了。

　　萬曆後期社會動盪如此激烈，臺灣海峽的海盜活動重又興盛起來了。這些海盜多以臺灣為根據地，從而促成了臺灣漢人勢力的發展，而福建官

---

16　夏允彝，崇禎《長樂縣志》卷四，〈食貨志・戶口〉，崇禎十四年刊本，第1—2頁。
17　蔡獻臣，《清白堂稿》卷七，〈同安溪南蠲稅功德碑〉，第45頁。
18　曹學佺，《曹能始先生石倉全集》，《湘西紀行》卷下，〈賦役〉，第22—23頁。
19　黃河清，〈送太守李君之任泉郡序〉，錄自陳國仕輯錄，《豐州集稿》，第277頁。
20　傅夏器，〈袁莪溪泉州府節推序〉，錄自陳國仕輯錄，《豐州集稿》，第281頁。

府的勢力也因而伸展到臺灣。

## 三、天啟、崇禎年間的海禁與海盜集團重起

　　明末的海上形勢。隆慶、萬曆年間福建海上貿易基本在官府的控制之中。但到了萬曆後期，逐漸產生了問題。朝廷由於北方對金國的戰爭事延續，軍費極為緊張，各地官員都在搜羅庫存白銀運到北方。福建布政司原有庫存銀三十萬兩，也被輸送到國庫。缺少了這筆常年經費，衛所的軍費無法開支，水師常遭欠餉，士氣受挫，許多人逃亡。福建方面不得不裁減水寨軍兵。這使自戚繼光以來威名遠播的福建水師受到沉重的打擊。此後，福建各地水寨軍兵數量大減，而戰船腐朽，得不到補充。何喬遠說：「萬曆間，開洋市于漳州府海澄縣之月港。一年得稅二萬餘兩，以充閩中兵餉，無所不足。至乎末年，海上久安，武備廢弛，遂致盜賊縱橫，劫掠船貨。」[21]曾異說：「寨游戰守者居內，而戰者居外，此祖制也。今寨游移內地矣。寨游昔日艘卒，所部不下千餘人，合五寨三游可萬兵，領以三副將，其號令一而卒伍強也。自萬曆之季，議省餉而兵不及半，或僅餘三之一，實又不能減也。昔之游戎參將三，今之題授添設者，又幾矣。減寨游之兵而添設內地之營，名為一軍，實不過百夫長者，又不知其幾矣。」[22]福建水師的削減，使海寇無所畏懼，縱橫於海上。

　　明末，荷蘭人開始入侵澎湖和臺灣，對廈門等港口形成極大的威脅。「溟渤周遭繞戍城，蒼蒼寒月海頭生。北風正捲南夷舸，山壘全屯水戰兵」。[23]而後形成海盜與荷蘭人勾結的情況。這對福建民眾的生活影響很大。

> 閩中之海，較浙粵倍衝，何也？論形勢東防作而西防夷，論氣候春夏西南之汛，狡夷豕突思逞，秋冬東北之汛，倭奴虎視生心。昔年失守，又苦倭。近日漳泉戒嚴，又苦夷矣。自紅夷發難，據泊凶地，總鎮徐一鳴親枹鼓堵之於中左所，幸保居民城池無恙，而海上商旅鯨吞殆盡。至總鎮謝弘儀招慣海漁人入察夷情狠貪利而誘之，遂焚紅夷夾板。厥後民窮變起，而海寇無寧日。[24]

21　何喬遠，《鏡山全集》卷二三，〈請開海禁疏〉，福建人民出版社2015年，第674頁。
22　曾異，《紡授堂文集》卷一，〈為三司公賀閩督撫都御史蕭公報政序〉，第46頁。
23　何喬遠，《鏡山全集》卷五，〈鷺城月眺，城為江夏侯周德興所築〉，第171頁。
24　陳祖綬，《皇明職方兩京十三省地圖表》卷下，第41頁。

　　在這種背景下，最好的辦法是擊敗海上入侵者，維護海上秩序。然而，福建巡撫無力對付海盜，便有人主張重新實行海禁，如周之夔說：「一曰禁接濟以絕賊資。夫堅壁清野，兵家所先。賊踪跡在水，其精神未嘗頃刻不在陸；精神在陸而其窠穴又未嘗頃刻敢離水也。彼多掠金錢，所不足者粟米耳。奸民貪數倍之利，陰售之」。他認為，只要禁絕通海：「賊無所得食，必登陸，苟登陸，則失其所恃，失其所恃，則人能制其死命。此司馬仲達之所以困公孫淵也。」[25] 在福建沿海各府，儒者之間的爭論很多。「頻年閩南士大夫，亦有兩種議論，福興二府主絕，漳泉二府主通。各不相下。則何如官為之市，情法可並行也」[26]。但是，天啟年間的東南諸省最終還是採取了海禁政策。例如浙江省的天啟七年三月，「浙江巡撫潘汝禎奏申浙閩沿海船舶往來之禁」。[27] 關於為什麼實行海禁，當時的福建巡撫是這樣說的：

> 題為禁洋船以弭盜源事：……竊惟漳之有洋稅以供本省兵餉，餉不可缺則洋似不可禁。但今日賊之所以號召徒黨而沿海之民趨之若鶩（鶩）者，以洋船為之餌也。查洋稅額征二萬三千四百兩。今歲洋船之出洋者，以四十三隻，而到漳者十隻、到泉者兩隻，他拋泊廣東十隻，溫州一隻，其餘皆為賊奪駕以去者也。計賊所得商貨銀錢已數百萬。凡洋貨皆堅大巨艦，並為賊坐駕以與我兵船格，我兵船不能當也。若明歲不禁洋船，賊又當增數百萬金錢、數十巨艦，藉寇兵而齎盜糧。官所收不過二萬餘金，不足為募兵之費，而賊之利且不貲。此以明歲計之而確然當禁者。況賊惟得利於今歲，又垂涎於明歲。是以從賊之人附而不去，招之不回。若一聞洋船已禁，無所利之，其專舟鴟張之雄即不可散，而其聞風蟻聚之輩行且漸遠。此又以見在計之而確然當禁者。查得天啟四年，因紅夷在海上，曾禁洋船一年。今臣等議將崇禎元年洋商盡行禁止，不許下海，有違禁者，治以重罪。惟恐是洋餉之額，閩中並無他項錢糧可以抵補。但權其緩急，不得以小利貽大害，所謂白刃在前不避流矢者，今日

25　周之夔，《棄草集》卷三，〈海寇策〉，第 594 頁。
26　沈德符，《萬曆野獲編》卷十二，中華書局 1959 年元明史料筆記叢刊本，第 317 頁。
27　余紹宋纂，民國《重修浙江通志稿》，第 94 冊，〈軍事〉，浙江圖書館 1983 年謄印本，第 42 頁。

之謂也。俟崇禎二年賊平另議開禁。至於漳泉之民，以海為生，緣閩地甚窄，覓利於陸地者無門，而洋利甚大，倖脫於虎口者間有，即使十往一歸，猶將僥倖於萬分之一，此番議禁，必有以為不便者。[28]

可見，荷蘭人的入侵是明末福建重新海禁的重要原因。何喬遠說：

> 兼以紅毛一番，時來逼奪，當事者遂有寸板不許下海之令，至以入告，而海禁嚴矣。然海濱民眾多生理無路，兼以天時旱澇不常，饑饉洊臻，有司不能安撫存恤，致其窮苦益甚，入海從盜。其始尚依一二亡命為之酋長，既而嘯聚漸繁，羽翼日盛，海禁一嚴，無所得食，則轉掠海濱，海濱男婦束手受刃，子女銀物盡為所有，而蕭條慘傷之狀，有不可勝言者矣。[29]

然而，由於荷蘭的入侵，福建又不得不增加開支，自「夷訌以來，增兵製器費至二十餘萬。」[30] 這些開支以不同的名目加於百姓身上，又加重了社會危機。這類海禁政策當然會影響福建的對外貿易，福建商人反對激烈，何喬遠正是在這一背景下出面向朝廷提出解除海禁。明朝也曾於崇禎四年（1631 年）一度解禁。不過，隨著劉香的海盜活動變本加屬，福建巡撫再次提出海禁，這一次海禁，直到劉香被平定後才解禁。前後長達十餘年的海禁嚴重影響了福建的海商，《海澄縣志》記載：

> 天啟以來，和蘭請市，盤踞水濱，至四年，當路一意剪除，嚴禁接濟，且悉輟賈舶，使夷無所垂涎。輒寸板不令下水。是秋，夷既遠徙，五年，始通舶如故。乃潢池弄兵，又乘之而起矣。夫舶眾故多豪雄，諸所備禦，亦復精利，小寇當之，未易得志。第臨以大敵，終當氣縮耳。截流橫吞，少不摧碎。然賈人歲歲苦倭，竟在歲歲揚帆，蓋走死地如鶩，乃其經慣。且占風知賊所在，輒從水面改柁，期與賊遠，莫或逢之。則歸而賽神，擂大鼓矣。都下遙度者，以為盜賊縱橫，多為劫掠，賈舶既息，杜其食指，便可了其殺機。於是，

---

28　兵科抄出福建巡撫朱題，《明清史料戊編》，第一本，上海，商務印書館 1936 年，第 4—5 頁。

29　何喬遠，《鏡山全集》卷二三，〈請開海禁疏〉，第 674 頁。

30　蔡獻臣，《清白堂稿》卷三，〈浯洲建料羅城及二銃城議〉，第 16 頁。

　　計臣上章，請嚴海禁，自崇禎改元以後，通舶者僅一歲，他歲悉禁海，而盜賊之出沒，竟不少休，憂世者矯之曰：止盜之法，無如通舶，非惟續命之膏，且亦辟兵之符，蓋舶主而下多財善賈者元不數人，間有憑子母錢稱貸數金輒附眾遠行者，又有不持片錢，空手應募，得值以行者，歲不下數萬人。而是數萬人者留之海上，抵為盜資，散之裔夷，便可少數萬人從賊也。海濱自中賊而後，井里蕭條，有目共睹。僅此貿易遠酋生活，旋復錮之，昔為澤國，今為枯林。[31]

　　可見，由於福建地方官屬行海禁，給人民帶來極大的困難，「泉、漳二郡商民販東西二洋，代農賈之利，比比然也。自紅夷肆掠，洋舡不通，海禁日嚴，民生憔悴」。[32]何喬遠最反對海禁，他說：「竊謂海者，閩人之田也。閩地狹窄，又無河道可通舟楫，以貿遷江浙兩京間，惟有販海一路，是其生業」。[33]海禁使江浙絲綢很難運到福建，造成很多問題。

　　今海上洋禁，百凡猶可。而漳泉之郡，地狹人稠，不仰粟於東廣，則不得食。彼無所掠，則將買粟之船盡數取去，而吾民之饔殍困矣。又如泉州須紙於延平，須酒於建州之類，諸物不敢下船，一從陸地駝挑，而百物之雜用困矣。夫此猶其小者也，行賈者天下之大利也，今天下之人無所不行賈，賈於吳越為盛，吳越之人，利莫大於湖絲，而夷人所欲，亦莫大此，夷人所工者，織屬作絨，而不得湖絲，則無所得下手。其湖絲已成之貨，若綾羅紬緞之類，則彼又斃以為花、為鱗服之，以為觀美。又如江西瓷器，亦彼所好，是洋稅一開，其為商賈之利甚廣且遠，所以生天下之民人也。[34]

　　傅元初繼承了何喬遠的思想，大力反對海禁。

　　海者，閩人之田。海濱民眾，生理無路，兼以飢（饑）饉薦臻，窮民往往入海從盜，嘯聚亡命。海禁一嚴，無所得食，則轉掠海濱。海濱男婦，束手受刃，子女銀物，盡為所有，為害尤酷。[35]

---

31　張燮等，崇禎《海澄縣志》卷五，第366—367頁。
32　沈鈇，〈上南撫臺暨巡海公祖請建彭湖城堡置將屯兵永為重鎮書〉，顧炎武，《天下郡國利病書》第26冊，福建，第31頁。
33　何喬遠，《鏡山全集》卷二四，〈開洋海議〉（崇禎三年在南都作），第687頁。
34　何喬遠，《鏡山全集》卷二四，〈開洋海議〉（崇禎三年在南都作），第687頁。
35　孫承澤，《春明夢餘錄》卷四十二，〈兵部一〉，第40頁。

蔡獻臣也是海禁的反對者，他說：

> 夫閩南福興泉漳四郡，其地濱海，其山海多而田地少，故餬口必資
> 於糴粵。而生計必藉於販洋。然販洋之事，舊嘗以利源開之，而今
> 不免以勾夷禁之。防患非不周也。竊欲詳其利害之大較焉。蓋夷之
> 資我民者，東則布帛、飲食之需，西則繪紆精細之物。而我民之所
> 資於夷者，東洋則日用銀錢，西洋則珍異貴重之品。故我之所挾以
> 往者，資本不必如一，而彼之所酬夫我者，價利不啻數倍，其去則
> 告官而給之引，汛兵止許驗放而需索者有禁。其歸則防護而報之官，
> 貨財照例徵輸而隱漏者有罰。如是則究其所禆於公私者，雖東西不
> 可例論，多寡不可律齊，而要之輸官給餉之外，其主客子錢之所入
> 者，亦必不薄矣。故嘗謂為良民富民計，則洋禁可以不開；為貧民、
> 頑民計，則販洋可以不禁。若曰是恐出而為盜，則其起念皆營本以
> 募利，風水且不恤，曷嘗為不義謀也。又曰是且揮夷而入，則數十
> 年來，紅毛曾入求市矣。誘之果何人也。今且聽指揮城大灣，我民
> 自往市耳，夷固無事入也。餉館舊在漳澄，今漳販仍宜海澄，泉販
> 宜開同安。各以府館輪視之。而聚貨附舟之客，宜各從其便。然漳
> 餉舊止貳萬，今禁新開，客或未集，稍俟船滿百，稅四萬，則半餉
> 閩兵，半解京師，其為軍國之利甚大。而撫按道府，惟嚴飭官兵以
> 驗防其往來而已。故金海澄、李惠安二疏，俱可覆行。[36]

> 閩南山海多，阡陌少，自洋禁嚴，民無生路，曾道公乃與兩臺商確
> （權），權開廣販之路，出則給票掛號，歸則報單輸餉，數載相緣，
> 大非私自越販者比也。故冬不脩船，則不能行，出不掛號，則不敢
> 行。不求食于鄰封，則坐而待斃。此仁人君子之苦心、而有無資本
> 者所自為計也。近聞鄭林二弁有浮言，聞兩臺以越販行查者，夫二
> 弁從鄭副戎驅馳指臂於海上著勞者久矣，戰將也，亦良將也。廣販
> 既有成例，二弁即欲禁，烏得而禁。越販既有明禁，二弁即欲私，
> 烏得而私？且受事大海中者，非止鄭林二弁也。使二弁發廣販船，
> 則道縣有給票徵餉之姓名在，使二弁發越販船，則各遊寨有捉獲首
> 發之官兵在，兩者無一，寧可以不根坐罪？矧二弁素著防禦功於海

---

36　蔡獻臣，《清白堂稿》卷十，〈同紳販洋議答署府姜節推公〉，第64—65頁。

上，而鄭總戎部署素嚴。亦不容網漏於吞舟也。[37]

　　一直到明末，福建官吏還在為是否海禁爭吵，朱元璋的海禁政策對中國的影響是負面的。

　　不過，明末的海禁不能完全實行。「一夥豪右奸民，倚藉勢宦，結納遊總官兵，或假給東粵高州、閩省福州及蘇杭買貨文引，載貨物出外海，徑往交趾、日本、呂宋等夷，買賣覓利。中以硝磺器械違禁接濟更多。不但米粮飲食也。」[38]「今廣東市舶，公家尚收其羨以助餉。若閩中海禁日嚴，而濱海勢豪，全以通番致素封。」[39]張燮說：「每見豪門巨室闌出者多，或有給廣南引去者，有持哨探票去者，又揚旗樹幟，哮吼徑行，而官不敢問者。國家不得操其利權，而私門乃私竊其利孔，豈混一之世所宜哉！先是，閩當事屢以開舶為請，閩紳給事中魏呈潤、御史盧徑為桑梓計，咸疏及之，旨下部。部尚書怯于荷擔，輒誘閩疆議覆，動復逾年。近臺使者疏請甚力，籌利害如列箸。此澄人所延頸踵而望靈澤之降於九閽也」[40]。總的來說，沿海的海外貿易本是大多數民眾都參與的事，他們之中，只有少部分有財有勢者可以買通官吏出海經商，或是有勢力的大家族，官府不敢鎮壓，大多數小民則無以為生。所以，明末的海禁非常不利於福建商民。曾異說：

> 竊惟七閩全省之為邦，而四郡一州皆附海，惟漳泉二府地則少而民則多，且荒疫連年，賦愈加而生愈蹙，乘船下海，出門既易以為奸，買犢賣刀，仰屋又無以自給。故嘯聚於風濤萬里之外，時出沒於福興二郡之間。且銅山與潮惠為鄰，而福寧乃溫台接壤，南走廣而北走浙，彼此業易以相推將與市，而卒與和出入，公然而無忌，或寨或遊。[41]

在這種背景下，當海盜比當良民容易發財。

　　漳泉二郡以通番作賊為生理，慣通番者，得其大銃利刀堅甲以作賊。

---

37　蔡獻臣，《清白堂稿》卷十，〈與關耐菴海道公書〉，第63頁。

38　沈鈇，〈上南撫臺暨巡海公祖請建彭湖城堡置將屯兵永為重鎮書〉，顧炎武，《天下郡國利病書》第26冊，福建，第31頁。

39　沈德符，《萬曆野獲編》卷十二，第317頁。

40　張燮等，崇禎《海澄縣志》卷五，第366—367頁。

41　曾異，《紡授堂文集》卷六，〈海寇平賀某撫公啟〉，第16頁。

去截各處通番之貨，而入番歸，劫各處通番之銀以聚眾。因而流劫
海船，捉人取贖，捉船為哨，分舵滿海，乘間上海澳燒兵船，入內
港焚室廬，而寨遊無一敢問者。……漳泉為鄭芝龍殘破矣，福海又
為周三鍾六諸賊騷掠，民不聊生。[42]

結果海上大亂：

且蹈海貧民，不如販海富民之為患，而他日外寇更甚。今日內寇之
可虞，今內地奸人以通倭為外府，而要津巨室，皆接濟之主。藏賊
可殺，而商不可盡誅，寇易平而豪未易卒問，始則為利，後漸生端，
界在華夷，互相勾引，誠恐嘉靖末年之變，將為閩地後日之憂。[43]

可見，海禁打亂了民間經濟的循環，導致許多民眾無以為生。天啟崇
禎年間，福建的民眾起義風起雲湧，下海為寇者越來越多。

漳泉事體與福海不同，賊出自漳泉者以百姓為勢家魚肉，又因米貴，
故多從賊，故處漳泉之法在收拾人心。以散賊黨，福興苦南賊為
害。[44]

施琅的傳記寫到：「會泉郡山寇四起，當事稔公（施琅）能，命率師
剿捕。揮戈一指，賊亡魂潰散。後先廓清山寨三百餘所，活民命不勝計。」[45]
從泉州府有 300 多所反抗官府的山寨來看，崇禎年間的泉州極為混亂。在
這一背景下，老百姓下海為盜，並非不可理解。如史科都給事中王家彥說：

嘗觀海內地勢，自江南以北，沃野千里，不溝不洫。因歎閩省海壖，
地如巾帨，民耕無所，且沙礫相薄，耕亦弗收。加以年荒賦急，窮
民緣是走海如鶩（騖）。長子孫于唐市，指窟穴于臺灣，橫海鷗張。
如先年周三、李魁奇、鍾斌等，其最毒者也。

崇禎五年，劇賊劉香復徑逼五虎門，掠閩安鎮，幾搖省會。計自漳
之福滸至省，不知歷幾寨幾遊，而中左居漳泉兩府之間，為全省之

---

42　董應舉，《崇相集》書四，〈寄張蓬玄〉，第 53 頁。
43　曾異，《紡授堂文集》卷六，〈海寇平賀某撫公啟〉，第 18 頁。
44　董應舉，《崇相集》書四，〈與海道徐公書〉，第 58 頁。
45　施德馨，〈襄壯公傳〉，錄自施琅，《靖海紀事》，臺北，臺灣省文獻委員會
　　1995 年刊本，第 23 頁。

> 門戶，綜來為賊所從入之逕，扼抗宜嚴，今幸數載小康，而流氛未
> 殲，到處震驚，且山箐嘯聚者，亦復時撲時起。吸浪之鯨，伺隙易
> 動，網繆之策，不可不講。[46]

這些海盜中，其中以盤踞臺灣北港的海盜袁進、李忠最有名。[47]

袁進與李忠被招降後，不久又有海盜發生，「天啟元年，有慣走倭國
巨賊總管大老、大銑老、嗚嗜老、黃育一等，因領島酋貨本數千金，為其
黨我鵬老所奪，不敢復歸，竟據東番北港擄掠商船，招亡納叛，爭為雄長。
撫院商周祚遣將領密訪出唐賊、黃十二、黃應東，與接濟奸徒郭臺潮、洪
疊飛等擒獲收禁，令副總、坐營等官親督哨前往雞母澳，追至彭山外洋，
擒獲賊首黃色彩、假倭鹿筋、吳發等二十四名。餘黨南遁。八月，諸將追
至粵東錢澳海洋，生擒賊眾八十餘名，陣斬點賊蜈蚣老首級一顆」。[48] 由此
可見，袁進、李忠之後，臺灣的海盜並未斷絕，此後又有「楊祿、楊策、
鄭芝龍、李魁奇、鍾斌、劉香相繼為亂」，其中，又以鄭芝龍最為著名。
他們都以臺灣為其巢穴，施琅論說道：

> 明季設澎水標於金門，出汛至澎湖而止。臺灣原屬化外，土番雜處，
> 未入版圖。然其時中國之民潛往生聚，已不下萬人。鄭芝龍為海寇，
> 據為巢穴。及崇禎元年，芝龍就撫，借與紅毛為互市之所。紅毛聯
> 結土番，招納內地民，漸作邊患。[49]

這些來自臺灣中部的海盜後來由鄭芝龍率領，他們往往在荷蘭人支持
下騷擾福建沿海，給閩粵兩省帶來很大問題。

## 第二節　鄭芝龍集團的海盜活動

按照傳說的說法，天啟年間，鄭芝龍隨顏思齊進入臺灣，成為一名海
盜。此後，他的海寇隊伍大發展，形成對閩粵二省的巨大威脅。

---

46　孫承澤，《春明夢餘錄》卷四二，〈兵部〉，第 36 頁。
47　徐曉望，〈晚明臺灣北港的事變與福建官府〉，臺北，《臺灣源流》2005 年冬季刊。
48　曹學佺，《曹能始先生石倉全集》，《湘西紀行》卷下，〈海防〉，第 46 頁。
49　趙爾巽等，《清史稿》卷二百六十，〈施琅傳〉，第 9866 頁。

## 一、入臺為盜的鄭芝龍海寇集團

　　在天啟、崇禎年間，由於荷蘭人的入侵，福建地方官厲行海禁，長達數年；海禁給人民帶來極大的困難：「泉、漳二郡商民販東西二洋，代農賈之利，比比然也。自紅夷肆掠，洋舡不通，海禁日嚴，民生憔悴。一夥豪右奸民，倚藉勢宦，結納遊總官兵、或假給東粵高州、閩省福州及蘇杭買貨文引，載貨物出外海，徑往交趾、日本、呂宋等夷買賣覓利。中以硝磺器械違禁接濟更多。不但米飲食也。」[50] 但是，沿海的海外貿易本是大多數民眾都參與的事，他們之中，只有少部分有財有勢者可以買通官吏出海經商，或是有勢力的大家族，官府不敢鎮壓，大多數小民則無以為生，所以，他們只好下海為盜，擄掠為生。《南沙文集》云：「明末賦繁課重，閩廣流民悉遁海上為盜，而最勍者惟鄭芝龍。芝龍字飛虹，福建南安人……振泉死，眾推芝龍為魁，海上無賴奸民咸歸之。娶倭婦，於天啟四年甲子生子成功。」[51]

　　鄭芝龍何時入臺為盜，各說不同。朱仕玠說：「天啟元年，漢人顏思齊為東洋國甲螺（東洋即今日本，甲螺即頭目之類）。引倭屯於臺，鄭芝龍附之，尋棄去。」[52] 該說被《香祖筆記》、《古今圖書集成》方輿志第1109卷等書引用。大約，顏思齊於天啟元年進入臺灣是可信的，《蓉州文稿》云：「臺灣海中番島……明萬曆間，海寇顏思齊，據有其地，始稱臺灣。思齊剽掠海上，倚為巢窟。臺灣有中國民，自思齊始。」按，萬曆時的臺灣海寇，如前所述，有林道乾、林鳳、袁進、沈國棟之流，但其中並沒有顏思齊，所以，一些材料認為顏思齊是天啟元年才進入臺灣，這是可信的。不過，天啟元年，鄭芝龍有沒有跟隨顏思齊到臺灣，則是可以商榷的。因為，鄭芝龍之子鄭成功是在天啟四年出生於日本平戶，比較合理的說法應是鄭芝龍於天啟元年還在日本，跟隨李旦做生意。由於李旦的船隻經常出沒於臺灣，因生意關係，鄭芝龍不時往來於臺灣日本之間。天啟二年，荷蘭殖民者突襲澎湖，福建巡撫商周祚無力解決這一問題。天啟三年，新任

---

50　沈鈇，〈上南撫臺暨巡海公祖請建彭湖城堡置將屯兵永為重鎮書〉，顧炎武，《天下郡國利病書》第 26 冊，福建，上海，商務印書館四部叢刊本，第 31 頁。

51　洪若臬，《南沙文集》卷五，〈海寇記〉，清刊本，第 68 頁。

52　朱仕玠，《小琉球漫誌》卷二，〈海東紀勝・上〉，臺灣文獻叢刊第 3 種，第 1 頁。

福建巡撫南居益上任，他請出俞大猷幼子俞咨皋任福建大都督。在俞咨皋的主持下，通過許心素等人，迫使與臺灣有關係的李旦出面調解雙方關係。李旦手下，鄭芝龍會葡萄牙語，自然跟隨李旦來到臺灣、澎湖之間，給李旦和荷蘭人之間當翻譯。荷蘭史料有關係於鄭芝龍的記載。後來，鄭芝龍成為海寇，讓荷蘭人十分驚訝。其後，荷蘭人於天啟四年轉移到臺灣的北港一帶，築堡自守。而鄭芝龍加入了臺灣海寇的隊伍。伊士俍的《臺灣志略》云：

> 天啟五年，海寇顏思齊入臺灣，鄭芝龍附之。而荷蘭之據臺灣自若。思齊引倭奴剽掠海上，與荷蘭共有臺灣之地以為巢穴。又所部屬多中土人，中土人之入臺灣自思齊始。時芝龍弟芝虎亦為海寇，並附思齊。思齊死，賊眾立芝龍為長。於是鄭氏遂有臺灣之地。[53]

鄭芝龍在海寇中發展很快：《談往》一書云：「南塾乘曰：『芝龍娶長崎婦生成功』；而據《華夷變態》，長崎婦，芝龍妾，與成功母異。無幾，去之臺灣，共弟芝虎入振泉黨曰：『請為我許一發艦而劫略，獲之多寡，得以卜我命』。振泉許之，眾亦相佐。俄而，劫得暹羅好貨四船。芝龍分每艘半與九酋。九酋以芝龍所請得，不受，悉畀之。於是芝龍富甲十寨矣。」[54]

總之，天啟四年的鄭芝龍行徑詭異。他一方面給荷蘭人做翻譯，另一方面，他已經成為臺灣海盜的首領之一，還在日本有妻室，成為三面玲瓏之人。天啟五年（1625年），顏思齊死於臺灣，而李旦也於同年死於日本，臺灣海盜群龍無首，推鄭芝龍為魁。天啟五年，荷蘭人武裝海盜船到馬尼拉沿海打劫商船，鄭芝龍亦在其中，並成為海盜首腦。此時鄭芝龍不過21歲，為何他能成為海盜首腦？這是因為：其一，當時海盜隊伍的人數不多，顏思齊的部下，也許不過幾百人或上千人而已；其二，臺灣的海盜兼營商業，不僅在臺灣海峽搶劫，還到日本經商，搶劫誰都會，經商卻不是一般人都會的。鄭芝龍是一個天生的商人，只有他才適合這個亦盜亦商的位置；其三，鄭芝龍三兄弟結夥，在海盜隊伍中形成巨大的勢力。鄭氏兄弟中，

---

53　李元春，《臺灣志略》卷一，第2頁。
54　川口長孺，《臺灣割據志》，第5頁。

老大是鄭芝龍，老二是鄭芝虎，一般人認為老三是鄭芝鳳。實際上，鄭芝龍兄弟的老三應是神祕人物鄭爵魁！據史料記載，鄭爵魁在鄭芝龍降明之後，竟然跟著李芝奇再次叛明下海，後不知所終。從其能夠裹脅海盜下海造反來看，他在海盜隊伍中有一定影響，這表明鄭爵魁是海盜中的早期人物。俗話說「打虎三兄弟」，鄭芝龍三兄弟都在海盜隊伍中，當然具有重大影響。其四，鄭芝龍會說荷蘭話，可與荷蘭人打交道，從荷蘭處拿到裝備。事實上，鄭芝龍與荷蘭人的第一項合作是襲擊駛往馬尼拉的福建商船。福建官府的史料說鄭芝龍的船上配備大砲，在數里外就可擊破官軍的船隻，這類大砲，應是荷蘭人分給鄭芝龍的。能夠得到荷蘭人的大砲，足以讓鄭芝龍在海盜中建立威信。

## 二、鄭芝龍集團的海寇活動

福建自荷蘭殖民者入侵之後，實行了海禁，海禁切斷福建與鄰省的海上聯繫，沿海城市需要的物資的來源也被切斷，老百姓不得不起來造反。明末福建沿海，市鎮密集，很容易遭到海寇的襲擊：「閩北自沙埕、南達南澳，上下幾二千里。其人皆沿海而居，烟火相連、市鎮互錯，賊無時無處不可焚掠。」[55] 最早的海盜群中，鄭芝龍並不出名。《明實錄》天啟六年記載：

> 戊戌，先是，閩中自紅夷發難後，姦民隨處生心，招徒結黨，稱王稱國；而楊六、蔡三、鍾六等擁眾海上幾數千人，楊六尤桀黠稱雄。福建巡撫朱欽相檄總兵俞咨皋會兵進勦，賊稍稍遁入東粵；督臣商周祚亦大發舟師，南北夾擊，賊始窮促。於是蔡三走日本，鍾六為楊六併殺，亦屏息東番；楊六遂率其黨三千餘人、大小戰船七十二隻，詣俞咨皋乞降。[56]

相對楊六等人而言，鄭芝龍要算小輩了。鄭芝龍成為臺灣海寇首領，應是天啟五年的事。但是，他的運氣很好。天啟年間福建大饑。同安縣令

---

55　集體編，《明實錄閩海關係史料》，〈熹宗實錄〉，天啟六年。臺灣文獻叢刊第 296 冊，第 141 頁。

56　集體，《明實錄閩海關係史料》，〈熹宗實錄〉，天啟六年。《臺灣文獻叢刊》第二九六冊，第 141 頁。

曹履泰說：「兩年之內，惟去春僅有半收。夏秋亢旱，一望皆赤。至今年三月間纔雨。鄉村艸根樹皮食盡。而揭竿為盜者，十室而五，不勝詰也。」[57]「會閩洊饑，芝龍截商民船，多得米粟，求食者競往投，賊眾至數萬。」[58]鄭芝龍一下發展到數萬人，就使他超越了其他海盜。董應舉說：「鄭芝龍之初起也，不過數十船耳。至丙寅（天啟六年）而一百二十隻，丁卯（天啟七年）遂至七百，今（崇禎初年），并諸種賊計之，船且千矣。若曰禁接濟以絕賊餉道，餉道絕矣，何以一年而賊加十倍乎？豈非驅吾民以與之耶！彼以恤貧誘人，我以禁粟驅民，此芝龍諸賊所鼓掌而笑也。」[59]兵部尚書馮嘉會因言：「閩昔患夷，今乃患寇。昔患賊與賊合，今患賊與民合、且與兵合。何以言之？內地姦宄，窟海為生；始而勾引，既而接濟，甚至代為輸轉：所謂『賊與民合』者故也。」[60]因此，明末的東南海盜已經成為明朝的心病：「東南海氛之熾，與西北之虜，中原之寇，稱方今三大患焉。」[61]

鄭芝龍勢力增大之後，屢次擊敗福建水師。按，明代的福建水師已經相當腐敗。當時福建水師的船隻大都不堪使用。池顯方揭露：「夫水師之取勝者，恃船高而器利也。今船多脆薄，器多窳鈍，弊在修船造器之金，半入本弁衙胥之手，致哨捕仍舊物以抵塞，逋行戶而不還，每犁賊船而我船先傷，或觸賊刃而我刃先折，以船兵不足之額而強之出征，使手器未諳之人而有以藉口。」[62]這類船隻當然無法抗禦鄭芝龍以民船為基礎的海寇武裝。池顯舟哀歎：「今賊舟數百隻，更堅於戎舟，每舟百餘人，又倍于軍士，至費攻擊艱衝犁。」[63]其時鄭芝龍繳獲福建水師的船隻，不是將其補充自己的軍隊，而是將其焚毀，因為駕駛這類破舊老船，實在是太危險了。可見，在器械、船隻方面，鄭芝龍遠勝明朝水師。按，明代的福建水師本是力量強大的一支骨幹力量。但在明代後期，水師軍官剝削水兵很厲害，導致普

57　曹履泰，《靖海紀略》卷一，〈答朱明景撫臺〉（譚一馮，初到任），臺灣文獻叢刊第 33 種，第 3 頁。
58　邵廷寀，《東南紀事》卷十一，〈鄭芝龍〉，第 131 頁。
59　董應舉，《崇相集》議二，〈米禁〉，第 67 頁。
60　集體編，《明實錄閩海關係史料》，〈熹宗實錄〉，天啟六年。臺灣文獻叢刊第 296 冊，第 141 頁。
61　國立中央研究院歷史語言研究所，《明清史料乙編》，第八本，海寇劉香殘稿二，上海，商務印書館 1936 年，第 701—708 頁。
62　池顯方，《晃巖集》卷二一，〈熊中丞〉，第 407 頁。
63　池顯方，《晃巖集》卷二一，〈熊中丞〉，第 406 頁。

通人不願當兵。萬曆末年福建巡撫黃承玄說：

> 一恤水兵以起凋敝。夫閩海之禦倭，其用則水兵急而陸兵緩。其事則陸兵逸而水兵勞，乃其餉則陸兵厚而水兵獨薄。彼其出沒波濤之中，身試鯨鯢之窟，即使盡沾實惠，尚慮勇壯者裹足不前也。乃見面有例，公費有例，賠汛有例，又代為稱貸厚息，扣償月餉，所餘十不得其三四。且近年有免汰減餉之議，收汛又概齣其一錢，彼又何苦以軀命所博之微餉，徒為債帥充囊、債主生利哉！老弱者計無復之，姑寄糧糊口，壯勇者勢不能忍，有相率掉臂而去耳。乃摠哨捕盜，復通同隱匿，既避逃伍之罰，又冒懸額之糧。是免汰之說徒割見在之食，以飽虛冒之腹也。吾方慮無餉之兵，難與救死，而彼且利無兵之餉，可以自肥。大非立法初意矣。請自今挑選之後，仍復其原餉九錢，而每次汛畢，不妨仍核其懦怯者而簡汰之，第向之汰。惟其數，不惟其人。今之汰，惟其人，不惟其數。蓋與其嗇于給餉而寬于冒餉，固不如豐于養士，而嚴于選士也。顧餉增矣，而不嚴禁培尅，則所謂九錢者猶委之谿壑耳。欲嚴培尅之禁，當清科派之源，向來錮弊，難以盡舉，即一哨官之補，而費以百計。一色總之補，而費以數百計，此非事科斂，將焉取之？況染指一嘗，揚眉難冀，即有不法，誰能過而問焉。故今日一切陋規，必大將謝絕不行，而後路將以下可禁也。必路將防館謝絕不行，而後摠哨以下可禁也。[64]

軍隊內部的剝削達到如此地步，要讓這支軍隊打勝仗是很難的。事實上，他們也消極殆戰。「賊之初來，不過數船，見兵船不敢出，便捉人索贖，擄船為用，擄強壯為役，分綜出哨，遂至滿海是賊。其實一船不過數賊。餘皆被擄，不得手持寸木之人耳。賊所索贖火藥紬緞，五色布，鞋襪絲線，豬羊酒而已。火藥硝磺，則有通番人買與及兵船被搶，不敢報官，亦以火藥數千斤贖回。亦有殘兵被剝，窮極無聊而為賊者。」[65]尤其在荷蘭人退往從澎湖退往臺灣後，福建省馬上裁軍：「自紅夷已靖，閩以乏餉故，盡撤新兵。凡新兵皆市井亡命，狗吠而雞鳴者；一隸行伍，心膽益粗。撤之使去，去將安適？計有浮梁剽掠而已。其與我兵向皆熟識，以其類群間同貓

64　黃承玄，〈條議海防事宜疏〉，《明經世文編》卷四七九，第5271—5272頁。

65　董應舉，《崇相集》書四，〈與熊撫臺書〉，第46頁。

鼠：所謂『賊與兵合』者此也。」[66] 可見，有許多被裁減的士兵因沒有生路而參加海盜。在這個基礎上，鄭芝龍屢戰屢勝。不過，鄭芝龍讀過幾年書，知道海寇之路必有終結之時，因此，他的作為與他人不同。「今龍之為賊，又與祿異。假仁、假義，所到地方，但令報水，而未嘗殺人。有徹貧者，且以錢米與之。其行事更為可慮耳。」[67]

既然無法戰勝海寇，福建官吏便想祭用古老的招安之策。為了安撫鄭芝龍，他們請出與鄭芝龍有些關係的蔡善繼還任興泉道。「以蔡善繼嘗有恩於芝龍，令作書招之。芝龍感恩，為約降。及受降之日，善繼坐戟門，令芝龍兄弟面縛請命。芝龍素德善繼，屈意下之；然芝虎一軍皆譁不服，故竟叛去。」[68] 按照一些記載，鄭芝龍以後還讓同為海寇的楊祿、楊策先行投降，企圖通過二楊打通官府的關係，進而整體投降。然而，楊祿、楊策投降俞咨皋之後，不為鄭芝龍說話，反而阻擾鄭芝龍與官方的聯繫，弄得鄭芝龍大怒，再次出兵。

天啟六年，鄭芝龍攻擊廈門及漳州沿海。「把總茅宗憲無備，芝龍縱兵殺略官民舍屋。四月，巡撫朱一馮入境，遣都司洪先春率舟師擊之，而以把總許心素、陳文廉為策應，鏖戰一日，勝負未決。會海潮夜生，心素、文廉船漂泊失道，芝龍度之，竊遣兵上山，詐為鄉兵出先春後；先春腹背受敵，遂大敗，身被數刃。然芝龍故有求撫之意，欲微達意，故舍先春。」其後，福建巡撫派出盧毓英作戰。關於這場戰鬥，《廈門志》引用《東平紀略》的記載：「巡撫朱一馮檄（盧）毓英會勦。芝龍分遣諸弟芝虎、芝豹扮商船散泊島美、浯嶼、東椗各澳，及戰，毓英輕敵被擒；芝龍不殺，且露就撫意，縱之歸。毓英白其情，俞咨皋不聽，被劾下獄。」[69]

按俞咨皋為俞大猷幼子。萬曆三十七年（1609 年）武舉，襲父職為衛指揮僉事。最初在海壇任職，以後逐步升遷。俞咨皋幼年時，俞大猷逝世。因此，俞咨皋未能得到俞大猷真傳，謀略武功皆無法與俞大猷相比。後因

---

66　集體編，《明實錄閩海關係史料》，〈熹宗實錄〉，天啟六年。臺灣文獻叢刊第296 冊，第 141 頁。

67　曹履泰，《靖海紀略》卷一，〈答朱明景撫臺〉（諱一馮，初到任），第 4 頁。

68　川口長孺，《臺灣割據志》，第 6 頁。

69　周凱、凌翰等，道光《廈門志》卷十六，〈舊事志 · 紀兵〉，鷺江出版社 1996 年標點本，第 529 頁。

廈門被鄭芝龍攻克，俞咨皋被免職下獄，坐牢多年，幸遇赦出獄，老死家中。

　　天啟七年六月，鄭芝龍的海盜隊伍迫近廈門。關於這場戰鬥，同安縣令曹履泰的記載略有不同：

> 陳副戎率船一百念隻抵銅山會剿，盡行收入小港，先自立于死地矣。十九日因散糧，各兵登岸，失于哨探。賊初以二小艇假作漁人，泊近兵船，遂舉火，未幾而大艦齊至。彼乘風而來，此關風而不能出矣。把總宋九龍被害。焚毀之餘，陳副戎止剩三十六船，奔入中左。念二日，賊直抵內地，約有二百餘船，橫行無忌。其最毒者，徧搜各港民兵船，而一並焚之，以絕我追躡之具耳。數日之內，陳副戎與俞總鎮閉門不出，蓋亦不能出也。鄭賊對居民歷數俞負約之罪，必得楊祿、楊策、許心素而後去。其執說如此。至念七日，放回兵船三隻。聞賊與一武弁有舊，故以此市德，實非奪之而歸也。是日午間，賊聞外洋有番船，遂率諸船出外劫掠，而內地仍有賊哨，乘潮往來各港，令人報水。廿八日，各港稍寧，漁民敢於出捕。鄉民攜入城者，漸亦還家。於是，俞總鎮飛報在舖者一切撤回。其意未知何若耳。[70]

　　廈門的水師是福建水師的精華，這支隊伍被鄭芝龍擊敗，表明鄭芝龍已經控制了福建沿海。而福建水師又是明朝水師中最強的一支，鄭芝龍壓服了福建水師，他在中國沿海縱橫，已經沒有對手。崇禎元年兩廣總督說：鄭芝龍「狡黠異常，習於海戰；其徒黨皆內地惡少，雜以番倭剽悍，三萬餘人矣。船器皆製自外番，艨艟高大堅緻，入水不沒，遇礁不破，器械犀利，銃礮一發，數十里皆碎。」[71]面對如此強大的勢力，明朝官府束手無措。其實，在招撫鄭芝龍之前，俞咨皋還招撫了楊六、楊七等人。「楊六遂率其黨三千餘人、大小戰船七十二隻，詣俞咨皋乞降；遣指揮王應選宣諭，一時歸農者二千人，楊六等願勦賊自效。撫臣朱欽相以聞，兼敘總兵俞咨皋等將士之功。」[72]然而，楊六、楊七根本不是鄭芝龍的對手。鄭芝龍攻擊廈

70　曹履泰，《靖海紀略》卷一，〈答朱明景撫臺〉（諱一馮，初到任），第4頁。

71　崇禎四月三日，〈兵科抄出兩廣總督李題〉，載《明清史料乙編》第七本，第615—616頁。

72　集體編，《明實錄閩海關係史料》，〈熹宗實錄〉，天啟六年，臺灣文獻叢刊第

門時，楊六、楊七率千餘人部下逃得無影無蹤。周昌晉評論福建水師首領
俞咨皋等人：

> 咨皋精神伎倆，不用於血戰死綏，而用之約和招寇，臣於天啟六年
> 入閩，至四月間楊六、楊七橫行海上，燒我兵船，正在議勦，而咨
> 皋聽奸棍許心素計，誘之使降，撫臣朱欽相用權宜令殺他賊自贖，
> 臣凜凜憂之。故撫臣會薰到臣，臣疏有云：「閩之地曠船稀，兵脆
> 餉匱，海上群盜，如農夫去草，時薙時生，且撫且勦，固不再計而
> 決。」又言：「海上將士無狃已安，警戒防禦，常恐盜賊之生發，
> 以待於未事之先。」臣言亦已驗矣。原欽相之意，以閩之兵將積弛
> 已久，未易言剪滅，姑借撫以解散之，不虞用撫之權尚未竟撫之局，
> 而欽相削奪去矣。後來撫臣朱一馮熟知撫之非計，一意殺賊。而咨
> 皋在行間，惟有舊策，且謂賊無大志。裨將又恃咨皋而不設備。撫
> 臣言勦，大帥言撫。大帥虛聲在勦，實着在撫。賊未來，既不能勦；
> 賊一來，又無可撫。而天啟七年五月內，九十餘隻兵船先後付之一
> 炬矣。[73]

可見，當時閩粵官府對鄭芝龍已經沒有辦法了。不過，鄭芝龍一意求
撫，救了這班官吏。

## 第三節　鄭芝龍集團降明的歷史意義

在明代官府看來，鄭芝龍降明是一個意外之喜，也對他的行動有些疑
惑：畢竟，當時的閩粵水師已經無法阻擋鄭芝龍的行動，假使鄭芝龍攻擊
閩粵一帶的城鎮，只怕也沒有相當的力量可以抵擋。其實，鄭芝龍降明是
中國海商對自己長遠利益的考慮，因為，只有和官府的力量結合，中國海
商才能面對海外力量的侵略。

### 一、鄭芝龍接受明朝的招撫

明末的多種著作都說鄭芝龍降明出於自願。然芝龍故有求撫之意，欲

---

296 冊，第 141 頁。

73　〈兵科抄出江西道御史周昌晉題〉（崇禎元年四月初七日行訖），《明清史料戊編》
　　第一本，第 5—6 頁。

微達意，故舍先春；進至中左所，俞咨皋戰敗，又縱之；約束麾下，竟不侵擾。警報至泉州，知府王猷謂：「芝龍之勢如此，而似有歸罪之萌，今剿之，難猝滅，撫或可行；不若遣人往諭退舟海外，仍許立功贖罪，有功之日，優以爵秩」。興泉道鄧良知從之，遣人諭意。朱一馮上疏謂：「閩中官兵因循養癰，使賊勢益張，我氣遂奪。今欲發援兵，船與兵共損失，造募動費時日，而帑藏若洗，束手共困。臣暫借布政司庫銀，解咨皋債船，以圖再舉。」[74]

《廣東通志・王猷傳》記載：

> 王猷，字印方，東莞人。……出知泉州。值鄭芝龍擁眾逼城，猷督兵屢挫其銳。芝龍退兵求撫，猷集在籍大學士史繼階等二十八人議剿撫兩策，日旰未決，少保黃克纘以問猷，猷曰猷守臣也。知有守耳。御史蘇琰因言守以盡守土之職，撫以紓目前之憂。於是議遂定。猷開示恩信，芝龍遂就撫。[75]

按，鄭芝龍是泉州南安縣人，他作戰一直有意避開家鄉，所以，他不太可能率軍隊攻擊泉州，最多是一些散亂的海盜船不聽號令，進入泉州。所以，所謂王猷挫敗鄭芝龍於泉州城外，可能有些誇張。事實上，由於鄭芝龍大兵臨城，泉州知府王猷請來泉州籍的退休官僚一起商量辦法，由大學士史繼階、少保黃克纘等人共同決斷招安。「鄉紳王侍郎志道，亦以為然。」[76]可見，地方縉紳也是支持招安的。不過，屢戰屢敗的俞咨皋受到處罰。《臺灣割據志》云：

> (明)崇禎元年戊辰正月，工科給事顏繼祖上疏劾俞咨皋曰：「海寇鄭芝龍生長于泉，聚徒數萬，刦富施貧，民不畏官而畏盜。總兵俞咨皋招撫之議，實飽賊囊；舊撫朱欽相聽其收海盜楊六、楊七以為用。夫撫寇之後，必散于原籍；而咨皋招之海、置之海，今日受撫、明日為寇。昨歲中左所之變，楊六、楊七杳然無蹤，咨皋始縮舌無辭。故閩帥不可不去也」。疏入，逮咨皋下于理。芝龍泉人，

---

74　川口長孺，《臺灣鄭氏紀事》卷上，第6—7頁。
75　郝玉麟等，乾隆《廣東通志》卷四十五，〈人物志二・廣州府・王猷傳〉，第140頁。
76　林時對，《荷牐叢談》卷四，臺灣文獻叢刊第153種，第155—156頁。

故侵漳而不侵泉。漳人議勦、泉人議撫，兩郡異議紛然；芝龍愈橫。於是朱一馮、朱欽相亦被逮治。[77]

其實福建官場對俞咨皋的不滿已經很久了。御史周昌晉說：

為照閩寇之得以猖獗，非其伎倆真能勝我也，祇因沿海居民，外通賊寇，內洩軍情，如許心素者實繁有徒。又如楊六等不能殺賊自贖，又且與賊相通，故我之虛實彼得預知，每每為所乘耳。今欲決意會勦，則許心素、楊六等當速拏正法，勿令漏網。夫然後連絡閩、粵、浙江三省，共為聲援。[78]

據《崇禎實錄》的記載：為了鎮壓鄭芝龍，官府重新實行海禁政策。「三月……甲子禁漳泉人販海。以御史周昌晉言：先禁海寇，必先除內地之奸，故有是命。」「海盜鄭芝龍掠福建浙江海上。御史戴柏上言：要地宜防，奸民宜絕，私船宜禁，軍餉宜清，保甲宜申，鄉兵宜練。章下所司。」[79]崇禎元年六月，在福建巡撫熊文燦的主導下，官府再出祭出招安之策：

丁未議招海盜鄭芝龍。芝龍本賽人子，流入海島，倭主女妻之。一日挈舟亡歸。無賴羣附求返內地。軍師納其金爽約，遂寇掠海上。[80]

以上關於鄭芝龍的情報，應當是熊文燦提供的，其事原為天啟六年鄭芝龍託楊祿、楊策招安，為其所賣。官員添油加醋，將鄭芝龍塑造成一個一心歸國，被迫為盜的形象。這對招安鄭芝龍是有利的。據當時人的記載：鄭芝龍最終投降明朝，是何喬遠起了重要作用。「戊辰、己巳間，鄭芝龍肆氛海上。喬遠開誠約束，欣然就撫。」[81]在何喬遠的文集中有一篇〈謹瀝林壑微忠疏〉，其中提到鄭氏兄弟：「又臣本貫海賊鄭芝龍、芝虎之輩，皆臣招安。彼時必藉臣一言為信。臣臨行時，鄭芝龍語臣，欲自備火器，領人二千，皆平日手下驍健者，前來為皇上殺賊，求臣薦舉以聞。」[82]他還

77　川口長孺，《臺灣割據志》，第 7 頁。

78　〈兵科抄出江西道御史周昌晉題稿〉，崇禎元年四月初七日行訖，《明清史料戊編》第一本，第 5—7 頁。

79　佚名，《崇禎實錄》卷一，崇禎元年五月乙未。

80　佚名，《崇禎實錄》卷一，崇禎元年六月丁未。

81　李清馥，《閩中理學淵源考》卷七五，〈（廣平府知府）司徒何鏡山先生喬遠〉，文淵閣四庫全書本，第 13 頁。

82　何喬遠，《鏡山全集》卷二三，〈謹瀝林壑微忠疏〉，第 663 頁。

有篇〈與鄭芝龍書〉：

> 久聞足下奇男子也，茲又善作善收。非豪傑智士，其孰能然？凡足
> 下諸情，已具在當路與吾輩諸鄉紳中，不待多贅。但在左右尚有萬
> 餘人，不審是否？足下有一片慰懷，不肯妄殺荼毒鄉里，則人人知
> 之矣，但既有萬餘人，安肯盡體足下之心？或有求暖口體者，或有
> 求財貨者，此其勢非殺掠搶奪，惡能得之？譬如足下每書來，輒歸
> 鄉紳門幹害人。鄉紳俱是守分安坐，門幹害人何以知之？足下今日
> 徒眾如此之多，俱是窮民頑民，逃兵逃罪，甘言好語，歸順足下，
> 為海上大王，足下亦樂有其名而順受之耳。此正如鄉紳門幹害人，
> 而鄉紳不知也。吾為足下計，既有一片歸順之心，更無反背之理。
> 吾當道鄉紳，既有真心，更必無欺詐之謀。足下此時囊橐尚滿，何
> 不略散些銀，付其還家，以為新春維新之計量？留千餘人立功候命，
> 則人口甚寡，所費不多，海邊之人亦得寧靜。不然，坐食山崩，囊
> 橐不足赴應，雖欲禁其殺掠搶奪，亦不可得也。如此則不義之名歸
> 之足下，猶宦幹害人而不義之名歸之鄉紳也。世間有奇男子，心中
> 切切一見。若來歸之日，定有時也。菩薩三酋引意，臘月廿四日，
> 鏡山老人具。[83]

　　從信中「譬如足下每書來，輒歸鄉紳門幹害人」這句話來看，鄭芝龍
在降明之前，與何喬遠的通信多封，該信僅是其中一封而已。在這封信裡，
何喬遠勸鄭芝龍花錢遣散部下，僅留千餘人便可。而鄭芝龍在與何喬遠的
信中，屢屢指責鄉紳手下的「門幹」危害鄉人，卻放過原該負更大責任的
鄉紳，顯然是在為發展與鄉紳的關係鋪路。《明史・莊烈帝本紀》記載：
元年秋七月「癸未海寇鄭芝龍降」。九月，官方記載：「海盜鄭芝龍降，
工部給事中顏繼祖言：芝龍既降，當責其報效。今後切勿用閩人。從之。」[84]
總之，在福建巡撫熊文燦任上，鄭芝龍投降了明朝。不過，原來福建答應
鄭芝龍的官職是福建防海游擊，迄至鄭芝龍投降之後，他的部下李魁奇等
人突然離開鄭芝龍，重新下海為盜，鄭芝龍身邊只剩下千餘人。明朝也將
鄭芝龍的官職降為「守備」。鄭芝龍只好在一個較低的職位上開始他的宦

83　何喬遠，《鏡山全集》卷三四，〈與鄭芝龍書〉，第 907—908 頁。
84　《崇禎實錄》卷一，崇禎元年九月戊午。

海之旅。好在鄭芝龍的根基是海洋勢力，擁有海商集團的支持，他不怕官府不重視他的實力。

## 二、鄭芝龍海盜商人集團降明的歷史意義

以上事實表明：鄭芝龍降明，是在軍力大優勢的背景下向明朝投降的。與其說他是向明朝投降，其實應看作中國的海上力量通過鄭芝龍降明，協調了與大陸政權的關係。從此，他們可以背靠大陸，與東亞海洋諸雄爭霸，這是一個極為聰明的戰略選擇。

晚明的東亞世界是一個風起雲湧的時代。由於環球航線的形成，世界形成了一個超越傳統「海上絲綢之路」的貿易網路。雖說歐洲的殖民主義者主宰了這一時期的貿易網路，但是，這一時期的葡萄牙人承認晚明中國的生產力尚高於西歐國家[85]。因此，在國際貿易中，中國居於較有利的位置。在這一背景下，大量的海上貿易利潤流入福建等省分，培養了中國的海上貿易集團。[86] 然而，從這一海商集團誕生的第一天起，他們便處在中外各種勢力的夾攻之中，這裡不僅有明朝的海禁政策的限制，同時也有葡萄牙、西班牙、荷蘭等國家的競爭。在夾縫中成長的東南海商集團，逐漸形成了自己的武裝，這些武裝，前期有汪直、徐海為代表的海盜集團，後期有鄭芝龍為代表的海盜—海商集團。他們對待明朝的策略是不同的。

在嘉靖、隆慶年間，海盜們的策略是聯絡海外的勢力，打破明朝的海禁。其時，中國與海外的貿易剛剛開始進入大發展階段，明朝的海禁政策成為國際貿易發展的最大困難，因此，海盜們的策略聯絡海外勢力，打破明朝的海禁。嘉靖、隆慶年間倭寇的由來，其實是中國海盜集團與日本浪人合作的結果。[87] 再以著名的走馬溪事件為例。閩浙巡視朱紈在閩浙二省實行海禁，驅逐葡萄牙海盜商人。但漳州私商仍然在福建沿海與葡萄牙人進行走私貿易。朱紈手下的海道副使柯喬，在漳州走馬溪將葡萄牙海盜商人與漳州私商一起捕獲，並將其中中國商人 96 名全部處死，而將葡萄牙人打

---

85　〔葡〕雅依梅・科爾特桑著，《葡萄牙的發現》第一卷，鄧蘭珍等譯，中國對外翻譯出版公司 1996 年，第 53 頁。

86　林仁川，《明末清初私人海上貿易》，上海華東師大出版社 1987 年。

87　戴裔煊，《明代嘉隆年間的倭寇海盜與中國資本主義的萌芽》，北京，中國社會科學出版社 1982 年。

扮成滿喇加大王，作為俘虜上報朝廷。結果在浙江籍與福建籍的朝中士大夫抨擊下，柯喬與朱紈被捕入獄，而朱紈竟自殺而死，被俘的葡萄牙人被釋放。[88] 從這一轟動朝野的案件中，人們可以看到福建私商是與葡萄牙商人的合作。這種合作關係在東南亞延續很久。據《東西洋考》的記載，萬曆三十二年荷蘭人圖謀占領澎湖作為對中國的貿易港口，竟是漳州商人李錦、潘秀、郭震等人引來的。[89] 從西洋國家一方來說，他們在與中國貿易之初，為了召來商人發展貿易，也用了許多方法發展吸引中國商人。例如，西班牙人在到達馬尼拉之初，便善待在當地貿易的福建商人，以便吸引中國商人前去貿易。於是，馬尼拉很快成為福建商人雲集的一個貿易熱點。[90] 然而，隨著歲月的流逝，雙方的矛盾逐漸產生。例如，萬曆二十一年八月，西班牙人出征海外，「役諸流寓二百五十人充兵助戰。夷人優息臥船上，使華人日夜駕船，稍倦，輒箠之，或刺殺，苦毒備嘗。」「夷人故奴視華人，徵賦溢格，稍不得當，呵辱無已，時犯者即嚴置以法。」[91] 萬曆三十一年，馬尼拉的西班牙人大肆屠殺中國華僑達 25000 人之眾！福建商人與荷蘭人的關係也在變化中。一開始，福建商人對荷蘭人頗有好感，福建當局驅逐占據澎湖的荷蘭人，當時竟有福建商人為此惋惜：「以為此不費航海而坐收遠夷珍重寶，利百倍，若之何乃失之！」[92] 李旦、鄭芝龍等海盜，還將自己占據的臺灣讓給荷蘭人盤踞，造成荷蘭人占據臺灣三十八年的歷史。然而，荷蘭人占據臺灣後，其戰略目的漸漸顯示出來，他們試圖切斷福建商人與馬尼拉西班牙人及日本的直接貿易關係，壟斷福建的對外貿易，一切經由荷蘭人居間貿易。這當然是福建商人無法接受的。為了達到荷蘭人的戰略目的，他們屢次對福建沿海動武。他們「在沿海數里進行掠奪性的征伐，燒毀了一些村莊和幾十艘中國帆船」，他們俘獲 1400 多名中國平民，帶到澎湖做苦工，最後只有 33 人活到巴達維亞。[93] 這些令人髮指的行為，不能不引起中國商人的憤怒。再以鄭芝龍集團本身而言，他們雖然將臺灣

88　戴裔煊，《明史・佛郎機傳箋正》，中國社會科學出版社 1984 年。

89　張燮，《東西洋考》卷六，〈外紀考〉，第 127 頁。

90　〔西〕伯來拉、克路士等著，何高濟譯，《南明行紀》中國工人出版社 2000 年。

91　張燮，《東西洋考》卷五，〈東洋列國考〉，第 91 頁。

92　袁業泗等，萬曆《漳州府志》卷九，〈賦役下・洋稅考〉，第 22 頁。

93　蓋爾，《東印度航海記・導言》，引自姚楠譯，〔荷〕威伊邦特庫著，《東印度航海記》中華書局 1982 年，第 18—19 頁。

讓給荷蘭人盤踞，而且在其起事之初，也得到了荷蘭殖民者別有用心的幫助，但是，隨著他們之間利益的轉化，也曾發生過四次武裝衝突。第一次衝突發生時，鄭芝龍尚是海盜。[94] 最晚的一次是在崇禎十六年。在這場嚴重的衝突中，鄭芝龍揚言要發兵堵塞臺灣的海港，才迫使荷蘭人回到談判桌上來。[95] 可見，以鄭芝龍為代表的中國海商集團，自始至終，一直受到荷蘭殖民主義者的強大壓力。

　　縱覽明清之際東亞的海上勢力，大致可以將它分為五個集團。其一是中國海商集團；其二是西班牙殖民者當局；其三是葡萄牙殖民當局；其四是荷蘭殖民當局；其五是有海上野心的日本西南的大名。除中國海商集團外，對中國海商集團構成最大威脅的，一度是日本西南的大名。當時的日本商人與中國商人在東南亞一帶進行激烈的競爭，西方人發現：在東南亞的貿易點，中國人與日本人的定居點往往連在一起，日本的商船每年都乘東北季風到南洋貿易，然後再乘西南季風返回日本。明代後期，除了發動侵朝戰役外，日本的西南大名還一度想侵占中國的臺灣。但是，由於崇禎年間日本實行海禁政策，日本的海上勢力漸漸消失。日本對華的策略是吸引中國商人前去貿易，而苦惱中國與朝鮮數百年的倭寇問題，逐漸成為往事。但是，西方殖民國家對中國沿海的威脅，卻越來越嚴重。葡萄牙占據澳門後，對廣東當局如同眼中釘，肉中刺，其實，明朝政府多次想拔除澳門，但因葡萄牙人在火砲上的優勢，沒有絕對把握，一直不敢付諸實行。不過，葡萄牙人因有澳門，取得了對中國貿易的特殊權利，所以，在此後的時間裡，一直小心翼翼地對待中國商人，直到明末，再無嚴重的事件發生；與葡萄牙人相比，西班牙人則狂妄了許多。當西班牙人剛剛到達東亞時，正是西班牙人征服美洲二大印地安文明古國的時代。據西班牙人撰寫的《南明行紀》一書，當時西班牙人還想過征服中國！西班牙人敢於屠殺馬尼拉的中國商人，是以其武力作為背景的。後來，西班牙人還一度殖民臺灣；至於荷蘭殖民者，更是長期占領中國領土臺灣，派艦隊騷擾中國的商船隊，對中國與東亞其他地區的貿易，產生了極大的威脅。對這種局勢

---

94　鄧孔昭，〈論鄭成功對鄭芝龍的批判與繼承〉，鄧孔昭，《鄭成功與明鄭臺灣史研究》，北京，臺海出版社 2000 年。

95　楊緒賢，〈鄭芝龍與荷蘭之關係〉，《臺灣鄭成功研究論文選》，福建人民出版社 1982 年。

的複雜性，我們一方面要看到中國海商可以利用其中的矛盾，長袖善舞，從夾疑縫中成長起來；另一方面我們也要看到：中國海商集團與其他國家相比，有其天生的弱勢——他們不像其他國家商人，得到政府的保護，而是一直被政府當作一批不可救藥的頑民，長期在孤軍奮戰中。這種情況長期下去，當然對中國海商集團不利。如果要在日益激烈的東亞貿易戰中取勝，國家的支持肯定是不可少的。而以鄭芝龍為首的海商集團，正是走這一條道路。我認為，只有從這一角度去看明末鄭芝龍降明的政治選擇，才能正確地評價這一海商利益的代表人。

就中國海商的利益而言，長期與官府作對是不利的。最好的辦法是取得官府的支持向海外發展。明末的臺灣海峽，因荷蘭人的入侵，形勢發生變化。一開始，海商們以為荷蘭人到臺灣海峽有利於他們的對外貿易。然而，荷蘭人占據臺灣後，其戰略目的漸漸顯示出來，他們試圖切斷福建商人與馬尼拉西班牙人及日本的直接貿易關係，壟斷福建的對外貿易，一切經由荷蘭人居間貿易。這當然是福建商人無法接受的。為了達到荷蘭人的戰略目的，他們屢次對福建沿海動武，並且屠殺平民。這些令人髮指的行為，不能不引起中國商人的憤怒。再以鄭芝龍集團本身而言，他們雖然將臺灣讓給荷蘭人盤踞，而且在其起事之初，也得到了荷蘭殖民者別有用心的幫助，但是，隨著他們之間利益的轉化，也曾發生過武裝衝突。第一次衝突發生時，鄭芝龍尚是海盜，荷蘭人聯合其他的海盜與鄭芝龍作戰。[96] 儘管鄭芝龍擊敗了荷蘭人的戰艦，但在鄭芝龍、明水師及荷蘭三方中，鄭芝龍是處於兩方夾擊中，這種狀況不利於鄭氏海商的長期發展。在這種背景下，鄭芝龍選擇向明朝投降，應當說是明智的。

鄭芝龍降明之後，實現了東南兩股海洋力量的合作。官府力量與海盜商人集團聯合一起，對付在臺灣海峽活動的荷蘭殖民者勢力綽綽有餘，這才是鄭芝龍海商集團可以長期控制臺灣海峽的原因。

在明末清初，臺灣海峽是東亞海上貿易的樞紐，臺灣海峽之北是亞洲最大的產銀地日本，在臺灣海峽之南，是美洲白銀運到亞洲的主要港口馬尼拉。而在臺灣海峽的西側，則是東亞海上貿易商品主要來源地福建省和

---

96　鄧孔昭，〈論鄭成功對鄭芝龍的批判與繼承〉，鄧孔昭，《鄭成功與明鄭臺灣史研究》，北京，臺海出版社 2000 年。

廣東省，因此，在東亞活動的多股勢力都想控制臺灣海峽。鄭芝龍降明之後，與大陸的官府勢力結合，雖然未能消滅荷蘭殖民集團，仍然能夠控制半個臺灣海峽霸權，福建商人因而能在東亞的國際貿易中獲得相當的利潤，可以說，正是鄭芝龍邁出降明的關鍵步子，才獲得了明末臺灣海峽中國大陸勢力與海洋勢力相結合的效果。這使明清之際中國海洋勢力走向了巔峰時代。

## 小結

　　鄭芝龍是大航海時代東方的海洋英雄。他曾在澳門和日本貿易，打敗過荷蘭人的艦隊。要知道，這一時代的荷蘭人是海上霸主，他們橫行四大洋，搶劫西班牙和葡萄牙以及東方諸國的船隻，讓伊比利亞半島的殖民者感到畏懼。大航海時代，前一個日不落帝國是西班牙，後一個日不落帝國是英國，但在 17 世紀初期，西班牙人總是被荷蘭人打敗，而英國人就是荷蘭人的小弟，總是跟在荷蘭人之後混日子。鄭芝龍卻將這樣一個強國打敗了，因此，他給西方的歷史學家留下深刻的印象。

　　相對鄭芝龍的巨大影響，以往人們對鄭芝龍的研究不夠深入。我認為有必要在世界史的背景下詳細分析這個人物，當然，這一分析離不開對其社會背景的掌握。

　　明代末年自然災害和人禍相迭而起，東南沿海民眾的生活水平急劇下降。加上荷蘭人對臺灣海峽的封鎖，打破了東南區域經濟生活的海上循環，來自廣東及東南亞的糧食無法進入福建沿海區域，導致城市化程度較高的閩南沿海缺乏糧食，許多人餓死。生存環境的變化迫使民眾起來造反，於是，閩南一帶有許多人下海為盜。在海盜中間，又有一個特殊人物，即為鄭芝龍。

　　鄭芝龍的家鄉有對外貿易的傳統，又有讀書的傳統。當地人培養子弟讀書，讀書較好的那一部分人的出路是科舉，晚明泉州籍進士數量不少，甚至還有六七個人仕致宰相。當然，能進入仕途的人不會太多。那些讀書一般的人，前途就是做生意了。鄭芝龍便是讀書較為一般的那些子弟，長輩見他們不是科舉的料，通常會培養他們經商。鄭氏家族的特殊性在於：

他們世代在澳門經商，在鄭芝龍之前，葬於澳門的已經有三代人。鄭芝龍被送到澳門謀生，不應看作是一個意外，而是家族培養的選擇。鄭芝龍在澳門學會葡萄牙語，這對他未來的前途有很重要的作用。鄭芝龍受到閩南大商李旦和顏振泉的重視，與其掌握外語有關。從這裡也可看到明代福建商人的奇特之處：他們混跡於南海、東海諸港，懂得葡萄語和日語，這是同時代內地民眾無法想像的。但這就是閩南人！

　　鄭芝龍的時代，臺灣漸漸成為東亞各種海洋力量彙聚的重要區域。李旦、顏思齊以及鄭芝龍等閩南商人，周旋於各種勢力之間，為的是謀取高額海洋利潤。他們亦盜亦商，雖然擁有龐大的海盜隊伍，卻將接受朝廷招安當作理想。明末的臺灣海盜在鄭芝龍領導之下實現了這一目的，鄭芝龍由海盜化身為官府的軍官。這一身分的置換，使東南官府和民間的海上力量合為一體，因而鄭芝龍有能耐與占據臺灣的荷蘭人周旋。可以將鄭芝龍當作明末海商的傑出代表，他們在與荷蘭人抗爭的過程中保護了自己的利益，至少與占據臺灣的荷蘭分庭抗禮，從而維持了中國對東南亞以及對日本琉球的貿易通道。當時的荷蘭人已經是世界霸主，他們擊敗過西班牙、葡萄牙的海上艦隊，赫赫大名的英國人當時也只是荷蘭人的小弟。在這一時代背景下，鄭芝龍能在臺灣海峽與荷蘭人對抗，已經是一個顯赫的成就了。

　　鄭芝龍所走的道路是以海上武裝保護閩南的海上通道及出海的商船，在控制臺灣海峽至少一半的霸權基礎上，維護了東南民眾的海上利益。他走的道路有點類似同一時代歐洲國家。中國人傳統上將海洋看作大自然賦予的通道，沒有海上霸權的概念，所以，雖說晚明的中國擁有強大的海上力量，卻不懂得去謀取海上霸權。於是，當西方海洋勢力侵入東方，我們的官僚階層不懂怎麼應付。鄭芝龍所代表的民間海洋勢力較早發現這一點的重要性。他們遭受荷蘭艦隊的多次攻擊，從而知道了海上霸權的重要性。並在荷蘭人的攻擊下發展了自己的艦隊。不過，這支艦隊若沒有後方，無法長期在海上謀生，這是他們注定要接受朝廷招安的原因之一。從另一個角度看，他們接受招安，其結局卻是可喜的。《水滸傳》是明代晚期才定型的長篇小說，《水滸傳》的主人翁也擁有一支宏大的水師，朝廷對其無可奈何。然而，他們招安後，結局大都不好。所以，有一些研究水滸的專

家認為：《水滸傳》一書是在為嘉靖年間接受招安的大倭寇王直鳴怨叫屈，並反對招安。然而，此一時，彼一時也。到了明末，鄭芝龍接受招安非但沒有受屈，而且是升官發財，稱霸東亞海洋，這是中國海洋力量發展到一定程度出現的結局。

　　對鄭芝龍的研究，也讓我們看到《萬曆十五年》的局限性。《萬曆十五年》的作者反復強調中國未能像英國那樣重用海盜德雷克為海軍司令，認為這是中國發展滯後的重要原因之一。然而，事實上明末大海盜鄭芝龍也成為明朝在福建、廣東的總兵，管轄明朝末年最強的一支水師。鄭芝龍憑藉大陸的支持，與盤踞臺灣的荷蘭人周旋，捍衛了中國商人的利益。他出現於明末，對中國海洋史的影響重大。

# 第三章　明末崇禎年間鄭芝龍的活動

　　明末擁有三萬餘海寇的鄭芝龍向明朝投降，並成為明朝的軍官，從而達成海上武裝與明朝合作的態勢。其後，鄭芝龍向海洋鉅賈發展，他一方面為朝廷平定東南海盜，另一方面，他出海經商，成為聞名東亞的鉅賈。雖說他在官府的職位很難升遷，但其福建水師首領的地位，已經讓他掌握臺灣海峽的貿易權。這個時代，官府與海上民間力量之間達成交易，從而停止內耗，並在對外競爭中顯示較大的威力。

　　鄭芝龍降明之前，他部下的海寇已經有三萬餘人，船堅砲利，閩粵水師無法抵禦。在這一背景下，鄭芝龍執意降明，反映了此人優越的戰略眼光。

## 第一節　鄭芝龍平定海寇山盜

　　明代崇禎年間，東南的海事成為明朝一大問題。如後人評論：

> 倭雖誅滅，而紅夷又為閩省之患。總兵謝弘儀招慣海漁人能察夷情，利而誘之，遂焚紅夷夾板船。厥後民窮變起，自招撫楊六之後，復有李之奇、鍾祿、劉香接踵噴浪於鱷窟蛟穴之中，蟻蜂肆毒；當事以為未嘗克陷城池，固無足慮。而沿海居民受其蹂躪不堪，幾何不從之為寇乎！自此寇氛日熾，殃及閩、粵。故當日檄鄭芝龍於北、

明日檄鄭芝龍於粵，惟伊是恃。芝龍一木難支。[1]

此文雖是後人評論，其中有些詞句直接取自明末的著作。例如崇禎七年前後，明朝兵部的陳組綬憂心忡忡地評價福建的形勢：

> 諸戎斧鉞不靈，旌旗無色。今日檄鄭芝龍於北，明日檄鄭芝龍於粵。夫芝龍一亡命夫也，東征西剿而他是恃，即嘯聚中寧無芝龍對手者乎？是無可以寒其膽而反以生其心效尤者眾，不知閩事終何所底也。至此而不大一番整頓，加誠意撫綏，恐敗壞不可收拾，又不獨閩之一方也。[2]

在東南三省中，如沈猶龍所說，福建省十分重要。

> 看得閩海處粵、浙之中，無賊則已，有賊必交受之，故戰具日日難弛，此勞地也。戰具未修，嘗患賊來；既修，又患賊不來而終必來。以不來之厝毒愈緩愈重，來即難支。所以賊不來，我當往滅香田尾，閩禍方紓。[3]

然而，出乎眾人意料的是：崇禎年間的福建省竟然依靠鄭芝龍逐漸平定了橫行於臺灣海峽的各支海寇強盜，讓福建、廣東諸地維持了表面上的平靜。

## 一、鄭芝龍平定李魁奇與鍾斌

鄭芝龍投降明朝之後，他個人獲得大利，但是，其他海盜一無所得，有重新造反之意。

據崇禎年間任同安知縣的曹履泰《靖海紀略》的記載，崇禎元年十月，海盜頭目之一李魁奇再次反叛下海，並帶去大批鄭芝龍的部下。李魁奇，泉州惠安人，本是鄭芝龍海盜團夥的骨幹。[4] 熊文燦說：

1　佚名，〈七省海疆總論〉，佚名，《清初海疆圖說》，臺灣文獻叢刊第 155 種，第12 頁。
2　陳祖綬，《皇明職方兩京十三省地圖表》卷下，崇禎九年刊本，第 41 頁。
3　《海寇劉香殘稿一》，《明清史料乙編》第七本，第 688—700 頁。
4　林仁川，《大航海時代：私人海上貿易的商貿網路》，廈門，鷺江出版社 2018 年，第 122 頁。

聞芝龍得撫後，督撫檄之不來，惟日夜要挾請餉，又坐擁數十萬金錢，不恤其屬。至十月初旬，芝龍入謁道臣蔡善繼。其頭目李芝奇、郭芝葵等遂鼓眾支解。芝龍之弟鄭爵魁，將芝龍堅船、利器、夷銃席捲入海矣。夫此千餘人者，非芝龍所恃為腹心手足者乎？今何以忽而反噬？[5]

　　按，鄭芝龍自言有兄弟五人，其中老二鄭芝虎後死於清剿劉香的戰鬥中，較為年輕的鄭芝鳳（鴻逵）、鄭芝豹在明末才出名。看來這位捲走鄭芝龍船舶及火器的鄭爵魁排行老三，其人最終下落不明，當時他與李魁奇等人合夥，率部下海，給予鄭芝龍沉重的打擊。《靖海紀略》第三卷說：「寇夥逃出有十分之四，今所有船隻，大小不過一百六十餘隻耳。」鄭芝龍手中的好船都被帶走了。鄭芝龍僅剩下一千餘人，形單影孤，相當可憐。福建官府原來許諾他投誠後任福建遊擊將軍，此時由於他的部下大批逃走，便將他降為守備。「中左撫局幾償，止因陳沖紀從中挑煽。今被芝龍掌家手刃⋯⋯但查船器，堅好者竊之而逃，所存僅十之五，亦半屬不堪者。常聞芝龍亦自流涕稟訴防館，所恨沖紀之死不蚤也。」[6]不過，李魁奇部下聽從鄭芝龍指揮已經很久了，他們無法團結一致對付鄭芝龍，這給鄭芝龍反擊的機會。曹履泰《靖海紀略》第二卷記載：「李魁奇奪駕大小船百隻，住泊中左外較場，招聚賊夥三千餘人矣。職令各鄉總督率鄉兵數千人，於要路堵殺，賊不敢登岸。初六日，鄭芝龍自劉五店而往石井，招募鄉兵數百，借本縣船五十餘隻，以為剿叛之計。初八日，芝龍封銀二十兩與劉五店澳長高大藩，要募鄉兵五百名。」結果，同安劉五店等處鄉民拒要銀錢，並組織五十艘船配合鄭芝龍。而鄭芝龍由於有巨額錢財為後盾，樹旗招兵：「不惜厚餉以養之；以急急造船繕器。」[7]因此，鄭芝龍很快恢復了元氣，擁有戰船二十艘，大約有三千餘人兵力。在同安縣令曹履泰的調動下，劉五店一帶的漁民也組織了三十餘隻船，壯丁五百餘人配合鄭芝龍作戰。[8]他

---

5　〈福建巡撫熊殘揭帖〉（崇禎三年十二月初七日到），《明清史料戊編》第一冊，第 7—8 頁。

6　曹履泰，《靖海紀略》卷三，臺灣文獻叢刊第 33 種，第 54 頁。按，《臺灣外志》謂陳衷紀是鄭芝龍好友，因不願降明，帶一部分人船離開鄭芝龍。後被李魁奇兼併殺死。鄭芝龍為陳衷紀報仇，襲殺李魁奇。實際上，陳衷紀是鄭芝龍親自殺死的。

7　曹履泰，《靖海紀略》卷二，第 32 頁。

8　曹履泰，《靖海紀略》卷二，第 37 頁。

們聯合起來，準備迎戰李魁奇。

　　李魁奇雖然下海為寇，取代了鄭芝龍的位置。但他為了鞏固自己的權力，在海盜隊伍中排斥異己。凡與鄭芝龍較為密切的人，都被他殺死，或是放逐。[9] 於是，許多重新下海為盜的鄭芝龍部下，此時後悔莫及，多有降鄭之意。與鄭芝龍、李魁奇齊名的海盜郭芝葵，在雙方作戰時每每消極殆戰，所以，李魁奇系統的海盜已有嚴重的內患。崇禎元年（1628 年）十二月，李魁奇從銅山島北上。「初八日，鄭芝龍同劉五店漁兵六百餘名，於鎮海外洋與李魁奇大戰，擒獲賊船四十餘隻，犁沉八十餘隻，賊眾溺死無數。」[10]「自初九以至十八日，連捷三次。殺死、溺死、生擒者千計。而登山解散者，不知其幾。於是，叛夥落魄而逃，竟下惠潮。」鄭芝龍與官軍漁兵聯手，追至廣東境鹽州港，再敗李魁奇。[11] 然而，因防地不同，鄭芝龍此後回到廈門駐守，而李魁奇在廣東沿海大有發展。當時的廣東水師就像鄭芝龍投降以前的福建水師，糧餉不足，軍官貪汙，士兵生活極苦，因而不能作戰。李魁奇在廣東四處出擊，繳獲民間許多大烏船，從而擁有強大的實力。崇禎二年廣東官員說：

> 照得閩寇李芝奇等自去冬叛撫而來，聚黨萬餘，聯艘犯我粵東。初入潮陽，職等嚴檄道將督率防禦，相機堵殺，無論不敢窺我畔岸，抑且時多斬獲。即如巨寇楊策，閩、浙數年所懸購不幾得之寇，已繫而斃之圉土。繼漸飄突平海，勢益披猖。我兵以捍禦兼擊刺，時邀其擄掠，水陸擒斬者前後共一千有奇，業經督臣具疏題報訖。因李芝奇等先遁外洋，復聯艘突入廣州之南頭。時督臣聞警，即單舸移鎮省城，整捆兵船，亟圖剿滅。賊遂逡巡遁去。三、四月間，又流突陽江之海朗、雙魚等處。[12]

　　崇禎二年春四月，李魁奇又從廣東北上福建沿海。其時，鄭芝龍所部分於兩處，鄭芝虎率九艘大船在泉州安平。鄭芝龍率領其他從廣東回來水師在廈門修整。李魁奇攻來，鄭芝龍迎戰。李魁奇此次有備而來，擁有大

---

9　曹履泰，《靖海紀略》卷二，第 29—30 頁。
10　曹履泰，《靖海紀略》卷二，第 36 頁。
11　曹履泰，《靖海紀略》卷二，第 39 頁。
12　〈廣東巡按吳尚默揭帖〉（崇禎二年六月三十日到），《明清史料乙編》第七本，第 622—623 頁。

船多隻，而且裝備很好。曹履泰說：「賊所恃止烏尾船。細查之，委是難攻。其船有外護四層。一破網，一生牛皮，一溼絮被，一週迴懸挂水甕。銃不能入，火不能燒。且比芝龍船高丈餘。自上擊下，更易為力。」[13] 李魁奇至少擁有二十艘以上的大烏船。芝龍與戰失利，焚船退至岸上，與 300 士兵退到廈門防守。廈門海港主要地方被李魁奇占領。其後，海盜船縱橫海上，閩粵浙三省都遭到李魁奇的襲擊。浙江方面得到情報：「近據偵探，自李芝奇叛鄭芝龍而去，夥黨若陳成宇、白毛老、紫芝哥、桂叔老竄入閩、粵之界，約船六百餘號，釜遊不定。彼中荒歉、無所得食，海洋寥廓，順風一葦可航，萬一復來報仇，為害更烈。」[14] 可見，李魁奇海盜隊伍規模不小，他往來橫行於海疆，並經常駐紮廈門。海盜退走之後，鄭芝龍武力有所恢復。

為了進一步剿滅李魁奇，福建與廣東方面聯合作戰。於是，鄭芝龍所部南下廣東。崇禎二年廣東巡撫報告：

> 職於五月初八日回省後，纔據驛舖遞到潮漳副總兵陳廷對報單內稱：本職會率撫備鄭芝龍，統領兵船於閏四月二十日至廣省河下，二十一日見軍門，二十二日蒙頒賞，二十三日奉令，二十四日開駕進剿等因。五月十六日，又據陳廷對、鄭芝龍報稱：奉令討賊。閏四月二十九日至大墟港口，遇賊船百餘隻，昏夜未便進攻。五月初一日，進至放雞，出與賊交戰數十合，賊眾死傷莫計。初三日，催發合䑸再擊，賊走過浪白口，去大金約四十餘里。初四日，賊移東上，職等跟追賊䑸。是晚風雨大作，賊船星散。初六日，兵船收入南澳，即回中左料理濟攻戰具，相度緩急，速鼓征剿，以靖每氛等情。[15]

鄭芝龍與李魁奇作戰多次，雙方有勝有負，儘管有鄭芝龍加入，閩粵水師仍然無法完全擊敗李魁奇。不過，李魁奇很快感到鄭芝龍同樣的問題：海寇生涯到何時為止？於是，李魁奇也有了接受招安打算。崇禎二年秋八

13　曹履泰，《靖海紀略》卷三，第 44 頁。

14　〈兵科抄出浙江巡撫張延登題本〉，《鄭氏史料初編》卷一，臺灣文獻叢刊第 157 種，第 14 頁。

15　〈廣東巡按吳尚默揭帖〉，《鄭氏史料初編》卷一，臺灣文獻叢刊第 157 種，第 19—20 頁。

月，李魁奇攻海澄縣失利，有降明之意。他對招降鄭芝龍的何喬遠十分興趣：「李魁奇再叛，獨言招我非何侍郎不可。喬遠毅然親至中座（左），慷慨諭以禍福弭耳，不敢動，收回巨艦利器，當事因掃平之。」[16] 所謂「收回巨艦利器」，是指李魁奇的部下投降官府。按，李魁奇進入廈門港之後，一邊與官府聯繫投降事宜，一邊在廈門港收稅。然而，李魁奇橫徵暴斂，讓廈門士民十分頭痛。其時，荷蘭人也進入廈門港做生意，他們發現給他們運貨的商人都是小本商人。便問：為什麼不帶值錢的商品前來？得到的回答是：「因害怕李魁奇所以不敢帶來。據說，沒有他的許可而帶來賣給我們，會受到嚴厲處罰，如果去申請許可，必須付他很多稅，多到無利可圖，因此，商人都深居不出。」[17] 荷蘭人想和李魁奇直接做生意，李魁奇交付的生絲都是一些爛絲，結果被退貨。這導致荷蘭人對李魁奇印象變壞。李魁奇內部也發生分裂。他的部下鍾斌私下與福建巡撫熊文燦聯繫。崇禎二年十一月廿七日，鍾斌率大鳥船 18 隻，叛離李魁奇，從廈門港逃到金門島。同安縣令曹履泰得知消息，急忙上報熊文燦巡撫：「鍾斌已叛李魁奇矣。職已密令鄭芝龍收之。本縣漁船及壯丁一一豫整，以待臘月望後便可舉事。但斌最黠，終必不為吾用。將來下手審局，又別有一番作用。台臺其豫籌之，職自當竭蹶奉命也。」「廿八日五更，鄭芝龍統領漁兵，糾合鍾斌，揚帆直抑中左。幸天助以風，百餘里之程，不移時而至，亦快事也。魁賊揮眾出戰，船尚百餘隻，賊不下三千，而一時氣奪者，正所謂出其不意、手腳忙亂耳。鍾斌實為先鋒。魁賊實擒於其手。蓋用其所仇。其手倍辣，而用力更奮也。魁夥偽把總率陸逃。職先埋兵以待，一鼓而獲，無一得脫，另當解報。中左腥穢，一彈指間，盡行掃除。此亦近年不經見之事。」如上所述，崇禎二年十二月廿八日，從廈門來到泉州的鄭芝龍與鍾斌合夥，率水師從泉州南下，雙方合力，大敗李魁奇，從而奪回廈門。按照荷蘭人的記載，鄭芝龍在出兵之前，積極與荷蘭人聯絡，爭取他們的中立。荷蘭人見李魁奇不可救藥，最終選擇與鄭芝龍聯合，共同出兵攻打李魁奇，這也是李魁奇大敗的原因之一。李魁奇被鍾斌俘獲後交與官府，官府處以極

---

16　李清馥，《閩中理學淵源考》卷七五，〈（廣平府知府）司徒何鏡山先生喬遠〉，第 13 頁。

17　江樹生譯註，《熱蘭遮城日誌》第 1 冊，台南市文獻委員會 2000 年版，第 11 頁。

刑。[18] 關於李魁奇，崇禎四年春正月己亥，崇禎皇帝和前來晉見的福建官員有一番對話：

> 問福建左右布政使吳暘、陸之祺海寇備禦若何？暘曰：海寇與陸寇不同，故權撫之。但官兵狃撫為安，賊又因撫益恣，所以數年未息。上曰：前撫李魁奇，何又殺之？暘曰：魁奇非鄭芝龍比，即撫不為我用。今鍾斌雖降，亦不就撫。上問實計安在？祺曰：海上兵肯出死力，有司團練鄉兵多設火器，以守為戰，剿之不難。上復訪熊文燦才力於暘，暘奏文燦才膽俱優，但不集思廣益，視賊太易。[19]

鍾斌擊敗李魁奇之後，接受李魁奇的教訓，他雖然與官府合作，卻不肯正式接受招撫，荷蘭人說鍾斌：「已經從軍門獲取許可，准予駐留廈門，並在那裡定居。也允許他擁有一千個士兵。」[20] 不過，鍾斌仍然在海上打劫洋船，還在廈門徵稅。崇禎三年陽曆 5 月，荷蘭人得到消息：「鍾斌已經帶他大部份的軍隊和最大的戎克船去南方。而留他的兄弟帶領 30 到 35 艘小戎克船在漳州河。他那弟兄在那裡那麼霸道橫行，使得商人們若非有荷蘭人帶著武器在他們船上，就不敢將買到的貨物運來。」[21] 荷蘭人的相關記載，反映了鍾斌勢力與荷蘭人之間的矛盾。除此之外，鍾斌對廈門港（即荷蘭人眼中的漳州河口）的壟斷，也排除了鄭芝龍的勢力。鄭芝龍只好回到老家安海一帶，自行發展對外貿易。荷蘭人為了發展對廈門灣的貿易，曾經派大船到廈門灣直接貿易，鍾斌留下的部隊力量不大，不敢出擊。眼睜睜看著荷蘭人大做貿易。當年陽曆 6 月，鍾斌率大船隊從返回廈門灣，大敗荷蘭艦隊：「奪去戎克船 Middelburch 號、鼓浪嶼號、浯嶼號和魍港（Wankan）號以及另外兩艘戎克船，殺死船上所有的人，把該快艇上的貨物搬走，隔日就把該快艇燒毀。」[22] 其後，鍾斌又派人給臺灣的荷蘭人送信：要求他們和自己聯合，鍾斌會賠償荷蘭人的損失。與此同時，鄭芝龍也在積極拉攏荷蘭人。崇禎三年，鄭芝龍被派到廣東潮州清剿當地的強盜，獲勝後回歸安海，因而有精力策畫打擊鍾斌。當時的廈門是重要的對外貿易

---

18　曹履泰，《靖海紀略》卷三，第 56—57 頁。
19　《崇禎實錄》卷四，崇禎四年春正月壬午。
20　江樹生譯註，《熱蘭遮城日誌》第 1 冊，第 26 頁。
21　江樹生譯註，《熱蘭遮城日誌》，第 1 冊，第 27 頁。
22　江樹生譯註，《熱蘭遮城日誌》第 1 冊，第 29 頁。

海口，鄭芝龍肯定不願意讓鍾斌獨占廈門。

　　崇禎三年陽曆 8 月，鍾斌率其船隊北上福州一帶的海口。「他在福州附近遇到五十多艘載著米、稻子的其他食物的戎克船，就予以擊敗奪取，燒毀幾艘，其餘的就據以增強他的武力。」[23] 鍾斌的行為顯然激怒了福建官府，他們開始大力支持鄭芝龍反擊鍾斌。本來，鍾斌擁有數十艘大船，對鄭芝龍具有優勢。但是，當年夏天，鍾斌的艦隊在福州沿海一帶遇到了颱風，沉沒船隻五十多隻，力量轉衰。鄭芝龍趁機出兵，在海上多次擊敗鍾斌。鍾斌不得不逃往廣東，鄭芝龍跟蹤而去。崇禎四年（1631 年）陽曆 3 月 17 日，兩軍相遇於廣東南澳沿海，鄭芝龍大敗鍾斌，「把他的坐船犁翻，取得的全部戰利品價值約三十萬里爾」。鍾斌赴水而死。[24] 這一仗過後，鄭芝龍被官府陞為遊擊，從此占據了廈門。荷蘭人認為：「以後沒有他的許可，將很難從事貿易。」他們乾脆將定金交付鄭芝龍，讓他替荷蘭人採購需要的商品。[25] 可見，此時荷蘭人對鄭芝龍也是十分忌憚的。

　　在崇禎二年，鄭芝龍還消滅了以褚綵老為首的一股閩粵海盜。褚綵老是廣東人，於泰昌元年（1620 年）襲擊廣東揭陽縣，大肆搶掠，因而出名。崇禎二年八月，褚綵老率大股海盜進襲福建閩江口的閩安鎮轄地。鄭芝龍出擊，在南日島海域追上褚綵老，將其全殲。[26]

## 二、鄭芝龍平定山寇鍾凌秀

　　李魁奇、鍾斌之後，廣東鍾凌秀又成為閩粵官府的對手。順治《潮州府志》記載：「崇禎三年，鍾凌秀襲會昌、武平、三河鎮。被鄭芝龍平定。」[27] 按，事實上，鍾凌秀於崇禎三年起事，他被完全平定是兩年後的事。

> 蓋鍾凌秀之始，不過平遠一無賴耳。嘯聚窮谷，流突江、閩，其黨僅千餘。既而與惠州之賊合，遂至二、三萬。據銅鼓嶂為巢，地既僻遠，山腹阻深，周倚懸崖，中為窟宅。且併占九龍之新渡，掠稅自利，以為官兵莫可誰何矣。崇禎四年，前兩廣院王業浩奉旨，有

23　江樹生譯註，《熱蘭遮城日誌》第 1 冊，第 35 頁。
24　江樹生譯註，《熱蘭遮城日誌》第 1 冊，第 43 頁。
25　江樹生譯註，《熱蘭遮城日誌》第 1 冊，第 50 頁。
26　林仁川，《大航海時代：私人海上貿易的商貿網路》，第 123 頁。
27　吳穎纂修，順治《潮州府志》卷七，第 1574 頁。

九月會師之約。前撫院熊文燦兼程赴之，抵上杭，與漳南道參政顧元鏡上下山原，審視要害。因遣撫夷遊擊鄭芝龍，出屯三河壩，乘機暗襲。九月二十二日，遂有新渡之捷。二十五日，潮州參將鄭嘉謨繼至，以大銃擊敗賊舟，賊走欲渡丙村，芝龍遣守備鄭芝虎、陳鵬等將三百人先據之，親督郭熺、林察、王已觀等輕舟飛渡。賊覺先逃。芝虎定計以寡擊眾，十月初六日大破之。賊遁歸巢，喘息而已。芝龍遂於十月十三、十四日率兵繇間道奪其巢，獲戰馬、器械無算，燒糧米二千石；毀鼎鍋千餘口。十五日，賊復率兵來戰，仍為芝虎所敗；殺其頭目練二總。凌秀窮蹙奔小尖山，遁入九連，與賊首陳萬合伺芝龍兵退，閏十一月復出，而犯江西之南埠及南韶、桂陽、水南、梅關等處。芝龍奉撫院調度，贛院檄催，兼程進剿。至長樂，聞凌秀已與陳萬分夥，竄劄平遠之為三圳墟。遂繇長樂掩旂息鼓，夜至程鄉。是時虔、粵之師雲屯霧合。陳萬先以乞降，為粵將所執。芝龍遂督芝虎、陳鵬、郭熺、林察、胡美及粵將侯服等進攻賊巢，步步追殺。凌秀計窮力屈，三詣芝龍請降。芝龍迺以剿終撫之局，凌秀伏法，餘黨猶未盡也。[28]

以上記載說到崇禎四年鄭芝龍有新渡、丙村、襲巢三仗，鄭芝龍所部以少勝多，三戰三捷，從而取得剿匪的決定性勝利。最後陳萬及鍾凌秀都向官府乞降，餘眾被殺。關於鄭芝龍三場決定性的勝利，在官府的文獻中有繪聲繪色的描寫：

至八月間，撫院熊文燦發撫備鄭芝龍，率同鄭芝虎等，領兵二千至上杭會剿。賊輩猶以海上之兵，知水而不知陸，侈口為不足畏。及九月初旬，撫院駐節上杭，密遣間諜李維新等窺鍾凌秀動靜，一面移文密訂，一面料理出征。遂於本月十三日，發芝龍兵抵大埔縣三河地方，漸與賊巢逼近。而以標兵、圖兵屯駐於境上，防其衝突。然偵探賊輩，猶然虎踞鴟張，欲出不意，夜襲三河。已而探知芝龍有備，其謀遂寢。……而芝龍兄弟膽智兼優，謂新渡乃其搶糧之處，急宜先扼其吭。遂密遣芝虎同翼總陳鵬、郭熺、林察、哨官胡美等督兵五百，乘夜至彼襲剿。賊一見我師，且戰且走。芝虎等兵陣斬

---

28　〈會剿廣東山寇鍾凌秀等功次殘稿〉，《鄭氏史料初編》卷一，臺灣文獻叢刊第157種，第63頁。

首級一十四顆，殺溺死者無算，生擒真賊九名，燒燬賊船四十五隻，奪獲馬匹器械稱是。此九月二十日新渡之初捷也。而潮州參將鄭嘉謨復以大銃擊敗賊舟。於是賊不敢復窺新渡劫商船，而欲從丙村一路渡河而遁。芝龍隨遣芝虎、陳鵬率胡美等帶精兵三百餘名，星馳堵截。芝龍又親督中軍郭熹、林察，會同潮州參將鄭嘉謨、撫院差官王已觀、王萬貫統兵一千名，從輕舟飛渡。而賊黨已先逃出丙村，被芝虎計誘，以寡擊眾，斬獲賊級纍纍，奪獲戰馬二十七匹。賊不得渡，仍跟蹤奔入嶂中。此十月初六日丙村之再捷也。芝龍隨遣孔維德入山偵探。據稱賊兩次被衄，慮恐官兵劫窠，已將婦女輕輶財物移小尖山，日夜謀遁員子、九連等處。芝龍遂用程鄉生員李生芬、練總陳明慶等十三人為嚮導，于本月十三日，同芝虎等統率大兵，披荊捫棘，晝夜兼程。十四日直抵賊巢，大戰於黃溪沙、南溪壩等處，殺賊不可勝計，奪獲戰馬三十五匹，器械一千二百餘件，燒燬糧米二千餘石，破鼎鍋一千餘口。十五日早，賊大憤恨，賊眾四千來戰。復被芝虎等大殺一場，練二總死于王貴長槍之下。鍾凌秀勢蹙計窮，隨帶餘黨，連夜從僻徑奔小尖山，逃出徑心。[29]

分巡漳南道原任副使今加升參政顧元鏡關稱：看得粵寇原分兩夥。其一賊首陳萬，巢九連山，在粵、虔之界，距閩千餘里，未嘗突犯閩境。崇禎四年閏十一月，忽與平遠賊首鍾凌秀合夥，入江楚，攻桂陽，劫水西。福建撫夷游擊鄭芝龍等奉本撫院調發及虔院催檄，已率勁兵二千，持三月糧，本道復為益以材官及銃藥等項，兼程而進，赴彼會剿。及師至長樂，忽聞凌秀賊黨五千，已與陳萬分夥，星夜竄回，紮營平遠之三圳墟，遂由長樂潛師東下，為密剿凌秀之計。今陳萬一夥，已為粵、虔兵將陸續擒斬殆盡……凌秀之乞降也，獻旗為號，嘯血示信，群數千人，而稽首投誠連三、四次，而肉袒悔罪。彼其時實有去逆效順之心，非出借撫緩剿之計。[30]

　　通過以上敘述，我們知道，福建巡撫熊文燦於崇禎四年八月派鄭芝龍所部去廣東剿匪，經過數月奮戰，鄭芝龍大敗潮州賊鍾凌秀，並於次年接受鍾凌秀的投降。而陳萬被其他官軍擊敗。關於這場戰役，官府史料多誇

---

29　〈會剿廣東山寇鍾凌秀等功次殘稿〉，《鄭氏史料初編》卷一，第39—41頁。
30　〈會剿廣東山寇鍾凌秀等功次殘稿〉，《鄭氏史料初編》卷一，第53—54頁。

獎三省會剿之攻，鄭芝龍有些不以為然。為此，何喬遠寫信給鄭芝龍：

> 從玉華洞歸，舟中見有問何爺者，不知門下即在舟中也。歸聞貴體
> 有所苦，問來使，果然。又知平復，喜甚。三省會剿，業奉嚴旨，
> 而來使云：「二省軍門俱未到，獨吾熊軍門在上杭。」可見此公任
> 事之勇，門下須體其意。三河九龍之捷，此中亦聞，第尚在疑信之
> 間，今果然矣。從此潮、漳路通，是大利益。令弟真是膽氣過人，
> 但從今亦須相機而動。昔常遇春嘗以此取勝，太祖皇帝常戒其輕至。
> 三省會剿之舉，嘉靖中賊張璉亦據大帽山。張璉被擒，本是俞虛江
> 公軍，被江西軍攘奪去，一軍器不平，俞公大笑曰：「但得賊平，
> 何分彼此？」悉讓功於江西軍。此前輩名將所為，並告以為門下
> 勖。[31]

琢磨何喬遠寫給鄭芝龍的這封信，可知投降明朝不久的「福建遊擊」
鄭芝龍自稱何喬遠的「門下」，而何喬遠也以「門下」稱呼鄭芝龍。這意
味著何喬遠是鄭芝龍在官場的保護傘，由於何喬遠是明朝尚書級別的官員，
得到朝廷上下的信任，鄭芝龍也就被明朝官僚體系接受了。由此可見，鄭
芝龍在官場也是個十分乖巧的人，通過何喬遠，他與泉州籍士大夫建立了
相互依靠的關係，這對他以後的發展會起良好的作用。

何喬遠與鄭芝龍關係的另一個側面是：何喬遠教導鄭芝龍官場處理關
係的技巧。三河之捷，鄭芝龍大敗鍾凌秀，取得關鍵性的勝利。當時朝廷
有三省會剿之議，卻只有福建巡撫熊文燦親自到上杭縣督戰。因此，鄭芝
龍在給何喬遠的信中稱讚熊文燦之勇，對其他兩省的督撫頗有譏彈。然而，
何喬遠教他不要計較，要學習當年俞大猷讓功於江西官軍的精神。看來鄭
芝龍接受了何喬遠的意見。按照《廣東通志》的記載，閩粵贛三省督撫都
在這件事中立了功勞：

> 懷宗崇正四年辛未秋八月，命總督王業浩會江西福建兩省官兵剿山
> 寇，平之。時銅鼓嶂賊鍾凌秀、九連山賊陳萬等犯永安、海豐、始
> 興縣，流劫江西瑞金、福建長汀等處。於是命業浩移鎮惠州，總兵
> 官鄧懋官亦至；閩撫熊文燦移鎮上杭，虔撫陸某移鎮信豐，守道洪

---

31　何喬遠，《鏡山全集》卷三四，〈答鄭芝龍遊擊書〉，第 926—927 頁。

> 雲蒸監軍，檄參將王鼎、徐之龍、閩遊擊鄭芝龍，虔參將金文光協
> 兵擊之。賊始遁，擒凌秀。[32]

　　根據以上記載，平定鍾凌秀主要是廣東、福建、江西三省官員的功勞。鄭芝龍僅是眾多參加戰鬥的軍官之一，但是，人們不會否定鄭芝龍的功勞。其後，福建巡撫熊文燦被提拔為兩廣總督，鄒維璉繼為福建巡撫。福建巡撫鄒維璉寫信給「鄭參戎」時這樣說：

> 生與將軍，今日之事同在一舟，同遇風波。生，主舵者也，將軍，看帆者也。……生今題覆山勳敘功，本上，請改將軍漳潮參將，改芝虎五虎或北路遊擊矣。[33]

> 然海內談閩事者，輒曰：閩獨恃有鄭將軍，餘弁無可倚。[34]

　　以上可見福建巡撫對鄭芝龍倚仗之深。在閩粵官員的大力支持下，鄭芝龍因功陞為福建參將。這都是官場潛規則在起作用了。

## 三、鄭芝龍平定海寇劉香

　　劉香，又名劉香老，漳州海澄人。五短身材，驍勇敢鬥，成為當地遊民及無賴的首領。[35]崇禎四年，劉香的海盜活動已經開始，鄭芝龍曾經警告荷蘭人要小心劉香，計畫和荷蘭人合作消滅劉香這股海盜。[36]不過，劉香是漳州月港人，月港在明末多次遭受荷蘭人入侵的影響，對外貿易受到限制，經濟發展受困，對現實不滿的人很多。所以，劉香在月港應有一定的支持度，儘管官府已經注意到他，但是，在鍾斌失敗後，他的餘部應是加入了劉香的隊伍，因此，劉香突然崛起，成為鄭芝龍的對手。按照《潮州府志》的記載，劉香曾經多次襲擊廣東潮州沿海的城邑。他的活動對福建海商是一個威脅。崇禎四年陽曆9月，荷蘭人記載：「本季總共有十七艘戎克船從馬尼拉回來安海和漳州河，其中有一艘被海盜劉香奪去。」[37]

---

32　郝玉麟等，乾隆《廣東通志》卷六，〈編年志一〉，第84頁。

33　鄒維璉，《達觀樓集》卷二十，〈撫閩尺牘・與鄭參戎〉，乾隆三十一年重刻本，齊魯書社1997年四庫存目書叢集部183冊，第35頁。

34　鄒維璉，《達觀樓集》卷二十，〈撫閩尺牘・與張遊擊〉，第32頁。

35　林仁川，《大航海時代：私人海上貿易的商貿網路》，第124—125頁。

36　江樹生譯註，《熱蘭遮城日誌》第1冊，第73頁。

37　江樹生譯註，《熱蘭遮城日誌》第1冊，第73頁。

　　崇禎五年，劉香率海盜隊伍北上襲擊福州。孫承澤說：「崇禎五年，劇賊劉香復徑逼五虎門，掠閩安鎮，幾搖省會。計自漳之福滸至省，不知歷幾寨幾遊，而中左居漳泉兩府之間，為全省之門戶，緣來為賊所從入之逕，扼抗宜嚴。」[38]當時鄭芝龍正在駐守福州的五虎門。雙方多次大戰：「該本道參政徐應秋覆勘得：閩師海上之捷，□劉香□事以來，一破之於石尾，再破之於定海，三破之於廣河，四破之於白鴿，五破之於大擔，六破之於錢澳。將士之勞苦，文武之拮据，五、六年於此矣。而獨無如田尾之捷，投元兇於烈焰之中，驅鯨鯢於江魚之腹，俘斬無數，餘黨烟消。」[39]

　　由於海寇不斷襲擊閩粵浙沿海，明末三省都非常重視水師建設。其中福建省尤為著力。「船則大桅高至十丈，皆採自深山。每一舟料，價費至四五百金。器則甲仗山積，一銃之重二三千斤，火力發可六七里。」其時，福建的水師已達六七千人。然而，他們的對手劉香的海盜隊伍，此時已有一萬餘人，戰船三百艘！[40]「看得劉香老嘯海有日矣，於崇禎五年十月內，肆螳臂之怒，直逼小埕、定海內地，欲與鄭芝龍決勝。維時勢實狂逞，幸文武諸臣，同心戮力，焚賊大艦四隻，賊眾焚溺者千計，生擒四十二人。雖諸臣自靖之微勞，誠亦年來海上之快事。」[41]

　　荷蘭文獻也有記載這場戰鬥：

這些商人證實我們於上個月 17 日聽到的有關一官和劉香的消息：即他們兩方於上個月 4 日在福州河附近都用他們的艦隊攻擊對方。（根據中國人所說）那場戰鬥從早晨一直打到傍晚，一官最後才穩住陣腳。一官的兄弟名叫 Sisia 的，身上兩處受傷。他的部下大部分被殺，因此他大為震怒，立刻衝入劉香的艦隊中央，上述海盜劉香及其部下遂予截擊包圍起來，劉香的艦隊，每艘戎克船都有一個鐵製四爪錨和一條鐵鍊，他們就用以扣住 Sisia 的戎克船，要不是同行的另一艘戎克船上的他的隊長，還有另一艘戎克船趕來很幸運地給他解圍，他一定會被扣住在那裡了。在這場戰鬥當中，一官這方面死了約有八百到一千人，劉香那方面也死了約同等人數的人。

---

38　孫承澤，《春明夢餘錄》卷四二，〈兵部〉，第 36 頁。
39　〈海寇劉香殘稿一〉，《明清史料乙編》第七本，第 688—700 頁。
40　〈海寇劉香殘稿一〉，《鄭氏史料初編》卷二，臺灣文獻叢刊第 157 種，第 122 頁。
41　〈海寇劉香殘稿一〉，《鄭氏史料初編》卷二，臺灣文獻叢刊第 157 種，第 137 頁。

根據上述中國人所說的，從來沒有發生過像這樣的戰鬥。到了傍晚雙方分手時，劉香和同船倖存的另外約二十個人換搭一艘戎克船，棄置他那艘廣東的沈重的坐船，把她還有其他幾艘船都放火燒毀，然後立刻南下飛馳。[42]

劉香失敗後，乘冬季順風退入廣東沿海，由於明末的廣東水師缺乏軍費，力量不足，劉香在嶺南得到發展。崇禎六年，劉香所部海寇再次進入福建海域。

又該福建巡撫沈猶龍為恭報官兵用命、血戰擒斬賊魁、奪獲船器事內稱：看得劉賊發難以來，戰經數年，禍延三省。臣受事時，賊方徜徉粵海，睥睨閩之銅山、中左。隨檄泉、漳道將備禦嚴忌，遣賊所最忌之五虎遊擊鄭芝龍前往中左，整船繕械，以防大舉。凡兩月，戰具始備。適李國助等倒戈就降，芝龍諭使擊賊之效。泉南遊擊張永產分師戰守，布置方畢，賊果於四月二十四日五鼓，駕船百餘號，襲至浯嶼外洋。興泉道參政曾櫻，已先遣把總郭熺等扼據上游。銃號一發，陳鵬、林宏等督率李國助等船奮兵急上，連艚橫擊。張永產駕艇歷陣，鄭芝龍麾部將吳華等冒死直前，督戰甚力。諸將或首衝，或夾擊，或迭進互援。李國助等聞令，爭先陷陣死鬥。自辰至申，鏖戰良久，天日俱昏，海水倒立。衝犁攻打之際，奪船五隻，生擒賊魁余阿二等七十六名，陣斬首級八顆，獲軍器一百八十餘件，救回被擄五十九名，沉船十餘隻，銃彈斃死、溺死賊夥無算。賊始望風奔潰。是役也，鄭芝龍兩月整搦，百費權謀，實有深心，早握勝算。[43]

文中所說的「浯嶼外洋」，即為廈門港外的海洋。在這裡鄭芝龍與劉香再次大戰。明朝官府雖說這一仗是鄭芝龍打勝了，但從其戰果來看，鄭芝龍若大的艦隊只擊沉對方十來隻船，這對擁有船隻三百來艘的劉香不算什麼。實際上，劉香打到了浙江省。「六年五月內，適因海上寇首劉香老糾集夥黨，流突閩、浙海洋，肆行刮殺。至六月內，忽犯浙江寧波府屬昌國、石浦。」[44]對浙江形成巨大的威脅。

42　江樹生譯註，《熱蘭遮城日誌》第1冊，第80—81頁。

43　〈海寇劉香殘稿一〉，《鄭氏史料初編》卷二，第139頁。

44　〈兵科抄出浙江巡撫喻思恂題本〉（崇禎七年十一月初一日抄送），《明清史料乙

　　不過，劉香主要活動範圍還是在廣東沿海。明末的廣東沿海以富庶聞名，劉香每次南下嶺南，都能得到補充和發展。劉香原來與荷蘭人訂有同盟，曾經結夥與福建水師作戰。不過，在金門海戰中，劉香見福建水師勢力強大，拋棄荷蘭艦隊獨自逃走。後來，被打敗的荷蘭人與鄭芝龍和談，被劉香發現後，劉香大怒，決心攻擊在臺灣的荷蘭人。崇禎七年陽曆4月8日，劉香夜襲熱蘭遮城堡。不過，由於消息走漏，荷蘭人已經有準備。他們以火砲和火槍反擊劉香，劉香的部下不得不退走。其後，劉香一度駐紮臺灣的打狗港，想略取周邊的地盤，也被臺灣少數民族武裝擊敗，不得不於14日退出臺灣。[45] 劉香部下多為海盜，對陸上作戰不太熟悉，所以失利較多。其後，劉香又轉向廈門港。

　　崇禎七年（1634年）夏曆四月，東南風起，劉香部海盜再次北上，在大擔海面被鄭芝龍截獲。此時劉香尚有一百艘戰船。四月二十五日，在廈門大擔洋面，雙方發生接觸，福建水師在鄭芝龍率領下全面出擊：「自辰至申，鏖戰良久，天日俱昏，海水倒立。衝犁攻打之際，奪船五隻，生擒賊魁余阿二等七十六名，陣斬首級八顆，獲軍器一百八十餘件，救回被擄五十九名，沉船十餘隻，銃彈斃死、溺死賊夥無算。賊始望風奔潰。」[46]

　　劉香每次作戰失利就往廣東跑，明朝想到必須加強廣東方面的力量，便將福建巡撫熊文燦於調到嶺南，任兩廣總督。熊文燦於崇禎五年上任後，覺得要消滅劉香，一定要借重鄭芝龍。經歷一番波折後，福建方面終於同意鄭芝龍水師進入廣東。崇禎七年，鄭芝龍在廣東境內多次擊敗劉香。

> 又該福建巡按路振飛題為海戰再勝、再報大捷、以慰聖懷事內稱：看得廣河、赤崗頭之捷，論其戰勝之地則在粵東，論其戰勝之功專屬閩將。廣省既有勘敘之行，閩省自不容後者。蓋海寇劉香始狂逞於小埕、定海間，撫臣鄒維璉親督將領，移駐連江，敗之於白犬洋。彼即竄身粵海。而閩中撫鎮司道，苦心計議，遂檄鄭芝龍等率驍勇追之。糧糗器械，無不悉備。兩廣督臣熊文燦，則更預於防而熟為計也。約期會勦，葉屬以待。故鄭芝龍等直抵廣河之赤崗頭。小醜

編》第八本，第710—712頁。

45　江樹生譯註，《熱蘭遮城日誌》第1冊，第154—159頁。

46　〈海寇劉香殘稿一〉，《明清史料乙編》第七本，第688—700頁。

驚魂未定，勢促計窮。我兵遂得斬獲賊魁崇武七、許龍、陳瑞善等，並夥黨五百餘名，首級六百餘顆，焚奪烏尾船一十五隻，銃斃溺水指又不勝屈。此（崇禎七年）二月二十六日事也。

又該福建巡撫沈猶龍題為閩師粵海再捷、據實上報、併陳賊倭連綜之狀、以謀永結剿局事內稱：看得閩將粵海白鴿港功次，乃與赤岡功次相繼報聞者也。赤岡一戰，賊已大敗。適鄭芝虎乘勝逐北，遇颶沉舟，賊遂□軻遁去。鄭芝龍復督陳鵬等奮力窮追，再戰於雷州白鴿，奪焚多船，擒斬一百三十九名顆。先經粵督、按報敘，謂一時橫海之功，無出其右，誠實錄也。[47]

鄭芝龍雖然屢屢戰勝，但劉香總能逃脫官軍的追捕。

崇禎八年四月，鄭芝龍南下閩粵邊界，在廣東揭陽田尾外海遇到了劉香的主力。其時，劉香還想讓其扣留的明朝官員為其退兵。「福建游擊鄭芝龍合兵擊劉香於田尾遠洋。香脅兵備道洪雲蒸出舡止兵。雲蒸大呼曰：我矢死報國，亟擊毋失！遂遇害。」[48] 具體戰鬥十分激烈：

撫臣沈猶龍與按臣張應星，密商戡定，秘授方略，即遣五虎遊擊今陞副總兵鄭芝龍，率七千精兵，銜枚擊楫。於四月初一日出洋，初八日遇香賊於田尾。賊艅蟻聚蜂屯，我師熊飛虎奮。環攻鏖戰，火發風烈。賊勢不支，跳火自焚。而賊之總督、衝鋒、哨頭、謀主，俱為官兵所獲。生擒賊夥一百四十七名，斬獲首級六百二十二顆，救回被擄一百三十九名，燒燬奪獲大小船三十五隻。此田尾之大捷也。復於本月十一日，乘勝追逐，又遇賊於鹽洲。將士奮揚，再賈餘勇。計犁沉奪獲賊船一十七隻，斬獲三十二名顆，賊婦二口，救回被擄二十一名。此小猫之再捷也。[49]

當其時，問主將者誰？副總鄭芝龍也。以身為大將而身先士卒，親登樓櫓，直擣中堅，使貔貅爭奮於波濤，而鯨鯢立斃於燎焰，謀出萬全，功當首論。其部則有首衝、同衝、副衝、同副衝、再副衝、分道衝之分。問誰為首衝？則陷陣摧堅，甘心逆賊者，原守備今陞

---

47 〈海寇劉香殘稿一〉，《明清史料乙編》第七本，第 688—700 頁。
48 《崇禎實錄》卷八，崇禎八年夏四月丁亥。
49 〈海寇劉香殘稿一〉，《明清史料乙編》第七本，第 688—700 頁。

遊擊陳鵬也。繼而同衝歐奇次之，副衝蘇成又次之，同副衝郭熺、
再副衝陳順、張梧又次之。

蘇成船被銃擊，尚挺身勒敵，遭彈而死，深為可惜。林顯忠、周德
志在吞賊，身忘烈焰。陳榮春、郭熺憤蘇成之死，急衝香船，犁碎
尾樓，足見勇烈。[50]

鄭芝龍讓其部下圍攻劉香的船隻，成為這場戰鬥的關鍵。

賊船圍泊於田尾洋，芝龍遂親登船樓，號召部將，奮力齊擊。指定
香寇大船，令備總陳鵬等四面圍攻，香寇驚忙，計難逸脫，遂舉火
焚船，已為灰燼。巨寇隕身，而兇黨喪魂。我師大振，奪焚賊大鳥
船四隻，奪獲賊大鳥船一隻，小哨船十隻，犁焚小哨船二十餘隻，
生擒賊目、賊黨共一百四十七名，斬級六百二十二顆，救回被擄
一百三十九名口。不旬日，已成大捷。[51]

劉香戰死之後，其父親和其弟弟率餘部北上浙江海面，向浙江官府投
降。這樣，明朝終於掃清了東南海域的大股海寇。其時，在海上活動的小
股海寇還是有的。按照荷蘭人的記載，在崇禎九年陽曆 12 月，有兩股海盜
分別向福州和廈門的官府投降，接受招安。結果，其首領都被官府斬首。
按照當時人的推測，這兩股海盜首領應是中了鄭芝龍的圈套，被鄭芝龍誘
降而後殺掉。[52] 這樣，鄭芝龍得到官府的全面信任。

鄭芝龍為明朝先後平定李魁奇、鍾斌、劉香等三股海盜，控制了東南
一帶的海路，奠定其一生事業的基礎。不過，鄭芝龍一家也為歷次戰鬥付
出了沉重的代價。鄭芝龍二弟戰死海上，三弟鄭爵魁因投靠李魁奇而失蹤，
鄭芝龍因而失去了和其一起長大的兩名兄弟，猶如失去左右手，這對鄭芝
龍的後半生影響極大。

## 第二節　鄭芝龍與荷蘭人的複雜關係

天啟四年（1624 年）占據臺灣的荷蘭殖民者並未停止對大陸商船的襲

---

50　〈海寇劉香殘稿一〉，《明清史料乙編》第七本，第 688—700 頁。
51　〈海寇劉香殘稿一〉，《明清史料乙編》第七本，第 688—700 頁。
52　江樹生譯註，《熱蘭遮城日誌》第 1 冊，第 280 頁。

擊，不僅如此，他們還與臺灣海盜發展關係，有時聯合作戰。不過，荷蘭人的侵略行為最終遭到了福建水師的反擊，以鄭芝龍為首的福建海商捍衛了自己的合法權利。

## 一、荷蘭人與臺灣海寇的複雜關係

　　荷蘭人設計襲擊福建駛往馬尼拉的商船，是因為當時的馬尼拉在西班牙人統治下，能得到美洲的白銀供應，福建商船只要抵達馬尼拉，即可獲得極大的利潤。所以，只要情況許可，他們都駛向馬尼拉。荷蘭人占據臺灣之後，儘管福建方面默許福建商人去臺灣貿易，但是前來直接經商的商人不多，一個於 1625 年 4 月到達巴達維亞的中國商人告訴荷蘭人：「中國人已經獲准前往臺窩灣（安平）與我方貿易，但宮廷並未公開許可，而軍門都督及大官則予以默認，又為保證如果我方在中國領域外，而今後不在中國領域內作軍事行動，則在臺窩灣（安平）貿易上，當無何困難。」[53] 其後，福建當局確實遵守了這一規定，放鬆了對荷蘭人貿易的管制，開始有一些赴臺灣貿易的福建商人。但對荷蘭人來說，抵達臺灣的福建商人只是閩商群體中較小的一部分，大量的福建商船仍然不顧荷蘭人的襲擊，遠航日本與馬尼拉等地貿易，尋找更高的利潤。這與荷蘭人試圖壟斷中國商品的設想相距太遠。荷蘭人的得意算盤是在控制臺灣海峽霸權以後，在臺灣海峽「頒發貿易許可證」，只有獲得荷蘭方面許可證的中國商人，才能到日本與東南亞貿易。退而求其次，荷蘭人設想福建商人都將其商品運到臺灣，然後由其運往日本與東南亞各地。這樣，荷蘭人便能壟斷中國商品，從而攫取東亞貿易中最大部分的利潤。但他們這一計畫與福建商人的利益存在衝突。對福建商人來說，荷蘭人是東亞原有貿易秩序的破壞者，不論在日本市場上還是馬尼拉等東南亞市場上，當地中國商品的價格肯定高於臺灣荷蘭人占據的大員市場。例如在菲律賓，「馬尼拉的絲價每擔 240 兩，比大員至少貴 100 兩」。[54] 對中國商人來說，與其經荷蘭人轉手，不如直接到日本或馬尼拉貿易。何況臺灣的荷蘭人往往無法全部採購運到臺灣的商品。因此，荷蘭人雖然占據臺灣，到此地貿易的福建商人卻不多。荷蘭人

---

53　郭輝譯，《巴達維亞城日記》中文版，臺灣省文獻委員會 1970 年印行，第 1 冊，第 42 頁。
54　程紹剛譯註，《荷蘭人在福爾摩莎》，第 58 頁。

無法在自由競爭中引來福建商人，便又訴諸武力。其時荷蘭人與福建巡撫之間達成默契不久，他們暫時停止了對福建港口的直接侵擾，而改在遠海行劫中國商船。荷蘭檔案記載：1625 年 5 月 17 日，荷蘭艦隊在馬尼拉外海「截獲一中國帆船，該船來自漳州」，荷蘭人將俘虜送到占城沿海，等待時機送到巴達維亞，「因為我們認為，不宜把捉獲的人送往大員，以避免與中國政府發生摩擦」。為了徹底截斷漳州與馬尼拉之間的貿易，荷蘭人向其上司建議：「我們希望公司在大員的人能設法用 3 艘或 4 艘便利快船和幾艘舢板把該航行水域的帆船趕走。我們認為，小船在那裡比大船更適用。」[55] 他們的行動，無疑造成福建商人對外貿易的重大損失。據荷蘭人的記載，自從他們於 1622 年進入臺灣海峽以後，福建與馬尼拉的貿易明顯減少，1624 年，「沒有中國帆船到馬尼拉，只有一艘銀船（來自墨西哥）到達那裡，又駛往澳門」。[56] 不過，荷蘭人的海上攔截，並未能完全截斷福建與東南亞諸國的聯繫。這一方面是由於西班牙方面加強了對荷蘭船隻的抗擊，另一方面，福建商人往往改用機動性能較好的中小型帆船，多走淺水線路，使荷蘭船隻無法追擊。因此，荷蘭殖民者的海盜襲擊，雖然使福建商人損失頗大，但離其達到截斷貿易的目的，還差得很遠。至於日本方面，日本人知道，荷蘭人總是在海上襲擊福建商船。便下命令：每年貿易完成後，中國船可以先行離開日本的港口長崎。中國船隻出發三日後，才放荷蘭船駛離日本。這就使荷蘭人無法襲擊回歸福建的商船。

荷蘭人的對策是扶植中國海盜，通過代理人來實現他們壟斷中國對外貿易的目標。鄭芝龍成為海盜頭目後，雙方展開了合作關係，據荷蘭史學家包樂史的研究，1625 年春天，「荷蘭人得到鄭芝龍與李旦留在臺灣的其他同夥的幫助，裝備了三艘戰艦去騷擾往返於廈門與馬尼拉之間的福建船隊。……鄭雇用了李旦的船隻作為武裝民船為荷蘭人服務」。[57] 鄭芝龍與荷蘭雙方的合作對雙方都是有利的，荷蘭人達到了干擾西班牙人貿易的目的，而鄭芝龍也因此得到了荷蘭人的大砲。從此，鄭芝龍的武裝橫行於閩粵沿海，打得閩粵官軍棄盔投甲，望風而逃。從東南海盜的歷史看，自從戚繼

---

55　程紹剛譯註，《荷蘭人在福爾摩莎》，第 58 頁。
56　程紹剛譯註，《荷蘭人在福爾摩莎》，第 48 頁。
57　包樂史，〈論鄭芝龍的崛起〉，袁冰凌譯，福州，《福建史志》1994 年 7 月增刊，第 21 頁。

光整頓福建水師之後，他們在與海盜的戰鬥中一直處於上風，不論是林道乾、林鳳還是袁進、李忠，他們與福建水師作戰，都是敗多於勝。自從鄭芝龍成為海盜頭目後，形勢扭轉過來，閩粵水師與鄭芝龍作戰，都是有戰有敗，其中關鍵原因在於鄭芝龍引進了荷蘭巨砲，一砲命中，可將對方的戰艦擊沉。所以，在很長一段時期內，鄭芝龍對福建水師是百戰百勝。不過，鄭芝龍的海盜活動最有利於荷蘭方面。首先，過去荷蘭水師在福建沿海的行動，受到福建水師抗擊，每每失利。此後，鄭芝龍為其擊敗福建水師，荷蘭人除去了一個最大的對手；其次，鄭芝龍在福建沿海得利後，將活動重心轉向閩粵沿海，他們在北港的基地逐漸被荷蘭人侵占。荷蘭人對臺灣的統治越來越鞏固，最後鄭芝龍被迫退出臺灣，這一切後果，都是鄭芝龍始料未及。

## 二、荷蘭殖民者對大陸的騷擾

　　荷蘭人占據臺灣之後，由於海寇活動的影響，前來貿易的福建商人不多。為了控制福建商人的對外貿易，荷蘭人想盡很多方法，甚至發動對福建沿海的戰爭，而福建水師也在鄭芝龍的率領下進行了抗擊，雙方打打談談，關係十分複雜。

　　荷蘭人侵占臺灣對福建商人的影響。在晚明歷史上，福建商人對荷蘭人的看法有一個發展過程。剛與荷蘭人接觸的時候，福建商人對荷蘭人頗有好感。據《東西洋考》的記載，第一次澎湖危機時，荷蘭人圖謀占領澎湖作為對中國的貿易港口，竟是漳州商人李錦、潘秀、郭震等人引來的。福建當局驅逐占據澎湖的荷蘭人，當時竟有福建商人為此惋惜：「以為此不費航海而坐收遠夷珍重寶，利百倍，若之何乃失之。」[58] 但第二次澎湖危機發生時，荷蘭人完全撕下了友好的偽裝，他們襲擊廈門灣的月港，在海上攔截福建商船，使福建商人遭受重大損失。荷蘭文獻表明，1620 年至1629 年之間，荷蘭人共俘獲了 20 隻福建商船。荷蘭人還鼓勵臺灣海盜襲擊福建沿海。「萬曆末，荷蘭國人擊倭去之，佔據耕鑿，更名曰臺灣。荷蘭一名紅毛。崇禎時，寇盜袁進、李忠、楊策、李魁奇、鍾斌、劉香、鄭芝龍相繼亂海中，餘黨多竄其間。紅毛又築城以為逋逃藪。海氛迄不靖。

---

58　袁業泗等修、劉庭蕙等纂，萬曆《漳州府志》卷九，〈賦役下‧洋稅考〉，第 22 頁。

給事中何楷議墟其窟，時因多難不能行。」[59] 此外，荷蘭人試圖切斷福建商人與馬尼拉西班牙人及日本的直接貿易關係，一切經由荷蘭人居間貿易，這當然是福建商人無法接受的。[60] 最大的問題在於：荷蘭人的海上擄掠，干擾了福建的海上通道。「時紅毛夷出沒海島，數省被害甚劇。泊數十巨艘，填塞海口，據澎湖，築城營，慣用巨砲虎蹲，遠擊巨艦，無敢當鋒。」[61]「海上多盜兼窘紅夷，糶道益艱，不驅紅夷，其憂不少。」[62] 荷蘭人占據彭湖，在戰略上對閩粵二省威脅極大，甚至有可能引來倭寇：

> 紅夷既據彭湖，倭必來據東湧，即不據東湧，且與紅夷合而互市，昔勾倭于日本，今勾倭于彭湖，故紅夷不驅，閩不知其誰有？紅夷無能，止恃一銃。能制其銃，技無所施。用兵以謀為主，以簡為策，以盜賊攻盜賊。[63]

另外一個重大影響是，由於荷蘭人及海寇橫行於海上，福建巡撫祭出了海禁政策。

> 前撫不能了賊，只禁米粟販船出海，以為絕賊餉道，不知賊之米粟皆打刮而得，豈待接濟，若待販船接濟，則是買米作賊矣。天下有是理乎？上下不察，以為消賊之法莫良於此，不知米粟未禁之先，芝龍船僅百隻，既禁之後遂至千艘，未禁之先，僅有芝龍數賊，既禁之後，遂加林姐哥、梅宇六七種，絕賊餉道而賊益多者，何也？我屬禁而漳泉益饑，益饑則益生賊；我屬禁而芝龍濟貧之說益足以收人心，故從賊益眾也。當事不察接濟何物，不查接濟何人，而猥以加之米粟商販，不亦左乎。[64]

這一政策的改變，極大打擊了福建東南沿海「大進大出」的經濟模式。此外，荷蘭占據臺灣之後，進一步扶植海寇襲擊福建沿海，給福建商人造成極大的損失。而且，荷蘭人還在海寇中間挑撥離間，支持弱者，打擊強者，力圖控制他們。鄭芝龍為海寇時，幾度遭到荷蘭人的襲擊，也幾度與

---

59　郭起元，《介石堂集古文》卷九，〈跋臺灣詩文後〉，乾隆刻本，第 12 頁。
60　郭輝譯，《巴達維亞城日記》中文版，第 1 冊，第 46 頁。
61　川口長孺，《臺灣鄭氏紀事》卷上，第 6 頁。
62　董應舉，《崇相集》書四，〈與南二太公祖書〉，第 28 頁。
63　董應舉，《崇相集》書四，〈與南二太公祖書〉，第 30 頁。
64　董應舉，《崇相集》書四，〈寄張蓬玄〉，第 54 頁。

荷蘭人聯合作戰。

　　1628 年 6 月，荷蘭艦隊在新任長官魏斯的率領下到福建沿海，在福建官員的慫恿下與鄭芝龍作戰。不過，這一時期的鄭芝龍已經有上千船海盜船。魏斯剛到中原來，可能不知道鄭芝龍的厲害。但他一到戰場，便知道情況不對：「魏斯指揮官一到那裡，就遭到海盜船強大火力的攻擊，沒有發射一砲而被迫與 Vrede 和 Erasmus 逃到爪哇，並事先命令其餘快艇回到此地。……克丁所乘的快艇 Ouuerkerkkgnk 號被燒。」「一官（荷蘭人對鄭芝龍的稱呼）海盜非常強大，擁有超過千艘戎克（中式帆船），絕對可以傷害我們。例如他俘獲一艘大戎克，載有 25 個荷蘭人，後來又捉住另一艘我們送錨和繩給魏斯的船，還有一艘 Sinkan 號戎克，載有許多商人的貨物，價值超過 8000 里耳，還捉到兩艘，其一艘為商首哈根的船，他被派到漳州。」[65] 可見，這次戰鬥，鄭芝龍至少俘獲了五艘屬於荷蘭的船隻。不過，鄭芝龍對荷蘭人一向很客氣，他雖然捉到很多荷蘭俘虜，並沒有虐待他們。遇到危險時，他曾經武裝這些荷蘭人，讓他們為自己站崗。這一切，都是為了與荷蘭人發展貿易。

　　1628 年 7 月，鄭芝龍被明朝招安，成為福建的水師將領。此時，荷蘭人的船隻出現於廈門灣，鄭芝龍試圖聯絡荷蘭軍艦共同打擊海盜李魁奇，荷蘭人趁機向鄭芝龍提出條件：

> 一、一官（即芝龍）須於獲勝之後，讓我們在漳州河進行貿易，對商人來跟我們的交易的通路不得有任何限制，而且要熱心地向軍門爭取承諾已久的長期的自由貿易；
>
> 二、擄掠到的李魁奇的戎克船，我們要先選取最好的三、四艘，並取得所有戎克船裡的所有商品，而由他取得剩下的船隻，以及所有戎克船裡的大砲；
>
> 三、不允許戎克船前往馬尼拉、雞籠、淡水、北大年灣、暹邏、東埔寨等地；
>
> 四、不允許任何西班牙人或葡萄牙人在中國沿海交易，要在所有通路防止他們，阻止他們；

---

65　〔荷〕佚名，《荷據下的福爾摩莎》，第 55 頁。

五、最後，以上條件的全部，他終生都不得違背，去世後，他的繼承者還要繼續遵守履行，相對的，我們將用我們的船隻確保他的地位。儘量在有須要的地方掃蕩海盜；而且，他要在盡可能的情況下，說明荷蘭聯合東印度公司收回全部的賒帳。[66]

從以上條約內容看，荷蘭人是想讓鄭芝龍成為他們的傀儡，並通過鄭芝龍達到切斷福建海商與外界的聯繫，從而完全控制福建的對外貿易。鄭芝龍倘若完全接受這些條件，福建海商的利益將遭受巨大損失。鄭芝龍的答覆是：

一、他將終生讓我們在漳州河及大員享受通商，他去世以後，他的繼承者也要繼續遵守這個原則；

二、他將為我們寫信給軍門，幫助我們取得承諾已久的自由貿易，可永遠享受的自由貿易；

三、他將立刻準備一艘戎克船給我們，以便載石頭去大員，等鍾斌征討回來，還會交三、四艘戎克船給我們；

四、為補償我們那艘快艇的損失，他將先交付兩千兩銀，以後將繼續補償，直到在該快艇上的貨物的損失完全補償完畢為止。[67]

鄭芝龍的許諾是很謹慎的，他在沒有傷害福建商人根本利益的情況下，答應荷蘭人的基本要求——到月港（即文中的漳州河、漳州灣）與福建商人直接通商。但在是否斷絕福建與東南亞其他地區貿易的這一問題上，他沒有讓步。荷蘭人記載：「至於要禁止戎克船前往在馬尼拉等其他我們敵人的地方之事，他不敢承諾，因為他們持軍門的通行證航行，繳納很多稅給他。對此他無能為力，如果現在去干擾他們，必將違抗軍門，召來極大的憤怒。我們不該在這方面為難他，應該在他能為我們設想的其他方面儘量去要求他。所以，這一項絕對不能考慮，他寧可死也不考慮去做這事。」[68]可見，鄭芝龍在與荷蘭人談判時，堅持了福建商人的利益。關於開放月港問題，鄭芝龍雖然做了口頭的保證，甚至與荷蘭方面簽約。但是，這一許

---

66　江樹生譯註，《熱蘭遮城日誌》第 1 冊，台南市文獻委員會 2000 年版，第 15—16 頁。

67　江樹生譯註，《熱蘭遮城日誌》第 1 冊，第 18 頁。

68　江樹生譯註，《熱蘭遮城日誌》第 1 冊，第 18 頁。

可最終沒有實行。其原因在於：其時明朝自倭寇事件後，對海外勢力抱有深刻的警惕，他們害怕外來侵略者知悉大陸具體情況後，生出侵略中國的野心。因此，明朝當時的對外政策是：允許福建人從月港到海外貿易，但不允許海外國家到月港貿易。有人或許會批評明朝這一不夠開放的政策，但是，福建的商人集團對這一政策卻是擁護的。因為，當時的貿易形式是福建商人將中國商品輸往臺灣，荷蘭人為了得到中國商品，不得不抬高商品價格；而荷蘭人一旦獲得到月港自由採購的權力，他們便可以低得多的價格獲得中國商品，這對福建商人是不利的。由於這一原因，儘管鄭芝龍答應荷蘭人到月港貿易，並答應為荷蘭人到福建巡撫那兒疏通，但實際上，這是福建官府不敢答應的，鄭芝龍也沒有去實行這一許諾。荷蘭人從來沒有獲得在月港區域貿易的合法權力，他們從鄭芝龍處所得到的是提供商品的許諾。

　　總的來看，明末福建作為中國的輸出口岸之一，已經與東亞諸港形成固定的貿易聯繫。這一聯繫為福建商人帶來了極大的利潤。然而，荷蘭人出現在臺灣海峽之後，用各種方式對福建商人施壓，力圖將福建商人轉化為他們的附屬集團，並獲得本該屬於福建商人的東亞貿易利潤大部分。這當然會遭到福建商人的反抗。福建商人原來是一支分散的商業力量，但在明末的衝突中，他們漸漸發展為以鄭芝龍為核心的海寇商人集團，這一集團掌有相當的武力，與荷蘭人既有合作也有鬥爭，荷蘭人施展各種手段，並不能完全控制他們。此外，荷蘭人的襲擊，切斷了福建省的海上貿易，這給大進大出的福建沿海經濟帶來許多問題。明朝兵部官員說：

> 近日漳泉戒嚴，又苦夷矣。自紅夷發難，據泊凶地……而海上商旅，鯨吞殆盡。……厥後民窮變起，而海寇無寧日。自招撫海寇楊六以來，迄今十有餘載，李之奇、鍾祿、劉香接踵噴浪於鱷窟蛟穴之中，熊罷奪氣，蜂蟻肆毒，當事者以為未嘗見陷城池，無足慮也。不知漳泉二郡以海為田，波濤不恬，民無生日。今日寇氛燎原，殃及浙粵奈何？[69]

　　面對這種情況，福建海商只有組織起來與荷蘭殖民者鬥爭。

---

69　陳祖綬，《皇明職方兩京十三省地圖表》卷下，崇禎九年刊本，第 41 頁。

## 三、福建商人與荷蘭殖民者的鬥爭

　　福建商人集團面臨荷蘭殖民者的欺壓，卻很難得到來自政府的支援。1625 年 4 月，當荷蘭人與福建官府談判澎湖群島問題的時候，私下悄悄地派出艦隊去馬尼拉海面搶劫福建商船。他們很擔心這種做法得罪福建官府，所以，他們向一些親荷的福建商人諮詢，荷蘭檔案中有如下記載：「因問該 Wangsan 以該戎克船中之數艘，如被我方船舶捕獲，則軍門對此將有何說？據言當不發生任何問題，不過為遭遇此刧者之不幸耳。……又言軍門及都督任職僅三年，故不欲與中國治外之人惹起爭端，一切儘量避免，蓋此舉並不受國王之感謝，且無所收益。」[70] 明代閩粵官府對海疆民眾利益的漠不關心，連海外國家也看得心寒。因此，福建商人只有靠自己奮鬥來解決問題。

　　福建商人集團在與荷蘭人競爭的過程中，有一最大的優勢——月港是當時中國僅有的兩個對外貿易的港口之一。其時廣東的澳門港也是中國商品輸出的口岸，但由於葡萄牙人與荷蘭人的對立關係，荷蘭人無法到澳門做生意，只有向福建商人打主意。自從他們占領臺灣以後，對福建的依賴性更強，他們為了得到中國商品，採取給福建商人預付定金的方式來採購。「我們的人冒險預付給一名中國商賈約 40,000 里耳，但我們信得過他，因為該人在此之前已為我們購到 250 擔絲（當時也是預付給他）。如果我們沒有這樣做，恐怕不會獲得這麼多的絲貨，因為普通商人運到大員的貨物仍無明顯增長。」[71] 這就給福建商人留下了很大的活動空間。早期與荷蘭人貿易的廈門商人是許心素，1621 年，在巴達維亞的荷蘭人在其報告中提到：「在前面的報告中已經述及，我們在等待 den Haen 從大員運來生絲 200 擔，但因風暴而遲遲未到，致使許心素的帆船被迫在漳州灣滯留 3 個月，此時我們已將資金預付給他。公司在大員的人為此甚感不安，決定派 Erasmus 和 den Haen 兩船前往漳州打探許諾的 200 擔生絲出於何故仍未運至大員。」荷蘭船到達廈門外海停於烈嶼，「許心素派一條帆船運來 200 擔生絲交給我們的人，他們又預付他可購 70 擔的資金，價格為每擔 137 兩。他不久即

---

70　郭輝譯，《巴達維亞城日記》中文版，臺灣省文獻委員會 1970 年印行，第 1 冊，第 41—42 頁。

71　程紹剛譯註，《荷蘭人在福爾摩莎》，第 51 頁。

交貨 65 擔。我們還與另一商人訂貨，並預付銀兩給他，又獲得 10 擔。我們的那時共購得 275 擔，計畫南風季初送往日本，如能多購入，也將一同運去」。[72] 很顯然，這種先付訂金的貿易方式，絕對是有利於福建商人的。荷蘭人後來抱怨：「只有得到一個許心素（Simsouw），他使我們信託到 100,000 里爾給他，卻僅僅有六個月，看到他運貨回來，然後就隨他的意思，不照市價（Marcktgang）支付了；然後就是一官（即鄭芝龍），他滿口答應，要讓一兩個商人來跟我們交易（他自己也因而獲利），但他們運來的貨物都只夠我們資金四分之一的交易量，剩下的資金，都得年年毫無收效地積存下來，造成我們的主人很大的損失。」[73] 可見，儘管荷蘭人占據了臺灣海峽的霸權，但由於福建商人對貨物源頭的掌握，他們仍然要被福建商人反控制。在這方面頗有作為的是許心素與鄭芝龍。不過，對福建商人來說，到臺灣貿易其實是對日本與東南亞貿易的一種比較浪費的形式，有同樣的貨物，不如直接銷往馬尼拉或是日本。因此，雖然鄭芝龍明知臺灣貿易還是有錢賺的，他卻沒有運去足夠的商品，乃至荷蘭人抱怨不已。

　　在荷蘭人占據臺灣的前幾年裡，荷蘭軍隊多次襲擊福建及廣東的港口。

　　據《廈門志》，崇禎三年，荷蘭人襲擊廈門港：「遊擊鄭芝龍焚走之」。關於此事，《廈門志》引用臺灣縣舊志：「芝龍募龍溪人郭任功率十餘人，夜浮荷蘭船尾，潛入焚之；餘悉遁去，不敢窺內地數年」。該事在其他書籍中也有記載：「芝龍計焚其舟，募龍溪人郭任功率十餘人，夜浮荷蘭船尾，潛入焚之，獲五十餘人，餘船悉遁。」[74] 然而，翻看荷蘭人的記錄，崇禎三年之時，是海盜鍾斌在控制廈門口岸，如前所述，鍾斌曾經襲擊廈門港荷蘭人的幾艘戰艦。這給荷蘭人沉重打擊。[75]

　　荷蘭人曾經寄希望予鄭芝龍來控制廈門港。可是，鄭芝龍在擊敗鍾斌之後，並沒有對荷蘭人開放。鍾斌滅亡後，荷蘭人廈門港的生意僅僅維持幾個月，就遭到鄭芝龍的驅逐：

　　7 月 26 日上席商務員特勞牛斯搭戎克船新港號從漳州河回到此地。

72　程紹剛譯註，《荷蘭人在福爾摩莎》，第 59—60 頁。
73　江樹生譯註，《熱蘭遮城日誌》第 1 冊，第 108 頁。
74　川口長孺，《臺灣鄭氏紀事》卷上，第 6 頁。
75　江樹生譯註，《熱蘭遮城日誌》第 1 冊，第 29 頁。

是奉一官的緊急命令，率領全體公司人員離開廈門的。一官這樣下
令的理由，據他說是這樣的：即快艇 Wieringen 號的船長從一艘來
自馬尼拉的戎克船拿走了一千九百里爾，這個傳說很快就傳到軍門
的耳朵（他這麼說），因此，他如果讓我們繼續留在廈門交易，將
被大官猜疑。這件事究竟如何，要等候上述快艇回來才能知道真相，
如果事情確是如此，就可從而看出中國人就是這樣的人：即從他們
的一艘戎克船拿走約一千九百里爾（這件事還未證實）就要禁止我
們的貿易了，那麼，如果攻擊了他們的人和貨物，就不可知要如何
反應了。像中國這麼好的貿易，卻必需與這種背信，陰險奸詐，不
可靠，膽小畏怯，說謊騙人舉世無匹的國民交易，這真是公司的悲
哀。[76]

　　按，這件事的起因很清楚：主要是一個荷蘭人搶劫了中國商船上的
1900 里爾（一種荷蘭銀圓），商人告到福建駐廈門的長官那裡。長官大怒，
決心嚴查。鄭芝龍怕牽連自己，便讓荷蘭人的船隊趕快返回臺灣。其錯誤
在荷蘭人那裡是很明確的。但在荷蘭人看來，我還沒有正式搶劫呢，拿點
銀元又怎麼樣？於是大罵中國商人「陰險奸詐，不可靠，膽小畏怯，說謊
騙人舉世無匹」。這讓人感到荷蘭人不講理了。他們在外海搶劫中國商人
也就罷了，官府拿不到證據，對他們無可奈何。然而，他們廈門港也敢這
麼做，官府能不追究嗎？鄭芝龍順勢讓荷蘭人離開廈門港，也是沒有辦法
的。不過，荷蘭人將此事理解為不讓他們在廈門港直接貿易和搶劫，於是，
雙方矛盾激化。陽曆 9 月 22 日，荷蘭方面又派出一艘船攜帶 7 萬里爾的錢，
試圖趕往中國沿海，尋找做生意的機會。不久，他們聽說福建方面已經「禁
止商人運貨來大員，只有那些得到軍門的通行證，向國家納稅的商人才得
運貨來大員交易。就像那些前往馬尼拉及其他地方交易的商人那樣。」[77]
這說明福建方面在崇禎四年重又發布對外貿易禁令，主要是駐廈門的軍門
下令，沒有他的許可，所有船隻不得到臺灣貿易。荷蘭人發現，這以後，
只有 Gampea 和 Bendiock 兩大商人敢到臺灣貿易，其他人都不敢到臺灣來
了。為此，荷蘭人得出結論：「除了使用武力去驚嚇那些大官以外，其他

---

76　江樹生譯註，《熱蘭遮城日誌》第 1 冊，第 51 頁。
77　江樹生譯註，《熱蘭遮城日誌》第 1 冊，第 57 頁。

沒有任何辦法能夠自由交易了。」[78] 崇禎五年陽曆 9 月，有兩名安海商人到臺灣求得荷蘭人的貸款，荷蘭人在他們返回之時，趁機派人跟著安海商人到石井鎮貿易。對安海商人來說，荷蘭人特勞牛斯跟在後面是很不舒服的。不久，荷蘭人就收到鄭芝龍的一封信：要求荷蘭人不要直接到安海外海的石井鎮貿易，最多到廈門港外的大擔島及浯嶼進行貿易。最好還是在臺灣等待鄭芝龍派出的商人前去貿易。[79] 鄭芝龍之所以這樣說，應是當時奉行海禁，所以，荷蘭人公開到安海、石井貿易，會給他帶來麻煩。荷蘭人在安海還得到消息，鄭芝龍當年派出一艘船至東南亞的北大年貿易還沒有回來，這個貿易季節，共有 17 艘戎克船從馬尼拉返回安海和廈門港（漳州河）。這都使荷蘭人感到他們遭到了不太好的待遇。然而，鄭芝龍等人還進一步戲弄荷蘭人。陽曆 9 月 23 日，荷蘭人接到鄭芝龍新的來信：

> 信裡除了很多恭維問候和中國式的道歉之外，說到他見過 Hingsuan 的海道（興泉海道）和泉州的幾個大官，他們都希望公司能得到自由貿易；他也曾經為此寫信去給福州的軍門，但還未收到回信，由於目前國王與軍門都政令森嚴，一切照法辦理，所以他擔心，對公司的事情能做到的不多。[80]

荷蘭人知道中國辦事的潛規則，不得不給福建的官員們送禮物，當然，這些禮物都是通過鄭芝龍轉交的。鄭芝龍見到荷蘭代表之後表態：

> 一官經由上述代表告訴我們說，現在事情已經快要成功了，不但承諾已久的可往大員自由交易的那五、六張通行證已有獲得海道許可的希望，海道還很誠懇地請我們派幾個代表去跟他當面商談。為此目的，一官認為，最好先把他要為我們寄去給海道的信，先寄來給我們閱覽簽名，然後寄還給他。他才寄去給海道。
>
> Bendiock 還向我們報告並抱怨地說，由於海道禁止任何人跟我們交易的嚴屬禁令，在安海、廈門及其他地方被執行得那麼嚴格，使得大家都不能再到我們這裡來，前幾天，就有幾個人因而被捕，並被嚴屬處罰，因此上述 Bendiock 說，如果這封信沒能改變海道的態

---

78　江樹生譯註，《熱蘭遮城日誌》第 1 冊，第 60 頁。
79　江樹生譯註，《熱蘭遮城日誌》第 1 冊，第 73 頁。
80　江樹生譯註，《熱蘭遮城日誌》第 1 冊，第 74 頁。

度，就沒有人能再運貨出來，連他自己也不敢再運貨出來了。[81]

按，鄭芝龍和福建省官員如此戲弄荷蘭人，有其客觀原因。當時海盜劉香橫行於閩粵沿海，明朝不得不實行海禁，以削減劉香的力量。另一方面，福建官員想讓荷蘭人老老實實地待在臺灣，不要到大陸沿海港口來，尤其不要到廈門港來。荷蘭人所要的貨物，可以由在福建獲得許可的商人送來。這種政策顯然對荷蘭人不利。他們希望打破福建鉅賈獨占貿易的局面，以便買到更便宜的商品。他們也想到福建港口隨意貿易，甚至是隨意搶劫。這就導致雙方的衝突。

崇禎六年陽曆 3 月 23 日，一艘由廈門抵達臺灣的商船給荷蘭人帶來一封信，告訴荷蘭人，福建方面決定：「每年將批准八艘戎克船完全自由地運各種商品去大員交易，那些幕僚們並授權給廈門的游擊發行那些通行證；但相對的，公司必須承諾以後任何時候都不派荷蘭船到中國沿海，如此，則將把我們想要的以及需要的各種貨物，足夠地運來大員。」[82]

荷蘭殖民者最終下決心聯合海盜劉香，再次用武力來打開對中國貿易。崇禎六年（1633 年）六月初一日，荷蘭船艦突襲閩粵附近的南澳港。「夷犯南澳，至初六日，挾賊夾攻。夷船高大，我船低小，火銃交發，謝奇船先被焚，因而延燒四船，我亦焚夷哨三船。至夜，又計以五船焚其三船，夷尋遁去。是役也，把總范汝樛被彈重傷，官兵戰死一十七人，夷之死者亦相當。此則南澳之情形也。」[83] 隨後荷蘭人又襲擊廈門港：

> 初七日，夷至中左。時遊擊鄭芝龍從廣東新回，閣船燖洗，以圖北伐。張永產亦在泉城料理會勦船械。中左去南澳數百里，夷船乘風卒至，出於意料所不及。是日，芝龍部下焚船十隻，張永產部下焚船五隻。此則中左之情形也。厥後十六日，夷犯青澳港，韓登壇擒斬夷二人。二十六日在刺嶼打石澳，袁德、周之祥擒斬夷首一顆，焚夷船一隻。二十四日，湯日昭擒生夷十六名，雖審係澳夷，然何以適與紅夷值，則不可謂非夷也。其在漳者如此。及七月初八日再

---

81　江樹生譯註，《熱蘭遮城日誌》第 1 冊，第 75 頁。

82　江樹生譯註，《熱蘭遮城日誌》第 1 冊，第 85 頁。

83　《明季荷蘭人侵據彭湖殘檔》，兵部題行〈兵科抄出福建巡按路振飛題〉稿，臺灣文獻叢刊第 154 種，第 53 頁。

突中左，張永產與同安知縣熊汝霖合力禦之，彈死夷十餘，焚其尖尾等船，夷即退走。永產、汝霖窮追兩晝夜乃返。其後夷游移舊浯嶼間，不敢正視中左，則一擊之力也。其在泉者如此。[84]

　　荷蘭方面的文獻記載，荷蘭船艦襲擊廈門，共擊毀了「約有二十五到三十艘大的戰船，都配備完善，架有十六、二十到三十六門大砲，以及二十到二十五艘其他小的戰船」。[85] 這些戰艦是福建水師的精華，「據中國人自己稱，中國從未整訓過規模如此強大的艦隊」。[86] 由於荷蘭方面是不宣而戰，福建官府非常奇怪，趕到荷蘭人船上的福建商人都不解荷蘭人為何突然襲擊福建水師？對於鄭芝龍的疑問，荷蘭方面的回答是：「告訴中國的大官們，我們所要的並不是殺人流血，而是要用所有的友誼尋求跟所有商人無限制的交易。」[87] 荷蘭人這種追求友誼的方式讓人受不了。雖然福建水師遭受重擊，但是，當時中國海上力量強大，民間有數百上千艘大船，福建官府調發民間商船補充軍隊，很快形成了一支新的大軍。「文武諸臣，淬精聚神，選甲蒐乘。六、七千之信臣精卒，數百號之艨艟巨艦，罔不嚴翼供武」。[88] 結果，鄭芝龍並未一蹶不振，而是變得更強大。9 月，鄭芝龍水師在金門島的料羅灣包圍了一支荷蘭與海寇劉香的聯合艦隊。據中方史料記載，參加料羅灣海戰的荷蘭艦隊有 9 艘夾版大船，配合荷蘭艦隊作戰的劉香海寇船也有 50 餘隻。[89] 福建投入這場戰役的力量也相當強大，荷方文獻記載，中方的戰船達 150 艘，其中有 50 艘是極大的。中方之所以能在短期內組織一支大艦隊，應是月港商人恨透了荷蘭海寇，紛紛將商船改作戰艦。所以，中方水師的陣容空前強大。在交戰中，中方採取了新的戰術，不管是什麼船隻，只要遇到荷蘭船便進行接舷戰，用鐵鉤鉤住敵船，士兵跳過敵船肉搏，作戰不利時便放火自焚，讓其延燒到敵船，共同焚毀。這一戰術使荷蘭人心驚肉跳，當荷蘭戰艦一艘被焚、一艘被俘之後，其他荷

---

84　《明季荷蘭人侵據彭湖殘檔》，兵部題行〈兵科抄出福建巡按路振飛題〉稿，臺灣文獻叢刊第 154 種，第 58 頁。

85　江樹生譯註，《熱蘭遮城日誌》第 1 冊，第 105 頁。

86　程紹剛譯註，《荷蘭人在福爾摩莎》，第 132 頁。

87　江樹生譯註，《熱蘭遮城日誌》第 1 冊，第 106 頁。

88　〈海寇劉香殘稿一〉，《明清史料乙編》第七本，第 688—700 頁。

89　鄒維璉，《達觀樓集》卷一八，〈奉勦紅夷報捷疏〉，轉引自廈門大學鄭成功歷史調查研究組編，《鄭成功收復臺灣史料選》，第 21 頁。

蘭人大敗而逃。[90] 這就是著名的料羅灣海戰，這是中國人在海上大敗西方海軍的第一次戰役。中方「計前後共生擒紅夷一百三十六名」[91]，「鄭芝龍剿夷之功，為海上數十年奇捷。張永產擒活夷十名，兼擒賊六十四名」，可見，鄭芝龍之外，張永產的功勞也不小。[92] 各種文獻對鄭芝龍評價頗高：

> 紅夷犯順，鄭芝龍攻擊大擔，偵知夷艍分泊彭湖，設計勒捕，焚夾板一隻，擒酋七名。後直抵料羅，麾令參將陳鵬等首衝夷陣，生擒酋長。因用牽扯焚燒之法，會同副總高應岳、游擊張永產、彭湖游兵游擊王尚忠等夾擊，焚大夾板五隻、賊小船五十餘隻，生擒偽夷王呷呶嘩吧哇一名。前後計擒賊眾百餘名，斬級二十顆，焚溺以千計。此從來未見之死戰，亦從來未見之奇捷。又云芝龍渾身是膽，屢建奇功；海上之旌旗指顧，不嘗摧枯而拉朽。[93]

　　然而，對於這一仗中方的戰果，現在還存在疑問。據鄒維璉的〈奉剿紅夷報捷疏〉，鄭芝龍部擊沉荷蘭人的 5 艘戰艦，俘獲 1 隻。而朱杰勤先生據海外學人馬克勞德的研究，判定荷蘭損失了 4 艘大船，還有 3 艘兵艦不知去向，中方的奏摺並無誇張，「荷蘭人這次大敗，幾乎全軍覆沒。」[94] 這一結論被一些臺灣史著作採用。但是，戰後不久，鄭芝龍便派人到臺灣講和，他索賠僅一千兩銀子，但荷蘭人糾纏多日，也不肯給。中方卻答應再次開放中國商人到臺灣貿易。鄭芝龍為何這麼軟弱？詳細翻閱《巴達維亞城日誌》、《熱蘭遮城日誌》以及《荷蘭人與福爾摩莎》三部荷蘭檔案文編之後，我認為前人可能有誤讀史料的地方。馬克勞德在文中是說荷蘭艦隊在「颱風及戰鬥中喪失了四條大兵船，還有其他三艘兵艦不知去向，」[95] 而我們將其認定為在料羅灣之戰中，荷方損失 7 艘戰艦。實際上，在中方俘燒各 1 艘荷蘭戰艦後，荷蘭人識破了中國艦隊的戰術，當時雖然還有 3

---

90　江樹生譯註，《熱蘭遮城日誌》第 1 冊，第 132 頁。

91　《明季荷蘭人侵據彭湖殘檔》，兵部題行〈福建巡撫鄒維璉諮〉稿，第 42 頁。

92　《明季荷蘭人侵據彭湖殘檔》，兵部題行〈兵科抄出福建巡按路振飛題〉稿，第 52 頁。

93　黃叔璥，《臺海使槎錄》卷四，〈赤嵌筆談〉，引按閩摘略。

94　馬克勞德，〈東印度公司在亞洲〉，轉引自朱杰勤，〈17 世紀中國人民反抗荷蘭侵略的鬥爭〉，見：《鄭成功研究論文選》，第 18 頁。

95　馬克勞德，〈東印度公司在亞洲〉，轉引自朱杰勤，〈17 世紀中國人民反抗荷蘭侵略的鬥爭〉，見：《鄭成功研究論文選》，第 19 頁。

艘荷蘭軍艦陷入福建水師重圍，但他們竭力避開接舷戰，最終九死一生地逃了出去。所以，荷方在料羅灣之戰的損失，不是中方記載的六艘，也不是人們誤解的 7 艘，而只是兩三艘快艦被俘被焚。荷蘭人其他損失是在颱風等自然災害中。[96] 當然，荷蘭艦隊會在颱風中損失那麼慘重，應當和其在戰鬥還有多艘船隻被擊傷有關，這些受傷的艦隻航行功能受損，無力抵擋較大的風暴，所以才會在颱風中又沉沒數艘。總之，加上颱風中的損失，荷蘭軍艦至少有七隻戰艦退出艦隊，荷蘭人軍艦總共不過十幾艘，減少七八艘，對一支艦隊是難以承受的損失。此後，荷蘭人再也沒有主動對閩粵水師發起攻擊。

　　但這次戰鬥中，中國方面的艦船應當也受到很重的損失，中方水師與敵共焚的戰術，至少是一對一的比例消滅敵艦。有時候，可能是中方船隻自焚了，卻未能燒到荷蘭方面的船隻，所以，中國艦隊的損失不會比荷蘭少。實際上，在荷蘭軍隊襲擊廈門灣之時，中方就損失了 15 艘巨艦，這類巨艦不知有多大，但從荷蘭人的敘述來看，這些巨艦就連荷蘭人也讚歎不已，表明這些巨艦規模不小。這些巨艦損失後，不是那麼容易補充的。我懷疑：荷蘭人突然襲擊南澳島及廈門灣的中國水師，應是早就感到這支水師是荷蘭軍艦的勁敵，很早就想以突襲的方式消滅這支水師，結果一直到崇禎六年才找到機會。不過，荷蘭人本以為消滅這支艦隊後，他們便可以稱霸臺灣海峽，想不到的是：在鄭芝龍組織的反擊戰中，荷蘭人付出了同樣慘重的代價。總之，這場先後發生於廈門灣及金門料羅灣的戰役中，中國與荷蘭實際上打成平手，其後平分臺灣海峽霸權應是一個雙方都不太滿意卻只能接受的結果。關於這場戰鬥，明史評論主持此事的福建巡撫鄒維璉：「明年夏，芝龍剿賊福寧，紅夷乘間襲陷廈門城，大掠。維璉急發兵水陸進，芝龍亦馳援。焚其三舟，官軍傷亦眾。寇乃泛舟大洋，轉掠青港、荊嶼、石灣，諸將禦之銅山，連戰數日，始敗去。」[97]

　　由於荷蘭人並未遭到毀滅性打擊，鄭芝龍與福建官府不得不考慮今後對荷蘭人的策略。荷蘭人一直要求在中國大陸港口進行直接貿易，這是無法接受的。但荷蘭人要求允許福建商人自由到臺灣貿易，保證他們得到足

---

96　程紹剛譯註，《荷蘭人在福爾摩莎》，第 145 頁。
97　張廷玉等，《明史》卷二百三十五，〈鄒維璉傳〉。

夠的商品，這卻是必須做出的讓步。在這一背景下，1633 年的陽曆 11 月
23 日與 25 日，鄭芝龍派人到達臺灣，提出與荷蘭人和談。荷蘭人經過這
一戰，也認識了中國在物質與人員上的無限潛力。他們在檔案中記載：「我
們去年發動的戰爭結果足以表明，自由無限制的中國貿易憑武力和強暴是
無法獲得的。大員長官和評議會已深深意識到這點，為促進事務的進展，
長官先生已將 21 名囚犯釋放，並將大員重要商人 Hambuan 送往中國，無
疑會受到巡撫和其他中國大官的召見。」[98] 最終談判結果是：中方答應允許
福建商人到大員貿易，而荷方保證再也不到大陸沿海騷擾。此後，荷蘭人
在臺灣得到了許多中國商品，翻譯《荷蘭人在福爾摩莎》一書的程紹剛評
價：「由 1634 年福爾摩莎與中國間貿易的增長可以看出，此一約定收效極
大。甚至有人認為福爾摩莎將與巴城成為『公司在東印度最重要的貿易基
地』。」[99] 其實，當時對臺貿易的發展，與劉香等海寇最終被剿滅有相當關
係。鄭芝龍與荷蘭方面和談的一個重要原因是：當時的臺灣海峽尚有劉香
等海寇橫行，對鄭芝龍的海上勢力構成極大的威脅。鄭芝龍迅速與荷蘭殖
民者達成協議，有利於對付劉香的海盜集團。事實上，崇禎七年陽曆 3 月，
劉香率海盜隊伍從廣東沿海北上澎湖，想聯合荷蘭艦隊與鄭芝龍決戰。荷
蘭人派人去澎湖，看到劉香艦隊主力有 43 艘戎克船，其中 8 艘是很大的船，
剩下 35 艘是中型或小型的戎克船；其他還有約 80 艘各種船隻。[100] 不過，
荷蘭人與鄭芝龍達成協議後，不再支持劉香，並給劉香艦隊下了最後通牒：
必須在 10 天內離開澎湖。劉香為此大怒，於 4 月 8 日奇襲熱蘭遮城，未克。
不過，有一艘荷蘭人的船隻被劉香俘獲，數十荷蘭人被俘。劉香在海上，
還曾俘虜一艘葡萄牙人計畫駛向日本的商船，收穫頗大。[101]

　　雖然劉香在臺灣海峽橫行一時，但他在福建水師打擊下，也在走下坡
路。鄭芝龍終於在崇禎八年完全消滅了劉香，統一中國方面的海上力量。
劉香被消滅後，臺灣海峽的交通恢復正常，所以，去臺灣的福建商人多起
來，而荷蘭殖民者有所滿足，不再向中國大陸發動戰爭。這一時期臺灣海
峽處在對峙的狀態中，誰也沒有能力消滅對方。雙方的關係自此以後進入

---

98　程紹剛譯註，《荷蘭人在福爾摩莎》，第 147 頁。

99　程紹剛譯註，《荷蘭人在福爾摩莎》，〈導論〉，第 xxvi 頁。

100　江樹生譯註，《熱蘭遮城日誌》第 1 冊，第 151 頁。

101　江樹生譯註，《熱蘭遮城日誌》第 1 冊，第 186 頁。

一個較穩定的時期。

## 第三節　鄭芝龍在官場的沉浮

作為一個出身並不太好的官場新人，鄭芝龍喜歡和泉州的巨紳交往。這使他進入福建官場時，沒有遭到太多的排斥，終於在福建官場站穩了腳跟。

### 一、鄭芝龍在官場的沉浮

鄭芝龍於明末平定多場叛亂，得到官府的重視。其時，閩粵官府為了鼓勵鄭芝龍，經常給予誇獎。例如有人讚賞鄭芝龍兄弟：

> 至於撫夷遊擊鄭芝龍、守備鄭芝虎，饒有血性，智勇雙超，有銅鼓嶼三捷之餘威，而橇槍之膽落，有金沙灘搗穴之疾速，而魍魎之技窮。所以凌秀率眾求降，至再至三。今夥黨鳥獸散，而凌秀畢竟俛首就縛。[102]

福建巡撫沈猶龍云：

> 其以戰為戰者，如五虎遊擊陞副總兵加一級鄭芝龍，智深勇沉，忠全信立，降李滅劉，與臣素有成言，二討服舍，臨事取之如寄。大擔一戰，澎湃一戰，如鷂逐雀，如驥奔泉，飛馳萬里之航，坐落長鯨之膽。迄於今，一炬除兇，比鄰安堵，皆此兩戰有以先制其死命也。[103]

> 至於遊擊鄭芝龍、守備鄭芝虎，智勇雙優，矢石不避，既破敵於閩海，復窮追於粵東，冒險出死入生，擒斬摧枯拉朽。[104]

> 主將鄭芝龍英風貫日，豪氣凌雲，陣列風雲變幻，胸蟠甲兵縱橫。遇香魁於田尾洋，號令奮發。[105]

---

102　〈會剿廣東山寇鍾凌秀等功次殘稿〉，《鄭氏史料初編》卷一，第55頁。
103　〈兵科抄出福建巡撫沈猶龍題稿〉，《鄭氏史料初編》卷二，《臺灣文獻叢刊》第157種，第105頁。
104　〈海寇劉香殘稿一〉，《明清史料乙編》第七本，第688—700頁。
105　〈海寇劉香殘稿一〉，《鄭氏史料初編》卷二，第112頁。

　　鄭氏家族在多次戰鬥中也付出了沉重的代價。相繼有鄭芝龍之叔與其弟鄭芝虎戰死，鄭芝龍另一個弟弟鄭爵魁與李魁奇勾結叛變，下海後失蹤。

　　鄭氏有五個兄弟，鄭鴻逵和鄭芝豹年幼，鄭芝龍早期能在海寇中稱霸，應是靠鄭芝虎、鄭爵魁兩個弟弟的支持。正如俗話說：「打虎三兄弟」。然而，在與李魁奇的角鬥中，鄭芝龍失去了鄭爵魁，那是崇禎元年的事。迄至崇禎七年，在追擊劉香的戰鬥中，福建水師遇到颶風，鄭芝虎全船三百人失蹤。官方評論：「若鄭芝虎，鄭芝龍左右手也。自廣河戰勝，尾劉香至竹蒿嶼□□，遭風漂泊，不知所之。」[106]「獨惜鄭芝虎義烈自負，水將中最號敢戰，遇敵跳盪鼓舞，乘檣如馬，飛刃如虹，賊望之辟易，累戰皆冒死決勝，其功最多亦最奇，竟與三百餘人，一時同葬魚腹，死忠如虎，可謂不死，非他弁偶戰死事者比也。」[107] 鄭芝虎之死是對鄭芝龍最大的打擊。作為統帥，鄭芝龍經常居後指揮，在前線打仗的多為其弟鄭芝虎。何喬遠評價鄭芝虎：「芝虎，年二十有二，見賊輒跳越，不知死命。賊中號為『妄二』，謂其排次第二而狂妄敢死也。」[108] 鄭芝虎死後，鄭芝龍另外兩個弟弟鄭鴻逵和鄭芝豹，都是在和平的環境下長大，有紈綺氣息，難以成為鄭芝龍的助力。

　　鄭氏家族在多場海戰中付出重大代價，但鄭芝龍在官場並非順利。明朝最早是以遊擊將軍招降鄭芝龍，然而，鄭芝龍投降後，很快遭到李魁奇的叛變，直轄部眾僅剩千餘人。官府便將鄭芝龍降為守備。明朝軍官級別序列，最小的是守備，其上有都司、遊擊、參將、總兵、大都督，再上就可以封侯伯爵位了。鄭芝龍最初為守備，以後通過消滅李魁奇、鍾斌等人的戰鬥，鄭芝龍才被官府認可為遊擊將軍。其後鄭芝龍進入廣東剿滅鍾凌秀，因功陞為參將。再後鄭芝龍與劉香之間的多次大戰，升任福建副總兵。崇禎八年鄭芝龍在廣東揭陽外海殲滅劉香團夥之後，他應是因功從副總兵陞為總兵，再陞為大都督。

　　鄭芝龍一直到明末還只是總兵官，他此前做過大都督嗎？人們或有疑問。不過，關於鄭芝龍陞大都督一事，在荷蘭文獻中也有記載：「官員一

---

106　〈閩海屢報斬獲殘稿〉，《明清史料乙編》第七本，第 657 頁。
107　〈海寇劉香殘稿一〉，《鄭氏史料初編》卷二，臺灣文獻叢刊第 157 種，第 142 頁。
108　何喬遠，《鏡山全集》卷二三，〈謹瀝林壑微忠疏〉，第 663 頁。

官已經被封為全福州省〔可能是指福建省〕的都督，還未北上朝廷，他經常贈送大禮物給重要官員，請他們幫忙，使他得以繼續留在南方。」[109]「官員一官用很多禮物和很大的贈品，被他們國王陛下封為福州的都督，他的主將 Tanping（陳鵬？）和他另一位主將，替他往北方去宮廷，要去協助抵抗又已進攻中國的韃靼人。」[110] 不過，鄭芝龍並未在大都督的位置上待多久，崇禎十年發生了鄭芝龍為曾櫻跑官的事件，這件事的後果是鄭芝龍被降職，失去大都督的官職。

這一事件十分奇特。崇禎十年，在北京巡邏的東廠人員發現有人為曾櫻跑關係，謀取升官。皇帝便下令將曾櫻下獄審訊。曾櫻一向是個清官，民眾有口皆碑。於是，福建民眾紛紛為曾櫻申訴，甚至有數千人到北京擊鼓鳴冤。官府正在進退兩難之際，鄭芝龍出面承認：是他因曾櫻為自己擔保而感動，派人到北京替曾櫻謀取升官的可能。原來，崇禎七年兩廣總督熊文燦想調鄭芝龍南下與劉香作戰，因鄭芝龍與劉香關係很深，新任巡撫鄒維璉有些不放心。時任福建按察使的曾櫻便以一家百口的生命擔保鄭芝龍的忠誠。鄭芝龍南下一事終於成行。鄭芝龍聽說此事，大為感動。他見曾櫻的官職長期不動，便想出錢為其走後門升職，不料派到北京的人不謹慎，消息走漏，反而害了曾櫻。瞭解真相後，崇禎帝將曾櫻調離福建，給其升官，但對鄭芝龍做出連降兩級的處罰。鄭芝龍新任大都督一職被撤，連總兵一職也未能保住，一直降到參將。其後數年，鄭芝龍安享「太平」。一直到崇禎十三年八月丙子，官府「加福建參將鄭芝龍署總兵」，[111] 所謂署理，就是代理的意思。

## 二、鄭鴻逵及明末福建水師的組建

崇禎十五年，明朝在遼東的戰事不利。其時，金國已經征服了朝鮮，遼東一帶有消息說：金國想用朝鮮的水上力量，從海路襲擊明朝。這給遼東的明朝官員帶來隱憂。於是有人建議要從南方調一支水師北上，並指明要鄭芝龍承擔。其時，鄭芝龍正跟隨兩廣總督沈猶龍在山區作戰。沈猶龍

---

109　江樹生譯註，《熱蘭遮城日誌》第 1 冊，第 239 頁。
110　江樹生譯註，《熱蘭遮城日誌》第 1 冊，第 269 頁。
111　《崇禎實錄》卷十三，崇禎十三年八月丙子。

便上疏朝廷：

> 該遼東督師范志完題前事內開：閩兵慣習水戰，且艨艟堅實，粵將鄭芝龍素懷忠勇，若令其統率水師，與覺華島之兵互相聯絡，彼中逼近虜巢，一施牽制，自足分其內顧之念，何敢恣肆西窺等因。奉御批：該部科看議來說，欽此。欽遵，恭捧到部，該本部題覆等因。十五年五月初六日具題，初七日戌時奉御批：這議設島帥水師，誠屬先發制奴之著。但東南海防需人，船兵未便多調。着鄭芝龍速挑堪用水兵三千，選能將二員統領；一切砲器船隻，務整備足用。廣督閩撫仍多措行糧食米，督令星赴覺華島一帶，奪擊麗船，防護海口，共圖剿禦。其復島屯兵事宜，還審時相機，從長商酌，另本奏奪。欽此。欽遵恭捧到部，備咨前來。適潮漳署總兵官鄭芝龍隨職二連為剿猛主將職立行令速議將兵船器如何撥取，糧米約備幾何，及行廣東布政司，一面預備行糧分數，或閩六粵四。或閩粵各半，須從何項措處，各即酌報。

> 又據芝龍呈稱：應島之備，擬造大水艍船二十隻，共用大斑鳩銃四百門，應備彈二萬顆，每顆重一兩八錢；又造中水艍船二十隻，共用中斑鳩銃二百四十門，彈一萬二千顆，每顆重一兩五錢；又應用鳥銃九百門，其銃與彈合應廣製等情；蓋水艍皆閩式而斑鳩惟粵匠能也。登行布政司暫議不招某項錢糧移都司委官團局星夜督造。[112]

福建巡撫蕭奕輔也在籌劃此事：

> 福建巡撫蕭奕輔謹題為急調水師、力圖牽制、以伐狡謀、併以護屯通商事：准兵部等衙門尚書等官咨：該本部題覆前事，會看得島帥水師之議，自毛文龍後，欲謀再設者，已章滿公車。臣部酌量請旨，屢經飭行在案。今督臣范志完疏稱：逆奴欲水陸夾攻，急借水兵扼堵，而登鎮杳無一至，津鎮亦多民船，萬一索麗船奪我海道，深為可慮，亟亟欲復島帥，為先發之著，誠為有見。但議調粵將鄭芝龍、閩兵一萬、船三百號，不容不從長商酌。閩廣近雖波恬，逼鄰倭境，而東南之海防綦重有芝龍在，猶不失虎豹之勢。各盡率以北，萬一

---

112　〈兩廣總督沈猶龍題本〉，《明清史料乙編》第六本，第564—565頁。

有警，誰為擔當？且察閩廣之兵與船，亦不若是之多。合無勅下鄭
芝龍星速選能將二員統領實實堪用水兵三千，並一切銃砲、器械、
船隻，務求足用，不必遙限以數，仍請勅廣督閩撫多措行糧食米，
督令星夜揚帆，飛集覺華島一帶，以奪彼麗船，以護我海口，此事
理之切實可行者。若必駐劄皮島，再事屯田，毋論東南水兵與東北
風氣不宜，而滄海島嶼之中，一切牛具籽種從何措辦？且麗既從奴，
商斷人稀，我關外那有數十萬人民可以分屯各島？但得水兵力厚，
我可併心一路，以圖驅剿，於計亦得矣。臣等非不知寧城之急、督
臣之難，度量時宣，不得不就中一裁酌也等因。崇禎十五年五月初
七日戌時奉御批：議設島帥水帥，誠屬先發制奴之著，但東南海防
需人，船兵未便多調。著鄭芝龍速挑堪用水兵三千，選能將二員統
領；一切砲器船隻，務整備足用。廣督閩撫仍多措行糧米，督令星
赴覺華島一帶，奪擊麗船，護防海口，共圖剿禦。其覆島屯兵事宜，
還審時相機，從長商酌，另本奏奪。欽此。欽遵移咨到臣。[113]

時鄭芝龍正在連州剿猺搗巢，臣即行按察司差人星速行令欽遵外，
隨檄行福建布政司算計月行二糧、船隻器械等項，動費不貲。一面
計那何項錢項以應遣行急需，一面從長設處，除會咨兩廣督院外，
倘應題應留何項京餉，一面通詳疏請等因。隨於九月二十三日接到
署鎮鄭芝龍船隻器械細數揭單，即行察司：照得奉旨調發赴遼水師，
合用戰艦器械一切軍需，非諳練曉暢，製造鮮能合式精堅。況署總
兵鄭芝龍所揭送船式衣甲與寨遊不同，必須本將兼督料理，庶船器
精堅，足以制勝。茲當一面守催照前檄議詳用餉實數速報，以便行
司給餉，聽自給發應用，一面董督前項諸務，就令應調將官分委幹
辦，應調者即調，應募者即募，應製造者即製造。其製造船隻器械
共用餉銀若干，先行估確，以便支給。至若召集工作，取辦料件，
必須分委賢能有司官共為管理，完日核銷錢糧，庶免耽誤等因各去
後。[114]

　　按，經兩廣總督、福建巡撫及鄭芝龍三方協調後，對朝廷調兵計畫提
出了實施意見。在鄭芝龍看來，他手中的戰船製造品質不佳，大都只能在

113　〈福建巡撫蕭奕輔題本〉，《明清史料乙編》第六本，第 567—568 頁。
114　〈福建巡撫蕭奕輔題本〉，《明清史料乙編》第六本，第 567—568 頁。

近海作戰，要北上渤海，需要重新打造新船。福建巡撫蕭奕輔的意思是：鄭芝龍是東南三省的海上保障，不宜調離，不如讓鄭芝龍選調其他能幹的人帶隊北上。此外，餉銀問題讓大家頭痛。另一方面，鄭芝龍不斷稱病不出。崇禎十六年癸未十一月甲午，「福建總兵鄭芝龍引疾。帝言：『鄭芝龍久鎮潮漳，勞績茂著。在任殫力料理，以固巖疆，不必引請』」。同年十一月癸丑，「總兵鄭芝龍再疏引疾，帝言：『芝龍屢經靖邊，功勞茂著，充總兵，炤舊鎮，敕印另行撰給。仍安心供職，以付重任』」。鑒於東南沿海離不開鄭芝龍，而且鄭芝龍不願北上。官府只好將眼光轉向鄭芝龍的弟弟鄭鴻逵。

鄭鴻逵，鄭芝龍之弟，排行第四，許多史料說他就是鄭芝鳳。按，當年的臺灣海盜頭子結拜兄弟，皆以「芝」字嵌入名字，鄭氏兄弟中，前三人為鄭芝龍、鄭芝虎、鄭芝鳳，應當都是海盜中人物。不過，當年排行第三的應是後來叛逃海上的鄭爵魁，所以，鄭芝鳳之名屬於鄭爵魁的可能性大一些。然而，鄭爵魁跟隨李魁奇叛變下海之後，不知所終。鄭芝龍不太願意提到他。旁人或以為崇禎後期嶄露頭角的鄭鴻逵就是鄭芝鳳，其實未必。不過，這個問題現在尚無結論。

鄭芝龍當海盜時，小弟鄭鴻逵和鄭芝豹年幼，沒有他們加入鄭芝龍軍隊作戰的記載。鄭芝龍降明後，鄭鴻逵應是在很好的環境裡成長。他的仕途順利：「鄭鴻逵中庚午武舉，隸都督孫應龍麾下。登萊之役，應龍敗績，逮繫天津；事白，以芝龍平紅夷功移蔭錦衣衛千戶，中庚辰武進士。是歲為福建副總兵（鄭成功傳），設南贛兵三千統之（明史紀事本末）。」[115]南贛兵是明朝設置於贛州以平叛為主要任務的地方軍隊。它控制的範圍主要是閩粵贛三省邊境的山區。自明朝建立以來，閩粵贛三省邊發生了數百次叛亂，朝廷因而在贛州設立虔鎮，統轄一批士兵，專門鎮壓這一區域的反抗。所以，這支軍隊算是官方的正規軍。南方官員推薦鄭鴻逵任此要職，是為了借重鄭芝龍。崇禎十七年正月庚子，兵科都給事中曾應遴說：「江省居閩浙楚之中，昔號腹內，故未設鎮，人不知兵。而虔州為閩粵咽喉，臣前疏請增虔兵三千，取之地方矣，而未及設將。副將鄭鴻逵英才壯略，

---

紀律嚴明。以之鎮虔，人與地得。蓋芝龍與鴻逵為胞兄弟，倘有緩急，彼此救援，不煩檄調。」崇禎十七年正月戊申，「增南贛兵二千，令鄭鴻逵以副總兵職銜選練，以資援勦」。[116] 這樣，鄭鴻逵未經實戰考驗，便當上了副總兵的要職。

如前所述，早在崇禎十五年，朝廷便要求福建省組織一支水師到北方作戰。福建巡撫張肯堂在缺餉缺糧的背景下組織一支軍隊很不容易，一直到崇禎十七年才算完成。《啟禎記聞錄》云：「閩帥鄭芝龍，聞以盜招安者，其部下之兵甚精。會登萊巡撫曾化龍亦閩人，欲赴任。因有警，鄭帥令其弟帶錦衣衛名之豹者，率兵護從，以勤王為名。先聲之來，頗屬可慮，及三月朔，鄭兵至蘇，節制甚嚴，纖毫無擾，民心始安」。[117] 可見，崇禎十七年，福建巡撫組織了一支福建水師來到長江一帶，其目標本是山東半島。北京事變之後，弘光政權成立，這支水師便駐紮在江南。祁彪佳的《祈忠敏公日記》記載甲申年的事情：「甲申九月初五，勤王兵三千人，洪日升所統者，留於京口。九月二十五日，至丹陽，而閩兵列炬以迎矣。先是，閩撫張鯢淵（肯堂）聞國難，遂糾資募兵三千，令泉南副總洪日升押之而來，黃帥斌卿聞之，即求予具疏，留之京口。洪日升已謁於吳門，極善待之。至是完備各官俱來謁，真雄糾可用者。」[118] 從以上史料看，明末閩中水師北上是不是有兩支？先由鄭芝龍、芝豹率領，後一支由洪日升、黃斌卿率領，由於史料缺乏，無法作進一步說明。洪黃原來都是鄭芝龍的部將吧？所以，官府覺得應當選拔一位鄭氏家族的將領當統帥，很快，鄭鴻逵進入他們的視野。鄭鴻逵官運亨通，他剛成為副總兵不久，馬上因調任江南而升任總兵，與其兄鄭芝龍平級！不過，鄭鴻逵在和平的環境中長大，並無實戰經驗，後來，這支軍隊在他手裡尚未立功就崩潰了，令人惋惜！歷史上有些事件的偶然性很大。當年若是鄭芝虎未曾戰死，或是鄭爵魁沒有叛逃，這支水師就會由具有實戰經驗的鄭芝虎或是鄭爵魁率領，他們在長江一線作戰，就不會那麼輕易失敗。倘若清軍無法擊敗鎮守長江的福建水師，即使渡江成功，也有難以還家的憂慮，這就更別提南下了。

116　佚名，《崇禎長編》卷二，臺灣文獻叢刊第 270 種，第 59，64 頁。
117　葉紹袁，《啟禎記聞錄》卷三，頁三右，痛史本。
118　盛成，〈沈光文研究〉，《臺灣文獻》第十二卷，第二期，第 3173 頁。

　　總之，明末鄭鴻逵已經成長為與鄭芝龍並名的軍事首領，他將在明末的政壇上有所作為。

## 第四節　鄭芝龍安平海商集團的發展

　　鄭芝龍在做海盜時就很懂做生意：「時則輦金還家，或以琉球外國物交易蘇、杭、兩京寶玩。沿海州縣，搶掠一空，以裕島中。」[119] 鄭芝龍被招安之後，更是以安海和廈門兩港為基地，做生意十分成功。這引起了其他海盜的羨慕。同安縣令曹履泰曾經審問海盜李魁奇手下：「職詰之，賊云：招安之後，便要往潮糴穀、呂宋通販；如芝龍故事。以是急於修船。」[120] 可見，鄭芝龍招安後很快就派船到呂宋貿易了。不過，鄭芝龍在海上商業方面的發展，也遇到過許多問題，他是一路打拚最終成功的。

### 一、與同行海寇商人的競爭

　　鄭芝龍降明之前後，遇到最大的對手是許心素、俞咨皋等人的競爭。如前所述，天啟四年南居益成為福建巡撫後，通過許心素請出李旦來調解福建官府與荷蘭人的衝突。這使許心素積累了政治資本。荷蘭方面的史實表明，其後許心素成為荷蘭人的供應商。荷蘭人採購大量商品，多是通過許心素。他們往往先付給許心素大量的金錢，由許心素為其購買商品。這使許心素賺取大量的金錢。天啟末年，海寇的隊伍越來越強大，俞咨皋便想通過許心素來招撫海寇。同安縣令曹履泰的《靖海紀略》云：「日所稟許心素，今已見用於俞總兵矣。素目下有稟帖來投，以招撫自任。其子基在監。職曾取出面諭之。令其父作速剿賊立功。聞賊首楊祿向與心素為心腹交，其功萬無可成也。」[121] 如其所云，曹履泰曾經奉命扣押許心素之子，迫使許心素為俞咨皋出力。

　　許心素應當很快就將俞咨皋招撫海寇之意傳達到海上。他最先聯絡的應是名為楊六和楊七兩位海盜頭目。楊六和楊七都是與鄭芝龍結盟的海盜頭目之一，他們的資格應比鄭芝龍更老。梁廷棟云：「閩中自紅夷發難後，

---

119　川口長孺，《臺灣割據志》，第 6 頁。

120　曹履泰，《靖海紀略》卷三，〈上熊撫臺〉，第 50 頁。

121　曹履泰，《靖海紀略》卷一，〈上周際五道尊〉（譚應期），第 3 頁。

姦民隨處生心，招徒結黨，稱王稱國，而楊六、蔡三、鍾六等擁眾海上幾數千人。」「自紅夷據彭湖而商販不行，米日益貴，無賴之徒，始有下海從夷者，如楊六、楊七、鄭芝龍、鍾六諸賊皆是。」[122] 可見，相對於楊六、楊七，鄭芝龍是後起的人。對於他們接受朝廷招安，鄭芝龍也很高興。並想通過楊六、楊七的門路，找俞咨皋招撫。結果俞咨皋另有打算，他與許心素合謀，接受楊六、楊七的招安，並將其海盜隊伍安置在廈門，用以抵制鄭芝龍。讓許心素等人沒想到的是：楊六、楊七並非真心想為朝廷賣命，而鄭芝龍背後有更強大的支援。結果，鄭芝龍在海上擊敗明軍後，順勢攻擊廈門。楊六、楊七僅有千餘海盜，根本不敢和擁有三萬人的鄭芝龍打仗，他們搶先逃出廈門，與老百姓混在一起。逃難的道路混亂不堪，一些道上的婦女罵楊六、楊七的隊伍：朝廷招安你們是想讓你們對抗海盜，你們怎麼跑得比我們還快？楊六、楊七部下的回答是：海盜打到廈門，就是想殺他們。所以，老百姓留在廈門，還有機會活。但他們留在廈門，就肯定要死了。所以，老百姓應給他們讓道。這個故事在老百姓的逃難過程中傳遍各地，算是苦難中的一個笑話。不過，屢戰屢敗的俞咨皋受到處罰。《臺灣割據志》云：

> （明）崇禎元年戊辰正月，工科給事顏繼祖上疏劾俞咨皋曰：「海寇鄭芝龍生長于泉，聚徒數萬，刼富施貧，民不畏官而畏盜。總兵俞咨皋招撫之議，實飽賊囊；舊撫朱欽相聽其收海盜楊六、楊七以為用。夫撫寇之後，必散于原籍；而咨皋招之海、置之海，今日受撫、明日為寇。昨歲中左所之變，楊六、楊七杳然無踪，咨皋始縮舌無辭。故閩帥不可不去也」。疏入，逮咨皋下于理。芝龍泉人，故侵漳而不侵泉。漳人議勦、泉人議撫，兩郡異議紛然；芝龍愈橫。於是朱一馮、朱欽相亦被逮治。[123]

其實福建官場對俞咨皋的不滿已經很久了。御史周昌晉說：

> 為照閩寇之得以猖獗，非其伎倆真能勝我也，祇因沿海居民，外通賊寇，內洩軍情，如許心素者實繁有徒。又如楊六等不能殺賊自贖，又且與賊相通，故我之虛實彼得預知，每每為所乘耳。今欲決意會

---

122　《崇禎長編》崇禎三年十二月乙巳。

123　川口長孺，《臺灣割據志》，第 7 頁。

剿，則許心素、楊六等當速拏正法，勿令漏網。夫然後連絡閩、粵、
浙江三省，共為聲援。[124]

如其所載，當時官府已經盯上了許心素和楊六、楊七這幾個人，這些
人在外又成為鄭芝龍的死敵，日後這些人或是下臺，或是死於非命，幾乎
是注定的了。據說，許心素是在廈門戰役中被鄭芝龍部下殺死的。楊六、
楊七逃到廣東後，也在海盜內鬨中被殺死。

鄭芝龍在海盜中影響較大，是因為他有兩個後臺。其一為李旦，其二
為顏思齊。臺灣的方志一向將天啟元年入臺的顏思齊當作開臺之祖，在鄭
芝龍之前，顏思齊應是臺灣海盜的直接首領。顏思齊死於臺灣，鄭芝龍成
為他的繼承者，臺灣海盜都屬於他管轄了。李旦也是鄭芝龍的後臺老闆，
鄭芝龍早期在臺灣的一些活動，應是奉了李旦的意思。天啟五年發生了兩
件大事，李旦和顏思齊先後死去。鄭芝龍得以繼承李旦的一大筆財產和顏
思齊的海盜遺產。在擊敗許心素之後，他已經成為閩南海洋商團中最有潛
力的人了。

## 二、鄭芝龍海洋霸權及安海商團的發展

鄭芝龍是泉州府南安縣石井鎮人。石井位於海邊，與晉江的安海鎮隔
海相望。安海與石井之間有一道不太寬的海灣，上有著名的安海石橋聯絡
兩岸，該橋建於宋代，長約五里，號稱：「天下無橋長此橋」。安海與石
井之間的海灣，港闊水深，是很好的港口。因此，安海早在宋元時代就成
泉州對外通商口岸。明代，安海商人通商天下，不論在海外還是國內的商
界，都有很大的勢力。這一點，我已經在第三卷中說過了。安海及石井兩
鎮之間，石井的位置偏外，安海的位置在海灣之內，就安全度來說，安海
要比石井更好。所以，安海的發展更勝於石井。明末的安海已經是福建省
著名的大鎮，傳說有十萬人定居。安海商人是泉州商人的代表，他們經商
天下，北有北京，南有蘇州，都有安海商人的經營網路。鄭芝龍發財後，
定居於此，也就不難解釋了，只要掌控安海鎮的商業，便能通過安海商人
的網路，讓商品走遍全國，乃至東南亞。在明末特殊的背景下，鄭芝龍成

---

124 〈兵科抄出江西道御史周昌晉題稿〉，崇禎元年四月初七日行訖，《明清史料戊編》
第一本，第5—7頁。

為安海商人在政治上的代言人。

　　鄭芝龍降明之後，在海上先後受到李魁奇、鍾斌的挑戰，李鍾二人相繼控制了廈門港，鄭芝龍被迫退到安海，並以安海為其基地。鄭芝龍頗有商業頭腦，經營安海，頗有成績。在鄭芝龍的庇護下，安海成為明末福建對外貿易的主要港口，這裡有商船到日本長崎及臺灣北港貿易，荷蘭商船經常進出安海港，這都導致安海港的發展。在荷蘭人的文獻中，明末的安海港和廈門港是並列的重要港口，每年都有許多船隻由安海及廈門出發，到東南亞各地貿易。以崇禎六年至崇禎七年的貿易季節來說，因荷蘭人的搶劫，當地商人損失很大，然而，仍然有數十艘船隻駛離福建南部的港口。荷蘭人記載：「本季節約有三十到三十五艘戎克船出航前往各地，即：有二十艘大小戎克船前往馬尼拉，裝載很少；兩三艘前往束埔寨；一艘前往北大年；四艘前往巴達維亞；六、七艘前往廣南。」[125]

　　按照荷蘭人的記載，崇禎三年，荷蘭人就開始到安海與鄭氏家族做生意。「酋長乘大輿常游安海城中」。[126]由於鄭芝龍南征北戰，經常不在安海。在安海出面做生意的鄭氏家族代表是鄭芝龍的母親，荷蘭人稱之為「鄭媽」（Theyma）。「在安海的貿易是跟鄭芝龍的母親鄭媽（Theyma）交易的，交易黃金與瓷器。」[127]崇禎五年陽曆 12 月 6 日，臺灣的荷蘭人記載：「有一艘是一官母親鄭媽的戎克船，載來三百擔糖和三擔生絲。」[128]這位鄭媽，注定是在明清之際發揮重要作用的人。

　　鄭芝龍不時回到安海，在安海時，他會邀請荷蘭人到安海貿易。崇禎四年陽曆 5 月 6 日，荷蘭人記載：

> 有一艘戎克船從安海帶一封一官的信來，內容只有稱讚和漂亮的話。這艘戎克船也運一些糖來償還他欠公司的尾款，這是公司在大員得有穩定貿易的開始。但願不只能跟他繼續貿易，希望其他商人也一起來交易。使我們將來得以取得所訂購的貨物。[129]

125　江樹生譯註，《熱蘭遮城日誌》第 1 冊，第 149 頁。
126　鄒維璉，《達觀樓集》卷一八，〈奉剿紅夷報捷疏〉，轉引自廈門大學鄭成功歷史調查研究組編，《鄭成功收復臺灣史料選》，第 25 頁。
127　江樹生譯註，《熱蘭遮城日誌》第 1 冊，第 37 頁。
128　江樹生譯註，《熱蘭遮城日誌》第 1 冊，第 78 頁。
129　江樹生譯註，《熱蘭遮城日誌》第 1 冊，第 46 頁。

可見，現實主義的荷蘭人，十分重視與鄭芝龍的關係。後來，荷蘭人經常派船到安海，找鄭媽貿易。11 月 26 日，荷蘭人在日記中寫道：「上席商務員特勞牛斯搭戎克船淡水號從安海回來，帶去的六千里爾，大部分已交易生絲、黃金和糖。在安海本來可以買到很多生絲和黃金，但是他們把價格堅持在生絲每擔一百三十五兩銀，黃金每十兩八十三到八十四兩銀，是否中國人知道只有三、四個商人可以和我們交易，其他人不敢來交易，所以隨意喊價。」[130] 荷蘭人對此十分不滿意。不過，安海的船隻也會到臺灣貿易。荷蘭人記載 1632 年 1 月 7 日的事：「今天有戎克船從安海載來三十擔生絲與二十五錠黃金，並帶來消息說，在近日內還會有大批貨物從那裡運來。」[131]

福建官軍在平定鍾斌叛之後，清除了廈門港及福州港的海盜，方才全面控制了福建的主要海口。其後，只有少數商人獲得官員的許可，進行海外貿易。專營的結果，使他們以較好的價格獲得荷蘭人的貸款。荷蘭人於崇禎五年陽曆 9 月 2 日記載：

> 今天商人 Bendiock 從安海來見長官普特曼斯閣下，請求說，如果要跟他和 Gampea 交易，每次都要交給他們每人三、四千里爾去收購生絲，不然，他們就沒有足夠的能力去運來大量的生絲。他們也不肯以每擔低於一百三十四到一百三十五兩銀交易；這事經議會考量之後，同意貸給他們每人三千里爾，並同意以〔每擔〕一百三十四到一百三十五兩銀支付那些生絲。因為公司的資金必須儘快交易完，購得大量生絲，以便今年能趕上送回祖國。
>
> 9 月 3 日，特勞牛斯搭上述那艘戎克船，載著八千里爾現款，再度前往安海去收購生絲。[132]

以上史料表明，來自安海的商人 Bendiock 和 Gampea 利用他們的地位，從荷蘭人手中獲得優厚的貸款購買國際市場上極為暢銷的生絲。他們的身後，顯然有鄭芝龍若隱若現的身影。後來有人告訴荷蘭人：

---

130　江樹生譯註，《熱蘭遮城日誌》第 1 冊，第 61 頁。
131　江樹生譯註，《熱蘭遮城日誌》第 1 冊，第 65 頁。
132　江樹生譯註，《熱蘭遮城日誌》第 1 冊，第 72 頁。

　　一官在為中國政府工作的期間，都由他自己一人包辦所有荷蘭人的
事務，因此不准任何沒有他的許可的商人航往大員，用以獨享所有
的利益，就像以前許心素所作的那樣；也因此，他只用 Bendiock 和
Gampea 來祕密進行他的計畫。既不用其他商人，也不准其他商人
來通商貿易，除非他們事先同意，願意支付生絲 5%、布、糖、瓷
器及其他粗貨 7% 給他，他直到現在都一直還在享受這項收入；這
使很多自立的商人無法運貨前往大員交易。[133]

　　可見，當時的鄭芝龍確實控制著對荷蘭人的貿易，一直到崇禎六年金
門料羅灣大戰，雙方爆發強烈的衝突。戰爭之後，鄭芝龍與福建官員暗中
允許福建商人到臺灣的大員港貿易，但是，荷蘭人也答應鄭芝龍的要求，
不再到福建港口尋找貿易機會。

　　崇禎八年，鄭芝龍擊敗劉香之後，困擾福建多年的海盜終於肅清。從
此，鄭芝龍控制了福建沿海的交通。林時對記載：「龍幼習海，知海情，
凡海盜皆故盟，或出門下。自就撫後，海舶不得鄭氏令旗，不能往來每一
舶稅三千金，歲入千萬計。龍以此居奇為大賈……俘劉香，海氛頓息。又
以洋利交通朝貴，寖以大顯……凡賊遁入海者，檄付龍，取之如寄，故八
閩以鄭氏為長城」[134]。可見，此後鄭芝龍牢牢控制了中國的海上力量，並
以此獲利。此外，他還出資經營對外貿易，贏得巨額利潤。當時的鄭芝龍
以富貴聞名於天下：「芝龍置第安平，開通海道，直至其內，可通洋船。
亭榭樓臺，工巧雕琢，以至石洞花木，甲於泉郡。城外市鎮繁華，貿易叢集，
不亞於省城。」[135] 當時鄭芝龍富可敵國，在海內外都是聞名的。《廈門志》
談到關稅時說：「崇禎末年，海寇鄭芝龍私其利。」[136] 鄭芝龍是怎樣利用
其官府地位謀取私利的，可從荷蘭人的記載管中窺豹：

　　官員一官已經被封為全福州省〔可能是指福建省〕的都督，還未北
上朝廷，他經常贈送大禮物給重要官員，請他們幫忙，使他得以繼
續留在南方。他同時設法來補償他這些開支（向那些從此地前往中

133　江樹生譯註，《熱蘭遮城日誌》第 1 冊，第 123 頁。
134　林時對，《荷牐叢談》卷四，第 156 頁。
135　江日昇，《臺灣外志》，第 145 頁。
136　周凱、凌翰等，《廈門志》卷七，〈關賦略‧海關〉，第 154 頁。

國的商人，用幾乎使他們賠錢的價格，拿走所有的銅，也拿走其他
貨物），以致此地銅的銷售大為減少。他這樣做的藉口是，要為國
王收集銅，用來鑄造大砲，其實由他的人把那些銅運去廣東省，在
那裡顯然現在可獲得好的利潤，他以很多商人很大的損失，來使他
的人活躍，但沒有一個人敢反對或說一句話。[137]

鄭芝龍曾對荷蘭人吹牛：

關於貿易，不能有所改變了，因為他直到現在為了讓我們來中國自
由貿易，已經被大官非常猜疑，以致必須每年贈送五千兩銀以上的
錢給那些人用以維持他們的友誼，相對地，他從公司都沒有得到任
何利益。[138]

鄭芝龍這段話表明：他每年要向官府重要官員行賄五千兩白銀，才能
維持自己的地位。至於他在為荷蘭爭取自由貿易的權力，那不是事實。鄭
芝龍從來是為自己著想的。

這裡有一個令人感興趣的問題：為什麼明末會出現「海舶不得鄭氏令
旗，不能往來。每一舶稅三千金，歲入千萬計。龍以此居奇為大賈」的局
面？鄭芝龍作為明朝福建地方的一個總兵，本來沒有這一權力。但鄭芝龍
降明以後，福建省方面一直不給他發餉。許多書籍記載他仍然在福建沿海
勒令富戶「報水」如故。所謂「報水」，即是收「保護費」。這是鄭芝龍
當海盜時的「發明」。鄭芝龍作為海盜，與其他人不同的是：其他海盜殺
人放火絕無顧忌，他們大多是明火執杖地搶劫。而鄭芝龍一般不願殺人，
更願意收保護費，也就是「報水」。這一報水的收納，當然不是只對陸上
富戶的，臺灣海峽的來往船隻，也是他的收稅對象。因此，許多海船都要
向他納稅，這應是在鄭芝龍當海盜時形成的情況。那麼，明朝為何會放棄
這一權力而讓鄭芝龍坐享其成呢？這是因為：明末福建沿海重又實行海禁
的緣故。這一制度剝奪了民眾出海貿易的權利。然而，福建的官員卻是例
外。荷蘭的史料證明，海禁時期，福建巡撫仍然派出商船到日本貿易。這
就證明：保持海禁對官員有利，因為，海禁使福建出海船隻減少之後，他

---

137　江樹生譯註，《熱蘭遮城日誌》第 1 冊，第 239 頁。
138　江樹生譯註，《熱蘭遮城日誌》第 1 冊，第 65 頁。

們仍然可以利用手中權利出海貿易，可獲大利。不過，既然福建巡撫這類大官可以出海貿易，低級官員也可以仿效，尤其是掌握福建海防的鄭芝龍。如前所述，鄭芝龍自稱何喬遠的門生，何喬遠在某些方面也願意幫鄭芝龍與官府溝通。崇禎二年，何喬遠寫了〈海上小議〉一文，其中提到鄭芝龍：

> 愚見以當請於朝，將海澄之稅移在中左所，而以海防官管之外，則使芝龍發兵巡邏，私販之人，治以重罪。彼素知其窟穴而習夫風濤，必不至漏網，則昔日海澄之餉，今在中左，此仍舊之道也。[139]

琢磨以上這段話，何喬遠建議交給鄭芝龍海上巡邏之權，並且授以「私販之人，治以重罪」的權力。所謂「私販之人」，主要是指到日本貿易的人。明末允許月港對外通商，他們去東南亞貿易是無罪的。然而，明朝仍然維繫對日本的制裁，不許商人到日本貿易，然而，日本是產銀國家，赴日貿易有大利，所以，漳泉一帶商人私下去日本貿易的很多，每年都有幾十條船。官府給予鄭芝龍處置「私販之人」的權力，實際上是將對日本貿易的許可權交給了鄭芝龍！鄭芝龍的艦隊強悍，所有赴日本貿易的船隻很難逃過他的法眼，因此，別人到海外貿易，肯定會被他攔截。所以，除了高級官員鄭芝龍不敢打擾外，其他人員到海上貿易，都會遭到鄭芝龍的阻擋。而鄭芝龍自身派人到海外貿易，卻可以通行無阻。這使想出海的人都要討好鄭芝龍，以謀取出海貿易的許可。不過，鄭芝龍收保護費之後，確實能夠保護商船。所以對商人而言，這並非不合算。然而，鄭芝龍的取捨之間，便有了講究。很明顯，他的泉州老鄉比較容易得到批准，漳州商人就會差一些。明末安海商人崛起而月港商人衰落，其實和鄭芝龍的關係很大。漳州人中對鄭芝龍有些看法，這也是難免的。鄭芝龍後在隆武政權中遇到一些問題，就與他的偏向有關。

那麼，福建官府為什麼會容忍鄭芝龍掌握海上霸權？這是因為，福建官府因財政問題，一直未給鄭芝龍的部隊發餉。如何喬遠所說：

> 夫芝龍歸心於我，為我守護，萬耳萬目所共睹，而海上之民倚為捍禦。若令其自出餉軍，則是我意彼舊日作賊，財帛尚多，既貰其罪，當出為我用，則我尚以盜心處之矣！令彼自出財力為公家幹事，世

---

139  何喬遠，《鏡山全集》卷二四，〈海上小議〉（崇禎二年），第 686 頁。

上亦無此差使。且我地方如此之大，千處萬處不得一餉，何彼作賊數年，便有不貲？昔漢卜式輸財助邊，但有一次耳，豈能日日策應武帝以為南征北伐之需哉！亦當念芝龍財帛雖多，亦有罄盡之日。彼雖不敢再叛，舍之而去，別居海島上自為田橫，此時海寇復來擾我邊鄙，以此思餉，則餉當急矣。[140]

可見，鄭芝龍降明之後，有很長一段時間是靠自己的錢財為這支部隊發餉的。官府無法給鄭芝龍部隊發餉，便只好接受他進行海上貿易。對官府來說，讓鄭芝龍控制海外貿易，他們便可以有一支精幹的水師，保持福建海面的安定。倘若他們收回鄭芝龍在海上的保護權，他們得到的不過是每年二、三萬兩銀左右的經費，設若每名士兵每月一兩銀子，一年即為 12 兩，二、三萬兩銀子不過能養活 1800 名士兵而已。而鄭芝龍的水師有 3000 餘人。所以，明朝默認鄭芝龍在任水師首領後繼續收取商船的「報水」，其實是對朝廷有利的。當然，在這一交易中，更為有利的是鄭芝龍，他通過對福建水師的控制，成為海商們的保護人，也成為他們最高的領袖。對海商來說，有了鄭芝龍的保護，便可安全地在海上貿易，甚至連海盜成性的荷蘭也不敢小視他們。可見，在鄭芝龍的領導下，福建海商終於獲得了一定的自由。

明末清初的天主教教士衛匡國這樣評論鄭芝龍：

> 有一個出生於福建省的著名海盜鄭芝龍，起初為澳門葡萄牙人服務，後來又在福爾摩沙為荷蘭人辦事。在那裡他使用「一官」這個人所共知的名字。後來，他變成了海盜，憑著機智和敏捷從低微的出身得到極高的地位和權力，可以比擬、甚至超過中國皇帝。他掌握著印度（應是指東南亞）的貿易，在澳門同葡萄牙人，在福爾摩沙和新熱蘭遮同荷蘭人作交易，又同日本和所有東方的君主用各種方式交換珍貴的商品。除了自己人，他不允許任何人運送中國貨品，他帶回印度和歐洲的許多金銀。迫使中國皇帝聽任他的走私掠奪，勢力變得非常雄厚，成為不少於三千艘船隻的主人。[141]

---

140　何喬遠，《鏡山全集》卷二四，〈海上小議〉（崇禎二年），第 686 頁。

141　鄭維中，《製作福爾摩沙——追尋西洋古畫中的臺灣身影》，臺北，大雁文化事業公司 2006 年，第 102 頁。

　　鄭芝龍的真實官職不算高，但其人掌握的權力，讓重視海上貿易的歐洲人羨慕，因而給鄭芝龍很高的評價。實際上，鄭芝龍除了海上貿易的利益，並無意在官場上挑戰現存的權力結構。

## 小結

　　綜上所述，鄭芝龍降明後，再次出現了朝廷與海上力量合作的局面，這是十分難得的。憑藉這一合作的支持，明朝平定了沿海為患多年的海盜；而中國的海上力量，也憑藉朝廷的支持，建立了海上航行的秩序。明朝歷史上，朝野海上力量相互結合的時機不多，明末是一次。有了朝野力量的協調，中國才有了反抗歐洲殖民者力量。

　　鄭芝龍的發展引起了荷蘭人的忌妒。早在天啟七年，荷蘭便應福建官方的邀請，聯合攻打盤踞銅山的鄭芝隊海盜隊伍。崇禎六年，鄭芝龍已經是明朝的海軍將領，荷蘭殖民者又一次發動突然襲擊，攻打鄭芝龍的部隊。但是，中國的海上力量已不再是可以輕侮的對手了。九月，鄭芝龍率福建水師在金門料羅灣大敗入侵的荷蘭海盜，焚毀大夾板船 5 隻，繳獲 1 隻，燒死、擒獲大批荷蘭人。這是中國沿海反抗西方殖民者從未有過的大捷，也是西方殖民者在東方的空前大敗。它說明中國的水師還有強大的實力，只要運用得當，可以擊敗西方國家的海軍。不過，這一仗也有其特殊性。中國主要是依靠計謀，將荷蘭軍艦引入水道複雜的料羅灣，然後憑藉近戰火攻戰術焚毀荷蘭軍艦。

　　藉此一仗，鄭芝龍奠定了他在中國海的霸權。其後，連臺灣的荷蘭人也要看鄭芝龍的眼色了。崇禎十四年，鄭芝龍的六艘船抵達臺灣，本來是要和荷蘭人進行貿易，但因荷蘭人付不出現金，芝龍的船隊便北上日本，直接與日本貿易。荷蘭人大為不滿，曾想在海上截獲中國船隻以圖報復。但鄭芝龍：「則表示絕不畏懼，甚至聲言將鑿沉滿載石塊之帆船以堵塞臺灣港口，並將阻止各種商品之輸往臺灣，進且準備以多數之兵員與船隻攻擊臺灣荷蘭城寨，如荷人加害彼等，芝龍將充分報復，彼下令所屬，如在海上遇荷船威脅，可不抵抗而投降荷人，但彼必可自荷人處取回加倍之補償。此項聲明，果然奏效，三年間，芝龍之帆船與商人均未再遭荷人之騷

擾。」[142] 這一段史實表明：在明代末年，鄭芝龍的勢力實際上已經壓倒盤踞臺灣的荷蘭人了。

鄭芝龍在海上的勢力，也使日本人刮目相看。據江日昇的《臺灣外志》，鄭芝龍在福建發跡後，想從日本接回妻子和鄭成功。可是，當時日本已經實行閉關鎖國政策，不讓本國人移民外地。鄭芝龍為了迎回二人，有意向日本人顯示力量，他派出大將芝鶚率艦隊到日本：「芝鶚入港，將旗幟器械，擺列整齊，金鼓喧天。一時日本駭然，恐是侵犯之船，砲臺預防，以觀動靜。迨至落椗，其疑方釋。」[143] 後來，迫於鄭芝龍的聲勢，日本人破格允許年幼的鄭成功出海，使之可以回到鄭芝龍身邊。應當說，這是中國海上力量的黃金時代。晚明長期以來，中國東南海疆屢遭海外侵略，只有少數時段，海外國家感受到中國海上力量的震懾之力。鄭芝龍掌握福建水師之時，便是如此。由此可見，鄭芝龍對中國海上力量的發展極為重要，也可以說，他開拓了一個嶄新的時代。

不過，儘管鄭芝龍為明朝立下了大功，但是，福建士大夫階層一直瞧不起鄭芝龍。漳州士大夫何楷曾以輕蔑的口氣說到鄭芝龍：「給事中何楷疏臣家居海濱頗悉近事。自袁進、李忠初發難，而後寇禍相繼者二十餘年。惟進與忠及芝龍三人就撫。進忠用之于遼東，竟沒沒無聞焉。芝龍建功海上，漸躋副將矣。諸賊不謂其以功得官，但知其起家亡命，而今日富貴，烜赫如斯也。競欲以芝龍為榜樣，謬謂非做賊必無以博官。則皆撫之一字為之囮耳。請著為令：自今以後，但遇海賊發，專以剿滅為主。敢有言招撫者，殺死無赦。如是，而從賊者無更生之望，庶乎有所畏而自止也。」[144] 可見，福建士大夫階層很怕福建的海寇從鄭芝龍受招安事件得到啟發，以後都想著：「要做官，殺人放火受招安」，這會給福建治安帶來多大的危害。事實上，多數福建士大夫都不願和鄭芝龍往來。作為海商的代表，鄭芝龍無法進入士紳階層，這將對明朝的未來產生巨大影響，而這又是福建士大夫階層料所未及的。

142　楊緒賢，〈鄭芝龍與荷蘭之關係〉，《臺灣鄭成功研究論文選》，福建人民出版社1982年。
143　江日昇，《臺灣外志》第三卷，上海古籍出版社1984年，第39頁。
144　孫承澤，《春明夢餘錄》卷四二，〈閩省海賊〉，文淵閣四庫全書本，第35—36頁。

# 第四章　鄭芝龍海商集團與隆武政權的建立

　　何喬遠曾說：「七閩五嶺之地，皆後天下而興，亦後天下而亡。」[1] 由於地理位置的關係，北京發生的政變，往往要到一兩年後才會影響到福建和廣東。明清鼎革之際，福建經歷了翻天覆地的變化。清軍占領北京之後，明朝剩餘力量在南方相繼建立了弘光政權和隆武政權。由於隆武政權中樞在福建境內，鄭氏海商集團發揮了重要作用，但是隆武帝與鄭氏集團的關係從合作走向破裂，鄭芝龍最終叛降清朝。這一事實反映了海商階層在政界的困境。

## 第一節　鄭氏海商集團與福州隆武政權的建立

　　隆武政權是繼南京弘光政權之後的第二個南明政權，它的領導人隆武帝和東南海商勢力合作，一度造就了東南半壁抗清的大好形勢，可惜因內部之爭，東南抗清勢力最終瓦解。

### 一、從弘光到隆武政權的誕生

　　崇禎十七年（1644 年）三月，李自成進入北京，崇禎皇帝在煤山自殺，隨後清軍入關，開始了征服中原的戰爭。當時明朝殘餘力量仍然控制了富庶的東南諸省，他們以正統自居，相繼成立了福王政權與唐王政權。其中

---

1　何喬遠，《鏡山全集》卷二六，〈前帝志〉，第 713 頁。

唐王政權的根據地在福建，是福建歷史上發生的重大事件之一。

　　崇禎帝自殺殉國的消息傳到南京，兩個月後，群臣擁立福王朱由崧為帝，並將第二年（1645年）改元弘光。然而，弘光朝內部黨爭激烈，權臣馬士英與復社之間，爭權奪利，矛盾日益激化。其時，李自成已退往陝西，而清軍進入北京，弘光政權的如意算盤是聯合清朝對抗李自成。然而，清軍西進大敗李自成以後，分三路大軍南下，李自成在清軍的壓力下，渡過長江，企圖在南明境內尋找安身的地方。當李自成渡過長江之時，鎮守武漢的南明大將左良玉不敢抵抗，便在謀臣的策畫下，以「清君側」之名發兵東下，聲言要驅逐馬士英，其實是想在東南找一片避難的地方。馬士英急調江北防守清軍的江北四鎮西進抵抗左良玉部。左良玉死於途中，餘部在其子左夢庚的率領下東進，在太平府被四鎮之一黃得功部擊敗。然而，就在明軍內部爭鬥之際，南下的清軍已經抵達長江邊。弘光政權的大學士史可法在揚州抵抗三日，軍隊瓦解，史可法失敗被殺。清軍隨後渡江南下，占據南京。弘光帝被其部下獻給清軍，福王政權就此滅亡。

　　清軍攻入南京後，以為天下大定，隨即將大軍撤回北方，並下剃髮令，命令天下所有的男人都要剃髮改裝，和滿族統一風俗。如果說政權的更替僅僅涉及統治者，剃髮令則是每一個百姓都無法置之度外的法令。清朝統治者要改變漢人數千年以來的習俗，引起民眾大譁。江南士民憤於清廷蠻橫無禮的命令，紛紛起來反抗，江陰抗戰80多天，嘉定民眾三次起兵反清，一時江南風起雲湧，擋住了清軍繼續南下之路，給予東南諸省組織抗清政權的機會。

　　在弘光政權覆沒之際，東南擁明的官僚們多退至杭州，他們試圖擁立潞王為帝，但潞王繼位僅一個月，便降於清軍。其後，鄭芝龍之弟鄭鴻逵與戶部主事蘇觀生首倡擁立唐王朱聿鍵監國，而閩籍名臣黃道周給予大力支持，這是唐王政權很快建立的基礎。

　　鄭鴻逵是擁立唐王政權的關鍵人物之一。前文說過，明末鄭鴻逵連提數級，成為總兵，率領福建水師在長江一帶防守。明清鼎革之際，鄭鴻逵受到重用。弘光帝即位後，大封眾臣，鄭鴻逵受封靖虜伯，繼續率領福建水師，巡邏於鎮江一帶，與占領揚州的清軍對峙。然而鄭鴻逵沒有什麼實戰經驗，而發源於東北白山黑水之間的清兵，早年就在鴨綠江畔練就水戰

技巧。攻克揚州後，清兵準備南下。在渡江前一夜，清兵搜羅揚州的許多桌凳，讓其四腳朝上，綁上火炬，放入長江，順著江水，向江南漂去。鄭鴻逵見江面無數火炬向南漂來，以為清軍渡江，令水師以火砲擊之。天亮後才發現中計。其時，真正的清軍乘舟渡江，福建水師火藥用盡，無法截擊，眼睜睜看著清軍渡江。鄭鴻逵手下軍隊全面崩潰，一部分由黃斌卿率領出長江南下舟山；另一部分登陸，跟隨鄭鴻逵由陸路南下。好在此時的清軍主攻南京，在南京以東的明軍大都順利南下。鄭鴻逵在嘉興遇到了南下逃難的唐王朱聿鍵。兩人相伴南下，相得甚歡。其時，跟隨唐王南下的還有戶部郎中廣東人蘇觀生，蘇觀生和鄭鴻逵是策動唐王監國稱帝的核心人物。

　　福王弘光元年（1645 年）六月十七日，唐王和鄭鴻逵一行來到衢州。衢州是浙江通向江西和福建的三岔口，從杭州等地南逃的士大夫匯集於此，其中最有影響的是理學名臣黃道周。黃道周出生於漳州東山島，當時該島隸屬於漳浦縣，所以，史籍稱黃道周為福建漳州漳浦人。現在有些人名辭典改為福建東山縣人，都是正確的。黃道周在崇禎朝以敢與皇帝辯論而聞名，儘管一生曲折，但黃道周在明末士大夫中很有名氣。明亡後，黃道周一直在鼓動反抗清朝的鬥爭，所以，他對唐王稱帝十分支持。黃道周說服浙江的朱大典等人，遂決意擁唐王朱聿鍵監國。按，崇禎帝、弘光帝相繼失敗後，國家一時無主，至少要有一個監護人，明朝士大夫才可能以他的名義起兵，建立政權。其時，論血統最近的要數西南的桂王，他如浙東的魯王也是可以選擇的。面對群雄競爭的局面，鄭鴻逵、黃道周等人搶先擁護唐王監國，其他人便不好意思來爭了。唐王自稱監國之後，手中無糧無兵。大臣認為福建的鄭芝龍可以依靠。於是，在鄭鴻逵等人的影響下，朱聿鍵決意入閩。據《思文大紀》一書記載：唐王於六月二十日過閩浙交界處的仙霞嶺，廿三日到福建的浦城縣，廿六日到建寧府（即今日的建甌縣）。六月二十八日，唐王在建寧府見臣民，在這裡又盤桓了三四天。他為何不直接南下福州？其原因是對福建省政府大員的態度不清楚。記載黃道周事蹟的《黃子年譜》云：「唐藩至閩，撫臣張肯堂猶豫不決，得子書，乃奉唐藩入省中。」[2] 而據《思文大紀》，六月二十九日，唐王在建寧府接

2　洪思等撰，《黃道周年譜》，侯真平、婁曾泉校點，福建人民出版社 1999 年版，

到「南安伯鄭芝龍上箋勸駕監國，恢復中興」。[3]總之，朱聿鍵在建寧府盤桓數日之時，福建巡撫張肯堂在接到黃道周之信後決定擁護唐王，同時，在鄭鴻逵的影響下，總兵鄭芝龍也支持唐王。張肯堂和鄭芝龍是福建方面的文武官員之首，他們擁護唐王，其他人也就跟上了。在建寧府的唐王得到福建方面文武大臣的支援，喜不自禁。閏六月初一，朱聿鍵輕舟簡從，離開建寧府下福州，閏六月初七日進入福州城，住鄭芝龍之家。當日正式宣布監國，行祭天地、祭太廟等大禮。閏六月廿七日，唐王朱聿鍵在福州稱帝，改弘光元年的下半年為隆武元年，改福州為天興府，設立太廟。其後，廣東、江西、湖南等省紛紛響應，唯有浙江的魯王自稱監國，不肯接詔，於是形成了唐王與魯王並立的兩個政權。不過，魯王的統治範圍只有半個浙江省，而隆武帝的影響較大，除了福建省之外，還得到其他省分承認，甚至連浙江省南部的衢州府、溫州府、處州府都是接受隆武帝號令的，所以，在政治上隆武帝有優先權。

## 二、隆武帝與鄭氏家族的結盟與裂痕的產生

唐王登基與鄭氏家族的關係密切。《明史》記載，首倡擁立唐王的是鎮江總兵鄭鴻逵與戶部郎中蘇觀生，他們扶持唐王朱聿鍵入閩後，南安伯鄭芝龍、福建巡撫張肯堂、禮部尚書黃道周共同扶立唐王監國，隨後稱帝。這一記載大致不錯。有必要指出的是：這一批擁唐大臣中，以鄭氏家族最為重要。蘇觀生乃一介書生，雖為唐王信任，但不可能有大的影響。黃道周是明末名臣，在政治上有很大影響，但是，在那一個亂世，黃道周沒有錢，也沒有軍隊，不可能有大作為。而且，黃道周一直處在唐王集團的外圍。從黃道周的年譜來看，諸臣在離開浙江入閩之前，黃道周曾經主張唐王留在浙江，但唐王一行人不聽，仍然繼續他們的入閩計畫，黃道周是後來跟上的。此外，張肯堂雖為福建巡撫，但福建的財政一向是連年赤字，張肯堂鎮壓四處發動的山寇，主要是依靠鄭芝龍的私人軍隊。他在地方行政方面，其實已經被鄭芝龍控制。在擁唐群臣中，最有實力的還是鄭氏家族，他們不僅為唐王的活動提供了最基本的經費，而且還有一支相當能打

---

第 29 頁。

3　佚名，《思文大紀》卷一，臺灣文獻叢刊本第 111 種，第 9 頁。

仗的軍隊。當明朝在江淮的四鎮都降清以後，這是少數幾支仍然屬於明朝的正規軍，擁有這一支軍隊具有重要意義。此外，鄭鴻逵還是唐王最早的支持者之一。鑒於以上理由，鄭氏家族在唐王登基中發揮最重要的作用是不言而喻的。當然，鄭氏家族通過擁立唐王，也得到空前的權力與榮耀。鄭氏一門盡得高官厚爵，鄭芝龍封平虜侯，鄭鴻逵封定虜侯，鄭芝豹為澄濟伯，鄭成功年方 21 歲，此前不過是一個秀才，也因為鄭芝龍的關係，被封為御營中軍都督、忠孝伯。可見，對於鄭氏而言，扶立唐王朱聿鍵，恰似呂不韋扶立異人為秦王，是「一本萬利」的買賣。以階級的觀點檢視這一事件，它表明歷來處於社會下層的海商集團終於有機會將其代表人物塞進統治階級最高層，這是中國歷史上罕有的變化。然而，唐王與鄭芝龍家族之間很快出現了裂痕。

　　從弘光元年（1645 年）五月杭州之會開始，到閏六月二十七日唐王稱帝，是唐王與鄭氏家族之間的蜜月階段。當時鄭氏家族百般討好唐王。據《思文大紀》的記載，唐王在建寧府駐足時，是鄭芝龍最先寄來請監國表，次日，唐王才收到張肯堂等人的擁戴書。唐王進入福州，鄭芝龍將自己的家讓給他住。唐王在路上許多賞賜，也都由鄭鴻逵開支。其時，唐王對鄭芝龍、鄭鴻逵也是讚譽有加。唐王在監國後曾製「縉紳、戎政、儒林三便覽序」，在文中他這樣說：「若夫唐之郭、李，宋之岳、韓，我明之徐、常，今奉孤之兩鄭，皆大將也。將大不待節制，相大不妨專擅。……真大將，孤不難親拜而授鉞者。立見孝陵，復東南澤國，為半功；再復西北一統，報我烈廟深讎，為全功。半則以徐魏國報之，全則以郭汾陽酬之。」[4] 在這些文章中，他信誓旦旦地表明：他希望鄭氏兄弟能成為唐朝的郭子儀，宋朝的岳飛，明朝的徐達、常遇春。對他們倚任之深，由此可見。對隆武帝來說，他由一個默默無聞的藩王，最終當上監國、皇帝，號令天下，鄭氏家族的支持是很重要的。隆武帝說過：「不入閩不興，不出閩不成。」[5] 這句話的前半句是對鄭氏家族扶立隆武政權作用的肯定。但是，二者之間的關係，不是那麼純粹的。隆武帝在即帝位前後，有求於鄭氏，為此許諾他

---

4　佚名，《思文大紀》卷一，第 16 頁。按，今人所見《思文大紀》，皆出於商務印書館於民國元年所印的《痛史》叢書。在《痛史》中，《思文大紀》不著作者。但從其內容來看，該書為隆武朝少詹事福州人陳燕翼所作。

5　張家玉，《張家玉集》卷三，廣東高等教育出版社 1992 年，第 43 頁。

們可以像開國功臣一樣擅權。但在其即位之後，能否接受鄭氏兄弟的擅權，便是十分可疑的。以隆武帝的性格，根本不肯讓臣子操縱自己。「上天姿英武，博學好文，急於求功。鄭國公芝龍以元勳舉動任意，上深唧之。」[6]鄭芝龍是一個商人，他與朝廷的關係與文臣不同。在文臣看來，他們食君之祿，忠君之事。一旦進入官場，便要將自己的生命與財產全都交給皇帝。但鄭芝龍從來沒有忠君的觀念，他與明朝的關係，在他看來是一場買賣，他認為自己給隆武帝所付出的，應當得到超價值的回報，隆武帝收了他的錢，便應當讓他掌權。而隆武帝則對鄭芝龍等價交換原則耿耿於懷。他的志向是重建獨裁的明朝統治制度，所以，他無法接受鄭芝龍對權力的控制。總之，兩方的合作在一開始即埋藏著分裂的因素。

## 三、爭位事件與唐鄭裂痕的擴展

　　鄭芝龍與士大夫的矛盾是唐王朱聿鍵與鄭芝龍分手的根本原因。明末鄭芝龍被福建官僚倚為長城，他為福建的治安做出很大貢獻。可是，福建士大夫集團仍然瞧不起他。「芝龍初以海賊受撫，雖晉五等爵，與地方有司不相統屬，閩士大夫輒呼之為『賊』，絕不與通」。[7]其實，鄭芝龍之父為泉州小吏，這類人的家庭最崇拜科舉出生的官僚。所以，鄭芝龍小時候，受到過儒學教育。事實表明：鄭芝龍的文字水平還算不錯。當其好友陳謙被殺之時，鄭芝龍說出了「我雖不殺伯仁，伯仁由我而死！」倘若不是對儒家經典相當熟悉，鄭芝龍說不出這種文縐縐語言。年輕時，鄭芝龍受李旦的派遣，為荷蘭人做過翻譯。1625年左右，荷蘭人武裝三艘戰艦去南海海面攔劫福建商船，其間，鄭芝龍帶領數艘船隻與荷蘭人配合行動，從此成為海盜。不過，僅過二年，鄭芝龍便向福建當局祈請赦免。由於種種誤會，鄭芝龍一直到1628年的夏天才與福建巡撫達成協議，正式降明。其時為崇禎元年。[8]由此可見，鄭芝龍一生中當海盜的時間其實只有三年。其後，他為明朝征戰17年，平定劉香、鍾凌秀等海寇、山寇，足跡踏遍福建與廣東。然而，他在士大夫的眼中還是一個海盜！鄭芝龍受排擠的另一個原因是：外人將鄭芝龍看成一個同性戀者——「鳳姐」！

---

6　蒙正發，《三湘從事錄》，中國歷史研究資料叢書本，第238頁。

7　錢澄之（飲光），《所知錄・隆武紀事》卷上，荊駝逸史本，第6、9頁。

8　〔荷〕包樂史，〈論鄭芝龍的崛起〉，《福建史志增刊》1994年7月，第21—22頁。

　　中國古人對同性戀相當容忍，而明朝是同性戀最流行的時代。不論是官場還是海上水手之間，都是同性戀流行的地方。當時的書生出外考試學習，官員出外赴任，都會帶一個書童。通常情況下，這個書童扮演同性戀被動一方的角色。這種習俗擴而展之，普通富翁都會有一兩個「書童」陪伴，這類人物在民間稱為「契弟」或是「鳳姐」。許多出身普通家庭的年輕人，都是通過「鳳姐」這一角色搭上貴人，因而起家。但在民間，人們是瞧不起鳳姐的。閩粵方言中，「契弟」是罵人的話。鄭芝龍早年是海盜，海盜中流行同性戀的習俗。「萬曆末年（鄭芝龍）為海寇顏振泉所掠，愛其少艾，有寵。」[9]鄭芝龍能夠脫穎而出，成為臺灣十寨海盜的首領，表明他與各寨首領關係特好，因此，民間即有鄭芝龍靠「鳳姐」上位的傳說。明末鄭芝龍在福建從一個無人瞧上眼的海盜一下子成為福建第一號富翁，並在官場耀武揚威，民間有許多關於他的荒唐傳說，在這種背景下，鄭芝龍成為士大夫排斥的那一類人，不肯與其交往。[10]明末鄭芝龍受到隆武帝重用，引起了福建士大夫的普遍不滿，他們向鄭芝龍發起攻擊。首先發生的是文武大臣之間的排位之爭。

　　鄭芝龍在迎接唐王之前，職位是總兵，但被封為南安伯，爵位高於一般的大臣。隆武入閩後，更封其為平虜侯。就爵位而言，他是眾大臣之首。隆武未到福州時，在古田縣水口驛站接見鄭芝龍與其他大臣。其時朝臣站班，鄭芝龍在東，位居班首，鄭鴻逵次之，其下是福建的大臣。而站於西邊的，是原戶部侍郎何楷、大理寺卿鄭瑄等人。[11]可見，在隆武諸大臣中，原先是由鄭芝龍為首，他站在東班之首，是其原來地位的反映。不過，按照明朝的制度，文東武西是一貫的制度。毫無疑問，當時的文臣對鄭芝龍站東班之首是有意見的。黃道周入閩後，他們很想憑著黃道周的地位與影響，將鄭芝龍拉下馬。《臺灣外志》關於此事是這樣記載的：「隆武召黃道周……等諸文武入朝會議戰守策，鄭芝龍首站東班。楷讓之曰：『文東武西，太祖定制。今鄭芝龍妄自尊大，不但欺凌臣等，實目無陛下。』龍曰：『文東武西，雖古今來之定制，然太祖已行之，徐達業站東首。』道

---

9　洪若臬，《海寇記》昭代叢書本，第 2 頁。
10　徐曉望，〈從《閩都別記》看中國古代東南區域的同性戀現象〉，鄭州，《尋根》1999 年第 1 期。
11　佚名，《思文大紀》卷一，第 11 頁。

周曰：『徐達乃開國元勳，汝敢與達比乎？』龍曰：『以今日較之，我從福建統兵恢復，直至燕都，功亦不在徐達下。』楷曰：『俟爾恢復至北京，那時首站未遲。』遂互爭殿上」。[12] 文中的「楷」是指隆武的戶部尚書何楷，他和黃道周一樣都是福建漳州人。早在崇禎帝之時，便是朝廷中頗有風骨的名御史之一。他來自福建，深知鄭芝龍的底細不過是一個海盜，如今海盜的地位比他還高，因此，他無法接受，便推出首輔黃道周與鄭芝龍爭位。黃宗羲《行朝錄》記載：「上賜宴大臣，鄭芝龍以侯爵位宰相上；首輔黃道周謂祖制（武職）無班文官右者，相與爭執，終先道周，而鄭氏怏怏不悅。」應當說，文左武右是明朝的規矩，隆武帝支持黃道周也是正常的。但是，鄭芝龍卻不肯接受這一安排。鄭芝龍自覺廷上受辱，便居家不出，給隆武帝出了一個難題。當時鄭芝龍的地位極為重要。如黃道周的年譜記載：「當是之時，朝廷草次，兵食大事，俱仰給鄭芝龍。隆武雖擁空名，實為寄生。」[13] 在這種背景下，隆武帝可以沒有黃道周，卻不能沒有鄭芝龍。他不得不對鄭芝龍讓步：「初，……上視朝已久，皇后召平（平虜侯鄭芝龍）定（定虜侯鄭鴻逵）夫人勸諭之，芝龍乃至。道周知不為所容，曰自請督師廣信，募兵江西，江西多其子弟，願效用軍前者甚眾」。[14] 可見，鄭芝龍的復出，逼走了黃道周。據《思文大紀》的記載，黃道周在朝僅 20 多日。

　　黃道周與何楷都是明末著名的文臣，在海內都有一定威望。但他們共同的弱點──是沾染明末黨爭的風氣，好意氣用事而不顧大局。黃道周身為宰相，應當有「宰相肚裡能撐船」的氣量，何必為此小事與鄭芝龍相爭？即使要奪回地位，也可以通過較為緩和的方式，沒有必要當面吵架，從而引發不可收拾的文武之爭。《臺灣外志》的作者江日昇曾批評黃道周等人與鄭芝龍爭位：「（何楷、黃道周等人）皆與芝龍梓里，當痛哭流涕，導以忠義，感以貞誠，今日之事，不但東班首位，且薄天子而不為也。抑鄙芝龍出身綠林，非資格正途，不屑教誨耶？即不屑教誨，不應比肩事主；既已比肩事主，宜效藺相如朝而稱病，遇而避舍，先國家而後私仇。頑石尚可點頭，況於人乎？諸君子不顧其君以全國，徒重其禮以使氣，互相訐

---

12　江日昇，《臺灣外志》卷五，上海古籍社 1984 年，第 71—72 頁。
13　莊起儔，《漳浦黃先生年譜》卷下。洪思等撰，《黃道周年譜・附傳記》。侯真平、婁曾泉點校，福建人民出版社 1999 年，第 89 頁。
14　佚名，《隆武紀略》，清光緒十八年抄本，第 40 頁。

激，一旦芝龍拂袖，不接糧餉，群然計絀」。[15] 如其所云：鄭芝龍有志做徐達，這正是諸臣鼓勵鄭芝龍的好時機。可惜的是，諸大臣不是乘機鼓勵他去做徐達，而是對此百般諷刺，鄭芝龍很難堪。其後，隆武帝裁決仍然由文臣站東班之首，但鄭芝龍也因而隱退。其時鄭芝龍掌握軍權，他不出來，軍隊便無法出戰，朝廷中對黃道周的壓力增大，黃道周只好離開福州。

鄭芝龍復出後，掌握了朝廷大權，但也受到文臣們的攻擊，隆武朝的黨爭日益激化。在許多事件上，雙方都唱對臺戲。雙方鬧到這一地步，業已不可收拾，不論什麼事，文武大臣都有不同的看法，朝廷已經很難做出正確決定了。

黃道周的出走，使隆武朝一度進入鄭芝龍擅權的時代。《隆武遺事》云：「時內外文武濟濟，然兵餉戰守，悉委之芝龍。」[16]《東南紀事》說：「軍國大政，一委芝龍，行朝仰成而已。」[17] 隆武朝官員林芝蕃說：「乃權臣方欲挾天子，擅用舍，作威福，興臺皂吏，雞鳴狗盜，盡收為腹心，加以顯官。吏部奉命唯謹。」「子野（林垐）壁立萬仞，毫不為動，權臣銜之。」[18] 張利民的〈林恥齋（林垐）先生傳〉也說：「當是時，鄭芝龍恃翼戴功，遍置私人，公執祖制，引當否，毫不為動。」[19] 可見，在隆武登基之初，鄭芝龍的影響是相當大的，乃至吏部都按照他的意志選官。隆武帝對這種情況當然是不滿的。這就埋下了隆武政權內鬥的基礎。不過，在隆武與鄭氏家族合作之初，雙方還是合作抗清的。

## 第二節　隆武帝「五路出兵」計畫與閩軍的戰鬥

隆武帝在登基之後，馬上頒布了登基詔書，在詔書中，隆武帝許諾要發兵二十萬，收復南京。這一戰略計畫在當時引起了極大的轟動。但在實際上，隆武帝轄下的軍隊，大都只在江西與福建邊境作戰，一直到隆武帝滅亡，江南沒有見到隆武軍隊的主力。本章主要通過對隆武時代閩軍的分

---

15　江日昇，《臺灣外志》卷五，上海古籍社 1984 年，第 72 頁。

16　佚名，《隆武遺事》，民國元年商務印書館刊《痛史》本，第 2、5 頁。

17　邵廷寀，《東南紀事》卷一，第 4 頁。

18　林芝蕃，〈林子野先生傳後〉，《林涵齋文集》，不分卷，民國重刊本，第 14 頁。

19　張利民，〈林恥齋（林垐）先生傳〉，林垐，《居易堂詩集》手抄本卷首，第 2 頁。

析，從一個側面探討隆武政權建立之初的政治狀況。

## 一、隆武帝「五路出兵」的戰略規劃

　　由於隆武帝在閩中即位，自弘光帝被俘後，南中國結束了沒有皇帝的二個月歷史，一時江南士氣大振，到處都有人發動抗清起義，他們都希望隆武帝能早日發兵拯救江南民眾。隆武帝剛到福州時，戶部侍郎李長倩上疏：「急出關，緩正位」，反映了多數大臣的共識。隆武帝對這一戰略也是認可的，以故，他即位不久，便在七月六日宣稱：「誓擇八月十八日午時，朕親統御營中軍平彞侯鄭芝龍、御營左先鋒定清侯鄭鴻逵，統率六師，御駕親征。」[20]七月十二日隆武帝起行北上，然而，在福州城外的芋江驛，他卻遇到了麻煩，「以父老遮留，不得已復返乘輿」[21]。雖然隆武帝自身出關受阻，但隆武帝馬上有五路分兵、出關作戰的計畫。「八月十八日，兵發五路。」[22]關於隆武帝的五路大軍，現在已經成為學者們重視的問題。有一些文章就此展開討論，但對隆武帝「五路出兵」的內容判斷有誤。其實，無名氏《隆武紀略》一書載有隆武帝於隆武元年七月初發布的登基詔書，書中載有隆武帝五路出兵的詳細計畫：

　　故今大出二十萬之雄兵，先欽差御營御左先鋒定虜侯鄭鴻逵統領大兵百萬，內令前都督府總兵官施福道出廣信，後都督府總兵官黃輝光（光輝）一軍道出金衢。該爵親領右都督府總兵陳順等，及中軍文武監紀推官等副參游擊兵八十員馳赴軍前適中調度。再欽差御營御右先鋒永勝伯鄭彩大兵五萬，內令前都督府總兵官陳秀、周芝藩一軍出汀州，直抵南昌；王秀、林習山一軍出杉關，直抵建昌；該爵親領都督副將洪旭督運及中軍文武監紀推官等副參游等八十員，馳赴軍前，適中調度。再差都督總兵官鄭聯、林察領兵一萬，舡三百號，出惠潮，直抵南贛；再差副將李一、崔芝領水兵一萬，舡三百號，由福寧直抵溫台。此水兵二枝，俱聽定虜侯節制。上以勳臣兵將自七月二十八日，朕親登臺福祭，授鉞專征之後務。令星馳雷發，齊至南京。速救塗炭。擇定八月十八日御營御中軍平虜侯鄭芝龍、總兵鄭泰，武英殿大學士蔣德璟、黃道周及文武五府六部大小諸臣共

---

20　《思文大紀》卷二，第 21 頁。
21　《思文大紀》卷二，第 24 頁。
22　《思文大紀》卷三，第 55 頁。

一百四十六員，盡起福州三衞戎政五營兵二十萬，正天討之親征，為四路之後勁。[23]

史載隆武帝的詔書都是自己親筆寫成，旁人根本不敢對其修改。看來這篇詔書也是隆武帝一筆而成的詔書，所以，其中有一些明顯的矛盾：例如，首句說「今大出二十萬之雄兵」，其後又說「定虜侯鄭鴻逵統領大兵百萬」，既然出兵的總數是二十萬，為何作為其中的一支卻會有「百萬」？按其文意，應當是五萬。

從全文來看，隆武帝原計劃中的五路大兵是：其一，鄭鴻逵率其部下從閩北出擊浙江與贛北。其中施福一支出分水關，進入贛北作戰，黃光輝一支出仙霞嶺到浙江作戰；其二，鄭彩和陳秀、周芝藩、王秀、林習山諸將分為兩支出擊江西，主要在江西中部作戰，這支部隊據說有五萬；其三，北上的水師一萬，赴浙江南部的溫州、台州作戰；其四，「鄭聯、林察領兵一萬，舡三百號，出惠潮，直抵南贛」。這一路最是莫名其妙，因為：從惠潮到南贛完全是陸路，鄭聯與林察先率水師出兵廣東，然後經陸路北上江西，其中必置水師於無功之地，不如直接率勁旅從陸路到江西為好。其五，由隆武帝親率二十萬福州衞所軍殿後。

分析這五支軍隊，可知有很大問題。其中由陸路出兵的兩支部隊，從其首領看，以前都是鄭芝龍的部下。其中由施福率領的一支是鄭芝龍家丁組成的軍隊，這是閩軍的主力，裝備火繩槍及火砲，有較強的戰力。鄭彩所率一支閩軍，從其骨幹為陳秀、林習山等來看，應當也是鄭芝龍的老部下，長期由福建巡撫管理，其時被派到汀州一帶剿匪，所以就近從福建南部出兵江西。這兩支軍隊算是福建官府管轄的正規軍，但從明末對這兩支軍隊的記載來看，他們分別只有二三千人，根本不到隆武帝誇張的十萬或五萬人。隆武帝規劃中的兩支福建水師最為奇怪。對後人來說，當時閩中軍隊以水師著稱，為何隆武帝不將主力從海上出擊？這是因為：福建水師的主力早在弘光年間即由鄭鴻逵率領到江南作戰，但在清軍渡江戰役中，鄭鴻逵水師全軍覆沒。從鄭鴻逵等人從陸上逃回福建來看，鄭鴻逵連一艘船都未能帶出來。此外，作為鄭鴻逵部將的黃斌卿，當時率一部分水師駐

---

23　無名氏，《隆武紀略》，第 31 頁。

縶在南京之西的采石磯，清軍占領南京後，黃斌卿率這支水師東進，抵達舟山一帶。其時，黃斌卿的消息可能還未傳到福建，所以，隆武帝所列北上水師中，沒有黃斌卿之名，列入名字的卻是李一、崔芝。李一是什麼人不知道，崔芝卻是明末著名的海盜，他手下是有一支海盜隊伍，然而，我們看不到隆武元年這支海盜與清軍作戰的紀錄。倒是黃斌卿長期駐縶舟山群島，具有一定的實力。福建水師真正的主力應當是鄭芝龍轄下的廈門水師，這支水師應當就是隆武帝所說的「都督總兵官鄭聯、林察領兵一萬，舡三百號」，不過，隆武帝卻讓他們南下廣東的惠潮，看來是被鄭芝龍愚弄，鄭芝龍出此下策，應是保存實力吧。當時對福建水師最為不利的是：隆武稱帝的夏秋之間，海上風向從南風轉為北風。帆船航行最為重要的是風向，古代的帆船一定要順風才能作長途航行。福建的沿海，春夏多南風，而秋冬季節多北風。江南在福建之北，按照當時的習慣，福建船隻北上要等到三月到八月的南風季節，一旦到了九月分，北風盛行，船隻便無法北上了。弄懂這一條，就可知道，為什麼隆武元年秋冬之際，福建水師只有黃斌卿出擊過長江口一次，便無法更多地作戰。舟山群島接近長江口，他可以利用冬天「小陽春」時期的東南風北上，而後又利用北風回歸舟山。就大部隊而言，冬季福建水師是無法北上長江作戰的。更何況鄭芝龍有心保存實力，反而讓自己的部隊南下。

　　除了以上三支外，殿後的福州三衛軍二十萬也是一句空話。因為，明代的衛所軍迨至明代後期都已經變成老百姓，這是大家所熟知的。隆武帝即位後，將福州衛所軍重新編組起來，這些人其實不能打仗，僅能成為隆武的儀仗隊，而且其數量也就在數千人。因此，閩軍五路大軍，算有點真實內容的是鄭鴻逵與鄭彩所率的兩支軍隊。但其數量也遠遠達不到隆武所說的十萬大軍。《明史・唐王傳》記載：「鴻逵出浙東，彩出江西，各擁兵數千，號數萬」。就軍隊數量而言，明史這一段記載並沒有錯誤。

　　通過以上分析，我們可知隆武帝的五路大軍其實是一張畫餅。對隆武帝來說，發布這樣一個告示有很大的政治意義。當時的江南民眾紛紛起義與清軍苦戰，非常盼望有人支援他們，因此，隆武帝的布告一出，便引起了江南民眾極大的興趣，「四方望閩中之兵如在天上」。[24] 這正是隆武帝虛

---

24　金堡奏疏。引自：邵廷采，《東南紀事》卷一，臺灣文獻叢刊本第 96 種，第 9 頁。

張聲勢所要追求的效果，隆武帝的帝位也因此而鞏固。但他這一空頭支票，後來卻落在無法兌現的困境中。

## 二、隆武初期閩軍的作戰

隆武稱帝後，朝廷上下士氣大振，鄭芝龍部下的閩軍出江西作戰，一時取得相當可觀的戰果。我們知道，《明史》等清代史冊每每指責鄭鴻逵、鄭彩不肯執行隆武帝的命令，消極避戰。實際上，由於江西形勢的變化，閩軍早在隆武元年八月即捲入了江西方面的大戰。

在隆武帝提到的諸將中，施福最早在八月分即於江西作戰，隨後張家玉率鄭彩軍的先鋒出江西河口支援施福軍。鄭彩率其主力於十月分達到江西河口。他如周芝蕃軍早就在汀州一帶剿匪，隨後也出江西作戰。

閩軍中，最先參戰的是鄭鴻逵下轄的施福所部。據《思文大紀》一書，八月，隆武「以副總兵施福守崇安關。」[25] 張家玉在其奏疏中說到：「若夫副總施福守大關也，以孤軍深入弋陽（隸屬江西廣信府），斬其虜使，擒其偽官，忠勇之名，震于浙直。不謂胡人飲恨，大舉報仇，聞其差往九江，與所云童賊者，借湯郝郭之兵一萬，而又陷有江省五營之兵二千，劉一鵬之兵二千，郜國本之兵一千，王體忠之兵二千，而金聲桓之三千者不與焉。今欲以全力注信（廣信府），與施為難。」[26]

從張家玉這段生動的敘述中我們知道：八月分施福部閩軍進入江西攻占廣信府的弋陽縣，給江西與安徽南部極大的震動，清軍集結二萬餘人來攻。後來，張家玉率閩軍遠道赴援，經過一番角逐，張家玉與施福等人掌握了廣信府多數地區。

從隆武帝五路出兵的詔書中我們知道：施福所部是鄭鴻逵的部下，而張家玉所督王秀、林習山、洪秀等部是鄭彩的部下，此外，周芝蕃、陳秀所部也是鄭芝龍的部下，他們從汀州進入江西，以後長期在贛州方面作戰。因此，實際上在隆武元年八九月間，閩軍就全面捲入了江西的戰事。

---

按，金堡這一段奏疏，不見於他的《嶺海焚餘》一書。
25　佚名，《思文大紀》卷二，第24頁。
26　張家玉，〈報明江省情形疏〉，《張家玉集》，第15頁。

　　黃道周部出擊江西的時間。施福所部捲入江西方面的戰鬥後，閩軍分道支援，大都捲入江西的戰鬥。黃道周部出占贛北的廣信府，史冊多有記載。不過，後人因某種原因，故意壓低鄭鴻逵、鄭彩二部閩軍的作用而抬高黃道周。如《明史‧唐王傳》記載：「仙霞嶺守關兵僅數百人，皆不堪用。聿鍵屢促芝龍出兵，輒以餉詘辭。久之，芝龍知眾論不平，乃請以鴻逵出浙東，彩出江西，各擁兵數千，號數萬。既行，託候餉，皆行百里而還。先是，黃道周知芝龍無意出師，自請行。從廣信趨婺源，兵潰死事」。《明史》的這段記載不符合歷史事實。因為，如前所述，實際上鄭鴻逵、鄭彩部閩軍出擊江西是在八月分。而史料表明：黃道周到江西廣信府是在十月分！

　　隆武帝原來部署的五路大軍中沒有黃道周部。這是因為，黃道周是文臣，隆武帝在登基之初，當然不會讓自己的首席文臣去前線帶兵。然而，黃道周進入隆武政權後，因與鄭芝龍的矛盾，於七月底決定到前線招兵作戰。他的這一決定在隆武發布詔書之後，所以，在隆武帝「五路發兵」的詔書中，沒有提到黃道周部。據黃道周年譜，黃道周因與鄭芝龍在朝堂上吵架，憤而離開福州，決心自行組織一支軍隊。他於七月底宣誓出征，八月初三到南平樹旗招兵，以他的號召力，很快組成一支數千人的隊伍。八月十八日，黃道周到建陽，派發陳雄飛二營到崇安，這裡是閩北到江西的大路所在地，兩省間有著名的分水關。九月十九日，黃道周同諸將出關，十月十二日抵達廣信府。[27]，其時施福等人已經在贛北占領了不少地方，黃道周才能輕鬆地到達廣信府的上饒。從時間上看，黃道周出分水關比施福要遲一個半月。其原因在於：黃道周赤手空拳，他是到閩北招兵，進行兩個月基本訓練之後，伺機出兵。此時，張家玉與施福所部在廣信府作戰獲勝，打開局面，黃道周便順理成章地將部隊帶往江西。因此，真實的情況是：鄭鴻逵部前鋒先進入江西，而後黃道周跟進。黃道周部皆為新兵，他們等待正規軍打開局面後再參戰，是合理的。誰也不會因此責備黃道周。不過，傳統史書在這一問題上大都顛倒鄭氏與黃道周的戰功，其原因當然是因為黃道周為明朝而殉節，而鄭氏諸人中，鄭芝龍與施福都有降清的行為，所以史書會有貶低鄭芝龍的敘述。不過，作為歷史學家，我們可以痛批鄭芝龍叛降清朝，但我們不能因而抹殺隆武初期閩軍的抗清功勞。總之，《明

　27　洪思等撰，《黃道周年譜》附傳記，福建人民出版社1999年，第30—31頁、第44頁。

史》在這方面的記載大錯。

　　閩軍主力的作戰行動。閩軍主力進入江西後，獲得初戰的勝利，掌握了廣信府。十一月，張家玉、鄭彩所部在滸灣鎮再次與清軍大戰，閩軍獲得了在江西戰場上最大的勝利：「殺兩總兵，獲級四百，奪馬四十匹，器械無算」。後來，又引清軍入伏，閩軍多用鳥銃，一次齊射便能殺傷大量的敵軍：「大破之，步兵五千殆盡，騎兵舍馬渡河，溺死過半。撫州圍解。論者以是役為福州戰功第一」。其後，張家玉、鄭彩又與撫州的永寧王部夾擊清軍，清朝方面記載：「大軍死者五百餘人，馬死者三百餘匹。」[28] 由此可見，施福、鄭彩、張家玉所率領的閩軍，由崇安出關，轉戰江西，是有一定戰績的。不過，閩軍的勝勢並未延續下去，在清軍集中力量反擊之下，十一月底，鄭彩、張家玉部遭到重挫，撫州也最終失陷。這是因為，閩軍數量有限，不可能與清軍大部隊對抗。

　　為了支援前線的軍隊，需要隆武帝率殿後的福州三衛軍出擊。按其計畫，隆武帝於元年八月在福州「以親征事祭告天地」，十八日，他西出洪山橋，舉行拜將之禮，命鄭鴻逵為正先鋒，與副先鋒鄭彩分別領兵出關作戰。但這一計畫的實施，實際上大打折扣。如前所述，因和黃道周、何楷等人鬧翻了：「芝龍謝病不出，鴻逵托言召募」。[29] 這使早已頒布五路出兵計畫的隆武帝心急火燎，不得已，隆武帝只好允許黃道周先行募兵出擊，何楷被罷免回家，完全答應了鄭氏海商集團的要求。按照隆武帝的意思，這下二鄭該無法推託了吧。隆武元年十月初，隆武帝「拜芝龍太師，鄭鴻逵大將軍。隆武親推轂，行十六拜禮」。隆武帝不顧帝王之尊，親自給鄭芝龍與鄭鴻逵下拜，這是「禮下於人，必有所求」的做法。對民眾來說，隆武帝這麼重視大將，而大將卻不肯出兵，實在是說不過去了。其後，鴻逵約於十月分率一班新兵出至閩北仙霞嶺，但鄭芝龍仍然留在福州，而隆武帝因福州百姓的挽留，一時難以離開福州。

## 三、隆武轄下閩軍數量盤點

　　實際上，二鄭滯留的真正原因在於：他們的手下並沒有隆武帝所說的

---

28　邵廷寀，《東南紀事》卷一，第 9—10 頁。
29　佚名，《隆武紀略》，第 44 頁。

二十萬大軍！從隆武帝詔書提到的諸人來看，鄭芝龍手下的軍隊主要由鄭鴻逵與鄭彩二人率領。二鄭手下，尚有周芝藩、陳秀、黃光輝、施福、林習山、鄭聯等將領。他們的職務雖然是總兵或是副總兵，但其手下的軍隊都不多。陳秀與周芝蕃是從汀州向江西南昌出發，在史料中記載陳秀與周芝蕃軍的有以下一些史料：《思文大紀》記載，隆武帝曾經「勑汀州副總兵陳秀援南贛建昌，加兵二千五百名，以汀庫現在銀一萬兩，准給陳秀召募。務令兵精餉節，以益金湯。」隨後，「加陳秀總兵官，督鎮江西，仍從定清侯。差官催郭熺速到，准以原衙加一級，與陳秀協勤。」[30] 張家玉在隆武元年九月十日所上〈報明江省情形疏〉中提到：「閩粵現到之兵，……周芝藩、陳秀之三千餘」。[31] 可見，周芝藩與陳秀的軍隊，也就只有三千人。再如施福的軍隊，黃道周在其文集曾經說到：「施福、施郎所守河口、鉛山兵不能二千。」[32]

據《思文大紀》一書，八月，隆武「以副總兵施福守崇安關。」[33] 施福是最早去江西作戰的部隊，張家玉在其奏疏中說到：「若夫副總施福守大關也，以孤軍深入弋陽」，為了支援他，張家玉「已促永勝伯副總林習山、洪旭等力疾救援，僅早出關，為施犄角。保全廣信。」[34] 其中永勝伯即為鄭彩。隆武帝為了培養張家玉，將鄭彩所部分為兩支：「永勝准兵六千，與張家玉各將三千。」[35] 文中的「永勝」，即為永勝伯鄭彩。歷史上鄭彩常與鄭聯配合，張家玉的文集中也提到：後來鄭聯所部也加入鄭彩的軍隊。張家玉、鄭彩、鄭聯三支軍隊總數為 9000 餘人。除此之外，閩軍中又一戰將是鄭鴻逵部下的黃光輝。黃光輝一直與鄭鴻逵在仙霞嶺方面作戰，他的部下是鄭鴻逵的嫡系。鄭鴻逵的部隊來自於明末福建組織的水軍。《南天痕》云：「江南立國，肯堂（福建巡撫）選兵三千，令副將周芝藩率以助防江。」[36] 我們知道：其時鎮江的總兵即是鄭鴻逵。鄭鴻逵在明末任南贛副

30　佚名，《思文大紀》卷二，第 35 頁。

31　張家玉，《張家玉集》，〈報明江省情形疏〉，隆武元年九月十日，廣東高等教育出版社 1992 年，第 15 頁。

32　黃道周，《黃漳浦文選》卷二，〈續報情形疏〉，臺灣文獻叢刊第 137 種，第 155 頁。

33　佚名，《思文大紀》卷二，第 24 頁。

34　張家玉，《張家玉集》，〈報明江省情形疏〉，隆武元年九月十日，第 15 頁。

35　隆武帝，〈敕家玉等持節斬逃將〉，隆武二年二月，轉引自《張家玉集》，第 173 頁。

36　凌雪，《南天痕》卷十五，〈張肯堂傳〉，臺灣文獻叢刊第 76 種，第 247 頁。

總兵，他於南明弘光時奉調鎮江守江，可見，鄭鴻逵所率水師，便是福建省在明末組織的那一支準備北上的水師，其兵員多來自臨時招募，戰鬥力不強。其後，清軍渡江南下，鄭鴻逵在鎮江作戰失利，他在杭州遇到唐王，便和唐王一起由陸路退往福建。其時，他們身邊尚有殘兵。史料記載：六月，唐王「進衢州，收散卒得千餘人。」[37] 其後，唐王在建寧府，「令諭靖虜伯鄭鴻逵給守關兵餉二月。諭文曰：『昨據先生啟請關防與中標黃將官領兵二千名，令把守仙霞嶺等關。』」[38] 可見，唐王入閩時，即將原隸鄭鴻逵的兵留在仙霞嶺守關。這就是鄭鴻逵真正的實力，不過二千人而已！

以上清點鄭氏的軍隊，大約周芝藩與陳秀有三千兵，鄭彩與張家玉有九千兵，鄭鴻逵與黃光輝有二千兵，其總數不過 14000 人而已。黃道周曾說到鄭芝龍轄下的部隊，「臣計諸貴人所統師，合召四關之士，不能二萬人。臣所募十二營，四千三百二十人。」[39] 黃道周文中的「諸貴人」，即指鄭氏諸將。可見，在他看來，鄭氏軍隊最多不過二萬人左右，可能還不到二萬。再加上黃道周所召兵，就是閩軍的總數了。

鄭芝龍系統的閩軍有這一數量，其實已經是大力擴張的結果。明末崇禎年間，明朝已將全國各地所有可用的軍隊都調至北方作戰。福建由於海寇問題，一直保留著一支水師。明代的奏摺顯示：鄭芝龍所率水師數量並不多。崇禎四年，鄭芝龍與山寇鍾凌秀作戰，其部下不過二千餘人。[40] 而崇禎八年，鄭芝龍與海寇劉香決戰，福建方面調動了所有的水師，並徵用部分民間船隻，其軍隊總量亦不過六七千人而已。[41] 黃道周在明末曾經與張肯堂說到鄭芝龍招兵，「曩時嘗聞鄭師損貲六萬，得長鬃三千。」[42] 可見，鄭芝龍直轄的軍隊不過三千人而已。對一支私人出餉的軍隊來說，這一數量已經相當多了。這樣一支軍隊，儘管在南明時期得到一定的擴張，但與隆武帝吹牛的 20 萬大軍北伐相差不可以道里計。鄭芝龍和鄭鴻逵手下實際上只有兩萬人左右的軍隊，而其主力都在江西作戰。鄭鴻逵手中的機動部隊

---

37　邵廷寀，《東南紀事》卷一，〈唐王聿鍵〉，第 2 頁。

38　佚名，《思文大紀》卷一，第 7 頁。

39　黃道周，《黃漳浦文選》卷二，〈再述關外情形以決趣舍疏〉，第 141 頁。

40　《鄭氏史料初編》，臺灣文獻叢刊第 157 種，第 54 頁。

41　《鄭氏史料初編》，臺灣文獻叢刊第 157 種，第 133 頁。

42　黃道周，《黃漳浦文選》卷四，〈與張鯢淵中丞書〉，臺灣文獻叢刊第 137 種，第 244 頁。

只有駐守仙霞嶺的兩千人，要憑這兩千進攻南京，似乎是一個笑話，這才是鄭鴻逵駐足仙霞嶺長期不肯北上的原因。

隆武轄下的粵軍、贛軍。

隆武帝的管轄範圍遍及東南諸省，在他的命令之下，各省軍隊從各地調向前線，張家玉在隆武元年九月十日所上〈報明江省情形疏〉中提到：「閩粵現到之兵，如周任鳳之五千，周芝藩、陳秀之三千餘，而又以虔撫之舊額五千，新額四千，整頓而操縱之。」[43] 可見，當時在江西作戰的除了閩軍之外，尚有粵軍與贛軍。文中諸將，陳秀即為鄭芝龍的部下，周芝藩為鄭鴻逵部下，因此，陳周所率三千人應為張家玉所提到的閩軍，而粵軍應當就是周任鳳所部五千人；他如贛軍約為九千人左右。可見，隆武之初，所部閩粵贛正規軍總數約為 34000 人上下。在這裡附帶說一下，明末崇禎年間，鄭芝龍被任命為廣東的總兵，率粵軍在粵東方面剿匪，而鄭鴻逵任南贛副總兵，在贛州剿匪，所以，上述粵軍與贛軍與鄭芝龍有一定關係。

友軍魯王轄下的軍隊。

魯王轄下的軍隊主要由方國安統領，擁眾十萬，但其中敢戰之士卻不多。在溫州任職的盧若騰說：「寧紹官兵、鄉兵皆聚守西興關，靖夷伯方國安之兵屯扎富陽，通計得十餘萬，虜之在杭州者不過四千，又皆黃得功、高傑之潰卒降附於彼；其中真虜，不過二三百耳。夫以十餘萬之兵當三四千烏合之眾，勝負之數，愚者辨之。而有識者反以為危急，兩大可憂；則何以故？兵多而不精，食難為繼；將多而無統，渙不可使也。方紳士之起義也，惟患人不為兵，見略似人形者，輒收之；強弱老少，都無揀擇。」[44] 由此可見，方國安軍隊的數量雖多，卻無法對付杭州的四千清軍，其中只怕冒名領餉者較多吧。國家落到如此地步，這些官僚還在貪汙受賄，隆武帝期望他們發揮更大作用，其實是不可能的。

我們清點了隆武及其「盟友」魯王所部聯軍實力後，可知其總數約為 13.4 萬，其中隆武帝直轄的大約為三四萬人。可見，隆武帝沒有二十萬大

---

43　張家玉，〈報明江省情形疏〉隆武元年九月十日，《張家玉集》，第 15 頁。

44　盧若騰，〈微臣已入浙境恭報確聞情形兼陳制勝要著疏〉隆武元年九月二十一日具題。錄自盧若騰，《島噫詩》附錄，《留庵文選》，臺灣文獻叢刊第 245 種，第 63 頁。

軍，他宣告率二十萬大軍克復南京，只是為了取得宣傳戰的效果。

此外，隆武帝和魯王新組建的新軍，訓練極差，而且糧餉供應不足，士兵沒有戰鬥力。很顯然，隆武要憑這樣一支部隊發起戰略進攻，幾乎沒有勝利的希望。反過來我們看清朝的軍隊。隆武年間，清朝招安的明朝軍隊已經有數十萬人，而且多為正規軍。杭州的清軍來自南明江北四鎮，雖然只有四千來人，卻能對抗方國安所部十萬餘人；而進入江西的金聲桓所部清軍，原為左夢庚部下，總數不過二萬人，卻攻略江西大多數府縣，僅留下贛州在明軍手中。此外，洪承疇駐紮於南京的直轄部隊有五千人，這支部隊攻克徽州南下，與其對峙的明軍是黃道周義軍 4320 人，以及鄭鴻逵手下黃光輝部隊兩千來人。清軍主要依仗投降的明軍主力來對付江南的抗清武裝。這些軍隊雖然不能與清軍作戰，但對付江南民眾卻綽綽有餘。實際上，不論是江西還是浙江，都還是清軍更占優勢。因此，後來清軍主力南下，很輕鬆地打破均勢，大敗隆武軍隊。

總之，明末中國的軍隊，戰力最強的要數清朝的八旗軍；戰力居次的是吳三桂轄下的「關寧鐵騎」；李自成及明朝的「江北四鎮」、左良玉軍屬於三流水平，而鄭芝龍所部，最多能與「江北四鎮」相抗，至於其他明朝大臣倉促組成的新軍，只能算是不入流的軍隊，大都不能用以作戰。清軍入關後，明朝在北方的主力軍全部投降，剩下南方三流的軍隊，數量又少，靠他們是很難與清軍抗衡的，所以，失敗是難免的。

## 四、隆武整頓軍隊計畫的破產

隆武帝原計劃是抓緊短暫的幾個月時間，訓練出一支強大的軍隊。應當說，隆武自身是相當重視軍隊重組的，他將五路大軍派出關之後，在福建極重視御營的組織與訓練。在福州登基不久，他便以原來福州衛所軍隊為基礎，組織一支四千人的「錦衣衛禁軍」。[45] 他曾經「勑上下游巡撫選練精兵四千以備親征用。視兵精脆，為該撫功過。錢糧即於所屬調用，不得套視。」[46] 次年，他也曾下令將「新撫永安、沙縣山寇頭目一萬一十三名隸

---

45　佚名，《思文大紀》卷二，第 33 頁。
46　佚名，《思文大紀》卷三，第 47 頁。

陳國柞標下，聽國姓成功節制」。[47]然而，閩中軍隊數量一直很少，隆武二年四月一日，兵部盤算軍隊所需糧餉，「部院吳春枝疏陳：三關分守需兵一萬三千，需餉二十萬兩，取給京邊借助及額餉洋稅等租諸項，原自有餘。隨征兵將定額一萬，須先措辦半年之糧，先資撻伐。後駐蹕西江，收拾人心，則糧餉自有所出。」[48]據其所奏，當時閩中軍隊實際上不過二萬三千，有一萬三千分守三關，另有一萬為隆武隨征部隊。其中「三關」，即為福建史冊上常見的統稱，一般是指浦城的仙霞關、崇安的分水關（又稱大安關）、光澤的杉關（又稱永定關、大定關）。這三關是福建通向外省的要道，也是隆武軍隊主要作戰方向。三關的部隊總數不過一萬三千，可知能成什麼氣候！李世熊的《寒支初集》中記載，當時在隆武政權中做官的人曾向道經汀州的後任首輔何吾騶說，隆武帝「宿衛兵不滿萬，兩關兵不滿三萬」。[49]看來，這位官員還誇大了閩軍的數量。實際上，擴軍到四萬，只是隆武帝的一個計畫。隆武帝曾與鄭芝龍討論過福建的軍費問題：「上諭之曰：……其四萬之議若定，即着輔臣吾騶、櫻令戶工二部與卿確議。每兵一萬約餉每月一萬八千兩，四萬每年共約銀八十六萬二千兩有奇。先將閩糧正項、雜項和盤打算明白，一面具疏、一面公請賜對，限本日內回奏。」[50]其實，閩中正規軍從來沒有到達過四萬。

　　閩中軍隊無法大幅度增長，原因何在？當時人說：「時三關單危，禁旅不滿千，所調之兵，隨到隨遣。新募者或未成旅，一路有警，輒空營赴之。魯奏言：『不定營制、不簡精銳，聽其逍遙逐隊，雖源源踵至，恐左右終無一兵』。語云『葵猶衛足』，豈有萬乘而孤露無衛乎！」[51]這是說，當時御營的士兵不斷被補充到前線，因而，御營一直不能保持一支有力量的軍隊。這裡必須說明的是：隆武時期的戰爭主要在江西境內，福建的士兵被調發至江西的數量頗為不少。江西巡撫劉廣胤「募閩兵二千人」救贛州。[52]吏部尚書郭維經救贛州，「沿路召募八千人入贛，與楊廷麟、萬元吉

---

47　佚名，《思文大紀》卷六，第 104 頁。
48　佚名，《思文大紀》卷五，第 90 頁。
49　李世熊，《寒支初集》卷八，〈明貴州鎮遠府知府李公墓誌銘〉，四庫禁燬書叢刊影印清康熙刊本，第 24 頁。
50　佚名，《思文大紀》卷五，第 95、96 頁。
51　徐鼒，《小腆紀年》卷十三，臺灣文獻叢刊本，第 630 頁。
52　徐鼒，《小腆紀年》卷十二，第 595 頁。

固守」。[53] 許多軍隊被補充到江西方面，當然制約了閩中軍隊的增長。但是，這並不是主要原因。閩軍士兵數量不能大幅度增加的真正原因在於糧餉問題。

　　隆武政權從建立的第一天起，便遇到嚴重的糧餉問題。王忠孝在其奏疏中提到：「額餉宜核。用兵伊始，日費萬千，生節無道，困窮立見。舊制衛所有軍、營路有兵，州縣有民壯，皆額兵，則皆額餉。今悉付不問，而專事新募。迨糧餉不繼，捐助借助，同時并行。」[54] 可見，當時已經有糧餉不繼的狀況。熊開元在隆武元年十月曾與隆武帝談到收復徽州的問題：「至閣臣黃道周、撫臣徐世蔭、府臣施福，非不奮然願往，而兩兵殊病。」[55] 迄至隆武後期，鄭氏軍隊缺糧是極為嚴重的。隆武二年六月，「上因糧餉不足，每嘆曰：朕布衣蔬食，經時憂費，所餘重餉，皆以養士給兵。乃內帑無多，應用每窘，為之奈何！」[56] 增兵即要糧餉，糧餉不足，現有的軍隊都無法養活，自然無法增加軍隊。《明季南略》記載：「大學士蔣德璟見鄭師逗遛，因自請行關確察情形，相機督戰；隆武許之。比至，則疲兵弱卒，朽甲鈍戈，一無可為。因嘆息，告病去。」[57] 李世熊為傅冠所寫的傳記中提到：傅冠於隆武二年三月督師赴江西作戰，「師臨邵武，前軍抵建昌界，而餉已告匱，後軍逗遛不前，遠聞警報輒撤營歸。公知事不可為，十二疏乞罷。」[58] 當時福建的軍隊中出現了非正常死亡。「定彝都督郭熺疏陳病故兵丁三百八十一名另募補額，上嘉其實心精覈；曰：『病故兵丁殊可憐憫，其月糧准給為棺斂盤費。至每名日給食費三分，登程日倍之。俱依議行』。」[59] 由此可見，閩中軍隊的糧餉問題是極為嚴重的。他們連基本口糧都無法得到保障，許多人凍餓而死。在這種情況下，當然不可能大量增兵。

---

53　徐鼒，《小腆紀年》卷十二，第 596 頁。

54　王忠孝，《王忠孝公集》卷三，〈上唐王條陳六事疏〉，福建師範大學館藏《惠安王忠孝公全集》手抄本，第 122—123 頁。

55　熊開元，《魚山剩稿》，卷一，〈恭報徽郡失守詞臣一門盡節仰祈聖鑒疏〉，上海古籍出版社 1986 年版，第 68 頁。

56　佚名，《思文大紀》卷八，第 139 頁。

57　計六奇，《明季南略》卷十一，〈閩記〉，臺灣文獻叢刊第 88 種，第 324—325 頁。

58　李世熊，《寒支初集》卷九，〈傅相公傳畧〉，第 27 頁。

59　佚名，《思文大紀》卷六，第 115 頁。

## 第三節　隆武帝與鄭氏家族的權力之爭

　　隆武帝與鄭氏家族是隆武政權的核心。傳統的史書多將隆武帝當作鄭芝龍的傀儡。實際上，隆武帝是一個頗有謀略的帝王。隆武帝登基後，來自各省的財源與政治支持使他的地位日益鞏固，於是，他策略地利用文臣與鄭芝龍的矛盾，展開了與鄭氏家族的權力鬥爭。隆武帝逐漸壓倒鄭芝龍成為隆武朝真正的掌權者。

### 一、隆武帝與鄭芝龍之間爭奪權力的鬥爭

　　隆武初期，鄭芝龍利用自己的重要性逼走了黃道周，引起了文臣的公憤。這使隆武帝看到了可以倚靠的力量。傳統史書往往將隆武帝比作漢獻帝，將他看成是鄭芝龍手中的玩偶，例如，清初大儒黃宗羲評隆武帝：「帝英才大略……論者徒見（其）不能出閩，遂言好作聰明，自為張大，無帝王之度。此以成敗而論也。夫鄭氏以盜賊之智，習海島無君之俗，據有全閩，既無鞠躬盡瘁之忠，難責以席捲天下之志；謀國、謀身，兩者俱乖，不亦宜乎？帝之託於鄭氏，所謂『祭則寡人』而已。……蛟龍受制于螻蟻，可責其雷雨之功哉！……帝之亡，天也，勢也。」[60]

　　其後的大多數史書，都有類似的記載。應當說，在隆武帝稱帝之初，他手中無兵無勇，依賴鄭芝龍是不可避免的情況。但隆武稱帝後，形勢對他十分有利。各地大臣效忠書紛紛而來，除了浙江省之外，隆武獲得了廣東、廣西、湖南、貴州、雲南、四川、江西、安徽等省的明朝勢力承認。許多崇禎、弘光時代的老臣如蔣德璟、黃景昉、黃鳴駿（或作黃鳴俊）、黃道周等人相繼投入隆武帝的帳下，隆武帝站穩腳跟之後，為了擺脫鄭芝龍的控制，發起了與鄭芝龍的明爭暗鬥。

　　首先，隆武帝鼓勵大臣對抗鄭芝龍。隆武元年八月癸巳，隆武行郊天禮，鄭芝龍與鄭鴻逵稱疾不從。戶部尚書何楷劾其「無人臣禮，當正其罪」，「上賞楷有風裁，即令掌都察院事。」[61]這一事例說明：隆武帝絕非歷史上被曹操控制的漢獻帝。他敢於利用文臣對鄭芝龍的不滿，挑動文臣與鄭氏

---

60　黃宗羲，《行朝錄・隆武紀年》，臺灣文獻叢刊第 25 種，第 57 頁。

61　錢澄之（飲光），《所知錄・隆武紀事》，荊駝逸史本，第 3 頁。參校彭孫貽，《靖海志》卷一，臺灣文獻叢刊本第 35 種，第 9 頁。

家族鬥爭。受到隆武帝的鼓舞，何楷對鄭氏家族越來越挑剔。「鴻逵揮扇殿上，楷呵止之。二鄭益怒。楷知不為所容，亟請告，上欲曲全之，允其回籍，俟再召。楷至中途，盜截其一耳，抵家未久死；蓋芝龍令部曲楊耿害之也。」[62] 福州的夏天以悶熱著稱，在殿上揮扇，是普通人很正常的反應。儘管這種行動不符合禮制，但是，這並非鄭鴻逵有意蔑視隆武帝。何況鄭鴻逵在隆武帝稱帝過程中起過重大作用，於情於理，隆武帝都不可能以此小過責備他，因此，何楷只好辭職。此時的鄭氏家族，屢屢在朝廷受到文臣的指責，而隆武帝又偏袒文臣，他們便以海盜手腕來出氣，派手下人裝扮成海盜，割去何楷的耳朵，以向文臣示威。鄭氏家族與文臣的矛盾因而激化。夏琳的《閩海紀要》卷一說：「芝龍以擁立非其本意，日與文臣忤。」正反映了這一點。

　　隆武帝鼓勵大臣對抗鄭芝龍還體現在馬士英入關事件上。馬士英是弘光帝的首輔，也是復社的敵人，在其執政期間得罪過許多東林與復社派的文人。南京被清軍攻克後，馬士英輾轉於南方各地，「時士英欲入關，有為左袒贊成者，廷議依違。」在朝臣討論這一事件時，鄭芝龍曾主張接受馬士英，其實，隆武在心中也是想收納馬士英的。[63] 但是，由於鄭芝龍主張在先，他便另有打算。果不其然，鄭芝龍的主張在文臣中遭到反對，「太常寺卿福州人曹學佺著有罪輔不可入關公揭，曲盡其議」。於是，朝廷「定馬士英為罪輔、為逆輔」，不准他入關。曹學佺幹了這件大事後，馬上得到隆武帝的任命：「以太常寺卿曹學佺為禮部右侍郎署翰林院事，特勅纂修威朝實錄、國史總裁，專設蘭臺館以處之。」[64] 可見，隆武帝對於大臣中反對鄭芝龍的行動，一向是支持的。他的用心，足以見之。

　　對鄭芝龍批評最為激烈的要數金堡的奏疏。金堡入閩，隆武帝欲授其為兵科給事中。他在隆武元年十一月的〈陛辭忠告疏〉中指桑罵槐：「今封疆之臣，言及於內；而綸扉之地，制不及於外矣。其最可懼者，武人得操政府之權，臺諫尚有私門之謁；邪正各具彙征之勢，群臣亦存聯絡之形。……其最不可不戒者，不奉令而奉意，不畏理而畏勢，不爭軍功而爭

---

62　錢澄之（飲光），《所知錄・隆武紀事》，荊駝逸史本，第 3 頁。參校彭孫貽，《靖海志》卷一，臺灣文獻叢刊本第 35 種，第 9 頁。

63　顧誠，《南明史》，中國青年出版社 1997 年 5 月版，第 284 頁。

64　《思文大紀》，卷三，第 46—47 頁。

官體，不斷實事而斷空言。」[65] 這段文字，指斥鄭芝龍之處是十分明顯的。
但隆武帝看了以後，「命翰林繕寫於文華殿屏障間，俾君臣交儆。鄭芝龍
以為同於市朝之撻，欲車裂金堡。」[66] 總的來說，隆武帝成功地利用了文臣
對鄭芝龍的不滿，贏得了文臣的衷心擁護，從而鞏固了自己的統治。

　　隆武帝一方面策動文臣對付鄭芝龍，另一方面，又在鄭芝龍面前說文
臣們的壞話，「或密以鄭氏攬權告隆武帝，帝切責芝龍。芝龍怒，佯謝事。
帝隨固留曰：『此非朕意，乃某人言也。』芝龍潛中傷之。於是左右無一
同心者矣。」[67] 這條記載雖然全是責備鄭芝龍，但僅從事件來看，我們卻看
到隆武帝在文武大臣中挑撥離間，兩面三刀，一方面利用文臣攻擊武臣，
另一方面又在鄭芝龍面前出賣文臣，討好鄭芝龍。隆武帝的目的顯然是兩
面討好，讓雙方誰也離不開他，便於他從中控制。從某種角度而言，他的
這一策略是成功的。他成功地在群臣中樹立鄭芝龍的反對派，並利用文臣
對鄭芝龍的批評，將權力逐步抓到手中。應當說，在這時候，鄭芝龍已經
不能完全控制朝政。

## 二、隆武帝出征閩北及其對朝廷重要權力的控制

　　我在〈論隆武帝的戰略問題〉（武夷山第九屆明史年會論文）一文中
談到，隆武帝與鄭芝龍最大的戰略分歧在於對戰略進攻的看法上。隆武帝
利主五路分兵，猛攻南京。而鄭芝龍與鄭鴻逵持重慎戰，不肯大舉出兵。
這一局面一直延續到隆武元年十二月。隆武帝決心親征。他的第一步計畫
是駐蹕閩北。而其戰略目的之一，也是為了擺脫鄭芝龍。海外散人的《榕
城紀聞》一書對此有這樣的評價：「隆武親征，晉平國公鄭芝龍太師為留
後居守。初，隆武欲親征，芝龍理應扈蹕，恃有大功，不欲行，而舉朝皆
其黨羽，隆武知其意，乃諭其居守。」[68]《思文大紀》記載：正月初二，令
鄭芝龍不可用『監國留後』四字。[69] 這些材料都表明：隆武帝任命鄭芝龍為
留後，駐紮福州，其實有甩開他的意思。鄭芝龍安然留在福州，也是對隆

---

65　金堡，〈陛辭忠告疏〉，《嶺海焚餘》，卷上，臺灣文獻叢刊本，第 302 種，第 10 頁。
66　金堡，〈陛辭忠告疏〉，《嶺海焚餘》，卷上，臺灣文獻叢刊本，第 302 種，第 11 頁。
67　無名氏，《隆武遺事》，民國元年商務印書館刊《痛史》本，第 2、5 頁。
68　海外散人，《榕城紀聞》，《清史資料》第一輯，中華書局，1980，第 4 頁。
69　《思文大紀》卷四，第 60 頁。

武帝消極的一種表示。隆武帝到閩北之後，又將鄭氏大將鄭鴻逵與鄭成功派到前線作戰。鄭鴻逵在仙霞嶺前線，負責浙江方面作戰；鄭成功在杉關前線，負責江西方面作戰。這樣，隆武帝在朝中的執政，便不再受到鄭氏家族的控制。從這一時期史料來看，隆武帝切實控制了朝中的用人權與財權。

第一，隆武帝對用人權的控制。

隆武帝鑒於明末的黨爭的教訓，嚴禁臣下結黨。早在隆武元年十一月二十七日，考選推官，皇上出題中有：「歷代之受患，莫過於群臣朋黨之最大。於今兩京之覆、二帝之傷，皆此故也。……朕今亦曰：去寇易，去黨難。然黨不去，寇不驅也。」[70] 他對明朝滅亡的原因有獨特的看法：「北京之失，東林之罪何辭？南都之陷，魏黨之咎莫謝。」[71] 因此，隆武帝與崇禎帝一樣，最怕群臣結黨，分去他的權力。隆武帝曾強調：「賞罰人主之大權。」[72] 他還宣布過：「武臣不許薦文臣，恐開覬覦弊竇。」[73] 他這一原則的確立，便是想防止鄭芝龍之類的武將，侵蝕自己的用人權力。我說過，當隆武政權成立之初，鄭芝龍指使吏部任命官員，吏部不敢不從，只有林垔敢於抵制。其後，隆武帝重用林垔之類的官員，鄭芝龍便無法欲所欲為了。其實，隆武帝一上朝，便很重視用人大權。雖說其時鄭芝龍可以指使吏部任命一些下級官僚，但中上級官員的任命，都是由隆武帝控制的。而且，隆武帝任命了許多官員，「南來無賴之徒，爭上疏談兵，即得召對；片言合旨，賚寶錠、賜官爵。久之漸多，部曹幾及千人；所賞，芝龍亦不應。」[74] 他的這種風格受到許多人的反對，「時方破格用人，躁競者多以口舌得官；（熊）開元惡之，力持資格。丹徒諸生錢邦芑言事稱職，特授御史；開元請改兵部司務。王重違其意，命以司務得非時言事，實同御史權。王之在建寧也，外雖優禮輔臣，而事輒獨斷；開元遂乞罷，不許。已而邦芑

熊開元反對，隆武表面應付一段時間，便實授錢邦芑御史一職。乃至熊開元憤而辭職。這一事表明隆武帝在用人方面，絕對不肯受他人的干涉。隆武帝剷除貪官，也曾受到大臣的干涉，《明季南略》記載：「邵武知府吳炆煒、推官朱健以南安王入境，疑敵兵，移眷他駐，坐倡逃。建寧府建陽知縣施爐為奸胥摘發，坐貪酷。俱駢斬市曹。漳州府龍溪縣知縣謝泰宗以貪參，罰入千金。」[76] 對這些案件的處理，大臣都有不同意見，尤其是對處死刑的二案，當時有「廷臣申救」但隆武仍然堅持死刑不變。[77] 對這些案件的處理也表明：隆武在人事方面的權力是不受制約的。事實上，隆武帝大權獨攬，往往使臣下無所適從。少詹事陳燕翼上疏道：「祖宗用人，從來銓部反覺無權。一人之身，倏用倏舍、倏重倏輕，莫可憑信。夫人之材質，生下已定，非有裏背旁側，可任人那移塗改之理。今一官安頓，或至數易，果其為人擇官，抑真如不得已。使營進者咸懷燥心，而掄材者轉無持操。」[78] 可見，當時隆武帝手下的官吏，主要是覺得隆武帝用人更易太快，使人無所適從，而不是他沒有權。以故，隆武帝握有用人權是無可質疑的。而且，這一權力在隆武帝北征閩北後更得到鞏固。

　　第二，隆武帝對財權的控制。

　　許多史書都說鄭芝龍控制了隆武政權的財權。但在事實上，隆武帝只是在入閩之初依靠鄭芝龍提供財物。其後，隨著各地餉銀入閩，隆武帝便不缺錢了。他的財權相當完整。首先：福建境內的錢財支出，多要通過隆武帝。例如：「餉部侍郎李長倩以汀屬空虛，請留餉三萬訓練土著而備緩急。上可其議」[79]；「福京解加貢銀五千二百七十兩，令安民庫察收；免沙縣借助及舊欠銀兩。山寇竊發，災及萬家；上聞而惻然，故邀是免」[80]；「左都御史張肯堂請餉三萬兩，上議以二萬一千兩，責成福京戶部侍郎徐應秋於近處州縣催用，更五千兩責成黃日昌於安民庫備用」[81]；「工部尚書鄭瑄等議：以元、二兩年司料額銀內，將天興、興化、漳、泉、汀、邵六府、福

76　計六奇，《明季南略》卷十一，〈閩記〉，臺灣文獻叢刊本，第 88 種，第 318 頁。
77　徐鼒，《小腆紀年》，卷十二，臺灣文獻叢刊本，第 574 頁。
78　佚名，《思文大紀》，卷三，第 51 頁。
79　佚名，《思文大紀》卷五，第 85 頁。
80　佚名，《思文大紀》卷五，第 100 頁。
81　佚名，《思文大紀》卷六，第 107 頁。

寧一州每年共銀一萬九千六百九十二兩六錢零悉解居守，專供造器買硝等項存留起運之用。以延、建二府四千八百二十一兩五錢解赴行在，以備不時答應之需。上允行」。[82]

其次，隆武軍隊的餉銀，也掌握在隆武帝手裡。在《思文大紀》一書中，有不少隆武帝親自發軍餉的記載，例如：隆武元年十一月二十七日之後，「給各守關兵十一月餉」[83]；隆武二年正月初二，「建甌兩縣交過銀一萬兩，定餉兩月，每月二千三百四十兩；正、二兩月，共該四千六百八十兩外，餘銀皆作安家衣甲之需；著撫臣吳春枝給發回奏」[84]；「命陸清源解犒賞銀一萬兩赴靖彝侯方國安軍前」[85]；「發三、四月份餉銀二萬五千五百八十兩七錢與十營官兵，計九千二百三十二名」[86]。「勅處州道臣董振秀將十縣糧餉分給軍前」[87]；「都督同知郭熺疏請糧餉器械，著行在戶、工二部給發」[88]；以上這些事例都表明隆武帝不僅關心每一筆餉銀的撥發，而且這些餉銀的頒發，都沒有經過鄭芝龍，而是隆武帝通過大臣直接執行的。這無疑表明隆武擁有堅實的財權。

再次，廣東、江西等省的大臣，也都服從隆武帝的財政指令。隆武帝要廣東總督丁魁楚「再召狼兵七千，七千之兵，俱准支銷正項糧餉」。又勅「兩廣事例銀五萬兩付定興伯何騰蛟，為收拾降兵取江、克京之用」[89]。江西的楊廷麟要求截留粵餉，隆武帝答云：「粵餉為御急需，萬不可留。但今卿剿事方殷，量留五萬，湊前五萬，以成剿局」[90]。二年五月，他曾向大學士吳景伯抱怨：「贛州告警，朕已三次發去餉銀八萬兩，未見成功。徒糜糧餉，深為可惜」。[91]

復次，隆武帝十分重視掌握各省的財政簿籍。為了確保餉源，他曾經

82 佚名，《思文大紀》卷六，第 108 頁。
83 佚名，《思文大紀》卷三，第 47 頁。
84 佚名，《思文大紀》卷四，第 63 頁。
85 佚名，《思文大紀》卷五，第 86 頁。
86 佚名，《思文大紀》卷五，第 84 頁。
87 佚名，《思文大紀》卷四，第 78 頁。
88 佚名，《思文大紀》卷四，第 78 頁。
89 佚名，《思文大紀》卷四，第 76—77 頁。
90 佚名，《思文大紀》卷四，第 77 頁。
91 佚名，《思文大紀》卷七，第 130 頁。

「勅：『廣西起存銀兩，每年總額細額及內庫金花銀兩，至今未經造冊開報。其戶口、田賦、兵馬、文武在籍、在任並舉監生員及賦役全書，通着行在戶部行文付桂府差官，責成該撫按詳察開明，付試官陳天定、林明興齎到，違者定究。特諭』」。[92] 隆武二年五月十六日「廣東解大造賦役黃冊一千七百一十九本，總貫冊一百本，着戶部察收」[93]。

　　以上記載表明：隆武帝到閩北後，將人事權與財權牢牢地控制在自己手中，是一位有實權的皇帝。之所以發生這一變化，是因為鄭芝龍控制朝廷的主要辦法是財政。我們知道：隆武帝登基之初，福建省的財政幾乎是空殼，隆武帝的許多經費都由鄭芝龍支出。在困窘之際，隆武帝為了取得鄭氏的錢財，不得不忍受鄭氏擅權。但是，到了秋收以後，來自民間的稅收逐步進入省庫，隆武帝便不一定需要鄭芝龍付帳了。此後各省的賦稅源源不斷地流入隆武帝錢庫，隆武對鄭氏的依賴性越來越少，因而可以自行其事。在這一基礎上，隆武帝通過大肆提拔新進官僚的方式，取得官僚對他的支持，逐步控制了朝廷的主要大權。隆武親征閩北，鄭芝龍留在福州，這是二者關係轉變的關鍵。此前隆武帝相當倚重鄭芝龍，此後，隆武帝完全掌握了政府的權力——人事權與財政權。其後，隆武帝雖然再召鄭芝龍到閩北，但二者關係已經發生變化。隆武二年四月，隆武帝曾經「勅平彝侯鄭芝龍巡行各關」，鄭芝龍回來後「繳還犒賞剩銀三千兩。上嘉其恪慎。」[94] 對當時的官場來說，奉敕巡視是一個美差，有多餘的錢當然可以收進自己腰包。但鄭芝龍卻將多出來的部分上繳朝廷。這一方面說明鄭芝龍原很富裕，根本不需要貪汙，另一方面也說明鄭芝龍沒有財權，因此，在出巡返回後立即將多餘的銀兩上繳。這也說明，隆武帝才是真正的大老闆，否則便不會以「恪慎」二字去讚賞鄭芝龍了。此外，鄭為虹事件也很說明問題。隆武帝「即命為虹以御史知浦城，巡視仙霞關。軍人相戒勿犯浦境。尋命巡按上游，鄭芝龍標將陳俊奪民船，為虹召而叱責。芝龍密訴於王；王曰：干戈未靖，全賴文武和衷，為虹叱責亦是代卿為束。芝龍不敢復言」。[95] 可見，有時候鄭芝龍在隆武帝前是唯唯諾諾的。隆武帝移居閩

---

92　佚名，《思文大紀》卷五，第84頁。
93　佚名，《思文大紀》卷七，第125頁。
94　佚名，《思文大紀》卷五，第94頁。
95　邵廷寀，《東南紀事》卷四，第64頁。

北後能讓鄭芝龍害怕，是因為他從福州帶出了一支由衛所軍隊組成的親軍，有數千人之多。不論他到延平府還是建寧府，這支親軍都伴隨著他。而鄭芝龍的軍隊都在前線。所以，在隆武帝所居之地，隆武帝具有武力上的優勢。只是在軍事方面，福建系統的軍隊皆為鄭芝龍家族控制，儘管隆武帝屢發號令，但若沒有得到鄭氏家族的呼應，便不能有效地指揮軍隊。隆武帝正是因為這一原因，才給鄭氏兄弟相當的位置。錢飲光的〈閩論〉述及隆武帝與鄭芝龍的關係：「上之所以待之者，外示隆重，而太阿在握，未嘗稍有假借。」[96] 這一評價是真實的。《明史‧唐王傳》云：「聿鍵好學通典故，然權在鄭氏，不能有所為」，並非實錄。

　　隆武帝與鄭氏家族是隆武政權的核心。傳統的史書多將隆武帝當作鄭芝龍的傀儡。實際上，隆武帝是一個頗有謀略的帝王。隆武帝登基後，來自各省的財源與政治支持使他的地位日益鞏固，於是，他策略地利用文臣與鄭芝龍的矛盾，展開了與鄭氏家族的權力鬥爭。隆武帝北征閩北之後，常駐延平府城和建寧府城，將鄭芝龍留在福州，而其他鄭氏將領被派到前線作戰，藉此機會，隆武帝逐漸壓倒鄭芝龍成為隆武朝真正的掌權者。隆武二年春，鄭芝龍被隆武帝召至閩北，此時權力已經轉到隆武帝手中，鄭芝龍已經無法控制隆武帝了。

## 第四節　隆武施政及其與朝廷大臣的關係

　　隆武是一個有權術的領導人，在明末眾多的藩王中，他能夠超越其他藩王建立隆武政權，並在與鄭氏諸臣爭權奪利中占得上風，都與其擅長權術有關。不過，他的行政知識不多，不太擅長理財，其人與諸臣的關係也未能維持長久，許多元老因其斥責而退休。這些缺失，導致隆武政權的不穩定。

### 一、隆武財政及閩軍缺餉的原因

　　閩中軍隊總數並不多，為何還會出現缺乏糧餉的狀況？這裡有連帶的兩個問題：隆武政權的財政收入有多少？隆武政權的開支情況。以下分別

---

96　錢飲光，《藏山閣集‧文存》，卷四，〈閩論〉，龍潭室叢書本，第 5 頁。

論述之。

　　隆武政權的財政收入。前文說過，隆武政權得到除浙江之外南方各省的承認，因而，這些省分的財政收入都屬於隆武政權的財政來源。尤其是從廣東方面的來的餉銀是相當多的，二年五月，「廣東解餉銀十萬五千五百兩有奇、鹽課銀二萬一千三百兩有奇，着恤民庫察收。」[97] 又如隆武二年正月，「復命道臣湯來賀催解粵西餉銀十萬兩以備軍儲。」[98] 除了各省的田賦收入外，閩中還實行買官賣官等各種方法搜刮錢財。隆武政權在閩中共十四個月，頭兩個月沒有多少財政收入，主要收入都來自後十二個月，那麼，隆武在閩中一年總收入有多少？李世熊曾說：「曩者閩關未破，籍兵二十餘萬，非寡弱於今也；食稅三百萬，非窘儉於今也。」[99] 其實，福建的賦稅不可能有三百萬，士兵也不會有二十萬，這兩個數字，應是隆武政權管轄範圍內所有的士兵總數與賦稅總數──也就是說，包括廣東、廣西、湖南、江西諸省的兵賦總數。此外，福建省是隆武帝駐蹕之地，當然要承擔較多的稅收。不過，福建是一個小省，常年夏糧秋賦不過七十萬石，全部上繳也不是很多。隆武時期，官府想盡辦法搜括錢財：「令撫按以下皆捐俸助餉。官助外，有紳助、大戶助。又借徵次年錢糧，搜括府縣庫積年存留未解者，絲毫皆入龍橐。」[100] 金堡在其疏奏中曾談到福建的兵餉：「且有閩餉一百二十萬，守關門而不足，何與於進取；即有閩兵數萬，求一戰而不可得，何益於勝負之數」。[101] 可見，隆武政權總收入為 300 萬兩銀子，其中，福建一年的餉銀大約是 120 萬兩銀子，占全部賦稅額的三分之一強，應是南方諸省出餉最多的省分之一。閩中養兵的數量，若以四萬人為計，如隆武帝所說：「每兵一萬約餉銀每月一萬八千兩，四萬每年共約銀八十六萬二千兩有奇。」[102] 可見，福建軍隊若以四萬人為計，他們基本的餉銀約為 86.2 萬兩，若算上器械衣甲，則要更多些，「平彝侯鄭芝龍疏陳閩省守關兵餉器械衣甲，共用銀一百五十六萬。」這一數量，便超過

---

97　佚名，《思文大紀》卷七，第 128—129 頁。

98　佚名，《思文大紀》卷四，第 61—62 頁。

99　李世熊，《寒支初集》卷六，〈擬閩督院與海上書〉，第 34 頁。

100　林時對，《荷牐叢談》卷四，第 157 頁。

101　金堡，《嶺海焚餘》，〈請決策出閩疏〉，臺灣文獻叢刊第 302 種，第 22 頁。

102　佚名，《思文大紀》卷五，第 96 頁。

福建賦稅總數，不過，相差並不太遠。倘若僅僅是保證糧餉供應，也就是說，讓每名士兵都有飯吃，四萬士兵，只要 86.2 萬兩銀子，卻是福建財政足以承擔的。何況福建的軍隊在多數時間內不到四萬！

以上計算表明：隆武帝在福建一省的財政收入即達到 120 萬，如果節省使用，足以養活四萬軍隊。何況閩中實際軍隊不到四萬人！隆武帝無法養活四萬閩兵，是因為隆武帝在養兵之外，還要豢養一支龐大的官員隊伍！而且隆武帝花費不知節制。導致士兵的待遇大大降低，許多人因此吃不飽飯，乃至病餓而死。

## 二、隆武時期的冗官冗費

在社會矛盾相當尖銳的背景下，隆武帝掌握了朝政大權，但他卻沒有正確處理朝政的本事。隆武朝朝政之混亂，是歷史上罕見的。

### 隆武朝的冗官

應當說，冗官是中國歷史上經常出現的現象，但是，產生冗官的朝代，至少在其政權成立幾十年至百年以後，以冗官出名的宋朝，也是到了宋神宗時期，才感到這一現象已經到達不能忍受的地步了。隆武朝在歷史上僅僅十四個月，即有冗官現象產生，這似乎是神話，然而，這是不可否定的真實。

錢澄之的〈隆武紀事〉記載：隆武登基後，大肆封官，「一時耆碩盡列卿貳。其科道各官，或起舊，或召起特授，或因大臣薦舉，破格用之。惟翰林吏部專循資格；而兵部職方一司，督撫藩鎮，題請虛銜，為軍前贊畫監紀，至濫觴不可勝紀，上亦輕畀之。由是清流往往恥與其列。」[103] 隆武朝的內閣大學士有二三十人，六部尚書有一二十人，這都是十分罕見的。此外，隆武登基伊始，便通過薦舉的方式搜攬人才，本來，這並非壞事，但在實踐過程中，卻產生了混水摸魚的狀況。閩中名士李世熊說：「陛下登極恩詔一欵，每縣舉真才三人。臣謂天下中人多而異才寡，鄧、馮、寇、賈，天下無二三也，況一邑乎！若鄉曲愿人，無裨緩急，何取每縣三人，

---

103　錢飲光，《所知錄·隆武紀事》，第 2 頁。

充斥仕路哉！自臣所見，郡邑舉士，蓋有目不識六籍而冒以宏博之科，夢未見七書而獎以孫吳之署者。學官以頹墮之年，識趣卑汙，士子以蠅蟻之情，羶羶走寶。其整身方潔、骨氣冰稜，守令聞名而不識面者，雖老死牖下，無緣登薦剡也。如是則舉者不才，才者不舉，臣以為郡邑薦舉可廢矣。至于藩王、閣部、院寺、臺省、監司、方面各有薦士，非瑣瑣姻婭，則紈綺子弟也；非眯目素封，則走室神棍也。今仕籍中自欽授特簡外，文臣如試主事，試中書、司務、博士，試推官、通判、知縣不下數百人，武臣如總、副、參、遊、都司、守備不下數千人。此千數百人為陛下撫流民、核軍實者誰乎？為陛下靖山海、清畿甸者誰乎？是千數百人，如虛無人也；紛紛差遣，徒耀飾輿馬、煩苦驛卒，大字名刺投謁姻鄰、誇炫市里而已。」[104]隆武帝如此亂用人，難怪像李世熊這樣有真才實學的人反而不願出山了。除了地方薦舉的官員之外，隆武政權還實行買官賣官制度，「大鬻官爵，部司價銀三百兩，後減至百兩，武箚僅數十兩，或數兩，於是倡優廝隸，盡列冠裳、然無俸無銜，空名而已。其點者倩軒蓋，顧僕役，拜謁官府，鞭撻里鄰。晉江令金允治蒞訟，兩造皆稱職官，則立而語，互毆於庭，不可制，受害者延頸，然猶苦餉不足。」[105]除了福建本省的「人才」選拔外，隆武帝還大量起用南下的北方人士，計六奇云：「南來無賴之徒，爭上疏談兵，即得召對；片言合旨，齎賚寶錠、賜官爵。久之漸多，部曹幾及千人；所賞，芝龍亦不應。」[106]他的這種做法造成官僚隊伍的膨脹，使政事更加淆亂。陳燕翼在上疏中借批評崇禎而勸戒隆武帝：「先帝勵精十七年，值彝寇交訌、中外多故，屬望廷臣，鮮有當意者，於是不得已而旁求之。保舉換授特用副榜等科，明經選舉，幾半天下。欽授破格，差擬國初。而究竟邊腹行間，賜劍秉鉞、俄頃驟貴之徒，迄未有半人隻士，出手奇傑，如古班超、陳湯等輩，翻空絕域、塞應明詔者，而反以苦心輕信之過，為人所用。方面大耳、美髯豐下者，即為將材；舌滑脣油、走空如鶩（鶩）者，即為邊材。金繒顯列，糜費無算，言之痛心！陛下試觀從古皇皇汲汲乞官營進之中，豈有真品？……今流品混淆，攪同油麵；辨析窮研，如鏤空影。無已，亦惟擇精良無偽、踏實硬做者，假以歲月、寬以文網，庶幾積久自

---

104　李世熊，《寒支初集》卷十，〈乞免廷試疏〉，清康熙刊本，第6—8頁。
105　佚名，《隆武遺事》，第5頁。
106　計六奇，《明季南略》卷十一，〈閩記〉，臺灣文獻叢刊本，第88種，第318頁。

見成功。其紙上鋪張、口中夸大者，悉不可聽。」[107] 可見，隆武喜見賓客，好聽好話，往往從中提拔官員，實際上這些人大多言過於實。可以作為一個例子的是泉州布衣蔡鼎，「鼎有推算望氣之學，曾徧歷邊塞，言論灑灑不窮。」[108] 隆武迷惑於蔡鼎，竟讓他當軍師指揮作戰。後遭大敗。

事實上，隆武諸臣都對他濫用人不滿，《南明野史》記載：「帝欲不次用人……中旨以王期昇為總督、彭遇颺為僉都御史；路振飛、曾櫻封還內降。帝曰：『方今多事，用人必欲循調，非休休之度』。振飛言，『遇颺新進士，降賊西南，乞憐馬士英；巡撫浙江，搜刮民財，至於激變。期昇在太湖奉劍州知州朱盛澂，始稱通城王，繼稱皇帝；賣官奪女，兩山百姓不容，故爾逃來。非臣等之私隙也。』帝乃罷二人。」[109] 徐鼒評說此事：「閩中爵賞之濫，較南都為尤甚。雖曰天步艱難，政宜含垢，而賢奸糅雜，胡以勸懲？特書封還者，嘉之也。」[110] 其時，外臣呂大器亦批評隆武帝，《思文大紀》記載：「卿所言『用人太濫，所用之人又轉相援引，虐民叢盜，望治何由？』所見甚是！朕自今當急省改。」[111] 可見，隆武直到晚期對此事才有所覺悟。胡亂用人，不能不說是隆武朝最大的敗筆。

## 隆武朝的冗費

本來，明朝的省級官員並不多，按照明朝的制度，福建布政司的正式官員不過十幾名，一個縣僅有五名正式官員。所以，原來福建官僚機構的開支不會太多。但隆武設立朝廷之後，一時冠蓋雲集，各地舊官僚都來到閩中，這使閩中官僚的數量大幅度增加。其次，如前所述，隆武帝為了得到各方面的支持，迅速提拔了大批官，「部曹幾及千人」。凡是晉見隆武帝的學者，每每從一個白丁被提拔為中級官員。隆武養這些人是要花很多錢的。如《思文大紀》記載：隆武二年四月分，錢邦芑求出，「陝西道御史錢邦芑請往金、衢、嚴、湖監軍；上喜甚，仍益以杭、嘉、蘇、松等處，發恤民庫銀五百兩與之，並給以勅印。」[112] 可見，錢邦芑一人，憑著一張

---

107 佚名，《思文大紀》卷三，第 51—52 頁。
108 佚名，《思文大紀》卷四，第 63 頁。
109 三餘氏，《南明野史》卷中，第 119 頁。
110 徐鼒，《小腆紀年》卷十一，第 556 頁。
111 佚名，《思文大紀》卷六，第 111 頁。
112 佚名，《思文大紀》卷五，第 91 頁。

嘴巴便從隆武帝處得到五百兩銀子。看到以上記載，也許會以為錢邦芑從此離開隆武帝，但據華廷獻的《閩遊月記》，直到隆武帝於隆武二年八月分逃難順昌，錢邦芑還跟在身邊，並公然向華廷獻賣官。我們知道：隆武親手提拔的這類官員成百上千，每個人都向他要一筆錢，難怪隆武朝經費緊張得不可思議。

　　除了正式官員之外，隆武帝還開設儲賢館，「以蘇觀生為翰林院學士，專理其事。皇上求賢若渴之念，始見於此。雖館中考課無虛日，而砥礪似玉，魚目混珠，所收多羊質虎皮，可慨也。」[113] 隆武自己曾說，他的主要開支是「養士給兵」，其中「養士」的開支只怕大於「給兵」。養士並非壞事，但它畢竟是不急之務，在士兵沒飯吃的情況下還要養那麼多的閒人，只能說隆武頭腦不清楚。更令人感到滑稽的是：隆武後期，軍費已經非常緊張，但隆武仍然舉行科舉考試。「平彝侯鄭芝龍以兵興過費，賓興之典宜少暫停，語甚剴切。上不從，以『鄉試不宜改期失信，且文事、武備原是一體』云云。」[114] 評心而論，鄭芝龍這一建議是對的，科舉考試本是不急之務，在經費嚴重缺乏的情況下，暫停考試也許是最好的辦法，然而，隆武帝計不出此，反而堅持照常舉行科舉，這肯定會占用大筆經費。

　　除此之外，隆武稱帝後，連續舉行了祭天地之禮、封皇后之禮，這方面的開支也是很大的。隆武元年八月一日，「命工部所頒元殿樂器，如式造用，限十五日完奏。工部尚書鄭瑄上言，『樂器繁多，錢糧缺乏，閩南匠拙，難以猝辦；乞照冊立親征儀仗三分之內，酌用其一，以仰體皇上撙節德意。』勅從之。」[115] 為了講排場，八月十二日，「上命錦衣衛堂上，僉書陳績選大漢將軍二十人以備郊天大禮用，月給米三石。紅盔、紅甲、快靴、服色、銅金瓜鎚儀仗，俱着工部製造。」[116] 隆武的妻子曾后登上皇后寶座後，「遂大興工作，擴構宮殿，厄匝之屬皆用黃金。開織造府，造龍袍；后下體衣，皆織龍鳳。」[117] 這些難以計算的開支，造成隆武政權巨大的財政壓力。

113　佚名，《思文大紀》卷二，第 24 頁。

114　佚名，《思文大紀》卷四，第 67—68 頁。

115　佚名，《思文大紀》卷二，第 25 頁。

116　佚名，《思文大紀》卷二，第 30 頁。

117　計六奇，《明季南略》卷十一，〈閩記〉，第 317 頁。

隆武時期各方面開支很大，隆武帝為了獲得各地紳士的支持，給予各地入閩士人優厚的待遇，這一政策的另一方面，隆武肯定無法按時給士卒頒發軍餉，導致大量士兵凍餓而死。在這一背景下，隆武帝的軍隊一直無法擴張，甚至逐漸失去戰鬥力。隆武帝之所以這麼做，不僅僅是因為他沒有理財本領，而是因為他重建的政權仍然是一個保有明末一切毛病的、腐敗的文官政權，在這個政權中，文官的地位遠比武將與士兵高，所以，這一政權的財政支出，必然被文官支用大部分。在這一背景下，他手下武將的叛變與消極作戰，都是不可避免的。隆武帝失敗，與這一點是有關的。

## 三、隆武帝與他的輔臣

隆武政權成立時，著力搜攬來自四方的人才。尤其注重起用在崇禎朝與弘光朝已經相當有名的大臣。其大學士有「蔣德燝（璟）、黃道周、黃景昉、蘇觀生、何楷、陳洪謐、林欲楫、朱繼祚、黃鳴俊。……又起曾櫻、何吾騶、郭維經、葉廷柱入閣辦事。閣臣至三十餘員。」[118] 這些大臣，或像黃道周那樣負有盛名，或像蔣德璟、黃景昉、黃鳴駿、何吾騶等人，在崇禎、弘光朝時代即為大學士，他們參與隆武政權，對隆武政權的鞏固，起了重要作用。隆武帝很快擺脫了鄭芝龍的絕對影響，其重要原因是不少崇禎朝的重臣擁戴隆武帝。如蔣德璟是泉州人，崇禎十四年進入內閣，任禮部尚書。「德璟明習國典、曉練事務，立朝持正，和而近情；上甚嚮之。」[119]他後來因事被崇禎免職，退休家中。但在明朝舊臣眼裡，他的威望是很高的。他能投入隆武的內閣中，使隆武的帝位大大鞏固。當時，隆武帝為招攬這些大臣，是費過一番心思的，「德璟、景昉、欲楫力疏辭，行人以死請，乃至。」[120] 有些野史記載，隆武帝派出請舊大臣做官的使者，會在這些官員的家門口宣示：如果某位舊大臣不肯出來做官，他就縊死在你的家門口！這給官員的壓力極大。明季崇禎帝在位的十七年裡，用過五十名內閣輔臣。這些輔臣後來大多被崇禎帝免職，閒居在家。弘光朝建立，江南籍的內閣輔臣紛紛出山，然而，隨著弘光朝的覆沒，這些輔臣或死或降，已經沒有幾個還有影響力。魯王自稱監國，卻不能得到廣泛的承認，與他的帳下缺

118　佚名，《隆武遺事》，第 1 頁。
119　邵廷案，《東南紀事》卷三，第 55 頁。
120　佚名，《隆武遺事》，第 1 頁。

少有影響大臣有關。隆武帝的好運氣在於：他進入的閩中，恰有一批崇禎時代退職的內閣輔臣、重臣。諸如蔣德璟、黃道周、黃景昉、何楷、陳洪謐、林欲楫、朱繼祚、黃鳴駿，鄭瑄等都是閩人，隆武將這一部分人納入帳下，又引來廣東何吾騶、江西傅冠這些外省籍的舊輔臣，便使他的統治披上一層合法的外衣。這些人在政界尚有相當的影響力，他們承認隆武帝，各省督撫便跟著走，於是，隆武政權取得了統治全國的合法地位。所以，隆武政權的建立，鄭氏家族有功，這只是很小的一部分，更為重要的是崇禎與弘光時代舊輔臣的影響。隆武帝能擺脫鄭芝龍早期的控制，與舊輔臣的大量加入也有關。這些人在崇禎朝便是有影響的大臣，而當時鄭芝龍還是一名為百姓所不齒海盜。隆武仰仗輔政大臣們的權威，是其擺脫鄭芝龍影響的一個重要原因。其次，各省向隆武稱臣之後，隨著秋收季節的來臨，各省征納的賦稅陸續流入隆武政權，隆武也就有了本錢與鄭芝龍對抗。於是，隆武親政的體制得以建立。

　　可是，隆武帝雖然起用許多老資格的舊輔臣，但對他們不是很信任。例如，大學士的基本事務是為皇帝起草各種文獻，但隆武帝卻不用他們，「其有票旨，隆武帝手為之。閣臣閒居而已。」[121] 崇禎時代的閣臣，大都兼任各部尚書，握有實權。而隆武朝建立之始，各部尚書都另有其人：已知諸臣是：黃道周為吏部尚書，張肯堂為兵部尚書，尋改都御史，鄭瑄為工部尚書，何楷為戶部尚書。其中進入內閣的僅黃道周一人。以上各部尚書，多為「從龍」之人。例如，何楷原為戶部尚書，鄭瑄原為大理寺卿臣，張肯堂原為福建巡撫。他們都是擁戴唐王稱監國的最早一批大臣。可見，隆武帝是讓隨他南來的一批官員掌實權，而以內閣待舊輔臣。因此，隆武內閣的輔臣多無實權。

　　隆武內閣的輔臣多為崇禎、弘治時期的大臣，這些人經過多年政務的磨練，大多是有真才實學的人才。以張肯堂而言，他任福建巡撫期間，福建雖有動亂，但都得到有效的控制。然而，隆武帝大權兜攬之後，雖然起用不少輔政大臣，卻不信任他們。其中，張肯堂很快就得罪隆武帝，起因是隆武皇后曾氏參政。史載曾后精明能幹，一向很支持隆武，隆武敢於出

---

121　佚名，《隆武遺事》，第 1 頁。

來繼承皇位，便是曾后鼓勵的結果。「后既素能理事，至是頗與外政。凡批閱章奏，多所參駁；每臨朝，則垂簾座後以共聽斷。」[122] 對這種情況，有一些老臣是看不慣的，「都御史張肯堂曰：『本朝高文二后皆有聖德，助成王業；然皆宮闈之中默相贊助。垂簾，則非聖世所宜』。妃大恚，肯堂以是見疏。」[123] 大臣們的批評，不能說沒有道理，蓋因曾后雖為精幹的女性，但她對處理政事畢竟沒有經驗，在有那麼多輔政大臣的情況下，隆武帝不問大臣而與皇后共決斷，肯定很難做出正確的判斷。「說者謂上有英察之譽而溺於內愛，有以知其不能成功也。」[124] 然而，這些主張非旦不為隆武接受，張肯堂反而因此受到疏遠，張肯堂是諸省最早承認唐王的省級實權大臣，他的傾向，對各省督撫最終接受隆武帝是很重要的。隆武登基後，張肯堂將自己手中的大權完全交給隆武帝，也反映了他對隆武帝全心全意的支持。隆武任命他為吏部尚書，也是酬答他的功勞。但日後隆武帝卻因為他批評過曾后而將其擱置一邊，隆武帝遷到建寧府時，將張肯堂留於福州，明顯是在疏遠他。隆武對張肯堂的態度，其影響肯定是不好的。以後諸省對隆武帝，表面上擁護，實際上很怕他入境，其實有這一原因——大家都怕成為張肯堂第二。

隆武帝對其他輔政大臣，也是表面尊敬，實際上並不信任他們。《隆武遺事》記載：「閣臣至三十餘員……其有票旨，隆武帝手為之，閣臣閒居而已。」「手草傳檄，灑灑數千言。」《東南紀事》亦云：「閣臣至二十餘人，然票旨多王自裁，俱閒無事。」[125] 在這種情況下，許多大臣告老歸山。

蔣德璟（1593—1646 年）為泉州晉江福全所人，天啟二年進士。崇禎十五年任禮部尚書兼東閣大學士。崇禎末期他是皇帝最信任的大臣，負有天下人望。崇禎十七年三月，蔣德璟與皇帝發生爭執，被免職。他剛出北京，北京城門便關了，幾天後，李自成合圍北京！崇禎自殺後，他聽說吳三桂大軍殺向北京，蔣德璟積極聯繫吳三桂，希望再造明朝。然而，吳三

---

122　佚名，《小腆紀傳》卷八，第 126 頁。

123　徐鼒，《小腆紀年》卷十一，第 527 頁。

124　佚名，《小腆紀傳》卷八，第 126 頁。

125　邵廷案，《東南紀事》卷一，第 4 頁。

桂另有所謀，對其置之不理。蔣德璟只好踏上返鄉之路。福王政權建立時，曾召蔣德璟出山，蔣德璟以負罪在身為由拒絕。蔣德璟回到福建後，隆武帝派人請其出山，蔣德璟無法拒絕，終於出任內閣大學士，成為首席輔臣。一開始，隆武帝是信任蔣氏的。《隆武遺事》記載：蔣德璟曾代皇帝組織過大臣討論戰守事宜。但到了後來，隆武對蔣氏越來越不耐煩，《粵游紀聞》記載：「三月，帝幸延平府。建寧行宮，閣臣蔣德璟所營也，即巡方署；以湫隘喧嘩，屢形責讓。」[126] 隆武帝脾氣暴躁，無名氏的《隆武遺事》記載，「丙戌春，以足（手？）板擲蔣德璟，幾傷。」隆武帝對蔣德璟無禮，應是想逼他辭退，好起用來自廣東的何吾騶為首輔。後來，蔣德璟跟隨隆武帝北征建寧府，軍事上一籌莫展。《明季南略》記載：「大學士蔣德璟見鄭師逗遛，因自請行關確察情形，相機督戰；隆武許之。比至，則疲兵弱卒，朽甲鈍戈，一無可為。因嘆息，告病去」。[127] 隆武帝失敗後，清軍迅速占領福建。蔣德璟絕食而死。

何吾騶，廣東香山縣人。生於萬曆九年（1581 年），萬曆四十七年（1619 年）進士。崇禎五年擢禮部右侍郎，六年陞禮部尚書，入閣。因與溫體仁發生矛盾而辭職還鄉。隆武帝派人請其出山，繼任首輔。何吾騶雖然退休在家，但在廣東具有很大的影響。隆武政權初建時，廣東地方官馬虎應付，隆武帝派出的催餉官在廣東境內無人答理。後來，隨著何吾騶成為隆武大臣，來自廣東的餉銀成為隆武財政的主要支柱。隆武末期，隆武帝一行人向汀州轉移，是接受了何吾騶的影響，準備逃往廣東。隆武帝在汀州失敗後，何吾騶逃回廣東，支持唐王之弟建立紹武政權，再次失敗。後返鄉家居。死於順治八年（1651 年）。

林欲楫（1576—1662 年），泉州晉江西濱人。萬曆三十五年（1607 年）進士。天啟朝仕至刑部右侍郎。崇禎初任禮部尚書。曾反對誅毛文龍，反對楊嗣昌擴徵兵餉。唐王入閩稱帝，召林欲楫任禮部尚書，文淵閣大學士，後辭職居家。

黃景昉（1596—1662 年），晉江東石人，天啟五年進士。崇禎十五年入閣。次年任戶部尚書文淵閣大學士。崇禎十六年九月因與皇帝發生矛盾，

---

126　瞿其美，《粵游紀聞》，第 38 頁。
127　計六奇，《明季南略》卷十一，〈閩記〉，第 324—325 頁。

退居林下。隆武帝召其返任，不久辭職還家。居家二十年，著書等身。

陳洪謐（1600—1668 年），泉州晉江青陽人。崇禎四年進士，崇禎末議授兵部右侍郎，未成議而北京陷。唐王任其兵部右侍郎，後拜文淵閣大學士。陳洪謐以母老乞歸。死於康熙七年。

傅冠（1595—1646 年），江西進賢人。天啟二年（1622 年）進士，崇禎十年任禮部尚書兼東閣大學士。次年解職還鄉。隆武帝登基，讓其在江西復職。隆武帝在汀州失敗後，傅冠入閩，避居泰寧，被其學生獻給清軍，後不屈被殺。

朱繼祚（1593—1649 年），福建莆田人。萬曆四十七年進士。崇禎十二年任南京禮部尚書。隆武帝召其任內閣大學士。朱繼祚是隆武帝較信任的人員，一直跟隨隆武帝到汀州。隆武帝死後，他被清軍俘至北京，釋放歸閩。朱繼祚在家鄉組織抗清運動，數年後失敗被俘殺。

又如鄭瑄，福州人，是最早跟隨隆武帝的人物之一。一日，「工部尚書鄭瑄為國姓成功請發鳥銃。」這本是十分平常的事，卻惹來隆武一頓大罵：「國姓圖功雖是急務，御營兵器關朕命身，鳥銃豈可全發？如此等事，該部以司空大臣，全無執裁，惟請朕躬為推卸之地，鄭瑄何無骨力至此！」[128] 總的來說，隆武帝到閩北之後，脾氣越來越暴躁，李世熊說：「主上厭薄百僚，變溫文為謾罵。」[129] 鄭芝龍也在背後說他：「唐王性情暴戾」。[130] 這種性格也使他很難聽進大臣的意見。隆武朝政事處理不當，與其不聽人言是有關的。

如上所述，隆武帝入閩後，起用了諸如蔣德璟、黃道周、黃景昉、何楷、陳洪謐、林欲楫、朱繼祚、黃鳴駿、鄭瑄等一大批閩籍重臣，他們這些人中，有不少人在崇禎、弘光時代就已經是大學士。隆武將這一部分人納入帳下，又引來廣東何吾騶、江西傅冠這些外省籍的舊輔臣，便使他的統治披上一層合法的外衣。這些人在政界尚有相當的影響力，他們承認隆武帝，各省督撫便跟著走，於是，隆武政權取得了統治全國的合法地位。與其相比，

128　佚名，《思文大紀》卷五，第 95 頁。
129　李世熊，《寒支初集》卷六，〈與郭正夫老師書〉，第 17—18 頁。
130　黃熙允，〈題為招撫鄭芝龍情形事本〉，《鄭成功滿文檔案史料選譯》，福建人民出版社 1987 年，第 1 頁。

魯王帳下便缺這樣一批有影響的大臣，以故無法取得全國的承認。

不過，隆武帝對老臣並非完全信任。尤其是鄭芝龍家鄉泉州籍的幾位大臣。從蔣德璟、林欲楫、黃景昉到陳洪謐，上朝不久，紛紛要求回鄉養老。隆武帝對他們也沒有過多地挽留。但是，對於廣東、江西籍貫的大臣，隆武帝都是使用到底的，除非有特別原因。

隆武帝更喜歡年輕的的大臣，凡是前來投靠他的舊官員，他都會起用，並給他們升官。例如黃鳴駿（1590—1645 年），福建莆田人，萬曆四十七年進士。崇禎時官至右僉都副御史，浙江巡撫。隆武帝之時，黃鳴駿被任命為兵部尚書、東閣大學士。清軍入閩時，黃鳴駿受命守仙霞嶺，被俘，不屈而死。蘇觀生是隆武帝最親信的大臣。「蘇觀生字宇霖，廣東東莞人。福王時，官戶部主事。避兵東至杭州，與鄭鴻逵奉唐王入閩。觀生見際喪亂，諸王獨唐藩賢，可濟大業，委心服事。唐王即位，拜大學士。時閣臣多用耆望，而觀生新進柄政，自首輔黃道周以下，皆重其才。第乙酉七月，領儲賢館，觀生以為非時務所急。」[131] 可見，一度握有大權的蘇觀生，後來也被打發去管儲賢館。由於諸位輔政大臣無事可做，或是被隆武帝派到邊關督戰，如黃鳴駿、傅冠；或是被隆武帝留在福州，如曾櫻。「居守福京吏部尚書曾櫻擅離福京入覲，請對；上切讓之。」[132] 一直跟隨於身邊的大臣，也經常被他派到各地去巡視，如鄭芝龍被派去邊關巡視，檢查戶部的稅收；蔣德璟去分水關巡視，察核建寧府屯田。而且，隆武帝不大尊重這些輔臣。隆武二年，隆武帝有赴湖南或是廣東之意，這些老臣行動遲緩，隆武帝總是向他們發火，是有意更換這些老臣而起用一些年輕人，後來這些人大多很識相辭職而去。

總之，由於隆武帝自身的原因，造成隆武朝事日非。而到了隆武朝的後期，誰都看出這一政權難以持久，金堡在隆武二年六月時說：「臣至行在九日矣。自去冬陛辭，迄今八閱月，所見所聞，有君無臣，猶之乎前；虛文盛、實事衰，猶之乎前；營私殖利，猶之乎前；處堂之嬉，朝不知謀夕，猶之乎前。而兵愈單、餉愈匱、封疆愈蹙，陛下之志愈狐疑而無所倚仗。

---

131　邵廷寀，《東南紀事》卷四，第 66 頁。
132　《思文大紀》卷五，第 94 頁。

今恢復之說，幾成夢囈。」[133]這種政權被清軍一擊而垮，幾乎是不可避免的。

　　總的來說，隆武朝政事混亂，主要是隆武帝自身的原因，他大權獨攬，性情暴躁，不聽人言。朝臣對他失望，如輔臣蔣德璟、陳洪謐等人，都是掛冠而去。隆武帝與曾后，由於自身知識的缺陷無法治理好政事，導致隆武政權處於崩潰的邊緣。

# 小結

　　隆武朝的建立與鄭氏家族有很大關係，其中鄭鴻逵宣導之功，以及隆武政權早期鄭芝龍的財政支援都是十分重要的。二鄭進入隆武朝廷，意味著中國海商階層第一次進入中樞機構，這是三千年來中國歷史唯一的一次，然而，鄭氏家族與隆武帝之間的關係難以長久維持。

　　隆武帝在爭奪政權方面，有些籌劃相當大膽，當時閩粵贛諸省都有一些退休在家的大臣，隆武帝派出使者動員他們出山，使者責之大義，並以生死相逼，所以，當時著名的何吾騶、蔣德璟等退休大臣都不得已出山做官，成為隆武帝的大臣。這些大臣在南方各地擁有很大的影響，他們出山之後，不僅壓倒了鄭氏家族，還引導了南方地方官的風尚，隆武政權因而得到四方官員的承認，產生巨大的影響，其他藩王都無法與其競爭了。連浙東的魯王，也被他壓制於浙江中北部，難以突破地域的限制。

　　然而，由於地域的影響，當時隆武政權內部福建籍的大臣較多，如蔣德璟、黃道周、黃景昉、何楷、陳洪謐、林欲楫、朱繼祚、黃鳴駿等人都是福建人，而且其中有不少泉州人。出於愛護家鄉的原因，這些人大多主張隆武帝留於福建，這一主張與鄭芝龍相同，便遭到隆武帝的嫌棄。而且，這些大臣多數年紀很大了，行動不便，很難跟隨隆武帝轉戰各地。在隆武帝的出閩計畫中，他只想帶何吾騶、朱繼祚、黃鳴駿等人一起走，其他老臣早就被他拋棄了。這讓當年被他強迫出山的舊臣十分尷尬，出山不久，便相繼辭退了。其中蔣德璟是崇禎皇帝都很尊重的內閣首席大臣，卻因受到隆武帝的侮辱，不得不退隱返家。隆武帝做得有些過分了。

---

133　金堡，〈極陳時事疏〉，《嶺海焚餘》卷上，第 19 頁。

　　隆武政權雖然建於閩中，然而，隨著何吾騶、傅冠等外省官員進入隆武朝廷，隆武帝的管轄範圍也擴大了。廣東、廣西兩省都向隆武帝支付餉銀，湖南的何騰蛟是隆武帝一直拉攏的對象，隆武帝因其招降李自成餘部數十萬人，將何騰蛟提升為湖南巡撫，獨當一面。不過，湖南省的餉銀主要供養兵使用，無法接濟隆武帝。此外，江西省一直處在抗清前線，楊廷麟等人堅守贛州，另有永寧王在撫州一帶作戰。江西省官員在政治上是支持隆武帝的，隆武帝在財政上也支持楊廷麟等人，先後撥去八萬銀兩。不過，就隆武政權先後得到 300 萬兩銀子而言，他對江西楊廷麟的支持是不是太少了一點？明末南方各地財政困難，能夠給隆武帝支持的僅為福建、廣東、廣西三省，隆武帝通過捐官等手段在小省福建搜羅了 120 萬兩銀子，差不多也就是頂點了。可惜隆武帝卻不懂愛惜得之不易的錢財，他招攬五湖四海的人士做官，動不動給予鉅款，相對給予軍隊的經費就不多了。這導致前線軍隊缺乏糧餉供應，士兵過著半飢半飽的生活，無心作戰，他的所謂北伐一直無法實現，有一些是客觀原因，也有一些他不擅長籌劃的因素。他的最大問題是為了得到全國性的支援，搜羅了一大批官員，後來又嫌人多，想裁掉這些人，因此，他的政權一直不穩定，許多官員自行辭退回家，最後跟隨他逃跑的官員也是極少數。總之，隆武缺乏經驗是其失敗的重要原因。

　　在隆武政權位於各地的大臣中，湖南巡撫何騰蛟最讓人失望。他招安李自成餘部後，擁有十幾萬戰兵。當時的江西成為南明抗清的主要戰場，隆武帝多次懇求何騰蛟出兵江西，來接打算從閩北西進的隆武帝。何騰蛟卻有私心，他不想讓愛管事的隆武帝到湖南來，分其權力。因此，何騰蛟囑咐東進的他自成餘部，不要賣力作戰。這導致江西明軍抗清失利。其實，當時江西的清軍主要是背叛明朝的左良玉部明軍，而且統共不過數萬人。當清軍猛攻贛州之際，若有一支明軍突然攻擊清軍背後的南昌，江西整個局勢會轉變。然而，何騰蛟竟然見死不救，導致江西明軍潰敗，閩北的隆武政權失利。

　　還是從明末階級關係來看隆武政權吧。明末中國海商階層在政府中缺乏代理人，崇禎初年，老資格的何喬遠曾經為家鄉說話，明朝因而廢止海禁一年。但是，這種現象無法持久。隨著何喬遠的死去，還有誰為海商說

話呢？福州隆武政權的出現，可以說為海商代表人物加入全國性政權提供了機會。然而，他們卻無法被士大夫階層接受。來自士大夫階層的官員無法容納鄭芝龍這樣的商人代表，嫌棄他們吃相難看，也嫌棄他們來自底層的一些生活習慣。於是，士大夫階層成為隆武帝抗衡鄭芝龍、鄭鴻逵的基本力量。在與鄭氏家族的鬥爭中，隆武帝漸漸掌握了主動權。隨著隆武政權得到多方支援，隆武財政的改善，隆武帝逐漸將權力抓到自己的手中。鄭芝龍與鄭鴻逵都沒有什麼行政經驗，不願負責細緻的行政工作，動不動以病休要脅隆武帝，反而將行政權讓渡給隆武帝。不過，隆武帝掌握了權力卻無法很好地使用手中的權力。他擅長權鬥，卻不擅長對清軍作戰。在一個需要團結的時代，南明政權內部卻是你爭我奪，抗清活動的最後失敗，也是很自然的。

# 第五章　移鎮閩北與隆武帝的戰略規劃

隆武元年十二月隆武帝親征之後，移鎮閩北的延平府城南平和建寧府城。其中建寧府城今稱建甌縣，當時是由兩個縣組成，即建安縣和甌寧縣。如第三卷所述，建寧府城在當時是東南名城之一，南宋的宋孝宗入嗣帝位之前，曾被封為建王，他的封地就是在建州，後因孝宗稱帝改名為建寧府。然而，隆武帝卻未能走向復興之路。

## 第一節　移鎮閩北與隆武帝的戰略進攻

隆武帝出征閩北，要求前線的軍隊往前進攻，不過，因為他手下的軍隊太弱，未能達到自己的戰略目的。

### 一、隆武帝西進戰略的籌劃與內在問題

一般認為：隆武帝是在進攻南京計畫失敗後，於隆武二年改籌西進戰略。實際上，隆武帝很早即有西進的打算。

隆武帝西進戰略的確定。錢飲光（澄之）的《所知錄‧隆武紀事》一書提出，早在隆武元年十月，金堡即向隆武帝建言西進。據其所言，金堡於隆武元年十月來到福州晉見隆武帝，「勸上急宜棄閩幸楚，騰蛟可恃，芝龍不可恃也。且言，今時天子宜為將，不宜為帝，湖南有騰蛟新撫諸營，皇上親入其軍，效光武擊銅馬故事，此皆戰兵可用中興。……上大喜，語

廷臣曰：朕得金堡，如獲至寶。……遂決意出贛州，幸長沙。先遣大學士蘇觀生赴南安募兵，中途接應。」[1]為了理解金堡的這一段話，我們必須交代一下當時湖南的形勢。隆武元年七月，李自成殘部在李過的率領下於湖南降明。兩湖巡撫何騰蛟的部下，陡增十餘萬戰士。這對隆武帝而言，不啻天降的喜訊。隆武帝原來就認識何騰蛟，隆武帝家鄉在河南的南陽，而何騰蛟也曾在南陽當過縣令，所以，隆武帝稱何騰蛟為南陽故人。得知何騰蛟在湖南的消息，隆武帝馬上就封他為湖廣總督。何騰蛟的實力遠勝於鄭芝龍。東南諸臣對他抱有極大希望，錢澂光在隆武元年十二月的〈擬上行在書（疏）〉中分析道：「今三衢候駕已久，而江右之楊廷麟請幸贛州，長沙之何騰蛟請幸湖南。臣以為聖駕不必出衢州也。宜勅守衢諸將與江東上下策應，要同一體。陛下直宜出閩趨贛，巡行江楚。東南半壁之大勢固在楚也。騰蛟精忠老成，所將之兵，皆經百戰，新附之眾，不下數十萬。軍聲丕振。此上谷之耿弇，可為陛下北道主者也。」[2]可見，當時隆武諸臣都有入湖南依何騰蛟的想法。而《所知錄》將隆武西出計畫的制定，完全歸功於金堡，則是作者信了金堡吹牛的緣故——據金堡在《嶺海焚餘》一書中所列的奏疏，他在隆武元年十月入閩，其主要目的是為鄭遵謙與隆武帝聯繫，並力促隆武帝出兵浙江，以支持江南抗清軍隊——在這一背景下，他怎麼可能勸隆武帝西征？我們知道：隆武帝是南陽人，此地正是漢光武帝劉秀的故鄉，劉秀在西漢末年，因收編河北的銅馬農民軍，因此光復漢朝。隆武帝一生最佩服漢光武帝，很想仿效光武帝的事業，借農民軍的實力，恢復明朝的山河。可見，從金堡與隆武帝二人的生活背景來看，應當說，從出兵江南到西征的戰略轉變，主要是隆武帝自身的籌劃。而且，他應是七月分知道何騰蛟收編李自成餘部後，便有了這一計畫。

　　為了實行西征計畫，隆武二年正月，隆武帝將內閣大學士蘇觀生派到江西。並將這一著「比方鄧禹之行」[3]。鄧禹是漢光武帝劉秀遣往召撫銅馬的先行大臣，隆武帝以鄧禹比作蘇觀生，其實便是以漢光武帝自居，這一比喻意味著什麼，不言而喻。其後，隆武帝還給何騰蛟下了手諭：「今朕親征，暫駐建水。先遣輔臣蘇觀生瞻奉山陵，宣安兵將，與卿同心，先復

---

1　錢澂光，《所知錄‧隆武紀事》，荊駝逸史本，第 5 頁。
2　錢澂光，〈擬上行在書（疏）〉，《藏山閣集‧文存》卷一，第 2 頁。
3　佚名，《思文大紀》卷四，第 59 頁。

江省、繼靖南京……卿其勉之。先遣精甲一萬，迎朕湖東……與卿今年金陵握手。」[4] 可見，當時隆武帝的想法是：與何騰蛟夾擊江西，攻略南京。為了實現這一點，隆武希望何騰蛟派一萬精兵到江西迎駕，而隆武帝自身也想進駐江西，擺脫鄭芝龍的控制，主要依靠何騰蛟。為此，他派出親信大臣蘇觀生到贛南督師。蘇觀生的傳記記載：

> 觀生以為非時務所急，力勸王幸贛，就楊廷麟，毋久留福州。鄭芝龍格其議，有詔觀生先赴南安，聯絡江楚。王親祖之殿門，觀生叩頭出登車，慨然有澄復之志。丙戌四月，大清師圍贛州，觀生退保南康。五月，援兵潰，觀生收散卒，及大清師遇於李家山、九牛間，數戰皆捷，解圍，屯水西，進復圍之。十月，贛州陷，廷麟致命，觀生棄南安，入廣東。[5]

這樣看來，隆武帝雖然制定了大發閩軍五路、克復南京的戰略計畫，實際上，他並不很重視這一戰略。他真實的希望是想西進湖南，與何騰蛟合兵，然後克復南京。所以，西進才是隆武帝的戰略目標。那麼，該怎樣看待他出兵閩北、並許諾向浙江方面進軍？我們只能說，這是隆武帝瞞天過海的戰略部署之一。如錢飲光所說：「上所部署皆陽順鄭氏意移蹕建寧，其實信堡，言將相機出贛州趨長沙也。」[6] 可見，隆武帝進駐建寧府向浙江金華、衢州的佯動，其目的是迷惑他的大臣——鄭氏家族，而其真實目的是西進湖南。隆武元年閩軍的作戰主要在江西方面，其原因也在這裡。所以，隆武帝的兩個戰略規劃中，五路出兵、克復南京的計畫，其實是空的。隆武帝真實的戰略意圖是西進湖南。

然而，被隆武帝視為救星的何騰蛟，也有自己的難處。他在湖南沒有一支可靠的部隊，李自成餘部雖然依附於他，但並不怎麼重視何騰蛟的命令。從李自成餘部的立場來說，他們從北京一直敗退到湖南，萬里轉戰，疲憊已極，在大敗之後，尚待喘息，一時無力進攻江西。此外另一種說法是：何騰蛟在湖南大權在握，不願隆武帝到湖南來，所以，他囑咐李自成原來的部將不要賣力進攻江西，以免真的引來隆武帝。因此，儘管隆武帝發布

---

4　佚名，《思文大紀》卷四，第71頁。
5　邵廷寀，《東南紀事》卷四，第66頁。
6　錢飲光，《所知錄・隆武紀事》，第6頁。

了許多詔書，何騰蛟只是敷衍，他的軍隊一直沒有進入江西，這使江西戰場上閩贛粵聯軍陷入苦戰。此外，隆武帝個人的西進計畫，也因為多種原因一直無法付諸實行。

話說回來，假使隆武帝當年不顧一切，繞道進入湖南，直接指揮何騰蛟餘部，能否扭轉當時的戰略態勢？其實也是不行的。早年一力主張隆武西行的錢飲光在晚年回憶當初的計畫，否定了隆武帝入湘成功的可能性。他說：「說者謂當棄閩而入楚，舍鄭芝龍而依何騰蛟，是時湖北賊新降騰蛟，眾數十萬，拊而用之，即光武銅馬之眾也。然而閩可棄也，楚未必可入也。騰蛟可依也，新降不可用也。夫銅馬之眾，惟光武有以大創之而後降降之，而後能用之。今之降者，皆有所逼而來，非我能降之也，狼子野心，其足信乎？」[7] 錢飲光在隆武政權失敗後進入永曆政權轄下的西南，對湖南的情況有了親身的體會。當時的李自成餘部雖然降於南明，但何騰蛟並不能有效地指揮他們，李自成餘部是在為自己作戰，而不是為明朝作戰。即使隆武帝入湘，也只能像永曆帝一樣，被人奉為傀儡，而無法真正作主。所以，隆武帝收編李自成餘部、並仗以收復南京的計畫，其實是畫餅充饑。

對隆武帝來說，比較好的計畫應是進入廣東，定都於廣州。這樣，他可以全力支持在贛州抗戰的楊廷麟。隆武帝在廣州，便於他指揮湖南的何騰蛟派出騎兵包抄江西，只要贛州守住了，廣州就安全了。至於福建的鄭芝龍，可以讓鄭芝龍在福建沿海自行奮鬥。福建沿海多島嶼，滿州騎兵無法渡海作戰，所以，鄭芝龍自守有餘。有利時，鄭芝龍還可兵出海上，襲擊長江流域，迫使清軍轉攻為守。總之，當時南明的形勢還是有所作為的。可惜南方各股勢力各自有盤算，無法協力對抗清軍。

## 二、隆武帝一月攻勢的失敗

隆武帝移鎮閩北的實現。我在〈論隆武帝的戰略問題〉[8] 一文中談到，隆武帝與鄭芝龍最大的戰略分歧在於對戰略進攻的看法上。隆武帝利主五路分兵，猛攻南京。而鄭芝龍與鄭鴻逵持重慎戰，不肯大舉出兵。這一局面一直延續到隆武元年十二月。在這一背景下，隆武帝與其諸臣便有親征

---

7 錢飲光，〈閩論〉，《藏山閣文集‧文存》卷四，第 4 頁。
8 徐曉望，〈論隆武帝的戰略問題〉，《中國史研究》2002 年 2 期。

之議，並想以親征之名促動前線軍隊作戰，並以此擺脫鄭芝龍的控制，伺機西進。而鄭芝龍一直反對這一計畫。《隆武紀略》一書記載：「（隆武元年）十二月己卯朔，上定親征期，於初六日以建寧府為御營，六部俱設。朔旦乘輿且出。忽報城中父老遮留，俱返蹕。熊開元歎曰：此何等事，兒戲爾爾耶？趙拉曾櫻詣平虜侯（即鄭芝龍）問計。櫻乃芝龍所敬，而開元又與櫻善者也。芝龍方盛意言聖駕不可行。開元坐語移時，譬之百端，氣乃降，許以初四、初六兩日皆吉。不復留。開元別去。芝龍幕客教芝龍，于是，芝龍復過開元，氣盛如初」，「開元傷時事終不可為」。不過這一次，隆武帝未向鄭芝龍妥協，堅決要出發。[9] 據《思文大紀》與《粵游紀略》等書記載，隆武帝於十二月初六以親征之名離開福州，當天在距福州 20 餘里的芋原驛駐蹕。當月二十二日離開芋原驛，二十六日抵達建寧府。[10] 因鄭芝龍一直有「病」，隆武帝便讓其任「留後」，留在福州駐守。海外散人的《榕城紀聞》一書對此有這樣的評價：「隆武親征，晉平國公鄭芝龍太師為留後居守。初，隆武欲親征，芝龍理應扈蹕，恃有大功，不欲行，而舉朝皆其黨羽，隆武知其意，乃諭其居守。」[11] 可見，關鍵是鄭芝龍不願離開沿海，所以不讓隆武帝離開福州。隆武帝明白這一點後，讓鄭芝龍留守福州，方才得以擺脫鄭芝龍，西進閩江上游。

隆武帝親征閩北之後，將其弟弟留在福州。「隆武二年正月朔旦，唐、鄧二王監國於福京」。《思文大紀》記載：正月初二，令鄭芝龍不可用『監國留後』四字。「詔改正之；曰：『福京任二王為居守，卿以勳輔為留後，原無『監國』字面。卿還將題奏文移，照勅填註，不可錯誤』！」[12] 這是在政治上給鄭芝龍一個耳光！這些材料都表明：隆武帝任命鄭芝龍為留後，駐紮福州，其實有甩開他的意思。鄭芝龍安然留在福州，也是對隆武帝消極的一種表示。

隆武帝與鄭芝龍之間戰略性分歧的發生不是偶然的。鄭芝龍是一個海商代表，而福建是當時中國主要的對外貿易區域，其經濟地位決定了鄭芝

---

9　佚名，《隆武紀略》，清光緒十八年抄本，第 57 頁。

10　瞿其美，《粵游紀略》，臺灣文獻叢刊本第 239 種，第 36—38、42 頁。附載於《閩事紀略》之後。

11　海外散人，《榕城紀聞》，《清史資料》第一輯，中華書局，1980，第 4 頁。

12　《思文大紀》卷四，第 60 頁。

龍不可能離開福建。因此，他無論如何也要留隆武帝於福建。但隆武帝為了發展，同時也為了擺脫鄭芝龍對朝政的控制，把西進當作自己的主要戰略目標，如錢澄之所說：「上所部署皆陽順鄭氏意移蹕建寧，其實信堡，言將相機出贛州趨長沙也」。[13] 二人之間的戰略分歧十分明顯，這是隆武帝與鄭芝龍之間最大的矛盾。隆武帝到閩北之後，將鄭芝龍留在福州，而鄭鴻逵在前線作戰，其後，隆武帝又將鄭成功派到前線作戰，這樣，他便成功地擺脫了鄭氏家族對朝政的直接控制，成為手握大權的帝王。

如果說隆武政權在福州時期是海商與士大夫共同擁護的政權，那麼，隆武帝遷到閩北後，隆武政權便是士大夫起主要作用的政權。錢飲光的〈閩論〉述及隆武帝與鄭芝龍的關係：「上之所以待之者，外示隆重，而太阿在握，未嘗稍有假借」。[14] 可見，在閩北時期，海商階層在朝政中的影響越來越弱了。

圖 5-1　閩北浦城仙陽鎮的漁梁驛通向浙江江山縣，為隆武帝時期開闢的驛道。

隆武帝雖然到了閩北，但其軍隊的前線作戰卻不順利。當時隆武帝布置了數路軍隊出擊。鄭成功與鄭彩率所部出杉關，與江西清軍作戰；黃道

---

13　錢澄之（飲光），《所知錄・隆武紀事》卷上，荊駝逸史本，第 6、9 頁。
14　錢飲光，《藏山閣集・文存》卷四，〈閩論〉，龍潭室叢書本，第 5 頁。

周出崇安分水嶺之後，已經在贛北屯兵數月，此時奉命向徽州方向進擊，接應徽州的抗清起義軍；鄭鴻逵則向仙霞嶺方向進攻，與黃道周相互呼應。然而，這些軍隊大都軍餉不足，士氣低落。

　　這裡首先要說到督師黃道周所部。黃道周在福州與鄭芝龍發生矛盾後，在朝廷中遭到孤立，他審查形勢，決心召募一支鄉兵到江西前線作戰。明末的黃道周名氣很大，學生很多，他登高一呼，果然一呼百應，許多學生帶來了武裝和糧食，於是，黃道周迅速組成一支部隊，如其所說：「臣所募十二營，四千三百二十人。」[15] 隨後，黃道周進至江西作戰。這樣看來，黃道周的軍隊，類似歷史上文天祥組織的江西軍隊以及曾國藩組織的湘軍。不過，黃道周卻沒有曾國藩的好運氣。當時隆武政權的經費緊張，掌握財權的鄭芝龍不肯給黃道周撥經費，所以，黃道周必須自己想辦法籌措一支數千人軍隊的糧餉和武器。雖說黃道周一開始就得到學生們的支持，四方人員和糧餉不脛而來。但是，這種憑熱情組織的軍隊一向是難以持久，最初的熱情過去以後，黃道周便感到時有時無的糧餉供應讓他很為難，久而久之，黃道周心力交粹，無力支撐下去。他的作戰成績也很差。《隆武紀略》一書記載黃道周的作戰：

　　十月十六日，督師黃道周遣總兵某統兵三千人與撫臣徐世蔭會於開化馬金嶺，遂復德興。

　　十月二十日，黃道周遣兵攻婺源，不克，參將李忠遠、王嘉封，游擊朱家策被獲死。

　　十一月初二日，督師黃道周攻休寧不克，師至高堰進攻休寧失利，總兵程嗣聖，參將應士□（克？），游擊程金，都司李五達，監紀同知戴邦謨等俱陣歿於高堰。

　　十二日，督師黃道周攻休寧不克，總兵李莞先、吳揚烈，同知應士龍，游擊徐大用、蘇良弼，俱被清督張天祿擒殺。

　　十六日，黃道周再攻休寧不克，總兵黃家貞、李映、陳雄飛、應天祥等俱陣歿。[16]

---

15　黃道周，《黃漳浦文選》卷二，〈再述關外情形以決趣舍疏〉，第 141 頁。
16　佚名，《隆武紀略》，第 51 頁。

　　由此可見，黃道周在江西屢戰屢敗，連其侄兒黃家貞也戰死於陣上。此時的黃道周部，因糧餉供應不繼，士氣瓦解，實際上已經沒有戰鬥力。而黃道周本人也向隆武帝懇求：放他回鄉養老，所餘部隊可交給其他將領。但隆武不同意，並且要他率先發動進攻。

　　黃道周奉令在隆武元年十二月二十四日再次發動的進攻，目標是徽州方向。我們且看他的戰略部署：

> 着戚鎮方國安從嚴（州）、定鹵侯鴻逵從馬鈴（嶺）兩路進剿，以牽其後。[17]

> 臣思常（山）、玉（山）兩路既有定鹵侯之師協守馬鈴，又臣先鋒陳雄飛之師久出……施福、施郎所守河口、鉛山兵不能二千，而河口、鉛山設防之衝不可盡撤，必以河口鉛山而援廣信，猶以嚴州、蘭谿而援衢州[18]。

> 今鄭兵一千、方機七八百，已至馬鈴嶺，陳雄飛二股必不敢過休寧，便可合攻婺源。[19]

　　以上史料表明：在黃道周的指揮之下，鄭鴻逵之兵進至馬鈴嶺（即馬金嶺山脈，位於徽州與衢州之間），牽制清兵；而黃道周之兵，直向婺源作戰；令黃道周不滿的是：浙江的方國安兵未曾出動，這使閩軍陷於孤軍作戰。很快，黃道周因陷入重圍而失敗被俘。

　　鄭鴻逵出仙霞嶺作戰也不順利。史實記載：隆武帝派遣鄭鴻逵出兵安徽方向。隆武元年十二月「兵科給事中陳履貞監定清侯鄭鴻逵軍抵衢州界上」。然而鄭鴻逵卻在關外徘徊不進，隆武帝在敕文中說：「諭定清侯鄭鴻逵：『卿所統兵出關已久，何云赴關防剿？以後塘報，還開明於某地方接到，庶朝廷便於策應。』」可見，鄭鴻逵出關後，竟然不讓朝廷知道他的軍隊到了什麼地方，其躲閃不進之意，表露無疑。鄭鴻逵不敢出關作戰與其實力不足有關。隆武手下的光祿少卿王忠孝曾於隆武二年一月被派到浦城前線視察鄭鴻逵所部軍隊，他向隆武帝彙報：「關外之兵，臣未盡見；

---

17　黃道周，〈孤軍莫救危疆難支疏〉，錄自《黃漳浦文選》卷二，第 151 頁。
18　黃道周，〈續報情形疏〉，錄自《黃漳浦文選》卷二，第 154 頁。
19　黃道周，〈諭諸監紀總兵〉，錄自《黃漳浦文選》卷二，第 201 頁。

關內之兵，惟施福營多舊兵，器甲粗備；郭芝英次之。餘多新募烏合，不堪衝鋒，守未易言，可論戰耶？」[20] 可見，鄭鴻逵部隊中的大多數人，其實是沒有戰鬥力的。因此，鄭鴻逵也多次上疏要求以防守為主，不要進攻。然而，隆武帝不瞭解前線情況——或者說，他是故意不解情況，仍然強令閩軍進攻。在隆武帝不斷地的催逼之下，鄭鴻逵軍還是出動了：「時大兵已破徽州，鴻逵乃遣都督施福出開化，林順出仙霞，黃光輝出馬金嶺，郭芝英出連嶺，鄭亨出白濟，鄭貞出二渡，程應璠出仰山。然所部不過千餘人或數百人耳。及明年正月朔，大清以偏師綴白濟、連嶺，而大兵攻馬金嶺。黃光輝等敗回，鴻逵退扼仙霞關，檄諸路回軍。上聞大怒遣官封劍即軍中斬黃光輝。鴻逵惶恐上疏謝，械光輝至行在」，「上乃赦之。」[21]《思文大紀》記載：「諭定清侯鄭鴻逵曰：『逆兵狡詐多端，恨我戰守無當。始則境內坐糜，今復信訛撤轉。不但天下何觀，抑且萬世遺恥。自古脣齒之喻，未有不能守於關外而能守於關內者。還着用將選兵，出守江山，並令郭熺速到。領兵將官林壯猷速同陳鼎於關上會同輔臣振飛等確議遣發，嚴保江山，聯援金、衢。然後督守關隘，又不可阻急報而隔遠臣』」。「降鄭鴻逵一級，改太師為少師。時因黃克輝敗績，故有是命」。[22] 由於鄭鴻逵在浙江作戰失利，隆武帝對他略施薄懲——將其名號太師改為少師。

　　此處要交代一下黃道周之死。黃道周被俘後，被押送南京。其時，在南京主持清朝軍事的正是明末有名的叛臣洪承疇。他手下的軍隊其實不多，僅是在遼寧一帶新召募的五千餘人，戰鬥力勉強還可以。其時，隆武政權積極做洪承疇的工作，派洪承疇的老鄉鄭芝龍與洪承疇聯繫。因其家屬被南明掌握，洪承疇不敢堅決拒絕，正處在依違兩可之間。可是，他面對的南明軍隊實在太弱了。經過幾個月的戰鬥，他手下的軍隊拿下了徽州，順勢往前攻擊，便遇到了黃道周的攻勢。一場交戰後，黃道周大敗被俘，洪承疇想勸黃道周投降，被拒。後黃道周被殺於南京。消息傳到福建後，隆武帝因黃道周的失敗心中對黃很不滿，最終還是鄭芝龍出面為黃道周請封，隆武帝才答應下來，下令表彰黃道周。

20　王忠孝，〈上唐王賜劍巡視仙霞關安輯及戰守形勢疏〉，《王忠孝公集》卷三，江蘇古籍出版社 2000 年，第 131 頁。

21　溫睿臨，《南疆繹史》卷五四，〈雜傳〉，臺灣文獻叢刊第 132 種。

22　佚名，《思文大紀》卷四，第 70 頁。

圖 5-2　隆武帝閩北「行都」建寧府城（今建甌）的東嶽廟道觀。

### 三、隆武帝三月攻勢的失敗

　　隆武二年的上半年，隆武軍隊在江西的作戰頻頻失利。但隆武帝為了實現其出擊江西的計畫，強令閩軍再次出擊。《隆武紀略》一書對此事是這樣記載的：「三月二十日，拜定虜侯鄭鴻逵為大元帥，出浙東。永勝伯鄭彩為副元帥出江西。」鄭鴻逵與鄭彩雖然被封為大元帥，其下只有數千殘兵。隆武帝隆重的禮節，使鄭鴻逵與鄭彩二人不得不出戰，但就二人的實力而言，出戰幾乎是必敗無疑。「既出關，疏稱候餉，駐不行。月餘。內催二將檄如雨。切責。彩畏縮不前。抵建昌遇虜即還。」「既而彩至建昌敗還，改封恩宥伯」。[23]

　　關於鄭彩在江西作戰，清方文件有這樣的記載：順治三年（隆武二年）二月，「梅勒章京屯泰奏報，偽永勝伯鄭彩遣偽總兵劉福、副將林引等，領眾來援江西撫州，副將王得仁等，率兵馳入賊陣，擊敗之。斬賊千五百餘級。生擒賊將。又敗其偽副將趙珩等於高山嶺，斬獲無算。下所司知之。」[24] 三月，「江西巡撫李翔鳳疏報，浮梁、餘干等縣逆寇，勾連閩賊倡亂，直犯饒城。副將鄧雲龍等率兵擊敗之。副將王得仁等進兵水口，擊敗

23　佚名，《隆武紀略》，第 68 頁。
24　《清世祖實錄》卷二四，順治三年二月。

閩賊，克光澤縣。復旋師撫州，剿殺東鄉、安仁一帶逆孽。俘斬甚眾。」[25]
可見，鄭彩在江西大敗後，清軍乘勢突破福建與江西交界處的——杉關，
突入光澤縣。只是因為其他原因不敢深入，退回撫州。據明方的史料記載，
隆武二年三月，隆武帝「勅國姓成功：招致鄭彩逃兵，毋得令其驚擾地方
百姓。」[26] 在這樣的背景下，隆武帝將鄭彩撤職，改封恩宥伯。鄭彩所部是
鄭氏軍隊中較有戰鬥力的一部，他們在江西作戰不堪一擊，鄭鴻逵部就更
不用說了。鄭鴻逵只好向隆武極言不可出戰，並制定以防守為主的戰略。
雙方的戰略分歧越來越大。

　　我們知道：在明廷內部關於今後的動向，早就發生了爭論。鄭氏家族
為了自己的利益，力爭隆武帝留在福建，並建立以福建為主的防禦體系，
這一主張應得到閩系大臣的支持；然而，與鄭芝龍對立的一些文臣，卻想
促使隆武帝離閩，或是赴湖南，或是到江西，而隆武帝也贊同後一計畫。
如錢飲光在隆武二年時說：「上決計出閩，減去儀從，輕騎赴贛」，「然
海師之出不出，由鄭氏，而車駕之行止宜自斷也。」[27] 在諸臣看來，江西的
虔州西聯湖南、東連福建，背靠廣東，隆武帝在這裡指揮抗清軍事，最為
有利。對他們來說，更為重要的是：離開福建，鄭氏家族因其在根在福建
的緣故，肯定不會扈從，這樣，他們便可輕易地清除朝廷裡的對手。兩派
的爭議，最終影響到上層。在鄭鴻逵的建議下，重臣之間進行了一次關於
日後出路的討論。洪旭的〈王忠孝傳〉云：「上銳意出贛，公力諫不可，
疏留中不下。鄭鴻逵亦切諫上曰：『與廷臣議之。』時大學士蔣公（德璟）、
駱（路）公（振飛）、何公（吾騶）、少司農湯公（來賀）暨行在諸公俱
集，鴻逵指畫關門險要、置烽增壘、星羅棋布，為十可守，百不可出之議。
公與蔣公云：『所不與共心力者，有如此水』。乃共規派兵衛，參置文武。
鴻逵與其姪賜國姓成功，分域嚴備，諸公則督餉督師。凡數日，頗有頭緒，
合奏。上意堅不可挽。鴻逵曰：『吾赴東海死耳！』遂削髮繳印勅去。關
門守禦俱弛，而有輸欵清朝者矣。」[28] 由此可見，這一場聚會對隆武政權日

---

25　《清世祖實錄》卷二五，順治三年三月。
26　佚名，《思文大紀》卷五，第 83 頁。
27　錢飲光，《藏山閣集・文存》卷二，〈在贛州與徐闇公書〉，龍潭室叢書本，第 4、
　　5 頁。
28　洪旭，〈王忠孝傳〉，錄自《王忠孝公集》卷十二，江蘇古籍出版社 2000 年，第

後的趨向產生重要作用。以鄭鴻逵為代表的鄭氏家族很想留下隆武帝，從當時的形勢看，留在福建也是有利的。因此，在這場會議上，鄭鴻逵的主張得到了隆武政權主要大臣的支援。然而，隆武帝卻決意離閩，於是，鄭鴻逵憤而辭官，剃髮隱居。但洪旭〈王忠孝傳〉對鄭鴻逵歸隱的原因說得不夠清楚。倘若僅僅因為隆武帝不接受自己的主張，鄭鴻逵便辭職歸隱，這只能說鄭鴻逵太輕率、太自負了。關鍵在於：隆武帝一直逼鄭鴻逵出兵進攻，而鄭鴻逵知道自己的士兵沒飯吃，沒衣穿，防守已經很困難，更不要說進攻了。在這一背景下，倘若鄭鴻逵進攻，肯定會導致更大失敗，到那時像鄭彩那樣被革職，不如現在早點辭職為好──所以說，鄭鴻逵辭職，其實是隆武帝逼的。

　　鄭鴻逵是隆武帝的主要支持者，他灰心到剃髮隱居，是朝廷的一件大事，但史冊對此事的記載不詳。可作為旁證的尚有《爝火錄》一書，該書記載：鄭鴻逵曾經「託故披剃入山；帝遣內臣王元臣、王承恩、鄭元化、內臣楊廷瑞訪迎不得。」[29] 而鄭鴻逵披剃入山的原因，《爝火錄》卻說是因為隆武帝不肯應二鄭之請，封陳邦傅伯爵──為這等小事而出家，鄭鴻逵應不至此。鄭鴻逵離開朝廷後，隆武帝著力安慰鄭氏家族。《思文大紀》云：「時以清迫衢州，人心搖動。」「着晉江縣學生員蘇峽領手敕，同內臣周文燦往尋定清侯鄭鴻逵，以慰朕心。峽疏陳與鴻逵有道義之交也。」「諭平彝侯芝龍曰：『卿痛弟傷心，復力疾料理兵將；君臣兄弟，倫誼兩全，朕所嘉尚』。」[30] 可見，鄭鴻逵出家後，引起隆武政壇極大的震動，鄭芝龍因其弟失蹤，極為傷心；而隆武帝也派人到處尋找鄭鴻逵，以安慰人心。據《隆武紀略》一書記載，鄭鴻逵實際上是「遁歸安海」，臨行前並上疏反對隆武帝出閩：「略言無兵、無將、无餉，備言全閩空虛之狀，而刻其疏稿傳之。」[31] 從旁人來看，鄭鴻逵將隆武帝內部空虛的情況暴露於世是不應該的，但對鄭鴻逵這樣一個有名的人物來說，不通過這一方法，他實在無法說明在隆武帝表面寵信的情況下，他為何還要辭職。

　　401 頁。

29　李天根，《爝火錄》卷十二，臺灣文獻叢刊第 177 種，第 702 頁。

30　佚名，《思文大紀》卷六，第 104—105 頁。

31　佚名，《隆武紀略》，第 68 頁。

圖 5-3 隆武帝閩北「行都」建寧府城（今建甌）的鼓樓遺跡

　　閩北防線的崩潰。隆武帝決心離閩與鄭鴻逵剃度為僧，給閩中人士打擊極大，此時清軍已經在進攻衢州，眼看要攻打福建的大門。此後「關門守禦俱弛，而有輸款清朝者矣。」這裡有個疑點：鄭鴻逵辭職為何會導致：「關門守禦俱弛」？以往的史書不僅未涉及鄭鴻逵辭官一事，也未說清楚「關門守禦俱弛」的原因。其實，這對隆武政權來說，是一件很重要的事。錢飲光的《所知錄‧隆武紀事》云：「芝龍既怏怏不得志，又為洪承疇所紿，許封閩粵王，凡各關隘守兵，自二月間俱已撤回。」如果錢飲光說的是對的，早在二月間，鄭芝龍即已經撤退關兵。但是，如前所述，實際上這時候閩軍都還在邊關作戰，因此，錢飲光的記載很有問題。而且，錢飲光本人又說：隆武二年七月，「芝龍既回安海，守關將施福聲言缺餉，亦撤回安海。仙霞嶺二百里間，空無一兵。」[32] 如果捉摸錢飲光的記載，鄭氏撤關兵應有二次，第一次在二月，第二次在七月。但是，二月是不可能的，剩下一個可能即是四月鄭鴻逵剃度後撤退關兵。從文獻的記載來看，鄭鴻逵手下的首席大將黃光輝原來駐守仙霞關一帶，以後此地守將便不是黃光輝了。可見，鄭鴻逵辭官為僧遁歸安海後，他的部將失去主帥，也撤回安海！其時，隆武帝「諭平彝侯芝龍曰：『卿痛弟傷心，復力疾料理兵將；君臣

---

32　錢飲光，《隆武紀事》，第 9 頁。

兄弟，倫誼兩全，朕所嘉尚。』」[33] 鄭芝龍在此時沒有馬上與隆武帝翻臉，隆武帝「勅平彝侯鄭芝龍撥兵遣將，扼守江山，壯衢聲勢；未可盡卸遠調之擔，自撤藩籬。」[34] 鄭芝龍的布置是：「以施福、黃興守崇安，林順、曾法守仙霞，歲滿准與更番。」[35] 但是，鄭芝龍派到前線的軍隊並不多。《隆武紀略》記載：「芝龍僅留兵二千人，分守松關、崇安及政和、松溪壽寧等處。」[36] 這一點點士兵其實並沒有防守力量。《思文大紀》記載，隆武帝於五月「勅國姓成功兼顧大安關，仍益兵防扼，恐有清騎突入。銃器火藥，即令二部給發。」[37] 大安關即為崇安的分水關，原為鄭鴻逵部防區，隆武帝之所以令鄭成功兼防大安關，說明此地原來的守軍不多，所以，隆武帝只好讓在杉關前線的鄭成功兼顧大安關。由李世熊所寫的〈李魯傳〉中提到：「丙戌六月，魯藩棄浙，公（李魯）特奏言藩籬已撤，溫麻邵建處處皆瑕，即重兵扼險，猶慮不濟，況關兵撤回安海，四境蕩無鎖鑰。人情泮渙，忠義灰心。去閩當如避焚抉網。」[38] 據此，六月分李魯也說到關兵已撤。

總之，鄭鴻逵在三四月間與隆武帝鬧翻以後，他在仙霞嶺前線的部隊也隨之退回安海，鄭芝龍在隆武帝的要求下，僅派二千左右的士兵維持閩北防線。守關兵一撤，當然會引起隆武政權極大的震動。加上隆武帝決意離閩的消息傳開，隆武政權的官員自然要為自己的後路打算，其中有一些人便與清方聯繫，隆武政權因而呈現土崩瓦解之勢。

鄭鴻逵是擁立唐王的核心人物，也可以說，沒有他，唐王不可能登基。在鄭氏家族中，鄭鴻逵原來的地位根本無法與鄭芝龍相比，而在擁立唐王以後，鄭氏家族的人大都得到高官，因此，鄭鴻逵在家族中的地位大大提高，在政治上，他往往可以代表鄭氏家族說話。然而，鄭鴻逵被逼辭職後，鄭氏在政治上的影響大大降低，因而，鄭鴻逵在家族中的地位也隨之降低。這樣，鄭芝龍重新掌握了家族中的核心權力。此後，鄭氏家族在政治上的

---

33　佚名，《思文大紀》卷六，第 105 頁。
34　佚名，《思文大紀》卷六，第 104 頁。
35　佚名，《思文大紀》卷六，第 105 頁。
36　佚名，《隆武紀略》，第 73 頁。
37　佚名，《思文大紀》卷七，第 130 頁。
38　李世熊，〈明兵部職方司主事李公家傳〉，引自：李魯，《重編爐餘集》卷五，第 9 頁。

發言權轉到鄭芝龍手中。所以說，鄭鴻逵退隱。這一轉變意味著鄭氏家族內部的降清派占了優勢。從此，鄭芝龍可以無所顧忌地推行他的降清策略，這對福建的抗清事業是致命的。

## 第二節　隆武二年隆武帝出閩的戰略規劃

　　隆武帝在其滯留閩北期間，幾次策畫出閩。尤其是在隆武二年，先後策畫入湘、入贛與入粵，但都因各種原因而失敗。分析其戰略規劃變遷的前後，能使我們加深對隆武朝政治的瞭解。

### 一、隆武二年一月的入湘計畫

　　隆武帝北征計畫久久不能付諸實行，而清軍已經逼近福建，隆武二年初，隆武的群臣中對以後的戰略動向，便有了爭議。當時隆武帝的親信諸臣，幾乎都主張離開福建，與鄭芝龍分手。錢飲光說：「鄭氏所以驕悍，脅制朝廷者，以上志在保閩，重守閩關，調兵措餉，不得不仰其鼻息耳。今江楚迎駕之疏疊至，上輕騎出贛，則江楚之兵百倍閩兵，兩粵之餉，十倍閩餉，置閩不守，鄭氏亦何所用其脅制哉！」[39] 可見，諸臣主要是因為憤於鄭氏攬權，便有離閩之議。然而，這一計畫受到鄭氏集團的干擾。

　　隆武元年十二月，「觀生請上幸贛州親統大師，以張撻伐。而三鄭方幸上留以自重，議不決。觀生遂先赴南安。」[40] 據此記載：蘇觀生赴贛州之前，隆武帝其實已經有了共同去贛州的記載，但因受到鄭芝龍、鄭鴻逵、鄭成功的反對，所以，蘇觀生先行。不過，其時隆武軍隊在江西與浙江的形勢尚好，隆武帝要指揮浙江與贛北方面的戰鬥，當然以留在閩北為好。所以，其時隆武帝並未決意赴贛州。《隆武紀略》一書記載：

　　（隆武）二年（正月）初二日，「督師何騰蛟師次湘陰，遣官表賀迎駕幸楚，上傳命允之。鄭芝龍固留而止[41]。」

　　上駐蹕延津時，有議遲出關者。吏部主事曹元芳一疏，「舉兵須圖

---

39　錢飲光，〈寄黃石齋閣部老師書〉，《藏山閣文集・文存》卷二，第 1 頁。
40　佚名，《隆武紀略》，第 61 頁。
41　佚名，《隆武紀略》，第 62 頁。

萬全」，意欲上之速行也。答之曰：「朕既統師啟行，豈有僅止建寧之理？現今催趣將士，到日即自先驅，駐蹕金衢，還相機行」！[42]

江西巡撫都御史徐世蔭上疏迎駕，並請面奏。上許之。復答云：逆寇猶狂，廣信地重，着且料理堵剿。朕今暫住建寧，不時即要出關，即於建牙處召對[43]。

催陳秀兵一千名督發前來，不可在汀就近調發；並漳州召募一千名員，着平彝侯鄭芝龍催齊速至。朕專待二處兵到，便可出關云云[44]。

召平彝侯鄭芝龍至行在面議軍務，曰：朕親征剿清，實欲恢疆覲祖，義不容緩。至於固守關隘，動出完全，乃宗社大計[45]。

差兵部試主事汪休日到衢州，聯絡官紳士民，堵禦清□，以待王師；曰：「朕蹕臨建水，指日出關，以恢復杭、徽為急着」[46]。

以上說明隆武帝當時有出閩入浙計畫，不過，隆武元年十二月及隆武二年一月，黃道周出安徽及鄭鴻逵出浙江都遭到了失敗，隆武帝乃有出贛的計畫。他曾對江西廣信府巡撫劉承胤說：「屢得卿奏，深嘉忠功。朕今親征，暫蹕建水。特着奉陵輔臣頒銀一百兩、表裏四疋，並交虔州橋稅一千兩，犒卿兵將。道遠之不易，至可領也」[47]。從隆武的話來看，隆武帝是想馬上到江西，所以準備到江西後將給劉承胤的賞賜當面授給。

隆武二年正月廿六日，「鄭芝龍請駕還天興。時清警狎至。上左右為芝龍所賂，請上還京。閣臣熊開元曰：『虜至福京，何鄉而可？』曰『航海耳』。閩臣在朝者重去其家，亦附會。……上曰：朕即不能恢復高皇帝大業，亦當出關一步死，若于閩中即位，便死閩中，何以垂史冊。今定以二十八日長發，阻駕者殺無赦！」[48]由此可知，當時隆武政權內部關於今後的去向，爭論十分激烈。隆武帝堅決要離閩，但在眾臣中，卻有許多人反

---

42　佚名，《思文大紀》卷四，第 62 頁。

43　佚名，《思文大紀》卷四，第 66 頁。

44　佚名，《思文大紀》卷四，第 68 頁。

45　佚名，《思文大紀》卷四，第 68 頁。

46　佚名，《思文大紀》卷四，第 69 頁。

47　佚名，《思文大紀》卷四，第 70 頁。

48　佚名，《隆武紀略》，第 66 頁。

對。除了鄭氏之外，反對者，以閩人為多。

　　錢飲光的看法則與金堡不同，他認為：進入贛州才是上策。他早在隆武元年十二月便有入贛州之議：「今日東南之大勢在江楚，而江楚之要領在贛州……車駕急應移駐其地，用湖南之戰兵，因兩粵之糧餉，以取江右而據金陵之上游，協和魯藩以固江東。」[49] 群臣一致主張入贛，是因為當時的隆武軍隊在贛州屢屢戰勝，挫敗清軍攻打贛州的計畫。隆武帝此時若能入贛，確實能號召東南抗清人士。

　　我們在前面即已經說過，早在隆武二年一月初，隆武帝便有入贛的計畫，甚至說出了「亦當出關一步死」的話。那麼，隆武帝為何又不能成行？從表面看，這是由於蔡鼎反對的緣故。蔡鼎是泉州人，《廈門志》載有他的傳記：

> 蔡鼎，字可挹，號無能；晉江諸生。精「易」學，深明象緯，能知未來。出而走遍九邊。孫承宗督師薊遼，徵鼎參謀；贊襄區處，數年安靜；帝賜號「白衣參軍」。因疏陳魏忠賢之奸觸怒，潛避。莊烈帝即位，命繪像訪求，復原職，辭；帝稱為蔡布衣。見國患日深，發憤伏闕陳疏極論邊事，與時枘鑿，竟為所格。乙酉，唐王馳詔三聘，拜左軍軍師。[50]

　　可見，蔡鼎早年跟隨孫承宗歷遍邊塞，在明末以卜筮聞名。他曾經預言過北京與南京的淪陷，在福建士大夫中有一定影響。隆武帝入閩後，拜他為左軍軍師。他是隆武帝信任的人。隆武帝在一月分決心離閩時，眾臣皆勸，不應。蔡鼎從外地回來，對隆武帝說：「臣觀天象，不十日，四方捷報踵至。以彼時發，不大光乎？」[51] 隆武聽了他的話，拖了十幾天。不料，十幾天以後，江西的形勢急轉而下。隆武帝的心腹之臣張家玉在二月初九向他報告說：「江西近事大壞，所乾淨者，唯虔州片土耳。外此，而金奴猖獗，土寇縱橫，似非翠輦安駐時。……料理未定，而浪語出關，則行後而滿盤俱亂，仍蹈寇萊孤注之危。」[52] 可見，從當時的形勢看，隆武帝幸好

49　錢飲光，〈寄黃石齋閣部老師書〉，《藏山閣文集‧文存》卷二，第 1 頁。
50　周凱、凌翰等，道光《廈門志》卷十三，〈蔡鼎傳〉，第 437 頁。
51　佚名，《隆武紀略》，第 66 頁。
52　張家玉，〈聖駕動宜商疏〉，《張家玉集》，第 43—44 頁。

未出閩，否則在半路因形勢變化而又從江西退出，可就更狼狽了。

　　既然隆武帝決心棄閩，在隆武信任的大臣中，對離閩以後的動向，有入粵、入贛與入湘之爭。入湘計畫由於何騰蛟的拖延而不可行，隆武帝對何騰蛟漸漸心冷。所以，隆武諸臣主要討論入粵與入贛二策。隆武二年五月，張家玉上了〈彩輦出閩宜賀，入粵宜審疏〉，其文曰：「臣聞天下形勢，關中為上，荊襄次之，建康又次之，下此則虔州一塊土，尚屬興王地也。閱邸報，得『出閩、入粵、恢江』之旨，天下望之。而忽傳有南幸羊城之說，識者懼矣。」張家玉認為：進入廣州是偏安嶺南，將使天下將士灰心，因此，他力主隆武帝進入虔州與清軍決戰，「虔州左連三楚，右達八閩，後屏梅嶂兩粵，有挽輸恐後之區；前跨章江、南、九，有建瓴而下之勢，騎天下之脊而號召之，所謂六龍臨江，勇氣百倍，上策也。若暫駐雄州，可出江，則渡庾關，下貢水；可入楚，則繞韶、郴，出衡岳。進止由我，緩急由我，中策也。若入五羊，則策斯下矣。」[53] 金堡也說：「今舍閩則廣，廣不可則海，此有異南宋崖山之轍耶？」[54] 金堡認為，隆武帝的上策還是入湘[55]，中策是入贛，「移蹕虔州，疏通江、廣，兼顧閩、浙；丁魁楚等後勁於南雄，萬元吉等前茅於建撫，急呼楚師為之連臂：此中策也」[56]。可見，入贛計畫也有許多擁護者。

## 二、隆武二年三月的入贛計畫

　　其實，重臣中主張留在福建並不都是福建人。在鄭鴻逵等人商討防守的會上，當時支持鄭鴻逵留閩主張的尚有路振飛、何吾騶、湯來賀、王忠孝等人，其他大臣也認可這一主張。在這裡，我們必須說明的是：在鄭氏集團中，除了鄭芝龍是在清與南明之間兩面投機外，其他多數人──鄭鴻逵、鄭成功等人，都是擁護明朝的。所以，是否留閩這一戰略選擇，應當看作是隆武政權內部兩派的爭議，不能將留閩看作鄭芝龍的陰謀。不過，隆武帝還是決策離閩。

---

53　張家玉，〈彩輦出閩宜賀，入粵宜審疏〉，《張家玉集》，第 56 頁。
54　金堡，〈極陳時事疏〉，載《嶺海焚餘》卷上，第 20 頁。
55　注意，金堡是在隆武二年六月才向隆武帝提出入湘計畫，而不是隆武元年十月。作者注。
56　金堡，〈請決策出閩疏〉，載《嶺海焚餘》卷上，第 21 頁。

隆武帝為何決意離閩？這當然與他對鄭芝龍失望有關，此外，隆武帝入閩以後，南宋二帝由閩入粵最後在崖山敗亡的陰影一直纏繞著他，金堡的〈請決策出閩疏〉針對鄭芝龍邀請隆武帝回福州一事說：「設令遂返天興（福州），此由泉州港自謝女峽遷於硐州，至崖山舊路也。陛下即不屑為，豈可坐困延平，待其自斃？」[57] 應當說，金堡的話說出了隆武帝的心理，所以，隆武帝堅決不肯留閩。在隆武帝堅持下，諸大臣也改變態度。據以上史料，首席大學士廣東人何吾騶原來是支持鄭鴻逵留閩計畫的，但是，他看隆武帝的去意已決，便附和隆武帝，《思文大紀》記載：「上因首輔何吾騶決意幸汀入虔。」[58]

不過，隆武帝並未放棄入贛計畫。《隆武紀事》云：隆武二年二月「江楚迎駕疏相繼而至，上意遂決出汀州入贛，與湖南為聲援。芝龍欲挾上以自重，固請回天興。今軍民數萬人遮道呼號，擁駕不得行，仍駐蹕延平。」[59] 三月分，隆武帝說：「朕駐蹕虔南，收復江右，即移師入北，廟謨久定矣。祇以閩省三關嚴商守禦，乃爾耽延時日。」[60]

熊開元在其奏疏中說到：他自因病休養之後，還據閩西北的交通要道上洋口：「此雖建屬邑，已越過延平八十里，謂聖駕行，易得信也。比聞三月二十六日必行，已有屢諭。臣不勝忻喜。即力疾望汀州進發。謂蹕駐虔州，光復可待。臣可即拜疏請為太平雞犬也。迨留駕者盈庭，久集之夫船，四至之兵馬，一朝遣散。而臣痛如割矣。」[61] 從以上這段記錄來看，隆武帝早已定好三月二十六日必行，所以，聽到消息的熊開元十分興奮，搶先一步趕到汀州，打算在彼處接駕。可見，當時隆武帝的計畫是從汀州入贛。為了去汀州，隆武帝從建寧府移駐延平府，然而，江西的形勢仍然不容樂觀。四月初一日，陳燕周記載：「上臨贛之議尚爾猶豫，以南昌未復、湖西未平，贛即寇衝也。」[62] 隆武二年四月，隆武帝將鄭芝龍打發到沿海去

57　金堡，〈請決策出閩疏〉，載《嶺海焚餘》卷上，第 21 頁。
58　佚名，《思文大紀》卷八，第 152 頁。
59　錢飲光，《所知錄・隆武紀事》，第 6 頁。
60　佚名，《思文大紀》卷六，第 102 頁。
61　熊開元，《魚山剩稿》卷二，〈戀主心長瞻天路隔伏祈洞鑒苦懷賜之帷蓋疏〉，上海古籍出版社 1986 年版，第 153—154 頁。
62　佚名，《思文大紀》卷五，第 89 頁。

平海寇，其後，有「閩縣、侯官縣耆老詣延津，請駕回福京。上為之感歎云：即位十一個月，無時不思靖虜救民。飛蹕既久，豈得回鑾？固知入虔□險艱辛之狀。但恨在閩不能安閩，閩民不負朕，朕負閩民實多矣！」[63] 隆武帝將移鑾虔州的計畫公告於福州父老，可見他的決心。四月二十八，鄭成功從杉關返回邵武，專程接隆武帝赴江西，隆武卻又未能成行。五月他又說：「朕十日內外，一定親蹕汀州，面議方略。誓在必行，決不失信」云。[64] 可是，實際上他又拖了三個月未走，其原因大約與江西戰事漸漸不利於明方有關。其後，隆武帝又改變了出發計畫。王忠孝在其〈自狀〉中說：「一日，議移蹕江右，列余隨駕。因請假治裝，上輒報可。御批云：王忠孝清貞之品，簡在朕心，准給假二個月，依限前來。……余陛辭過里，則丙戌五月間事。」[65] 可見，隆武帝在五月分時，重又改變計畫，訂於七月離閩，並要求諸臣做好離閩的戰略準備。

六月十六日以後，隆武對何吾騶說：「朕在延多日，漫云兼顧江浙，終於江浙何補？不如實實出關，拿定一件做去，尚為得法。且今地方止有閩、廣、江、楚四省，咽喉全在一處，清所必爭，我所必守。今不自出，負祖負民，朕之存亡，猶其小者。今還要催林□兵併陳天榜兵到，決意初一日必行。」[66] 王忠教也得到這一消息。洪旭的〈王忠孝傳〉寫道：「公歸，斥賣田園，以為行資，上曰：速之，遲則不能待矣。」[67] 可見，在五月分，隆武帝經過一番猶豫後，最終決定於七月分赴江西，並要其親信大臣及早做好準備。但最後還是未能實現。

綜上所述，隆武政權的戰略經歷了三個階段，第一階段，隆武帝力圖展開全面進攻，首先恢復南京；第二階段，隆武帝試圖西進湖南，依靠何騰蛟；第三階段，隆武帝力圖離開福建，另謀發展。結果，他這三個戰略規劃，一個也未能實現。

---

63　佚名，《思文大紀》卷六，第 99 頁。
64　佚名，《思文大紀》卷七，第 132 頁。
65　王忠孝，〈王忠孝公自狀〉，引自《王忠孝公集》卷十二，第 427 頁。
66　佚名，《思文大紀》卷七，第 126—127 頁。
67　洪旭，〈王忠孝傳〉，《王忠孝公集》卷十二，第 401 頁。

## 第三節　閩魯矛盾和浙江明軍的崩潰

建立於閩中的隆武政權與建立於浙江的魯王之間，因賦稅等問題產生矛盾。讓人料所不及的是，在浙江南部兩個政權的地方政權還發生過內戰。從總體而言，浙江的魯王政權實際上是福建省的屏障。隆武二年夏，魯王轄下下浙江的明軍失敗，福建因而暴露在清軍攻擊矛頭之下，隆武帝未能組織起有效反抗，最終失敗。

### 一、浙江魯王政權的產生和問題

隆武帝在閩中稱帝之際，浙江方面的士紳也在積極運作魯王監國一事。其時交通不便，閩浙雙方消息傳遞不易，浙江方面發生了抗清起義，急需推出一位領袖來號召大眾支持。弘光元年閏六月十八日，原兵部尚書張國維等人擁戴魯王朱以海監國，朱以海於七月十八日來到紹興，就任監國。當年尚用弘光元年的年號，將次年改為魯監國元年。魯監國即位比隆武帝略遲。

隆武政權建立的消息傳到浙江，浙江官紳十分尷尬。九月分，隆武帝的詔書也由專使帶到浙江，要求浙江士紳及魯王向其稱臣，魯王聞之大忿。為了爭取浙江政權的支持，隆武帝許諾魯王的任命的各個官員由隆武朝全部接收，並稱要讓年輕的魯王當他的太子。當時的形勢使大家都認識到：閩魯之間一定要團結，然而，遇到具體事情，雙方就有矛盾了。魯王的大臣們，有的主張接受隆武帝的條件，有的拒絕。其中最關鍵的人物張國維以魯王為女婿，他出面主張繼續支持魯王，拒絕隆武帝的詔書，於是，形成了閩魯兩個政權並立的情況。不過，在清軍占領華北其前鋒進入浙江北部及江西北部的背景下，浙江東部的魯王政權與西部的交通大部被清軍割斷，該政權與南方各省的交通一定要通過福建。隆武政權因而在閩浙交界處的仙霞嶺設關設卡，只有符合隆武政權利益的人員與通信才能通過仙霞嶺，所以，魯王政權實際上成為政治上的孤島，隆武帝輕鬆地切斷了魯王與南方各省的關係，從而使魯王政權無法突破地方局限性。

作為經歷人生磨煉的隆武帝，社會經驗比魯王更為豐富。隆武剛稱帝，就給許多人封官，讓他們赴任。例如，同安人盧若騰以明末江北巡撫的資格病休在家。隆武登基後，於七月三十日任命盧若騰為浙東巡撫。然而，

按照明末的習慣，盧若騰不可馬上赴任，而是先向朝廷請辭，隆武帝不允許。雙方推讓之際，隆武帝又任命紹興鄉紳孫嘉績巡撫浙東，再應吏部之請，任命原任紹興守道于穎巡撫浙東，迨至盧若騰赴浙途中發現浙江東部已經有另外兩個浙東巡撫，不禁惘然，隆武帝便將其巡撫職責改為「撫聯浙東、恢討浙西」[68]，位置在幾位浙東巡撫之上。由於隆武出手較快，也由於抗清大計需要大家協同。所以，浙江方面許多有實力的官員也和隆武帝聯絡。例如，明末退休官員朱大典在金華府組織了一支義軍，被魯王、張國維吸收進入內閣，可是，朱大典也接受隆武帝的任命，得到隆武帝的支持。一直到金華城被清軍包圍，朱大典與閩魯雙方的關係都不錯。此外，隆武帝成功地將部院級官員楊文驄派到浙江南部的處州，加上盧若騰在浙東的溫州站住腳，隆武帝實際掌握了浙江南部的溫州、處州、金華及衢州，在福建的外圍形成一道屏障。正如盧若騰所說：「溫、處、金、衢自隆武皇帝監國時，即已相率來歸，非隆武皇帝之有而誰有哉？」[69]對於浙東的其他州縣，隆武帝也寄與希望。九月分進入溫州盧若騰向他彙報：

> 臣自本月初八日啟行，倍道疾馳，於二十日抵浙之平陽縣；沿途體訪浙東情形，頗得其詳。魯藩意在率眾禦虜，並無耦尊之心；紳衿兵民歆慕聖德，咸切歸戴之念。臣途中所遇齎賀表赴行在者，不一而足。近日聞台州開讀詔書，童叟懽呼載道；寧、紹二郡望詔書之至，尤切於台：此皆陛下至仁、至公、至明、至斷之所感也。浙之與閩，精神、血脈流通無間，如此，不須復費聯絡矣。[70]

可見，隆武帝的詔書在台州宣讀後，得到當地人的擁護。盧若騰見此情況，以為隆武帝的詔書也會得到魯王及諸臣的歡迎，不料在張國維處碰壁。這些情況，如前所述。浙江南部落入隆武帝之手，讓魯王政權十分不滿。魯王所在的浙江，北面的杭州、湖州已經被清軍占領，魯王直接管轄的只有紹興府和寧波府，因此，他們覺得浙江南部應該歸屬魯王管轄，從而對浙江南部隆武諸官施加很大的壓力。其中一些官員與浙江關係密切，有些人就是本地人。例如誠意伯劉孔昭是明朝開國名臣劉基的後裔，他在

---

68　盧若騰，《留庵文選》，〈懇請專任責成疏〉，臺灣文獻叢刊第245種，第61—62頁。

69　盧若騰，《留庵文選》，〈復熊雨殷書（名汝霖）〉，第55頁。

70　盧若騰，《留庵文選》，〈微臣已入浙境恭報確聞情形兼陳制勝要著疏〉（元年九月二十一日題），第62頁。

長江一帶戰敗後回歸浙南家鄉。「夫孔昭，何如人也？身為操江大臣，胡騎渡江，抱頭鼠竄；敗軍之將、亡國之大夫，其為人心所不與明矣。擁戴聖安皇帝，而不能存聖安；即令歸饗魯藩，亦豈遂能強魯！且既受陛下之敕，宜其一意奉行，無復貳心矣；不轉瞬而復受魯藩之劍，恐喝吏民，使靡然胥為己用耳。先是，孔昭航海逃歸，伏草間數月，一兵、一器無有也。自陛下許其與楊文驄分用處餉，始募兵數百；及受魯藩之劍、又得陛下便宜行事之旨，而跋扈飛揚，不可方物矣。」[71] 可見，劉孔昭是接到隆武帝的任命才招兵買馬，重新組織一支隊伍。然而，劉孔昭在浙江根基很深，很自然地靠攏魯王及張國維。在魯王竭力拉攏之下，劉孔昭很快成為魯王的人，反而向盧若騰攻擊。盧若騰是福建同安人，他對閩中的隆武政權很忠心，不過，他在浙江卻成為眾失之的，受到劉孔昭、楊文驄等人的排擠。此外，莆田人黃斌卿率水師殘部駐紮於舟山群島，他也傾向隆武帝。這樣，浙江省的多數官僚按其籍貫分成兩派，或支持魯王政權，或支持隆武政權。雙方的官員經常打嘴仗。盧若騰在答覆浙江官員時說：

> 某抵任時，貴鄉議論，已落落難合。台州為魯王移封之地，其官眷尚在焉。叱馭巡歷，恐生事小人，誣為相逼；不惟啟嫌隙之漸，而且傷聖主親親之意。又見陳木叔日獻窺溫之策，故亦未便越台至寧；姑暫駐甌郡，徐圖聯合，以全骨肉之誼，初非以甌為善地也。魯王仁厚有餘，某亦聞之。然此時所急者在大有為之略，則惟我隆武皇帝足以當之；其尊賢下士、推誠布公，不減漢光武。至於作用之妙，非尋常之見所能測識；台臺久當自知之耳。近來貴鄉訾議閩事，多屬捕風捉影。夫唐時盜殺宰相武元衡，裴晉公亦幾創死，卒成戡亂之勳。敝鄉何黃老為盜所劫，索盜未獲；法雖未行，正亦未亡。而貴鄉信口苛訛，不遺餘力。今貴鄉通邑大都之中，白晝抄劫，縉紳貲財俱盡，辱及子女；非不知其人也，而不敢問。如是，法真亡矣！自古及今，有法亡而能自振其國者乎？且五等之封，如畀摶黍；掛印纍纍，幾至百員。如其無功，不應若此之濫；如以為有功，設復武林，何以繼之？再復南都，何以繼之？再復北都，又何以繼之？與之以尾大之勢，而冀其效臂使之忠，某知其斷斷不能也。至於以

---

71　盧若騰，《留庵文選》，〈重權不可輕假誤局貴能急收疏〉，二年二月初六日具奏，第 69—70 頁。

「魯元年」名曆，而引高皇帝「吳元年」之例，悖謬斯極！無人救
正，真是咄咄怪事！夫蒙古失道，天下叛之；高皇帝手闢草昧為生
民主，其稱「吳元年」，所以別於元、且別於宋之龍鳳也。今之稱「魯
元年」者，亦將以別於明乎？別於明，是忍於絕明也。為明之臣子
而忍於絕明也者，高皇帝在天之靈，必以為不孝、不忠；而千載下，
亦將謂倡此議者之以不學無術，誤其主也。竊謂魯王果從宗社起見，
當以奉隆武正朔為正；如欲待復京之後始定君臣之分，祗宜稱「弘
光二年」，較不為天下後世所笑耳。嚮者魯曆頒括，括人不受；近
陳木叔復遣人齎曆以強括人，括人摽使者如故。名不正，則言不順；
言不順，則事不成。眾實有心，庸可罔乎？[72]

可見，閩魯雙方官員內鬥十分厲害，這對南明的抗清事業是不利的。
魯王政權成立後，恰逢大災之年，浙江形勢混亂。盧若騰說：

東甌自國變而後，人幾化為異類。蓋此郡居貴鄉僻末，官方之壞歷
數十年，上下相摩，廉恥道喪；一聞虜入武林，士民恣睢決裂，無
所不為。某初到時，如入虎穴。獨以前任巡海時，甌之商賈、漁民
經至四明者，咸受某恩，轉相傳播，人心先已聳動；任事五月餘，
茹蘗飲冰，萬目共見。至於拮据撫綏，事事嘔出心血。今將吏、士
民，俱已帖然信服矣。惟是歲值奇荒，糧餉不繼；未能整旅進剿，
僅可苟全境內：斯則有愧朝廷，末由自解者也。[73]

盧若騰於明末在溫州當過太守，政績不錯，在當地有清官之譽。因此，
當地民眾聽說他來浙東，是歡迎的。盧若騰因而得以進入溫州施政。然而，
溫州的形勢也不好。

臣以九月二十日入浙境，擇二十五日在溫州府公署到任，恭設香案，
望闕叩頭謝恩訖。竊思整頓兵餉，當從溫郡做起；而孰意其匱亂，
有出於意料之外者。錢糧之挪移侵沒，積弊多年，逝波不可復問；
即今隆武元年，已透徵二年賦稅矣。而臣一入署，士卒之呼庚癸者，
趾日相錯於庭：斯則匱之極也。當聞虜變時，永嘉則百姓毆逐巡道、
通判矣，平陽則所軍焚殺印官、佃戶焚殺業主矣，瑞安則兵民互相

72  盧若騰，《留庵文選》，〈答熊東孺書〉，第58—59頁。
73  盧若騰，《留庵文選》，〈答熊東孺書〉，第57—58頁。

格鬥、兵船二十餘隻並器械焚搶無餘矣。各縣鄉棍，偽傳虜欲均田，
煽惑愚民樹旗結黨，與業主為難，不納租穀；至今黨與未散：斯則
亂之極也。臣到任後，遍布榜諭，宣揚陛下德威，解散頑民，勸輸
賦稅，措餉募兵，不遺餘力。[74]

面對這種情況，浙江方面應當大舉整頓，才會有重振的希望。然而，
魯王年輕，束手無策，張國維等大臣也拿不出什麼辦法。有人記載，儘管
屯駐錢塘江前線的軍隊缺糧缺餉，魯王卻在前線張樂設宴，與後宮妃子嬉
戲，有點末日狂歡的味道。[75]許多人都覺得這個政權是沒有希望的。

## 二、閩魯之爭與魯王的失利

浙江魯王政權擁有人數達十萬人的軍隊，要養活這支軍隊十分不易。
盧若騰認為，浙江財政上困難的原因就在於招兵過多：

> 方紳士之起義也，惟患人不為兵，見略似人形者，輒收之；強弱老
> 少，都無揀擇。浙中兵餉，舊例日止三分；今每兵日食八分，浮過
> 倍矣。起義之家，爭以兵多相尚，而不顧餉之無所出；初猶取諸本
> 年之徵輸，繼且再借下年之稅矣。家稍殷者，慮括借無所底止，多
> 有挈妻子潛逃者。一二用事小人，各庇所私；凡管兵數百或止數十
> 者，皆濫加以總兵、都督職銜。甚至總兵復自封其子弟為總兵，都
> 督復自署其部曲為都督。西興關上，稱總兵、都督者數十員，頡頏
> 不肯相下；嫌隙相尋，幾同胡越。所以日議進兵，而彼此觀望如故。
> 間有不勝忿憤，經以數百人當虜者；徒取敗衄，無益於事。夫以有
> 盡之餉養不能戰之兵，復御之以不和之將；師日老、財日匱，竊恐
> 再過兩、三月，兵與民將有內潰之變，又何暇圖虜哉！[76]

要養活這些軍隊，除了正餉之外，浙江省官員不得不加派轄下各地的
糧餉。這種攤派到了溫州，就受到盧若騰的抵制。盧若騰在答覆魯王大臣
熊汝霖時說：

---

74　盧若騰，《留庵文選》，〈備陳東甌匪亂情形亟請敕補要員以便整頓疏〉，（元年
　　十月初二日具題），第64—65頁。
75　顧誠，《南明史》，中國青年出版社1997年，第264頁。
76　盧若騰，《留庵文選》，〈微臣已入浙境恭報確聞情形兼陳制勝要著疏〉（元年九
　　月二十一日題），第63頁。

惟溫郡凶荒異常，目下斗米價銀三錢，民不聊生，追呼莫應；汛兵
缺餉，數月未給。向非某多方撫綏，兵民之變，已不知何狀！凡到
溫索餉差員目擊蕭條景象，皆不費辭說，氣盡而還。至於主上復仇
念切，視江上將士饑由己饑，前命嚴志吉掌科齎五千五百兩犒賞方
營，今復命陸岫青命憲齎三萬兩繼之。且臘月六日，六飛已發，指
日駐蹕江干；貴鄉諸公不於此時盡捐成見、一乃心力，以奏恢疆靖
陵之勳，天下事又安知其所底也哉！黃跨老入浙督師，一切兵馬錢
糧，俱聽調度，已非某所得預。今歲溫州解餉協濟額數，業與方靖
夷有成約，可免紛呶。今所切望於老師者，將天下大勢從長打算，
萬勿使虜收漁人之利，留青史上一段可哀可笑之公案，則幸甚矣！
大疏欲使某回閩，亦未敢聞命。某奉職無狀，朝廷自當撤回，而以
能者代之；若魯王，安能強某使去！既不能麾之使去，又安能招之
使來！某素佩服師訓；忠義立心，其敢隕越以玷門牆！邇來貴鄉所
以羅織敝鄉者，無所不至；如何黃老偶被盜劫，遽傳傷死而議贈恤，
可資一噱。又太祖高皇帝曾賜沐黔公姓朱，不貶其為開創之聖主也。
諸如此類，俱祈詳察而存恕諭。[77]

　　這封信反映了閩魯之間相爭相繼的關係。雖說浙江前線的將領屬於魯
王管轄，隆武帝對他們還是有財政支持的。例如，曾經給方國安六千兩銀
子賞軍，後來又派出陸清源（岫青）押餉三萬兩到浙江前線。這件事在隆
武帝方面也有記載。隆武二年正月初二：「又命陸清源賫犒賞銀往江上，
酌量頒發現在戰守兵丁，刻期迎駕。溫、處等餉，確遵派定前議。」[78]此外，
隆武帝也批准溫州和處州的正餉供應浙江前線的軍隊。在這一背景下，魯
王大臣還要給溫州等地加賦，難怪盧若騰不同意了。於是，立場轉到魯王
方面的劉孔昭、楊文驄等人，對盧若騰的態度十分強硬。盧若騰說：

文驄實未嘗奉總督浙東之命也！初題請留用處餉、既欲並支溫餉，
臣謂處餉除給本地兵糧外，不下六、七萬金，盡已足文驄之用；溫
州見苦荒歉，難以應命。而文驄隨授意道臣董振秀，使稟臣云：「若
不亟輸溫餉，方兵必來打糧」。蓋文驄子鼎卿，與靖夷侯方國安締

77　盧若騰，《留庵文選》，〈復熊雨殷書（名汝霖）〉，第55—57頁。
78　佚名，《思文大紀》卷四，第59頁。

姻，見在軍中共事；故文驄挾國安為重，以索溫餉。未幾，而國安
徵餉之檄至矣；未幾，而國安催餉之官至矣；未幾，而國安移兵就
食之牌又至矣。頃文驄至溫，與督輔鳴俊議，必欲得溫餉四萬；且
對鎮臣賀君堯、道臣林弘衍，明露其欲代臣撫溫、處之意，未嘗
諱其有挾而來也。臣察溫州一府，通計新舊起存正雜錢糧歲可得
一十八萬，而其虛浮無著及逋欠難完者三萬、留為地方經費者四萬，
其可以充餉者僅一十一萬耳。今鳴俊已坐派剿餉五萬矣，文驄又取
四萬；則本地數萬兵之餉，將安出乎？賀君堯靖海營之餉又安出乎？
況溫郡饑饉異常，目今斗米價至二錢五分；百姓已喪樂土之心，縣
官難行催科之法。文驄所索四萬金，實實未易接濟。萬一饑饉之後，
復懼方兵打糧之慘，溫之生齒立盡，陛下又安用其土地為哉！[79]

按，劉孔昭、楊文驄等人逼迫盧若
騰，主要是自己管轄範圍內的處州
糧賦實不足供養他們招募的軍隊，所以要爭奪溫州的賦稅。盧若騰又說：

凡魯廷諸臣日夕議發兵就食溫郡者，其意皆為併吞計；但諱顯言操
戈，而姑借索餉為題目耳。何以明其然也？溫州錢糧，通計起運、
存留、加派，共一十六萬四千九百有奇；處州錢糧，通計起運、存留、
加派，共一十五萬八千一百有奇；其額數之相去無幾也。目前處州
斗米價止一錢以內、溫州斗米價至五錢以外，豐稔既已懸絕。處餉
涓滴不到江上，溫餉已派四萬協濟方國安，衷益亦復失平。[80]

不過，盧若騰進入溫州之後，早就組織了一支軍隊，劉楊二人對盧若
騰一時沒有辦法。

在其他方面，閩魯之間發生過許多不快。前述隆武元年，隆武帝曾派
陸清源押送三萬兩白銀的軍餉到浙江，供給浙江軍隊。不料這筆錢卻在半
路被劫，陸清源生死不明。浙江方面傳來的消息是這筆錢被方國安劫走，
但這筆錢原來就是給方國安，方國安為何要劫自己的錢？這樁懸案一直未
能破解，成為閩魯之間的問題。其後，隆武帝對待魯王方面的人物也很不

---

79　盧若騰，《留庵文選》，〈再懇聖明更易督撫以資聯絡以惠地方疏〉，隆武二年正
　　月初二日具題，第67—68頁。

80　盧若騰，《留庵文選》，〈括兵無悔禍之心甌郡係必爭之地敬陳不戰屈人之著以為
　　善後良圖疏〉，二年五月三十日具題，第70頁。

客氣。隆武二年七月，魯王的使者到陳謙閩北拜見隆武帝，因不肯承認隆武的帝位，被隆武帝下獄處死。兩個團體之間若是發生分裂，一開始只是細小的裂痕，但若不剎車，往往會擴大為巨大的鴻溝。閩魯之間便是如此。

閩魯之間的對立不利於抗清鬥爭。清軍於順治二年（1645年）攻克南京之後，以主力北上，僅留少數軍隊堅守南京、杭州等地。迨至順治三年春，新來的清軍發動攻勢，於五月十五日渡過錢塘江。按照當時的紀載，該年大旱，流量頗大的錢塘江竟變成一條小溪流，滿軍騎馬試渡，前哨僅二十來騎。西人的《韃靼戰紀》記載：「當地居民發現有二十騎韃靼兵渡過了江，立即報告了明朝軍隊，這些軍隊立即逃散。魯王也逃出了紹興城，不敢留在大陸上，坐船逃到寧波對面的舟山島。」[81] 明軍逃散，主要原因還是供應不足，士兵長期挨餓，不想打仗。魯王部下的官員大都投降清軍，只有少數人向南逃去。明軍主將方國安也在投降清軍的人群中。

正在清軍進攻高潮的隆武二年五月，清軍渡過錢塘江，向浙江南部進攻。閩魯之間在溫州暴發內戰。盧若騰說：

> 劉孔昭遣姚永昌率兵襲甌，而胡來貢、劉永錫復相繼而至；永昌以十七日敗遁，來貢等距郡城六十里而軍。臣與鎮臣賀君堯發兵逆之，連日接戰；來貢等不敢東下，退三十里，然終未肯引還。察孔昭以初十日受魯藩金印，即於十一日發兵；其併吞溫郡之意，路人知之。且非獨孔昭為然。[82]

盧若騰見劉孔昭等人前來攻打，也發兵抵禦。好容易打退了劉孔昭，卻又面臨清軍的進攻。原來，清軍渡過錢塘江之後分成兩支，一支南下進攻金華，一支東進紹興。清軍攻克紹興之後，進行了大屠殺。浙東民眾見紹興屠戮之慘，知道無法抵禦清軍的攻勢，溫州等地民眾都不願意跟隨盧若騰作守城戰。七月十一號，清軍進抵溫州城下，七月十三號，溫州城門被老百姓打開，向清軍開放。盧若騰率家丁巷戰，自己中了兩箭，溫州還是失守。盧若騰不得不退出溫州城。不久，清軍占領除了海島之外的浙江

---

81 鄭維中，《製作福爾摩沙——追尋西洋古畫中的臺灣身影》，臺北，大雁文化事業公司 2006 年，第 101 頁。

82 盧若騰，《留庵文選》，〈括兵無悔禍之心甌郡係必爭之地敬陳不戰屈人之著以為善後良圖疏〉，第 70 頁。

全境。

　　清軍進入浙江的戰役，以攻擊金華府最為激烈，朱大典前後作戰二十多天才失敗。這 20 天本對閩北的隆武帝意義重大，然而，隆武帝卻未能很好地利用這一時段，最後被清軍擒獲。

## 第四節　隆武末年的局勢和其失敗的社會原因

　　隆武政權是南明史中的一個重要階段，當它成立之時，由於清朝的剃髮令以及相關的民族壓迫措施，大江南北，反清起義風起雲湧；隆武政權的創立者唐王朱聿鍵，又是明朝宗室中最有朝氣的一位。但是，隆武政權僅僅存在 14 個月便失敗了。對其失敗原因，清代的史書僅僅歸結為大臣鄭芝龍的降清，但分析當時東南的形勢以及隆武帝的施政措施，便可知道隆武政權的失敗不是偶然的。

### 一、明末福建社會矛盾的發展

　　我們知道：明代的北方自天啟、崇禎以來，天災人禍接連不斷，農業歉收，邊患嚴重，從而導致社會矛盾的全面暴發，形成廣泛而又持久的農民戰爭，最終導致明朝的滅亡。與其相比，明朝的東南似乎繼續維持著繁榮的表像，北方的農民戰爭，對東南的影響不是太大。但我們深入分析明末東南的社會形勢，便可知道：其實以福建為核心的東南區域存在著廣泛的社會矛盾。明末東南的繁榮是局部的，主要存在於城市與沿海地區，而廣大農村與山區的社會危機相當深刻。

　　第一，明末福建等地的賦役不均與重稅問題。福建是一個「八山一水一分田」的東南山國，由於可耕地少，在以田地為主要徵收對象的古代，福建負擔的稅收也不多。明代中葉，福建田地數為 1353 萬畝，共納田賦正稅夏稅麥 877 石、秋稅糧 841,353 石，全年田賦正額不到 100 萬石，大約相當於江南地區的一個中等府州。[83] 由於基數較低，明末儘管有三餉加派，對福建而言，其總額並不太高。例如，崇禎初年，福建省的加派每畝七釐銀，全省共為 12 萬兩餘，而崇禎三年，由於對遼戰事頻繁，戶部又加到每

---

83　引自：梁方仲，《中國歷代戶口、田地、田賦統計》，第 333 頁。

畝九釐，於是，全數再增加 4 萬餘兩白銀。[84] 當時福建省從對外貿易中所獲
得的白銀相當多，按這個幅度增加下去，以福建省的經濟實力來講，並非
不能承擔。但福建省的問題在於：賦稅負擔的嚴重不均。這一不均首先表
現為丁口的賦稅負擔極重，達到「丁四糧六」的比例，也就是說，福建在
一條鞭法之後，其賦稅的收入不是攤丁入畝，而是按丁四糧六的原則徵收。
其人丁要承擔相當比例的賦稅。這是福建省不同於其他省的地方。其他省
實行一條鞭法後，政府稅收的大部分攤入田地徵收，這樣，其承擔者為地
主。而福建省人丁要占相當比例，原則上說，所有的成年人丁都要承擔相
當比例的稅收。不過，福建省的賦稅人丁定於明初，迄至明末已不能反映
原來的情況，「夫一邑之戶，始衰而終盛，一族之人，始寡而終眾，奈何
必因其舊也哉？是故豪宗巨家，或百餘人、或數十人，縣官庸調，曾不得
征其寸帛、役其一夫；田夫野人，生子黃口以上，即籍於官吏，索丁銀急
於星火，此所以貧者益貧，而富者益富也。」[85] 由於這一原因，按人丁收稅
給下中戶帶來極大的壓力。如《長樂縣志》的作者夏允彞說：「余生吳越間，
所聞丁口銀不一，俱絕寡，長吏鮮有催科及此者。長邑丁銀至重，且十倍
吳越，民其巧者，賄里之長，多漏脫，拙者身輸全丁，又每為其父兄既沒、
親故逃亡者代輸，苦不堪忍。」[86] 其次，福建田地數也存在著嚴重的瞞稅情
況。「按，南靖土田，不經清丈，區畝稅糧，原無定則，奸民乘之，欺隱
日滋。間嘗覆通田畝，不下三十萬，其登賦稅者十五萬九十有奇耳。此外
皆他邑豪所居者也。」[87] 可見：南靖縣隱瞞的土地至少在 15 萬畝左右，約
相當於納稅田地數。福建其他地方隱瞞土地的情況也類似於南靖縣。在這
一背景下，重新確定各地的田地與戶口、合理分配負擔，其實是非常重要
的。但福建的大族勢力強大，地方官因循守舊，即使是在張居正清丈時期，
福建的田地數也未真正點清過。因此，到了明末，福建社會已經存在著嚴
重的賦稅不均。一方面，有權有勢的大族只要承擔很少的賦稅，經濟上較
為充裕；另一方面，許多小姓人家，面臨日益加重的賦稅無力承擔，被迫
逃亡，無處謀生。他們成為社會動亂的根源。晚明的福建社會，呈現出繁

---

84　《崇禎長編》卷三八，崇禎三年九月庚子。
85　林文恪舊志，見林煜等，萬曆《福州府志》卷二六，〈戶口〉，第 5 頁。
86　夏允彞，崇禎《長樂縣志》卷四，〈食貨志・戶口〉，第 1—2 頁。
87　蔡克恭等，萬曆《南靖縣志》卷三，〈賦役志〉，明刊本，第 8—9 頁。

榮與混亂並存的局面，與這一形勢是有關的。

第二，福建的租佃鬥爭在明末已經達到了相當激烈的地步。其中最為典型的是福建在明末的租佃矛盾於隆武年間達到高峰，「清流縣因主佃混爭，聚眾激變；縣官諭散，為定租斗。詔褒之。」[88] 儘管官府積極干預下，清流縣的租佃矛盾一時緩解，然而，這股風很快席捲鄰縣：「寧化縣長關地方，競立社黨，橫行不法，目無有司。上聞而惡之，着地方官嚴行曉諭禁止，以消隱禍。」[89]「令兵部主事李言前往寧化、清流，解散亂民。時二縣百姓烏合糾眾，號為長關；又託名田兵，以較斗為由，恐搶掠成變，故着李言察所害何在，即與銷除。」[90] 但是，不管隆武帝怎麼用心，都無法解決佃兵問題。隆武二年六月二十六，寧化黃通組織佃兵，「通思大集羽翼，乃創為較桶之說。蓋吾邑（寧化）以二斗為一桶，凡富戶租桶有大至二十四五升者，比糶米則桶僅一十六升，沿為例。而田主待佃客亦尊倨少恩。通遂倡諭諸鄉，凡納租皆以十六升之桶為率，移耕冬牲豆粿送倉諸例皆罷。鄉民以其利己也，相率歸通惟恐後。通因連絡為長關，部署鄉之豪有力者為千總，鄉之丁壯悉聽千總所撥調。通有急，則報千總，千總率各部，不日而千人集矣。通所部詞訟不復關有司，咸取決於通。通時批行於諸千總，自取贖金而已。由此城中大戶與諸鄉佃丁相嫉如仇。」六月，黃通引佃兵入城，「擄掠富室百數十家，焚城外園亭盡，摧墮城垛十餘丈，抬去佛狼機二門。自巳至申，乃撤田兵出城，破城中資財以數萬計。」[91] 福建沿海興化郡的租佃鬥爭也達到了高潮。「興化佃戶圍郡城。按，莆田租額，每石穀計一百二十斤；後鄉紳或有議加者，眾不服，遂率眾而成揭竿之事。上聞之駭然，曰：『此誠地方異變，着守道柴世埏將租事作速議妥，務期主佃相安。宦幹非理虐佃與刁民假佃倡亂者，俱當重懲示警。』」[92] 其時，城市民眾的反掠奪鬥爭也日趨激烈，弘光元年六月，「福寧州小民罷市激變。時聞閩廣軍門劉若金欲駐紮福寧以抽洋稅，通州士民鋪戶粘貼不容進城，恐生騷擾。」[93] 為了防止市民的反抗，隆武政權曾在福州等地實行

---

88　佚名，《思文大紀》卷五，第 81 頁。
89　佚名，《思文大紀》卷六，第 112 頁。
90　佚名，《思文大紀》卷六，第 103 頁。
91　李世熊，〈寇變記〉，《清史資料》本，第 34—35 頁。
92　佚名，《思文大紀》卷八，第 140 頁。
93　佚名，《思文大紀》卷一，第 8 頁。

鋪保制度。

　　第三，閩贛粵山區的反政府力量相當強大。

　　明朝福建等省不合理的賦稅制度，使明朝的統治權威受到嚴重的挑戰。
現實十分清楚：在官府勢力到達的地方，老百姓一定得不到公平，而官府
勢力達不到的地方，老百姓雖有各種困難，但他們不必繳納賦稅，至少可
以生存下去。因此，明代福建有許多山區根本不服朝廷的統治，久而久之，
在這些地區成長起反抗政府的力量。這些豪強在深山結寨自守，其性質也
與明初山區的農民義軍不同了。明代官員說：「盜之生也，人皆以為飢寒
迫也。此見其始，不見其終也。彼其掠之餘，可以為衣食計矣。而猶不之
止者，何也？欲之迷也。貪於苟得恣於取盈。無農夫終歲之勤。一朝而百
倍其利，宜知其利而不知害也。盜安得息乎？」[94]自明中葉正德、嘉靖迄至
明末，閩粵贛三省邊的山區武裝一直是朝廷十分頭痛的問題。幾乎每年都
有成百上千的反政府武裝抄掠城鄉，範圍波及三省邊區的多數府縣。[95]明
末，鄭芝龍降明後，除了在沿海與海盜作戰外，他的大多數時間都在閩粵
贛山區與「山賊」作戰。例如，崇禎四年，鄭芝龍部被調去平定閩粵邊境
的山寇。「蓋鍾凌秀之始，不過平遠一無賴耳。嘯聚窮谷，流突江、閩，
其黨僅千餘。既而與惠州之賊合，遂至二、三萬。」[96]然而，儘管鄭芝龍的
部隊多火器，擊敗過鍾凌秀等部，但山賊的活動此起彼伏，鄭芝龍在三省
邊區轉戰多年，也只能控制山賊不向平原發展，根本無法剿除山賊。

　　南明時期，鄭芝龍部隊另調，當地的山賊馬上猖獗起來：「崇禎十七
年，闖賊陷燕京……勤王之旅，彌溢天地，蓋弱衿愿黎，人人奮談兵革矣。
民訛搆煽，奸宄飇舉，閩中自是苦盜也。先是，興泉之亂，鹹斬數千，五
代以來所未見。餘孽漂入漳州，旋及萬人。撫軍張公肯堂提師捕之，賊復
旁擾汀境，而粵寇閣王總者，亦出沒虔州，漸逼臨汀，郡邑告急。」[97]隆武
入閩之初，便發生了閩粵邊境的山寇事件，「永定土寇王叔光、王中慶、

---

94　佚名，〈弭盜議〉，載劉維棟，萬曆《大田縣志》卷九，〈版籍〉，第38頁。

95　參見：陳壽祺，道光《福建通志》卷二六七，第7—12頁。

96　〈會剿廣東山寇鍾凌秀等功次殘稿〉，《鄭氏史料初編》第63頁，臺灣文獻叢刊
　　第157種。

97　李世熊，《寒支初集》卷八，〈古城陣亡士卒碑〉，第75頁。

王鳳來竊發。時因南京國變，劣生叔光等遂集亡命數千，往攻大浦等縣，回屯錦風窰地方，去城三十里而陣。又聞武平失守，勢益鴟張。」他們對廣東的進攻，引來廣東民間武裝的反擊，「廣東大浦縣流賊萬人圍攻永定縣七日，以知縣徐可久有備，乃引去。」[98] 然而，為時不久，廣東的山寇捲土重來。隆武元年八月「惠州流賊袁王總，殘破武平、上杭二邑，檄平彝侯標下將官黃延等領官兵二千八百名前往協剿。」[99] 然而，大軍一退，山寇捲土重來，隆武二年四月，「流賊入永定，城空民竄，積屍成山。」[100] 其時福建各地都有類似的事件發生，李世熊論長汀與寧化：「國難以來，盜賊蜂發。汀寧之間，焚刧殆遍，扶攜二耄，流離草間，瓶粟既空，樵蘇屢絕。」[101] 汀州的反抗逐漸轉移到鄰縣，「沙縣草寇即撫復叛，百姓慘受荼毒。」[102] 這類武裝鬥爭逐漸蔓延到沿海。「天興府（即福州府）福清、永福、古田、羅源四縣山寇涂紹、王可等恃險連結，恣行抄掠。上令知府事熊華國躬親督勦，至是功成，乃勑其善後毋狃。」[103]「土賊攻陷詔安，知縣田楷死之。」[104]「鎮海、平和二縣山寇竊發，上勑下游撫臣程峋作速受事辦理，務以一賊不遺為功。」[105] 隆武二年五月「山西道御史林蘭友疏陳：『小城釀亂激變，賊黨聚眾焚刧。』上曰：『仙邑壬午之寇，由邑令殘酷，署官貪汙。』」[106]「擒斬仙游（遊）縣山寇林熙寰等百餘人。」[107]「寧德、福安、壽寧等縣土寇橫行。」[108] 可見，隆武時期福建匪亂如麻。

## 二、隆武時期官場腐敗不堪

第一，大幅增加的賦稅。為了應付龐大的開支，隆武朝不得不增加賦稅。遼餉本是明末民間最頭痛的加派，然而，隆武帝即位後，「勑兩浙撫

---

98 佚名，《思文大紀》卷二，第 22—23 頁。
99 佚名，《思文大紀》卷二，第 29 頁。
100 佚名，《思文大紀》卷五，第 96 頁。
101 李世熊，《寒支初集》卷六，〈謝黃石齋老師薦舉書〉，第 10 頁。
102 佚名，《思文大紀》卷六，第 103 頁。
103 佚名，《思文大紀》卷六，第 102 頁。
104 佚名，《思文大紀》卷六，第 114 頁。
105 佚名，《思文大紀》卷六，第 114 頁。
106 佚名，《思文大紀》卷六，第 115 頁。
107 佚名，《思文大紀》卷六，第 119 頁。
108 佚名，《思文大紀》卷六，第 123 頁。

按：朕用兵方亟，遼餉自邊隅，着照舊徵收；但不得別立加派名色，致累窮民。」[109] 當時官府催餉急如星火，隆武帝曾經「命戶科給事中李日燁督催延、建二府借助銀兩，張調鼎催汀、邵二府借助銀兩，如不破情面，失誤軍機，各有顯罰。」[110]「命戶科給事中李日燁督催汀、邵、惠、潮四府糧餉；其借助過者，准作三年預徵。」[111] 由此可知，隆武雖然在閩中僅一年，但其所徵納糧餉已達三年了！《隆武遺事》記載鄭芝龍為隆武帝催餉：「芝龍又命撫按以下，皆捐俸助餉。官助之外，有紳助，紳助之外，有大戶助。又借徵次年錢糧，又察括府縣庫積年存銀未解者，釐毫皆解。又大鬻官爵，部司價銀三百兩，後減至百兩。武箚僅數十兩。或數兩。於是倡優廝隸，盡列冠裳。然無俸無衙，空名而已。其黠者倩軒蓋，顧僕役，拜謁官府，鞭撻里鄉。晉江令金允治涖訟，兩造稱職官，則立而語，互毆於庭，不可制。受害者延頸，然猶苦餉不足。」[112] 這裡必須說明的是：《隆武遺事》等史書往往將閩中增稅及買官賣官，都加諸鄭芝龍頭上。其實，這是隆武朝共同的行為，上下大臣都有責任。隆武帝遣黃道周出關，給空名箚數百，這是閩中賣官之始。其後，「戶部左侍郎李長倩上言：親征餉需，宜開加納事例。上從允。（廩生加貢，納銀一百五十兩；增廣加貢，納銀二百兩；附學加貢，納銀三百兩；青衣加貢，納銀三百五十兩；社生加貢，納銀四百兩）。」[113] 從當時的情況來說，不進行買官賣官，便得進一步徵加稅收，由此來看，買官賣官是隆武朝不得不實行的制度。其實，即使是乾隆皇帝，也實行過買官賣官。這是中國歷史上為解決經費常用的手段，和增稅相比，這一手段畢竟不是直接從農民身上刮錢。後世人出於貶低鄭芝龍的需要，因此將隆武朝一切弊政都歸於鄭芝龍。再如鄭芝龍派人去廣東徵稅的記錄：「閩餉不足，芝龍遣給事中梁應奇入粵督餉，應奇往，參遲誤者數十人，命提問。亦莫應。潮州知府楊球遂止越界。不敢入。」[114] 派人去廣東徵稅，本是十分正常的行動，也被當作鄭芝龍的弊政。其實，隆武帝也是這樣做的，隆武帝「諭戶部侍郎梁應奇曰：餉部責任甚專，倚畀甚切。兩粵元年

109　佚名，《思文大紀》卷四，第 69 頁。
110　佚名，《思文大紀》卷四，第 66 頁。
111　佚名，《思文大紀》卷五，第 82 頁。
112　佚名，《隆武遺事》，第 5 頁。
113　佚名，《思文大紀》卷四，第 77 頁。
114　佚名，《隆武遺事》，第 5 頁。

金花正餉久徵在庫，應奇速往，勿避風雨。」[115]據其所言，戶部侍郎梁應奇去廣東催糧餉，是隆武帝派遣的。大徵稅餉是不得人心的舉動，這些文人將隆武帝的事情移栽到鄭芝龍頭上，是為尊者諱，但不是事實。

總的來說，隆武帝的大徵稅，給福建民眾帶來極大的壓力。「建寧知府周維新疏言：王師至止，建民輸將甚苦，不堪復應他求。上許之。」[116]又如：「永定在萬山中，原割自上杭一隅之地，兵餉兩乏。……以五里彈丸之地，勸諭輸助銀五千二百兩有奇。」[117]龐大的賦稅壓力，不能不加重民眾的負擔。在這一背景下，福建境內的動亂日益嚴重。

第二，貪官汙吏橫行。明末官風腐敗，貪官汙吏，肆行無忌。隆武入閩，原有懲治貪官之意。「監察御史吳春枝糾劾不職邵武通判陳主謨、古田知縣吳士燿、汀州知府王國冕。奉旨：『各官贓私可恨，皆紗帽下虎狼也！若不嚴懲，民生何賴？都革了職，該撫速解來京究問。』」[118]但是，隆武懲治貪汙的做法受到官僚們的抵制，金堡的〈論停刑疏〉云：「臣伏見陛下殺逃官一、貪官二，特頒聖諭嚴於雷霆、而輒中止。臣以為陛下此舉，殺與不殺，兩失之矣。陛下欲殺人，當與大臣議可否；其難其慎，定而後行，一成而不可變。今令出於獨斷、議屈於羣撓，不可殺而欲殺之，是陛下輕人命也。當殺而不得殺，是陛下失主權也。陛下一舉事而始不慎、終不信，一之已甚，而又至再，使四方觀聽妄有揣摩。」[119]可見，隆武殺貪官，在群臣中受到極大的阻力，其原因在於：當時無官不貪，所以，群臣皆相互包庇，抵制隆武帝的制裁。在這種背景下，隆武帝凡有舉措，都會被貪官利用為自己發財，例如，隆武帝讓各方面推薦人才，而所收皆為江湖術士：「原若輩之始進也，酬薦主有例、酬部覆有例；千數百人，非數十萬賂不濟也。則是朝廷失數十萬金錢之實，而得千數百無用之蠹也；虧損國靈，孰逾此乎？」[120]而各地的貪汙案件層出不窮，隆武二年正月：「罰舊糧道

---

115　佚名，《思文大紀》卷六，第 107 頁。

116　佚名，《思文大紀》卷四，第 71 頁。

117　佚名，《思文大紀》卷四，第 73 頁。

118　佚名，《思文大紀》卷三，第 44 頁。

119　金堡，〈論停刑疏〉，《嶺海焚餘》卷上，第 5—6 頁。

120　李世熊，《寒支初集》卷十，〈乞免廷試疏〉，四庫禁燬書叢刊，清康熙刊本，第 6—8 頁。

夏尚絅萬金以助兵餉。」據說，其時夏尚絅有復出之意，所以很願意認罰，以獲得新的機會。[121] 在古田縣的水口驛，有人「立膳夫名目令居民津貼。」[122] 閩南地方有的官員私抽雜稅。[123] 可見，隆武朝貪官汙吏還是很多的，這些貪官汙吏不利於隆武政權的鞏固。在這一背景下，福建境內的動亂日益嚴重，統治者已經很難照舊統治下去。當時的福建民眾生活在水深火熱之中，甚至盼望清軍早日南下：「清行如蟹，盍遲其來！」這是隆武時期的民謠，由此可見隆武政權不得人心。[124] 當然，清軍真的來了，帶給福建的是更大規模的戰亂和重賦。

由此可見，明末福建等地的社會矛盾相當尖銳，隆武政權在這樣一個社會背景下建立，它所遇到的困難可想而知。隆武政權難以在福建堅持，與這種社會背景是有關的。

## 小結

清軍攻克南京後，其主力北上。為清軍守護南京、杭州、蘇州、南昌等地的，主要是南明新投降的軍隊。在這一背景下，倘若南方有一支有力的軍隊出擊，應能收復京、蘇、杭、昌四個省會級的城市。隆武帝無法完成這個任務根本原因在於：他所建立的政權是一個繼承明代一切腐朽制度的文官政權，包括浙江的魯王政權在內，東南閩浙粵一帶的官員在國破家亡之際，仍然在發國難財，魯王政權下號稱十萬人的軍隊，卻打不過杭州四千人的清軍，他們消耗浙江省寶貴的財富，待到無法支撐下去時，便一哄而散。真是成事不足，敗事有餘。隆武帝手下，也有太多的貪官，他們發國難財積極，作戰消極，導致隆武管轄區域內官民矛盾尖銳，導致隆武政權的基礎一直無法穩固，一些地方民眾憚於重賦，甚至盼望清軍早日入閩。當然，清軍真的來了之後，賦稅只有變得更重了。

隆武朝廷轉到閩北之後，展開的軍事攻勢沒有結果，其原因在於所部力量太弱，正面進攻沒有效果。隆武帝誘降洪承疇未能成功，也是重要原

---

121　佚名，《思文大紀》卷四，第 60 頁。
122　佚名，《思文大紀》卷三，第 41 頁。
123　佚名，《思文大紀》卷四，第 64 頁。
124　邵廷寀，《東南紀事》卷一，第 12 頁。

因。洪承疇到南京，使命是攻略東南各省，可是他似乎不太積極，這和其母親及家人被隆武帝掌握有關嗎？不得而知。清朝招降鄭芝龍的使者不是從洪承疇處派出，而是從另一位晉江籍大臣黃熙允處派出，說明清朝更相信黃熙允。實際上，因洪承疇的母親和弟弟被鄭芝龍養在家中，洪承疇和鄭芝龍之間少不了通迅往來，這是明清雙方共知的祕密。總之，清朝最後給他的爵位不高，表明清廷對洪承疇入關後的作為不是很認可。其中微妙之處，一時不可言喻。不過，在其直轄部隊擊敗黃道周之後，洪承疇看破隆武政權無所作為，以後再無降明的可能性。

隆武政權失敗的軍事原因，應如明史大家顧誠所說，主要問題是湖南的何騰蛟不肯將主力投到江西戰場，導致長期在贛州堅守的楊廷麟等人最終失敗。如果當時何騰蛟能派出兩萬人以上的軍隊進入江西，和進入江西的閩軍配合，便會扭轉江西戰場的戰局，清軍南下主力將被吸在江西作戰，東南的隆武政權不會那麼快垮臺。

由於湖南的何騰蛟不配合，使隆武帝入湘計畫、入贛計畫都遭到失敗，最後的入粵計畫，也因行動遲緩而破產。浙江的魯王政權也讓隆武帝失望。除了朱大典在金華一仗有力地掩護了隆武帝南下之外，劉孔昭竟然出兵攻擊盧若騰占據的溫州，重演左良玉東進南京悲劇，結果是為清軍開道，這是南明政權的內耗的結果。

隆武政權內鬥的結果，被瞧不起的鄭鴻逵憤而出走，其後鄭芝龍又拋棄隆武帝退踞沿海，海商政治代表最終退出隆武政權。中國歷史上唯一一次海商進入政權中樞，結果被士大夫階層逼退。回顧歷史，人們不能不對海商階層的失敗抱有遺憾。

# 第六章　清軍入閩及鄭芝龍的末路

鄭芝龍棄明降清這件事，對明朝來說當然是背叛的行為，但從海商的利益而言，與清朝對抗並非利益所在。所以，鄭芝龍在明清鼎革的時代再來一次政治投機，試圖謀取更大的利益。然而，來自東北的清朝統治者還無法理解東南海上力量的意義，做出錯誤的政治判斷，鄭芝龍個人前途被斷送，中國海商也注定要遭受曲折的命運折磨。

## 第一節　明清交替之際鄭芝龍的投機

作為商人捲入明清鼎革的政治波瀾，這對鄭芝龍來說，是一個新的機會。人們可以責備他對明朝的無情，但也要注意：在荷蘭人咄咄逼人的侵略態勢面前，與大陸強權協調利益，是海商較為靠譜的出路。從頭到尾，鄭芝龍對清朝謀取的是東南的海洋利益，而不是到北京做官。

### 一、鄭芝龍的降清計畫與兩面投機

從政治表現來看，應當說鄭芝龍在當政之初，對復興明朝還是有一定熱心的。由於隆武帝對他的鼓勵，鄭芝龍在與黃道周爭位時會脫口說出：「以今日較之，我從福建統兵恢復，直至燕都，功亦不在徐達下！」可見，當時鄭芝龍是將隆武帝鼓舞的話放在心裡的，以明朝開國功臣徐達為自己的學習榜樣。可惜的是，文臣們對此百般諷刺打擊，遂使鄭芝龍本來就不

十分堅定的雄心化為烏有。他對隆武帝失望後，便開始在清朝尋找關係。
《隆武紀略》一書的記載表明：鄭芝龍很早就在為自己準備一條後路。隆
武元年十二月，「鄭芝龍為上畫策，請厚遣叛督洪承疇子走南京招承疇反
正。而芝龍顧自眷承疇母于其家。蓋芝龍本與承疇同里。欲脩好於承疇」。[1]
又據該書的記載，此前福建的士人曾經主張懲罰以黃熙允為首在北京降清
閩籍大臣的家屬，也被鄭芝龍阻止。鄭芝龍聯絡洪承疇與黃熙允，表面上
是為隆武帝服務，實際上是兩面投機，一方面確實有聯絡洪、黃二人的意
思，另一方面，在時機不利時，也可以找一條降清的路子。不過，與鄭芝
龍頗有關係的兩大泉州名臣中，洪承疇的態度曖昧，清朝對其人真實的態
度一直有點懷疑，而黃熙允則是甘為清朝所用。據清方的檔案，隆武二年
三月，鄭芝龍與清朝專門負責招撫福建的黃熙允派出的間諜蘇忠貴接上關
係。兩人商談了鄭芝龍的降清計畫。其時，鄭芝龍向清廷方面提出：待他
收拾廣東後，便可降清。[2] 看來，鄭芝龍聯繫洪承疇、黃熙允等人是有作用
的，否則，清朝不會派出黃熙允專任招降事。不過，鄭芝龍雖然在清朝方
面尋找出路，但他投靠清朝只是政治上的投機，並非真正忠於清朝。清人
徐鼒評說：「若芝龍既不忠於明，亦非忠於我大清；居閩海為奇貨、視君
父若弈棋，懷狡兔三窟之謀，為首鼠兩端之計。其陰狡詭譎，非當日降臣
比也。」[3] 這裡點出了明清之際鄭芝龍在明清兩朝之間投機的事實。我們從
以後的事實可以看清楚：鄭芝龍並未誠心實意地投降清朝。其一，鄭芝龍
降清時，只率五百騎兵北上福州，並未將安海的部隊馬上交給清朝；其二，
《思文大紀》記載，鄭芝龍從福州撤退時，曾經炸毀火藥庫，聲震福州城。
可見，那時他雖然後撤，並沒有準備將所有的東西都交給清朝；其三，鄭
芝龍雖然降清，對明朝方面並未做絕。鄭芝龍握有閩中的軍權，完全可以
控制隆武帝等關鍵人物。可是，鄭芝龍不僅沒有交出隆武帝，而且放他逃
向汀州。就連在福州的唐、鄧二監國，也在鄭芝龍的眼皮下，乘船逃往廣
東。其後，鄭芝龍收縮軍隊於安海，也可看成另有目的。從軍事上來說，
鄭芝龍的主力在福建沿邊作戰多時，由於缺餉的緣故，先勝後敗。將其放

1　佚名，《隆武紀略》，清光緒十八年抄本，第 62 頁。
2　黃熙允，〈題為招撫鄭芝龍情形事本〉。順治三年八月。廈門大學臺灣研究所編，
　　《鄭成功滿文檔案史料選譯》，福建人民出版社 1989 年，第 1 頁。
3　徐鼒，《小腆紀年》卷十二，臺灣文獻叢刊本，第 599 頁。

在邊關，也無法擋住清朝騎兵的入侵。鄭芝龍將其全部撤回沿海，是戰略上的收縮行動，反而使清軍不易下手。由此可見，鄭芝龍直到此時仍然保持著多方面的聯繫，並非真心降清。鄭芝龍是一個商人，與各方面都保持良好關係是其職業特點。即使與某一方不再合作，但也不必撕破面子。鄭芝龍雖然打算投降清朝，卻不願與南明的關係弄僵。因此，他會放過唐王、鄧王等藩王，是其商人地位決定的。在與清朝間諜蘇忠貴談判時，他打算在收復廣東後再向清朝投降，換一個角度思考，也可說他是在推託。從這一背景看，倘若隆武帝真肯留在福建，使他覺得隆武政權尚有可為，鄭芝龍並不一定要降清。對於他的政治立足點，我們應當有正確的估計，這樣才能解釋最後階段鄭芝龍與隆武帝關係變化的實質。

　　以上是從較後的史實來看當時鄭芝龍的立場，我們判定鄭芝龍兩面投機的立足點後，讓我們仍然回到隆武時代，探討鄭芝龍與隆武帝關係的發展與變化。

## 二、隆武與鄭芝龍的合作及其最後破裂

　　隆武到閩北之後，其戰略計畫是進一步到江西、湖南諸省，與何騰蛟等大臣匯合，但是，由於何騰蛟方面對隆武帝不甚歡迎，一直不肯派兵來接隆武帝，所以，隆武帝一直滯留於閩北[4]。在此期間，隆武帝與鄭芝龍的關係又有變化。

　　對隆武帝來說，不管他喜歡不喜歡，鄭芝龍都是他手下的一位大臣，因此，雖然他計畫離開福建，但怎樣處理與鄭芝龍的關係，頗費躊躇。隆武帝親信大臣張家玉當時有一個建議：「大局已定，召平虜（鄭芝龍封平虜侯）而諭之曰：『百姓責在撫按，邊疆責在勳臣。全閩固守，即爾兄弟之功；全閩不守，即爾兄弟之罪。』如是則事權專，而彼無灰冷之念；腹心託，而彼絕危疑之慮矣。此守而實者也」。[5]應當說，當時隆武帝確實有將福建交給鄭芝龍的打算，並為此將鄭芝龍召到建寧府御前。對鄭芝龍而言，隆武帝到閩北而又無法離閩，且召自己到閩北，這是隆武帝仍然信

4　徐曉望，〈論隆武帝的戰略問題〉，《中國史研究》2002 年 2 期。
5　張家玉，〈聖駕動定宜商疏〉，《張家玉集》卷三，廣東高等教育出版社 1992 年，
　　第 43—44 頁。

任他的表現。於是，鄭芝龍很快到達閩北。《隆武紀略》一書記載：元月二十六日，「鄭芝龍請駕還天興。時清警狎至，上左右為芝龍所脅，請上還京。閣臣熊開元曰：『虜至福京，何鄉而可？』曰『航海耳』。閩臣在朝者重去其家，亦附會」。[6] 鄭芝龍請隆武帝回福州，其實是一個正確的主張，所以能得到朝中諸臣的贊同。當時的清軍沒有水師，海洋完全是由南明軍隊控制的。如果隆武帝退到沿海，可以像鄭成功子孫一樣堅持長達四十年的抗清戰爭。但是，隆武帝若回到福州，肯定又要受鄭芝龍的控制。所以，隆武帝不肯聽從。而且，隆武帝重視的外省籍文官都反對這樣做。他們在隆武帝耳邊吹風：若是回到福州，情況危機時再下海，豈不是與南宋二帝一樣？隆武帝以復興明朝為已任，最忌諱人們將他比作南宋二帝。況且此時他一心想西行與何騰蛟相會，哪裡肯聽鄭芝龍的意見？《隆武紀略》記載：「上曰，朕即不能恢復高皇帝大業，亦當出關一步死！若于閩中即位，便死閩中，何以垂史冊？今定以二十八日長發，阻駕者殺無赦」！[7] 由此可見隆武帝出閩的決心。不過，由於湖南的何騰蛟不予配合，所以，隆武帝最終還是未能離閩。這樣，隆武帝與鄭芝龍形成僵持：隆武帝想離閩未成，鄭芝龍想勸他返回福州也未能成功。隆武政權此後滯留於閩北，往來於南平與建寧府城之間。這是隆武二年上半年的事。不過，在此期間，他與鄭芝龍的關係有所改善。鄭芝龍在閩北協助隆武帝指揮軍隊，例如，他建議起用郭、陳二將。隆武帝因而「勅諭郭熺、陳秀二將：『若正月十八日不親到建寧，違了限期，定正軍法不饒』！」郭陳二將原是鄭芝龍當海盜時的合作夥伴，鄭芝龍降明後，主要依靠這二人打仗。在明代有關鄭芝龍征討海盜、山寇的奏疏中，常可看到二人的名字。但後來陳郭二將立功受封，便與鄭芝龍有了距離，《思文大紀》評說道：「按，陳、郭二將與鄭平彝（即芝龍）同起豐沛，鄭既貴顯，微與不睦，二將亦遠遁海外，茲平彝欲藉以守關，故屢言於上，上特旨趣之」。[8] 陳郭二將是鄭芝龍的主要大將，與其相比，鄭鴻逵與鄭彩在軍事上的表現就差多了。鄭芝龍將二人招至閩北，是為了提高部隊的戰鬥力。與此同時，隆武帝對鄭芝龍也顯示出少有的信任，「三月，命平彝侯鄭芝龍專理水師，戶、工二部事務有

---

6　佚名，《隆武紀略》，清光緒十八年抄本，第 58 頁。

7　佚名，《隆武紀略》，清光緒十八年抄本，第 66 頁。

8　佚名，《思文大紀》卷四，第 63 頁。

相關者聽其兼理」。[9]當然，以隆武帝的性格，他不是真肯將權利下放的。
他只是任命鄭芝龍去做一些具體的事情。「平彝侯鄭芝龍清察出晉江、南
安、惠安、永春四縣無礙穀價銀六千四百餘兩。上喜，覆命黃日煥去同安、
安溪、德化三縣並七府一州四十餘縣再清察，各要無擾官民、有裨國計」。[10]
受隆武帝之派，鄭芝龍還到邊關巡視，回來受到隆武帝的嘉獎。

　　不過，鄭芝龍這一次在閩北滯留，僅僅停留了兩個月。隆武二年三月
底，沿海出現了海寇，《思文大紀》記載：「海寇突入內地，焚燒課船。
上勅平夷速行勦滅，以靖邊海地方」。[11]看來，鄭芝龍是在這時候離開駐紮
延平的隆武帝。在這裡，我們應當回顧一下華廷獻《閩遊月記》對鄭芝龍
與隆武帝分手的記載：「無何而警報狎至，鄭倉皇謂：『三關餉取之臣，
臣取之海；海驚，則無家。非遄救不可。』拜疏即行。中使奉手勅云：『先
生少遲，請與先生同行』。及之河，則已飛帆過劍津矣」。[12]如其所說，鄭
芝龍不願帶隆武帝回福京，使隆武帝遭難於汀州。其實，四月分鄭芝龍回
到福州是隆武帝的派遣。當此之時，鄭芝龍還在爭取隆武帝返回福州，而
隆武帝一直拒絕鄭芝龍邀請他回福州的建議。所以說，鄭芝龍有千錯萬錯，
但在這一點上，是華廷獻是誤會了他。此後，鄭芝龍在福州住了很久，由
福州當地人撰寫的《榕城紀聞》一書云：「五月競渡，百姓以多事不敢作
樂，而平國公芝龍率標營官軍於西湖鬥舟，其旗幟皆寫欽命藩王等目。」[13]
這說明在五月初五端午節時，鄭芝龍在福州划龍船。約在五月十五日，隆
武帝「勅司禮監速行文知會平彝侯：福京空虛，大比當嚴；一面用以防備，
一面留總憲臣張肯堂彈壓」。[14]同月，「平彝侯鄭芝龍疏請疏通福京河道以
消殺氣，以奠民生。上允行」。[15]六月分，鄭芝龍在福州督建「福京宮」，
隆武帝尚給予嘉獎。[16]六月十三日，鄭芝龍尚在福州主持科舉考試。他曾經

　9　佚名，《思文大紀》卷五，第 82 頁。
　10　佚名，《思文大紀》卷五，第 84 頁。
　11　佚名，《思文大紀》卷五，第 114 頁。
　12　華廷獻，《閩遊月記》卷二，臺灣文獻叢刊本第 239 種，第 17 頁。
　13　海外散人，《榕城紀聞》，《清史資料》第一輯，中華書局 1980 年，第 5 頁。
　14　佚名，《思文大紀》卷六，第 124 頁。
　15　佚名，《思文大紀》卷六，第 127 頁。
　16　佚名，《思文大紀》卷八，第 142 頁。

製扇五千五百握分給正在考試的儒生。[17]可見，鄭芝龍到閩北約有兩個月，而後奉隆武帝之命離開閩北，來到沿海，仍然奉行他「留後」的職務。迄至六月上半月，鄭芝龍在福州。

　　鄭芝龍的戰略目的是設法將隆武帝留在福建。隆武二年四月，鄭芝龍回到福州後不久，隨即有「閩縣、侯官縣耆老詣延津，請駕回福京。上為之感歎云：即位十一個月，無時不思靖虜救民。飛躍既久，豈得回鑾？固知入虔□險艱辛之狀。但恨在閩不能安閩，閩民不負朕，朕負閩民實多矣」！[18]一般認為，福州父老到延津請願，是鄭芝龍在背後策畫的。然而，儘管有福州父老前往延平請隆武帝回鑾福州的計畫，但隆武帝堅決不肯回福州，而且將移鑾虔州的計畫公告於福州父老，可見他的決心。不過，由於他長期滯留閩北，鄭芝龍又有了爭取他留省希望，六月中旬福京的考試完畢之後，鄭芝龍回到延平府。在隆武政權中任行人的瞿其美在其《粵游見聞》記載鄭芝龍的行蹤：「先是，鄭芝龍力請旋蹕福京；且云傾家相助可四百萬，入關固守，決難飛渡。上不聽。芝龍歸。又令歸（回延平）。（芝龍）又赴行在，力向中宮言，又不聽。決策赴虔，詔宣芝龍商留守事宜，芝龍亦不至。」[19]據其所言，鄭芝龍曾兩次往返於福州與閩北之間。而其目的，是爭取隆武帝回到福州。其中第一次，應是鄭芝龍於一月分受召到建寧府，四月分離開閩北。第二次，則應是在六月福州考試完畢之後返回延平府。據記載，六月底，隆武帝兒子誕生，因是隆武帝的頭一個兒子，隆武帝十分興奮，給百官晉爵加官，這時的鄭芝龍應當在延平。鄭芝龍再次爭取隆武帝回到福州應在此時。其時，「兵部侍郎郭必昌疏陳『福京宮工告成』，上曰：宮工告成雖非朕意，朕今驅馳戎伍，何暇安居？惟平彝侯勞自當旋」。[20]郭必昌是鄭芝龍的好友，他以福京宮建成為由邀隆武帝回鑾，應是鄭芝龍請隆武帝回鑾福州戰略的一部分。然而，這時候隆武帝已經決意向江西方向出兵。《思文大紀》在其結尾部分記載：「上因首輔何吾騶決意幸汀入虔，與平彝侯鄭芝龍論議不合。且清騎輻輳關外，芝龍遂

17　佚名，《思文大紀》卷八，第149頁。

18　佚名，《思文大紀》卷六，第99頁。

19　瞿其美，《粵游紀聞》，臺灣文獻叢刊本第239種，第36—38、43頁。附載於《閩事紀略》之後。

20　佚名，《思文大紀》卷八，第142頁。

撤兵回福京，清遂長驅矣！惜哉」！[21] 綜上所述，七月間，隆武朝廷進行了關於今後動向的大討論，在隆武帝的示意下，首輔何吾騶等再一次拒絕了鄭芝龍回福京的建議，定策赴江西虔州。鄭芝龍只好罷休。

　　陳謙案及鄭芝龍與隆武帝關係的破裂。隆武二年七月發生的陳謙案是朱聿鍵與芝龍決裂的關鍵，直接記載此事的有《隆武紀略》、《閩遊月記》、及《粵游紀聞》三書。[22] 瞿其美《粵游見聞》的記載十分簡略：「秋七月，殺總兵陳謙。御史錢邦芑劾其外嬸有狀，逮下詔獄。鄭芝龍力救，不聽；尋殺之。」[23] 而華廷獻的《閩遊月記》與《隆武紀略》的記載都十分詳細，細節雖有差異，但內容大致相似。陳謙原為鄭芝龍的好友，《閩遊月記》記載：「陳，晉陵人；舊鎮金、衢，奉魯使至閩，及關趙趄，問途於大鄭；答云：『我在，無妨也』。遂與文使林垐偕入。迨啟表，稱『皇叔父』而不稱陛下；下廷議，羈二使於公館。罪且及謙。鄭為之解。而京口錢開少不知何來，自請召對，言天下事，語未竟，擢為監軍御史；因密言：『陳為魯心腹，係鄭石交；慮有間，宜急除！』或以告鄭；鄭謂：『刑所素經其門，臨時未晚。』不意夜半飛封，忽易其所。急救之，則已授首矣。伏尸哭極哀。既厚斂，為文祭之；有『我雖不殺伯仁，伯仁由我而死』之語」。[24] 隆武帝在首席大臣態度明確的情況下，仍然堅持要殺鄭芝龍的好友。實在是太傷感情。錢飲光的《閩論》論述此事：「釁端已開，而復戮其舊恩陳謙於市，芝龍叩頭爭之不得，伏屍痛哭，收其血以去。心已離矣，豈猶肯

21　佚名，《思文大紀》卷八，第152頁。

22　按，關於陳謙事件的發生時間，各書記載不同。《臺灣外志》載其事於隆武元年，《東南紀事》與《靖海志》係其事於隆武二年一月，《小腆紀年》、《南疆繹史》謂其為二年五月，而《明季南略》載其事於二年六月。以上諸書都是後人所寫，恐有訛傳的成分。從當事人的記載而言，有三部書值得注意，其一為華廷獻的《閩遊月記》，其二為瞿其美的《粵游紀聞》，其三為無名氏的《隆武紀略》。《隆武紀略》載其事於隆武二年五月。但其時熊開元已經離開隆武政權，所以，他的幕僚對此事的記載不如華廷獻與瞿其美準確。華廷獻的《閩遊月記》記載此事的時間不明，但隨後有七月望日的記載。顯見，陳謙之案應在七月望日之前。而《粵游紀聞》一書，明確將此事係於七月，因此，可以斷定陳謙事件發生在七月一日至七月十五（望）之間。

23　瞿其美，《粵游紀聞》，臺灣文獻叢刊本第239種，第36—38、42頁。附載於《閩事紀略》之後。

24　華廷獻，《閩遊月記》，臺灣文獻叢刊第239種，第16頁。

為之用乎」？[25] 兩人的關係於此最後決裂。從這一事，我們也可看到當時隆武與鄭芝龍關係的實質。許多史書都把隆武帝當作鄭芝龍手中的傀儡，其實，隆武帝到閩北之後，便是大權在握的皇帝。雖然有些事他控制不了鄭芝龍，但他也不是鄭芝龍所能控制的。以故，他敢於斬殺鄭芝龍的好友。試想，隆武帝是若像漢獻帝一樣，隨時生活在曹操的陰影中，他可能殺死曹操最知心的朋友嗎？所以，晚期的隆武帝實際上握有最高權力。

鄭芝龍撤關兵。錢飲光的《所知錄·隆武紀事》記載，陳謙之案後，鄭芝龍聽說清兵大舉進攻的消息，「遂疏稱海寇狎至，臣宜端回防禦。且措兵餉為守關之計，拜表即行。芝龍既回安海，守關將施福聲言缺餉，亦撤回安海。仙霞嶺二百里間空無一兵。惟所遣守關主事及內臣數員偵探敵信以上聞。」[26] 關於此事，《隆武紀略》也有類似的記載：「平國公鄭芝龍撤守仙霞關施福等還安平。芝龍僅留兵二千人，分守松關、崇安及政和、松溪壽寧等處」。[27] 鄭芝龍撤關兵是對隆武帝的最後殺手鐧，若隆武帝不願回福州，他就只好面對清軍的攻擊。在另一方面，鄭芝龍早就與清朝建立的聯繫，他撤關兵，也可以說是為清軍入閩開路。自以為聰明的鄭芝龍直到此時還在兩面投機。但隆武帝最終卻向汀州方面撤退，沒有再回福州。於是，鄭芝龍最後選擇了降清。

隆武帝與鄭氏家族合作的失敗不是偶然的。在那一個時代，以文官為主的政權，尚不能接受滿身銅臭味商人與其共用政權的事實。即使海商們抓住歷史賦予的機會進入了中國政治的最高層，但他們不能始終保有這一地位。其中關鍵在於：海商們奉行商品交換原則，他們給予隆武政權的東西，希望隆武政權給予相當的回報；而在隆武政權中官員們看來，忠君應當是沒有條件的。如果鄭芝龍將自己的財產與軍隊徹底地交給隆武帝，即使隆武失敗了，鄭芝龍也會獲得美名。但鄭芝龍卻想以軍隊與財產為籌碼，與隆武帝進行政治交易。這對受傳統教育的士大夫來說，是無法接受的。隆武帝北上閩北以後，大權在握。鄭芝龍由於對隆武帝的失望，開始發展與清朝的關係，進行兩面性的政治投機。與此同時，鄭芝龍並未完全放棄

---

25　錢飲光，《藏山閣集。文存》卷四，〈閩論〉，龍潭室叢書本，第 5 頁。

26　錢澄之（飲光），《所知錄·隆武紀事》卷上，荊駝逸史本，第 6、9 頁。

27　佚名，《隆武紀略》，清光緒十八年抄本，第 73 頁。

隆武帝，還想勸隆武帝返回福州，以便達到控制隆武帝的目的。後來由於隆武帝殺陳謙，二者關係最終無法挽回。於是，鄭芝龍一意投降清朝，將守關兵撤退，置隆武帝於危險之中。海商與士大夫的聯合最終破裂。不過，我們也必須指出：鄭芝龍下令撤兵，主要是撤崇安分水關和浦城仙霞嶺之兵，長期在分水關外作戰的鄭軍主力施福及施琅的部隊，都在這時退回晉江的安海，這裡是鄭芝龍的老巢。當然，他的亂命不是所有人都聽從的。因為，鄭成功仍在光澤縣杉關堅持。但在當時，鄭成功影響有限，尚不能左右大局。隆武政權內部的矛盾達到如此激烈的地步，因此，他們一直無法協力同心對付清軍，隆武政權在閩中的速敗，也就不可避免了。[28]

## 第二節　隆武帝之死及清軍入閩的軍事行動

隆武二年（1646 年）秋八月，博洛帥清軍勢如破竹地進入福建，擒殺隆武帝等人，隆武政權就此滅亡。清軍入閩如此順利，民間文獻認為是鄭芝龍降清緣故，因此，清軍入閩幾乎是不戰而勝；但《清史稿》則認為博洛等清軍將領苦戰而得閩中。如此巨大的差異，使我們感到有必要對這一歷史進程進行辨析，並研究這一事件的後果。

對鄭芝龍降清一事，筆者也根據新史料對其動機與過程進行了詳細的考訂。筆者認為：明末清初的中國海洋勢力有擁清派與擁明派兩大派系，鄭芝龍降清失利，表明獲得統治權的清廷尚不理解東南的海洋勢力，這一問題最終在康熙朝獲得解決。

### 一、博洛等清軍將領的入閩戰功考證

《清史稿》有關博洛等人入閩戰功的記載如下：

> 明唐王聿鍵據福建，博洛率師破仙霞關，克浦城、建寧、延平。聿鍵走汀州，遣阿濟格尼堪、努山等率師從之，克汀州，擒聿鍵及曲陽王盛渡等。明將姜正希以二萬人夜來襲，擊之卻，斬萬餘級。又破敵分水關，克崇安。梅勒額真卓布泰等克福州，斬所置巡撫楊廷清等，降其將鄭芝龍等二百九十餘人馬、步兵十一萬有奇。師復進，

28　徐曉望，〈論隆武帝與鄭芝龍〉，《福建論壇》人文版，2002 年 3 期。

下興化、漳州、泉州諸府。十一月，遣昂邦章京佟養甲徇廣東。[29]

如果以上《清史稿》的記載可信，清軍入閩經歷了多次苦戰，因此，清初有許多將領因為入閩戰功而獲得高升。我們再看《清世祖實錄》等官方文獻，它也說清軍是經歷了苦戰而得閩中：

> 征南大將軍多羅貝勒博洛既定全浙，隨分兵由衢州、廣信兩路進師福建。固山額真公圖賴等擊敗偽閣部黃鳴駿等於仙霞關，遂破浦城。前鋒統領努山等擒斬偽巡撫楊廷清、李暄，分遣署護軍統領杜爾德，前鋒參領拜尹岱攻下建寧、延平等府。聞偽唐王朱聿鍵遁走汀州，遣護軍統領阿濟格尼堪、杜爾德等，率兵追襲，直抵城下。我軍奮擊先登，擒斬朱聿鍵及偽陽曲王朱盛渡、西河王朱盛淕、松滋王朱演漢、西城王朱通簡，并偽官偽伯等，撫定汀州，偽總兵姜正希率兵二萬復襲汀州，乘夜登城，我兵擊敗之，斬殺萬餘級。固山真宗室韓岱等，破偽總兵師福國於分水關，入崇安縣，俘斬偽巡撫楊文忠等。撫定興化漳泉三府，署梅勒章京趙布泰等襲克福州，前後連破賊兵二十餘陣，降其偽總兵二十員，副將四十一員，參遊七十二員，馬步兵六萬八千五百餘名，福建悉平。[30]

如果光看《清世祖實錄》的以上記載，會以為清軍入閩至少經過 20 餘場大戰才獲得勝利。但仔細推敲這些記載，其實都不可靠。清軍入閩，實際上並無大戰。

## 1. 關於仙霞嶺之戰的考證

仙霞嶺是閩浙邊境第一大關，也是從浙江到福建的必經之地，「凡往來閩浙暨之京師者，以其路捷而近，莫不爭趨焉」。[31] 從浙江往福建，仙霞嶺山路起江山縣的青湖鎮，華廷獻於明末從浙江江山縣到福建浦城，「逆流而上，七日抵青湖，舍舟登陸，過仙霞嶺，嶺百四十里，陟降凡兩程，峭壁中開隘口盈丈，俯高臨下，百人守隘，千夫莫能過也」。[32] 其中最艱險

---

29　《清史稿》卷二一七，〈博洛傳〉，北京，中華書局標點本，第 9011 頁。

30　《清世祖實錄》卷二九，順治三年十一月，第 1—2 頁。

31　楊榮，《楊文敏公集》卷十二，〈送浦城陳大尹考滿復任序〉，文淵閣四庫全書本，第 17 頁。

32　華廷獻，《閩事紀略》，《閩遊月記》，臺灣文獻史料叢刊第六輯，第 239 種，第

的路段是翻越仙霞嶺主峰，周亮工說：「閩由浦城往浙，必度仙霞（嶺），峻嶺高三百六十級，凡二十八曲，長二十里。」[33] 這裡的山道陡峭，只能過一人一馬，自古以來，「入閩者多苦浦城山路」。[34] 因此，在這裡設關置兵，足以擋住外來雄兵。

　　仙霞嶺的地位如此險要，自然成為隆武帝的防禦重點。早在隆武稱帝之際，便派鄭鴻逵率部駐守仙霞嶺，我在〈論隆武帝的戰略問題〉一文中也提到：鄭鴻逵曾以仙霞嶺為依託，進攻徽州的清軍，但被打得大敗。[35] 此後，鄭鴻逵與隆武帝的戰略發生矛盾，隆武帝要求鄭鴻逵大舉進攻，鄭鴻逵認為：防守尚可，進攻是自尋死路。二人的矛盾最終不可調和，隆武二年三月二十五日，鄭鴻逵因隆武帝不肯採納其意見，棄軍而走，剃髮為僧，「關門守禦俱弛，而有輸欵清朝者矣」。[36]

　　鄭鴻逵派駐仙霞嶺的首席大將為黃光輝，鄭鴻逵退隱後，黃光輝部的情況如何？在文獻中找不到直接記載。不過，鄭鴻逵退隱後，仙霞嶺諸將中再也見不到黃光輝的名字。其後為鄭鴻逵收拾爛攤子的是鄭芝龍。他受隆武帝之託，布置閩北防守，「以施福、黃興守崇安，林順、曾德守仙霞，歲滿准與更番」。[37] 可見，黃光輝之部應是隨著鄭鴻逵退隱而退走。《隆武紀略》記載隆武二年十月的事件：「漳州總兵黃光輝力屈，偽降于清」。[38] 可見，黃光輝撤退仙霞嶺之後，應是轉任漳州總兵，並在清軍入閩後於漳州降清。總之，鄭鴻逵退隱，黃光輝部撤出仙霞嶺，造成隆武二年三四月間，仙霞嶺無人把守。

　　隆武帝失去鄭鴻逵後，不得已依重鄭芝龍：「勑平彝侯鄭芝龍撥兵遣將，扼守江山，壯衢聲勢；未可盡卸遠調之擔，自撤藩籬。」[39] 此處提到的的

　　　3 頁。

33　周亮工，《閩小紀》卷三，〈仙霞嶺〉，福建人民出版社 1985 年，第 52 頁。

34　姚旅，《露書》卷七，〈雜篇〉，影印明天啟刊本，《四庫全書存目叢書》，子部，第 111 冊，濟南，齊魯書社 1995 年版，第 663 頁。

35　徐曉望，〈論隆武帝的戰略問題〉，北京，《中國史研究》2002 年第 2 期。

36　洪旭，〈王忠孝傳〉，錄自《王忠孝公集》卷十二，江蘇古籍出版社 2000 年，第 401 頁。

37　佚名，《思文大紀》卷六，臺灣文獻叢刊本第 111 種，第 105 頁。

38　佚名，《隆武紀略》，北京大學圖書館藏手抄本，第 78 頁。

39　佚名，《思文大紀》卷六，第 104 頁。

江山，位於仙霞嶺之北，所謂扼守江山，即為加強仙霞嶺防禦。同時，為了牽制鄭芝龍，隆武帝還派出了文官作為監軍，「以鄉紳張調鼎同道臣趙秉樞扼守永定關、謝紹芳同府臣周維新扼守大安關、黃大鵬同臺臣鄭為虹扼守仙霞關；務要調和兵民，偵禦奸寇，與守關兵將有功同賞、有罪同罰，違者三尺不宥。」[40] 六月分，發生了這樣一件事：「巡關御史鄭為虹叱責平彝標下將官陳俊、鄒太爭奪船隻，芝龍密訴於上。上曰：『干戈寧謐，全藉文武和衷。為虹叱責，亦是代卿約束，卿幸勿芥蒂。應以王臣王事視為一體，等於同舟，尤所殷望』。」六月十六日，「平彝侯鄭芝龍調曾德回守仙霞關，上從之」。[41] 由此可知，迄至六月分，鄭芝龍直接管轄仙霞嶺的守軍。

　　隆武二年七月間，鄭芝龍因陳謙一事與隆武帝的矛盾激化，因而離開閩北，退往福州。其時，防守仙霞嶺的閩軍實力薄弱，由李世熊所寫的〈李魯傳〉中提到：「丙戌六月，魯藩棄浙，公（李魯）特奏言藩籬已撤，溫麻邵建處處皆瑕，即重兵扼險，猶慮不濟，況關兵撤回安海，四境蕩無鎖鑰。人情泮渙，忠義灰心。去閩當如避楚抉網。」[42] 據此，六月分李魯也說到關兵已撤。此後，應是隆武帝讓鄭芝龍派出一支部隊防守浙江方面的來敵。因而曾德被鄭芝龍派到仙霞嶺一帶。《隆武紀略》一書記載：「芝龍僅留兵二千人，分守松關、崇安及政和、松溪、壽寧等處」。[43] 上述四縣一關皆位於福建邊境，總共二千人的部隊分守四個縣，實際上根本沒有力量。

　　鄭芝龍退往安海之後，七月分，他進一步將他所能調動的鄭家軍全部撤回沿海。《隆武紀略》記載：七月二十六日，「平國公撤守仙霞關施福等還安平」。[44] 此處所說的平國公，即為鄭芝龍，而施福等人，原來是在崇安分水關防守。鄭芝龍將這兩支閩軍從前線撤走，分水嶺和仙霞關完全空虛。這顯然是鄭芝龍策應清軍的一個布置。可以說，這時候鄭芝龍已經下決心降清了。

---

40　佚名，《思文大紀》卷七，第 134 頁。
41　佚名，《思文大紀》卷七，第 145、150 頁。
42　李世熊，〈明兵部職方司主事李公家傳〉，引自：李魯，《重編爐餘集》卷五，民國潮安集文印社重刊本，第 9 頁。
43　佚名，《隆武紀略》，第 73 頁。
44　佚名，《隆武紀略》，第 73 頁。

不過，關於仙霞嶺守軍一事，還得考慮浙江魯王部下的明軍潰兵。魯王在浙江失敗後，其部下大將方國安等人降清，而剩餘的部隊，有的隨之降清，有的退往福建。《隆武紀略》記載：「田仰、方國安、鄭遵謙兵南奔至嶺界，守者無一兵。」[45] 這些潰兵的數量不少，為什麼當地的官員不能組織來自浙江的潰兵防守仙霞嶺？我們可以看華廷獻的記載：「七月望後，錢塘多不可問。馬士英、阮大鋮輩亦鼠竄浙東；有舊撫田兵會於魯藩，號三家兵。田兵、方兵、鄭兵，或離或合；甚至挾婦女坐山頭，呼盧浮白。」[46] 可見，這一股潰兵紀律很亂，非但不能打仗，還破壞了當地的治安。乃至隆武的官員們感到十分頭痛。鄭為虹傳記載：「丙戌七月，大清兵取衢州，將度仙霞，潰兵南奔者焚掠為食，人士流離，家不相保。為虹閉城發倉米、銀布以犒，驩呼而去。」[47] 可見，隆武的官員根本無法組織他們防守仙霞嶺。而這批官兵也未在仙霞嶺停留，而是穿過仙霞嶺向浦城以南流竄。他們在浦城得到巡關御史提供糧食，感激不盡。安然返家。仙霞嶺空無一人。

在清軍攻仙霞嶺的戰報中，閣臣黃鳴駿是一個重要人物，清軍自稱是擊破黃鳴駿所部後進入福建：「八月，博洛令諸軍分道入福建，圖賴自衢州出仙霞關，擊破明大學士黃鳴駿等。師度嶺，克浦城。」[48] 因此，我們有必要考訂黃鳴駿在前線的情況。黃鳴駿為明朝舊官吏，隆武稱帝後，任命他為閣臣。他是隆武帝較信任的一員官吏。隆武二年三月二十八日，鄭鴻逵退隱後，他被隆武帝派到江山縣防守。以其閣臣的地位，他應是類似黃道周之類的督師大臣，從而成為總轄江山與仙霞嶺一帶諸軍的最高首腦。但其手中無兵無錢，無法發揮較大作用。

隆武二年六月分，清軍攻克浙江重鎮金華，城內明軍首領朱大典自焚。朱大典為金華本地人，他本是明朝的大臣，在黨爭中失利，退據家鄉。朱大典聽說北京之變後，便料到清軍遲早會南下，他在家鄉組織抗清武裝，使金華成為南明重要的抗清基地。隆武二年夏，清軍渡過錢塘江南下，方國安等人的明軍一轟而散。清軍到了金華城下才遇到抵抗，文弱書生朱大

45　佚名，《隆武紀略》，第 74 頁。
46　華廷獻，《閩事紀略》，臺灣文獻叢刊本，第 17 頁。
47　邵廷案，《東南紀事》卷三，第 64 頁。
48　《清史稿》卷二三五，〈圖賴傳〉，第 9434—9435 頁。

典的鄉兵堅守金華城，硬是抵抗了二十多天，才被清兵破城。其後，清軍南下進攻衢州。黃鳴駿無力抗禦，六月二十日，「督師大學士黃鳴俊（駿）奔還建寧」。[49] 隆武帝大驚，並將黃鳴駿訓斥一通，黃鳴駿只好返回前線。此後他應是在仙霞嶺一帶駐守。浙江潰兵進入福建後，他可能嘗試過組織這批潰兵防守，並調解他們的矛盾，華廷獻說：「元戎大帥持空頭箚市直充餉，如三家村老人解人詬誶」。[50] 其中的「元戎大帥」，看來就是指黃鳴駿等人。但是，儘管他們付出努力，仍然無法約束這幫從浙江來的潰兵，能將他們送走，已經是十分不錯的政績了。

　　在這一背景下，八月十三日，清軍過仙霞嶺時，仙霞嶺已是「守者無一兵」，「清騎遂從容過嶺」。[51] 據明代的旅路指南記載：「自浦城至（江山）清湖凡五日路程，中二日，山甚險峻。」[52] 福建方面的史料記載，清軍八月十三日過仙霞嶺，十七日占浦城縣，前後用了五天時間。由此可知清軍基本是在行進間順利占領浦城縣，沒有受阻。其時，黃鳴駿見清軍入關，單騎赴延平向隆武帝報警。以後跟隨隆武帝到汀州，在汀州被清軍俘虜。至於巡關御史鄭為虹，在清軍進入浦城時，還想組織抵抗，但當地百姓見大勢已去，不肯作戰，鄭為虹被俘，拒絕清朝招降而死。從黃鳴駿與鄭為虹的經歷看，二人在仙霞嶺與浦城一帶，都未能組織起有效的抗清戰鬥，可見，所謂清軍在仙霞嶺大戰黃鳴駿根本是不可能的。這一事實證明圖賴等人所謂大戰仙霞嶺、攻克浦城等等戰功完全是子虛烏有。

## 2. 關於分水關之戰的考證

　　分水關是福建與江西邊界的一道大關。位於閩北崇安縣與江西鉛山縣之間。明代的旅路指南記載了從崇安到鉛山的山路：「四十里至大安驛，有望郎回山，其石似婦人手牽子立在山頭，常有雲霧，人常不見。若見，大吉利，對過吉門關但七站陸路，若取小轎，與弟子男子俱仔細，或至五六十里，便走此七站。……此一站俱山路。二十里至分水關巡檢司。在

---

49　佚名，《隆武紀略》，第 72 頁。

50　華廷獻，《閩事紀略》，臺灣文獻叢刊本，第 17 頁。

51　佚名，《隆武紀略》，第 74 頁。

52　延陵處士編校，《新鋟江湖秘傳商賈買賣指南評釋》，潭邑余文台梓行本，下卷，第 21 頁。

嶺頭。有為閩中首地，回字。過江地界四十里車盤驛，一里至子規嶺，下有子規鋪，五十里至鵝湖驛，鉛山縣管。」[53] 由此可見，分水關山路要走數日，也是一道險關，若明軍認真防守，清軍很難突破。《清史稿・漢岱傳》記載：「分兵略福建，攻分水關，破明唐王將師福，入崇安，斬所置巡撫楊文英等，下興化、漳州、泉州。」[54]

　　文中所云「師福」，即為鄭芝龍家將之一施福，他的部隊是鄭芝龍所部的中堅。他的名字經常出現於南明史的文獻中，《隆武紀略》一書載有隆武帝於隆武元年七月初發布的登基詔書，其中提到施福：「內令前都督府總兵官施福道出廣信。」[55]

　　《思文大紀》一書記載：隆武元年七月，隆武「以副總兵施福守崇安關」。[56]

　　張家玉在其奏疏中說到：「若夫副總施福守大關也，以孤軍深入弋陽（隸屬江西廣信府）。」[57]

　　以上記載都表明施福主要在崇安縣分水關外的鉛山河口鎮駐紮，並在這一帶作戰，以掩護分水關。假若施福一直在鉛山駐守，清軍從分水關入閩，一定要先打敗施福所部。然而，錢澄之《所知錄・隆武紀事》一書記載隆武二年，陳謙被隆武帝殺害之後，鄭芝龍即離開延平府，「芝龍既回安海，守關將施福聲言缺餉，亦撤回安海。仙霞嶺二百里間，空無一兵，惟所遣守關主事及內臣數員偵探敵信以上聞耳。」[58]

　　《隆武紀略》一書也有類似記載：「平國公鄭芝龍撤守仙霞關施福等還安平」。[59]

　　由此可見，施福已在清軍入閩以前，遵鄭芝龍之命從仙霞關（或是分水關）撤兵。他不可能在分水關與清軍大戰。

53　延陵處士編校，《新鐫江湖秘傳商賈買賣指南評釋》，下卷，第18—19頁。
54　《清史稿》卷二一五，〈漢岱傳〉，第8941頁。
55　佚名，《隆武紀略》，第31頁。
56　佚名，《思文大紀》卷二，第24頁。
57　張家玉，〈報明江省情形疏〉，《張家玉集》，廣東高等教育出版社1992年，第15頁。
58　錢澄之，《所知錄・隆武紀事》卷上，荊駝逸史本，第9頁。
59　佚名，《隆武紀略》，第73頁。

據《隆武紀略》的記載：施福撤兵之後，兵部主事唐偶在建寧府城招兵數百人前往鉛山防守。八月十三日，清兵一部打到鉛山，唐偶在此戰歿。[60]唐偶死後，分水關便沒有人保衛了，清軍應是輕鬆地越過分水嶺。

總之，清軍進入分水關也沒有大戰，更不可能與早已退走的施福所部大戰。《清史稿》記載漢岱等人破分水關、大敗施福的戰功，也是子虛烏有。

### 3. 清軍占領建寧府過程

建寧府城今名建甌，歷史上曾名建州，是閩北重鎮。無論是從仙霞嶺進入福建，還是從分水關進入福建，首先遇到的大城即為建寧府城。因此，自古以來，建寧府城都是入閩軍隊首先要攻占的要塞。元末明初，紅巾軍入閩，經過四次慘烈的戰鬥才攻占建寧府城。隆武帝來到閩北後，多數時間住在建寧府城，它因而成為清軍攻襲的重要目標之一。但在隆武二年八月清軍入閩時，建寧府城並無大戰。葛應忠的《清初建州大事記》記載，「八月十九日，大清兵破建陽，二十一日至建寧府，本府楊太爺率程三府、高四府、葉二府、李建安、王甌寧出城降清。大清征南大將軍貝勒博洛督軍入城。」[61]這些降清官員的具體名字不詳，從《建寧府志》中我們知道清初第一任建寧知府為高簡：「順治三年，以本府推官投誠任」[62]；通判程益：「順治三年，原官投誠任」[63]。看來以上的「高四府」就是葛應忠所說的推官高簡，而程益即為「程三府」了。總之，清軍於隆武二年八月二十一日占領建寧府城，當地明朝官員集體投降，到城外迎接清軍，清軍是不戰而獲建寧府城。

### 4. 所謂的延平府城之戰

延平府城即為南平，此地距建寧府城僅一百多里，因此，清軍的前鋒占建寧府城之後，略做休息，便直奔南平。據《南平縣志》的王士和傳，士和於七月二十六日被隆武任命為延平知府，八月二十二日，清軍兵臨延

---

60　佚名，《隆武紀略》，第74頁。

61　葛應忠，《清初建州大事記》，福建省圖書館藏油印本，第9—10頁。

62　清·張琦修、鄒山、蔡登龍纂，康熙《建寧府志》卷十八，〈職官志〉，清康熙三十二年刊本，第14頁。

63　郝玉麟等，雍正《福建通志》卷二七，〈職官志〉，第82頁。

平府城下，「時百僚已爭先擁衛去，獨公留守，欲背城借水，而諸軍皆亡。已而登陴力守，士民復逃竄殆盡。」[64] 於是，清軍不戰而下延平府，王士和自殺身亡。鄭芝龍在降清時，曾經自吹「復廻延平之卒」[65]，可見，守延平之軍逃走，至少有一部分是鄭芝龍的「功勞」。

## 二、汀州城之戰與隆武帝的結局

　　八月二十二日，清軍襲占南平，隆武帝在此前的二十一日離開南平向西行進，二十四日到順昌。隆武帝很早就準備離開福建，與大臣約好七月分離開閩中，為什麼隆武帝遲遲不出發又拖了一個月？其真實原因在於：隆武的皇長子誕生於六月二十八日。[66] 我們知道：隆武帝在七月分大宴群臣，慶祝他的頭一個兒子誕生。看來，隆武帝多次延遲離閩計畫，與其嬪妃待產有關係。隆武帝中年得子，視其為人生中一大事，因故情況雖然危急，但他仍要等到他的宮妃順產後才走。這是他訂計畫七月出發的原因。令人遺憾的是：隆武帝七月分又未能走成。其原因還是與其後宮有關。《隆武紀略》隆武二年一月分下記載：「皇后素不娠，獨於是數月是其產期，益猶豫。」[67] 這是其在閩北一直不走的原因。我們知道：隆武帝在六月底已經誕子，隆武帝應在此後可以出發。要命的是：隆武后宮不止一個人懷孕。華廷獻的《閩事紀略》記載：曾皇后在逃難到順昌時，還要民夫小心侍候劉宮娥，因為，劉宮娥有孕在身。隆武帝的宮妃約有二三十人，恰在此時有二人懷孕，隆武帝無子，對後嗣看得極重，因而多次延誤了時機。

　　隆武帝在閩北共九個月，其間清軍多次迫近福建，但都未入閩而退走。在這一背景下，隆武帝對清軍入閩一事已經有一些麻木。清軍攻打福建之前，隆武帝在延平府城，在他的前面，尚有浦城縣與建寧府城，所以，隆武帝對清軍逼近不以為意。結果清軍的進展之快完全超出他的想像。清軍於八月十七日入閩，十八日占浦城，二十日占領建寧府城，二十二日，清軍進入延平府城——南平，基本是以行軍的速度攻占幾座閩北重鎮。要命

---

64　吳栻，民國《南平縣志》卷二十，方志委 1985 年重刊本，第 1036 頁。
65　佚名，《隆武紀略》，第 79 頁。
66　熊開元，《魚山剩稿》卷二，〈懇准辭以廣皇恩疏〉，第 157 頁。
67　佚名，《隆武紀略》，第 66 頁。

的是：在清軍占領南平前一天，隆武帝剛剛離開延平府西行。[68] 由於拖兒帶女，他們走得很慢，三天才走到南平的鄰縣——順昌，這裡有驛道通向汀州。清軍趁此機會趕了上來。

隆武帝在順昌得知得知清軍襲占南平消息後，大驚，拋棄部眾向汀州奔去。「從者止何吾騶、郭維經、朱繼祚、黃鳴俊（駿）數人。」[69] 他所率福州衛所兵組成的御營，不戰而潰。按，朱聿鍵真是不知兵，他手下的衛所軍隊雖然不能作戰，但堅守幾天總是可以的。如果這時候朱聿鍵下令這支衛所軍隊堅守順昌，好歹抵擋清軍數日，朱聿鍵便可安全逃走。但是，慌亂不已的朱聿鍵什麼都沒有說便逃走，甚至丟下他的妻妾三十餘人。隆武帝在南逃的半路遇到汀州派來接他的周芝藩部閩軍，從而鬆了一口氣，並於八月二十七抵達汀州。他在這裡停頓一天。

汀州是一個位於閩贛粵三省之交的府城，隆武帝到這裡是想入贛還是入粵？其時，贛州是明軍與清軍爭奪的主要戰場，而且，當時贛州的戰事漸已不利於明軍，若隆武帝攜家帶口入贛，很可能被清軍俘虜。錢飲光評道：「就能達贛，而敵騎已充斥於贛州城外，雖無汀州之變，事已不可為矣。」[70] 在這一背景下，隆武帝實際上是想入粵的。此前，隆武帝與其諸臣已有入粵的打算：「秋七月乙巳朔，上幸建寧，時清報日迫，何騶吾（吾騶）勸上入廣，上未能決。」[71] 約在七八月間，隆武帝派汀州人李魯回汀州為其開道。當時汀州的山區武裝圍攻上杭縣，堵住了汀州的南下通道，而上杭縣是汀州入粵的必經之路。李魯找到山區武裝首領對他們說：「幸甚，諸君值魯，乃富貴逼人也。諸賊愕然曰：何故？公曰：天子早晚入粵東，諸君部勒一軍增其護衛，便為禁旅親軍矣。恩賚踰他營。一等抵粵，便當敘功，粵中繁富十倍閩中，諸君食國餉佩將印，豈非富貴逼人乎？」[72] 然而，李魯為收編這些山區武裝，一直在汀州與上杭之間奔忙。隆武帝來到汀州時，李魯尚在上杭縣，鑾輿奔汀，甫入行宮，朝見文武，上「即問李

68　佚名，《隆武紀略》，第74—75頁。
69　佚名，《隆武遺事》，上海，商務印書館1912年版，第9頁。
70　錢飲光，〈閩論〉，《藏山閣文集・文存》卷四，第5頁。
71　佚名，《隆武紀略》，第72頁。
72　李世熊，〈明兵部職方司主事李公（魯）家傳〉，錄自李魯，《重編爐餘集》卷五，民國重刊本，第9頁。

魯何在？」汀守汪指南奏曰：李魯往援上杭，事濟，即可還汀。上「憫然曰：今誰為朕借箸者！」[73] 李魯未能從上杭返回，表明從上杭到廣東的路不通，隆武帝一時無法經汀州南下廣東。隆武帝猶豫之際，在汀州多停頓一天，這該死的一天使清軍有時間追上他。八月二十九日晨，隆武帝正待出發，晨起之後，隆武帝與其妻子吵了一架。原來，隆武帝在順昌拋棄妻子逃走，幸好他的妻子是一個能幹的人，丈夫不見了，她仍然能夠忙而不亂，將三十來位妻妾組織成一支隊伍，叫來官員派人將她們送到汀州。按，唐王朱聿鍵在釋放前，長年在監獄裡度過，沒有子嗣。因此，他到了福州後，接連娶了二三十位嬪妃，這些嬪妃中，有些人已經懷孕，有的產子，長期行軍，實不方便，後來在順昌被她們的夫君拋棄，心中有怨言。所以，唐王的妻子逮到機會便與唐王吵架。其時，縣令的民伕隊伍都組織好了，本來可以馬上出發，現在只好聽唐王的夫妻吵架。但是，兩人吵架還沒有結果，清軍卻殺來了。

進入福建的清軍既有滿軍，也有漢人組成的綠營軍。其中一支渡過分水關的綠營軍前鋒由長期在江西活動的李成棟指揮。李成棟原為明軍，對明軍的各種號令十分熟悉，他們過了分水關之後，來到建陽縣，而後從建陽縣南下邵武、順昌，因而走在占領南平的清軍前面。李成棟到順昌後，得知唐王朱聿鍵出逃未久，便組織了一支20來人的精銳小分隊，快馬加鞭，於八月二十九日凌晨抵達汀州城。其後，他們冒充明軍哄開城門，輕騎突進，殺死前來查詢的周芝藩，擒獲隆武帝、諸王及其家眷。天亮之後，李成棟的後隊才跟隨而來，而後李成棟押解俘虜返回南平。可見，這件功勞原屬於投降清朝的李成棟。至於隆武帝朱聿鍵的下落，有人說其半路被殺，有人說其被殺於福州。從清軍的軍功制度來看，俘獲隆武帝的清軍一定要將其人押到福州面見主帥後殺死，所以，記載唐王死於福州是對的。而隆武的皇后不堪受辱，在路經清流縣九龍江時投水而死。

《清史稿》的記載與實際情況不同：「明唐王自延平走汀州，復遣巴牙喇纛章京阿濟格尼堪、杜爾德等帥師追擊，克其城，執唐王及其宗室諸王送福州。明將姜正希以二萬人夜襲汀州，已登陴，我軍出禦，擊殺過

---

73　丘復，〈明鄉進士工部職田司主事改授兵部職方司主事專勅辦汀屯練上杭弘菴李公（魯）墓表〉，錄自李魯，《重編爐餘集》卷五，第 1 頁。

半。」[74] 這裡有兩個問題，其一，捕捉唐王其實是李成棟的功勞，此處被記成阿濟格尼堪等人的功勞。其二，清軍進入汀州府城，其實沒有大仗。周芝蕃的部隊因周芝蕃死而崩潰，李成棟捉到唐王之後，很快北上歸隊。阿濟格尼堪等人根本沒有到汀州，也沒有在這裡大敗明軍兩萬人。如果有這一事，那麼，襲占汀州的清軍不僅俘獲隆武帝及諸王，而且還大敗明軍二萬餘人，是大功一件。但在事實上，姜正希也是一個子虛烏有先生。在南明史冊及汀州方志中，根本找不到這個人的影子。而且，此時的明軍，大部集中於贛州城下與清軍決戰，不可能在汀州有一支二萬人的隊伍而不使用。據汀州人李世熊所寫的李魯傳記，李魯在八月初受隆武帝之命到汀州招攬鄉村各地的土匪，準備將他們改編為軍隊，為隆武帝作戰。隆武帝在汀州被俘後，李魯確實有組織軍隊重新作戰的意思。但在九月四日，清朝招降令抵達李魯所居的上杭縣，其中應有不降即屠城之語。當地官民害怕李魯的抵抗給他們帶來災難，其中有丁某宣言於眾：「大清兵至，拒命者屠其城。李宦入山必率所撫之賊以抗王師，滿城血肉豈易李宦數莖頭髮邪？杭人亦有然其說者。遂率黨追擁公還城，嚴衛之。」在這一背景下，李魯無法建功，只好自殺報國。[75] 按，在當時明軍崩潰之際，諸軍大亂，不可能有人組織起有效的反抗。所以，所謂姜正希率部二萬人反攻汀州，只是清軍將領為了誇張自己的戰功而編造的謊話。此外，這項功勞原應屬於李成棟，卻被清軍其他將領冒領，這就埋下李成棟最後反清的伏筆。

福州城的攻防。

福州是福建省會，位於閩江下游，弘光二年七月，唐王稱帝於此，改元隆武，並將福州改名為天興府。隆武元年十二月，隆武帝離福州而至閩北，鄭芝龍被留於此地任留後，主持徵稅及造槍砲之類的工作。隆武二年八月二十二日，清軍占領南平後，原可順流而下，攻襲福州。不過，因隆武帝向汀州逃去，清軍進攻方向轉向西部，福州因而有了喘息數天的時間。

據《隆武紀略》的記載，鄭芝龍在福州一直到九月十四日才撤往安海。當時，鄭芝龍降清的面目尚未暴露，他的手下尚在福州布置防務。《燼火

---

74　《清史稿》卷二三五，〈圖賴傳〉，第 9434—9435 頁。

75　李世熊，〈明兵部職方司主事李公家傳〉，錄自李魯，《重編爐餘集》卷五，第 10 頁。

錄》記載：「鄭芝龍列大礮於洪塘，泊舟南岸，福州城守尚固。」[76] 但鄭芝龍之意不過是搶時間將福州的軍火運往安海，「平彞侯鄭芝龍兵船盡泊南臺者旬日，搬運城中舊日北庫所蓄火藥兵器，復焚北庫。巨礮震發，勢如山崩。」[77]

清軍在芝龍撤退後的九月十八日進入福州城。其間得到永福縣黃氏大家族的接應。《思文大紀》記載，永福縣鄉紳黃文煥父子起兵接應清兵，逐縣官，「伐山開道，親至延平。朝貝勒。」[78] 由於黃文煥父子的引導，「大清兵別由山徑竟達省城，遂克之」。[79] 由此可見，清軍進入福州也是不戰而勝。

總的來說，隆武二年清軍入閩，幾乎沒有打大的戰役。各地隆武官員或逃或降，少數自殺殉國。清軍根本沒有遇到像樣的抵抗。這與鄭芝龍的出賣有相當關係。不過，清軍既得閩中，諸位將帥便遇到了一個如何報功的問題。假使如實上報清軍入閩情況，各位將領很難得到重大獎賞。為了得到大功，清軍統一口徑，誇張敵人的抵抗，從而使攻占福建成為大功一件。《清實錄》及《清史稿》中有關清軍苦戰而得閩中的記載，其來源在此。

其次，由於清軍將領要誇張自己的功勞，他們就一定要抹殺李成棟俘虜唐王的李成棟以及鄭芝龍迎降之功。否則，皇帝知道鄭芝龍撤關兵為清軍掃清障礙的真相，給博洛、阿濟格等人的功勞就少了。因此，不論鄭芝龍如何為清軍效力，他已經注定沒有好下場。

## 第三節　安海對峙和鄭芝龍降清

鄭芝龍將所有的兵力囤聚於家鄉安海鎮，做了兩手打算。有利時與清軍和談，不利時退入海洋。這對清軍來說，也是一個難以解決的問題。清兵多為北方人，對福建炎熱的氣候非常不適應，他們很想早日凱旋回家。但是，撤軍之前，一定要解決安海的鄭芝龍軍隊。

---

76　李天根，《爝火錄》卷十六，臺灣文獻叢刊第 177 種，第 866 頁。
77　佚名，《思文大紀》卷八，第 152 頁。
78　佚名，《思文大紀》卷八，第 153 頁。
79　李天根，《爝火錄》卷十六，第 866 頁。

## 一、鄭芝龍降清的準備

　　鄭芝龍以一個海盜降明，他與明朝的關係，其實質是一個買賣的關係，明朝授予他高官，而他為明朝平定東南海疆，並從中謀利，獲得巨額財富。這一筆買賣對雙方都合算，但不能保證鄭芝龍忠於明朝。明末朝廷想調鄭芝龍到北方去抗清，鄭芝龍便聲稱要剃髮為僧，不肯離開東南沿海，這表明他對明朝的態度絕不像一般官吏那樣地順從，而是一直有自己算盤的。

　　在擁立唐王方面，鄭芝龍一直不太積極，他只是被其弟鄭鴻逵牽著鼻子走。隆武朝建立後，他與文臣黃道周等人發生矛盾，對隆武帝早已是三心二意。《隆武紀略》記載鄭芝龍與洪承疇關係時說：「鄭芝龍為上畫策，請厚遣叛督洪承疇子走南京招承疇反正。而芝龍顧自眷承疇母於其家。蓋芝龍本與承疇同里，欲脩好於承疇。」[80]

　　按，隆武繼位後，一直想招攬降清的明朝大臣，而鄭芝龍卻利用了這一機會與洪承疇交好。他養洪承疇家屬於自己的家裡，顯然是在做二手打算，形勢對明朝有利，他招降洪承疇可以說是真的，形勢對明朝不利，他可以憑洪承疇的關係降清。

　　除了洪承疇之外，鄭芝龍還與閩籍降清大臣黃熙胤建立了關係。黃熙胤為晉江人，他是明末在北京降清的高級官員之一。黃熙胤降清後，隆武帝於元年七月初四「詔收北京仕清黃熙胤、黃志遜、黃文煥、張鳴駿、鄧孕槐、吳之琦、陳兆琦等家屬，平虜侯鄭芝龍勸止之。」[81]鄭芝龍的理由無非是想通過其家屬招降其人。實際上，鄭芝龍是借此與清朝拉上關係。其後，清朝亦命黃熙胤招撫福建。清代的檔案記載：「招撫福建黃熙允題。臣係福建人，來閩招撫，然因道路不通，故使蘇忠貴自小路前往。據蘇忠貴回稟：我於三月抵達福建，見到鄭芝龍，見其有誠意歸附。對我言稱，唐王性情暴戾，廣東蘇觀生曾派兵迎我，我未前往。又言，我二人至粵可為總鎮，我取粵後，即可歸附。等情，稟報前來。六月，臣隨大軍渡江，據此稟報貝勒。貝勒喚來蘇忠貴，面詢此情，次日，便賞銀五十兩，並着其手持敕書齎送鄭芝龍。」[82]據此，鄭芝龍約於隆武二年三月與清朝負責招

---

80　佚名，《隆武紀略》，第 62 頁。
81　佚名，《隆武紀略》，第 27 頁。
82　黃熙允，〈題為招撫鄭芝龍情形事本〉。順治三年八月。錄自廈門大學臺灣研究所

撫福建的黃熙允接上關係，清軍入閩之前，其統帥博洛貝勒已經正式招撫鄭芝龍。

　　鄭芝龍降清的關鍵部署在於：下令他手下的大將放棄各個關口，給清軍入閩讓開大路。其中最為要害的是撤退仙霞嶺與分水關守兵。而清軍恰是從這兩個關口入閩，這也證實了鄭芝龍與博洛的關係。如其在給清帝的奏書中所說，「臣聞皇上入主中原，揮戈南下，夙懷歸順之心。惟山川阻隔，又得知大兵已到，臣即先撤各地駐兵，又曉諭各府、州積貯草秣，以迎大軍。」[83]《隆武紀略》也有類似記載：「芝龍先與虜約：以退兵為信，如虜兵臨仙霞，則退浦城，臨浦城則退建寧，臨建寧，則退延平，臨延平則退水口，臨水口則退福城，臨福城則退入海。」[84] 鄭芝龍到福州投降博洛時，曾有一降表：「既抽各關之兵，復廻延平之卒；開省城以待大兵，登海舟而回南土；徧諭興泉漳邑，疾備兵粮馬芻云。」[85] 由此可見：鄭芝龍確實為清軍入閩敞開了大門，他非但不守關口，還將各地的兵調回安海，使清軍不戰而得福建大部城市。他對清軍入閩是有「貢獻」的。

## 二、鄭芝龍降清後擁明派的反擊

　　鄭芝龍對清朝的功勞還表現為：他將一支抗清軍隊的主力交給清朝。由於鄭芝龍早在清軍入閩之際即將軍隊撤回沿海，他的主力基本保留下來。「芝龍保安平，軍容烜赫。戰艦齊備，礮聲不絕。震天地。」[86]「芝龍退屯安海，樓船尚五六百艘。」[87] 除了他的直轄部隊之外，鄭成功餘部也在安海。鄭成功一直在光澤縣杉關前線駐守，部下有一萬人以上。隆武二年八月清軍入閩，直奔建寧府城與延平府城，鄭成功後路被抄，不得已向福州退卻。其時延平已經被清軍占領，鄭成功所部多為招募於沙縣的「山賊」，鄭成功要將他們帶回沿海是很困難的。這些人中的多數，應是潰散於閩北。據王忠孝文集記載，鄭成功與清軍在南平有過一些小接觸，終於衝破清軍的

---

　　編，《鄭成功滿文檔案史料選譯》，福建人民出版社 1989 年，第 1 頁。

83　〈閩省降員鄭芝龍題本〉，見《鄭成功滿文檔案史料選譯》，福建人民出版社 1987 年版，第 1 頁。

84　佚名，《隆武紀略》，第 73 頁。

85　佚名，《隆武紀略》，第 79 頁。

86　佚名，《隆武遺事》，第 10 頁。

87　錢澄之，《所知錄卷上·隆武紀事》，第 9 頁。

封鎖，回到沿海。不過，他的軍隊由三部分人組成，其一閩北一帶召募的山寇，如前所述，他們有戀家情結，鄭成功無法帶他們遠走。其二為隆武帝帶到順昌的福州衛所軍隊，他們會跟隨鄭成功回到福州，但鄭成功也很難使他們離開福州去泉州的安海。所以，鄭成功的部下應是在撤退中大部損失，他真正帶回安海的，只能是最早跟他到閩北的一些閩南籍士兵，這樣，他回到安海後，便沒有軍權了。儘管這樣，鄭成功在部隊仍有相當大的影響，因此，他敢於向鄭芝龍力諫。他對鄭芝龍說：「吾父總握軍權，以兒度閩粵之地，不比北方，得任意驅馳。若憑高恃險，設伏以禦，雖有百萬，恐一旦亦難飛過。然後收拾人心，以固其本；大開海道，興販各港，以足其餉，選將練兵，號召天下，進取不難矣。」然而，鄭芝龍鬼迷心竅，竟然聽不進去。「成功出遇鴻逵於途，告以始末。逵壯之，功遂密帶一旅遁金門。」「鴻逵入，芝龍語及成功少年狂妄輕躁，不識時務始末。鴻逵曰：夫人生天地間，如朝露耳。能建功立業，垂名異世，則亦時不可失也。吾兄當國難之際，位極人臣，苟時事不可為，則弟亦不敢虛鼓唇舌。況兄尚帶甲數十萬，舳艫塞海，餉糧充足，輔其君以號召天下，豪傑自當響應，何必委身於人。此弟為兄深所不取也。」[88] 以上《臺灣外志》記載的鄭鴻逵支援鄭成功對抗鄭芝龍的故事，為大家所熟悉。這裡所要指出的是：鄭鴻逵與鄭成功共同反對鄭芝龍叛變明朝，不是一時的心血來潮，而是他們一貫的理想。鄭鴻逵扶立隆武帝，雖然有始無終，但其心中，仍然是以此事為驕傲的。他與鄭成功一向是同盟者。如前所述，他在為隆武帝籌措禦敵計畫時，他曾經計畫他與鄭成功共同率部分頭防禦清軍。這反映了他們一貫的合作。鄭成功從前線敗歸，並沒有喪失抗清的雄心。王忠孝在赴延平途中遇到鄭成功，成功邀他回福州，「訂舉事」。[89] 可見，鄭成功早在退到沿海前，即與王忠孝有了日後在沿海大舉事反清的約定。他們的這一約定當然也少不了鄭鴻逵。一年後，鄭鴻逵、鄭芝龍、王忠孝等人都如約起義，促成了福建新一輪的抗清浪潮。

鄭芝龍之弟鄭鴻逵及長子鄭成功都是擁明派，他們的存在，是鄭芝龍

88　江日昇，《臺灣外志》，上海古籍社 1984 年，第 90—91 頁。

89　王忠孝，《王忠孝公集》卷十二，〈王忠孝自狀〉，江蘇古籍出版社 2000 年，第428 頁。

降清的一大阻力。事實上，鄭芝龍降清在內部遭到極大的反對，除了眾所周知的鄭成功、鄭鴻逵之外，「安南侯楊耿、平夷侯周崔芝，安洋將軍辛一根等皆不從。弟芝豹、子成功尤極諫。」「初芝龍走回安海，各營戰舡尚有五六百艘。降議既定，其幼弟芝豹諍喧聲聞于外。成功見不能挽，乃糾諸將曰中同志者另走金門所，團結水寨于烏洋上。」[90] 鄭芝豹是鄭氏尚存三兄弟之一。過去人們常將他列入依附鄭芝龍降清的人。[91] 但新發現的史料表明：鄭芝豹並不贊成鄭芝龍的主張。看來是鄭芝龍強行將鄭芝豹的名字寫入降表，所以，芝豹大為惱火。而後世竟負罵名。

　　這樣看來，其實鄭氏家族除了鄭芝龍之外，其他人物都反對降清。這使我們知道：鄭芝龍降清後，他的部隊為何由異姓的施福等率領南下廣東為清朝效力，而不是由鄭氏將領帶領——因為，他在鄭氏家族中找不到一個思想上的共同者。鄭彩等其他將領也反對降清。鄭芝龍降清被囚後，鄭氏子弟皆下海反清，這不是偶然的，而是他們一貫政治主張的體現。雖然他們的活動有成有不成，但不能將他們詆為降清派。而其中最傑出的人物鄭成功，在鄭鴻逵的支援下，終於建立一番大事業，這是值得歌頌的。

　　其時，鄭芝龍的部下中，也有很多人反對降清。其時，周崔芝等人還有些激烈手段。「周崔芝涕泣謂芝龍曰：『崔芝海隅亡命耳，無所輕重；所惜者，明公二十年威望，一朝墮地為天下笑！請得效死於前，不忍見公之有此也。』抽刀自刎；芝龍起而奪之，然終不聽。」[92] 周崔芝，又作周鶴芝，手下多壯士。「籧舞莆田人、趙牧常熟人，並為鶴芝客。鄭芝龍之降北也，籧舞陳八不可，弗聽。監軍朱永祐謂鶴芝曰：『虞山趙牧，其人勇士也，我欲使見芝龍而刺之』。不果。後並死海口。」[93] 可見，當時海盜出身的周崔芝企圖暗殺鄭芝龍。又如鄭彩被隆武帝撤職之後，回到沿海。隆武二年九月，他率船隊北上舟山，在這裡遇到寄寓當地的魯王。鄭彩便攜魯王返回廈門。此時鄭芝龍已經決定降清，下令鄭彩交出魯王，以向清廷邀賞。鄭彩以一個與魯王相像的人冒充魯王，交代部將：若鄭芝龍派人來

90　佚名，《隆武紀略》，第 80—81 頁。

91　顧誠，《南明史》，中國青年出版社 1997 年，第 368 頁。

92　李天根，《爝火錄》卷十六，第 885 頁。

93　翁洲老民，《海東逸史》卷十一，臺灣文獻叢刊第 99 種，第 68 頁。

索，便將此人送上。其後，鄭彩仿效鄭鴻逵擁立魯王，自己封公，部將封侯，開始了新一輪的抗清行動。

此外，曾櫻、張肯堂等明朝舊臣避居海島，他們在芝龍部隊中也有相當的影響。因此，在這種背景下，鄭芝龍能夠完成降清部署，也是相當不容易的。他能做到這一點的原因在於：他將軍隊抓在手中。而其降清主張，應得到手下主要將領的擁護，例如施福、施琅等人的態度一直傾向清朝。因此，儘管有擁明派的反對，鄭芝龍還是決策降清。其後，以施福所部為主的鄭芝龍部主力，還跟隨李成棟等人攻打廣東。

按，施福所部明軍，實為鄭芝龍軍隊的骨幹。這一支軍隊降清後，剩下的鄭氏軍隊多為游兵散勇，大多不能打仗。鄭成功在海島上樹起反清旗幟之後的幾月內，屢戰屢敗，一二年內不見起色，其主要原因在於失去這支主力部隊，新招募的游兵散勇形不成戰鬥力。直到施福、施琅所部回歸鄭成功部下之後，鄭成功所部才成長為一支能征善戰的隊伍。[94] 由此可見，鄭芝龍降清給南明造成極大的損害。

隆武政權儘管失敗了，仍然有不少人堅持抗清的立場。大學士蔣德璟在泉州家中不食而死、曹學佺在福州自殺殉國；盧若騰、王忠孝等官員退入海島支持鄭成功抗清；被清軍俘虜的大學士朱繼祚返回家鄉莆田後，又支持沿海民眾抗清。他們都是應當被肯定的人物。在他們的串聯下，張肯堂、曾櫻、路振飛等三位大學士也留在福建沿海抗清，掀起新一輪的抗清浪潮，最終形成了鄭成功抗清集團。

## 第四節　鄭芝龍及海商集團的歷史命運

鄭芝龍降清是一種背叛行為，歷來受到史學家的譴責。不過，海商們的這一行動，又是海商階層爭取大陸政權承認的一種作為。然而，鄭芝龍等人的謀劃最終以失敗告終。

### 一、鄭芝龍降清的結局

鄭芝龍一心降清保住已有的富貴，不過，入閩的清軍將領卻不一定看

---

94　徐曉望，〈論鄭成功與施琅發生衝突的原因〉，福州，《福建論壇》2005 年第 11 期。

重鄭芝龍。林時對記載：

> 貝勒至福省，遣韓固山略定興泉。初，北兵未至，鄭芝豹先抵泉，
> 閉城大索餉，鄉紳不輸家財者梟首，得數萬金，將盡焚城中居室，
> 以餉未足，遲至明，而固山兵到，乃奔安平鎮。龍保安平，軍容烜
> 赫，戰艦如雲，銃聲不絕。以別遣洪、黃之信未通，猶豫不敢迎降。
> 又自恃先撤關兵，無一矢加遺有大功。而兩粵素隸部下，若招廣自
> 效，閩粵總督可得。貝勒令泉紳郭必昌與龍相厚者招之，龍曰：「吾
> 非不忠於清，恐以立王為罪耳」。會固山兵逼安平，龍怒曰：「既
> 招我，何相迫也」？貝勒聞，切責固山，令離安平三十里弗駐兵，
> 遣人持書至安平，略曰：「吾所以重將軍者，以將軍能立唐藩也。
> 人臣事主，必盡其力；力竭不勝天，則投明而事。若將軍不立主，
> 吾何用將軍哉！且兩廣未平，鑄閩粵總督印以相待。吾所以欲見將
> 軍者，商地方人才故耳」！龍得書，大喜；其弟皆勸入海，魚不可
> 脫於淵。而龍田園遍閩粵，自秉政以來，增置倉莊五百餘所。駑馬
> 戀棧，遂進降表。過泉張示，誇賣國之勳。[95]

鄭芝龍自海盜降明後的十七年內，先後在福建與廣東任職。在廣東的
數年裡，使他深深感受到這個省分的發展潛力遠勝福建。而且，廣東在明
清之際是僅次於福建的第二個海洋大省。在該省的潮州一帶，一直活動著
對抗鄭氏家族的海洋勢力。鄭芝龍的夢想是任閩粵總督，一統中國的海洋
勢力。可是，儘管他任過廣東省總兵，但在他主持隆武政權財政時，還是
受到廣東方面的抵制，「閩餉不足，芝龍遣給事中梁應奇入粵督餉。應奇
往，參遲誤者數十人。命提問。亦莫應。潮州知府楊球遂止越界。」[96] 鄭芝
龍無一刻不在謀求占據廣東，他曾對清朝的間諜蘇忠貴說過心裡話：「廣
東蘇觀生曾派兵迎我，我未前往。又言，我二人至粵可為總鎮。我取粵後，
即可歸附。」[97] 鄭芝龍降清的目的之一，便是想通過清朝而領有廣東。《隆
武遺事》記載他的得意算盤：「兩廣素屬部下，若招兩廣以自效，閩廣總
督可得，猶南面王也。」而博洛利用其弱點，也以廣東作為誘餌：「且兩

---

95　林時對，《荷牐叢談》卷四，第 158 頁。

96　佚名，《隆武遺事》，第 5 頁。

97　黃熙允，〈題為招撫鄭芝龍情形事本〉，順治三年八月。錄自廈門大學臺灣研究所
　　編，《鄭成功滿文檔案史料選譯》，福建人民出版社 1989 年，第 1 頁。

粵未平，今鑄閩粵總督印以相待。吾所以欲將軍來見者，欲商地方人才故也。」[98] 然而，鄭芝龍吞下魚餌之後，卻有另一番意想不到的遭遇：

> 十月，至省，貝勒握手歡甚，折箭為誓，命酒痛飲，飲三日，拔營起，挾之俱北矣。從者五百人，以別營不得相見龍面。作家書皆屬其無忘清恩。謂貝勒曰：「北上觀君，乃龍本願。但子弟多不肖，今擁兵海上，倘有不測奈何？」曰：「此與汝無與，亦非吾所患也。」[99]

以上記載有個錯誤是：鄭芝龍北上後，並非馬上得到同安侯之封，實際上，僅僅得到「精騎呢哈番（精奇尼哈番）」的稱號，隸漢軍正黃旗。所謂閩粵總督更是空談了。其後，由施福、施琅率領的鄭芝龍部隊，被派到廣東，在李成棟手下作戰。隆武政權殘存的明軍主力，就這樣成為清軍，為清軍而作戰了。於是，清軍完全占領了福建。

鄭芝龍被博洛扣留後，在其威脅之下，寫信招鄭成功同去北京，鄭成功此時已在鄭鴻逵的支持下，走避金門，堅決不從。鄭芝龍降清後，其家自以為可保室家無虞，不料九月分，清軍突襲安海，鄭成功之母田川氏於該年離開日本到安海，她不及避走，被清兵強姦，憤而自殺。鄭成功聞訊趕回家中，大怒，誓與清朝不共戴天。為母親辦完喪事後，他在鄭鴻逵的支持下樹幟抗清，自稱忠孝伯招討大將軍罪臣朱成功，從此揭開了大規模反清事業的序幕。

## 二、鄭芝龍降清與東南海洋勢力的歷史命運

從宏觀歷史角度看，鄭芝龍、鄭成功所代表的是一支東南沿海的海洋勢力。中國主要是一個大陸國家，在歷史上，中國的海洋勢力很少扮演過重大角色。但在晚明之際，東南海洋勢力崛起於海上，已經形成相當大的勢力。這一股勢力的特點在於重視海洋更勝於陸地，當明清之際，這股海洋勢力徘徊於明清二朝代的兩大勢力之間。不論他們向那一邊靠攏，都會造成較大的影響。早先，在鄭鴻逵、鄭彩與鄭成功的影響下，他們選擇了擁明抗清的道路。但他們與隆武帝的合作因受到文官集團的抗拒，最終以

---

98　佚名，《隆武遺事》，第 10 頁。
99　林時對，《荷牐叢談》卷四，第 158 頁。

鄭鴻逵退隱、鄭彩受貶而大受打擊。鄭芝龍則代表海商內部降清派的勢力，他們從一開始就反對過多地捲入明清之爭，這是鄭芝龍冷對唐王稱帝行動的原因。鄭芝龍一生採取的策略是與朝廷合作，向海洋發展。從降明到降清，其實是他這一路線的實現。他認為與清朝對抗是沒有出路的，只有與其合作才能保持權利，並向海洋發展。在當時的東亞之海上，鄭芝龍的發展越來越感受到荷蘭人的壓力，二者隔海對峙，遲早要再一次一決雌雄。從這一角度去看鄭芝龍降清，我們可以理解為：他想依靠清朝的勢力向海洋發展。但是，這一派在道義上是失敗的，因而只能成為一股潛流。早期，他們是跟著鄭鴻逵，走與隆武帝合作之路。在與隆武帝合作失利後，鄭芝龍利用軍隊中對隆武帝不滿的情緒，將其引向降清的道路上。他壓倒了內部反清的勢力，並使其中大部分人相信：只有降清才有出路。在這一形勢下，他最終完成了降清的部署。

博洛挾鄭芝龍北上進京，應是清廷最愚蠢的決策之一。清廷進入中原以後，對降人一向是控制其首領，使用其部下。所以，左夢庚、劉澤清等明朝大將降清，都被其挾至北京，而其部下諸將得到重用，如李成棟、馬得功等人。就大範圍來說，實行這一政策是對的，有利於清軍的擴張。但對鄭芝龍部用這一策略，則是牛頭不對馬嘴。蓋因鄭氏集團內部有擁清與反清兩派，除了鄭芝龍真心降清外，鄭鴻逵、鄭芝豹與鄭芝龍長子鄭成功等人都是擁明派。鄭芝龍的許多部下原來的意向並不明朗，但見清廷哄騙鄭芝龍入京軟禁，知道降清不過如此待遇，一齊心冷，以後都成為擁明抗清派。如果當時博洛不是食言而肥，而是真的起用鄭芝龍，鄭芝龍為其平定閩粵，可以說是指日可待。可見，清廷的錯誤使東南戰事延續數十年，這是其始料不及的。清順治帝後來回顧此事時說：「茲爾鄭芝龍當大兵南下，未抵閩中，即遣人來順，移檄撤兵，父子兄弟，歸心本朝，厥功懋矣。墨勒根王不體朕心，僅從薄敘，猜疑不釋，防範過嚴，在閩眷屬又不行安插恩養，以致闔門惶懼，不能自安。」[100] 這說出了鄭氏集團當時真實的心態。

就鄭芝龍而言，他個人的悲劇也不僅僅是個人的，它也是中國海洋勢力的悲劇。如果僅從個人立場來看鄭芝龍降清，我們可以說他是一個叛徒。

---

100　順治皇帝敕，順治十年五月初十日，《明清史料》丁編，第一本。民國刊本。

但從各階層的動向來看鄭芝龍，我們應當承認：鄭芝龍是中國海洋勢力的代表。鄭芝龍由海商而海盜，由海盜而成為明朝水師將領，再由明朝大臣而降清，他舉動其實反映了中國海商的政治動向。中國海商作為一個新興的階層，他們對明朝有過鬥爭與協調。在荷蘭殖民者的壓力下，這一批人最終選擇了與明朝妥協而與荷蘭人抗爭的道路。在明末十幾年內，這一策略是成功的。鄭芝龍背靠大陸，控制了臺灣海峽的航線，從而與臺灣的荷蘭人對抗。清初，鄭芝龍降清，其實也是想承襲歷史上有效的策略，與沒有海上利益的清朝協調，力爭得其支持，從而可以全力對抗荷蘭人，在東亞海上爭霸。倘若他的聯清策略得以實行，他在海上對付西方殖民主義者的競爭，會有更多的有利之處。因此，他向清廷靠攏，不是個人的好惡，而是深謀遠慮的行為，就海商的長遠利益而言，他的策略也許更有利於海商的發展。

但是，在清廷進入中原之初，他們還無法理解海商的立場與誠意。他們僅僅是將鄭芝龍當作割據地方的一個豪強，為了加強對地方的統治，他們當然要採取釜底抽薪的方式，以誘捕鄭芝龍的方式，取得蛇無頭而不行的效果。如果鄭芝龍只是一支陸上武裝，清廷這一策略是會成功的。但鄭芝龍從根本上來說是中國海洋勢力的代表者，他們擁有朝廷難以控制的海上武裝。清朝對這一股勢力還不瞭解，因而做出了後悔不及的決定。中國海商在明末已是一個強大的階層，他們無論如何都會推出自己的代表，一個鄭芝龍從政治舞臺上消失，他們會推出幾個鄭芝龍來代表他們。所以，清廷誘捕鄭芝龍，只是使抗清派在海商中得勢而已。此後鄭彩、鄭聯、鄭成功等人都相繼走上歷史舞臺，並採取與清朝對抗的策略。

對海洋勢力來說，鄭芝龍降清失敗，表明清朝無法理解東南的海上力量。他們只有走與明朝聯合的道路才能獲得發展，鄭成功正是這一策略的實踐者。在鄭成功馳騁東南沿海的近二十年內，中國海商建立了一支強大的武裝，從而達到了將荷蘭人驅逐而稱霸東亞海洋的目的。可是，海上勢力的發展，從根本上離不開大陸的支持。因為，他們貿易的商品大都來自陸上各城市的生產。為了控制這些商品，他們就得到大陸作戰，與陸地上的清軍作戰，便有了失敗的可能，並使獲得商品的代價上升，這是違背資本運行規律的。所以，明清中國海洋勢力的最終出路，是與朝廷取得一定

的協調，從而獲得廉價的商品來源。

　　而經過數十年的戰爭之後，清朝廷逐漸理解了東南的海洋勢力。在康熙皇帝親政後，清廷對海洋勢力採取了以招撫為主，打擊為輔的策略，明鄭部下的將領與投入清軍後，都獲得了升官發財的好運；自從三藩之亂後，清朝也逐步調整了海洋政策，從最嚴厲的海禁走向允許對外貿易，並在招降臺灣之後開放口岸，使對外貿合法化。在這一背景下，東南的海洋勢力與清廷最終相互協調。歷史走了一段彎路之後，終於回到它發展的固有的軌道上。[101]

# 小結

　　關注南明史的讀者常有個疑問：為什麼南明不能像南宋一樣在長江以南占據半壁天下延續宋祚一百五十多年？其間原因很多。簡單地說有三條原因：其一，北宋被金朝滅亡，是突然事件，宋朝在民間民心不死，所以有可能再次興起。南明情況不同，迄至明代末年，明代的官僚機構腐敗已達極點，大小官吏都在敲詐民眾膏血，民眾反抗鬥爭此起彼伏，社會矛盾十分尖銳。明朝已經喪失人心。其二，明代的文官制度發展到極點，文官的地位極高，武將的地位很低。文官經常欺侮武官，導致武將離心離德。明朝軍官大多不識字，也不受信任，缺乏榮譽感。因此，清軍入關以後，明朝原有的官軍大都選擇投降而不是戰鬥，這和宋軍力戰到底是不一樣的。在大部官軍都投降清朝之後，南明重組的軍隊大都缺乏戰力，無法與昔日的正規軍作戰，所以屢戰屢敗。其三，明朝的財政已經破產。明朝的軍隊屢戰屢敗，消耗大量的經費，卻無法保持政權的穩定。萬曆初年，張居正當政時期，國家財政收入也不過四百萬兩白銀到六百萬兩白銀，明末加派遼餉，全年田賦收入達到二千多萬兩，仍然不足軍隊使用。百姓上納的錢財，大都被官僚從中貪汙，只有相當少的一部分可以用於公事。明末的士兵常常無法填飽肚子，因而無力打仗。如前所述，明代閩浙的官僚，直到清軍打到家鄉來了，還要貪汙，民眾很難擁護這樣的政權。清軍打到閩浙時，東南諸省百姓正苦於成倍增加的賦稅，而且他們繳納的賦稅，很少落

---

101　徐曉望，〈清軍入閩與鄭芝龍降清事考〉，臺灣佛光大學清史研究所，2003 年 11月國際學術會議；《福建論壇》2007 年 7 期；人大複印資料明清史 2007 年 11 期轉載。

在前線作戰的軍人身上，多數被人從中貪汙，這種狀況下，南明政權很難堅持。

東南的海商階層曾經熱情地捲入南明的抗清鬥爭，可是，這個階層不為士大夫階層所容，在南明政權內部遭到排斥。在強大的清軍壓力下，鄭芝龍選擇投靠清王朝，然而，入閩的博洛等清軍將領對其人十分輕視，不僅抹殺他的功勞，而且還搶劫了鄭芝龍的家產。從而沉重打擊了東南海商與清朝合作的幻想。後來，在鄭成功的領導之下，東南海商力量形成了一支巨大的武裝，不僅長期與清軍對抗，還能向外發展，擊敗荷蘭殖民者，最終收復臺灣。清朝要過很久才能瞭解東南海商階層的力量，並最終解決這個問題。

隆武帝的失敗讓人惋惜。如前所述，他入閩稱帝後，犯了一系列戰略錯誤。就其個人生活而言，隆武帝到福州後，一口氣娶了二三十位嬪妃，完全忘記自己是戰時皇帝。他的嬪妃相繼懷孕，使隆武帝多次拖延轉移他省的計畫。可以說，唐王的死，有一半原因是被家室拖累了。如果他能早點轉移到廣州或西南等地，他的政權應能堅持更久些。

# 第七章　鄭成功早期的抗清活動

在福建抗清活動中，最有成績的是鄭成功。他在東南一帶堅持了 20 餘年的抗清鬥爭，成為清廷的心腹大患。鄭成功逝世以後，他的子孫仍然堅持抗清二十多年，在中國歷史上產生巨大影響。

## 第一節　隆武朝鄭成功的活動

隆武朝是鄭成功走上政治舞臺的開始，雖然隆武朝僅僅存在十四個月，但鄭成功廣泛捲入隆武朝的政治鬥爭與軍事鬥爭，遭受了多次挫折，也積累了豐富的經驗。這些經歷與經驗對鄭成功日後的成長起了良好的作用。

### 一、鄭成功在隆武朝的政治態度

鄭成功為鄭芝龍長子，鄭芝龍下海為盜之前，寓居日本，娶泉州人翁笠皇之女為妻。翁氏加入日本籍，日姓為田川，所以，史書上稱鄭成功之母為田川氏。鄭成功生於天啟四年（1624 年）七月十四，原名鄭森。其後鄭芝龍入海為盜，而田川氏在日本生活艱難。明末，鄭芝龍在福建任官，聲名鵲起，乃致書於日人，索討母子二人。當時日本已下禁海令，不准日本人出國，田川氏是日本人，鄭芝龍的使者只帶回鄭成功。鄭成功離開母親時年僅七歲，日夜思母而泣，惟有鄭鴻逵多方照顧其人。鄭成功自幼聰明過人，且有大志。在私塾時，一日，老師以「灑掃應對」出題，鄭成功

答曰：「湯武之征誅，一灑掃也；堯舜之揖讓，一進退應對也。」老師閱後為其宏大的氣魄所傾倒。青年時代，鄭成功入南京國子監讀書，拜大儒錢謙益為師，謙益為其取字為「大木」，有大木擎天之意。在這一時期，鄭成功尚是一個儒生。

鄭成功是鄭芝龍的長子，也是鄭家的後起之秀。鄭成功與隆武帝的關係始於隆武元年（1645 年）八月十四日。當天，鄭芝龍帶鄭成功晉見皇帝，隆武帝一見大悅，馬上「賜平彝侯鄭芝龍長子成功姓朱氏，以駙馬體統行事。」[1] 隆武帝起用鄭成功，當然是為了與鄭氏家族聯絡感情，加深關係。鄭氏家族在擁立隆武帝的過程中起了很大作用，先是，鄭鴻逵擁軍江上，防堵清軍。弘光元年（1645 年）六月，清軍渡江，鄭鴻逵的水師大敗，於是鄭鴻逵率殘部由浙江返閩，在路上遇到唐王朱聿鍵。在鄭鴻逵等人的策畫下，唐王入閩，鄭芝龍及張肯堂等福建官員擁立唐王監國，七月，唐王稱帝，改號隆武。這一時期，隆武帝與鄭芝龍、鄭鴻逵等人處於蜜月階段，所以，隆武帝一見鄭成功便賜予高位，以收攬鄭芝龍之心。隆武帝的破格用人，使鄭成功感激涕零，一生銘記在心。

隆武帝與鄭氏家族的蜜月過了之後，雙方產生了矛盾。隆武政權誕生之際，明朝的主力部隊大多被清軍殲滅，或是降清。鄭鴻逵率 1000 餘名殘兵退守仙霞嶺，鄭芝龍派出數千私家軍隊到江西作戰，這已經是鄭氏家族財力、軍力的極限。因此，鄭芝龍與鄭鴻逵在戰略上持慎重態度，主張以守為主；而隆武帝卻主張五路出兵，早日攻克南京。但是，由於他的「五路大軍」，每路少則數百人，多則上千人，力量太弱，所以，閩軍在江西及徽州一帶的作戰，勝少敗多，隆武元年十二月，大學士黃道周被俘，東南抗清局勢急轉而下。在這一背景下，隆武帝有了出省的打算，當時何騰蛟在湖南收降李自成所部數萬人，聲勢大漲，隆武帝認為，投靠何騰蛟當能有所作為。[2]

隆武帝的謀算卻遭到鄭芝龍、鄭鴻逵的反對。這是因為，二鄭的勢力在福建，他們離開福建就無所作為，因此，隆武帝一旦離開福建，鄭芝龍及鄭鴻逵都無法隨行。他們竭力要求隆武帝留在閩中。在旁人看來，這是

---

1　佚名，《思文大紀》卷二，臺灣文獻叢刊第 111 種，第 31 頁。

2　徐曉望，〈論隆武帝的戰略問題〉，《中國史研究》2002 年 2 期。

鄭氏家族想繼續控制隆武政權。在這一場鬥爭中，鄭成功是站在鄭芝龍、鄭鴻逵一邊的。隆武元年十二月，「（蘇）觀生請上幸贛州親統大師，以張撻伐。而三鄭方幸上留以自重，議不決。觀生遂先赴南安。」[3] 其中的三鄭，即指鄭芝龍、鄭鴻逵、鄭成功。

　　該怎麼看待鄭成功這一時期的政治態度？鄭芝龍在抗清方面是不堅決的，他與清朝的勾結也許這時期已經開始。但是，鄭成功進入隆武朝之後，他並不知道鄭芝龍私下有降清行動。當時鄭芝龍在東南的威望也很高，在眾人眼中，鄭芝龍是隆武朝的東南一柱；在鄭成功的眼裡，父親是一個縱橫東南的大英雄。因而，他剛剛走上政治舞臺，不能不受鄭芝龍的影響。《隆武遺事》記載：「芝龍乃令子森入，賜國姓，改名成功，每伺隆武帝意所向，輒先告芝龍。由是廷臣無敢異同者。」[4] 在當時人看來，鄭成功是鄭氏集團的主要代表人之一。不過，當時的鄭成功支持鄭芝龍，是支持鄭芝龍抗清，並非支持鄭芝龍降清。在抗清的戰略方面，鄭氏集團與隆武帝有差異，這並不是是非問題，而只是策略問題。其次，應當說，鄭氏集團以守為主的戰略策畫自有其長處。鄭氏軍隊擅長水戰，拙於陸戰；而當時清軍的陸戰水平，居於東亞第一流。鄭氏集團的計畫是以守為主，若無法堅守要隘，便退入東南海島，與清軍長期周旋。以後鄭成功在東南抗清十幾年，便是這一戰略的成功。可見，隆武帝若採取鄭氏集團的戰略，完全可以在東南長期堅持。此外，何騰蛟在湖南也有其難處。當時李自成所部十幾萬人投降明朝，但其中可以作戰的部隊最多不過數萬人。他們從北京退到湖南，多次遭受清軍殲滅性的打擊，此時最需要的是休息，所以，儘管何騰蛟多次令他們出擊，李自成殘部無動於衷。因此，雖說隆武帝多次要求何騰蛟派上一萬騎兵到閩贛邊界來接他，但何騰蛟仍然按兵不動，這是隆武帝多次計畫離閩而無法付諸執行的原因。

　　由於隆武帝一直堅持離開閩中，他與鄭鴻逵的關係最終破裂。鄭鴻逵是扶持唐王稱帝的關鍵人物。史料記載，鄭芝龍本來對唐王監國抱懷疑態度，遲遲不肯表態，是鄭鴻逵拉鄭芝龍下水，促進唐王監國、稱帝。他本是隆武帝的心腹人物。隆武帝想要離開閩中，鄭鴻逵是反對者，清軍逼近

3　佚名，《隆武紀略》，清光緒十八年抄本，第 61 頁。
4　佚名，《隆武遺事》，引自：《痛史》，中華書局 1911 年，第 5 頁。

福建，他主張堅守要隘，並與隆武帝發生爭執。洪旭的〈王忠孝傳〉云：「上銳意出贛，公力諫不可，疏留中不下。鄭鴻逵亦切諫上曰：『與廷臣議之。』時大學士蔣公（德璟）、駱（路）公（振飛）、何公（吾騶）、少司農湯公（來賀）暨行在諸公俱集，鴻逵指畫關門險要、置烽增壘、星羅棋布，為十可守，百不可出之議。公與蔣公云：『所不與共心力者，有如此水』。乃共規派兵衛，參置文武。鴻逵與其侄賜國姓成功，分域嚴備，諸公則督餉督師。凡數日，頗有頭緒，合奏。上意堅不可挽。鴻逵曰：『吾赴東海死耳！』遂削髮繳印勑去。關門守禦俱弛，而有輸款清朝者矣。」[5]洪旭在〈王忠孝傳〉中的這一段記載，反映了隆武朝的一次大爭論，在蔣德璟、路振飛、何吾騶、湯來賀、鄭鴻逵、王忠孝等人的堅決反對下，隆武帝仍然一意孤行，置鄭鴻逵的堅守計畫不顧，堅持離開閩中。自此以後，隆武朝大臣人心離散，鄭鴻逵憤而削髮，退隱林下。

清代的密檔表明，其實在本年三月，鄭芝龍已經見到了降清官員黃熙胤的密使，並與黃熙胤的使者約定降清。但這事情非常機密，隆武帝應不會知道，否則，他對鄭芝龍不會那麼客氣。這樣來看，隆武帝殺陳謙，只是他與鄭氏家族鬥爭的一個措施，陳謙不幸捲入其中，成為權力鬥爭的犧牲品。至於陳謙本人，他應與鄭芝龍降清沒有關係，當清軍逼近仙霞關，浙江省大部已被占領，魯王政權中降清的大臣如過江之鯽，陳謙在這一背景下選擇入閩，說明了他的政治態度還是擁明的。清代初年，有一些文人撰寫野史筆記，說陳謙之子在陳謙死後降清，助清軍追擊隆武帝，將其殺死於汀州，為父報仇。[6]然而，這是沒有根據的「演義」。實際上，陳謙之子陳六御，後來跟隨鄭成功抗清十幾年，是鄭成功手下有名的大臣之一。

陳謙事件，導致鄭氏家族與隆武帝決裂。但是，鄭成功對此事的態度卻十分微妙，從他後來重用陳六御這一點來看，他對隆武帝殺陳謙十分不滿。然而，作為守關大將的他，卻沒有因此事而退軍，仍然在前線保護隆武帝。

---

5　洪旭，〈王忠孝傳〉。錄自《王忠孝公集》卷十二，江蘇古籍出版社 2000 年，第401 頁。

6　阮旻錫的《海上見聞錄》卷一云：「隆武（帝）于八月定計幸贛，未至，一日，晒龍鳳衣，陳謙之子率數騎追及，遂及于難。」

## 二、鄭成功在隆武朝的軍事實踐

隆武帝在鄭氏三臣中，最信任的還是鄭成功。鄭成功所受教育不同與其父鄭芝龍，也不同於生性疏懶的鄭鴻逵。他從小受儒學教育，有精忠報國的思想。所以，他雖是鄭氏集團的成員，但在尊奉隆武帝命令方面，比鄭芝龍、鄭鴻逵積極得多。連鄭芝龍的政敵金堡也承認：「鄭芝龍欲以私憾殺臣，而臣獨知其子賜姓成功樸忠勇敢，氣志過人。」[7]隆武帝很早就發現他的這個特點，不斷地培養鄭成功。早先，隆武帝的御營指揮是鄭芝豹，後來，隆武帝親征到閩北，鄭芝豹留在沿海，隆武帝便用鄭成功取代鄭芝豹任御營指揮，這是鄭成功成為軍事將領的開始。

鄭成功於隆武元年十二月隨隆武帝來到閩北，然後先行出關，為隆武帝開道。《思文大紀》記載：隆武二年正月，「朕見徽州已復之奏，稍為可慰。又建昌警信之奏，應援宜速。國姓成功速發銳兵二千，同輔臣光春，文武齊心先發，暫住鉛山。一為鄭彩聲援，一俟王師併至，合力建功。」[8]在隆武帝的命令下，鄭成功很快就出動了，同月，「國姓成功領兵出大定關，兵科給事中陳履貞監定清侯鄭鴻逵軍抵衢州界上，各有溫旨答之。」[9]不過，當時克復徽州的消息完全是誤傳，真實的情況是明軍在徽州大敗，大學士黃道周被俘。所以，鄭成功只得退回閩北。隆武二年二月分，「國姓成功巡關回來，迎駕暫至邵武，相機出關，二十八日之行且止。」[10]可見，在二月底，鄭成功又返回隆武帝的身邊，陪他到邵武，準備從杉關進入江西。邵武是福建鄰近江西的一個府治，境內有著名的杉關通往江西南城，距離江西首府南昌不遠。其時，江西的贛州有楊廷麟等人率領的明軍在堅守，贛東北有施福、施琅等人率領的閩軍作戰。隆武帝的計畫是從邵武突入江西中部，駐守贛州，相機克復南昌。但是，他要實現這一計畫，先決條件是杉關一帶的明軍要能擊敗江西中部的清軍。此時，在杉關前線的閩軍由鄭彩指揮，其部下數量不多。據記載，閩軍在前線大敗，鄭彩被隆武帝撤職，「勅國姓成功：招致鄭彩逃兵，毋得令其驚擾地方百姓。」[11]其後，

7　金堡，〈中興四議疏〉，《嶺海焚餘》卷中，臺灣文獻叢刊第302種，第35頁。

8　佚名，《思文大紀》卷四，第59頁。

9　佚名，《思文大紀》卷四，第66頁。

10　佚名，《思文大紀》卷五，第98—99頁。

11　佚名，《思文大紀》卷五，第83頁。

隆武帝讓鄭成功指揮鄭彩的軍隊，「三月初一，……催國姓成功，輔臣傳冠速出分水關，以復江省。」[12]此時鄭成功已成為一方主帥了。

不過，鄭成功雖然任主帥，也許是因為年輕的緣故，隆武帝並不敢將指揮權交給他。《思文大紀》記載，隆武帝於隆武二年三月再次發兵：「勅諭軍師蔡鼎曰：朕原速期幸虔（贛州），以迎兵未至，故調國姓成功、輔臣冠護駕前行。今于華玉兵已至，又虔中迎疏疊來，則國姓、輔臣正可用力湖東，不必調到湖西。東西並舉，朕親節制於虔，江省之復可必。着國姓、輔臣速約各鎮鼓銳前進。鉛山告警，必行兼顧，以鞏崇關。」[13]可見，當時隆武帝是計畫出擊江西，駐節贛州。為此，他命軍師蔡鼎指揮。蔡鼎是泉州人，早年為孫承宗的幕僚。「鼎有推算望氣之學，曾徧歷邊塞，言論灑灑不窮。」[14]可見，這位蔡鼎雖然能說會道，並非有真實才學。他在孫承宗的幕內，主要任務可能也就是「推算望氣」了。但隆武被這位算命先生迷惑，竟讓他當軍師指揮作戰。文中提到的「國姓」，即鄭成功，「輔臣冠」，即為大學士傅冠，傅冠為江西人，在江西擁有許多師友學生，他若進入江西，當能一呼百應。隆武命大學士傅冠督鄭成功率部出擊江西，這本是很好的人選，其間卻夾一個「軍師」蔡鼎！然而，這位軍師第一次作戰，便在福建與江西交界處的黃土隘被打得大敗，連隆武對他都喪失信心：「軍師蔡鼎調度未宜，殊難辭責；」[15]蔡鼎作戰，鄭成功應當也在軍隊中，這是鄭成功第一次遭受軍事失敗。由於不是鄭成功直接指揮，成功沒有責任。而蔡鼎被隆武帝撤去職務，讓他到後方招兵。二年五月，隆武云：「蔡鼎募兵，有名無實，大負朕躬委任至意，餉銀斷不容輕發。」[16]可見，此時的隆武帝已經不信任蔡鼎了。李世熊評隆武帝用蔡鼎一事：「但以留侯、武侯之稱，加諸占風說讖之士，即天下無材，何遽至此！」[17]《廈門志》載有蔡鼎的傳記：「乙酉，唐王馳詔三聘，拜左軍師。值鄭芝龍跋扈，退隱。」[18]按，蔡鼎因黃土隘之戰失利而受到各方攻擊，最後被撤職，未必與鄭芝龍

12　佚名，《思文大紀》卷五，第86—87頁。
13　佚名，《思文大紀》卷五，第94頁。
14　佚名，《思文大紀》卷四，第63頁。
15　佚名，《思文大紀》卷五，第97頁。
16　佚名，《思文大紀》卷六，第117頁。
17　李世熊，《寒支初集》卷六，〈與郭正夫老師書〉，第17—18頁。
18　周凱、凌翰等，道光《廈門志》卷十三，〈蔡鼎傳〉，第437頁。

有關。

圖 7-1　邵武禾坪鎮的古街直通黃土隘口，上為邵武禾坪鎮寨門。當年鄭成功不知多少次往來此地。

　　蔡鼎被撤職之後，傅冠成為中部閩軍的最高首領。但傅冠不擅長領軍，僅擔任一個月，便因糧餉無繼而辭職。於是，隆武帝不得不重用鄭成功。雖然時局困難，但鄭成功勉力而為。《思文大紀》記載，四月分，「新撫永安、沙縣山寇頭目一萬一十三名隸陳國祚標下，聽國姓成功節制。」[19] 可見，鄭成功已經成為主要大將。五月，「勅行在兵部：『國姓速令郭熺守住永定。調陳秀、周麟、洪正、黃山速速往救贛州……。』」[20] 這條史料透露的信息是：鄭芝龍部的大將郭熺、陳秀都在鄭成功的指揮之下。鄭成功的「招討大將軍」開始名符其實。其後，隆武帝「諭國姓成功曰：『兵、餉、器三事，今日已有手敕，確託卿父子。茲覽卿奏，言言碩畫，朕讀之感動。其總理中興恢禦兵餉器中，統惟卿父子是賴。銀關防准造，即以此為文。造完頒賜，以便行事云』。」[21] 可見，隆武帝為了離開福建，打算將福建的人事權、財權完全交給鄭芝龍、鄭成功父子。其中之所以未提到鄭鴻逵，應是鄭鴻逵已經與隆武帝分手的緣故。其後，「國姓成功請給新到官兵月

19　佚名，《思文大紀》卷六，第 104 頁。
20　佚名，《思文大紀》卷六，第 117 頁。
21　佚名，《思文大紀》卷六，第 113 頁。

餉，上令邵武近處另給，該部即行文去」。[22] 不過，隆武帝對鄭成功並非完全信任，《思文大紀》云：「工部尚書鄭瑄為國姓成功請發鳥銃。」這本是十分平常的事，卻惹來隆武一頓大罵：「國姓圖功雖是急務，御營兵器關朕命身，鳥銃豈可全發？如此等事，該部以司空大臣，全無執裁，惟請朕躬為推卸之地，鄭瑄何無骨力至此！」[23] 可見，因鄭成功與鄭鴻逵等人的政見相同，隆武對他的態度是有保留的。然而，鄭成功對隆武帝則是盡忠到底的。

　　鄭成功在邊關堅守，最大的困難是缺糧缺餉。在《思文大紀》一書中，我們可以看到鄭成功在五六月間一直向隆武帝要糧餉，但隆武帝不知是出於什麼考慮，對鄭成功的支持不足。《思文大紀》記載，隆武帝在五月底「諭國姓成功曰：『福疆戰守，必取閩餉；浙直江楚戰守，乃取粵餉：不得一毫僭差。李長倩專餉粵餉、行在吏部立推右侍郎一員專司閩餉，務令井然，以有成緒。粵東撫按挑選舊兵一萬、粵西撫按挑選狼兵滇兵一萬，以資收復中原』。」[24] 琢磨隆武帝為什麼會講這段話，應是鄭成功向他要餉，隆武帝無銀以應，便用「粵餉用於粵，其處有招兵計畫；而閩餉用於閩，但閩省餉銀不足」之類的話打發鄭成功，意思是讓鄭成功向鄭芝龍要餉。但在實際上，這一時期的鄭芝龍常在福州督餉，他運往閩北的餉銀，都由隆武帝直接控制。而隆武帝常將福建的餉銀用於江西。如前所述，鄭成功部在五月時，已經沒有軍餉了，但在同月，隆武卻下令：「以南平縣庫銀二萬兩，着戶部着的當官解到贛督軍前用。」[25] 隆武重視江西省，本無可非議。但他是在福建缺軍餉的情況下，將所剩無幾的銀兩調到江西，這就不能不使鄭成功的軍隊缺餉。鄭成功部五月的糧餉，一直到六月才發，「以督輔傅冠貯庫銀一萬四百餘兩給國姓成功五月兵糧。」[26] 在危急的時候，隆武不得不開倉放糧：「上勅光澤各縣倉穀發充兵餉，可以濟饑紓急，亦便於出陳納新。發米一百三十石賞給軍士，歡呼飽騰。」[27] 可惜的是，這只是暫時解決

22　佚名，《思文大紀》卷六，第 107 頁。
23　佚名，《思文大紀》卷五，第 95 頁。
24　佚名，《思文大紀》卷七，第 138 頁。
25　佚名，《思文大紀》卷六，第 121 頁。
26　佚名，《思文大紀》卷八，第 147 頁。
27　佚名，《思文大紀》卷七，第 133 頁。

問題。當時鄭氏部隊普遍缺糧，鄭為虹傳記載：「丙戌七月，大清兵取衢州，將度仙霞，潰兵南奔者焚掠為食，人士流離，家不相保。為虹閉城發倉米、銀布以犒，驩呼而去。」[28] 守關兵崩潰是隆武政權滅亡的直接原因，但我們看到潰退的守關兵為鄭為虹發糧而歡呼，可知當時閩中並非缺糧，而是受阻於某種原因，前線官軍得不到糧餉，危機已經達到極點。

夏琳的《海紀輯要》記載：「芝龍聞清師將至，密遣親吏到清帥軍前送降款；且授意於成功……至仙霞（實為杉關），入見成功，將以此告；語未發，成功曰：『歸語太師，速發餉濟師！吾妻妾簪珥，皆脫以供軍需。』因引入臥內，見夫人等皆布裙竹釵；噤不敢發一語。既出，語所私曰：『向若道及納款事，吾頭已斷矣！』因疾回，見芝龍，備述前事；芝龍曰：『癡兒固執乃爾，吾不發糧，彼能枵腹出戰哉？』成功屢請，皆不報。關兵無糧，遂逃散；成功不得已引還。至延平，登城周視，嘆息而回。」[29] 這條史料反映了鄭成功當時在邊關的困難。不過，這條史料有兩個錯誤是：其一，鄭成功一直在杉關一帶駐守，而不是在浦城，所以，他不可能守仙霞關。其時負責仙霞關的是督師黃鳴駿。因此，清實錄記載清軍過仙霞關，是擊敗了黃鳴駿部而不是鄭成功。其二，鄭成功還軍時並未經過延平城。這一點我們以後部分再詳述。不過，其時鄭成功雖然在邊關堅守，但由於缺糧缺餉，已經非常困難。

由此可見，夏琳記載鄭芝龍不給鄭成功發餉，導致鄭成功兵潰邊關，這與事實有出入。鄭成功的餉銀一向來自隆武帝，隆武帝將福建所剩無幾的銀兩全部用光，這是鄭成功部隊得不到餉的主要原因。不過，鄭成功有一個大富翁的父親，他自然會向鄭芝龍伸手要軍費，而鄭芝龍此時已決定降清，故意不給鄭成功餉銀，使其無法固守邊關。可見，鄭成功的軍隊沒有餉銀，是隆武帝與鄭芝龍共同造成的。鄭芝龍是為了給降清打開一條道路，而隆武帝則是想移居江西，便將有限的餉銀提供江西方面，故意不管福建的守軍，將福建這一個爛攤子留給鄭芝龍。由此來看，隆武帝在其後期，對鄭成功也是不夠信任的。

---

28　邵廷寀，《東南紀事》卷三，臺灣文獻叢刊本第 96 種，第 64 頁。

29　夏琳，《海紀輯要》卷一，臺灣文獻叢刊本第 22 種，第 2—3 頁。

## 三、隆武二年八月的鄭成功

　　隆武二年八月是隆武政權存亡的關鍵時期，這時的鄭成功在什麼地方？他與隆武帝的關係如何？有沒有提早離開邊關？史料記載：隆武二年六月，鄭成功之母田川氏從日本到福建，鄭成功請假回安海看母親，隆武帝准其假，「命國姓成功新到漳、泉，精募兵將，立助恢復。期限二十日，即來復命。諸將仍用心守關。」[30] 這一史料說明，六月分鄭成功一度離開邊關。有人以為，這條史料說明鄭成功在關鍵時刻逃離前線，從此再未返回邊關。[31] 這是錯誤的，實際上，鄭成功探望母親之後，應是在假期內返回邊關，所以才有鄭芝龍故意切斷糧餉之事。

　　關於隆武末期鄭成功在邊關的活動，我們且先來看清軍入閩的時間表。清軍於八月十七日入閩，十八日占浦城，二十日占領建寧府城，二十二日，清軍進入延平府城——南平。在此一天前，隆武帝剛剛離開延平府西行。[32] 八月二十四日，隆武帝在順昌聽到清軍已占領延平府城的消息，拋棄部眾，一路向汀州狂奔。隆武的御營在順昌崩潰。又據《隆武紀略》的記載，隆武帝駕幸順昌後，「命朱成功退守天興（福州）。上聞清兵已及延平，且踵至，倉皇騎而奔，從行者止何吾騶、朱繼祚、黃鳴俊（駿）數人。」[33] 可見，鄭成功是在清軍入閩後的八月二十四日在順昌與隆武帝相見，並受命退守「天興」——福州府。他沒有跟隨隆武帝逃往長汀。鄭成功為何沒有跟隨隆武帝逃往長汀？劉獻廷的《廣陽雜記》記載隆武帝與鄭成功的談心：「芝龍懷逆謀，賜姓（鄭成功）屢諫以尊朝廷，恢復中原，遭其父之怒罵。後芝龍、鴻逵，皆提兵出關。思文詔賜姓謀，賜姓勸思文出關。思文曰：芝龍、鴻逵，朕將誰依？賜姓曰：臣父、臣叔皆懷不測，陛下宜自為計。與帝相持痛哭。帝曰：『汝能從我行乎？』賜姓曰：『臣從陛下行，亦何能為？臣願捐軀別圖，以報陛下。此頭此血，總之已許陛下矣。』思文出關，賜姓遂入海。」[34] 劉獻廷以上記載有錯誤的成分，例如，鄭鴻逵離開隆武帝

---

30　佚名，《思文大紀》卷六，第 141 頁。

31　錄自：鄭成功研究學術討論會學術組，《鄭成功研究論文選續集》，福建人民出版社 1984 年，第 301 頁。

32　佚名，《隆武紀略》，第 74—75 頁。

33　佚名，《隆武紀略》，第 75 頁。

34　劉獻廷，《廣陽雜記》卷二，引自《筆記小說大觀》第十六冊，江蘇廣陵古籍社

是在隆武二年四月，此時的隆武政權尚沒有迫在眉睫的危急，所以，鄭鴻逵並非在危難時離開隆武帝，他也沒有害隆武帝之心。實際上，失去鄭鴻逵的支持，是隆武帝在閩中最大的失敗。因為，鄭鴻逵在鄭氏集團中是擁立隆武帝的主要力量，有他在，加上鄭成功，二人往往可以左右鄭芝龍。而鄭鴻逵退隱之後，鄭成功被鄭芝龍視為黃口小兒，根本不把他的意見當回事，以鄭芝龍為首的親清派便在鄭氏集團中占優勢，隆武帝在福建危矣！不過，劉獻廷的文章反映了隆武帝與鄭成功見面的最後情況，它說明鄭成功未跟隨隆武帝遠行，是因為鄭成功的基業在福建沿海，他到江西，如同魚離開水，肯定無所作為。所以，他告別隆武帝，決心在福建沿海抗清，用另一種方式效忠隆武帝。正是在這一背景下，他被隆武帝指派到福州堅守。這是隆武帝的惑敵之計。若清軍將主要兵力指向福州，他逃向汀州就是安全的。

　　其次要解釋的一個問題是：鄭成功為何會到順昌？順昌距鄭成功堅守的杉關僅一二百里，從杉關向沿海退兵，一定會經過順昌。他離開杉關的原因可能有二，其一，鄭成功缺乏糧餉，軍隊因缺糧而譁變，鄭成功不得已退往沿海，在順昌遇到了隆武帝；其二，隆武帝得知清軍從仙霞嶺入閩之後，鄭成功在杉關堅持已經沒有意義，所以，將其召來以便安排。以上兩種可能性也許是先後發生的，據華廷獻的《閩事紀略》，當時順昌的路上，到處是鄭氏的潰兵。又據《思文大紀》的記載，鄭成功的部下有一萬多人是招募於沙縣的山寇。而沙縣即為順昌的鄰縣，這些山寇回到家鄉，鄭成功要將他們帶回沿海是十分困難的。鄭成功的士兵應當潰散於此時。不過，儘管士兵潰散，鄭成功還是見到了隆武帝。其後，隆武帝聞清兵追來，丟棄大眾，向汀州狂奔。而鄭成功帶著一批來自閩南的將士繼續東下。隆武帝帶到順昌的福州衛所軍，只怕解散後也是跟隨鄭成功回到福州的。由於清軍已經占領延平府，切斷了鄭成功通向沿海的道路，成功且戰且走，衝破了清軍的堵截，越過延平府城東下。就在半路上，他遇到了王忠孝。洪旭的〈王忠孝傳〉記載：王忠孝奉命隨駕去江西，他回家整理行裝，於八月返回延平，「及公（忠孝）至，上已出莅劍州，北岸皆毳帳，獨成功

一軍未動。」[35]而王忠孝的〈自狀〉寫到：「同召者六人，惟余就道。八月抵福京，晤諸公，商榷時艱。望後登舟，溯流而上，距行在所僅二程，清騎已乘虛而入。賜姓公交鋒不利，率師南下，遇余于舟次。」[36]其後，鄭氏的軍隊尚在福州布置防務，但沒能抵擋清軍的進攻。《爝火錄》記載：「鄭芝龍列大礮於洪塘，泊舟南岸，福州城守尚固。」[37]所謂鄭芝龍列大礮於洪塘，其實應是鄭成功在後掩護時的措施。他在當時還是有心一戰的。然而，其時永福縣鄉紳黃文煥父子起兵接應清兵，逐縣官，「伐山開道，親至延平。朝貝勒。」[38]由於黃文煥父子的引導，「大清兵別由山徑竟達省城，遂克之。」[39]在這一背景下，鄭成功隨鄭芝龍退往安海，「平彝侯鄭芝龍兵船盡泊南臺者旬日，搬運城中舊日北庫所蓄火藥兵器，復焚北庫。巨礮震發，勢如山崩。」[40]以上可見，鄭成功在人心荒亂的背景下未能堅守福州。他所率的大軍在順昌、沙縣一帶崩潰，帶到福州的應是少部分閩南籍軍隊。由於鄭芝龍對這些士兵影響很大，所以，鄭成功退兵福州後，他的軍隊應是歸鄭芝龍管轄，而鄭芝龍將其帶到安海，福州被放棄。經過這一段的事變，鄭成功的軍權已被剝奪，所以，鄭芝龍在安海降清，鄭成功只能勸諫而無力反抗。鄭芝龍去福州見清軍統帥博洛時，鄭成功力諫芝龍不可輕動。「成功見龍不從，牽其衣跪哭曰：『夫虎不可離山，魚不可脫淵。離山則失其威，脫淵則登時困殺。吾父當三思而行』。」[41]這些議論表明了鄭成功卓越的戰略眼光。但鄭芝龍已經決心降清，不肯聽鄭成功之言。最後鄭成功在鄭鴻逵安排下，潛至南澳島重組軍隊。不過，他與鄭芝龍的關係並未完全切斷。《東南紀事》記載：「鄭芝龍之北也，遺書戒成功曰：眾不可散，城不可攻，南有許龍、北有名振，汝必圖之。」[42]可見，父子之間，政治主張雖不同，但在許多具體事務方面，雙方還是可以交流的。

35　洪旭，〈王忠孝傳〉。《惠安王忠孝公全集》卷十二，手抄本，193 頁。

36　王忠孝，《王忠孝公集》卷十二，〈王忠孝自狀〉，江蘇古籍出版社 2000 年，第428 頁。

37　李天根，《爝火錄》卷十六，臺灣文獻叢刊第 177 種，第 866 頁。

38　佚名，《思文大紀》卷八，第 153 頁。

39　李天根，《爝火錄》卷十六，第 866 頁。

40　佚名，《思文大紀》卷八，第 152 頁。

41　江日昇，《臺灣外志》卷五，上海古籍出版社 1984 年版，第 90—91 頁。

42　邵廷寀，《東南紀事》卷十，〈張名振〉，第 127—128 頁。

鄭芝龍被博洛扣留後，在其威脅之下，寫信招鄭成功同去北京，鄭成功此時已在鄭鴻達的支持下，走避金門，堅決不從。鄭芝龍降清後，其家自以為可保室家無虞，不料九月分，清軍突襲安海，鄭成功之母田川氏於該年離開日本到安海，她不及避走，被清兵強姦，憤而自殺。鄭成功聞訊趕回家中，大怒，誓與清朝不共戴天。為母親辦完喪事後，他在鄭鴻達的支持下樹幟抗清，自稱「忠孝伯招討大將軍罪臣朱成功」，從此揭開了大規模反清事業的序幕。

總之，隆武時代是鄭成功走上政治舞臺的開始，也是他在軍事上的實習時期。由於鄭氏集團與隆武帝之間發生的矛盾，鄭成功處在兩難之間，在家族利益與隆武帝發生矛盾時，他一開始站在降清立場尚未暴露的鄭芝龍一邊，與鄭鴻達一起勸說隆武帝不要離開閩中。另一方面他在對清的鬥爭中十分堅決，即使鄭芝龍與鄭鴻達都離開了邊關，他仍在邊關堅守，成為捍衛隆武帝的有力屏障。儘管隆武帝在晚期對鄭成功不是太信任，但鄭成功對隆武帝卻是盡忠到底。只是由於隆武帝在糧餉方面支持不夠，因此鄭成功軍很難發揮更大作用。清軍進入閩中後，鄭成功受命堅守福州，他且戰且退，在南平與清軍作過戰，在福州布置過防禦工事。雖說他在隆武朝的軍事鬥爭都以失敗告終，但他屢敗屢戰，毫不氣餒。這些經歷最終成為他一生的財富。他在這一時代完成了從文人到軍人的轉變，為其將來的勝利打下堅實的基礎。

## 四、鄭氏家族及其他閩籍大臣反對鄭芝龍降清的鬥爭

鄭芝龍在隆武帝失敗後，囤聚於泉州安海，「軍容烜赫，戰艦齊備，礮聲不絕。震天地。」[43] 然而，他卻沒有抗擊清軍的信心，進一步展開降清的活動。在清軍哄騙之下，鄭芝龍「劫眾議降，其子成功痛哭力諫，諸將多不願降，周崔芝涕泣謂芝龍曰：『崔芝海隅亡命耳，無所輕重；所惜者，明公二十年威望，一朝墮地為天下笑！請得效死於前，不忍見公之有此也。』抽刀自刎；芝龍起而奪之，然終不聽。」[44] 當時鄭成功是家族中反對降清最為的一個，他對鄭芝龍說：「吾父總握軍權，以兒度閩粵之地，

---

43　佚名，《隆武遺事》，商務印書館民國元年刊痛史本，第 10 頁。

44　李天根，《爝火錄》卷十六，第 885 頁。

不比北方，得任意驅馳。若憑高恃險，設伏以禦，雖有百萬，恐一旦亦難飛過。然後收拾人心，以固其本；大開海道，興販各港，以足其餉，選將練兵，號召天下，進取不難矣。」然而，鄭芝龍鬼迷心竅，竟然聽不進去。「成功出遇鴻逵於途，告以始末。逵壯之，功遂密帶一旅遁金門。」「鴻逵入，芝龍語及成功少年狂妄輕躁，不識時務始末。鴻逵曰：夫人生天地間，如朝露耳。能建功立業，垂名異世，則亦時不可失也。吾兄當國難之際，位極人臣，苟時事不可為，則弟亦不敢虛鼓唇舌。況兄尚帶甲數十萬，舳艫塞海，餉糧充足，輔其君以號召天下，豪傑自當響應，何必委身於人。此弟為兄深所不取也。」[45] 以上《臺灣外志》記載的鄭鴻逵支援鄭成功對抗鄭芝龍的故事，為大家所熟悉。這裡所要指出的是：鄭鴻逵與鄭成功共同反對鄭芝龍叛變明朝，不是一時的心血來潮，而是他們一貫的理想。鄭鴻逵扶立隆武帝，雖然有始無終，但其心中，仍然是以此事為驕傲的。他與鄭成功一向是同盟者。如前所述，他在為隆武帝籌措禦敵計畫時，他曾經計畫他與鄭成功共同率部分頭防禦清軍。這反映了他們一貫的合作。鄭成功從前線敗歸，並沒有喪失抗清的雄心。王忠孝在赴延平途中遇到鄭成功，成功邀他回福州，「訂舉事」。[46] 可見，鄭成功早在退到沿海前，即與王忠孝有了日後在沿海大舉事反清的約定。他們的這一約定當然也少不了鄭鴻逵。一年後，鄭鴻逵、鄭成功、王忠孝等人都如約起義，促成了福建新一輪的抗清浪潮。

　　鄭氏家族其他成員也都反對鄭芝龍降清。鄭芝豹是鄭氏三兄弟之一。過去人們常將他列入依附鄭芝龍降清的人。[47] 但新發現的史料表明：鄭芝豹並不贊成鄭芝龍的主張。「降議既定，其幼弟芝豹諍喧之聲聞于外。」[48] 看來是鄭芝龍強行將鄭芝豹的名字寫入降表，所以，芝豹大為惱火。而後世竟負罵名。不過，鄭芝龍正式降清之後，鄭芝豹還是奉鄭芝龍之命行事的，清朝命施福率鄭芝龍原有部隊到廣東打仗，從施福所上奏摺附有鄭芝豹名字來看，當時他也在軍中，在為清朝效力。

45　江日昇，《臺灣外志》，上海古籍社 1984 年，第 90—91 頁。
46　王忠孝，《王忠孝公集》卷十二，〈王忠孝自狀〉，江蘇古籍出版社 2000 年，第 428 頁。
47　顧誠，《南明史》，中國青年出版社 1997 年，第 368 頁。
48　佚名，《隆武紀略》，第 82 頁。

　　鄭芝龍的部下，很多人都反對降清。例如鄭彩被隆武帝撤職之後，回到沿海。隆武二年九月，他率船隊北上舟上，在這裡遇到寄寓當地的魯王。鄭彩便攜魯王返回廈門。此時鄭芝龍已經決定降清，下令鄭彩交出魯王，以向清廷邀賞。鄭彩以一個與魯王相像的人冒充魯王，交待部將：若鄭芝龍派人來索，便將此人送上。其後，鄭彩仿效鄭鴻逵擁立魯王，自己封公，部將封侯，開始了新一輪的抗清行動。

　　這樣看來，其實鄭氏家族除了鄭芝龍之外，其他人物都反對降清。這使我們知道：鄭芝龍降清後，他的部隊為何由異姓的施福等率領南下廣東為清朝效力，而不是由鄭氏將領帶領——因為，他在鄭氏家族中找不到一個思想上的共同者。鄭彩等其他將領也反對降清。鄭芝龍降清被囚後，鄭氏子弟皆下海反清，這不是偶然的，而是他們一貫政治主張的體現。雖然他們的活動有成有不成，但不能將他們詆為降清派。而其中最傑出的人物鄭成功，在鄭鴻逵的支援下，終於建立一番大事業，這是值得歌頌的。

　　隆武的其他大臣中，也有不少人堅持抗清的立場。大學士蔣德璟在泉州家中不食而死、曹學佺在福州自殺殉國；盧若騰、王忠孝等官員退入海島支持鄭成功抗清；被清軍俘虜的大學士朱繼祚返回家鄉莆田後，又支持沿海民眾抗清。他們都是應當被肯定的人物。在他們的串聯下，張肯堂、曾櫻、路振飛等三位大學士也留在福建沿海抗清，掀起新一輪的抗清浪潮，最終形成了鄭成功抗清集團。

　　總之，在隆武朝閩籍大臣（包括鄭氏家族）中，其實有許多人是堅定的抗清派。我們絕不可以因為鄭芝龍降清而忽略了這一點。鄭成功能在福建長期堅持抗清鬥爭，與這一點是有聯繫的。當隆武在位時，這些閩籍大臣多支持鄭芝龍勸隆武帝留在福建的主張，但這並不能說明這些閩籍大臣都是鄭芝龍的應聲蟲，而只能看成是他們的一種戰略主張。這一戰略主張是對是錯可以爭論，但不能因為他們曾有不同於隆武帝的主張便將他們看成是鄭芝龍的附庸，在這裡，我尤其要為鄭鴻逵翻案——許多清代的史冊都將鄭鴻逵看作隆武內部裡配合鄭芝龍降清的應聲蟲。其實鄭鴻逵與鄭芝龍之間，在政治上的主張是不同的。鄭鴻逵主張擁護隆武帝而獲得家族的利益；鄭芝龍在與黃道周爭位後，對隆武帝比較消極，以後發展到降清——企圖通過擁護清朝來維持家族利益。他們共同點是維護家族利益，但

在怎樣達到這一目的上，二人卻有根本的不同。二人在隆武朝中沆瀣一氣，
其目的是維護家族利益，但在大節上，鄭鴻逵擁明的立場一直未變。從早
年擁立隆武帝，到晚年支持鄭成功抗清，鄭鴻逵一直堅持擁明的立場。至
於鄭成功，他在鄭芝龍扯後腿的背景下仍然抗清擁明，更表達了堅定的政
治立場。回顧這一段歷史，令人最遺憾的是隆武帝與鄭鴻逵、鄭成功之間
的誤會。隆武帝因對鄭芝龍的疑心發展對整個鄭氏家族的疑心，結果二者
之間未能調整好關係，鄭鴻逵被迫退位，鄭成功尚不成熟，因而鄭芝龍成
了主導鄭氏家族的唯一代表人物，這給福建抗清事業帶來極大的損害。

## 第二節　鄭成功和魯王領導的抗清戰爭

　　隆武帝在汀州失敗後，隆武政權的餘部大都退入沿海，在魯王的領導
下繼續抗清。

### 一、隆武餘部與魯王在福建的抗清鬥爭

　　清廷入閩大軍在誘捕鄭芝龍後，將其主力編入佟養甲、李成棟部下，
帶入兩廣作戰。博洛自己率清軍主力退還南京，將福建交給總督張存仁管
轄。這樣，清軍在福建可信任的直轄部隊實際上不多，很難控制全閩。清
軍入閩，僅錄用了一些地方官，對隆武政權中的大官們，大都棄之不顧，
黃景昉、朱繼祚等曾經進入內閣的大官僚，大都被打發回家。因此，一些
降清的官僚都大失所望，他們返家後，大都傾向於抗清。而原有的抗清派
人士，更是鼓動鄉民抗清。順治五年八月，清朝的福建提督趙國祚這樣說：

> 竊照福建負山襟海，夙稱盜藪。……自是海賊山寇，在在竊發，倏
> 而鴟張海上，倏而嘯聚山林，各府各縣，旋起旋滅，至六月間建寧
> 失守，汀漳梗阻，延邵懸絕，福興警報鮮聞。而泉州又有投誠鄭芝
> 龍之胞弟鄭鴻逵，偽稱定國公，鄭芝豹，偽稱澄濟伯；其子偽稱朱
> 姓，兼鄭門親戚各稱賊首文武等銜，俱不思天命久歸真主，妄冀恢
> 復。有偽文偽示，語言恣肆，屢投職處。[49]

---

49　〈趙國祚為鄭鴻逵鄭成功等圍攻泉州等地事揭帖〉，廈門大學臺灣研究所、中國第
　　一歷史檔案館編輯部等編，《鄭成功檔案史料選輯》，福建人民出版社1985年，
　　第10頁。

福、興、漳、泉俱以海為門戶，如泉州之德化、永春、南安，如漳
州之詔安等縣，又皆有嘯聚黨羽，勾連海寇，橫行無忌。如偽魯藩
及鄭彩等穴居島澳，窺間伺隙，出沒靡常，登犯最易，更屬可虞。
此海寇之情形也。[50]

　　如其所云，當時福建境內出現了一個抗清浪潮。不過，要說清楚這一
抗清運動，最好從其領袖人物魯王開始。

　　魯王在浙江抗清失敗後，退居舟山，但被盤據舟山的隆武大將黃斌卿
拒絕。順治三年（1646 年）九月間，駐守廈門一帶的永勝伯鄭彩與其部將
航海至舟山一帶，將魯王接到廈門避難。鄭芝龍知道魯王來到廈門，曾要
鄭彩將他交出。鄭彩故意拖延。他將一個與魯王面貌相似的人化裝為魯王，
準備在迫不得已時，將替身殺死，以掩護魯王。幸而鄭芝龍被挾持北上，
魯王才逃過一難。次年正月，清軍主力已經北退，魯王與鄭彩在閩江口的
長垣（即馬祖列島）誓師抗清，鄭聯等人皆來相會，兵勢重振。其主要人
物有建國公鄭彩、定西侯張名振、同安伯楊耿、定遠伯鄭聯、閩安伯周瑞、
平夷伯周鶴芝、蕩胡伯阮進等人。東閣大學士為熊汝霖，掌票擬。其中除
少數人為魯王舊部外，鄭彩、鄭聯、楊耿、周瑞、周鶴芝等人都是隆武帝
的部將。他們的聯合，使福建反清勢力大振。

　　鄭彩部明軍從閩江口深入閩安鎮一帶與清軍作戰。福州附近的鄉民紛
紛響應，福州府屬的長樂、連江、永福、閩清、羅源等縣城，都被明軍攻克。
清朝的福建總督張存仁被困福州城裡數月，一籌莫展。福州城裡的反清人
士，曾策畫起義，響應城外的明軍，不幸失利。不過，明軍在福州附近的
活動，極大地鼓舞了各地民眾的勇氣，他們紛紛發動起義，一時反清的烈
火燃遍八閩大地。

　　興化府在明末已有佃兵起義，但被隆武朝廷鎮壓下去。隆武朝廷滅亡
以後，其大臣朱繼祚等人再次鼓動佃農起義。順治四年（1647 年）九月，
莆田常太里鄉民潘仲瓊率佃戶殺死地主方氏家族的幾個人，與海上明軍相
互聯絡，起義蔓延四鄉。楊耿、朱繼祚等人率明軍圍困興化府城，官兵幾
次出剿皆被打敗。順治五年三月初八，興化府城清軍棄城而走，明軍入城。

---

50　〈張學聖題為恭陳閩省近日情形事本〉，《鄭成功檔案史料選輯》，第 18 頁。

　　然而，明軍內部發生了分裂，楊耿與潘仲瓊發生矛盾，楊耿襲殺潘仲瓊，「從此自相吞併，互殺極慘」。七月十二日，清軍反攻興化，明軍不戰而退走，朱繼祚被俘，後被殺於福州。

　　閩北的反清起義規模最大。順治四年春夏之間，閩北建溪流域發生特大水災，建寧府城全部被淹沒，老百姓損失慘重。於是，閩北農民紛紛起義。五月，建安知縣李大則率 400 人剿，卻被殺死大半，連夜逃回。六月，來自建安縣東峰的農民軍，在城內大紳陳太鍾的響應下，以「殺清復明」為口號，攻克建寧府城，殺盡城中的清兵與官吏，甚至有許多北方商人被誤殺。農民軍兵鋒所及，攻克建寧府屬的建陽、松溪、政和、壽寧等縣，擊斃清朝總兵李應宗、知府高簡等人。不久，他們迎西王朱常湖入城。（按，在建寧府自稱勳西王的朱常湖，當年是著僧衣來到建寧府一帶。）他與古田縣僧人王祈結盟。而王祈為江蘇金壇人，明末已在建寧府及延平府一帶活動，與一班僧人與齋公結成齋公社，明亡後，進行反清宣傳。王祈擁立勳西王為主。

　　建寧府是福建通往北方的交通咽喉，福州的清軍為打通與外省的清軍聯繫，派出一支千餘人的軍隊進攻建寧府。勳西王聞知清軍前來，一度退出建寧府城，但後來知道清兵人少，復率義軍圍截清軍，而清軍竟不敢入城，間道退回福州。於是，閩北農民起義越來越盛。建寧府七縣，除了浦城縣全被義軍占領；延平府六縣，有將樂、順昌、沙縣、尤溪四縣被攻克。此時正是江西金聲桓反清之時，他派出的軍隊進入福建，攻克光澤、將樂及延平府城。其後，他們與長期在江西活動的揭重熙抗清軍隊一萬多人匯合，兩軍圍攻邵武城，但被福建按察使周亮工挫敗。

　　順治五年二月，清朝援軍終於在陳錦的率領下入閩，於二月十九日進抵建寧府城下。慘烈的攻城戰一直延續到三月十五日，清軍終於攻克建寧府。清軍入城後大肆屠戮，城中百姓倖存者僅三五百人。勳西王及其部下大都戰死，閩北義軍退往山區。清軍統帥陳錦曾說：「我國家定鼎以來，干旄所指，無不披靡，未有如建寧之賊死守難攻者。類而推之，可知閩省之賊非懦弱而易剿者。」[51]

---

51　陳錦，〈為閩省遍地皆賊，城野焚掠皆空奏本〉，《明清史料丁編》，第一本，第 20 頁。

　　汀州境內一向是多事之地，明末有寧化黃通的田兵起事，二破寧化城。清初，當地鄉紳寧文龍起兵，殺黃通。他以復明為號召，攻建寧縣不克。閩北勳西王起義後，汀州境內有彭妃起義。彭妃為永寧王長子之妃，原為汀州李指揮之女。江西被清軍占領，永寧王父子死難，彭妃寓居汀州。隆武帝知其事，有詔褒恤永寧王，彭妃便從汀州去延平，準備面見隆武帝。隆武帝死，彭妃藏於民間。當時人心思明，「深山窮谷，談義舉靡不膽張目明者」。於是，詹化翰等明朝官吏與鄉兵聯合起兵，奉彭妃為首，攻歸化不克，與寧文龍聯兵，轉戰於鄉村。「而是時，新建王起義兵破沙縣。永安德化王亦起義兵破將樂」[52]。順治五年二月，彭妃再攻歸化不克，被俘，被絞殺於汀州靈龜廟。據李世熊的《寧化縣志》，彭妃在死前痛斥當地的郡縣官，「詞義慷慨，毫無懼色云」。

　　閩東北是抗清義軍另一個主要根據地。清順治四年八月，閩東鄉民紛紛起義，其領袖為隆武大學士劉中藻。劉中藻為福安縣人，曾在隆武政權中任官。清軍入閩後，他率軍隊退入閩東，《福安縣志》記載：「中藻崎嶇山谷，聚眾萬人。遂復慶元、泰順、壽寧、寧德、福安、古田、羅源諸縣，魯王航海至閩，中藻率眾迎奉，又復福寧、長樂。王晉中藻兵部尚書兼東閣大學士。」[53]順治六年，福州清軍統帥陳錦對閩東發動攻勢，他首先掃清福州境內的義軍，相繼攻克羅源、閩清諸縣。閩東地勢偏僻，交通不便，原是長期堅持的好地方。但劉中藻在準備糧草方面不夠精細，他派出採購糧草的人從中貪汙，未能備足糧食。陳錦調發福州一帶的十萬民夫，為其軍隊運糧，將劉中藻困於福寧州城中。劉中藻原打算長期堅守，卻發現糧食不足供給。四月，劉中藻自殺殉國，與其同守福寧州的明軍被迫向清軍投降，以後被清軍全部屠殺。

　　據清方的統計，在順治四年至六年的這一段時期內，福建有二府一州二十九縣被義軍攻克，義軍最盛時，清軍僅僅控制了福州、泉州、漳州、南平、汀州等孤城，城郊皆是抗清的義軍。此後，各路義軍雖遭鎮壓，但清軍仍然只能控制要害城市，廣大鄉村到處都是自稱明軍的義軍，他們聯合鄭成功，牽制了清軍對海上的用兵。

52　李世熊，《寇變紀》，《清史資料》第一輯，北京，中華書局1980年版，第38—39頁。
53　福安市政協文史委編，〈劉中藻〉，1999年自刊本，第13頁。

　　以上這些抗清的鬥爭，主要是在魯王的名義下進行的，魯王卻是完全被其部下控制的傀儡。魯王由鄭彩及浙江士大夫扶立，內部存在著閩派與浙派的鬥爭。鄭彩扶立魯王，掌握了魯王政權的實權，但他與浙江籍士大夫的矛盾很深。「熊閣部鼓舞義兵，諸起義者皆來給箚，兵至數萬，然多烏合。鄭彩謀奪其權，雖與之結姻，忌之，乘夜遣兵攻其舟，并全家殺之，義兵解體。」[54]

　　清順治五年（1648 年）正月，鄭彩殺內閣大學士熊汝霖，其他浙籍士大夫也受到鄭彩的逼迫。其時，因陳錦入閩，義軍圍攻福州的戰役失敗，魯王與鄭彩退至閩東沿海。閩東義軍的首領劉中藻在隆武朝即為鄭芝龍、鄭彩等人的政敵。浙江士大夫聯絡劉中藻，而鄭彩視劉中藻如鯁在喉，為了個人私怨，他竟然發兵攻打駐兵福寧州的劉中藻，為劉中藻所敗。鄭彩的倒行逆施，引起了部下的不滿，眾將紛紛離他而去，鄭彩孤家寡人，僅帶了幾隻船離開魯王，退到廈門。此後，魯王在張名振等人的支持下，北上舟山，於順治六年（1649 年）九月襲殺隆武大將黃斌卿，在浙江堅持了數年的反清鬥爭。永曆五年（1651 年），舟山被攻克後，魯王退至金門島，依附鄭成功，後來死於當地。

## 二、鄭成功早期的抗清活動

　　鄭成功起兵之後，力量較小，但在鄭鴻逵的大力支持下，往昔鄭芝龍的舊部紛紛來歸，逐漸成長為一支相當強大的軍隊。

　　從南澳招兵到占據廈門。鄭芝龍降清後，他的部下在福建沿海各自行動。鄭氏軍隊的主力在施福與施郎（即施琅）的率領下，被併入清軍，進入廣東作戰。而鄭彩與鄭聯奉魯王為主，在福建沿海抗清。原隆武帝轄下的鄭芝龍舊部，大都跟隨鄭彩，他們以廈門為根據地，統轄範圍南至廈門，北到福寧州及浙江南部沿海，其間只有安海與泉州屬於鄭成功的勢力範圍。鄭成功與鄭鴻逵的勢力範圍除了泉州外，從漳州到潮州沿海的島嶼，大都在他們的控制之中。鄭成功與鄭彩不同的是：他堅持奉隆武帝的年號，與舟山的黃斌卿遙相呼應，形成了與魯王並立的兩大抗清系統。

---

54　阮旻錫，《海上見聞錄》卷一，福建人民出版社 1982 年，第 6 頁。

鄭成功重新下海抗清，身邊可用的人不多。郁永河的〈偽鄭逸事〉記載了一則鄭成功的逸事：

> 芝龍庶長子也，時年十七，已入泮為諸生。方衣單綈，閒步堦前，聞父降，咨嗟太息；頃之，其弟襲舍自外來，成功告之故，且曰：「汝宜助我」！即與徒手出門，從者十八人，棹小舟至廈門隔港之古浪嶼山，招集數百人；方苦無資，人不為用。適有賈舶自日本來者，使詢之，則二僕在焉，問有資幾何？曰：「近十萬」。成功命取佐軍，一僕曰：「未得主母命，森舍安得擅用」（閩俗父為官，其子皆得稱舍）？成功怒曰：「汝視我為主母何人？敢抗耶」？立斬之，遂以其資，招兵製械。從者日眾，竟踞金廈門。

以上記載有以訛傳訛的部分，例如，鄭成功在鄭芝龍當政的時候，已經被封為國姓，而且率兵打仗過，早已不是一個文弱的書生。在鼓浪嶼起兵之時，其人動用家族錢財、獎賞壯士的果斷，讓人佩服。實際上，家中的長輩例如鄭鴻逵一直支持鄭成功。《海上見聞錄》第一卷記載：

> 時賜姓謀舉義，而兵將戰艦百無一備，往南澳招募。聞永曆即位粵西，遙奉年號，自稱「招討大元帥罪臣」。有眾三百人，於廈門之鼓浪嶼訓練；委黃愷於安平鎮措餉。識者知其可與有為，於是平國舊將咸歸心焉。即以洪政、陳輝為左右先鋒，楊才、張進為親丁鎮，郭泰、余寬為左右鎮，林習山為樓船鎮，進兵攻海澄。縈祖山頭數日，援兵至，洪政中流矢，與監軍楊期潢俱死之，遂退兵入粵。

明永曆元年（清順治四年，1647年）八月，鄭成功與鄭鴻逵合兵進攻泉州。清朝福建提督趙國祚說：「逆賊鄭鴻逵等賊船如山，拋泊海口，聯絡山寇，蔓延四野。加以合郡鄉村百姓，剪辮蓄髮，烏合從叛，圍攻各縣，勢甚猖獗。」[55] 阮旻錫記載：

> 會定國進攻泉州，列營桃花山。清提督趙國祚率數百騎衝營，張進、楊才迎戰。定國遣林順等夾攻，大破之。別遣水兵破溜石砲城。斬參將解應龍。軍聲大振。泉紳郭必昌之子顯欲內應，國祚殺之，滅

---

其家。并繫故相黃景昉等。國祚酷虐，泉民不敢喘息。九月，漳州
副將王進率兵來援，圍解。[56]

永曆二年（清順治五年，1648 年）三月，鄭成功出兵攻打同安，清守
將逃遁。鄭成功派兵守同安，並設官統治。其後他攻泉州不下，再攻南安，
圍城五月不克。但是，當他退出同安率軍南下就糧時，新入閩的清軍反攻
同安。七月，同安城破，清軍屠城，被殺的市民及鄭軍達五萬餘人。[57]

漳州境內的反清活動也十分興盛，永曆二年六月有平和縣守將曾慶起
義，自稱「永寧王」，占據龍巖縣。廣東方面來的義軍攻克雲霄、漳平；
十一月，盧若騰與平和方面的萬禮等人聯軍攻漳浦縣失利。鄭成功的活動
漸入漳州境內。在漳潮一帶，鄭鴻逵有較大的實力，他的戰將陳豹占據廣
東潮州的南澳，緊靠廣東的銅山島（今東山島）也由鄭成功、鄭鴻逵聯軍
的張進控制。永曆三年（清順治六年，1649 年），攻占同安的清軍南下進
入漳州。他們圍攻平和縣，曾慶突圍不成，降清後被殺，同時被清軍殺害
的尚有 1000 多名士兵。該年，進入漳州的清軍與鄭成功部大戰於赤美，清
軍使用紅夷大砲猛轟，鄭芝鵬的兩個兒子被殺，鄭成功退入沿海島嶼。

永曆三年正月，李成棟的大將郝尚久襲占潮州，與鄭成功相鄰。而鄭
成功迎接施郎，隊伍壯大很多。先是，施福與施郎隨李成棟入廣為清作戰，
在廣東消滅了明軍張家玉部。永曆二年四月，李成棟在廣東反正，受封於
永曆皇帝。施福所部鄭軍終於找到機會返回福建。他們與李成棟分道揚鑣，
在施郎的率領下東進。但在進入潮州境內時，施郎等人遭到郝尚久部的襲
擊。施郎審時度勢，引導全軍突破重圍，駐兵於閩粵交界處的饒平縣黃崗。
恰在近處的鄭成功得知施郎來到黃崗，馬上派人前去邀施郎入海，施郎遂
率所部投入鄭成功部下，雙方合軍一處，聲勢大振。當年十一月，施福也
到漳州晉見鄭成功，這樣，原由施福帶往廣東的鄭氏部隊主力，便重新歸
入鄭成功部下。

施天福與施郎的回歸，對鄭成功具有重要意義。施天福所部為鄭芝龍
的主力，鄭芝龍主要依靠這支部隊打天下。鄭芝龍降清時，這支部隊隨鄭

---

56　阮旻錫，《海上見聞錄》卷一，第 6 頁。

57　阮旻錫，《海上見聞錄》卷一，第 8 頁。

芝龍降清。施部軍隊原是明朝的正規軍，有一套戰術與軍紀，回歸鄭成功所部後，馬上成為鄭軍的骨幹。

鄭成功起義後，長期在海上漂泊。雖說他主要駐足鼓浪嶼，但近在咫尺的廈門卻屬於族叔鄭聯與鄭彩部統轄。鄭成功很想找一個屬於自己的立足之點。於是，施郎等人建議他攻占鄰近福建的潮州。永曆三年，鄭成功進軍漳浦。三月，清漳浦守將王起俸出城降於鄭成功。十一月，鄭成功在雲霄大破清軍，隨後又圍攻詔安城。失利後，鄭成功進一步南下潮州，擊敗廣東地方武裝許龍與張禮，控制了潮陽與揭陽一帶。

其時潮州在降明的郝尚久部統治之下，他見鄭成功如入無人之境，大憤，派兵攻打鄭成功。永曆四年四月，雙方戰於揭陽，郝尚久大敗，僅以身免。鄭成功進而進攻潮州城。郝尚久再戰失利，潮州被圍。於是，郝尚久降於清朝，清朝派漳州郝文興來援，得到許龍的幫助，進入潮州城。鄭成功見潮州不可輕取，退兵。

其時原為鄭芝龍部下的鄭聯盤據廈門，而鄭彩恰率水師遠行，不在廈門。鄭彩與鄭聯雖然姓鄭，但他們是廈門人，與鄭成功不是同宗。廈門在明末已是東南大港之一，明清之際的動盪，使沿海百姓紛紛來到廈門避難，所以，廈門人口大增，迅速成長為一個中等城市。廈門島港闊水深，可停數千艘船隻，其海上水路東去臺灣，東北可達日本，南聯兩廣，北上江浙，是一個富有戰略意義的大港。廈門港長期為鄭彩與鄭聯所居，不過，此時的鄭彩、鄭聯因與魯王鬧翻，部隊不多，長期無所作為。鄭成功的族叔鄭芝鵬勸鄭成功乘機襲取廈門。於是，鄭成功用施郎之計，送 1000 石糧食給鄭聯，隨後發兵突至廈門，兼併鄭聯軍，並派人暗殺鄭聯於廈門萬石巖。此前，鄭彩恰好率部出海，聽到這一消息，已經不及赴援了。鄭彩畏鄭成功之威，南下海南避難，其部下大將楊朝棟等人逐漸歸於鄭成功。這樣，福建海上的力量全部歸於鄭成功。鄭成功將軍隊集約於廈門，可在萬里海疆任何地方登陸作戰，而清軍在大陸只好處處設防，軍隊分散駐紮，一旦有明鄭軍隊登陸，陸上赴援，又不如海上方便，南北調動疲於奔命。所以說，鄭成功占領廈門，是他一生事業的重要轉捩點。

## 第三節　鄭成功與施琅的合作與分手

　　1651 年的廈門事件中，鄭成功誅殺大將施琅的父親與弟弟，迫使施琅離鄭出走，進而降清。研究明鄭史的學者多歎息鄭成功這一決策錯誤，從而化友為敵，埋下 32 年後施琅率清軍攻克臺灣消滅明鄭政權的種子。我認為：鄭成功與施琅的鬥爭其實質是海上武裝中擁明派與親清派的一次衝突，施琅隨鄭芝龍降清後，其政治態度一直傾向於清朝，而鄭成功的政治傾向是擁明，他與施琅最終分道揚鑣不是偶然的。

### 一、從施福到施琅──作為鄭氏重臣的施氏叔侄

　　施福的崛起。施福在鄭芝龍的部下是後起之秀，鄭芝龍率海盜隊伍降明，部下多叛明入海，僅剩下少數原部跟隨鄭芝龍。鄭芝龍在福建官府支持下重組軍隊後，對其老部下並不十分信任，而是提拔了一些沒有任何背景的人，施福既為其中的一員。施福為施琅的堂叔，晉江衙口人。衙口距鄭芝龍安身的晉江安海鎮不遠，鄭芝龍起用施福，是在重用老鄉。據施偉青的考證，施福十八歲時投入鄭芝龍的部下，其時為鄭芝龍降明後的第二年，也就是崇禎二年[58]。施福應是一個文武雙全的人物，因此很得鄭芝龍信任，施琅為其所寫的傳記云：「叔諱福……少倜儻，有大志。年十八投筆從戎。于時海寇蜂起，巨魁角立。叔與鄭芝龍密策方略，有向化者，說降之；倔強者，破滅之。海氛以靖，叔之為謀居多。因得與鄭同奏膚功。鄭補南粵游擊，叔補中軍都司。時崇禎四年也」[59]。可見，施福是鄭芝龍的智囊。他投入鄭芝龍部後，僅僅三年時間，既升任中軍都司，鄭芝龍對其寵信，由此可見。

　　施琅加入鄭芝龍所部。施琅自稱「生長濱海，總角從戎，風波險阻，素所履歷」[60]，看來，他很早就進入軍伍，當兵為生。崇禎十六年，施琅「年二十三，訪族父故總兵福于安平軍」[61]。其時施福在鄭芝龍帳下已經很有影

58　施偉青，《施琅年譜考略》，嶽麓書社 1998 年，第 28 頁。
59　施琅，〈武毅伯特進光祿大夫加太子太傅忠勇將軍閭父公行略〉，晉江衙口施氏，康熙四十五年《潯海施氏族譜》往本，卷十。轉引自施偉青，《施琅年譜考略》，第 28 頁。
60　施琅，《靖海紀事》，〈決計進勦疏〉，臺灣省文獻委員會 1995 年，第 14 頁。
61　施士偉，〈襄壯施公傳〉，見《靖海匯紀》，轉引自施偉青，《施琅年譜考略》，

響，施琅得其推薦，很快在鄭軍占有一定位置。明末福建災荒頻頻，飢民起義，遍及全省各地，鄭芝龍所部在各地鎮壓民眾起義，其中，施福與施琅都起了很大作用，「會泉郡山寇四起，當事稔公（施琅）能，命率師勦捕。揮戈一指，賊亡魂潰散。後先廓清山寨三百餘所，活民命不勝計……當事上其功，拜遊擊將軍」[62]。其時，施福以尚謀得到鄭芝龍的信任，而施琅以勇冠三軍，施氏叔侄在鄭軍中的地位相當重要。而施氏叔侄也因為給鄭芝龍效力，獲得高升，施琅因戰功得授遊擊將軍，施福的地位應在施琅之上。弘光政權建立後，給各地官員加官晉爵，施福得授都督之銜，而施琅得授副總兵。總之，從明末到隆武時期，施氏叔侄已經成為鄭芝龍的骨幹，所部為鄭芝龍的「中軍」[63]。可見，鄭芝龍的主力部隊是由施氏叔侄率領的。

隆武帝即位後，施福與施琅在鉛山前線作戰，頗有戰功。我在〈論隆武帝的戰略問題〉一文已有敘述[64]。大致說來，當時的施福與施琅是張家玉的戰友，張家玉抗清的功績，在史冊中多有記載，而其戰功的取得，大多與施福所部有關。隆武因此給施福等人加官，施福被封為武毅伯，而施琅為僉都督、左衝鋒，這都是明朝武將中的高級職務。

在隆武朝，鄭成功也開始在政治上嶄露頭角。他被隆武帝封為御營指揮。後來，因施福的頂頭上司鄭彩消極作戰，隆武帝一怒之下免去鄭彩的職務，而以鄭成功取而代之。其時，鄭成功駐兵光澤縣的杉關，而施福與施琅在崇安縣的分水關，二地皆為江西入閩要隘，有必要統一指揮。隆武二年六月十六日之後，隆武帝「勅國姓成功兼顧大安關，仍益兵防扼，恐有清騎突入；銃器火藥，即令二部給發」[65]。文中所說的大安關即是崇安境內的分水關，隆武帝將崇安的軍事交給鄭成功，說明當時鄭成功已成為施福與施琅的頂頭上司，隆武帝此舉是想加強對施福與施琅的控制。不過，鄭成功所在的杉關與分水關相距有二百里之遠，鄭成功對施福只能搖控，並不能切實領導他們。

第 27 頁。
62　施德馨，〈襄壯公傳〉，錄自《靖海紀事》序，臺灣省文獻委員會 1995 年，第 23 頁。
63　施德馨，〈襄壯公傳〉，錄自《靖海紀事》序，臺灣省文獻委員會 1995 年，第 23 頁。
64　徐曉望，〈論隆武帝的戰略問題〉，《中國史研究》2002 年第 2 期。
65　佚名，《思文大紀》卷七，臺灣文獻叢刊本，第 130 頁。

　　施琅第一次背叛鄭成功。在隆武後期，鄭成功的政治態度與鄭芝龍發生對立。鄭芝龍業已暗地裡決定降清，而鄭成功仍然忠於隆武帝。鄭芝龍為了給清軍入閩掃清道路，下令從前線撤軍，鄭成功抗命不從，仍然在杉關前線堅持到最後一刻。在鄭氏父子衝突中，施氏叔姪選擇了鄭芝龍，「芝龍既回安海，守關將施福聲言缺餉，亦撤回安海。仙霞嶺二百里間，空無一兵，惟所遣守關主事及內臣數員偵探敵信以上聞耳」[66]。按，施福與施琅作為鄭成功直接管轄的部將，他們卻不聽鄭成功的號令，直接退至安海，依附鄭芝龍，這說明在施氏叔姪眼裡，鄭芝龍比乳臭未乾的鄭成功要重要得多。施福與施琅從崇安前線撤軍，不僅是對明朝的背叛，也是對鄭成功的第一次背叛。

　　鄭成功下海與施琅的動向。隆武二年八月，清軍從仙霞關及分水關分路入閩，鄭成功後路被抄，從杉關前線潰退，他衝破道路上清軍的封鎖，東下福州。不久，鄭成功再退安海。在這裡，他與鄭芝龍發生爭論。鄭芝龍不顧鄭成功的反對，決定降清。在這場爭論中，施氏叔姪再次站到了鄭芝龍的一邊，由於他們的立場，儘管鄭成功反對鄭芝龍降清，卻無濟於事。鄭成功只好帶少數人下海起兵。有一些書以為施琅是隨鄭成功下海的早期骨幹之一，這是錯的。總之，受鄭芝龍的影響，施氏叔姪的政治態度是親清朝的，在鄭氏軍隊中，他們長期是鄭成功的對立面。

## 二、為清廷而戰的施福與施琅

　　施福與施琅在隆武政權成立之初，是閩軍中抗清的主力。其時鄭芝龍、鄭鴻逵扶隆武帝上臺，一開始還能合作抗清，施福所部也在前線立功，隆武元年十一月，張家玉督率鄭彩所部及施福所部在江西滸灣鎮與清軍大戰，閩軍初戰獲勝，「殺兩總兵，獲級四百，奪馬四十匹，器械無算。」後來，又引清軍入伏，「大破之；步兵五千殆盡，騎兵舍馬渡河，溺死過半。撫州圍解。論者以是役為福州戰功第一。」其後，張家玉又與撫州的永寧王部夾擊清軍，「大軍死者五百餘人，馬死者三百餘匹」。[67]由此可見，施福與施琅所率領的閩軍是有一定戰績的。

---

66　錢澄之，《所知錄・隆武紀事》卷上，荊駝逸史本，第 9 頁。
67　邵廷寀，《東南紀事》卷一，第 9—10 頁。

可是，由於鄭彩妒忌張家玉，張家玉進一步的計畫受阻，張家玉論當時形勢時有言：「腹心之患在南昌、咽喉之患在徽州，既失徽，則饒、嚴危；失饒、嚴，則廣信必不支，而崇關不能守。陛下大事去矣。兵貴速，不貴久；貴合，不貴分。我以待兔之愚，長彼蠶食之漸，坐而自斃。請急勅鄭彩襲徽、歙，縱不能進，亦可自救。諸將施福、陳梧等皆善家玉計，而彩久駐邵武，不肯出關。有詔切責，亦不從；家玉太息而已。」[68] 這一史料表明：當時施福是支持隆武帝抗清的，並有一定戰績。又據《思文大紀》的記載，隆武元年一月，「守關大將施福解獲清兵偽官朱盛德一名，上着法司速行審明正法」。[69]

然而，鄭芝龍與隆武帝的關係逐漸惡化。鄭芝龍希望隆武帝留在福建，並在戰略上採取守勢；而隆武帝一心出兵湖南、江西等地，恢復南京。雙方的關係無法協調，隆武帝終於下決心北上建寧府、延平府，而鄭芝龍留在福州府，雙方的矛盾表面化。鄭芝龍此後對隆武帝採取消極態度，不再負責前線軍隊的糧餉，而施福等閩軍抗清的戰事也屢屢失利。隆武元年十二月，黃道周出擊徽州失利被俘，隆武二年一月，閩軍在浙江戰敗，《南疆繹史》云：「時大兵已破徽州，鴻逵乃遣都督施福出開化，林順出仙霞，黃光輝出馬金嶺，郭芝英出連嶺，鄭亨出白濟，鄭貞出二渡，程應璠出仰山。然所部不過千餘人或數百人耳。及明年正月朔，大清以偏師綴白濟、連嶺，而大兵攻馬金嶺。黃光輝等敗回，鴻逵退扼仙霞關，檄諸路回軍。」[70]

當時的閩軍情況不佳，他們最大的問題是缺糧缺餉，許多軍隊中出現了非正常死亡：「定彝都督郭熺疏陳病故兵丁三百八十一名另募補額，上嘉其實心精覈；曰：『病故兵丁殊可憐憫，其月糧准給為棺斂盤費。至每名日給食費三分，登程日倍之。俱依議行』。」[71] 由此可見，閩中軍隊的糧餉問題是極為嚴重的。隆武二年六月，「上因糧餉不足，每嘆曰：『朕布衣蔬食，經時憂費；所餘重餉，皆以養士給兵。乃內帑無多，應用每窘，為之奈何！』」[72] 可見隆武的軍隊缺乏糧餉是普遍的情況。《明季南略》記

68　邵廷寀，《東南紀事》卷一，第 9 頁。
69　佚名，《思文大紀》卷四，第 62 頁。
70　溫睿臨，《南疆繹史》卷五四，〈雜傳〉，臺灣文獻叢刊第 89 種。
71　《思文大紀》卷六，第 115 頁。
72　佚名，《思文大紀》卷八，第 139 頁。

載：「大學士蔣德璟見鄭師逗遛，因自請行關確察情形，相機督戰；隆武許之。比至，則疲兵弱卒，朽甲鈍戈，一無可為。因嘆息，告病去。」[73] 按，蔣德璟所督察的軍隊即為施福所部，在《思文大紀》一書中可以找到佐證：「清迫崇安，上勅施福速速領兵出關驅勦，着輔臣德璟同去」。在這一背景下，施福與施琅也在前線消極作戰，「施顧慮遷延，德璟復疏趣之。上曰：『如此情景，與鄭彩進關，張家玉守新城何異乎？』」[74] 俗話說，「皇帝不遣餓兵」，施福與施琅所部在前線餓得半死，因而，對於皇帝的命令，他們也無動於衷了。

在這一背景下，與清朝早已有勾結的鄭芝龍於隆武二年七月間下令施福撤兵，「芝龍既回安海，守關將施福聲言缺餉，亦撤回安海。仙霞嶺二百里間，空無一兵，惟所遣守關主事及內臣數員偵探敵信以上聞耳。」[75]

施福退至安海後，得到鄭芝龍的糧餉供應，軍隊恢復戰鬥力，而施福所部，再次成為鄭芝龍的私家軍隊。鄭芝龍重掌軍隊後，鄭鴻逵與鄭成功都無所作為了。他們二人原為隆武帝手下大將，對明朝的感情很深，尤其是鄭成功，在隆武帝時期早已掌握軍權，但他退到安海後，即使對鄭芝龍降清不滿，仍然無力採取更有力的行動反抗，其中主要原因，是因為鄭芝龍掌握了軍權，而施福這些鄭軍中的大將，都只聽鄭芝龍一人的號令，鄭成功只好下海重組軍隊。

施福與施琅降清。明隆武二年、清順治三年（1646 年）十一月，鄭芝龍在清軍統帥博洛的利誘之下，赴福州降清，隨後被清軍扣留，送至北京軟禁。而泉州的清軍突襲安海，大掠而去。其後，鄭芝龍的軍隊分作二部，一部分在鄭鴻逵、鄭成功及鄭彩、鄭聯等人的率領下，轉至沿海島嶼抗清；但另一部分主力卻在鄭芝龍命令之下降清，他們便是施福、施琅所部。被改編為清軍後，施福與施琅隨李成棟所部清軍南下攻打廣東。後任兩廣提督李成棟在其奏疏中提到福建來兵：「及入閩所帶未食糧者，除職啟過貝勒湊足五千之數隨職征勦」。他又說：「雖各府鎮守官兵蒙貝勒原發職帶

---

73　計六奇，《明季南略》卷十一，〈閩記〉，第 324—325 頁。

74　佚名，《思文大紀》卷五，四月初一，第 94 頁。

75　錢澄之，《所知錄‧隆武紀事》卷上，荊駝逸史本，第 9 頁。

來者，每府七八百名不等，俱係閩地土著之眾，脆弱不堪，無資戰守」[76]。看來李成棟所講的即為施福所部閩軍，他們約有 5000 之數，但李成棟對他們評價不高，清朝也沒有正式給他們頒發糧餉。顧誠先生指出：李成棟即要利用施福、施琅他們為其衝鋒陷陣，「又在給清廷的奏疏裡把他們貶得一錢不值」[77]。其目的大約是李成棟要將閩軍的功勞納為己有而已。

事實上，施福與施琅率部南下廣東後，為清朝屢立戰功，《清世祖實錄》記載：順治四年冬十月初三日（庚午），「初，投誠武毅伯施福同澄濟伯鄭芝豹率十鎮官軍，持投誠平國公鄭芝龍牌箚，招撫白沙。至甲子等處，驅散巨寇蘇成，降偽總兵林瑜等。別遣總兵施琅、梁立同提督李成棟、監軍戚元弼等援剿順德縣海寇，多所斬獲」[78]。可見，施福所部對清軍順利南下廣東是有一定功績的。

明永曆二年（清順治四年，1647 年），廣東發生了以張家玉、陳邦彥、陳子壯三人為首的反清大起義。施福與施琅所部，不得不與昔日的戰友——張家玉所部作戰。張家玉為廣東人，曾在隆武帝帳下任大臣，作為監軍，他曾與施福等人聯手，向江西的清軍攻擊，取得滸灣鎮大捷。後來，隆武帝與鄭芝龍、鄭彩等人發生矛盾，張家玉憤慨鄭彩消極作戰，受隆武帝之命，到廣東重組軍隊。清軍入粵後，迅速消滅繼隆武政權之後的紹武政權，並將永曆帝迫入廣西境內。就在清軍將要窮追永曆帝之時，張家玉與陳邦彥、陳子壯等人聯絡，不顧一切地在廣東舉兵反清，他們攻陷東莞、龍門、乳源、歸善、博羅、長寧、河源等縣，及連平一州[79]。張家玉等人的行動使李成棟清軍不得不放棄入桂計畫，而將主要力量用於對張家玉作戰。這對於延長永曆王朝的壽命是有重要意義的。

順治四年二月，李成棟率施福等人回兵順德縣，首先擊敗陳邦彥，陳邦彥被迫退入高明縣；其後，李成棟發兵直撲攻占東莞的張家玉，雙方大戰。《清世祖實錄》記載：「會諜報賊首張家玉陷東莞，遂遣黃廷、成陞

76　〈兩廣提督李成棟揭帖〉，順治四年七月二十六日到本，中央研究院歷史語言研究所編，《明清史料》丙編，第七本，臺北，維新書局 1972 年，第 601 頁。

77　顧誠，《南明史》，北京，中國青年出版社 1997 年，第 434 頁。

78　《清實錄》第三冊，《清世祖實錄》卷三四，北京，中華書局 1985 年版，第 279 頁。

79　〈兩廣總督佟養甲揭帖〉，順治五年二月二十八日到，《明清史料》丙編，第七本，臺北，維新書局 1972 年，第 639 頁。

等以舟師二千擊敗之，家玉走匿新安縣之西鄉。是時三水新寧等縣竝來告急，復遣投誠都督戴忠等率水師抵九江追擊，斬獲甚多」[80]。《清實錄》對此事的記載比較平淡，實際上，雙方作戰十分激烈，施福的副將成陞即在戰役中被張家玉部擊殺[81]，張家玉部最終不勝而退。以上多次戰役，其中雖未提施琅，實際上，施琅參加了以上諸場戰役。《清史稿・施琅傳》記載：施琅「從征廣東，戡定順德、東莞、三水、新寧諸縣」[82]。《清史稿・施琅傳》所提到施琅平定諸縣，恰與這一時期施福軍隊作戰區域一致。

該年十月，張家玉部猛攻增城縣，李成棟部趕來救援，雙方大戰，李成棟發動四面圍攻，其中「總兵施郎、黃廷、副將洪習山從南面接應」，張家玉在戰鬥中中箭後投水而死，義軍大敗；十月二十五日，李成棟「親督水陸官兵暨武毅伯施福、監軍兵巡道戚元弼各帶部兵由九江陸路直趨高明縣」[83]，在這裡，李成棟擊敗了廣東義軍中的又一支武裝——陳子壯部。

由此可見，在廣東抗清活動風起雲湧的永曆元年（清順治四年、西元1647年），施福與施琅作為清軍參加了鎮壓廣東義軍的戰鬥，不惜與自己昔日的袍澤作戰。此時的施福甚至沒有名分，還是以明朝所封的武毅伯指揮作戰，施福所率閩軍也未列入清軍正式行列，沒有正式軍餉。按，施福所部在脫離鄭芝龍直接控制之後，仍然為清廷作戰，反映了施福與施琅等人降清後忠於清朝的立場。從施福一直是鄭芝龍的謀士來看，鄭芝龍降清，他應是其中的策畫者之一，所以，即使鄭芝龍被擄至北京，其他將領紛紛下海抗清，但施福與施琅依然故我為清軍作戰。為什麼施氏叔侄如此堅定地為清朝而戰？這是由於：施氏叔侄在政治上傾向於清朝，在他們看來，南明軍隊是沒有出路的。施琅在晚年對李光地評說當時的鄭芝龍部閩軍，「所帶海兵，習水戰而不習陸地，父母妻子悉在海上，烏合之眾，動輒離心。本朝兵初下，兵勢猛銳，先聲已屬，如何能敵」[84]？可見，施氏叔侄在當時已經看出清朝取得最後勝利的必然結果，所以，死心塌地為清廷服務。

---

80　《清實錄》第三冊，《清世祖實錄》卷三四，北京，中華書局1985年版，第279頁。

81　顧誠，《南明史》，第412頁。

82　《清史稿》卷二百六十，〈施琅傳〉，第9864頁。

83　〈兩廣總督佟養甲揭帖〉，順治五年二月二十八日到《明清史料》丙編，第七本，第639頁。

84　李光地，《榕村續語錄》卷八，〈歷代〉，北京，中華書局1995年，第670頁。

### 三、再次投入鄭成功部下的施琅

　　然而，南方形勢的變化迫使施琅再一次投入鄭成功部下。時為明永曆二年（清順治五年、西元 1648 年）正月，降清的金聲桓、王得仁在江西南昌反清歸明，三月十七日，李成棟在廣州反清，南明的局勢一時大有好轉。施福與施琅也被捲入反清浪潮中，隨李成棟反清復明。於是，施福被永曆改封為延平伯，「敕仍回閩恢剿。」[85]

　　李成棟起兵反清，正當用人之時，為何允許施福所部離開自己遠赴福建？顧誠先生分析：「反正之後，李成棟意氣發舒，把廣東看成自己的勢力範圍，奏請永曆帝核准把施福等福建兵將遣送回籍。」[86] 更深的原因是：施福所部與李成棟一直不協調，李成棟反清，未必有與施福這些人商量，而是利用形勢，迫使施福等人跟他走。但在正式反清之後，李成棟將施福所部視為異己，與其日夜提防，不如將其打發到福建。而在這時期，鄭成功又一直設法將施福軍重新納入麾下。

　　鄭成功於隆武二年下海之後，以明朝招討大將軍為號召，鄭芝龍舊部多來歸附。但是，這一時期鄭氏諸將帶來的軍隊，多非正規軍，作戰能力很差，鄭成功起兵的頭二年，幾乎是屢戰屢敗，因此，他非常盼望施福所率的閩軍回歸帳下。施琅隨清軍南下時，囑咐原為明朝軍官的弟弟施顯留在家中，在反清浪潮遍及江南的永曆二年，施顯率家人投入鄭成功的根據地——廈門。從情理分析，施顯進入廈門，應與鄭成功招攬有關。施琅回憶這一段歷史時說：「鄭氏素知弟英勇冠諸軍，偵其至，深相結納。當是時，永曆猶建號粵東西，即剡奏，授職總兵」[87]，收攬施顯，是鄭成功招攬施福與施琅的第一步。

　　二施回歸鄭成功部下。施福所部閩軍應有水陸兩支，永曆二年施氏叔侄與李成棟分手後，施福與施琅分率水陸兩軍歸閩。其中施琅所率陸軍倍嘗艱險，在潮州遭李成棟部將郝尚久的襲擊，幾乎全軍覆沒。施德馨記載施琅的這段往事：「自南陽抵潮郡。適潮將郝尚久者，粵帥轄也。陽犒師

85　魯可藻，《嶺南紀年》卷二。轉引自：顧誠，《南明史》，第 434 頁。

86　顧誠，《南明史》，第 434 頁。

87　施琅，〈都閫安侯施公（顯）行述〉，晉江衙口施氏，康熙四十五年《潯海施氏族譜》荒本，卷二四，轉引自施偉青，《施琅年譜考略》，第 73 頁。

牛酒，而包藏禍心，召諸部陰為圖公。公偵知其事，急拔眾走饒平，踞守閱月突圍出，且戰且行，連日夜間關險阻。從弟肇璉、肇序皆隨歿軍中。而先是在潮陽所招降戰士，多散處村落，聞公至，皆迎拜擁護以行。遂集勁卒得八百人，至黃崗鎮暫憩焉。」[88] 黃崗鎮位於廣東饒平縣閩粵二省交界處，鄭成功與鄭鴻逵長期在這裡作戰。據施士偉的記載，施琅正是在黃崗鎮遇到了鄭成功，「遮入海，禮遇甚渥」。[89] 其時約為永曆三年二月。[90]

　　施士偉回顧此事，已經是在清朝統一臺灣之後，所以，他強調施琅是被鄭成功強邀入夥的。其實，施琅率陸軍轉戰千里，途中受到南明軍隊郝尚久的襲擊，幾乎全軍覆沒，幸有鄭成功在廣東潮州黃崗鎮的接應，施琅所部才最終脫離了危險。從當時形勢看，施琅所部已經陷於南明軍隊的包圍中，北有鄭成功，南有郝尚久，西面是李成棟，所率部下多為閩南人，回鄉心切，在這一背景下，除了投入鄭成功帳下，其實施琅已經沒有其他的出路。其後，施福所部水師也回歸鄭成功部下。不過，施琅所部投入鄭成功部下是在永曆三年二月[91]，而施福要遲到於永曆三年十一月才在潮州晉見鄭成功，比施琅歸入鄭成功部下，遲了 9 個月。施福率領閩軍水師沿海北上，他的道路應當更好走，卻比施琅遲了近一年才與鄭成功會合。看來他是在海上流浪多時，一直無法確定去向，最後因為施琅、施顯的因素，最終決定回歸鄭軍。但是，他的政治態度顯然有所保留。楊英的《從征實錄》記載：「時武毅伯施天福同黃海如來見，藩令天福典兵柄，辭以老，從之」[92]。施福不願為鄭成功部下，看來與他的經歷有關。施福原來就是鄭芝龍降清的支持者，降清後，又為清朝作戰多時，這一經歷，已經足以改變他的政治態度。他不願投入鄭成功的部下，實際上是與清朝藕斷絲連，保持了繼續做清朝官員的可能性。施福後來回到安海養老，與鄭芝龍、鄭鴻逵保持關係。其時，鄭芝龍在北京，已是清朝的官員，而鄭鴻逵因為鄭芝龍的因素，對清朝多有讓步，這也是眾所周知的。當然，這一切並非一

88　施德馨，〈襄壯公傳〉，錄自《靖海紀事》，第 24 頁。

89　施士偉，〈襄壯施公傳〉，見《靖海匯紀》，轉引自施偉青，《施琅年譜考略》，第 72 頁。

90　參見：施偉青，《施琅年譜考略》，第 69 頁。

91　施偉青，《施琅年譜考略》，第 69 頁。

92　楊英，《先王實錄校注》，福建人民出版社 1981 年，第 7 頁。

心擁明的鄭成功所願見到的。

## 四、施家軍反正後對鄭氏軍隊的影響

施琅與施顯兄弟重歸鄭成功部下，其影響是多方面的。第一，加強了鄭成功軍隊的戰鬥力量；第二，使鄭成功部隊的政治態度發生微妙的轉化；第三，施琅與鄭成功發生了權力之爭。

第一，施琅所部加強了鄭成功軍隊的戰鬥力。施琅所部原來就是鄭芝龍的主力部隊，作戰能力較強。鄭成功得到施琅這一支軍隊後，開始走出屢戰屢敗的陰影，永曆三年九月，鄭軍在雲霄大敗清軍守備張國柱。隨後，鄭成功率兵入潮州，擊敗潮州南洋寨的許龍、達濠寨的張禮，並攻克了和平寨、獅頭寨、員山寨、和尚寮、棉湖寨等地。永曆四年六月，鄭成功圍攻潮州的郝尚久，雙方互有勝負。在以上戰鬥中，施琅與施顯都發揮了重要作用。在雲霄之戰時，施顯殺死張國柱，是取勝的關鍵因素；在攻打潮州的戰鬥中，「左先鋒（施琅）親隨何義、陳法、林椿等十數人冒炮充（衝）進，登樓攀連而下，虜支吾不及，殺傷跳水死者不計其數」。可以說，在這一二年時間內，鄭成功軍隊的勝利，與施家兄弟努力是分不開的。施琅還用其影響力將詔安縣有名的萬禮所部招於麾下，萬禮以後成為鄭成功的主要將領之一。除了施家兄弟外，回歸的閩軍中，其他人也發揮了重要作用。黃廷在鄭成功帳下任右先鋒，在伏擊郝尚久的戰鬥中，黃廷是伏擊部隊的主力之一。此外，鄭成功曾經「委右衝鎮洪習山鎮守達濠地方，以副將軍甘輝任右衝鎮」[93]。洪習山也是施琅所部閩軍的重要戰將。甘輝則是施琅之後鄭成功軍隊中最有名的大將，他從此役開始揚名於鄭成功部隊。總之，施琅所部加入鄭成功部隊之後，很快成為該部隊的骨幹。而鄭成功的部隊也因施琅所部的加入，作戰能力大大加強，從屢戰屢敗變為有勝有敗、勝多於敗。鄭成功部下敢戰的名將士卒，大都來自施琅所部，鄭成功從此開始了較大規模的發展。

第二，施琅這支「清軍」加入鄭成功部下，也使鄭成功軍隊的政治傾向發生奇怪的變化。過去，鄭成功作戰的對象是清軍，但在此後，鄭成功

---

93　楊英，《先王實錄校注》，第13—17頁。

作戰的對象逐漸變為政治上的盟友——廣東明軍。

　　先是，永曆二年四月，廣東李成棟起兵反清，他派出部下郝尚久潛襲潮州，將南明的勢力擴及潮州。郝尚久曾經邀擊脫離李成棟部的施琅，使之幾遭滅頂之災。其後，施琅歸於鄭成功部下，而鄭成功所部入潮就糧，與郝尚久發生衝突。雙方作戰多時，損失很大。按照顧誠先生的說法，鄭成功在李成棟反清之後，仍南下潮州與李成棟部下郝尚久作戰，是一種不顧大局的南明內戰，妨礙了南明的抗清鬥爭。然而，從其背景看，似有施琅的因素在起作用。

　　施琅在鄭成功部下，最大的動作是為鄭成功籌劃襲擊廈門鄭聯。據新發現的碑記證明：鄭聯與鄭彩皆為廈門人，他們與鄭芝龍同姓不同族。鄭彩與鄭聯在隆武帝死後擁立魯王朱以海，以廈門為根據地，在閩浙沿海與清軍作戰，一度聲勢高於鄭成功。但是，他們很快與魯王發生矛盾，棄之不顧，回到廈門，擁軍自立。在名義上，他們還是鄭成功的抗清同盟軍之一。鄭成功將其作為襲擊對象，實為南明內部的內戰，是一件很不光彩的事。關於鄭成功襲擊鄭聯，施琅在其中扮演了重要角色。阮旻錫的《海上見聞錄》寫到：「鄭彩、鄭聯在廈門，與芝鵬有隙，賜姓用施琅之策，以米千石餉鄭聯，欲襲取之。聯不疑。」[94]《臺灣外志》也有類似的記載：「八月，芝鵬至潮陽，說成功取廈門為家。成功曰：『彼船隻倍多，部將老練，取之不得，反結為仇。』芝莞曰：『建國遠行，惟（鄭）聯在廈，邇來橫徵暴斂，民不聊生，取之正當其時』。施郎曰：『征之未見為是，當設計圖之』。成功曰：『試陳可圖之計』。郎曰：『聯乃酒色狂徒，無謀之輩，藩主可領四隻巨艦，揚帆回師，寄泊鼓浪嶼。彼見船少，必無猜疑。其餘者，陸續假為商船，或寄泊島美、浯嶼、或寄大擔、白石頭，或從鼓浪嶼，或轉入崎尾，或直入寄椗廈門港水仙宮前。藩主登岸拜謁，悉從謙恭，然後相機而動，此呂蒙賺荊州之計也』。功曰：『此計甚當。但吾欲善取之，庶免殺兄之名。』芝莞曰：『不殺之，恐其部卒戀主，不如殺之為是。建成、元吉，豈非親兄弟乎』？成功點首，選健將五百，令甘輝、施郎、洪政、杜輝四將統之。配船四隻，其餘依計而行」[95]。

---

94　阮旻錫，《海上見聞錄定本》卷一，第11頁。
95　江日昇，《臺灣外志》卷六，上海古籍社1984年，第111頁。

圖 7-2　廈門植物園山上的「石笑」，傳為鄭聯隱居之處。

　　鄭成功在廈門襲殺鄭聯之後，吞併了他的部隊，並於後來召回鄭彩，這樣，原屬於鄭芝龍旗號下的海上力量，基本重歸鄭成功管轄，因此，廈門事件的發生，對於鄭成功的崛起是有重要意義的。在這一過程中施琅所獻計策，應是鄭成功輕易取勝的重要原因。

　　但從明清政治對立的態勢來看，施琅為鄭成功攻打潮州及襲取廈門，都沒有違背清朝在東南的利益，事實上，也是清朝樂於看到的。而從大局來說，這些軍事行動都不利於南明，南明史專家顧誠先生為此批評鄭成功不顧抗清「大局」[96]。確實，從當時鄭成功軍隊的政治動向來看，有點「不清不明」的含糊。不過，鄭成功部隊之所以出現這種混沌的政治態度，與施琅這支「清軍」加入有關係。而鄭成功並非真要為清朝效力，一旦鞏固了後方，他便要南下勤王了。

　　永曆四年（順治七年、1650 年）閏十一月，鄭成功「傳令各鎮官兵在船聽令，南下勤王」[97]。次年正月，鄭成功南下勤王之兵抵達閩粵交界處的南澳島，「左先鋒施郎入告曰：『勤王臣子職分，但郎昨夜得一夢，甚然不利，乞復細思』。藩知來意，心含許之。遂令將左先鋒印并兵將令副將

96　顧誠，《南明史》，第 440 頁。
97　阮旻錫，《海上見聞錄定本》卷一，第 12 頁。

蘇茂管轄，其後營萬禮吊入戎旗親隨協將」[98]。鄭成功拒絕施琅的建議而堅持南下勤王，今人多從軍事上評論這一事件，認為施琅的建議是對的。其實，若從政治的角度分析這一事件，就會對施琅的建議另有看法。長期作為清軍將領的施琅，不論是出於什麼因素考慮，他對南明的政治前途已經絲毫不感興趣，他之所以諫阻鄭成功南下，是不願與清軍作戰。鄭成功讀懂了施琅的意思，所以爽快地將其免職，而令其回廈門駐守。

從施氏家族的政治態度看，施福不願參加鄭軍作戰；而施琅樂於南明內戰，不願勤王，二人的態度都有親清朝的傾向，這不能不使鄭成功感到疑慮。

第三，施琅兄弟在鄭軍中欺凌眾將，動搖了鄭成功的權威。鄭成功在明末以招討大將軍的稱號號令部眾，在他的部下，有來自各方面的勢力，而鄭成功一概授以「總兵」的稱號，簡稱為「鎮」。大的鎮有數千人，小的鎮只有數百人，其中以施琅、施顯兄弟二鎮的兵力最強。施琅是一個天生不安分的人物，他做過黃道周的部下，但與黃道周所部因爭奪一名偽官俘虜，大打出手，被黃道周告到隆武帝處，這在現存的黃道周奏疏中尚能看到。投入清朝後，他與李成棟關係不順，不過，其中原因並不在他。施琅晚年與姚啟聖合作收復臺灣，也與姚啟聖發生衝突，所以，一般人都認為施琅是一個不好合作的人。施氏兄弟投入鄭成功部下之初，鄭成功對其十分優渥，「凡軍事必諮商」[99]。由於鄭成功的信任，施氏兄弟在鄭軍權勢很大。他利用這一點作威作福，也是眾所周知的。楊英評道：「時施郎兄弟俱握兵權，每有跋扈之狀，動多倚兵凌人，各鎮俱受下風。惟後勁陳斌每與之抗，曰：彼恃兵力，吾兵足與敵；若彼手段，雖兄弟，吾用隻手蹂躪之」[100]。但是，最終陳斌還是無法在鄭軍中立足，永曆四年閏十一月，「陳斌與施琅相抗不睦，率兵而逃，具稟陳所逃緣由。後斌據潮陽歸清」[101]。陳斌所為，對鄭成功震動甚大。後來又發生了黃廷事件。「一日，家丁與右先鋒黃廷兵爭競小故，郎徑率數猛直至黃廷行營辱罵，并碎其家器。廷

---

98　楊英，《先王實錄校注》，第 25 頁。
99　施德馨，〈襄壯公傳〉，錄自《靖海紀事》序，臺灣省文獻委員會 1995 年，第 24 頁。
100　楊英，《先王實錄校注》，第 23 頁。
101　阮旻錫，《海上見聞錄》卷一，第 12 頁。

忍避之，密啟藩。」[102] 從這些事件來看，施氏兄弟欺凌眾將是有其內在原因的。施琅的企圖是建立自己「一人之下，萬人之上」的地位。若他這一目的達到，施氏兄弟便會成為鄭軍中的霸主，諸將要看其臉色行事，這就不能不動搖鄭成功在軍內的權威。永曆五年在廈門發生的鄭成功與施琅衝突的事件，已經為大家所熟悉。其起因是南明戰將曾德在廈門得罪了施琅，躲入鄭成功家中。而施琅不顧一切，帶兵衝入鄭成功家中，將曾德捉去殺害。鄭成功因此大怒，下令拘捕施琅、施顯及其父施大宣。其後，施琅逃走，而施顯與施大宣被鄭成功處死。施琅逃到安海之後，對自己的去向尚在猶豫中，但鄭成功所派刺客又來到安海，施琅無法安身，只好投奔清朝。

　　對於施鄭矛盾的激化，人們多責備鄭成功誅殺施琅之父與弟施顯，是自毀長城。但從政治上來說，這實質是鄭成功軍隊內部親清派與擁明派的一次政治鬥爭。施琅自從成為清軍將領之後，對清朝的態度大為變化，他已經有心完全擁護清朝。因此，他對所謂的「勤王」不感興趣；而鄭成功則是大義在身，一心擁明。施琅抗拒南下之事表明：鄭成功要將這支有不少「清兵」的軍隊改造成一支實實在在的明軍，還要花很大的力量。因此，他非得除去對清朝曖昧不清的施家兄弟不可。從權力的爭奪來說，自從施福脫離鄭芝龍直接統轄而獨立作戰以後，施氏家族在軍中已經有很大的影響。鄭成功雖然將其重新納入自己的統帥之下，但是，由施琅一手帶出來的軍官們，對施琅很有感情。在鄭成功明令逮捕施琅之後，施琅的舊部蘇茂不惜冒著生命危險將施琅放走；而施顯手下的軍官在施顯被監禁後，也曾經「賂監者脫鎖鑰，將掖之去」[103]。施琅偷渡大陸後，又由安海施福派出的船隻將其接走。可見，施氏家族在鄭成功部隊中的影響是很大的，而且他們又有親清朝的傾向，若讓施氏家族的勢力發展下去，對鄭成功是一大威脅。鄭成功藉口施琅殺曾德的事件，一舉將施氏家族連根拔去，實質是一場政治鬥爭。

　　結語。鄭成功與施琅都是那一時代的英雄人物，但他們的政治態度不同。鄭成功是為明朝而戰，施琅則已經成為清朝的將領，一直有親清的政治傾向。他們由於歷史的關係與地緣關係而走到了一起，但其政治態度的

---

102　楊英，《先王實錄校注》，第 32 頁。
103　施琅，〈都閫安侯施公（顯）行述〉，轉引自施偉青，《施琅年譜考略》，第 73 頁。

分歧，決定了他們注定要分道揚鑣。鄭成功與施琅各為其主，都是英雄人物。肯定一人而否定另一人，都是不對的。在一定的前提下，兩人都是值得肯定的名彪青史的人物。鄭與施的鬥爭，絕不是鄭成功容不得施琅的問題，其實質是一場權力之爭，若是施琅長期留在鄭成功的軍隊中，這一支隊伍會日益向清朝靠攏；而鄭成功將其排除出去，則將其改造成為一支完全聽其號令的明朝隊伍。兩雄不並立，鄭成功與施琅的衝突遲早要發生，只是鄭成功早已看清這一點，而施琅尚未意識到這一點而已。鄭成功除去隊伍中的親清派核心人物之後，隊伍士氣大振，鄭成功因而大舉進攻閩南清軍，從而奠定了其事業的基礎。[104]

## 第四節　廈門事件和鄭成功的漳州作戰

鄭成功占有廈門之後，長期在外地作戰。這就形成了廈門空虛的狀況。清軍趁此機會，發兵襲擊廈門，使鄭成功遭受重大損失。不過，此後鄭成功興兵向清軍報復，連敗清朝大軍，從而為自己的抗清事業打開局面。

### 一、廈門事件

鄭成功用兵潮州。鄭成功襲占廈門後，鄭鴻逵卻在潮州一帶陷於困境。明清之際的潮州在南方很有名。「潮屬魚米之地，素稱饒沃，近為各處土豪山義（反清義師）所據，賦稅多不入官。」[105]鄭成功有心將這些土豪山義收為自己的部下，以保證糧餉供應。明清之際的閩南，依賴來自廣東的糧食，尤其是災年的時候。鄭成功起兵的永曆二年（1648年），泉州和漳州大饑。「賜姓及建國公鄭彩各發兵民船至高州糴米。高州為思恩侯陳邦傅所轄。賜姓船免餉，餘照丈尺徵餉。船有千餘，多是民船。斗米閩中近千錢也。」[106]高州在廣東西部，當年是南方主要產糧，泉漳到高州貿易的船隻達到上千艘，由此可知福建糧荒的嚴重性。廣東的潮州是另一個福建糧食來源地，因此，攻占潮州可以保證鄭成功軍隊的糧食來源。潮屬各縣中，鄭成功最看重潮陽、揭陽兩縣。「駐軍措餉，莫如潮陽縣。蓋潮陽饒

---

104　徐曉望，〈論施琅與姚啟聖〉，施偉青等，《施琅研究》廈門大學出版社2000年。
105　楊英，《先王實錄》，陳碧笙校注本，第7—8頁。
106　阮旻錫，《海上見聞錄》卷一，第8頁。

富，甲於各邑，且近海口，有海門所、達濠埔可以拋泊海艘，通運糧米。」[107]
不過，鄭軍在此打糧，也引起了當地勢力不滿，他們與潮州的郝尚久聯絡，
反攻鄭軍，鄭鴻逵頗感棘手。於是，永曆五年（清順治八年，1651年）
十一月，鄭成功乘北風南下潮州，與鄭鴻逵合軍。兩人合計之後，鄭鴻逵
率軍北還安海老家，而鄭成功率領部隊進攻潮惠。

　　當時鄭成功聲稱南下勤王，長遠目標是去廣州。迨至南澳島，守將陳
豹前來相見，陳豹探知明軍在廣東失利，廣州已被清軍占領，勸鄭成功駐
節南澳，不要輕易南下。而鄭成功大將施郎此時亦來向鄭成功說項，據其
所云：他做了一個夢，出師的鄭軍遭到失敗。意在勸鄭成功回師廈門。鄭
成功聽了很不高興，剝奪了施郎的兵權，讓施郎與鄭鴻逵一起還家。永曆
五年三月初十，南下的鄭成功在惠州大星所殲滅從惠州來援的清軍，又攻
下大星所，繳獲許多米穀。然而，此時廈門發生事變。

　　清福建巡撫張學聖、泉州守將馬得功及道員黃澍等人，一直垂涎廈門
鄭氏的財富。「蓋廈門一窟，素稱逆寇鄭成功之老巢，商賈泊洋販賣貨物
之藪也。想諸臣之垂涎已非一日。」[108]見鄭成功大軍南下廣東，趁機發兵
奇襲廈門。二月末，張學聖利用鄭芝龍在北京的關係，迫使澄濟伯鄭芝豹
為其提供九艘船，馬得功的騎兵開始渡海，進入廈門島。由於風浪的影響，
早期進入廈門島的清軍騎兵僅數十人。鄭芝莞不明情況，沒有及時處理。
廈門轟傳清朝大兵已經登陸，全城陷於慌亂。奉鄭成功之令守廈門的鄭芝
莞嚇得引兵下海，鄭成功的妻子和長子鄭經也只帶了祖先的牌位，跑到鄭
芝莞的船上。在全城慌亂的背景下，清軍進入廈門城，大肆擄掠。避難於
廈門的明朝大臣曾櫻不願再逃，自殺而死。三月初一，馬得功登陸廈門，
清兵乘機大掠廈門。三月十日，福建巡撫張學聖也進入廈門。不過，張學
聖登高察看形勢，覺得廈門四面環水，無法得到大陸清軍的及時支持。便
道：此絕地也。他將廈門城交給馬得功，匆匆退回漳州。而馬得功貪財，
滯留於島上。不久，鄭鴻逵回到廈門，以水軍斷其歸路，並報訊鄭成功。
而隨鄭鴻逵回到廈門的施郎登陸後，僅率百人擊敗馬得功。馬得功惶恐不

---

107　楊英，《先王實錄》，陳碧笙校注本，第7—8頁。
108　〈巴哈納等題為審擬張學聖等事本〉，順治十年，《鄭成功檔案史料選輯》，第
　　53頁。

安，通過張學聖向定居安海鎮的鄭芝龍母黃氏施加壓力，迫使黃氏寫信給鄭鴻逵，要求放馬得功一馬。鄭鴻逵因老家安海迫近泉州，又因鄭芝龍在北京，不敢太得罪清軍，便與馬得功展開談判，要求馬得功不得焚城，但可以派以數十隻船舶運送馬得功部隊返回大陸。馬得功得以在鄭成功返回之前，全軍退回陸地上的原駐地。[109]

回看這一事件，首先犯下大錯的應是鄭芝豹，他輕率地將海船借給清朝福建巡撫張學聖，導致馬得功可以渡軍隊到廈門島，從而大肆搶劫。其次犯下大錯的是鄭芝莞，他連自己的職責都未搞清楚，他擁有水軍兩鎮，陸軍兩鎮，當年的廈門城很小，兩鎮兵力足夠堅守。然而，鄭芝莞卻未能堅守廈門城，馬得功渡海之時，他又未能發兵攻擊。鄭芝莞可笑之處是犯了錯也不逃走，以為鄭成功會因親戚之情放了他。其實明代的軍法非常嚴厲，丟失汛地是大罪，鄭成功不可能因其人為親戚便放走他。最後一個犯錯的是鄭鴻逵，他讓馬得功退回的代價僅是不要燒城，不要燒糧食。全島人損失的那麼多財產又向誰去討？鄭鴻逵因而得罪鄭成功，從此退出政壇。

鄭成功南下的軍隊聽說廈門被襲，家門被掠，都要求回師。《先王實錄》記載：

> 本藩諭曰：「奉旨勤王，今中左既破，顧之何益？且咫尺天顏，豈可半途而廢？國難未報，遑顧家為？」時三軍知之，哭聲遍聞。諸鎮亦來勸駕回棹。謂三軍各懷家屬，脫巾亦是可虞。藩無奈，姑南向拜曰：「臣冒涉波濤，冀近天顏，以佐恢復，不意中左失守，將士思歸，脫巾難禁。非臣不忠，勢使然也。」揮淚痛哭，三軍哀慟。入諭諸將曰：「班回殺虜，須足糧食，先就近處取糧滿載，俟風開駕，何如？」諸將曰可。[110]

鄭成功不得已結束此次南下勤王活動，於四月初一返回廈門。然而，此時清軍已逃走數日。鄭成功聞知消息，大怒，他說：「渡虜來者澄濟叔（鄭芝豹），渡虜去者定國叔（鄭鴻逵），棄城與虜者芝莞功叔，家門為難，

---

109　〈巴哈納等題為審擬張學聖等事本〉，順治十年，《鄭成功檔案史料選輯》，第52—56頁。

110　楊英，《先王實錄》，第28—29頁。

與虜何干」[111]？在將士的要求下，鄭成功殺死棄守廈門的鄭芝莞，並聲言從此不和鄭鴻逵等人相見。鄭鴻逵知道得罪鄭成功，便放棄軍權，退隱安海附近的白沙。此後，鄭氏軍權完全歸於鄭成功。

廈門被清軍攻克，對鄭成功是一個沉重的打擊。鄭成功後來在給鄭芝龍的信中說到這一次損失：「掠我黃金九十餘萬、珠寶數百鎰、米粟數十萬斛；其餘將士之財帛，百姓之錢穀，何可勝計」[112]！鄭鴻逵在給鄭芝龍的信中也提到：鄭氏損失「寶物黃金，計近百萬」[113]。這一事件也使鄭成功認識到：若不鞏固金廈根據地，他就無法縱橫海疆。

## 二、進軍漳泉

永曆五年（1651年）五月，鄭成功出兵漳州府的海澄鎮，漳州清將王邦俊前來迎敵，被鄭成功擊敗。九月，鄭成功又出擊漳浦，王邦俊再次調集「馬軍數千、步兵數千」同增援的陳尚智部一起出戰，結果被鄭成功部全部殲滅，王邦俊與陳尚智僅以身免。漳州清軍失利後，興化與泉州的清軍在楊名高率領下增援，十一月，鄭成功在小盈嶺阻擊清軍，楊名高以為天寒地凍，鄭成功部隊多為赤腳，不能作戰。不料開戰後，清軍進攻受阻。雙方戰事正酣，忽聞三聲砲響，鄭成功的伏兵大起，清軍隊伍大亂，死者甚多，楊名高（楊名皋）退回泉州。

鄭成功三戰獲勝，閩南局勢大變。鄭部原降於清朝的陳堯策，此時駐紮漳浦縣，他與鄭軍聯絡反正，十二月十五日，鄭成功來到漳浦沿海，陳堯策乘機獻城。漳浦位於漳州以南，漳浦被克，漳浦以南的平和縣、詔安縣都處於鄭軍的兵鋒之下，不久，二縣皆被攻克。受漳浦事件的影響，清海澄守將郝文興也與鄭成功聯絡，永曆六年正月，他引進鄭成功部大軍，這樣，與廈門隔海相望的海澄縣也成為鄭成功軍隊的新戰果。

海澄縣是漳州的海口，鄭成功占領海澄之後，引軍西進，占領漳州通往北方的要道——江東橋。鄭成功隨即派出諸將進攻漳州外圍縣城長泰縣，永曆六年正月十七日，漳州城中的清軍前來襲擊，鄭軍受挫，大將甘輝、

---

111　楊英，《先王實錄》，第30頁。
112　楊英，《先王實錄》，第63頁。
113　楊英，《先王實錄》，第90頁。

陳俸受傷。但是，鄭軍在督戰隊的鼓動下，重又反攻，大挫清軍。二十三日，漳州清軍再次出戰，又被擊敗。但是，鄭成功部攻打長泰縣受挫，鄭成功派戎旗鎮挖地道通向長泰城，三月初四，福建總督陳錦率福州方面的援軍進逼漳州，鄭成功得知消息，命部隊以地雷炸長泰城，但地道方向有誤，長泰城牆未受破壞，於是，鄭成功兵退江東橋，背水為陣，下令將船隻放走，全力迎戰陳錦部清軍。

鄭成功作戰，大多是分路設伏，以守致敵。此戰之前，鄭成功已將各支軍隊分路駐紮，並讓新降的郝文興部馬軍 1000 餘人設伏樹林中。鄭軍以營盤為陣，樹立柵欄，阻擋敵人馬軍的衝突。士兵伏於營盤裡休息。鄭成功規定：第一聲砲響時，是清軍開始進攻，鄭軍士兵應當起來穿甲站隊；第二聲砲響時，是清軍逼進營寨，鄭軍士兵應當在柵欄前隱蔽；第三聲砲響，各軍都要開營寨出戰。交兵時，規定先用火筒、火箭、火銃等火器齊射，然後在藤牌與滾被的掩護下衝擊。在步兵後面，都設有督陣官，後退者立斬不赦。由此可見，鄭成功的部隊是有其一套戰術的，雙方交戰，鄭軍多次獲勝，不是偶然的。

且說陳錦部清軍發動進攻之後，在鄭軍營寨前雙方大戰，勝負未分。鄭成功見機，親率戎旗鎮親兵發起攻擊，鄭軍將士士氣大振，皆奮勇作戰。郝文興部馬軍從樹林中殺出，直衝清軍中部，清軍終於無法抵抗，全面崩潰。鄭成功部乘勝追擊，陳錦退回營盤，仍然無法守住，只好再向北退去，又遇到鄭成功的伏兵，大敗而逃。不久，陳錦的家丁殺死陳錦，攜其頭降於鄭成功。長泰縣守軍聞知清軍大敗，嚇得棄城而逃。於是，鄭成功進圍漳州。

漳州城堅而且兵多，鄭成功恐怕攻城傷亡士卒，便採取了圍而不攻的戰術。永曆六年五月，清軍馬進寶部前來支援，鄭成功故意將其放入城中，以使其軍糧早日耗盡。馬進寶入城後，次日出戰鄭軍，被擊敗，副將被俘，馬進寶只好退回城中固守。

為解救漳州的清軍，清朝採取圍魏救趙戰術，出動水師進攻金門與廈門。但鄭成功在水路已布置了重兵，雙方在崇武海面相遇，清軍順水順風，初戰得手。但鄭軍沉著應戰，當潮水方向改變時，鄭軍發動反攻，大敗清軍，俘獲十餘艘大船。

　　鄭成功圍攻漳州一直到九月十八日，歷經六個月。駐紮城內的清軍十分困難。楊英的《先王實錄》記載：「七月，藩督師圍困漳州。時城中乏糧，至食人肉，百姓多餓死。王邦俊遣滿騎欲衝出寨中，取討糧米，被我官兵伏殺無回。虜聞知，不敢再出，坐守待援。」「八月，藩督師圍困漳州。時糧米益盡，百姓餓死過半。虜兵有至食萍充饑者，有逃出降者，俱稱欲奪路共逃。亦人欲降者。」[114] 然而，最慘的還是漳州城內的老百姓。

　　《海上見聞錄》記載：

> 諸軍圍攻，數月不下，張名振議築鎮門象鼻山，截溪流不得入海，欲以灌城，而奔流迅急，堤不得合，費工甚鉅，罷之。賜姓不攻城，築長圍困之，使其糧盡自降，而城中兵括盡括鄉紳富戶及百姓粟食之，民相枕籍餓死，殺人為食，至有婦女群擊男子而分食其肉者，無論鼠雀至樹根、木葉、水萍、紙及皮之屬，盡食之，稀粥一碗直四金。自四月至十月，城中死者十七八。後清署守道周亮工收髑髏，凡七十三萬有奇，焚埋于東門外，名曰同歸所。築萬善庵其上，勒石記之。城外死者骨骸無數，不與焉。[115]

　　按，漳州之圍的慘況，尚見載於《臺灣外紀》、《閩海紀要》等書，不過，漳州是一座小城，不過一二十萬人口，謂其餓死七十三萬人，似乎過多。據陳碧笙考證，《明清史料》內有〈刑科右給事中張王治殘題本〉記載：「如（順治）十年內漳州被圍，止因大兵遲進三日，遂致擾人而食，餓死男女數餘萬。」看來官方的記載更為可靠些。[116]

　　正當城中糧盡，漳州已垂手可得之際，清朝從江南調來的援軍已經逼進漳州。於是，鄭成功決定撤漳州之圍進守江東橋，準備再一次與清軍大戰。

　　因接受陳錦失利的教訓，這次率領清軍的金固山小心翼翼，雖說他率領的清軍僅戰馬即有萬匹，但他不敢與鄭軍正面作戰，而是偷越長泰小路，進入漳州，解了漳州之圍。

---

114　楊英，《先王實錄》，陳碧笙校注本，福建人民出版社 1981 年，第 48 頁。
115　阮旻錫，《海上見聞錄》卷一，第 17 頁。
116　阮旻錫，《海上見聞錄》卷一，第 48 頁。

　　鄭成功於江東橋求戰不得，轉至古縣一帶，迎擊清軍。十月初一，清軍進至古縣，與鄭軍對壘，仍然不敢輕舉妄動。十月初三，西北風大起，清軍順風發動進攻。當時鄭成功部的士氣十分高昂，清軍右翼發動進攻後，鄭軍除正面迎戰外，又派出伏兵攻擊其後路，使右翼清軍陷入前後夾攻，死傷過半，退至中路，與清軍主力共同進攻。鄭軍的戰術一向是以火器大量殺敵，不料當天西北風過甚，鄭軍火器發出之後，滿天煙霧瀰漫，對面不見人影，清軍乘風勢發動進攻，鄭軍不能相顧，潰散而走。鄭成功親督戎旗等鎮反擊，已經來不及制止潰散之勢，只好且戰且退，一直退到海澄縣城。

## 三、海澄決戰

　　由江南赴閩的這支清軍十分強悍，他們不僅有上萬騎兵，還有火力十分強大的砲兵。永曆七年四月，金固山大集清軍進攻鄭成功固守的海澄。五月初四，海澄之戰開始。清軍的火力極為兇猛，「大小銃炮數百號日夜連擊，無瞬息間斷，打透我營中，官兵多被擊傷而死」。鄭成功軍發動幾次反擊，都被清軍擊回[117]。清軍連續數日的砲火使鄭軍受到極大的壓力，據鄭成功的戶官楊英的記載：在清軍砲火之下，城牆上的明軍因無法站隊，人心潰散，城裡十分混亂，士兵亂跑，將領的命令也沒有人聽。好在清軍並不知道城內的情況，未能及時發動進攻。鄭成功為了扭轉這一局面，令親兵騎馬巡營，並讓親兵將自己的招討大將軍印展示軍中，聲稱只要誰有本事管理軍隊，實現復明事業，就將此印給他。當然，在鄭成功親手培植的這支部隊裡，是不會有人覬覦鄭成功的地位的，親兵巡視數圈後，回到本營。這一來，反而在城中造成一種氣氛：只有鄭成功才能統帥軍隊。於是，人心稍微安定，混亂的士兵歸隊。其後，鄭成功為了鼓舞士兵不要畏懼敵人的砲火，他親自到城頭觀戰，站立於槍林彈雨之中。清軍見到鄭成功，集中火力砲轟，鄭成功部下急忙將鄭成功拖下城樓，一瞬間，鄭成功的座椅已被擊碎。

　　清軍砲火猛轟二日，卻沒有及時抓住機會進攻。鄭成功終於看出敵人的弱點，他命令士兵掘地坑躲避敵人的砲火，另一方面鄭成功「令神器鎮

---

117　楊英，《先王實錄》，第 54 頁。

何明將火藥就夜時掘埋河溝邊，藥心相續，候令而發。」[118] 各種準備工作做好之後，多種跡象表明，清軍很快就會發動進攻。鄭成功告訴士兵，清軍的彈藥快用完了，馬上就要開始進攻。如果敵人開始放空砲，就是敵人進攻之時。果不其然，初七日晨五鼓，清軍一番轟擊後開始發空砲，明鄭軍隊立刻站隊防守。清軍將民夫趕在前頭搭好過河橋，然後分三陣衝鋒。頭一陣為漢軍綠營兵，以消耗守軍砲火。第二陣與第三陣都是滿軍。由於海澄的城牆早已被轟塌，清軍直接向城上衝鋒，身穿多重鐵甲的士兵衝在前面。而明鄭軍隊用早已準備好的大斧猛擊，將登城的清軍砍落城下。清軍三次衝鋒都被打退，便派上滿軍主力衝鋒。當時的滿族軍隊十分重視鎧甲，衝在前頭的士兵往往要穿三重鎧甲，箭射不透，刀砍不入。所以，當時在中國戰場上，滿軍的集約衝鋒幾乎是沒有人可抵擋的。這支滿軍一出陣，便以弓箭狂射，當時天剛放亮，海澄城頭箭矢如雨，幾乎無法站立，而滿軍一湧而上，展開貼身肉搏。就在這時，鄭成功下令點燃預先埋好的地雷陣，一陣驚天動地的連續爆炸，將後續的滿洲兵全部炸死，屍體填滿護城河。中提督甘輝乘機揮軍反擊，將城頭的滿軍全部砍倒。滿洲軍大敗之後，金固山令士兵押民夫將火砲全部運走，徐徐退回漳州，清軍的進攻就此失敗[119]。海澄戰鬥，是八旗兵在東南很少遇到的敗戰。當時的八旗軍裝備很好，擁有數百尊大砲，可以連續幾天轟炸海澄。八旗兵擁有的鐵鎧也是最多的，可以保護自己的士兵，不會輕易受傷。更加令人注目的是：八旗軍擁有連戰連勝的心理優勢，南方新組建的武裝很難成為他們的對手。鄭成功部隊能擊敗八旗軍，與他們多年研究戰術有關。海澄會戰，對八旗軍殺傷最大的還是地雷陣，任何血肉之軀都無法抵擋猛烈的炸藥爆炸，當八旗後續部隊被地雷陣消滅，八旗軍在海澄城下的失敗，也就被決定了。

鄭成功的部隊在這次戰鬥中，自身的損失也很大。獲勝有一定的偶然性。楊英記載：「死中得生，何啻背水之戰？非本藩善戰親督，不至是也。」[120] 因此，他們戰勝之後，竟無法乘勝追擊八旗軍，而是讓其自行退走。戰事結束後，鄭成功令工官馮澄世督工匠大修海澄城牆，城高二丈餘，上

---

118　阮旻錫，《海上見聞錄》卷一，第 19 頁。

119　楊英，《先王實錄》，第 54—57 頁。

120　楊英，《先王實錄》，第 57 頁。

下設三千門銃砲，使海澄成為與金門、廈門並列的三大要塞之一[121]。

　　從永曆五年鄭成功進軍漳泉開始，至永曆七年的海澄之戰，明鄭軍隊與滿清主力在漳泉一帶進行了幾次大戰。永曆五年九月，鄭成功擊敗清總兵王邦俊。永曆六年三月，鄭成功全殲清總督陳錦的部隊。加上海澄爭奪戰中大敗清軍金固山部，連戰連勝，這使鄭成功的威名張揚全國。從政治上說，這些戰役是鄭成功與清軍的正面作戰，並嚴重挫敗了清軍，迫使清朝兩次從江南調集清軍入閩，極大地支持了西南方面的抗清戰爭。因此，南明的永曆皇帝晉封鄭成功為「延平王」。其詔書云：

> 克敘彝倫，首重君臣之義；有功世道，在嚴夷夏之防。蓋天地之常經，實邦家之良翰。爾漳國公賜姓，忠猷愷摯，壯略沉雄。方閔浙之飛塵，痛長汀之鳴鏑。登舟灑泣，聯袍澤以同仇；嚙臂盟心，謝辰昏於異域。而乃戈船浪泊，轉戰十年；蠟表興元，間行萬里。絕燕山之偽歎，覆虎穴之名酋。作砥柱於東南，繫遺民以弁冕。弘勳有奕，苦節彌貞。惟移忠以作孝，斯為大孝；蓋忘家而許國，乃克承家。銘具金石之誠，式重河山之誓。是用錫以冊封為延平王。其矢志股肱，砥脩茅戟，丕建犁庭之業，永承胙土之麻，尚敬之哉！[122]

　　永曆六年前後，稱帝於西南的桂王政權戰事不順，突然傳來鄭成功在漳州大敗清軍的消息，這給西南的明軍極大的鼓勵。退往西南的許多士人，在隆武帝之時，曾經與鄭芝龍等人有矛盾，懷疑鄭氏家族的忠心。此時看到鄭成功抗清的成就，他們不再懷疑鄭成功的抗清決心，大都在永曆帝面前讚賞鄭成功。因此，永曆帝會給遙遠的鄭成功很高的獎賞，並且封王。雖說這一稱號實際意義不大，但給了鄭成功號召天下英雄的一個崇高的地位，並且給予合法性，這對鄭成功發展是有利的。

　　海澄一仗，也使鄭成功威震天下。從軍事上而言，這些戰役說明鄭成功軍隊實力的提高。從鄭成功抗清之初每次交戰都被清軍輕易地擊敗，到漳泉會戰時鄭軍勝多負少，表明鄭成功部已經可以和清軍主力正面對抗了。但海澄戰役中，鄭成功部幾次瀕於絕境，又說明清軍還有很強的戰鬥力，

---

121　阮旻錫，《海上見聞錄》卷一，第20頁。
122　楊英，《先王實錄》，第57—58頁。

鄭成功不可能輕易打敗清軍。所以，這次戰役後，鄭成功結束了漳泉方面的作戰，再次用兵於潮州方向。

## 四、鄭成功統一東南抗清武裝的原因

　　鄭成功的成長歷程也是相當曲折的。早年他以唐王女婿的身分加入抗清軍隊，一下子被封為招討大將軍，並到前線指揮作戰。然而，因糧餉不繼和鄭芝龍叛賣等因素，他根本無法發揮就遭到慘重的失敗。全軍潰散後，他回到海邊的安平鎮，居於家中。鄭芝龍降清之後，鄭成功不服，下海招兵起義。從初起時的三百來人，很快發展成一支擁有數萬人的軍隊。並且多次打敗清朝派出的大軍。這簡直是一個奇蹟。我認為，鄭成功能夠迅速取得成績與多方面的因素有關。

　　其一，從當時的形勢來看，福建抗清武裝雖多，但缺少一個令人信服的領袖人物。鄭成功的出現，彌補了這一空白。在當時的抗清人物中，鄭鴻逵的名氣是最大的，在隆武政權中，他得封公侯，足以號令海疆。然而，鄭鴻逵性格軟弱，受控於鄭芝龍。在清軍的威脅之下，他竟然答應載運清朝的軍隊從廈門退至陸地港口，從而逃過鄭成功的打擊。可見，這樣一個人無法承擔抗清的重任。再以鄭芝豹來說，他是鄭芝龍的小弟，成長於和平環境，沉溺於物質享受，缺少毅力。早期他是反對鄭芝龍降清的，但鄭芝龍決心降清之後，他沒有鄭成功的勇氣起而反抗，而是加入清軍，一度陪投降的施福部隊進入廣東作戰，這可以在施福上奏的奏疏中找到。後來，施福上奏的奏疏中沒有了他的名字，他應是找個機會退出軍隊，回到安平鎮享福了。馬得功渡海進入廈門，是鄭芝豹提供的船隻，可見，儘管鄭成功還在抗清，鄭芝豹還是將自己當成一個清朝的軍官。至於割據廈門的鄭彩和鄭聯，他們在魯王帳下不肯積極作戰，做生意倒是很積極。鄭彩甚至殺死魯王的大學士熊汝霖，並與閩東抗清武裝交戰。他根本是一個負面人物。至於魯王其人，也是一個書生，部眾雖多，管理無方，沒有打勝過一場戰鬥。在這一背景下，性格剛毅的鄭成功一旦舉起大旗，便得到眾多抗清武裝的擁護，是因為大家覺得鄭成功是一個可以做大事的人，樂於為鄭成功戰鬥。

　　其二，鄭成功百折不撓的性格，是其成就大事業的基礎。如前所述，

鄭成功加入抗清鬥爭之後，便有了喪母之痛，他所尊敬的父親竟然叛降清朝，第一個提拔鄭成功的唐王朱聿鍵，被清軍殺死。年紀輕輕的鄭成功，政治上尚未成熟，便經歷了喪母、喪父（父親投降，再未見過）、喪君的打擊，普通人遭受這一系列的打擊，只怕就喪失信心，退隱山林了。然而，鄭成功就是在這種環境中崛起，展開他一生的事業。其父親的士兵不願跟他下海，進行無望的抗清事業，他便獨身下海招兵，從三百名士兵開始他的征程。鄭成功生於天啟四年，即西元 1624 年，1644 年，明朝滅亡，1645 年，他成為唐王的大將，也才 21 歲。一年後，因隆武政權滅亡，他開始獨立發展，其時他的年紀也不過 22 歲。當廈門島被清軍攻破，家產被掠。他回來後發現：自己的親人都在為清軍服務，一向支援他的叔叔鄭鴻逵及鄭芝豹，竟然和清軍勾結，一個將清軍送到廈門島登岸，一個放走已經成為囊中物的清將馬得功。面對親屬們的叛賣，他沒有妥協，而是堅決鬥爭，他要求親屬不和鄭鴻逵往來。從而迫使鄭鴻逵放棄軍權，將部隊全部交給鄭成功管轄，統一了事權。清軍多次打擊他的家庭，鄭成功沒有屈服，而是組織軍隊與清軍作戰。雖說當時的清軍天下無敵，他卻能將一班明朝的殘兵敗將組織起來，打敗清朝橫行天下的騎兵。儒家所說的「威武不能屈」，他是切實做到了。

其三，嚴守法治是鄭成功將一批殘兵敗將馴練成紀律嚴明的正規軍的原因。明朝開創者朱元璋率一批平民起義，最終打敗了「武裝到牙齒」的元軍，與其嚴肅法紀有關。明末明朝軍隊缺乏紀律，在戰場上私自逃走的將領都未能及時處理，這種軍隊難怪不能打仗。鄭成功對其部下約束嚴厲。每次作戰，衝鋒的士兵之後，都有執行軍令的督戰隊，作戰的士兵若有逃跑的，往往就地正法。因此，他的部隊作戰時沒有私自逃跑的人。對於將官與士兵的關係，從宋朝范仲淹以來，就有一條嚴酷的法律：將官戰死，他的士兵要全部處斬！認真執行這條法律，每次將官衝鋒之時，士兵就得跟上，保住將官的生命，才有自己的生命。這些看似嚴酷的法律，是古代軍隊百戰百勝的原因。明朝後期，這些眾人熟知的軍律都被忽視，所以軍隊不能作戰。鄭成功卻是一個認真的人，明朝軍隊所有的軍法，在他這裡，每一條都得到實行。因此，凡是他管轄的軍隊，都能發揮出戰鬥力。

鄭成功嚴刑屬法，卻不乏人情。他雖然身負家仇國恨，卻能細心地關

懷身邊的將士。漳州盤陀嶺之戰，鄭成功先勝後敗，戰將柯宸樞、柯宸海兄弟戰死，鄭成功十分悲痛：「彼沉毅有謀，方冀共成大業，豈期至此兄弟俱殞！」鄭成功下令招見柯氏兄弟的後人，給其子柯平撫恤金三百兩銀子。對於敵對的將領，他也能有分寸地安撫。漳州清軍將領姚國泰被打成重傷，他下令士兵從亂屍堆中找出姚國泰，送後方銅山島，「交地方官陳明登延醫調治」。後來姚國泰成為鄭成功部下騎射教官。[123] 知道鄭成功重用有才人士，許多敵軍將領都願意投入鄭成功的部下。因此，鄭成功招降納叛十分成功。與其作戰的清朝漢軍，往往打幾仗之後，便成為他的部下。永曆四年，鄭成功登陸漳州雲霄作戰時，清方的情報是：「賊寇約萬餘人」，永曆六年，福建清軍上報的情報是「海寇鄭成功擁十餘萬之眾」。[124] 鄭成功隊伍發展之快，超乎一切預料。鄭成功財力雄厚，也是他成功的基礎。從鄭芝龍到鄭鴻逵、鄭芝豹，鄭家人個個擅長經商。鄭成功雖然不能親身做生意，可是，他將自己的財產交給他親如兄弟的書僮鄭泰經營，鄭泰死之時，僅在日本的個人存銀就有四十萬兩銀子，他為鄭成功經營的家產有多少？可以管中窺豹。擁有巨額家產，使鄭成功可以賞給軍人厚貨，對於立功和新近投降的軍官，他往往一遍又一遍地賞賜，一次幾百兩到上千兩白銀，這也是軍人願意為鄭成功作戰的原因。

其四，鄭成功每戰必定親赴，這不但鼓舞了士氣，而且使其能夠及時處置前方軍事。鄭成功在廣東潮州與許龍作戰時，遭到許龍部下的埋伏襲擊。鄭成功的馬受驚，將其顛覆於馬下，埋伏的敵兵舉刀便刺，好在鄭成功的衛士反應夠快，一舉格殺刺客。又有一次，鄭成功與潘參軍並肩指揮軍事：「纔轉身一動，一槍彈打中潘參軍右指，乃藩所立處，若未轉，則誤中矣。亦一險也。」[125] 永曆四年六月，鄭成功率軍圍攻漳州。在他身邊執壺倒水的管家被敵軍的火砲打死。敵我雙方不禁感歎：「王者不死」。[126] 永曆五年二月，鄭成功的艦隊在潮州邊海遇到大風，暴雨打入船艙，積水讓鍋碗瓢盆都浮起來，船隻在半沉半浮中一直飄到惠州海面還無法靠岸，

123　楊英，《先王實錄》卷一，第 6、4 頁。
124　廈門大學臺灣研究所、中國第一歷史檔案館編輯部，《鄭成功檔案史料選輯》，第 22、35 頁。
125　楊英，《先王實錄》，第 13 頁。
126　楊英，《先王實錄》，第 17 頁。

暴風息止後，大家都認為鄭成功又逃過一難。[127] 鄭成功親身犯難，使其知道前線軍人的甘苦，因而能夠及時作出決定。這些決定往往讓前線軍人信服。鄭成功很注意研究敵軍。滿族騎兵橫行無敵，他經過研究後，頒布新規：殺死敵軍馬匹，同樣可立一功。於是，鄭成功部隊作戰時，很積極地砍敵軍的馬匹，每次作戰，都會砍倒很多馬匹。這讓滿族騎兵十分頭痛。鄭成功的部隊還配備十分剛利的緬甸鋼刀。這種鋼刀，刀身寬薄，砍人砍馬，一刀而過。荷蘭人領教這種鋼刀之後，稱之為「肥皂刀」，意為砍人像砍肥皂一樣輕鬆。儘管有這樣的裝備，與清軍作戰仍然不是易事。自三國以來，步兵與騎兵作戰，通常的代價是死四個人可以砍倒一人一騎。朱元璋改革中國的軍隊，發明了五五制結構。最小的單位是五人組合，遇到一名騎兵，五人分工，有的人砍馬，有的人砍人，有的人用槍刺，有的人用火銃擊打，蒙古軍隊被朱元璋擊敗，不是沒有原因的。鄭成功能夠繼承朱元璋的軍法，還能添上一些新的發明，例如，用大斧砍重裝步兵，用大砲轟擊敵軍陣列，有時會在敵軍中開闢一道血肉胡同。清初的滿清騎兵橫掃天下，卻在福建海隅屢屢受挫，這與鄭成功有心研究作戰武器有關。

　　總之，鄭成功成為當時名將，不是偶然的。


## 小結

　　如果研究鄭成功的一生，可以知道他是一個歷盡人間苦難的人。他很小的時候就離開了母親，長大後，母親又被清軍殺死。他的父親雖然有名於東南，可是，在歷史最關鍵的時候，他的父親卻背叛明朝投靠清朝。叛降之後，芝龍未能取得清朝的信任，最終被清朝殺死，同時被殺的還有鄭成功的幾個兄弟和他們的家人。可以說，他的父母和兄弟都不能壽終正寢，而是遭遇橫死。鄭成功自己，也遭遇多次背叛。年少時父親出外做海盜，將其拋在家中，他只能與母親做伴。鄭成功年方七歲，便被鄭芝龍接到福建晉江安平鎮，雖然與父親團聚，又和母親離別。鄭成功長大後，才與趕到安海的母親見面，不久，母親就被清軍殺死了。生離死別之苦，對鄭成功竟是家常便飯。

---

127　楊英，《先王實錄》，第 26 頁。

在抗清運動中，鄭成功則是失敗接著失敗。提拔他的隆武帝很早就死了，他的叔叔鄭鴻逵和鄭芝豹，都曾背叛他的利益，導致成功全家財產被清軍軍官獲得。此後的抗清戰爭中，也有不少部下有叛降清朝，棄他而去。鄭成功遭遇這麼多意外事件，仍然能夠堅持鬥爭，為南明打出一片天下。其人性格的堅毅，過人的才華，都是常人所不及的。不愧為中國歷史上的傑出人物。

從清朝的角度來看，由於明末國家的動盪和分裂，清軍入關後，輕易取得大片地域的管轄權。此時清朝若施以仁政，可以很快平定南方。這樣，民眾為明清易代付出的代價不會太大。然而，清廷的施政卻屢屢出錯，尤其是強迫剃髮的政令，激起南方民眾憤而反抗，於是血流千里，無數名城毀滅，清朝征服南方的戰爭又打了數十年，才有了一個結果。由此來看，南方的抗清運動的出現，是合符道理的。這一鬥爭，終於使清朝明白東南海上力量的強大，必須認真對待，其後，清朝對東南官紳的政策有了很大規模的調整。可以說，如果沒有鄭成功等人的反抗，清朝無法理解東南海上力量的重要性。從這一角度看，鄭成功抗清也是有必要的。

# 第八章　明鄭軍隊的壯大與北伐南京

　　永曆六年（清順治九年，1652 年），清朝統治者突發奇想：企圖招安鄭成功。雙方談判之際，給了鄭成功一個大發展的機會。鄭成功趁機兼併泉州、漳州、興化諸府的清朝軍隊，並且徵求大量的糧餉，使自己的軍隊發展到十幾萬人的規模。永曆八年，鄭成功與清廷的談判基本破裂，清軍開始了對明鄭的新一輪進攻，而鄭成功也以決戰態勢完成了從戰略防守到戰略進攻的轉變。

## 第一節　明鄭與清朝的談判

　　海澄一仗，打出了鄭成功的軍威，清廷見一時無法以武力平定鄭成功，便試圖再次嘗試招安的方式。自永曆七年至永曆八年，清廷又試圖招降鄭成功，雙方開始了一系列的和談。

### 一、清鄭和談的緣起

　　先是，鄭成功因長久不與鄭芝龍通信，而京中傳來鄭芝龍已死的消息，便派出了家人王裕持書至北京探望鄭芝龍。鄭芝龍馬上將福建安平家人來京一事上報清廷。此時，清廷的大軍正在西南的貴州、雲南一帶與永曆皇帝的部下作戰，對鄭成功的興起十分憂慮。閩浙總督劉清泰提出：招安鄭成功為上。反復商量後，順治九年（1652 年）十月，順治皇帝決定給鄭成

功下達招安詔書：

> 近日海寇鄭成功等屢次騷擾沿海郡縣，本應剪除，朕但思昔年大兵下閩，伊父鄭芝龍首先歸順，其子弟何忍背棄父兄，獨造叛逆？此必地方官不體朕意，行事乖張，成功等雖有心向化，無路上達。又見伊父歸順之後，墨勒根王令人看守防範，又不計在籍親人作何恩養安插，以致成功等疑懼反側。朕又思鄭芝龍既久經歸順，其子弟即我赤子，何必征剿？若成功等共歸，即可用之海上，何必赴京？今已令鄭芝龍作書，宣布朕之誠意，遣人往諭成功及伊弟鄭鴻逵等知悉。如執迷不悟，爾即進剿。[1]

《海上見聞錄》記載：「同安侯（鄭芝龍）在京，遣家人李德稱，有詔封賜姓海澄公，勸其息兵就撫。」[2]鄭成功接信後對其周邊人說：「清朝亦欲給我乎？將計就計，權借糧餉，以裕兵食也。」[3]於是，鄭成功草就一份書信給鄭芝龍：

> 違侍膝下，八年於茲矣。但吾父既不以兒為子，兒亦不敢以子自居。坐是問候闊絕，即一字亦不通。總由時勢殊異，以致骨肉懸隔。蓋自古大義滅親，從治命，不從亂命。兒初識字，輒佩服《春秋》之義。自丙戌冬父駕入京時，兒即籌之熟，而行之決矣。忽承嚴諭，欲兒移忠作孝；仍傳清朝面諭，有原係侯伯，即與加銜等話，夫既失信於吾父，兒又安敢以父言為信邪？當貝勒入關之時，父早已退避在家。彼乃卑辭巧語，迎請之使，車馬不啻十往還，甚至啗父以三省王爵。始謂一到省便可還家，既又謂一入京便可出鎮，今已數年矣，王爵且勿論，出鎮且勿論，即欲一過故里亦不可得，彼言豈可信乎？父在本朝，豈非堂堂一平國公哉？即為清朝，豈在人後哉？夫歸之最早者且然，而況於最後者？又可笑者，兒先遣王裕入京，不過因有訛傳父信，聊差員探息，輒繫之獄，備極棰楚。夫一王裕，亦做得甚事：而吠聲射影若是，其他可知。雖然，兒於己丑歲，亦已揚帆入粵數載矣。不意乘兒遠出，妄啟干戈，襲破我中左，蹂躪我疆土，虔劉我士民，擄辱我婦女，掠我黃金九十餘萬、珠寶數百鎰、

---

1　〈敕諭劉清泰招撫鄭成功等稿〉，《鄭成功檔案史料選輯》，第45頁。
2　阮旻錫，《海上見聞錄》卷一，第21頁。
3　楊英，《先王實錄》，第62頁。

米粟數十萬斛；其餘將士之財帛，百姓之錢穀，何可勝計？彼聞兒將回，乞憐於四叔，幸四叔姑存餘地，得以骸歸，乃歸而相貳啟釁。我將士痛念國恥家亡，咸怒髮指冠，是以有漳泉之師。[4]

在這封給鄭芝龍的信中，鄭成功的不滿主要表現在兩個方面：其一，鄭芝龍降清後，未得到清朝原來答應的封賞；其二，清軍在馬得功的率領下奇襲廈門，使鄭家損失巨大。另一方面鄭成功開出條件：要求清廷落實曾經答應鄭芝龍給予三省安插兵眾的許願。在清朝看來，這表明鄭成功願意談判了。於是，清朝正式下達了招安詔書。

## 二、清鄭和談的正式展開

清鄭和談於順治十年（西元 1653 年）五月正式展開。清廷為了安撫鄭成功，回答說：已將張學聖、馬得功等人下獄，給予鄭芝龍、鄭成功、鄭鴻逵、鄭芝豹等主要人物官職。《清實錄》記載：

> 今以芝龍首倡歸順、賞未酬功。特封為同安侯，錫之誥命。芝龍子成功為海澄公，芝龍弟鴻逵為奉化伯，芝豹為左軍都督府左都督總兵官，各食祿俸如例。成功、鴻逵另有專敕。芝豹遇缺推補。朕推心置腹不吝爵賞，嘉與更始。猶慮爾等疑畏徘徊。茲特遣官黃徵明往諭。敕諭到日，滿洲大軍即行徹回。閩海地方、保障事宜、悉以委託。[5]

對於鄭成功，清朝也答應給予實際利益：

> 茲封爾為海澄公。給靖海將軍敕印，照例食俸。因爾部弁兵房地原在泉漳惠潮四府，即命住此四府地方。止將四府水陸寨遊營兵餉撥給爾部弁兵，不足不另補。正額錢糧。仍行解部。其管民文官。俱聽部選。爾原轄武官。聽爾酌量委用。姓名官銜，開冊送部。即將歸順弁兵數目。詳開奏聞。海上諸寇。爾其相機防勦。洋船往來。加謹稽察、防範姦宄。收取洋船課稅仍交布政使司解京。地方官評民事、詞訟錢糧等項，俱係有司職掌。自有督撫管理。爾不得干預。

---

4　楊英，《先王實錄》，第 62—63 頁。

5　《清世祖實錄》卷七五，順治十年五月。

爾膺此寵嘉。受茲信任。務殫心竭力、以圖報稱。海濱寧謐。[6]

這封信表明，清朝給予鄭成功實際利益是給予興化府、泉州府、漳州府、潮州府等四府安插官兵。

在和談之際，鄭成功很出色的一個策略是：派出軍隊至泉州、漳州、興化等府索取軍餉。

永曆七年（順治十年，1653 年）閏八月，「遣督餉都督黃愷追晉南地方餉二十萬」。

九月，「遣前提督黃廷就雲霄地方徵米五萬石」。

十月，「遣中權鎮黃興、前衝鎮萬禮等統領轄鎮，進入龍巖地方，徵餉二十萬」。

十一月，「遣前鋒鎮赫文興、北鎮陳六御、右衝鎮楊朝棟等率轄鎮往惠安、仙遊等地方徵餉三十萬。」

永曆八年十一月，「是年計派漳屬餉銀一百零八萬」。

十二月，「是舉計派泉屬助餉七十五萬有奇」。[7]

鄭成功軍隊的策略使清朝地方官感到十分尷尬，他們已奉有清廷的嚴旨，以招安鄭成功為重，可是，鄭成功並不正式投降清廷，卻在福建境內派餉。如果他們派兵阻擋，清廷很可能怪罪他們阻礙了和局，最終成為雙方談判的犧牲品；可是，若看著鄭成功在各地派餉，增加自己的實力，又對清朝方面極為不利。福建總督劉清泰只好寫信責備鄭成功，但鄭成功不予理睬。他出動軍隊去派餉，立足於打，清廷卻怕影響和局，不敢出兵，所以，鄭成功的派餉大獲成功。清朝福建官員指責鄭成功：「自去年至今，成功派糧索餉，大縣不下十萬，中縣不下五萬，福屬興、漳、泉焚掠無餘。」[8]鄭成功的官員承認：「計所追凡四百餘萬」[9]。

6　《清世祖實錄》卷七九，順治十年十一月。

7　楊英，《先王實錄》，第 65、67、98 頁。

8　〈劉清泰為鄭成功終不受撫事揭帖〉，順治十一年十月，《鄭成功檔案史料選輯》，第 107 頁。

9　阮旻錫，《海上見聞錄》卷一，第 21 頁。

　　清廷允許和談也大大動搖了清朝的軍心。漳泉等地的官員不知清廷是否會將他們劃入鄭成功轄下，多無心抵抗鄭成功的部隊，有些官員趁機投降明鄭軍隊。永曆八年十一月，漳州清軍千總劉國軒與鄭軍暗通消息，打開漳州城門，放鄭軍入城。漳州地方官不知所措，也都投降鄭成功。名將劉國軒從此成為鄭成功的部下。不久，在鄭軍的壓力下，漳州府屬十縣的清朝將領與地方官都投降了鄭軍，明鄭軍隊因而擴編。漳州之外，鄭成功還利用與清朝的和談，將軍隊派到泉州各縣，十二月，「遣前鋒鎮赫文興襲破同安縣，守將楊其志、知縣于元鎮歸降。援勦左鎮林勝等襲破南安縣。中提督同北鎮陳六御等襲破惠安縣。由是安（溪）、永（春）、德（化）各縣聞風俱下」[10]。此時泉州府境內，僅府城尚在清軍控制之下。事實上，泉州主官也在和鄭成功談條件，只是未能達成而已。鄭軍在泉州得手後，鄭成功又移軍興化府，仙遊縣清軍頑抗不降，被鄭成功部以地道攻城，拔之。通過這一系列的戰鬥，鄭成功擴軍數萬人。

　　在談判方面，永曆八年正月，鄭成功在廈門接到鄭芝龍家人李德帶來的消息：清朝正式派出的使者將於二月分抵達福州。二位使者將帶來「海澄公印」，並且明確清朝允許給興化府、泉州府、漳州府、潮州府等四府地盤給鄭成功安插士兵。鄭成功知道這一消息後，便派明鄭軍隊中著名的強硬派人士常壽寧為正使，到福州去見清朝的使者。臨行前，鄭成功交待常壽寧：「談和之事，主宰已定，不須爾等言及。應對，只是禮節，要做好看，不可失我朝體統。應抗應順，因時酌行，不辱命可耳。」不出鄭成功意料，常壽寧到了福州之後，便遇到了禮儀問題。已經成為清朝官員的黃澍要求常壽寧先行參謁清使。常壽寧強硬回答：「今日俱兩國命使，況掛印賜玉，我朝無屈膝之禮，賓主抗禮足矣。」二使不樂。黃澍在中間斡旋：因使者是為鄭成功封官的，所以，常壽寧應當少許屈禮。常壽寧給予硬梆梆的回答：「本省屬之明朝，則我為主；若寄清朝，今日我等至此，恥為賓矣。且和事出自清朝，非我藩主求之也。二使欲先屈我，是無意于和，我等回歸復（覆）命矣。」常壽寧的強硬，讓清朝福建按察司道員黃澍一籌莫展，只好結束禮儀談判，只要求常壽寧將清朝使者帶到鄭成功處。

---

10　楊英，《先王實錄》，第98頁。

常壽寧回來之後，得到鄭成功的讚賞，謂其不辱使命。[11]

　　永曆八年二月，清朝兩個使者攜帶海澄公印來到泉州。鄭成功在安平鎮接待清朝使者，辭以無地安插兵眾，不受敕，要求給予東南的福建、廣東、浙江三省安插士兵。清朝兩個使者只好回京。十月，清朝的兩個使者再次到達福建，答應給鄭成功興化府、泉州府、漳州府以及廣東的潮州府等四府地安插兵眾，並要求鄭成功剃髮接詔。鄭芝龍得知使者南下，在清朝的示意下，也派出兩個兒子到鄭成功處勸其投降。並且表明：若鄭成功不降，鄭芝龍一家的性命會有危險。但是，鄭成功以清廷未給三省安插兵眾為由再次拒絕。雙方談判破裂，清使回北京。但是，清廷並未將談判之門完全關死。其時，被關於獄中的馬得功被釋放欲回福建，鄭成功大加反對，清廷聞知消息後，又令馬得功暫緩入閩。所以，清朝地方官不知清廷最後打算，對鄭成功方面不敢做絕，反而讓鄭成功乘機發展了自己在福建的力量。原來鄭成功只控制沿海的島嶼，此時卻控制了漳州、泉州、興化三府的大部分地區。

　　總的來看，在清鄭和談期間，鄭成功並沒有像清廷想像的那樣放棄武力，一方面，鄭成功在福建境內派餉攻城，大得便宜，另一方面，鄭成功派大軍出師福建境外的區域，攻城掠地。其中重要的軍事行動有：支持張名振進攻長江，派大軍南下廣東。

　　張名振原為魯王部下，他是魯王的重臣，長期在舟山一帶抗清。在舟山被清軍攻克之後，張名振和魯王南下依附鄭成功。鄭成功已奉永曆年號，便以宗人府宗正之禮接待魯王，將其視為明代宗室之一，從此，魯王寄住於金門，直至老死當地，而魯王手下的大將大都成為鄭成功的部下。鄭成功以「名振管水師前軍，崔之管水師後軍，阮駿為水師前鎮」。[12] 張名振等人曾經參加過攻擊漳州的戰役。不過，張名振在江浙一帶極有影響，此時見江南清軍主力皆至福建，便要求鄭成功支持他反攻長江。楊英的《先王實錄》記載：

　　永曆七年三月，藩駕駐中左。遣前軍定西侯（張名振）帶水師恢復

---

11　楊英，《先王實錄》，第 68 頁。
12　楊英，《先王實錄》，第 40 頁。

浙直。

先時，定西啟曰：「名振生長江南，將兵數十年，今虜各處兵將係
舊屬。茲金酋既併力於閩，勢必空虛浙直。我以百艘，乘此長風破
浪，直入長江，號召舊時手足，攻城掠野，因時制宜，搗其心腹，
虜無暇南顧，藩主得以恢復閩省，會師浙直，可指日待也。」[13]

　　於是，鄭成功派忠靖伯陳輝等人率水師與張名振一齊進入長江，以牽
制清軍。永曆八年，張名振三入長江，大鬧清軍的後方。他曾在長江焚燒
清朝的運糧船，使清朝的江南漕運遭受沉重的打擊。他二入長江時，進至
鎮江金山寺，遙祭明孝陵，極大地鼓舞了江南民眾的抗清意志。江南清軍
的漢軍部分，多與張名振有些聯繫，所以，張名振入長江，給予清軍相當
的威脅。但是，張名振部的作戰能力較弱，很少與清軍正面作戰，所以，
雖然進入長江，卻無法成就大事業。

　　在廣東方面，永曆七年、八年，恰為晉王李定國攻略廣東之時。當鄭
成功在海澄苦戰之際，李定國發動肇慶之役。肇慶為粵西大城，曾為永曆
駐地，若攻下肇慶，對明方的意義重大。此時受清廷猜忌的郝尚久，也在
潮州再次起義，反清復明。鄭成功在海澄戰役結束後，即發兵潮州。其目
的是：「一則使郝尚久不敢據郡歸清，二則鷗汀逆寨屢截糧□，應當掃平
也」[14]。鷗汀壩寨在潮州港口，「其民強悍，有船百餘隻，加十八槳，水上
如飛，遇大船，以繩絆其舵，牽之入港，小船即攻殺之，海舟至潮者被其
劫掠，殺害甚多」[15]。早在永曆七年海澄戰役結束後，鄭成功即用兵鷗汀壩。
但鷗汀壩四面皆是水田，大軍不可行，以致鄭成功大隊至鷗汀壩，竟無法
攻寨。鄭成功在巡視時被寨上砲火轟傷腳趾，乃退兵廈門。為了鞏固郝尚
久的抗清行動，他在退兵前給郝尚久一封信，要他堅決抗清。但郝尚久對
鄭成功疑懼甚深，竟不回答。不久，鄭成功返回廈門。

　　永曆七年，李定國圍攻肇慶，但在四月被擊敗。清軍將主力壓向潮州
的郝尚久。八月，清軍攻下潮州下轄諸縣後，準備進攻潮州。此時正當鄭
成功返回廈門時。九月，郝尚久見清軍勢大，又派人向鄭成功請兵，鄭成

13　楊英，《先王實錄》，第 53 頁。
14　楊英，《先王實錄》，第 61 頁。
15　阮旻錫，《海上見聞錄》卷一，第 20 頁。

功立即派陳六御領兵聲援。此後史書對陳六御之兵有兩種不同的說法：一種說陳六御兵至潮州，但郝尚久生疑，又不敢開城接納鄭軍，未幾，清軍攻克潮州，陳六御退兵。這是楊英《先王實錄》的記載。另一種是江日昇的《臺灣外志》，說陳六御兵至南澳，聞知潮州已被攻克，只好退兵。對於潮州之失，史家多責鄭成功沒有大力支持郝尚久，但郝尚久對鄭成功的猜疑，是其失敗的真正原因。當鄭成功七月尚在潮州時，鄭成功致書郝尚久，郝尚久竟不答書。此時清朝尚未開始圍攻潮州，所以，郝尚久害怕被鄭成功吞併。鄭成功見此情況，當然也只好返回廈門，讓自信的郝尚久自己去對付清兵。迄至郝尚久在潮州被圍後再次求救，鄭軍回援實際上已來不及了。所以，郝尚久也有自作自受的成分，不能完全責怪鄭成功。

李定國圍攻肇慶失敗後，經過籌備，於永曆八年三月再次向廣東發動進攻，並約鄭成功會師。然而，由於雙方之間隔著清軍占領的廣大地區，雙方聯絡有些問題。李定國的信一直要到九月分才傳到鄭成功手裡。鄭成功沒有延誤，次月便決定發兵勤王。他派出的部隊有戰船百隻，兵員萬人，全軍由輔明侯林察率領赴粵。屬於這支軍隊的大將有管轄水師的周瑞，管轄陸軍的王秀奇、蘇茂等人。王、蘇都是鄭成功部下有名的戰將，此外，林察其人在隆武死後，曾經帶水師南下廣東，立隆武之弟繼位，一向與廣東方面明軍有密切的關係，派他帶隊是很合適的。總之，應當說，鄭成功這次出兵是真心支援李定國的。但是，為何李定國部三月即發兵，並於四月及八月兩次致信鄭成功，要求派兵，而鄭成功十月才派兵響應呢？自朱希祖以來，史學家一直責備鄭成功未能及時應援李定國，導致李定國功敗垂成[16]。實際上，其中另有原委。首先，鄭成功一直未收到四月分的李定國來信，後來李定國在八月的信中也說，他的使者林祚不知何往。而李定國八月來信，鄭成功九月才收到。從其時序來說，鄭成功也只能於十月派兵，鄭成功九月收到來信，於十月初四在東山島誓師，說明他是積極的。其次，福建在廣東的東北面，從福建至廣東的帆船要乘北風方能南下。但福建春夏間多為東南風，船隻只能北上，不能南下。到了十月分，風向倒轉，福建的帆船才能赴廣。所以，鄭成功十月分發兵，並不是他故意延誤。有人說：鄭成功可以八月分南下潮州，為何不可以南下廣東？其實，兩者是有

16　參見：楊英，《先王實錄》，第116—118頁。

不同的。潮州鄰近廈門，縱使風信不順，帆船尚可以走之字路，側風航行。
但這種航行十分困難，水手要消耗很大的體力，不可用於遠征。所以，自
古以來，帆船從福建走廣東珠江入海口，都得候風，尤其是大型船隊。再
次，大軍調動，本是十分複雜的事，並非說走就可走的。人們指責林察在
南澳磨蹭到十一月十九日尚在商議軍務，這裡有個問題是：周瑞等人的軍
隊散處各地，他們要出征，肯定要匯集一處，商定路程後，才能統一出兵。
南澳位於潮州近海處，看來是鄭成功部隊有一部分在潮州，所以定南澳為
部隊匯聚點，以合兵出發。所以，南澳匯集是肯定有必要的，如果其中有
一位將領遲誤，大家都得等待。此外，大帆船到了廣東之後，若要北上廣
州，一般要等十二月的小陽春，才能乘南風北上。所以，林察等人率師到
廣東，卻一直未進至新會等地，與李定國部會師。而十二月十日，李定國
已敗走廣西。古代交通不便，鄭成功於九月接到來信，三個月以後兵至廣
東，應當說是正常的速度。當時李定國軍多次受挫，能戰的士兵已經不多，
參加這次戰役的多是廣東義軍，在實力上遠不如清軍，雙方實力過於懸殊，
這是其失敗的根本原因。這種大型戰役，不是依靠自己的力量，而是期望
數千里之外的友軍及時來援，其成功率是很小的。

　　永曆八年的下半年，東南形勢發生很大的變化。李定國攻擊廣東的戰
鬥已經失敗，潮州的郝尚久已經被清軍消滅。只有鄭成功在福建的勢力有
很大發展。清朝對鄭成功的態度也發生了很大變化。清朝的閩浙總督劉清
泰和福建巡撫佟國器，都認為鄭成功並無招安之意。他們認為鄭成功提出
的條件無法接受。例如，不肯調離福建；不肯接受清朝的軍令；不剃髮，
還要清朝將福建沿海的水寨都給明鄭軍隊。儘管清朝派出的使者鄭蝦、黃
徵明、李德、周繼武等往返十餘次，鄭成功「不受詔、不剃頭，其意如山。」[17]
於是，清朝在福建的官員漸漸改變看法。順治十一年四月：

> 浙閩總督劉清泰奏言：鄭成功雖斂跡投誠，迄未奉詔薙髮。其附從
> 黨羽仍行屠掠，漸及省會。假冒土民，擾我海防，窺我江浙。當亟
> 飭成功分別剪除，以安邊境。至於漳泉止設水陸官兵，原無遊寨名
> 色，其撥給額餉與經制官兵俱作何著落。乞敕該督撫從長商酌，安

---

17　〈劉清泰為鄭成功終不受撫事揭帖〉，順治十一年十月，《鄭成功檔案史料選輯》，
　　第 107、108 頁。

置妥協。下所司確議。[18]

福建提督總兵官楊名高奏言：鄭成功雖經就撫，而奏詔不恭，衣冠如舊。且縱兵焚掠、侵擾延建等處。情甚叵測。下兵部知之。[19]

其時，明鄭與清朝使者的談判，雖然尚未正式斷裂，實際上，已經接近最終崩裂的尾聲。順治十一年十一月，清朝對鄭成功終於改變了策略：

議政王貝勒大臣會議：鄭成功屢經寬宥、遣官招撫、並無薙髮投誠之意。且寄伊父芝龍家書、語詞悖妄、肆無忌憚、不降之心已決。請敕該督撫鎮、整頓軍營。固守汛界。勿令逆眾登岸、騷擾生民。遇有乘間上岸者，即時發兵撲勦。從之。

會議之後，清朝派出世子濟度為定遠大將軍，率部入閩，圍剿鄭成功的部隊。

關於招安的回顧。從永曆七年開始，清朝試圖招安鄭成功。雙方談判，清朝有意讓出福建東南的幾個府州，給鄭成功養兵。鄭成功沒有答應清朝招安，卻成功地利用這一形勢，從東南的幾個府州得到大批糧餉。這使鄭成功的軍隊從原來的數萬人，發展到十幾萬人，並且有了雄厚的財政及糧食儲備，從而得以準備遠征。永曆八年，鄭成功將軍隊派往廣東與江浙作戰，張名振深入長江多次，為鄭成功遠征江南完成了戰略偵察。

## 第二節　明鄭軍隊在閩浙粵沿海的全面作戰

永曆八年，或說順治十一年（1654 年），清朝招安鄭成功的努力基本失敗，在閩浙總督劉清泰等人的要求下，清朝派出大軍南下福建，展開新一輪的攻勢。鄭成功則以擴大海上攻擊面的方式，讓清軍處處分兵，從而保護了金門和廈門二島的安全。

### 一、清軍對鄭成功新攻勢的展開

清朝在招安鄭成功失敗之後，閩浙總督劉清泰認為戰爭不可避免。不

---

18　《清世祖實錄》卷八十三，順治十一年四月。
19　《清世祖實錄》卷八十三，順治十一年五月。

過，福建現有清軍只能用於防守，進攻力量不足。於是，他建議清朝派出新的軍隊入閩，準備攻占廈門和金門。清朝的官方文獻表明：順治十二年，清朝在福建的官府積極整修從浦城到福州的山路，以便大軍入閩，準備與鄭成功的作戰。約在同年六月內，福建官府完成了道路修築的任務。[20] 據鄭成功方面探知的情報：「京中世子王統率八旗滿兵及漢軍約有三萬入閩，先撥前鋒滿騎至福省。」[21] 兩軍廝殺很快就會展開。

　　金門與廈門是漳泉交界處海外的兩個小島，這裡港闊水深，可以駐紮大軍。鄭成功雖然占領閩浙沿海的許多島嶼，但其主要力量駐紮金、廈兩島，尤其是廈門一直成為鄭成功的主要駐地。從防守的角度來說，廈門在一個海灣之中，三面皆是大陸，海峽的寬度從二里至十里路，對於水軍占優勢的明鄭軍隊來說，這是一條很好的防守線。和明鄭軍隊相比，清軍擅長陸戰。福建西北多山而東南多為平原為丘陵，清軍南下，從山區向沿海，有高屋建瓴之勢。清軍一向擅長陸戰的特長，在陸地上對抗，肯定有益於清軍而不是鄭軍，因此，鄭成功決定不在大陸與清軍過多糾纏。當永曆九年（清順治十二年）清朝 3 萬清軍入閩，準備大舉進攻時，鄭成功便下令放棄占據的福州府、興化府與泉州府諸縣，將大軍移至漳州和金門、廈門，在福建擺出防守反擊的態勢。該年九月，「世子王至福州，弔集本省綠旗馬步，一齊進兵。賜姓令思明州居民搬遷過海，官兵眷口搬住金門、鎮海等處，空島以待。世子王至泉州，駐扎東嶽（廟）」。[22] 鄭成功將廈門的軍士家屬全部遷到金門島等地，是向敵人表示：若是進攻廈門，必定毫無所得。

　　自古防守有主動防守與被動防守之別。若鄭成功僅是將大軍雲集金廈，則可稱之為被動防守，此為下策。實際上，鄭成功防守廈門的僅是少數部隊，另一方面，他的部隊在閩浙粵沿海四面出擊。永曆九年七月，鄭成功派出兩支大軍分別北上南下。其中一支「以前提督黃廷為正總督，後提督萬禮為副總督，率二十餘鎮南下」，出兵廣東潮州區域；另一支兵「以中

---

20　《閩浙總督佟代為報明修路完工日期事本》，順治十二年六月二十八日，第128—130頁。

21　阮旻錫，《海上見聞錄》卷一，第24頁。

22　阮旻錫，《海上見聞錄》卷一，第25頁。

提督甘輝為正總督，右提督王秀奇為副總督，率二十餘鎮北上，與忠振伯、陳總制相機而行。」[23] 甘輝指揮的北路軍，攻克了浙江舟山等地。清朝舟山守將巴臣功、張鴻德等人投降。其後，忠振伯洪旭的船隊進入台州港，清軍將領馬信率部投降明鄭。北上支隊獲得大發展。而南下的軍隊在黃廷等人的的率領下，兩次大敗粵東的清軍，克取揭陽、普寧諸縣，並獲取大量的糧食。但在永曆十年正月，南下軍隊被尚可喜的清軍擊敗，只好退兵。

永曆十年（1656 年）四月，駐紮泉州已久的清軍終於發動進攻。泉州守將韓尚亮統帥清軍水師從泉州港南下，而駐於泉州近郊圍頭港的鄭軍給予迎頭痛擊。清軍因當時上午順風獲取初戰的勝利，但午後風暴大起，鄭軍就近收入圍頭港，而清軍因頂風無法退回，在海上潰散。清軍有的船隻飄入鄭軍控制的港口投降，有的飄出外海，最終回泉州港的清軍僅有十餘艘大船，其餘全部被消滅。泉州守將韓尚亮葬身於大海中。按，泉州的清朝水軍原為鄭聯部下的章雲飛與鄭芝豹部下，這支水師從鄭氏軍隊中分離而出。他們的存在，對鄭軍是一大威脅。馬得功渡海襲擊廈門，便是由鄭芝豹水師運輸的。這一次戰役解決了泉州附近的清軍水師，此後數年裡，清軍一直不敢進攻廈門。

六月，鄭成功損失了海澄縣。先是，南下潮州的軍隊失利，損人士兵五千人。這是明鄭軍隊罕見的大敗。鄭成功調回軍隊整頓後，殺死受挫軍隊的大將蘇茂。蘇茂原為施郎（即施琅）的部下，施郎能夠逃出鄭軍，就是蘇茂放走的。此時鄭成功殺死蘇茂，被認為是報復當年蘇茂放走施琅一事。曾經與施琅關係密切的諸將震動。其時與蘇茂一起南征的鎮將黃梧亦受損失，但他從其他部隊借來冑甲，應付鄭成功的檢閱，因而只得輕微的懲罰。鄭成功隨即派他往海澄縣鎮守。然而，逃過鄭成功懲罰的黃梧心有餘悸。六月二十二日，黃梧脅迫副將蘇明一同降清，清封黃梧為海澄公，並將蘇明調到京城任內大臣，以便及時瞭解鄭成功的內幕。海澄為鄭成功著力經營的三大要塞之一，所貯糧食達 25 萬石，軍器火砲無數，因此，黃梧降清，鄭軍損失極大。

黃梧被封為海澄公，是清朝特別的賞賜。清朝沿襲明代的制度，給武

---

23　阮旻錫，《海上見聞錄》卷一，第 24 頁。

將的官級，在總兵之上還有：伯、侯、公、王等級別。鄭芝龍降清之時，清朝只答應給他同安伯的爵位。清鄭談判時，清朝提出給鄭成功海澄公的爵位，以引誘鄭成功投降。然而，鄭成功不為所動。清朝派到福建的使者打算攜海澄公之印回京。當時清朝在福建的官員反對並提出：不如以「海澄公之印」誘惑鄭成功手下大將，誰敢來投降，並立下大功，便可得到海澄公之位。黃梧據海澄降清，使鄭成功損失數千勁旅和大批糧餉彈藥。所以，清朝將海澄公之位賞給黃梧。從此，清朝在閩南有了兩大支柱，其一為和鄭成功有家族血仇的施琅，其二為黃梧。黃梧降清不久，清朝便將其基本部隊調走。黃梧知道清朝不太相信自己，為了向清朝表忠心，後來他給清朝提出了一些十分毒辣的策略，例如挖掘鄭成功祖墳，遷走沿海住戶等。這對鄭成功是十分不利的。

## 二、鄭成功在閩浙粵三省的作戰

永曆十年七月，為了彌補海澄的損失，鄭成功發兵突襲福州近郊。福州城外的南臺、潭尾，是當時有名的商業區，甘輝率大軍突然出現於南臺，清軍措手不及，皆逃入城內，於是鄭成功部在南臺、潭尾繳獲大量物資。鄭軍出發後，鄭成功得知福州城十分空虛的消息，於是派差船傳令甘輝進攻福州。但差船失期，甘輝接到命令時，清軍主力已趕回福州，甘輝只好退出福州近郊。按，鄭成功奇襲福州，是一著圍魏救趙的好棋。清朝駐紮泉州的前線將領，生怕福州有失，朝廷怪罪，便讓馬軍迅速趕回福州。這樣，泉州清軍再次進攻金門、廈門的企圖便失敗了。不過，隨後福州的清軍再次南下，收復了漳州。鄭成功見清軍南北奔忙，有意用兵福州附近，使清軍主力不敢輕易離開福州。其後，明鄭與清軍在福建千里海疆全面交火。

八月，浙江方面又傳來不利的消息，在舟山的鄭成功守軍在水戰中先勝後敗，大將陳六御、阮駿陷於清軍重圍，兩人戰死，餘船奔散。於是，清軍攻克舟山，將舟山的居民遷入大陸。

九月，鄭成功遠征福州的閩江口，並在閩安鎮與羅星塔等地駐軍，力圖控制閩江口，威脅福州的清軍，使清軍主力輕易不敢離開福州。這一策略，大大減輕了廈門的壓力。

　　十月，漳州的清軍乘鄭成功鏖兵於福州境內，向銅山島的鄭成功部隊發動進攻。但被華棟等人的部隊擊退。

　　十二月，鄭成功督師攻取羅源、寧德等縣。福州的滿軍數千前來反擊。鄭成功揮軍退到海邊上船，清軍卻攻至鄭軍後尾。此時，殿後的甘輝率大軍反擊，殺死清朝大將阿格商。《海上見聞錄》記載：

> 十二月，賜姓督師取羅源、寧德等縣。報入省，世子王遂撥滿洲梅勒章京阿格商、巴都、柯如良等，帶披甲綠旗兵數千赴援。時同安侯（鄭芝龍）差謝表、小八等來勸就撫，李率泰亦差人來說退兵，以就撫局。賜姓令諸鎮兵皆退，甘輝斷後。至護國嶺，甘輝令抽兵過橋，至嶺下列陣。馬信已撥兵下船，顧謂甘輝曰：「吾聞公善戰，今日親視公退此一陣也。」滿洲先鋒騎兵數百追至，見陣整，不敢逼，輝再令抽兵過嶺，親督數十人在後。阿格商至，揮兵欲躡之，列將勸止。格商曰：「此易取耳，當盡殲之。」格商至嶺下，身自下馬，諸騎將皆步行上嶺。箭如雨發。路狹，兵不得成行。甘輝揮刀大呼，從高趨下。兵殊死鬥，滿兵崩壞，阿格商中數刀，猶力戰。諸兵爭砍殺之。馬信令斷其首，埋于田中，餘者殺死甚多。甘輝即下令收兵，而別鎮追者為滿騎所殺退。是役也，阿格商最驍勇，而巴都、柯如良等皆善戰，及敗沒，滿兵為之奪氣。於是撫事不成。[24]

　　阿格商部是清軍主力之一，一支數百人的滿漢騎兵被殲滅，在當時不常見。被這一仗打痛的清朝，從此不再言招撫一事。

　　永曆十一年，鄭成功繼續在閩浙粵三省用兵。八月，鄭成功進攻浙江台州府，台州府清軍全部投降。鄭軍乘勝擴大戰果，連克臨海、太平、天台三縣及海門衛。然而，清軍利用鄭成進入浙江的機會大反擊。九月分，福州的清軍強令民夫修通穿越鼓山的道路，其後，清軍分水陸兩路進攻駐守閩江口的閩安鎮。駐紮此地的鄭軍作戰失利，士兵投降後全部被清軍屠殺。鄭成功回救不及。但是，鄭軍仍然不肯離開閩江口，他們駐守閩江口的琅岐島，控制了閩江的出海口。

　　十一月，鄭軍在潮州一帶獲勝，攻克鷗汀壩寨，拔去了在海上騷擾鄭

---

24　阮旻錫，《海上見聞錄》卷一，第29頁。

軍的一顆釘子。楊英的《從征實錄》記載：

> （十一月）我師攻破鷗汀塀逆寨，報聞。此寨負固已久，四畔皆深
> 泥水田，惟一面近港通海。有數千強僕，出沒波濤之間，時或商漁，
> 時或洋刧，屢屢阻截糧道。至是破之。此寨罪大惡極，本藩日在痛
> 念，因三年七月我師攻圍潮州抽回，縣（由）彼寨外京（經）過，
> 被其藏誘截殺，忠勇侯左鎮呂未死之。至七年六月，本藩督師攻□，
> □□深銃炮難施抽回。至是，前提督同左右戎旗等相議，砍取柴草，
> 鋪塞城窩，平地踏破，仍一面用厚枋作人字牌，倚城墻遮身，人藏
> 牌內，用鐵錐掘透後，用地雷滾進，登時城即崩裂，各湧而進，將
> 城中大小盡屠之。馳報以聞。藩曰：「此等小醜，遲我後至之誅，
> 南下去一梗化矣。尚有許隆（龍）未服，須收滅之，以免南顧之慮」。

永曆十二年四月，鄭成功水師再次南下，襲取廣東海盜許龍的老窩，
獲勝。

鷗汀壩水寨與許龍是廣東方面兩支有能力在海上與鄭成功抗衡的水
師，將其消滅，可使鄭成功部沒有後顧之憂。

以上這些作戰，鄭軍、清軍之間互有勝負，總的來說，鄭成功是大勝
小敗，因此，鄭成功的部隊在這一段時期內發展較快。鄭成功的目的在於
以忽南忽北的出擊，使清廷處處分兵把守，並使福建境內的清軍將主力集
中於福州附近，從而不敢進攻鄭成功的要害之地——金門與廈門。達到這
一目的後，鄭成功便可以發兵北上，進攻江南一帶。

總的來說，自鄭成功在海上起兵，於永曆元年打了第一仗，迄至永曆
十年，他已經成長為東南海疆強大的反清力量。這期間他統一了東南的海
上力量，並招降納叛，從初起兵的 300 人發展到數十萬人的大軍，成就極
為顯著。從全國的抗清形勢看，此時的鄭成功也成長為南明抗清的主力。
隨著李自成餘部與張獻忠餘部的失敗，鄭成功正在成長為南明最大的一支
武裝集團。

## 第三節　明鄭制度和鄭成功對軍隊的控制

鄭成功早年受封於隆武帝，得賜國姓，掛招討大將軍之印。但其人出

師不利，在駐守福建邊境的黃土隘期間，鄭成功部下達到一二萬人，然而，這些士兵既吃不飽飯，也不聽指揮，最終潰散於閩北的崇山峻嶺之間。怎樣管好自己的部下？鄭成功有許多感觸吧！隆武政權失敗後，鄭成功到南澳招兵，以三百人起家，發展到擁有數十萬戰士的海上武裝，怎樣統治這支軍隊？鄭成功逐步形成了自己的一套辦法。

## 一、鄭成功軍隊的組織

明代的軍隊以營為基本單位，每次作戰調動幾個營至十幾個營，是《明史》中常見的記載。營的管轄多少，各時代不同。明末的營，大都為千把人，相當衛所體制下的一個所。永曆六年鄭成功在漳州大敗清軍後，「兵眾雲集」，鄭成功因此增設了二十八個營，他一度以「二十八宿」稱呼自己的部隊。營的長官多數為副將，其上為總兵。總兵是明代一個省的最高軍事長官，通常一個省只設一個總兵，例如，戚繼光接任福建總兵後，前任俞大猷便調到廣東。不過，若是該省區域廣大或是兵將較多，也會設幾個總兵。福建省在抗倭戰爭最高潮之時，曾經設置幾個總兵。鄭成功以在野的地位組織軍隊，不惜給手下將領高官。甘輝、張英等重要將領，很早就被提為總兵，總兵管轄的部隊被稱為「鎮」。隨著明鄭軍隊的起落，鎮逐漸成為明鄭的軍隊的基本單位。小的鎮只有數百人，不如之前的營，大的鎮擁兵數千人，往往是鄭軍的主力。在鎮之上，管轄數鎮的部隊，往往被稱為提督。提督是職務，軍隊高級軍官還有等級制度。明代的高級軍官，功大者被封為伯、侯、公、王。鄭成功自身被封為延平王、潮王，他手下的核心將領在後期都有個「伯」的稱號。例如海澄之戰後，鄭成功上奏永曆皇帝，後永曆以帛詔封甘輝為崇明伯，黃廷為永安伯，萬禮為建安伯，郝文興為祥符伯，王秀奇為慶都伯。[25]

凡是來投鄭成功的各路人馬，大的被編為鎮，小的被編為營。鄭成功一般不去打亂原部的編制，原來由誰率領，現在仍由誰當鎮將。因此，各方勢力樂於投入鄭成功部下。鄭成功部隊壯大之時，分陸軍為 72 鎮，水師 20 鎮。鎮名有：戎旗、勇衛、侍衛、武衛、虎衛、衝鋒、援剿、果毅、宣毅、揚威、龍驤、建威、折衝、護衛等等。以後隨著軍隊擴大，許多鎮都

---

25 阮旻錫，《海上見聞錄》卷一，第 20 頁。

擴大為左右二鎮、或前後中三鎮，而戎旗鎮編制曾達到五鎮；而有些鎮一直沒有什麼發展，如正兵鎮一直只有一個正兵鎮。鄭軍的這種制度，也是適應部隊伸縮變化而來的。一些作戰英勇的部隊繳獲多，部隊就擴大得快，可以多編幾個鎮，而一些鎮比較一般，也就一直如此。這種制度有利於鼓勵軍隊的自身發展。

在鎮之上，鄭成功曾設有五軍制度，即將全軍編為前、後、左、右、中五軍，每軍轄若干鎮，以便於指揮。五軍制度是明朝朱元璋開闢的制度，明朝軍隊一向分為前、後、左、右、中五支，所以，明鄭的五軍制度是來自於明朝軍制的。鄭成功的鑾儀衛親軍，便管轄親隨前後左右中五營。五軍的長官是總督五軍戎政一員，總制五軍，經常由張英擔任。其次，設提督一員，主管各軍的征戰事宜；此外，尚設有總理監營一員，左右協理監營各一員輔佐，他們的責任是督戰及向鄭成功報告軍中實際情況。

錢海澄分析鄭成功的鎮營制度：「鎮以下為協，每鎮設有前後左右中五協，協設協將一員，副將銜；每協轄正領班五員，每正領班轄副領班二員，參將銜；每一副領班轄班長、衝鋒官各一。班長與衝鋒官均守備銜，轄士兵五十名，每鎮合計士兵二千五百名。每副領班兵分五隊：一隊五方旗，二隊蜈蚣旗，三隊狼煙，四隊銃，五隊大刀，隊設滾被二名，司鼓、司金各一名，全班官兵都擎團牌。惟左右虎衛鎮因係特種兵，編制稍異。每鎮轄前後左右四協，另有領旗協、驍翊營、火攻營。每協轄四正領，每正領轄二副領，每副領轄十班，班帶班長六名，配雲南斬馬刀二、牌鈚二，弓箭則全班俱執。又十班中，弓箭居四，刀牌居六。每班另有伙兵三名，挑戰裙、手臂、披掛隨後，戰則穿戴，行伍則免，以防勞頓，合計每鎮士兵五千名。」[26]

鄭成功擁有水師十鎮，水師戰艦有：大熕船、水艍船、犁繒船、沙船、烏尾船、烏龍船、銃船、快哨等八種。前二種船隻是鄭成功水師的主力戰艦，可載 500 名士兵。其船型以傳統的大福船為模型，吃水達一丈二尺。但一些技術特點吸取了西洋船的特點，例如：船面裹以鐵皮，船艙多砲洞，可以放砲與射擊弩箭。為了加快衝刺速度，有的大船兩旁設有水車飛輪，

---

26　錢海澄，〈鄭成功在軍事上的貢獻〉，《鄭成功研究論文選》，第 323—324 頁。

以士兵踏車，船行飛快。每艘戰艦都配有大砲，最大的靈熕船，其火砲來自西洋人的沉船，重達一萬斤，砲身長一丈，以紅銅鑄成。砲彈重二十四斤，其射程可達四至五里，以之砲轟敵艦與城寨，每每取得良好效果。

　　犁繒船與沙船是中型船隻，可載百餘名士兵，船首與船尾配有大砲，是水師的主要戰艦。沙船是江南一帶的船型，主要走長江以北的水路，因這些地方港道較淺，多沙灘，所以，當地的大船多是平底，不容易擱淺，航海界稱之為沙船。鄭成功在浙江與長江作戰多年，俘獲當地許多大船，所以，鄭成功部水軍中有沙船。在進攻臺灣時，由於港灣較淺，鄭成功以馬信部沙船隊打頭陣，順利地通過了鹿耳門港。

　　烏尾船與烏龍船、銃船等都是近海船隻，可載士兵 50 餘人，這些船吃水淺，但火力猛，便於近海水戰。另有快哨船，左右設 16 槳，行船若飛，便於通迅聯繫及載人登陸，是水師的輔助戰艦。凡水師除水手外，在海戰時，每大艦另配陸師 40 名，中艦 20 名，小艦 10 名，以備登陸戰戰鬥之用[27]。

　　鄭成功部隊的特點是大量使用火器。不論是陸師還是水師，都配備了大量火器。水師使用了西洋的新式火砲，陸師在攻城時，經常使用攻城砲，轟毀敵方的城寨。例如鄭軍在潮州作戰，新墟寨固守，「用靈熕，擊平其城。隨赴藩乞降」[28]。甚至在與敵方陸軍作戰時，也常用火砲轟擊對手。為了不誤傷自己人，鄭成功軍隊在作戰時有開砲的特別號令，一旦發出，全軍臥倒，裝霰彈的大砲噴出的火藥與鉛彈呈扇型擴散，可將對方全部擊倒。鄭成功軍隊幾次擊敗滿清騎兵，都與其使用火砲有關。鄭成功的部隊中也配備了大量的鳥銃，每次會戰時，以鳥銃配合弓弩射擊敵人，是鄭軍肉搏戰之前必用的戰術。此外，鄭成功部還大量使用地雷，海澄之戰鄭軍勝利，與地雷有很大關係。總之，滿清騎兵橫行天下，卻在福建等地被鄭成功多次打敗，與鄭成功善於使用火器有關。不過，當時的火砲十分笨重，移動不便，所以，鄭成功使用火砲多在有準備的防守戰中。鄭成功打防守反擊的戰鬥取勝率之高遠勝於野戰，其原因在此。

---

27　錢海澄，〈鄭成功在軍事上的貢獻〉，《鄭成功研究論文選》，第 324—325 頁。
28　楊英，《先王實錄》，第 15 頁。

　　鄭成功的部隊另一個特點是使用藤牌。以藤牌防弓箭，是元代福建泉州一帶已有的戰術。藤牌以浸油的藤條編成，十分堅韌，且又輕便，可以擋住弓箭的射擊。關於藤牌兵，戚繼光說：「以藤為牌，近出福建，銃子雖不能隔，而矢石鎗刀皆可蔽，所以代甲冑之用，在南方田塍泥雨中，頗稱極便。其體須輕堅密，務使遮蔽一身，上下四旁，無所不備。用牌之間，復有所謂標者，所以奪人之目，而為我之疑兵，所賴以勝人者也。牌無標，能禦而不能殺。將欲進步，然後起標，勿輕發以敗其事，腰刀用於發標之後以殺敵。非長利輕泛，則不能接遠。其習牌之人，又須膽勇氣力輕足便捷少年，然後可授之。以此置於行伍之先，為眾人之藩蔽，衛以長短之器，為彼之應援。以之臨敵，其眾可合而不可離，可用而不可疲，進退左右，無所不利，此藤牌之功用也。」[29] 戚繼光說藤牌兵出於福建，還有進一步的史料說藤牌兵出於漳州：「總兵俞大猷云：……惟藤牌手出在福建漳州府龍溪縣，土名海倉、許林、嵩嶼、長嶼、赤石、玷尾、月港、澳頭、沙坂等地方，此各地方，山川風氣，生人剛勇善鬥，重義輕生。若責其本府縣官用心選募，約得三千人，每名月給工食銀一兩五錢，行糧四斗五升，俱自家起行之月為始。又每名另給衣裝器械養妻子共銀二十兩，若至軍病死，給棺木銀六兩，陣亡給埋葬銀一十二兩。」[30] 可見，藤牌兵在明代是福建漳州特有的武裝，後為鄭成功所用，在戰鬥中的表現相當出色。鄭成功士兵對藤牌有所改進，為了抵抗新出現的銃彈，士兵們往往在藤牌上蒙上滾被。滾被即為棉被，以柔克剛，以其擋擊銃彈射擊是十分有效的。在肉搏戰時，以一名士兵持藤牌在前，擋住對方的射擊，幾名士兵在其後，或是持刀，或是持銃。鄭成功部下的刀，被稱之為雲南斬馬刀，以精鋼鍛成，十分鋒利，往往可以連人帶馬劈斷。敵人衝近時，藤牌兵兩側的刀兵衝擊，一人斬馬，一人斬人，對方很難應付。清初的雅克薩之戰，林興珠帶藤牌兵北上就敵，打得俄羅斯人毫無辦法。這表明藤牌兵的作戰能力很強。

　　鄭成功的鐵人部隊往往受人稱道。其來由是因為在福寧州的交戰中，甘輝等鄭成功將領殲滅了滿清的阿格商部清兵。甘輝等人發現，清兵穿著厚厚的鐵甲，刀砍不入，很難對付。按，滿清騎兵的特點即是以重鎧護身，

---

29　戚繼光，《紀效新書》卷十一，〈藤牌總說篇第十一〉文淵閣四庫全書，第1—2頁。
30　胡宗憲，《籌海圖編》卷十三，〈經略三〉。

在發動肉搏衝鋒時，甚至有穿三重鎧甲防身的。這類鎧甲一副重達三十斤，只有北方大漢才能使用。楊英的《從征實錄》記載：

> 永曆十二年（一六五八）二月，藩駕駐思明州。吊（調）各提督統領班回思明，選練征勤。迨至，集諸將議曰：「先年護國嶺殺敗阿格商所拾衣甲，全身披掛是鐵；所以敢下馬打死仗者，恃有此耳。其如我兵精勇何？今我亦欲用此披掛，勦殺醜虜，諸將以為何如」？戎政王秀奇進曰：「披掛全身穿帶，不下三十觔，虜有馬駝，載穿帶尤易，若至下馬打死仗，戰勝不能追趕，戰敗則難收退。今我兵欲以一人穿帶三十斤步行，雄壯者步伐不難，瘦小者未見其便」。藩曰：「須揀選雄壯強健者當之」。甘輝進曰：「岳家軍多自負帶，我朝戚南塘令兵卒兩腳股負沙操練，豈畏重耶？要在揀練得法耳」。時適左戎旗管理大候缺將王大雄，將披掛付其穿帶。雄手執戰棋，步伐整齊，如赴敵狀，動履如飛。藩喜曰：「似此可縱橫天下矣」！遂行馮工官傳督造陳啟等日夜製造披掛鐵面，專意為之。諸將亦以為可。大雄，長樂縣人，腰大數圍，力舉千斤，有武藝。後因拔為左虎衛正領兵中軍官。行各提督、統鎮挑選勇壯者吊（調）入親軍。

鄭成功得知後，即在部隊選拔年輕力壯的戰士，組成鐵甲軍。臺灣之戰時，西方人記載鄭成功的鐵甲兵：「中國人渾身用鐵甲披掛，頭戴鋼盔，以保護頭頸，只露出兩隻眼睛。鋼盔上有個鐵製的尖頭，可用以衝刺敵人」[31]。這支部隊有很強的戰鬥力，每每在關鍵的戰鬥中發揮作用。但是，這類鐵人部隊是仿照滿清騎兵的，並非獨創的。它的戰績輝煌也許可以說明滿清騎兵無敵的原因，卻不能表明鄭成功軍隊的素質勝過清朝的騎兵。

## 二、鄭成功的賞罰制度

建立法紀，賞罰分明。鄭成功制御部下，明賞罰，有功必賞，有罪必罰。鄭成功和傳統武裝集團首領不同的一點在於：鄭成功擁有強大的財力。早在鄭芝龍時代，鄭成功便控制了海上交通，從福建到外海諸港貿易的商船，都要向鄭芝龍繳納三千兩白銀！此外，鄭芝龍自己也擁有幾十條商船，可

---

31　阿布列特・赫波特，〈爪哇、福摩薩、前印度及錫蘭旅行記〉，引自《鄭成功收復臺灣史料選編》，第318頁。

以到海外港口貿易。鄭芝龍被清軍帶到北京後，他的這些財產便由鄭成功繼承。鄭成功行事果斷，個別敢對鄭成功提出異議的家奴，被鄭成功殺雞儆猴，鄭成功海上起義的第一桶金，便來自他祖母的財產，數額達十萬兩白銀。在那個時代，三百兩白銀可以造一艘大木船，或是一套房子，鄭成功擁有十萬兩白銀，便可以做許多事。當時的海上武裝樂於加入鄭成功集團，一個重要原因是鄭成功財力強大，有功必賞。其「工薪制度」比清軍待遇還要好，因而能夠吸引清軍各級官員加入明鄭集團。鄭成功對將領其實是相當愛護的，興化人華棟起義響應鄭成功，後為鄭成功部下。由於他的起事，牽連老母親被囚於家中。華棟病死後，鄭成功聞知消息，下令用銀 2000 多兩將華棟之母從獄中贖出奉養。將士聞知消息，無不感奮。鄭成功還為諸將子弟開設育胄館，調訓子弟兵。鄭成功不僅關心戰將，還會關心他們的家屬。每個為明朝捐軀的戰將，他們的家屬，都會得到鄭成功豐厚的撫恤金。「永曆九年九月，左提督祥符伯郝文興病故，賜姓親臨祭奠，厚卹其家。」[32]鄭成功的戰將林察一次在颱風中誤入興化府清軍的港口，被俘。鄭成功付出大筆贖金，將其贖回。

鄭成功的罰也是很明確的。鄭成功很討厭欺侮百姓的將領。例如，永曆八年四月，「執援勦前鎮黃大振絞殺之。大振，莆田人，為黃斌卿舊將，來歸。至是在興化措餉，召募至數千人。多不法，有飛語，乃殺之。」[33]有重大過錯的將領，就算是親戚，也難逃重罰。永曆五年三月，清將馬得功等人襲擊廈門島，鄭成功留下的守將鄭芝莞、阮引率先逃跑。儘管鄭芝莞是鄭成功的遠房堂叔，鄭成功仍然將其和阮引斬殺；另外，他賞鎮將施琅花紋銀二百兩、加二級，轄將陳勳等一百兩，以其率數十人與清軍對敵有功[34]。鄭成功的賞罰傳出來之後：「軍士皆踴躍歡呼，銳氣百倍，以其家在島上，遭虜搶掠，得洩其憤故耳。」[35]可見，鄭成功的賞罰，極大地鼓勵了士氣[36]。廈門事件進一步使鄭成功瞭解了軍法的重要性，於是，鄭成功頒發了〈殺虜大敵、中敵賞格〉，鼓勵將士殺敵，同時也規定了處罰條例。以

32　阮旻錫，《海上見聞錄》卷一，第 25 頁。

33　阮旻錫，《海上見聞錄》卷一，第 21—22 頁。

34　楊英，《先王實錄》，第 31 頁。

35　阮旻錫，《海上見聞錄》卷一，第 15 頁。

36　張雄潮，〈鄭成功對將吏的統御才略〉，《鄭成功研究論文選》，第 158—159 頁。

後，每次戰鬥之後，鄭成功都要評功論罰，小盈嶺之戰後，「照〈大敵〉陞賞，以楊祖為首功，甘輝、援勦左右、正兵鎮先鋒等為次功。祖、戎服、掛印、賜蟒玉，改奇兵營為奇兵鎮。」而表現不好的「中衝鎮、遊兵營降罰綑責」[37]。漳州古縣戰役失敗後，亢宿營將林德因率先逃走而被梟示軍中。

永曆六年三月，鄭成功在漳州江東橋與清軍作戰之前，鄭成功宣布：「此番殺虜，照〈大敵賞罰格〉，副將以下退卻者，許督陣監營登場梟示；統領總鎮，登時綑解軍前梟示。」結果全軍奮戰，殺得清軍陳錦部全軍覆沒。其後：「本藩隨照〈大敵〉陞賞有差；以禮武鎮陳俸、甘輝、黃廷、黃山等為首功，陞右先鋒黃廷為提督前，甘輝為提督中，黃山為提督右；以副將廖敬管右先鋒鎮，歐斌管親丁鎮，余新署援勦右鎮，正兵營陞為正兵鎮。」[38]海澄之仗中，甘輝再立大功，鄭成功欲將自己的忠孝伯之印賜給甘輝，後因甘輝堅決推辭而收回。[39]賞罰得當，使鄭成功的部隊戰力大增。

## 三、鄭成功的監軍制度

為了保證軍隊將領效忠自己，鄭成功實行嚴厲的文官監督軍隊的制度。以文人監督軍隊，是明代十分流行的制度。隆武帝之時，派張家玉監督鄭彩的部隊。鄭成功派黃志高等人到永曆皇帝處參加考試，後來，永曆皇帝任命黃志高為兵部職方司主事，「使監賜姓軍」。[40]鄭成功對其部下亦用監軍制度，嚴督各軍守紀律。

鄭成功很早就建立督戰制度。為了促使部隊打硬戰，鄭成功經常親自督戰。例如鄭軍在潮州與郝尚久大戰，有一橋未能攻克，影響了鄭軍的攻勢。鄭成功傳令：「諒一橋難拔，尚欲圖大？今日本藩親督，有奮勇拔克者，重賞陞擢；退卻者，不論總鎮官兵，立即梟示」[41]。結果，奮勇作戰的明軍迅速攻克了郝尚久軍防守的橋梁。由於戰事日漸頻繁，鄭成功不可能每戰親督，便設立了許多督陣官。這些督陣官有相當大的權力，「副將以

---

37　楊英，《先王實錄》，第 38 頁。

38　楊英，《先王實錄》，第 43—44 頁。

39　阮旻錫，《海上見聞錄》卷一，第 19 頁。

40　阮旻錫，《海上見聞錄》卷一，第 9 頁。

41　楊英，《先王實錄》，第 16 頁。

下退卻者，許督陣監營登場梟示；統領總鎮，登時綑解軍前梟示」[42]。鄭軍進攻長泰之戰，前鋒失利，「大督陣王孔嚴督官兵奮勇前進，退卻即斬……時親丁鎮前鋒營將陳震、總班曾猛退卻，登時陣前梟示。」結果，在督軍的督促之下，鄭軍鼓起勇氣反攻，大敗清軍[43]。督陣官在鄭軍中起了特殊的作用，也是鄭軍扭轉明軍作戰屢敗局面的關鍵因素之一。在戰場上，軍官時時監督士兵，「他們隊伍的秩序很好。軍官大抵騎馬，一個在隊的前端，兩個在兩旁，兩個在隊後；如果士兵想離開一步，他們就用刀砍他」[44]。

　　重視訓練軍隊，是鄭成功的一大特點。鄭成功操演大軍，「如對敵賞罰軍令」，操練好的將領，會得到額外的賞賜，操練不好的將領會受到懲罰。「時左提督赫文興督操，隊伍不齊。藩閱之，吊文興就操場令責四十棍，諸鎮將跪勸免，實降一級」[45]。鄭成功時刻關注部隊的備戰態勢。如永曆十一年四月，鄭成功委任張光啟「點驗防守思明州水陸官兵有無老弱？旗幟是否鮮明？盔甲、火箭、銃器、被牌、火龍、彈子、斧頭、船隻等項是否齊備？逐項填註明白回報」[46]。

　　鄭成功十分討厭欺侮百姓的官員。他派各地的監軍督察軍隊。永曆八年五月，「常壽寧報：餉鎮黃愷，逆派橫行，山海等餉，多徵少報，計十餘萬，查有實據。賜姓以其眾怒，遂殺之，籍其家。」[47]《海上見聞錄》記載：永曆九年二月，鄭成功仿明朝六部制度設立六官及察言司。「以常壽寧為察言司，掌六察印，鄧會、張一彬為正副審理。」[48]《先王實錄》的記載略有不同：「三月，藩駕駐中左。議設六察官，俾其敷陳庶事，訊察利弊。以葉茂時、趙威、周素、沈陑等隸其職。以常壽寧掌六察官印。」[49]其後監察功能更為完整。永曆九年五月，「拔育胄、蓄賢二館諸生授監紀職俸，配監各提督統鎮，從軍出征，紀錄功罪。另設大餉司，同監紀隨各鎮出征，

42　楊英，《先王實錄》，第 43 頁。
43　楊英，《先王實錄》，第 41 頁。
44　阿布列特・赫波特，〈爪哇、福摩薩、前印度及錫蘭旅行記〉，引自《鄭成功收復臺灣史料選編》第 318—319 頁。
45　楊英，《先王實錄》，第 119 頁。
46　楊英，《先王實錄》，第 150 頁。
47　阮旻錫，《海上見聞錄》卷一，第 21—22 頁。
48　阮旻錫，《海上見聞錄》卷一，第 23 頁。
49　楊英，《先王實錄》，第 112 頁。

查給糧餉。」「另設監督、監營、督陣官，監同各鎮出征戰勦，授鐵竿紅旗一面，書：『軍前不用命者斬，臨陣退縮者斬，副將以下先斬後報。』」[50] 同年六月：「初設總理監營，以管大小監督。監營，監同各提督統鎮出征。凡有軍機重務，必由報聞。拔督運都督翁天祐為總理監營，拔都督鄭德、原正兵鎮陳勳為左右協理監營。」[51] 成功通過嚴密的監察制度控制諸將，這樣，各鎮遠征外地，他也能放心吧。然而，他這一制度出來後，便被武將們抵制。周全斌向鄭成功提意見：「監督、監營久在行陣，至於監紀，或初拔士子，或裘袴公子，能識軍中功罪為何物，而可令其監紀統鎮提督耶？」鄭成功未接受周全斌的意見。不過，當周邊諸文官討論給周全斌派監紀之時，鄭成功專門選擇了老成持重的柯平。[52] 鄭成功政令初出時，諸將遵令不敢冒犯。甘輝率大軍北上，有一個士兵偷百姓之雞，發現後，被甘輝以違紀之罪殺之，並且自責十棍。然而，大將蘇茂南征失利被殺，則引起諸臣的驚慌。和蘇茂一齊南征的黃梧，在戰鬥中損失頗多。鄭成功要檢閱其軍隊時，黃梧從其他軍隊中借得數百副甲冑，方才應付過去。其後，黃梧被派到海澄守城。黃梧害怕鄭成功總有一天要對付自己，竟然發動兵變，投降清朝。鄭成功為之長嘆，以後怎麼用人。

　　永曆十一年五月，鄭成功的督察官常壽寧出事了。這件事的前後，《臺灣外志》、《先王實錄》、《海上見聞錄》等書都有記載。大略常壽寧揭發鄭泰和其他人勾結，貪汙銀兩一萬兩。但鄭泰事先得知消息，將銀兩藏了起來，常壽寧查無實據，反被鄭泰咬了一口。鄭泰原為鄭成功的書僮，從小便在一起，長大後，鄭泰為鄭成功掌管商業。鄭成功對其人極為信任。鄭泰認為：常壽寧應是清軍的奸細，專門挑撥鄭成功與諸將的關係。「前黃愷一二失錯，被其播害。後又尋逐造端，欲害援勦前鎮戴捷並忠振伯，幸藩主明鏡，發六官察明，無欺，方釋。茲又誣泰同林義欺賺……是常之奸細，欲離間藩主左右任用之員。藩主若不密為察訪，輕信奸計，大恐左右重足寒心矣。」[53] 鄭成功因而免去常壽寧的職務，並令何斌將其人帶到臺灣，幽置而死。

50　楊英，《先王實錄》，第 120 頁。
51　楊英，《先王實錄》，第 123 頁。
52　楊英，《先王實錄》，第 123 頁。
53　楊英，《先王實錄》，第 151 頁。

實際上，鄭泰為鄭成功理財，確實有從中貪汙。鄭泰死後，明鄭發現鄭泰在日本寄存了四十多萬兩白銀！鄭成功之子鄭經費盡心力，也只要回一部分。按照日本的說法，鄭泰一生為人做嫁衣裳，亦是可悲可嘆。

總之，鄭成功利用文武之間的分工，讓他們相互牽制，從而分別掌控。鄭成功一生，諸將聽其號令，罕有敢於不尊號令者。鄭成功對部隊指揮得心應手，因而能有大謀略。

## 第四節　明鄭軍隊北伐南京的戰役

鄭成功在東南沿海一帶游動作戰，雖然使清軍疲於奔命，但一直未能取得重大戰果。於是，鄭成功的幕僚們提出：不如集中力量直攻南京，這樣才能獲得大重大成果。

### 一、關於北伐南京的決策和行動

鄭成功在東南沿海從三百人起兵，發展到一二十萬軍隊，這是一個奇蹟。但是，未來鄭成功的出路在什麼地方？這是鄭成功關心的戰略問題。實際上，早在永曆二年（1648 年），永曆皇帝便有命令，讓鄭成功「以舟師直取南都。」阮旻錫認為：「其後賜姓入長江，承此詔旨也。」[54] 當然，越過浙江省濱海，直接進攻長江，確實是一件大事，鄭成功不敢輕率行事。其後，大儒錢謙益與永曆部下的李定國等人，都鼓勵鄭成功利用水軍機動的特點，出兵江南，必能有較大的成就。例如，永曆七年六月「西甯王致書國姓大將軍麾下，言當同心戮力，約以舟師直取江南也。」事實上，鄭成功也不是不重視長江，但其根本在江南，早期只能派偏師出動。永曆八年三月，受鄭成功的委派：「定西侯張名振，忠靖伯陳輝師入長江，奪戰船百餘隻，入天津衛，焚奪糧船百餘艘，名振直至金山致祭先帝而回，金陵聞風震動。」[55] 張名振的缺點還是不敢深入，若能利用南方水軍的優勢，不是打到長江南京就算了，而是要繼續向前，攻擊長江中游的九江、安慶、武昌等城市，便能造成巨大影響。不過，當時都沒有人想到這一點。但是，

---

54　阮旻錫，《海上見聞錄》卷一，第 8 頁。

55　阮旻錫，《海上見聞錄》卷一，第 21 頁。

張名振的行動也給鄭成功一個啟示，來自南方的水師可以在長江流域起大作用。在鄭成功的幕僚中，也曾有過戰略問題的討論。永曆十一年，即順治十四年四月，鄭成功就戰略問題諮詢於大將與參軍。吏官潘庚鍾力主進攻長江，他說：「邊地雖得，亦不足為業，以號召天下豪傑。……漳、泉沿邊，數載爭戰，民亦苦極，不如將數百號戰艦直從瓜鎮而入，逼取江南，南京一得，彼閩、粵、浙、楚以及黔、蜀之豪傑，悉響應矣。」反對的人主要是大將甘輝，他認為出師江南，非有數十萬大軍不可，一旦鄭軍調空，福建清軍進攻金門、廈門，那就危險了。但潘庚鍾又提出反對意見，他認為清軍一時不能攻取金門、廈門，是因為西南有孫可望與李定國之兵，清軍一時無力東顧。不如乘機北上江南，襲取清朝要害之處，則東南半壁為我所有。當此之際，清軍自顧不暇，哪有能力進攻廈門等島[56]？總之，鄭成功集重兵在廈門沿海作戰，肯定不會有大成果。潘庚鍾的意見得到馮澄世、陳永華等人的支持，鄭成功最後採納了這一意見，決心北上就敵，打開新局面。

永曆十二年五月，鄭成功在廈門誓師北伐。北伐前，他大宴諸將及其家屬。並頒布了新的軍令，大抵是重申禁令，加強管理，嚴禁擾民等項。關於鄭成功北伐軍隊的數量，史籍記載不一，廖漢臣認為大約士兵總量在十七萬，戰艦約二千三百艘[57]。據阮旻錫的《海上見聞錄》記載，其中甲士五萬、伏兵十萬。大致上，鄭成功軍隊中陸戰主力約有五萬，其餘是各種技術兵種與輔助兵種。

從戰略形勢來說，在與鄭成功談判期間，清軍與西南李定國的交戰已經進入關鍵時期。自永曆八年李定國攻擊廣東失敗，西南抗清鬥爭陷入困難時期。永曆十年（1656年），南明永曆政權核心人物孫可望降清，被封為義王，隨後又被清朝殺死。從孫可望的口裡，清朝瞭解了永曆政權的虛實，永曆十二年，清軍發動對李定國的三路圍攻，李定國接戰不利，步步後退，永曆十二年底，清軍已經逼近雲南了。對於李定國來說，他亟需鄭成功在東南發動大戰，以牽制清軍主力。

---

56　江日昇，《臺灣外志》，卷十，第160—161頁。

57　廖漢臣，〈延平王北征考評〉，《臺灣鄭成功研究論文選》，福建人民出版社1982年版，第97—98頁。

在浙江沿海的作戰。鄭成功北伐戰役發動之後，第一個作戰對象是浙江沿海的清軍。此前清朝曾在浙江寧波一帶造船五百餘，大敗明鄭水師主力張名振、陳六御、阮駿等人的水師。鄭成功北上作戰，一定要消滅浙江的清軍水師，才能無顧慮地進入長江。從鄭成功的作戰經過來看，六月初四，鄭成功來到浙江海面，攻克浙江南部的平陽、里安二縣，進圍溫州。七月，鄭成功北上舟山，操練軍隊。八月，鄭成功部北上長江口南面的羊山（今上海羊山港），下一步就是要進入長江口作戰了。鄭成功在羊山港招集水師眾將，商議下一步進程。

> 初十日，各提鎮來見，放炮鳴鑼。不移時，風起浪湧，迅雷閃電，對面昏暗不相見。但聞呼救之聲。管船都督陳德、太監張忠等跪求賜姓上棚拜天，拜甫畢，風雨方息，波浪稍恬。覆舟五十餘號，溺死千人，賜姓大中軍船打破，失六妃嬪并二公子、三公子、五公子，凡二百三十一人。十四日，賜姓以兵船、軍器損失，回至舟山，議向溫台各港取糧。[58]

由於軍糧不夠供應，鄭成功進一步南下溫州與台州地區就糧。當年已經沒有辦法進入長江了。可見，這一次颱風襲擊羊山港，使鄭成功的部隊遭受巨大損失，也使鄭成功的部隊失去了馬上進入長江口的機會。其時，李定國正與清朝的軍隊在貴州、雲南一帶對峙，假使鄭成功能利用這一機會進入長江作戰，恰似趁虛而入，獲勝會更容易些。等到次年再進入長江，李定國在雲南大勢已去，清軍入滇主力部隊返回，恰好在南京與鄭成功打了一仗，擋住了鄭成功的攻勢。若是鄭成功能早一年進入長江，清朝被迫將遠征雲南的主力調回東南，這形勢就完全不一樣了。

過了冬天，鄭成功再次下令北伐，永曆十三年三月二十五，諸將集合於磐石港，但由於風信不順，大軍直到中旬才出動。四月二十八，鄭軍開抵寧波港定關之外，不久入港消滅了此地的清軍水師，解除清軍對鄭軍後路的威脅。五月初四，鄭成功抵達長江口的崇明島。長江口之役就此揭開。

---

58　阮旻錫，《海上見聞錄》卷一，第34頁。

## 二、在長江腹地的戰鬥

　　從永曆十二年五月發兵，直到永曆十三年五月鄭成功進駐崇明島，鄭成功在浙江沿海整整度過了一年時間。在這一段時期內，鄭成功部大多數時間都在海上漂泊，這對戰士的體能是很大的消耗。鄭成功進抵南京時，部下不思作戰而是大擺宴席，導致戰鬥力嚴重下降。若不是他們在海上度過漫長的一年，是不會出現這種情況的。清朝內大臣蘇明在答清朝皇帝時說，海兵銳而不繼，難以持久，便是看出了這一弱點。更為嚴重的是，在這一年裡，西南的局勢有很大變化。李定國戰敗退入緬甸，清朝終於可以騰出兵力來對付鄭成功。從雲南前線回師的清軍主力已經展開撤回南京的旅程。這一切對鄭成功是不利的。

　　鄭成功為何滯留於浙江多時？從自然因素來講，鄭成功在羊山遇到風暴是一個重要原因。若沒有這場意外的風暴，鄭成功的部隊約在永曆十二年八月即可抵達長江口，長江戰役約可提前一年。此時清軍主力正陷於西南山區，鄭成功在東南作戰，更有取勝的把握。但是，閩浙沿海每年在五至八月之間，都會有多場颱風，在這一帶沿海滯留過久，總會遇到風暴，所以，關鍵的原因在於鄭成功北上後，沒有立即進入長江，而是進攻溫州、台州諸地，浪費了兩個月的時間。但對鄭成功來說，十幾萬大軍北上，軍糧的供應是一個極大的問題，若非備足糧食，一旦進入長江後缺糧，會給大軍帶來極大的危險。所以，鄭成功北上期間，要在溫州、台州備足糧食，這是其滯留浙江沿海的重要原因。然而，這一滯留使鄭成功喪失戰機，卻是出乎鄭成功意料之外的。其實，長江一帶是中國的產糧區，只要鄭成功大膽進入長江，不怕沒有糧食供應，這是鄭成功的一大失策。

　　進克瓜州與鎮江。當鄭成功部隊滯留於浙江沿海時，清軍在江南的部隊已在做接戰的準備。永曆十三年（1659 年）夏，鄭軍進抵瓜州，遇到了清軍的砲臺、滾江龍與木浮營。滾江龍即是鐵鍊鎖江。在瓜州的長江兩岸，清軍以碗口粗的鐵鍊橫貫江口，阻擋船隻進入。鄭軍瞭解這一情況後，以砲火掩護大木筏接近滾江龍，並在大木筏上以火爐熔煉鐵鎖，很快切斷了橫鎖。木浮營是一種移動的砲臺，其上安裝大砲 40 門，火力極猛，並有 500 餘名士兵駐守。但鄭成功的部隊奮勇作戰，奪得木浮營三座。在瓜州城外，雙方隔河為陣，周全斌率鐵人部隊趟河進攻，雖說部分鐵人在河中

淹死，但渡河的鐵人部隊使清軍手足無措，大敗而逃。鄭軍乘勝進攻，攻克瓜州。攻克瓜州之後，鄭成功又移兵長江南岸的鎮江，於是，一場惡戰重起。清軍以慣用的騎兵戰術衝擊鄭成功部隊，而鄭成功部以大砲伏於陣後，突然轟擊清軍，將清軍打得大敗，逃回南京城中。鄭成功部順勢攻破鎮江城。

　　瓜州與鎮江是長江的咽喉，控制了這兩個城鎮，也就控制了長江與大運河的交岔口。而大運河是江南通向北京的漕運要道，所以，鎮江與瓜州被克，北京立即震動。但早在瓜州被攻克時，鄭軍內部又發生了爭論。潘庚鍾主張控制瓜州，不要輕易向南京進軍。鄭成功主張迅速進攻南京。而張煌言則主張先攻鎮江，再攻南京。爭論的結果，決定先克鎮江再攻南京。但鄭軍攻克鎮江後，出現了莫名其妙的停滯，使清軍得到整頓反擊的機會。據載，六月十五日，鄭軍在瓜州戰勝，二十二日攻克鎮江，但直到七月初四，鄭成功才發兵西進，於初七日抵達南京西部的觀音門，並倚托觀音山駐軍。在鎮江戰役後，甘輝曾建議以精銳部隊從陸上奔襲南京，但諸將皆以天氣炎熱，時常下大雨，不如從水路走好為由，拒絕了甘輝的建議。鄭成功軍在鎮江停頓了 12 天才發兵，這使南京城裡的清軍有了準備。

　　當時江南的抗清形勢大好。為了配合鄭成功軍事行動，張煌言（張名振死後，其部隊由張煌言統轄）部在六月十七日便與鄭成功部分手，他們直搗南京以西的蕪湖，號召江南人民反清，於是，太平、寧國府、池州、徽州等四府州與二十三縣官民都降於鄭成功部，在江南形成了一大片明鄭控制的州縣。其時，控制蘇州與松江的江南提督馬進寶也與鄭成功聯絡，打算在鄭成功攻克南京後正式降明。清朝在江南的漢籍官員，大多有思明之心，如溫州的守官，早就在鄭成功攻擊溫州時就說明：一旦鄭成功控制江南，他們肯定反清復明。而杭州因清兵調空，已有人與鄭成功聯絡[59]。所以，從當時形勢看，如果鄭成功能攻克南京，江南諸州都有可能重歸明朝。

## 三、南京戰役

　　在鎮江被俘的清軍將領朱衣佐向鄭成功乞求還家，可是，一旦脫離鄭

---

59　楊英，《先王實錄》，第 213 頁。

成功的控制，他便進入南京。他認為鄭軍數量並不多，勸清軍將領管效忠與鄭成功聯絡，以清朝規定守城 30 日後方降，清朝不殺其家屬為由，要求鄭成功寬限至 30 天。而鄭成功居然答應了他們的請求，中了清軍的緩兵之計。在這一段時期內，駐紮於江南各地的清軍奉命進入南京。其時恰逢攻擊雲南的清軍得手後回歸，他們也進入南京，大大增加了反擊鄭成功部的能力。所以，後代的史學家也指責鄭成功未及時包圍南京，使清軍源源不斷地進入南京，導致雙方力量對比發生變化。

以上這些批評不是沒有道理，但鄭成功有自己的想法。鄭成功一向不善於攻城，例如圍攻漳州數月不能得手，小小的鷗汀壩寨，攻打了兩次才得手，都反映了鄭成功部攻堅不如野戰的特點。其次，南京城大，城牆長達數十里，要包圍南京，非得有數十萬雄兵不可。如果兵力不多，將其分散於南京諸門外，反而容易被對方各個擊破。南京城利守不利攻，曾國藩部圍攻南京多年才得手，其原因在此。當時鄭成功的打算是：讓各地的清軍進入南京，並吸引清軍出城交戰，若能在野戰中挫敗對手，攻城唾手可得。所以，鄭軍採取了在城外駐紮的策略[60]。

城中清軍稍事準備後，開始出城作戰。七月十六日，梁化鳳率清軍 1000 餘人衝擊南京儀鳳門的余新部前鋒鎮，被余新擊退。

鄭成功看出儀鳳門是雙方作戰的重點，七月十八日，他下令左提督翁天佑增援余新，但余新認為：儀鳳門外僅一條大路，他已設三重大砲防守，其餘是河溝，清軍無法攻擊，所以拒絕翁天佑的增援，企圖獨攬全功。

七月二十二日，梁化鳳部清軍出儀鳳門攻擊，擊敗鄭軍前鋒鎮。梁化鳳初戰失利後，見鄭軍火砲凶猛，便調來防守南京城的大砲，從儀鳳門上猛轟余新部，擊毀了余新部的大砲，而余新部的士兵因砲火過於猛烈，無法站立布陣，以致清軍發起衝鋒，余新的前鋒鎮全面崩潰，余新戰死。而梁化鳳利用騎兵便於機動的特點，又順勢進攻蕭拱宸部鄭軍，再次打垮了蕭拱宸部的中衝鎮。鄭成功聽到砲響，急調左提督翁天佑增援，但已經來不及了。

鄭成功部前鋒失利，甘輝等人勸鄭成功退兵。但是，鄭成功認為清軍

60　楊英，《先王實錄》，第 210 頁。

出城攻擊，正是實現其在野戰中殲敵的好機會，便下令在觀音山布陣。鄭成功認為清軍進攻一定是由儀鳳門向西，便就此方向層層布兵。他以左虎衛與左武衛在山下列陣；以後提督、宣毅左鎮等堵塞大橋頭路；而在觀音山中腹設置甘輝與張英二部主力；觀音山頭最為重要，鄭成功設置四鎮兵力駐守，並布置了三鎮水師準備抄擊清軍後路。他自己率二鎮重兵四面策應。如果清軍從鄭成功判斷的方向進攻，鄭成功部層層阻擊，當能發揮最大的潛能，誰勝誰負，是很難說的。但是，鄭成功對清軍的主攻方向判斷失誤。

七月二十三日晨，清軍挖透城牆，突出南京，從觀音山後路進攻觀音山頂。觀音山逼近南京城牆，清軍以安放在城上的大砲猛轟鄭軍，鄭成功部在山頂幾乎無法立足。砲火轟毀鄭軍陣式後，清軍發動進攻。這支清軍以雲南前線回來的大軍為主力，共有數萬人，他們以鐵甲護身，猛攻觀音山頭四鎮，四鎮之兵在重壓之下，站隊三次，退卻三次，終於無法抵抗而全軍履沒。鄭成功聽到山頂的砲聲，急調機動部隊前去應援，但已經來不及了。

清軍占領了山頂，也就占領了制高點，從而控制了戰局的主動權。其後，清軍從山上往下攻擊，甘輝與張英所率的鄭軍主力反被包圍於山中，死戰不得出，全軍失利。山下的二鎮及橋頭的宣毅等陣，也因為清軍的前後夾擊全部覆沒。戰鬥期間，鄭成功見明軍失利，令潘庚鍾站在自己的旗幟下，他退至江邊，企圖調埋伏的水師三鎮來援。但在他進入長江後，鄭軍已經崩潰，潘庚鍾戰死，其他各部見大帥的旗幟仍在山頭，都不敢退縮，結果大部被殲。

在清軍發動進攻時，長江的清軍水師也發動了反攻。但鄭成功的水師作戰經驗豐富，清軍被擊毀二艘大船後攻勢瓦解。被逼入長江的鄭成功部下，多被水師挽救。

南京觀音山一仗，鄭成功損失了十來個鎮的精銳部隊。主要將領甘輝、張英、萬禮、林勝、陳魁、藍衍、余新戰死。戶官潘庚鍾與儀衛吳賜等重臣皆死於此戰。這是鄭軍空前的敗戰，也是清與明鄭之間決定性的戰績。鄭軍的失利表明鄭成功的戰略進攻失敗，一直居於防守地位的清軍開始反

攻。鄭成功已不可能在大陸上有多大作為。

對於南京之戰鄭成功的失利，在清代即引起軍事家的注意。康熙朝的大學士李光地曾問施琅：鄭成功是否不進攻南京而駐兵鎮江、瓜州更好些？施琅的回答是：這一策略也不好，鄭成功應當向長江上游攻擊。應當說，施琅的看法是對的。鄭成功部隊最大的優點是以水軍為主，機動性強，在長江上沒有對手。如果鄭軍不是進攻清軍防守重要據點南京，而是在長江中下游機動作戰，有時上溯武漢三鎮，有時進攻九江等地，有時進攻蘇州，那將使清軍在長江兩岸疲於應付，並能發動長江南北反明勢力的響應，這樣，清軍主力在南方的統治將很難鞏固。所以，李光地反復思索後，不禁讚歎施琅真是一隻老狐狸。然而，鄭成功計不出此，反而貿然進攻清軍防守的重鎮南京，以致兵敗。以上是戰略問題。從戰術上來說，鄭成功一向注意火砲的應用，每次戰役都是先以火砲壓倒對手，然後施以地面進攻而獲勝。但在南京戰役中，鄭成功貿然於南京城郊與清軍作戰，部隊暴露在南京城牆上的火砲射程內，結果遭受重創。若鄭成功退到鎮江、瓜州再作決戰，由於當時的大砲搬動不便，清軍便無法以優勢火砲轟擊鄭軍，鄭成功獲勝的可能性要大得多。另外，鄭成功在南京城外倉促布陣應戰，對清軍的火力估計不足，工事做得不好，使鄭軍遭受重大損失，這也是原因之一。

鄭成功在南京失利後，覺得自己在長江一帶已難有作為，便打算退出長江，以防金門與廈門被清軍乘虛攻克。為了挽回戰局，他在退出長江前，發兵進攻崇明島上的崇明城，此城為梁化鳳防守。梁化鳳為《清史演義》中擊敗鄭成功的關鍵人物。他是清朝防守崇明城的軍官。南京之戰前，他奉命馳援南京，在儀鳳門一仗中擊敗明鄭前鋒余新的部隊，從而為南京清軍打開勝利之門。南京之戰結束後，梁化鳳生怕鄭成功退兵時攻擊崇明島，他有丟失土地之過。於是，梁化鳳率領部下東返，趕在鄭成功之前進入崇明島。不久，鄭成功大軍圍攻崇明島，梁化鳳依仗地勢之便，再次挫敗鄭軍。鄭成功攻打崇明城的主要目的在於顯示自己尚有戰鬥力，既然崇明城堅難克，而與鄭軍有聯繫的江南提督馬進寶也指責鄭成功的做法使他為難。約在八月十二日以後，鄭成功順勢退出長江。他將各支軍隊安排於舟山群島以下的各個海口與島嶼，自己率大隊於九月初七日回到廈門。

## 四、清軍失敗的反撲——廈門海戰

　　清軍取勝之後，決定乘勝攻下金門與廈門兩島。清朝下令調達素部滿漢萬騎入閩，並調集廣東、浙江、江南三省的水師入閩，準備合力進攻二島。鄭成功回到廈門之後，也遇到了許多問題。

　　南京大敗後，鄭成功並未慌亂。永曆十三年八月分，鄭成功大隊退至吳淞口，還派兵攻擊崇明的清軍，顯示尚有強大的作戰能力。可惜崇明未能攻克。另一面，鄭成功特別派出使者到北京，想和清廷議和，後來被清廷拒絕。鄭成功率艦隊南下，在舟山駐紮多日，安撫沿海各地的明軍，一直到九月初七才回到廈門。

　　永曆十四年正月，鄭成功在廈門演武亭撫恤傷亡的將士。《從征實錄》記載：「初八日，行兵官造報南京陣亡將領家眷，厚賜優恤。并查陣亡提督統鎮有男女者，與之姻親。時只中提督甘輝、左武衛林勝有子女合婚，遂令禮官擇吉行聘。」另一方面，鄭成功大力整頓軍隊：「十一日，傳令督練官兵。催前提督等督各文武官隨侍帳房住宿，待令軍機。」「十七日，陞禮武鎮林順為援勦右鎮；陞前提督右鎮劉俊署前衝鎮；陞禮武鎮林福管理禮武鎮事，以其有居守之功。」經過一番整頓，多支輔助部隊進入主力的範圍，在周全斌、黃安等人的建議下，鄭成功將軍隊集中於廈門，對軍紀進行整頓。四月分，清軍逼進廈門，鄭成功下令將將士的家屬搬遷到金門島安置，解除官兵的後顧之憂，集中精力作戰。初九日，鄭成功集中軍隊發表了一次演說，《從征實錄》永曆十四年四月初九日記載：

　　　　照得狡虜有必敗之機，在我益當決必勝之算。去歲，我師數千里直抵長江，登岸殺虜，瓜鎮之滿漢精銳，殲滅殆盡。何況虜欲捨□馬長技，以與我爭橫於舟楫波濤之間？以寥寥船隻，驅叛兵殘卒而嘗試之，主客之形既不相如，水陸之勢又甚懸絕，其勝敗固已瞭若指掌矣。此天奪虜監而假手於我將士，我將士鼓勇用命，何難滅此朝食？且虜數十年來，戰守伎倆，已不遺餘力。今之狡焉一逞，是所謂不到黃河心不休也。此番大破虜鋒，則虜計無復施，束手以聽命。自茲而中興之大事已定，我將士之勳名富貴在一舉。我將士數十年風波鋒鏑，從征之苦心，從此而發舒。是役也，精神意氣，尤當百倍。今本藩與諸將士約：除退縮軍令另行申飭外，特懸一賞格開列

於左，不論大小將領官兵勛次，一一如格施行。本藩信賞必罰，眾所共知，勉之哉！

鄭成功這一番演說，合理合情，極大鼓勵了明鄭士兵。《從征實錄》記載：四月二十四日，鄭成功部署各將：

行令各水師將領，此番殺虜，我師船隻眾多，遇敵之時，爭先擁擠前進，與陸戰隊伍不明，同一弊也。且虜無大船，我只用中號船破之。今面議預先派定分明，以便堵勦。每鎮挑選二號中船及水艍作頭疊，桅尾掛紅旗為號。一號大船作二疊老營，桅尾掛□旗為號。遇敵，頭疊船前衝，二疊船相機赴應。頭疊二疊船，務要挑□將領官兵配駕站舷。每船又另選配船精兵，大船約四十名，中船約二十名，水艍十五名，坐在艙內，候本船衝犁，虜船可以過船時，即齊擁過。來衝□時，不准輕動僨事。得勝奪船，照格陞賞。過船官兵，另先領元寶一錠，作養銳氣。至於轄下挑選外，如有十分京（經）戰大船，跟後駕駛，以作聲勢，不許先時亂進，自相紊亂此役□機宜。立將頭疊、二疊及精兵具報，請給旗號並領銀兩。

這一精明的布署是明軍作戰勝利的重要原因。

永曆十四年（即順治十七年，1660 年）四月底，清軍雲集廈門四周。其水師主力分駐泉州、同安、海澄諸港。

粉碎來自泉州港口清軍的攻擊。泉州的清軍水師來自江南諸地，有大船 200 艘，他們的意圖是從泉州沿海殺出，進入同安縣境，然後與同安的水師相合，一起進攻廈門。但鄭成功部對泉州清軍水師十分注意，泉州水師一出動，鄭成功部便出來迎戰。雖說由於陸軍的配合，清軍攻克了圍頭港，但鄭軍仍駐紮離廈門 70 里的劉五店港，隔斷了清軍與同安的聯繫。這樣，同安的清軍便只有小船了。

由於泉州方面的水師無法趕來，清軍將主力集中於漳州的海澄港以及同安港。分別由福建總督李率泰和入閩滿軍首領達素率領。《從征實錄》記載鄭軍的探報：

報同港虜船百餘號，俱二十□日在船，出港會鯮。報漳港虜船三百餘號，限五月初一日祭江，出師會鯮。頭疊係真滿虜披掛，船舷俱

漆紅。二疊係滿漢，船舨俱漆烏。其黃梧、施郎之兵，配八槳荒字號船。

從其部署來看，由於不信任漢軍，清軍前鋒皆由滿軍充任，施琅與黃梧所部水師只有八槳小船，配合主力作戰。

五月初十日大戰爆發。清晨，離開海澄港的清軍乘退潮發動進攻，100多艘大船滿載清軍順流而下，與明軍在廈門港上游的海門島相遇，於是爆發了海門島水戰。鄭成功試圖在順風時再反攻，下令前排大船不得起碇。一幢幢鄭軍的大船像堡壘一樣屹立於海面。清軍看到機會迅速接敵，他們以鐵鍊與鄭成功的船隻釘在一起，然後跳船進攻。這種戰術，是發揮清軍善於陸戰的特點，以壓倒鄭成功的水師。兩軍一接觸，清軍連奪數船，鄭成功的大將陳堯策與周瑞戰死。陳輝一船有清兵300餘人爬上，陳輝眼看無法防守，便退入官艙，點燃火藥，戰艦頓時發生了大爆炸，整船清軍全部炸死與淹死在海中，陳輝僥倖活了下來。鄭成功部下的英勇作戰，使清軍目瞪口呆，他們從此不敢跳船作戰，而是在遠方與鄭軍船隻對射。這樣，高大的鄭軍船隻根本不怕滿軍。

> 時賜姓坐熕船，繼令何義督之；而下八槳船，往來督戰。時滿兵乘潮直進，海船漸漸退走，直壓至廈門港口。將午，南風大發，海潮漸漲；黃廷、周全斌等奮力迎擊，同正、副龍熕兩船破艍而入。龍熕受大彈子一丸（重十餘斤）、小彈子一斗；副龍熕照樣新鑄者，各以一船專載之。龍熕所及，船中之人頃刻不見形骸；遂奪滿先鋒昂邦章京紅眼二船、出橋侍衛一二等下十餘員并烏沙一船。黃廷擒梅勒耿勝一船。戶官鄭泰自金門率烏船五十號乘勢衝入，宣毅鎮黃元從鼓浪嶼後衝出交攻；礮聲如雷，隱隱不絕，煙火迷江，咫尺不辨。共擒滿船十三號。滿先鋒三船被追至圭嶼，棄船登岸；馬信招之，皆降，夜溺殺之。惟留紅帶梅勒士心秀隨身披甲二人。

這段引文中提到「龍熕」大船，有必要做一些解釋。楊英《從征實錄》記載永曆十二年八月十四日之事：

> 此靈熕重萬斤，紅銅所鑄，係外國夷字。戊子年抄，定國府入揭陽港，夜半發芒光，定國見而疑之，至次夜又見，定國隨令善沒者入

　　撈之，出云：「一條光物，約丈餘，有兩耳，其大難量」。定國再
令善沒者詳視，出回云：「係煩銃，兩耳二龍」。隨傳令船中用索
絞起，頃刻即進船上。定國即造煩船，載運教放。容彈子二十四斤，
擊至四、五里遠。祭發無不擊中。揭中頑寨並門關虜炮城俱被擊碎，
遠近聞風，俱云神物，後送歸藩，多助效靈。

　　如引文所記，所謂「龍煩」，或曰「靈煩」，是一種西洋大砲。它長
有一丈餘，上面鑄有夷文，鄭鴻逵得之於潮州的揭陽港內。當時在中國沿
海活動過的西洋大船，主要是葡萄牙船及荷蘭船，他們也是在明代後期才
鑄造這類大砲的。鄭鴻逵得到這門大砲，專門為砲建造了一艘大船，這是
因為，西洋大砲的後座力強大，只有結構堅固的大船才能扛住。定國公鄭
鴻逵後來將這艘砲船交給鄭成功。它大大加強了鄭成功軍隊的火力。按照
《海上見聞錄》的記載，鄭成功軍中還有「副龍煩」砲船，應是照樣鑄造的。
如此巨大的「龍煩」，全部用紫銅鑄成，十分珍貴。鄭軍在關鍵時候用上
兩船大砲船，起了重要作用。於是，鄭軍擊敗了清軍來自漳州方面的進攻。

　　鄭軍粉碎來自同安方面清軍的攻擊。同安方面的清軍乘小船向廈門北
部的高崎寨一帶進攻。由於同安與廈門距離不遠，清軍很快攻至廈門北部
的海灘，涉水登陸。殿兵鎮的陳璋揮軍迎擊，雙方在水邊爛泥中交戰。鄭
成功部的軍隊一向不穿鞋，便於泥地行走，而清軍士兵大都穿馬靴，陷在
爛泥中，苦不堪言。不過，陳璋部軍隊數量較少，在數量占優勢的清軍攻
擊下，打得十分吃力。其時，守廈門島北部高崎寨的是右虎衛的陳鵬，他
與施琅暗通消息，見清軍進攻，卻不肯發兵。左營的陳蟒是陳璋的侄子，
見其叔危機，一直要赴援，卻受阻於陳鵬。恰值總督王秀奇至，陳蟒請得
將令，大舉出擊。清兵見穿金龍甲的士兵前來，以為是配合自己的內奸，
心裡暗自高興。但陳蟒至海邊，卻大肆砍殺清兵，清兵措手不及，被殺得
落花流水。此時吳豪率鄭成功水師趕至，他們以大船迎擊清軍的小船，在
海上衝犁，碾壓清軍的小船，輕而易舉地獲得大勝。清軍被殺死及淹死的
不計其數。「數日，屍浮海岸萬餘，長髮者十二三，短髮者十七八」[61]。長
髮是明軍，短髮是清軍，這一仗，清軍的損失遠大於明軍。

---

61　阮旻錫，《海上見聞錄》卷一，第43頁。

廈門渡海戰是清軍與鄭成功之間最大的海上戰鬥。鄭成功的勝利說明鄭成功部在南京之敗後，尚有很強的力量；而清軍的失利表明儘管清朝擁有強大的陸軍，但對海上的明軍仍然無可奈何。

廈門海戰，明軍最危險的時候是陳鵬企圖投降清軍。陳鵬跟隨鄭芝龍、鄭成功作戰已經有多年的歷史，他拋棄鄭成功勾結清軍，據說是施琅在中間起了作用。[62] 這些明鄭將領長期跟隨鄭成功在海上作戰，已經有厭倦之意。看到黃梧投降清朝後，竟然被封為海澄公，海上將領對清朝的看法開始變化，貪求富貴的人開始動搖。他們漸漸成為明鄭軍隊中的一種不可忽視的傾向，對明鄭事業造成巨大的破壞。

## 小結

永曆六年，清朝企圖以招安鄭成功的方式解除鄭成功在東南的威脅。鄭成功順勢加以利用，招降和迫降了漳州、泉州境內的許多清朝軍隊，並獲得大量財物，從而擴張了自己的部隊。招安之前，鄭成功的主力部隊約數萬人，加上各島駐軍，總數應有十萬人。在清鄭和談的兩年時間裡，明鄭軍隊大發展，鄭成功已經有人數達十七萬的主力部隊，加上各島駐軍，鄭成功總兵力應當在二十萬以上。不過，鄭成功的軍隊也有自己的缺點，就是擅長水戰而不太擅長陸戰。永曆九年以後，明鄭軍隊在閩浙粵三省沿海區域與清軍展開全面作戰，數年之內，雙方互有勝敗，但鄭成功就是無法打開局面。

從很早的時候開始，南明戰略家就在勸說鄭成功要集中主力北上長江作戰。這時鄭成功主力成長壯大，北伐南京的機會已經成熟。此外要說的是：清軍占領江南之後，長年的戰爭摧毀了江南的城市經濟。江南百姓懷念明代江南城市經濟繁榮的日子，頗有故國之思。以大儒錢謙益來說，他在清軍南下之時，暗地裡主持了南京士紳的投降，然而，清朝對其人視而不見。錢謙益感到十分失落。眼見江南百姓對清朝的不滿，錢謙益也改變了自己的觀點。他寫信給自己的學生鄭成功，鼓勵鄭成功北伐南京。錢謙益在江南民間有巨大的影響，由於他的態度轉向，江南民間抗清的意識深

---

62　阮旻錫，《海上見聞錄》卷一，第42頁。

厚，許多士紳都同情鄭成功的反清鬥爭。正在此時，張名振率水師多次襲擊長江，尤其是到鎮江水面的金山，遙祭明孝陵的明太祖，給江南百姓很大的刺激。隨著江南民意的轉向，江南漢族將領馬進寶等人，也有反清思想。他們都在等待鄭成功進入長江，好一舉反清。在那種背景下，假使鄭成功能夠攻克南京，很可能會迎接一個江南的反清浪潮。事實上，還在鄭成功的前鋒剛到南京以西的蕪湖之時，今屬安徽長江南北的二三十個縣官吏，都反正為明。他如蘇州一帶的提督馬進寶以及杭州的漢族官員，都與鄭成功私下聯絡，準備反清復明。

　　但是，鄭成功在進攻南京之時遭受一個大敗仗，他的主力部隊大都在南京被殲滅。本人不得不率軍退回閩南。這一次遠征江南的戰役，不乏反敗為勝的機會。假使永曆十二年鄭成功在羊山港不是遇到夏季的颱風，他便可以提早一年進入長江，到南京作戰。其時，清軍的主力還在貴州和雲南作戰，鄭成功當此之際大鬧江南，清朝會陷入左右難以支吾的困境。若從雲貴前線撤軍回到江南，李定國在雲貴就可以大發展，若將作戰重點保持在雲南，鄭成功在江南會取得怎樣的勝利，更是不可估量。那時清朝根本沒有一支像樣的水師，如果鄭成功水師長期在長江作戰，或是西進武昌，或是東進蘇州、松江，清朝的軍隊根本無法捕捉作戰的機會，只能被動挨打。清軍因而喪失南方大片土地是有可能的。失去江南糧餉的供應，清朝在北京的堅持也是困難的。十二三年後，江南地區捲入三藩之亂，吳三桂無法全據長江，是因為投降清朝的明鄭將領中有許多戰將，他們為清朝組織了一支水師，從而在關鍵戰鬥中擊敗吳三桂的水師，全據長江。早在鄭成功北伐南京之時，清軍是沒有這種優勢的。從連鎖關係來看，鄭成功北伐南京未能成功，是清朝的運氣。

　　儘管鄭成功在江南的戰鬥失利，可是，他的部隊仍然保持著水上優勢。在清軍攻擊廈門之前，明鄭水師還占據著閩浙粵沿海的大片島嶼，因而有實力迎擊清朝的軍隊。永曆十四年，清軍攻擊廈門港失敗，隨之又遭到順治皇帝死去的國喪，明鄭軍隊不僅獲得了休整的機會，而且可以利用這一機會攻打臺灣，從而改變了臺灣海峽周邊的國際形勢。

# 第九章　鄭成功收復臺灣及其在臺灣的經營

　　鄭成功攻擊南京失利後，感到孤軍作戰的困難，需要找一個長期與清朝抗衡的基地，於是，他轉向近在咫尺的臺灣用兵，擊敗盤踞臺灣已經 38 年的荷蘭殖民者。鄭成功的勝利，是第三世界的軍隊第一次在正規戰場上擊敗歐洲軍隊，它使西方殖民東方的勢頭告挫，從而保住了東亞國家獨立自主的地位。

## 第一節　鄭成功軍隊收復臺灣

　　廈門海戰發生後，清軍一時無力再作越海進攻。次年（明永曆十五年，清順治十八年，1661 年），順治皇帝死，康熙皇帝繼立，鼇拜等大臣掌權。鄭成功認為此時清朝正遭國喪，一時無心發動大戰役，便乘機進攻臺灣的荷蘭殖民者，將其驅逐出中國領土。

### 一、鄭成功征臺的原因

　　從抗清角度而言，鄭成功陳兵臺灣，使沿海的抗清力量大大削弱，所以，繼承張名振事業的張煌言對此竭力反對。而部下將領中，也有人畏懼荷蘭人火力凶猛，不敢出兵。但鄭成功從大局出發，他看到鄭軍駐守金、廈二島，難以長久與清朝對抗。何況逃至緬甸的永曆帝被吳三桂捕獲，李定國病死，明軍餘部降於清廷。在大陸上與清軍對抗的明朝力量只剩鄭成

功了。在這一背景下，鄭成功再向大陸用兵，肯定不會有結果，所以，鄭成功乘清朝遭國喪之際，將用兵範圍轉向臺灣，是一個極為聰明的選擇。從戰略上而言，清朝度過國喪之後，肯定會對鄭成功用兵，一旦戰事再起，鄭成功肯定無力再向臺灣用兵。所以，鄭成功在此之際用兵臺灣，時機的選擇非常恰當。

荷蘭人入臺以前，已有祖國大陸民眾移居臺灣。據福建晉江的《安平顏氏族譜》記載，安海人顏龍源，字日盤，生嘉靖甲午年（1534 年），葬於臺灣，在大陸有妻室鄭氏和一個兒子。《惠安東園莊氏族譜》載：惠安人東園人莊詩，生嘉靖壬寅年（1542 年），因「少遭兵變，與兄赴臺灣謀生。」荷蘭人赴臺灣時，也發現當地有不少漢人在那裡生活。其實，在荷蘭人入臺之前，顏思齊、鄭芝龍等海盜都在臺灣活動。鄭成功出兵時，在給荷蘭人的國書中也反復強調臺灣原是鄭芝龍的地盤，此次前來，不過是收復原有之地。這都表明：臺灣最先是中國人開發的。

荷蘭人占據臺灣後，恰逢明清之際大陸政治動盪，躲避戰亂的難民不斷來到臺灣，使臺灣的漢族人口大增。阮旻錫的《海上見聞錄》評說臺灣：「其地在東南海中，延互數千里，土番雜處。天啟年間，歐羅巴紅夷占居之，於港口築城，與中國、日本、廣南貿易。海邊貧民流寓者，種蔗煮糖為業，殆數千戶。」荷蘭人說：「除去婦女兒童，他們已形成了一個約有二萬五千壯丁的移民區。」男人大都依靠經商與農業為生。從農業方面生產大量的米和糖，不但足以供給全島的需要，而且每年能夠用船載運到東印度群島地區[1]。但是，荷蘭人對漢族的剝削是十分沉重的。在臺漢人每年要向荷蘭人繳納丁稅四盾。再以土地稅來說，明朝正式的土地稅約為每畝三升，而荷蘭人徵收的土地稅約為每甲中等田地徵穀 15.6 石[2]。若以一甲折合 11 畝計，可知荷蘭人的土地稅達每畝高達 1.4 石，約為明朝正式土地稅的 46 倍！由此可知，荷蘭人對臺灣民眾的剝削駭人聽聞。此外，臺灣本土的原住民數量不少，他們以漁獵為生，荷蘭人迫使他們獵鹿出售，每年收穫極為豐厚，「歲亦十餘萬金」。連橫說：「荷官俸養所入，歲不足用，

---

1　甘為霖，《荷蘭人侵占下的臺灣》，轉引自《鄭成功史料選編》，福建教育出版社1982 年版，第 213 頁。
2　連橫，《臺灣通史》上冊，商務印書館 1946 年刊本，第 119 頁。

各自私賈，以罔市利，暴待細民，侵奪田宅，上下交爭，賄賂成習」[3]。在這一背景下，釀成了郭懷一起義。

郭懷一原為鄭芝龍部下，長期在臺灣開墾，「家富尚義，多結納，因憤荷人之虐，思殲滅之。（永曆十年）九月朔，集其黨，醉以酒，激之曰：諸君為紅毛所虐，不久皆相率而死，然死等耳，計不如一戰。戰而勝，臺灣我有也。否則亦一死。唯諸君圖之。眾皆憤激欲動。初七夜，伏兵於外，放火焚市街，居民大擾。屠荷人，乘勢迫城。城兵少，不足守，急報熱蘭遮。荷將富爾馬率兵一百二十名來援，擊退之。又集歸附土番，合兵進擊，大戰於大湖，郭軍又敗，死者約四千」[4]。據荷蘭人的統計，此役殺死中國人達 9000 餘人[5]。

荷蘭人一直認為郭懷一起義有鄭成功在背後支持，鎮壓郭懷一起義後，對鄭成功方面前來貿易的船隻百般刁難。而鄭成功方面有一艘船隻從柔佛回航時被荷蘭人劫走，損失十萬兩白銀；又有一艘船隻因在海上遇到荷蘭人的追逐觸礁沉沒，損失了八萬兩白銀。於是，鄭成功怒而下令封鎖臺灣，不許中國船隻去臺灣貿易。這一打擊使占據臺灣的荷蘭人幾乎無法在遠東貿易，每年入不敷出，只好派翻譯何斌向鄭成功請求和談，永曆十一年六月達成協議：以後荷蘭人每年向鄭成功輸納白銀五千兩，箭坯十萬枝，硫磺千擔[6]；而鄭成功撤銷對臺灣的封鎖。這一協議對鄭成功與荷蘭人雙方來說，都是臨時性的。荷蘭人占據中國臺灣，並在這一領土上殺死中國人近萬名，早已犯下了滔天罪行。鄭成功因對清朝的戰爭，對此已忍耐很久。而荷蘭人也一直認為鄭成功會來進攻臺灣，他們加緊修築砲臺、城牆，備足糧食、彈藥，整軍備戰。

荷蘭人占據臺灣之後，嚴重妨礙了華商的利益。早在鄭芝龍時代，就與荷蘭人爆發多次衝突。南明時期，荷蘭人趁中國內戰的機會鞏固了對臺灣的統治，在臺灣本土，荷蘭人對華商的鎮壓是相當厲害的。華商很希望鄭成功能解決在臺灣的荷蘭殖民政權，但是，鄭成功一直沒有出兵荷蘭的

---

3　連橫，《臺灣通史》下冊，第 333 頁。
4　連橫，《臺灣通史》下冊，第 13 頁。
5　甘為霖，《荷蘭人侵占下的臺灣》，轉引自《鄭成功史料選編》，第 226 頁。
6　楊英，《先王實錄》，福建人民出版社 1981 年，第 153 頁。

機會。

　　鄭成功收復臺灣的準備。

　　實際上，鄭成功早在永曆十三年十二月從南京退回廈門後，就打算進攻臺灣。據楊英《先王實錄》記載：鄭成功曾「議遣前提督黃廷、戶官鄭泰督率援勦前鎮、仁武鎮往平臺灣，安頓將領官兵家眷」[7]。但因隨即聞知清軍欲攻廈門，所以暫擱此事。永曆十四年擊敗清軍之後，鄭成功再議此事。永曆十五年一月，曾作為荷蘭人和談代表的何斌來投鄭成功。何斌早年曾與鄭成功達成協議：當時經營廈門與臺灣貿易的中國船隻，由他在臺灣代理收稅，這樣，鄭成功可以得到更多的稅收，而何斌也可從中得利。這一措施在臺灣實行多年，後來被荷蘭人發現，給何斌很重的罰款，導致何斌破產。何斌破產後，暗地裡派人測量鹿耳門水道，並於正月過節時，潛渡廈門，向鄭成功獻計，力主攻占臺灣。

　　何斌獻計使鄭成功明瞭荷蘭人在臺灣的虛實，從而增強鄭成功克復臺灣的信心。永曆十五年二月初一，鄭成功在廈門誓師，其後調集的部隊開始集中於金門。三月二十三日午時，鄭成功大軍由金門島料羅灣出發，目標臺灣。據荷蘭方面的資料，鄭成功部參與這一場戰鬥的部隊有：

親軍左武衛周全斌 1800 人
提督親軍驍騎鎮馬信 600 人
左虎衛何義 800 人
右虎衛陳蟒 900 人
後衝鎮黃昭 900 人
宣毅後鎮吳豪 900 人
宣毅前鎮陳澤 750 人
禮武鎮林福 700 人
援勦後鎮張志 900 人
中衝鎮蕭拱震 1000 人
澎湖遊擊洪暄 550 人
水師羅總兵蘊章 600 人

---

　　7　楊英，《先王實錄》，第 223 頁。

左先鋒鎮楊祖 1000 人

國姓爺親衛隊 300 人

總計 11,700 人

此外，每名士兵都帶有僕從一人[8]。

按，據楊英的《先王實錄》記載：鄭成功的鐵甲兵，因一副鐵甲重達30 斤，所以配給每名鐵甲兵一名輔助兵挑甲。這樣來看，雖說鄭成功攻臺部隊有 20000 多人，但真正用於戰場士兵不過 11000 多名。但是，這一力量已經遠遠超過荷蘭人在臺灣所集約的軍隊了。

## 二、鄭成功軍隊攻擊熱蘭遮城

初戰告捷。臺灣之戰是東方古老文明民族對西方殖民主義者的第一次戰略性反擊，如果說麥哲倫的死，是東方民族反擊西方殖民主義者侵略的第一次勝利，而天啟二年的料羅灣之戰是東方民族第一次重挫西方殖民主義者的大型戰役，那麼，臺灣之戰則是東方民族有意識地向西方殖民者展開戰略進攻，並在堂堂正正的會戰中，擊敗了西方的正規部隊。它的勝利，扭轉了西方殖民主義者在東方節節勝利的趨勢，阻止了西方殖民主義者的進一步擴張，從而保住了東方中國、日本、朝鮮、越南等國家的獨立，至少使西方殖民勢力殖民東方的計畫推遲了 200 年。對中國來說，它使被荷蘭人占據 40 年的中國國土重新回到祖國的懷抱中，並使臺灣人民獲得解放。從東南亞的歷史來看，西方殖民主義者為了鞏固對殖民地的統治，多次對華人、對土著進行大屠殺，如果荷蘭人永遠占據這塊土地，中國人在臺灣的命運不會和東南亞國家兩樣，所以，鄭成功收復臺灣，是中華民族的一次最早的解放戰爭，它在歷史上具有重大的歷史意義。不過，由於當時歷史條件的限制，鄭成功在收復臺灣過程中，也遇到了很大的困難。

澎湖阻風。何斌獻策使鄭成功對占據臺灣的荷蘭殖民主義的內情瞭若指掌，對鄭成功進攻臺灣有重大意義。例如，鄭成功曾計畫派黃廷、鄭泰等人率兩個鎮的部隊進攻臺灣，而瞭解情況後，增加了進攻部隊的數量，

---

8　荷蘭東印度公司，《巴達維亞城日誌》，廈門大學鄭成功歷史調查組編，《鄭成功收復臺灣史料選編》增訂本，福建人民出版社 1982 年版，第 257 頁。

並由自己親自率領，從後來的情況看，增加兵力與鄭成功親征都是很有必要的，否則，這一場戰役很可能半途而廢。但是，何斌也有一個很大的錯誤：他見鄭成功兵多將廣，以為鄭成功一旦入臺，便可輕易獲得勝利，主張不要多帶糧食，因此，鄭成功部只帶了數日的糧食出發，這一點失誤差點造成鄭成功攻臺的失利。永曆十五年三月二十三日，鄭成功部隊出發以後，僅一天即抵達澎湖港。隨後在彭湖列嶼遇到了一個風險。楊英的《從征實錄》記載：

> 二十七日，大師開駕，至柑桔嶼阻風，又收回彭湖嶼內嶼。時官兵多不帶行糧，因何廷斌稱數日到臺灣，糧米不竭，至是阻風乏糧。藩令戶都事同洪遊擊就彭湖三十六嶼□取行糧□□正供。時吊（調）集各澳長追取接給，各澳長搜索二日，回稱：「各嶼並無田園，可種禾粟，惟蕃薯、大麥、黍稷，升斗湊解，合有百餘石，不足當大師一餐之用」。藩驚乏糧，又恐北風無期，隨於三十晚傳令開駕。時風報（暴）未息，風雨陰霧，管中軍船蔡翼並陳廣等跪稟：「暫候風雨開駕」。藩諭曰：「冰堅可渡，天意有在。天意若付我平定臺灣，今晚開駕後，自然風恬浪靜矣。不然，官兵豈堪坐困斷島受餓也」？是晚一更後，傳令開駕，風雨少間，然波浪未息，驚險殊甚。迫至三更後，則雲收雨散，天氣明朗，順風駕駛。

如上所記，幸虧船隊出發後兩個時辰，雲收雨散，海面逐漸平息，船隊順風駕駛，十分平穩。

四月一日黎明，鄭成功的船隊來到臺灣鹿耳門港之外，鄭成功率先鋒首先在七鯤身登陸。午後，潮水大漲，艦隊在何斌的引導下，順鹿耳門港航道進入「臺江內海」。大員港數千中國人迅速趕來為鄭成功大軍服務，鄭成功軍隊很快完成了登陸任務。按，安平鎮外海進入「臺江內海」，其實有兩個海口，其一為正口，在大員港與熱蘭遮城堡之間，不過，荷蘭人用熱蘭遮城堡的大砲封鎖了這條海道，外來大船很難進入。何斌導引的鹿耳門水道狹窄彎曲，很難通行。大船通常不走這條水路。細心的何斌發現：近年鹿耳門水道有日漸擴大之勢，通過測量，知道這條水道是可以走大船的。說來也怪，自何斌導引鄭成功水師從鹿耳門進入「臺江內海」之後，此後百年裡，鹿耳門海道成為安平港的主要通道，原來的正口因泥沙堵塞，

反而不能行走了。

　　鄭成功突然登陸，打了荷蘭人一個措手不及。當時的荷蘭兵分散於各處，聽說明鄭軍隊登陸，趕緊向城堡集中，熱蘭遮城內外一片混亂。城內的荷軍首腦揆一僅來得及派出小隊兵馬，企圖焚毀大員市域區的街道和倉庫，在何斌的建議下，鄭成功迅速派部隊前去救火，保住了市區的一部分。大員市區的大量物資便保下來了。經過一番整頓，鄭軍登陸的第二天，熱蘭遮城的長官才派出 240 名火槍兵前來反擊鄭成功部隊，但是，這時鄭成功在陸上部署已定。楊英的《從征實錄》記載：「初三日，宣毅前鎮□官兵札營北線尾，夷長揆一城上見我北線尾官兵未備，遣戰將拔鬼仔率鳥銃兵數百前來衝□，被宣毅前鎮督率向敵一鼓而殲，夷將拔鬼仔戰死陣中，餘夷被殺殆盡。」

　　這一仗打得十分順利是因為荷蘭軍隊驕傲了。荷蘭人在鎮壓郭懷一起義時，以火槍對付赤手空拳的中國農民，大獲全勝，十分驕傲，「他們相信中國人受不了火藥的氣味和槍砲的聲音，只要放一陣排槍，打中其中幾個人，他們便會嚇得四散逃跑，全部瓦解」[9]。但他們這一次遇到了鄭成功的正規軍。

圖 9-1　臺南市現存熱蘭遮城的城牆遺址

9　C.E.S.，《被忽視的福摩薩》，引自《鄭成功收復臺灣史料選編》，第 145 頁。

圖 9-2　臺南市為旅遊重建的熱蘭遮城

　　據荷蘭人的情報，宣毅前鎮陳澤所部有 750 名正兵，若一名正兵有一個挑甲的輔兵，全數為 1500 人。人數上的優勢是其次的，關鍵是陳澤的步兵前鋒都有鐵甲，還有藤牌為掩護。荷蘭士兵卻是沒有鐵甲的，其主要戰兵都是火槍手。鄭成功的部隊不僅有許多火槍手，還有不少小型火砲。所以，這場戰鬥根本沒有懸念。據荷蘭人的記載，雙方交戰之初，鄭軍士兵在短牆之後發射火砲，待荷蘭軍隊靠近，荷蘭人的側翼突然出現一隊鐵甲軍向其衝去。其時，荷蘭人的火槍不一定能夠射穿鄭軍士兵的藤牌和鐵甲，而且當時的火槍沒有刺刀，火槍兵肯定無法與鐵甲軍肉搏，所以，鄭軍一旦發起人數優勢的衝鋒，荷蘭兵立刻瓦解，帶隊的荷蘭軍官無論如何也擋不住退兵，荷蘭兵大部被殺死或淹死，只有 80 餘人渡過海峽，回到熱蘭遮城中。

圖 9-3　荷蘭人與鄭成功作戰圖

在海上，荷蘭人也發動了還擊。荷蘭戰艦赫克托號、斯各拉弗蘭號及兩艘平底的小帆船白鷺號、快艇馬利亞號，一起駛向鄭成功的船隊。而鄭成功迎戰的是「宣毅前鎮、侍衛鎮陳廣並左虎協陳沖等」，荷蘭方面記載迎戰的鄭軍擁有 60 艘帆船。這些帆船隊看來不是鄭成功水軍的主力，載重不大，配備的火砲也不多，約在船頭與船尾各配備二門大砲，其他是傳統的噴筒、火藥包等武器。開戰後，赫克托號憑藉兇猛的火力，擊沉一二艘戰船，但鄭成功部派出了五六艘戰船包圍著赫克托號交火，雙方火力都發揮到極限。突然，赫克托號發生大爆炸，海上升起濃濃的煙霧，煙霧散後，赫克托號與周圍的中國帆船都不見了。赫克托號是怎麼沉的呢？多數人以為這是一場意外事故，但我們若是知道福建水師的傳統戰術，或許會有另一種想法。福建水師的傳統戰法是迫近敵艦，然後手擲火罐、火箭等武器，從而引發敵艦的大火，將其焚毀。火罐的發明在萬曆年間。葉向高論秦經國將軍：「以所創火罌擲賊舟，賊披靡。」[10] 可見，「火罌」或稱火罐，很早就是福建水師的基本配置武器。荷蘭人的郝克托號應是中了陳澤等人手下水兵投擲的火罐，引發炸藥爆炸。

荷蘭人損失了主力戰艦後，鄭成功部水師的士氣大振，他們包圍荷蘭船隻進行接舷戰，並用火船進行攻擊，雙方死傷慘重。最後荷蘭船隻突破重圍，四散而逃。其中一隻通迅船頂風駛向南方的巴達維亞，另二艘順風逃到日本，這樣，在臺灣的荷蘭軍隊便失去水師成為孤軍。這一場海戰，按照荷蘭人的記載，荷方損失了一艘大型戰艦，死亡人數不明，但其戰艦即有 100 多名戰士全部沉於海中。而中方損失了七八艘戰船，死亡戰士1000 餘名[11]。但我們知道：鄭成功所部正規軍僅 11000 多人，且分為 10 個鎮，據中方所記，參加這次海戰的僅為宣毅前鎮陳澤、侍衛鎮陳廣與左虎衛左協的陳沖等部，據統計，這三鎮兵力中正規軍不過 2000 人而已，加上輔助兵也不過 4000 人。他們分乘 60 艘船隻，平均每船不過 66 人，如果中方沉沒七八艘戰船，損失約在 528 人上下。其次，這些人當中，應當有許多人在沉船之際跳海逃生，由於中方戰勝，他們之中應有二三百人可獲救，

---

10　葉向高，《蒼霞續草》卷十五，〈秦（經國）將軍傳〉，第 30—31 頁。
11　Ｃ.Ｅ.Ｓ.，《被忽視的福摩薩》，引自《鄭成功收復臺灣史料選編》，第 143—144 頁。

加上其他船隻在接舷戰中的損失，中方實際損失不過三四百人而已。可見，荷方明顯誇大了自己的戰果。由於這一仗使荷蘭水師其他船隻都嚇得逃離臺灣，所以，付出這一代價還是值得的。

鄭成功初戰獲勝，進一步包圍敵人。當時荷蘭人占據的熱蘭遮城與普羅文查城堡（即赤嵌城）被鄭軍隔斷，荷蘭人原想通過水路保持聯繫。但由於水戰的失利，二城之間的交通已無法繼續。其中普羅文查城堡中有 300 餘名戰士，由於鄭成功切斷了該城的水源，四月初四，該城司令貓難實叮決定率部下投降。於是，荷蘭軍隊只剩熱蘭遮一座孤城了。這樣，鄭成功在臺灣的初戰獲得了極大的勝利。

## 三、圍困熱蘭遮與荷蘭人投降

普羅文查城的荷蘭人投降之後，鄭成功嘗試招降荷蘭人，荷蘭人也想通過有限的讓步使鄭成功退兵，因此，他們派出了二名使者晉見鄭成功。據荷蘭使者記錄，鄭成功是這樣回答他們的：

> 荷蘭東印度公司對他的友好，其性質與公司對其他東印度君主或王子的態度是一樣的，即公司認為有利可圖時，便可以繼續談友誼；而一旦能夠從其他方面獲得更大的利益時，這種友誼便會馬上被拋棄，甚至在認為必要時，不惜加害於任何人。

> 該島一直是屬於中國的。在中國人不需要時，可以允許荷蘭人暫時借居；現在中國人需要這塊土地，來自遠方的荷蘭客人，自應把它歸還原主。

> 他說：儘管他的人民屢次受到荷蘭人的虐待，但此來的目的並非同公司作戰，只是為了收復自己的產業。⋯⋯他願意允許荷蘭人用自己的船隻裝載動產和貨物，拆毀城堡，把槍炮及其他物資全部運回巴達維亞[12]。

由此可見，鄭成功在外交上相當靈活，他給荷蘭人開出相當寬鬆的條件，讓其體面地退出臺灣。但是，荷蘭人害怕不戰交出臺灣會受到軍事法庭的審判，並期望巴達維亞方面的支援，堅持不接受鄭成功的條件。於是，

---

12　C.E.S.，《被忽視的福摩薩》，引自《鄭成功收復臺灣史料選編》，第 153 頁。

一場攻堅戰不可避免。

　　圍攻熱蘭遮城。熱蘭遮城外是華人居住的市區，鄭成功決定圍攻該城，派部隊進入市區占領陣地，並運入大砲 28 門，經過 20 天的準備，五月初七清晨，鄭軍終於發動進攻。鄭軍的進攻以砲戰為主，28 門大砲齊鳴，試圖在城牆上轟出缺口。但是，荷蘭人據守的熱蘭遮城上大砲更多，他們居高臨下，以大砲還擊鄭成功部守軍，鄭成功部遭受極大的傷亡，據荷蘭人自吹，他們約殺傷鄭成功軍隊上千人。在砲火中，荷蘭步兵出擊，將鄭成功部的大砲釘死。於是，荷蘭人取得了砲戰的勝利。為了防止荷蘭軍隊的砲火，鄭成功下令在熱蘭遮城外掘壕防守，並樹立抵禦砲火的木篷等工事，馬信率領弓箭手抵達工事之前，以弓箭向敵人還擊，逼退荷蘭士兵。

　　這一戰表明荷蘭人的火力強於鄭成功部隊，鄭成功部要攻城有很大困難，容易遭到荷蘭軍隊的火力殺傷。因此，鄭成功決定長期圍困熱蘭遮城，另將其主力分散於南北各地屯墾，力圖解決糧食供應問題。

　　鄭成功見攻城不下，派一支軍隊圍城，而將其主力分散於南北各地屯墾，力圖解決糧食供應問題。

　　鄭成功部入臺，第一批部隊約有 2 萬多人，加上來援的第二批部隊，共有三萬餘人。這些部隊所需的糧食要從大陸沿海運來，而廈門、金門一帶不產糧食，糧食來源十分困難。久而久之，在臺灣的鄭成功部得不到充分的糧食供應。據楊英《先王實錄》記載：「七月，藩駕駐承天府。戶官運糧船不至，官兵乏糧，每鄉斗價至四五錢不等。令民間輸納雜子番薯，發給兵糧。」八月，「戶官糧船猶不至，官兵至食木子充饑，日憂脫巾之變。」「時糧米不接，官兵日只二餐，多有病沒，兵心嗷嗷」[13]。由此可見，由於糧食問題，臺灣的鄭成功部幾乎陷於絕境。

　　但是，被圍困於城內的荷蘭人也無法堅持下去了。荷蘭人堅守熱蘭遮城的希望在於巴達維亞的援兵。本來，機會對他們不錯，在四月的海戰中，荷蘭有一艘船隻頂風航抵巴達維亞城。但荷蘭人聞知鄭成功攻打臺灣，都害怕出戰，遠征軍僅有 700 人，而且找不到統帥。以後經過高薪聘請，方才有一名叫考烏的高級律師願意出任統帥。統帥的業餘水準使荷蘭艦隊難

---

13　楊英，《先王實錄》，第 256—258 頁。

以發揮出荷蘭軍隊的水準。陽曆 1961 年 7 月 5 日，由十隻船隻組成的荷蘭艦隊由巴達維亞出發，並於 8 月 12 日抵達熱蘭遮城。9 月 16 日，荷蘭艦隊在海上向鄭成功發動反擊。一場海戰重又爆發。

荷蘭艦隊本是順風衝出港灣，但剛離開港灣不久，風向轉變，船隻無法前進，便派 15 隻小艇滿載士兵向中國船隻進攻。荷蘭人的優勢在於船堅炮利，他們不發揮這種優勢而派小船進攻，根本不是中國船隊的對手。雙方作戰一個小時，有三艘荷蘭小艇被毀，其他的退回大船旁邊。鄭成功的水師向前逼進，在雙方砲戰中，荷蘭有二艘大船擱淺，其中一艘被中國艦隊打碎，另一艘被火燒毀。此仗，荷蘭人損失了 130 多人，但吹牛使中方損失了 150 人 [14]。

荷蘭援軍的失敗，使熱蘭遮城中的荷蘭人徹底絕望，其中一些士兵向鄭成功部下投降。一名軍曹富有作戰經驗，他向鄭成功指出：熱蘭遮城與周圍的圓堡構成一個防禦體系，其中小山上的烏利支圓堡最為重要，只要將該堡攻克，熱蘭遮城將很難防守。在這位軍曹的指導下，鄭成功部隊將戰壕挖深以掩護自己，並在烏利支堡附近建立幾座砲壘，配備 28 門大砲。以後，鄭軍每天都以大砲攻擊烏利支堡，並不斷挖壕前進，最終大砲轟毀了烏利支堡，荷蘭士兵退回熱蘭遮城。

攻克烏利支堡後，鄭成功軍隊已獲得成功的攻堅經驗，他們堅定信心，一步一步地修築工事，迫近熱蘭遮城的城防據點。

在這一背景下，荷蘭人經過反復盤算，於陽曆 1662 年 2 月 1 日向鄭成功投降，交出城堡。按照條約，鄭成功允許荷蘭人乘船返回巴達維亞，並帶回個人物品；而荷蘭人向鄭成功上繳東印度公司在臺灣的財產 47.1 萬荷蘭盾以及火砲等武器。《海上見聞錄》的記載：「十二月，守臺灣城夷長揆一等乞以城歸賜姓，而搬其輜重貨物下船，率餘夷五百餘人駕甲板船遠去。」雙方記載的日期不同，是因為荷蘭人用天主教的格里高利曆，而鄭成功部下沿用中國的夏曆。

鄭成功攻克臺灣，雖然幾經風險，但最終還是攻克了臺灣，其原因在於：一是，鄭成功兵力的絕對優勢。鄭成功部進入臺灣的部隊及後續部隊

---

14　C．E．S．，《被忽視的福摩薩》，引自《鄭成功收復臺灣史料選編》，第 171 頁。

有 3 萬餘人，其中戰士至少達到 15000 人。而荷蘭人駐守臺灣的軍隊不過 1000 餘人，後來雖有增援，也不過 700 人左右。鄭成功部對荷蘭人有 10 倍的優勢；而且，他們大都經歷十幾年戰火的考驗，作戰經驗豐富。二是，臺灣民眾的支持。臺灣民眾在荷蘭人的壓迫下，早就盼望鄭成功來解救他們，所以，一旦鄭成功登陸，臺灣的漢族居民都來幫助鄭成功搬運糧餉軍火。再如何斌獻策堅定了鄭成功收復臺灣的決心。臺灣原住民的動向也是值得注意的，郭懷一起義時，荷蘭人尚能矇騙部分信基督教的土著為其前驅，大殺漢人。但在鄭成功登陸時，這些土著卻是焚燒基督教的器物，打擊荷蘭人，表明他們對荷蘭人剝削的極為不滿。三是，鄭成功的決心與指揮也是獲勝的重要因素。當時的荷蘭是歐洲最發達的國家之一，它的軍隊裝備勝過鄭軍，並有堅固的城防工事，鄭軍在攻擊臺灣時遇到很多困難，尤其是糧食問題，若不是鄭成功以超人的意志堅持下去，攻擊臺灣也可能是半途而廢。對鄭成功的指揮藝術眾人評價不同，但在克復臺灣的過程中，他的指揮是相當不錯的。首先，他深入瞭解敵情，對敵人的動向十分清楚，並長期保密自己攻擊臺灣的意圖，使荷蘭人對他的計畫一無所知，被鄭成功打得措手不及；其次，他善於在戰爭中學習，最後以荷蘭士兵獻上的戰術攻克荷蘭人的城堡，比之林鳳攻打馬尼拉城失利，鄭成功的勝利不是偶然的。

從荷蘭方面來看，這一戰役失敗的原因在於：

其一，戰略決策的錯誤，對鄭成功攻打臺灣的計畫一直沒有明確的判斷，在鄭成功攻擊臺灣之前，還在盤算攻打澳門，未及時給臺灣增兵，導致守臺灣的兵力不足。

其二，荷蘭人從上到下喪失信心。當達烏艦隊出發增援臺灣時，竟然找不到一個人願意充當司令！此前，克倫克受命接任臺灣最高長官，可是，當他到了臺灣之後，見到熱蘭遮城被圍，便不肯進入城內擔當重任，而是逃到日本經商。此外，斯各拉弗蘭號及白鷺號、快艇馬利亞號等船艦在失利後，都是逃往日本或是巴達維亞，導致臺灣荷軍極為孤獨。

其三，荷蘭人指揮上的錯誤太多。荷蘭是一個商業民族，最高長官往往由商務人員擔任，臺灣最高統治者揆一即是一個這樣的人，再如律師考

烏擔任援軍指揮官等等，這些人不僅缺乏作戰信心，而且缺乏指揮能力。考烏指揮艦隊不是在深海與鄭軍作戰，而是在淺海交手，結果兩隻大艦擱淺被毀。揆一指揮臺灣防守戰，普羅文查城未備足飲用水及彈藥，導致該堡未戰即降，白白損失 300 餘名士兵。當鄭成功登陸以後，他分兵兩路反擊，一路去支援普羅文查城，一路去與鄭成功部作戰，未能集合主力共同行動，結果很快被鄭成功擊潰。

其四，荷蘭人未能及時焚燒糧食，使鄭成功部隊登陸後得到大批糧食供給。鄭成功部進攻臺灣時已經缺糧，登陸後若找不到糧食，不得不退兵一路。但荷蘭人逃回城堡十分匆忙，連糧食也未及運走。實際上，鄭成功部登陸後幾天，即告缺糧，戶部通事楊英隨同何斌查點各處「紅夷所積粟石及糖麥」，得到「粟六千石，糖三千餘担」[15]。從而大大緩解了軍糧問題。這也是荷蘭人的一大失策。

總的來看，當時東西方的武力雖有距離，但西方人的武器優勢還不像鴉片戰爭時期那麼大，西方人的火砲與火槍，傳入東方後，很快被仿製，迄至明末，中國都大量使用槍砲。所以，在火器的使用上，中國人雖然不像西方人那麼精確，但數量的優勢往往彌補了品質的差距。中國更大的優勢是人力與物力的優勢，明清二朝的國力都是世界上最強大的，只要善於利用人力與物力，任何敵人都會被打敗，鄭成功收復臺灣正說明了這一點。

## 第二節　鄭成功之死及鄭經的繼位

鄭成功於永曆十五年十二月（1662 年 2 月）完成了收復臺灣的偉大事業，然而，次年五月初八日（1662 年 7 月），鄭成功即病死於臺灣，一代偉人去世，對其時代有很大的影響。

鄭成功收復臺灣之後，大約僅有 5 個月的安定局面。其時，鄭成功在臺灣振興文教，與依附鄭成功的文士唱和。大約是在這時候留下了一幅鄭成功臺灣行樂圖。但是，這種情景未能維持許久。

---

15　楊英，《先王實錄》，第 252 頁。

## 一、鄭成功之死

　　關於鄭成功的死因，一般都認為與政治的變化有相當關係。鄭成功死前一段時期內，局勢對鄭成功十分不利。

　　第一，抗清鬥爭陷入低潮，永曆帝在西南受到清軍的攻擊，於永曆十二年（清順治十五年，1658 年）遠走緬甸，被囚禁。永曆十五年，清軍吳三桂部進攻緬甸，緬甸送永曆帝求和，於是，永曆帝被俘，第二年四月在雲南被殺。當時鄭成功與永曆政權的來往十分困難，雖然有使節往返，但消息不很靈通。據《臺灣外志》的記載，永曆十六年四月，永曆政權的兵部司務林英從雲南逃回廈門，至臺灣見鄭成功。他帶來的消息是：吳三桂進入緬甸，永曆帝已經被俘。永曆帝被俘以後，意味著明朝政權的徹底滅亡，而鄭成功一直以反清復明號召東南，永曆帝死，表明鄭成功事業的失敗。所以，這對鄭成功的打擊十分巨大。

　　抗清事業進入低潮後，鄭成功部的軍心動搖，「時官兵多思逃躲，將領每有驕悍」[16]。戰鬥力大大下降。清軍進攻廈門時，鄭成功部的大將陳鵬與清軍聯繫，打算投降清朝，未成。鄭成功進攻臺灣期間，由於缺糧，「幾艘滿載武裝的帆船，因此地貧乏而逃往中國向韃靼人投降」[17]。由於鄭成功用兵臺灣，對沿海將領的控制減弱，永曆十五年六月，駐守銅山的守將蔡祿、郭義率部降清；永曆十六年三月，有謠言說駐守南澳島的陳豹與清方勾結，鄭成功派周全斌攻打南澳，陳豹不敢抵擋，率部投降清朝。

　　當時鄭成功僅控制臺灣、廈門、金門、銅山、南澳、海壇山等六個海島，其中駐守南澳、銅山的部隊投降清朝，使鄭成功部實力大減。

　　第二，清朝實行海禁與遷界，全力對付鄭成功部。清順治十八年（1661年）正月，順治皇帝死，權臣鼇拜掌權，此人上臺後，施政策略與以往大有改變，他下旨切責福建方面的官員，對鄭成功的戰事不順利。而福建方面的官員中，海澄公黃梧提出極為惡毒的五項對策：「一、金、廈兩島，彈丸之區，得延至今日而抗拒者，實由沿海人民走險，糧餉油鐵桅船之物，

---

16　楊英，《先王實錄》，第 225 頁。
17　《巴達維亞城日誌》，1661 年 12 月 21 日，引自《鄭成功收復臺灣史料選編》，第 292 頁。

靡不接濟，若將山東、江、浙、閩、粵沿海居民，盡徙入內地，設立邊界，布置防守，則不攻自滅也。二、將所有沿海船隻悉行燒燬，寸板不許下水。凡溪河監椿柵，貨物不許越界，時刻瞭望，違者死無赦。如此半載，海賊船隻無可修葺，自然朽爛，賊眾許多，糧草不繼，自然瓦解。此所謂不用戰，而坐看其死也。三、其父芝龍，羈縻在京。成功賂商賈，南北興販，時通消息。宜速究此輩，嚴加懲治，貨物入官，則交通可絕矣。四、成功墳墓，現在各處，叛臣賊子，誅及九族，況其祖乎？悉一概遷毀，暴露殄滅，俾其命脈斷，則種類不待誅而自滅也。五、投誠兵官，散住各府州縣，虛糜錢糧。倘有作祟，又貽害地方不淺。可將投誠官移住各省，分墾荒地，不但可散其黨，以絕後患，且可蓄眾而足國也」[18]。

　　關於清朝實行遷界政策究竟由誰提倡，學術界是有爭議的，蕭一山的《清朝通史》認為是北京人房星燁與房星煥兄弟。這兩個人原為滿州家奴，房星燁曾任漳州知府，漳州被克時被鄭成功俘獲，順治十七年乘亂逃至大陸。清廷徵求制海之策，房星燁通過房星煥上書，提出遷界。但房星燁的策略未及安插官兵、制裁鄭芝龍、掘祖墳等項，而清廷的策略則全面體現了黃梧的五項策略。黃梧被封海澄公，地位較高，又是鄭氏的叛將，對鄭氏的弱點最為瞭解，由他提出這一策略，足以影響清朝廷的決策。大致說來，遷界的一些措施，在明代早已實行過，明末福建方面為了戰勝鄭芝龍等海盜，也曾提出過「片板不准下海」之類的策略，但是，這一政策受到沿海官民的反對，一向不能嚴格實行。清廷根本不重視沿海民眾的利益，所以毫無顧忌地實行這一策略。夏琳的《閩海紀要》上卷記載：（順治十八年）冬十月清朝下令：「遷界，徙沿海居民於內地。」「閩海以成功故，歷年用兵，捐師糜餉。蘇納海議曰：『蕞爾兩島得遂猖獗者，實恃沿海居民交通接濟。今將山東、江、浙、閩、廣海濱居民盡遷於內地，設界防守，片板不許下水、粒貨不許越疆，則海上食盡，鳥獸散矣』。從之；於是分遣滿員督遷各省。」「成功聞遷界，憮然曰：『舉五省數萬里魚鹽之地無故而棄之，塗炭生民，豈得計哉！清之技亦窮矣。吾養兵蓄銳，天下事未可知也』！」

---

18　江日昇，《臺灣外志》，卷十一，上海古籍出版社 1984 年，第 195—196 頁。

　　遷海令發布後，清順治十八年八月，清廷派尚書蘇納海入閩掌管遷界一事。所謂遷界，即在離海 30 ～ 50 浬範圍內實行堅壁清野，將其民眾全部遷入內地，焚毀沿海的房屋，不論是誰越界，都以海盜罪處以死刑。且不說這一策略對民眾造成什麼影響，但它對鄭成功部的打擊十分沉重。過去鄭成功在沿海即可獲得糧食，現在要想獲得糧食就得深入內地 30 里，這就迫使鄭成功部隊棄長用短，在陸上與清軍決戰。所以，清朝實行遷界後，鄭成功部的糧食來源日益困難。鄭成功部在臺灣缺糧，不是沒有原因的。

　　黃梧還建議對鄭成功進行封鎖。例如，清朝將沿海民用船隻通通焚毀，這對鄭氏集團與大陸的交通影響很大。鄭成功能以金、廈二島與大陸對抗，其物質來源都依靠大陸，例如修造船隻的木料、油料、漆、繩索乃至各種生活物品，都來自與大陸商人的交換。這些商人主要使用民用船隻往來於大陸與海島之間。清廷焚毀沿海船隻，這就斷絕了大陸商民與鄭成功的貿易，這是鄭成功部隊陷於困境的重要原因。再如，鄭成功在內地重要城市設有五大商行，從事海外貿易。由於黃梧的揭發，五大商行被清廷破獲[19]。這些商行的人員為鄭成功採購各種物品，並銷售來自海外的商品，是鄭成功商業網上不可少的人物。他們的能量可從以下例子中看出：福州是清朝控制極嚴的省城，但福州城外的船廠卻為鄭成功生產海船，這些大船造好後，駛出海外，由鄭成功派人接收，然後向清廷謊報在海上被劫。所以，五大商被破獲，對鄭成功的打擊是很大的。

　　第三，鄭成功祖墳被掘，鄭芝龍等十一人被殺，極大地影響了鄭成功個人情緒。黃梧策略中還有一些針對鄭成功個人的部分。例如，他提出要懲罰鄭芝龍，掘鄭成功祖墳，這些毫無人道的措施是仁人智士所不齒的，但黷拜這類人物，只要能傷害敵人，他都做得出來。據說，鄭成功聞知清廷掘其祖墳的消息，「向西切齒而罵曰：生者有怨，死者何仇！敢如此結不共戴，倘一日治兵而西，吾不寸磔汝屍，枉作人間大丈夫」[20]！可見，這一消息給鄭成功很大刺激。至於鄭芝龍，自清順治十三年（永曆十年）清廷招撫鄭成功失敗後，便將鄭芝龍定罪，擬流放東北邊疆的寧古塔。寧古塔位於沿海，可能鄭成功有發船解救鄭芝龍的計畫，清朝福建的大臣聞知

---

19　阮旻錫，《海上見聞錄》卷一，第 27 頁。
20　江日昇，《臺灣外志》卷一二，第 202 頁。

這一消息，便向清廷進諫，不可將鄭芝龍送往寧古塔。所以，鄭芝龍應是囚禁在北京。鼇拜掌權後，見招降鄭成功多年不起作用，其時，福建方面又截獲鄭芝龍與鄭成功通信的密丸，便於十月分殺死鄭芝龍及其在京子孫11人。並將鄭芝豹流放於寧古塔。消息傳來，鄭成功大震，《海上見聞錄》記載，鄭成功「叱為妄傳，中夜悲泣，居常鬱悒」[21]。而《臺灣外志》則說：「功頓足搬踊，望北而哭曰：『若聽兒言，何至殺身。』」（按，鄭成功弟鄭渡與鄭蔭曾至廈門招降鄭成功，鄭成功拒絕時曾說：「我一日未受詔，父一日在朝榮耀；我若苟且受詔削髮，則父子俱難料也。爾勿多言，我豈非人類而忘父耶！箇中事，未易！未易！」[22]！）可見，鄭成功認為，只要自己大兵在握，清廷不敢對其父親怎麼樣。但是，清朝見鄭成功始終不肯投降，便殺鄭芝龍立威。這對鄭成功打擊很大。

第四，鄭成功部諸將叛變。鄭成功制御部下，一向是明賞罰，有功必賞，有罪必罰。明末法紀潰敗，將吏玩法怯戰，許多驕兵悍將對內不聽朝廷調度，對外消極避戰，動輒投降敵人，造成明朝的崩潰。鄭成功從一無所有起家，以招降納叛為主，將部隊發展至數十萬人。從其來源來說，這些部隊大多是原來明朝軍隊的班底，染有濃厚的不良習氣，但這些部隊在鄭成功部下，往往可以體現出較強的戰鬥力，這與鄭成功善於以法治軍是分不開的。夏琳的《閩海紀要》記載，鄭成功入臺後曾說：「子產治鄭，孔明治蜀，皆以嚴從事，況立國之初，不加一番整頓，則流弊不可勝言矣。」這表明了鄭成功從嚴治軍的思想。鄭成功執法，內不避親。從叔鄭芝莞率數千軍隊守廈門島，並立下軍令狀。然而，當清軍數百人登陸後，鄭芝莞便嚇得逃到海上，導致鄭成功的部隊遭受重大損失。鄭成功論廈門失陷與收復的功罪，依軍令斬鄭芝莞，一軍皆驚。但是，鄭成功執法過嚴，往往因小罪而誅殺大將，尤其是入臺之後，鄭成功連連殺死幾位跟隨自己打天下的大將，雖然不無理由，但導致人心解體。

其一，永曆十五年五月，殺死宣毅後鎮的鎮將吳豪。吳豪是跟隨鄭芝龍闖天下的老將，曾經到過臺灣。鄭成功對臺灣用兵，惟獨吳豪反對，謂

21 阮旻錫，《海上見聞錄》卷一，第47頁。
22 楊英，《先王實錄》，第85頁。

臺灣瘴癘之地，人多得病。當時鄭成功「心含之，謂其有阻貳師也」[23]。到臺灣後，鄭成功殺死吳豪，其罪名是「搜掠臺灣百姓銀兩，盜匿粟石罪犯」。與吳豪同罪的還有虎衛右鎮陳蟒，他的下場是被革職[24]。

其二，殺府尹楊朝棟。楊朝棟原為五軍戎政協理，鄭成功提出入臺作戰，大多數將領不表態，吳豪反對，而楊朝棟是惟一大力支持鄭成功入臺的將領。入臺之後，楊朝棟被任命為府尹，主管臺灣的民政與籌糧等事。但臺灣糧食來源困難，諸將對楊朝棟扣發糧食定量多有不滿，向鄭成功告狀。於是，鄭成功殺楊朝棟，罪名是「以其用小斗散糧，殺其一家；又殺萬年縣祝敬，家屬發配」[25]。當時臺灣糧食極為困難，楊朝棟以小斗放糧，不一定是貪汙，也有可能是因為糧食不足。鄭成功以此為由殺楊朝棟，在道理上是說不過去的。其次，楊朝棟的行為和其家屬有什麼關係？將其家屬也殺死，就更沒有道理了。

其三，下令殺長子鄭經。鄭成功入臺時，長子鄭經受命監政。鄭經娶仙遊名宦唐顯悅長子之女為妻，唐氏端莊賢淑，但與鄭經不甚相得。鄭經在外多蓄狡童騷婦為樂，與五弟的乳母相通生子，並以侍妾生子上報成功。成功不知，因新得孫子，傳令慶祝。不料親家唐顯悅寫信給成功，責備鄭經與乳母相通是亂倫。鄭成功大慚，派人持令箭至廈門，命諸臣殺其妻董氏、其子鄭經及新生的孫子與乳母。鄭泰、洪旭等人接令駭然，不敢殺鄭經與董氏，並與鄭經等商量，以殺乳母及孫回報。成功不允，再次命令一定要殺鄭經與董氏。其時，鄭成功傳令廈門，令官員、將領將家屬搬至臺灣，而臺灣正流行瘟疫，大多數將領都不願入臺。「其北人來降者家眷，乘隙皆渡海逃去。」連鄭成功的大將慶都伯王秀奇，也逃回江南，埋名不出[26]。於是，鄭泰等人帶頭抗命，「不發一船至臺灣」，形成公然抗命的局面[27]。當時臺灣缺糧、缺餉，與廈門斷絕關係是很難支撐的。鄭成功為此十分焦急，臨死前一天，還用望遠鏡觀察澎湖方向，盼望有船來臺灣。五月初八日，鄭成功病死於臺灣。

---

23　楊英，《先王實錄》，第 244 頁。
24　楊英，《先王實錄》，第 253 頁。
25　阮旻錫，《海上見聞錄》卷一，第 47 頁。
26　阮旻錫，《海上見聞錄》卷一，第 47 頁。
27　阮旻錫，《海上見聞錄》卷一，第 48 頁。

　　鄭成功逝世是抗清事業的一大損失。明鄭政權在失去鄭成功之後，他的接班人鄭經作為領袖才華、膽略、氣質遠遠不及鄭成功。由於這一點，明鄭內部進一步分裂，而廈門與金門諸島很快被清軍攻克，鄭經退守臺灣。但從另一個角度來看，鄭成功死前已是眾叛親離，他若不死，鄭氏父子之間的矛盾就無法解決。其次，鄭成功是清朝畏懼的人物，只要他在一天，清廷便坐立不安，即使明鄭退守臺灣，清廷也會想方設法攻克臺灣，不會出現鄭經在臺灣偏安十幾年的局面。

## 二、鄭經登基和戰略撤退

　　鄭成功死後，臺灣與金廈分裂的局面一時仍未結束。臺灣諸將在黃昭、蕭拱宸的策動下，擁立鄭成功之弟鄭襲繼位。在廈諸將聞知鄭成功去世，亦擁立鄭經為世子，繼承鄭成功延平王的稱號。清廷得知鄭成功去逝，再次招降鄭成功餘部，鄭經與鄭泰商量，答應照朝鮮例與清朝和談。即清朝若允許他們像朝鮮那樣不剃髮，保有明代衣冠，並有政治、經濟的自主權，他們便奉清朝為正統。然而，清朝不肯接受這一條件，仍派兵部郎中金世德入閩招撫鄭氏餘部，「凡海上文武官投誠者，依例照品級升降補用」[28]。這一策略對瓦解明鄭力量是起了作用的。

　　鄭經與清朝關係一時穩定之後，便於 1662 年十月分帶 1000 餘名士兵入臺。黃昭與臺灣的明鄭將領發兵來襲，雙方大戰。夏琳的《閩海紀要》上卷記載康熙元年之事：

> 冬十月，明招討大將軍世子鄭經入東都。成功既殂，黃昭奉成功弟世襲為護理，謀將嗣位；世子經乃偕陳永華、周全斌、馮錫範率兵東渡。十月晦，世子至。十一月朔，黃昭會諸部來攻。值大霧晝暗，諸將皆迷失道，獨昭先至，破營而入，世子潰，幾為所困；周全斌率左右數十人力戰，昭中流矢，斌斬以狗。忽而霧消天朗，日向午矣。其眾驚潰，皆曰：「吾君之子也」！悉投戈降。世子慰諭之，遂入安平鎮；收殺李應清、蕭拱辰、曹從龍等，餘皆不問。曰：「令反側子自安」。使人請世襲至，待之如初。

---

28　阮旻錫，《海上見聞錄》卷一，第 49 頁。

　　如上所述，一場戰鬥之後，黃昭戰死，餘部迎降鄭經。於是，鄭經順
利地統一了臺灣。在臺灣，鄭經發現戶官鄭泰與鄭襲有瓜分明鄭勢力的協
議，回到廈門後，又發現鄭泰與清軍有聯繫，於是，以金廈總制印誘鄭泰
來見，隨即發兵襲金門鄭泰的老巢。但金門的鄭泰之弟鄭鳴駿已得知消息，
率金門 8000 餘眾並海船 200 艘駛向泉州港，投降清朝。其時為清康熙二年
（1663 年）六月。

　　自鄭鳴駿投降後，鄭經部下人心渙散，大批將領投降清廷。其中有長
期跟隨鄭成功的老將右武衛楊富、左武衛何義、忠靖伯陳輝以及文官中的
參軍蔡鳴雷、禮官都事陳彭等人。

　　清康熙二年（1663 年）九月，荷蘭軍艦 16 艘來到福州，與清軍聯合，
共同攻打鄭經。十月十九日，清軍兵分三路，施琅與黃梧領兵自海澄攻廈
門，鄭鳴駿與馬得功從泉州港南下，另有同安的清軍也出港作戰。荷蘭的
軍隊主要配合泉州南下的清軍。明鄭方面，以周全斌率主力 20 艘大船迎戰
泉州來犯的清軍主力，他們沿岸行駛，繞過深海的荷蘭軍艦，衝向清軍，
接連擊破降清的楊富部水師與鄭鳴駿水師，清提督馬得功因乘鄭鳴駿的船，
被周全斌圍攻而死。苦戰一日，雙方打成平手，周全斌全師退回金門。但
在海澄方向，施琅與黃梧擊敗了黃廷的明鄭水師，在廈門登陸。廈門高崎
守將陳昇降清，於是廈門失守。其時，鄭經早已將將士家眷搬遷在船，看
見廈門已不可恢復，便揚帆向南，轉移到銅山島，其後，周全斌亦跟隨而
來。廈門失守後，清兵在島上屠殺民眾，其時廈門島尚有數十萬人，「多
遭兵刃，男婦係纍，童稚成群，若驅犬羊，連日不絕。……『嘉禾斷人種』
之讖應焉」[29]。

　　鄭經退往銅山島之後，部下紛紛降清的趨勢仍然無法制止。康熙三年
三月，鄭經與洪旭、陳永華、馮錫範等人退往臺灣。此後，銅山島的周全
斌部、黃廷部及南澳島的杜輝等人都向清軍投誠。鄭經的主力大部損失於
大陸沿海。僅據福建方面官員的統計，「自康熙元年至三年止，合計投誠
文武官三千九百八十五員，食糧兵四萬九百六十二名，歸農官弁兵民六萬
四千二百三十名口，眷屬人役六萬三千餘名口，大小船九百餘隻」[30]。這樣，

29　阮旻錫，《海上見聞錄》卷二，第 52 頁。
30　《清聖祖實錄》卷一二，第 22 頁。

僅僅在福建方面，鄭經便損失了 10 萬以上的軍隊，以及近 4000 名文武官員。鄭經能帶往臺灣的官兵就不多了。據施琅估計：「康熙三年間，鄭經復帶去偽官兵並眷口約六七千，為伍操戈者不過四千。」[31] 但是，康熙三年十一月，施琅發兵攻擊臺灣，遇大風而還。

康熙四年四月，清軍水師主力在施琅的率領下進攻臺灣，但在途中遇到大風，船隻飄散。施琅等人要求再次進攻。然而，福建方面的靖南王耿精忠與李率泰都持反對態度，清廷調施琅至北京任內大臣，攻臺之議被擱置。此後七八年，臺灣與清朝的關係相對穩定，清朝屢有招降之議，但明鄭總是以保持明代衣冠為條件，拒絕了清朝的招降。

## 第三節　明鄭在臺灣的經營

鄭成功去逝後，鄭經退守臺灣，與大陸的關係相對穩定。在這一期間，明鄭對臺灣的開發卓有成效，奠定了臺灣發展的基礎。

鄭經入臺以後，在政治上重用洪旭、黃安、陳永華、馮錫範等人，形成了一個新的領導核心。其中陳永華多謀善斷，發揮很大作用。鄭經的才華不能與鄭成功相比，但他在政治上樂於傾聽諸臣的意見，擇善而從。這樣，鄭成功時代的一些治臺策略得到了延續，並發揮了良好的作用。

### 一、明鄭時期的政治規劃

健全行政系統。鄭成功入臺之後，以赤嵌城為東都，並在臺灣設承天府，由楊朝棟任府尹，轄天興及萬年二縣，莊文烈為天興縣令，祝敬為萬年縣令，開始查核田糧，徵納賦稅。鄭經入臺後，於康熙三年改東都為東寧，並升天興、萬年二縣為州，在島內漢人居住的地方，設三十四里，將東寧城分為四坊，進一步完善了地方行政系統。

明鄭在政治上仍以明朝為號召。這是明鄭的一個重要特點。即使是在永曆帝死後，臺灣仍然使用永曆年號，迄至最後滅亡。據一些史料記載，鄭經每當重大事件及封賞重臣，都要先拜永曆之位，在政治上一直以明朝

---

31　施琅，《靖海紀事》，〈盡陳所見疏〉，施琅研究會編，《施琅》，1996 年自刊本，
　　第 49 頁。

為號召。明鄭在政治上與清朝談判時，一向堅持保留明朝衣冠，不肯剃髮，這在政治上有相當的號召力。當鄭經使節入閩談判時，父老見其衣冠如舊，多感慨唏噓，有隔世為人之感。對跟隨鄭經入臺的明朝諸王，如寧靖王、瀘溪王、魯王世子等人，明鄭仍然給予生活上的照顧，使他們保持以往的地位，但不讓他們在政治上發揮作用。

明鄭整軍備武。明鄭退入臺灣後，以澎湖為保護臺灣的主要基地，派駐軍隊，並規定每四個月輪換一次。為了抗拒施琅對臺用兵，令「隨行各鎮營，凡農隙時，務教習武藝弓矢，春秋操演陣法」。明鄭對水師猶為重視，「着屯兵入深山窮谷中，採辦桅舵含檀，令匠補葺修造。旭又別遣商船前往各港，多價購船料，載到臺灣興造洋艘、烏船……製造銅熕、倭刀、盔甲，並鑄永曆錢」[32]。

嚴法治軍、治政。鄭成功部隊來源很雜，除了核心部隊外，有敵軍投降，有來自民間武裝改編，甚至有來自土匪的成分。管理這樣一批人，使之成為合格的戰士，鄭成功不得不嚴法治軍。如《海上見聞錄》云：「用法嚴峻，果於誅殺」。郁永河的〈偽鄭逸事〉評論：「成功特重操練，舳艫陳列，進退有法。將士在驚濤駭浪中，無異平地，跳躑上下，矯捷如飛。將帥謁見，甲冑僅蔽身首，下體多赤足不褲；有以靴履見者，必遭罵斥，併抑其賞。凡海外多淤泥陷沙，惟赤足得免粘滯，往來便捷故也。」。「成功立法尚嚴，雖親屬有罪不少貸；有功必賞，金帛珍寶，頒賚無恡容，傷亡將士，撫恤尤至。故人皆畏而懷之，咸樂為用。……為盜不論贓多寡，必斬。有盜伐人一竹者，立斬之。至今臺灣百貨露積，無敢盜者，以承峻法後也。」夏琳的《閩海紀要》評鄭成功治臺灣：「於是闢草萊、興屯聚、嚴法令，犯者雖親不貸；或諫以用法宜稍寬，成功曰：『子產治鄭、孔明治蜀，皆以嚴從事。況立國之初，不加一番整頓，則流弊不可勝言矣』！眾皆拜服。」陳永華執政時，鄭氏親貴及豪門多有違法、違規者，陳永華管不了，便建言鄭經，讓其子鄭克臧監國，鄭克臧執法不講情面，有其祖父鄭成功之風，帳下諸臣多畏懼之。

發展與土著的關係。鄭成功入臺，是土著改變自己的一個機會。據荷

---

32　江日昇，《臺灣外志》卷一三，第 228 頁。

蘭文獻記載，鄭成功的軍隊入臺之後，大多數地區的原住民都起來反對荷蘭殖民主義者：「好些居住山區和平原的居民及其長老，還有幾乎所有住在南部的居民，都投降了國姓爺。每位長老獲賞一件淺色絲袍，一頂裝有金色頂球的帽子和一雙中國靴。這些傢伙如今辱罵起我們努力傳播給他們的基督教真理，他們因不用上學校而興高采烈，到處破壞書本和器具，又恢復其可惡的異教風俗和習慣了。他們聽到國姓爺來了的消息，就殺了一個我們荷蘭人，像往日處理被打敗的敵人一樣，把頭顱割下，大家圍著跳舞、狂歡。」[33] 有一些原住民還襲擊荷蘭殖民主義者，新港土著一次殲滅14名荷蘭士兵，一支百餘人的荷蘭武裝在到小琉球的途中被襲，被迫跳海逃生。[34] 臺灣土著人的政治立場是相當重要的，因為，在郭懷一起義時，荷蘭人曾利用2000信基督教的土著武裝對付郭懷一，這是荷蘭人迅速鎮壓郭懷一起義的一個重要原因。鄭成功入臺後，荷蘭人也曾想調用基督教人的武裝，但知道原住民的政治態度後，打消了這一想法。鄭成功在戰事穩定後，巡勘臺灣各地，設宴招待各番社的酋長，並贈以菸草、布帛。他嚴禁部下官兵侵占土著的田地。但在軍糧最為缺乏之際，駐紮大肚社的鄭軍官兵，因「營將楊高，凌削土番」，導致雙方衝突發生，鄭軍費了很大的力氣，才將原住民的武裝擊敗。鄭成功為了緩和雙方矛盾，將發生衝突的後衝鎮調離大肚溪，他還三令五申：「不許混圈土民及百姓現耕田地」。為了幫助土著發展農業，他派人教土著使用牛、犁、鐮、鋤等農具[35]。從總體而言，鄭成功、鄭經時代，明鄭對臺灣番民的統治是穩定的。

　　由此可見，明鄭開發臺灣頗有政績。夏琳的《閩海紀要》記載鄭經和陳永華：「分諸將土地，課耕種、徵租賦、稅丁庸、興學校、通魚鹽，安撫土民，貿易外國，儼然別一乾坤。」鄭經的大臣蔡政也是一個能臣：「東寧開國之初，奉令巡訪封內：因民性而施教令，申制度以昭王章；政在宜人，士庶便之。每進讜論，世子改容迦納。」蔡政不幸早死，鄭經甚為惋惜。經過鄭成功及鄭經、與陳永華兩代人的經營，臺灣有很大的發展，所

---

33　《熱蘭遮日記》摘錄，《鄭成功收復臺灣史料選編》第305頁。

34　參見：施聯朱，〈鄭成功收復臺灣及其對高山族的政策〉，《鄭成功研究論文選》續集，福建人民出版社1984年版，第75頁。

35　楊英，《先王實錄》，第254頁、第260頁。

以，史稱「向之憚行者，今喜為樂土焉」[36]。但臺灣在開發之初，被稱為瘴癘之地，瘟疫流行，移民臺灣的兵民，「初至，水土不服，瘴癘大作，病者十之七八，死者甚眾」[37]。清兵攻占廈門時，許多士兵因畏懼臺灣之行而投降清朝，直到康熙九年，仍有此類事發生。當年十月，據「浙江、福建總督劉兆麒疏報：偽寧遠將軍林伯馨、偽都督施轟，率偽官一百四十四員、兵一千六百九十名，船三十隻，自臺灣赴浙投誠」[38]。這說明當時臺灣的生活環境與大陸尚有一定的差距，所以，臺灣的官兵有機會時便逃往大陸，這反映了臺灣開發之初的困難。

## 二、明鄭時期臺灣經濟的發展

　　鄭成功入臺之後，十分重視臺灣的開發。其時，清朝正實行遷海政策，將居住在沿海的民眾廷至內陸，造成閩粵沿海一帶千鄉萬村盡成廢墟的慘狀。聞知清廷實行遷界，鄭成功「馳令各處，收沿海之殘民移我東土，開闢草萊，相助耕種」[39]。鄭成功借此招攬沿海民眾入臺。晉江人范博夢跟隨鄭成功作戰，「鄭氏踞臺灣，公從而家焉」。其妻子陳氏死後葬於臺灣「諸羅縣大奎壁茶公堂大溝邊」。范家的一個侄女，「適臺灣」。這都說明這個家族在臺灣生活頗久。[40]金門的蔡氏家族有多人跟隨鄭成功到臺灣謀生，蔡允能攜眷入臺，死後葬於臺灣，其子孫或歸家鄉，或留臺發展。[41]惠安名儒王忠孝得到鄭成功的書信後，便安排族人到臺灣開發。其侄孫王及甫「癸卯三月，以開墾至，為一門食指計也。」[42]王忠孝到臺灣後說：「東寧僻處海東，向為紅夷所据，土夷雜處，散地華人，莫肯措止矣。間有至者，多荷鋤逐什一之利，衣冠之侶未聞也。」[43]鄭成功一向重視民心的爭取，入臺後，他大力提倡諸將官開墾臺灣荒地，但又嚴禁他們侵占老百姓已開墾的

36　阮旻錫，《海上見聞錄》卷二，第 54 頁。
37　阮旻錫，《海上見聞錄》卷一，第 47 頁。
38　《清聖祖實錄》卷三四，第 15 頁。
39　江日昇，《臺灣外志》卷一二，第 202 頁。
40　晉江《范氏家譜》，轉引自陳支平，《民間文書與臺灣社會經濟史》，長沙：嶽麓書社 2004 年，第 3 頁。
41　陳炳容，《金門碑碣翫跡》，金門縣文化局 2011 年，第 63—64 頁。
42　王忠孝，《王忠孝公集》卷二，〈哭侄孫及甫文〉，第 85 頁。
43　王忠孝，《王忠孝公集》卷二，〈東寧上帝序〉，第 82 頁。

田園。這使普通百姓也可以到臺灣開發。

　　鄭經入臺後，即踏勘臺灣各地，見其土壤肥沃，下決心在臺灣各地屯墾。他規定：「文武各官及總鎮大小將領家眷……隨人多少，圈地永為世業，以佃以漁」[44]。為了鼓勵墾荒，規定新墾的田地可以三年不起稅。由於臺灣的土地極為肥沃，開墾農田的收穫很高，所以，有許多大陸移民入臺墾荒。陳永華執政後：「親歷南北二路各社，勸諸鎮開墾，栽種五穀，蓄積糧糗，插蔗煮糖，廣備興販，於是年大豐熟，民亦殷足。又設立圍柵，嚴禁賭博，教匠取土燒瓦，往深山伐木斬竹，起蓋盧舍，與民休息。」[45]經過多年的開發，臺灣的糧食自給有餘。季麒光說：「自紅彝侵奪于前，偽鄭竊踞于後，中國之民或以兵卒而至，或以擄掠而至，或奸人避罪而至，或貧民寄食而至，故臺灣之地，始有戶口，因之耕鑿貿易，漸成繁庶」。[46]王忠孝又說：「賜姓撫茲土，華人遂接踵而來，安平、東寧，所見所聞，无非華者，人為中國之人，土則中國之土，風氣且因之而轉矣。是以向者地屢震，而今寧謐，向者春無雨，而今沾濡，天心之明，示人以意也，而況於神乎！」[47]可見，鄭成功入臺之後，臺灣開發進入一個新時代。

　　鄭經重用洪旭、陳永華，對臺灣的經營十分用心。「勤督開墾，集眾煮海，調度井井，業已就緒。」[48]大致而言，鄭經仍然延續著臺灣固有傳統，以稻米、白糖、鹿皮、捕魚業為主。鄭氏的特點在於，將一切行業都承包出去，官府坐收銀兩。以農業來說，「社港賸餉，年徵銀一萬九千三百八十八兩……定例，於每年五月叫賸，聽人承認，其銀皆歸商人完納。偽冊所云：『賸，則得；不賸，則不得』也。」又如鹽稅：「鹽稅，年徵銀三千四百八十兩，載鹽出港銀二百兩。查偽時按格起餉，聽商承賸，稅重民困。」在漁業方面，「罟、罾、罘、泊、縺、䋿等稅，年徵銀八百四十兩；給旗採捕烏魚，年徵銀一百四十一兩。查一漁戶耳，港稅三千一百六十兩零，出之于魚者也。罟一張徵銀一十六兩八錢；罾一張徵

44　楊英，《先王實錄》，第 254 頁。

45　江日昇，《臺灣外志》卷一三，第 227 頁。

46　季麒光，《東寧政事集》，〈覆議二十四年餉稅文〉，香港人民出版社 2004 年，第 158 頁。

47　王忠孝，《王忠孝公集》卷二，〈東寧上帝序〉，第 82 頁。

48　江日昇，《臺灣外志》，上海古籍出版社 1984 年，第 228 頁。

銀六兩，罟、泊、緄、繵每一條各徵銀八兩四錢，又出之於魚者也，烏魚給旗，每枝徵銀一兩五錢，亦出之于魚者也，嗟此小民，餐風宿水，所獲幾何，而叠徵若此？」[49] 明鄭在臺灣所收稅種都是繼承荷蘭制度而來，其稅收額遠遠超出明清兩朝的稅收，因此，清代官員紛紛批評鄭氏在臺灣稅重。蓋因明鄭據臺期間，養兵數萬，故無法減稅。這是明鄭的遺憾。

　　明鄭的另一個特點是：其富人多為官員，而且經商為生。鄭經自己是一個商人，他繼承鄭芝龍、鄭成功的遺風，擁有多條船隻到海外貿易。在臺灣，他直接擁有許多土地。他手下的官員，也多擁有田產、船隻和糖車等資產。季麒光統計清初臺灣榨蔗的糖車計有 100 部，其中 50 部歸民眾所有，另有 50 部歸臺灣各衙門所有。[50] 清初臺灣的衙門怎麼會有這麼多官產呢？它原來應屬明鄭官員所有，清初明鄭官員大都遷到內地，這些糖車也就屬於清代各級衙門管轄了，自然成為官產。所以說，明鄭政權大致是一個商人集團的政權。另外要說明的是，明鄭的武職官員手下有許多士兵和兵船，不打仗之時，這些船隻和人員都可用於貿易或是耕田，所以，臺灣官員中，武官較富，而文官中，除了少數人之外，大都是貧窮的，這是臺灣特殊的情況。

　　經過明鄭多年的經營，臺灣經濟漸可趕上內地。例如，康熙十年「臺灣秋禾亦大熟」[51]。這表明臺灣已成為東南重要的糧食產地。除了糧食之外，蔗糖是另一個支柱產業，據《臺灣府志》記載，鄭時代，臺灣被徵稅的蔗車有 100 張，每年製糖可達數萬擔。其他行業在鄭經時代也有相當的發展。臺灣的製鹽業原是應用古老的煮鹽技術，鄭經入臺後，帶入福建沿海流行的曬鹽法，使臺灣可以較低成本生產優質食鹽。他如燒窯術、造船術等手工業，都逐次傳入臺灣。施琅說臺灣：「臣奉旨征討，親歷其地，備見野沃土膏，物產利薄，耕桑並耦，魚鹽滋生。滿山皆屬茂樹，遍處俱植修竹，硫磺、水籐、糖蔗、鹿皮以及一切日用之需，無所不有。向之所少者布帛耳。」[52]

---

49　季麒光，《東寧政事集》，〈請免二十三年半徵文〉，香港人民出版社 2004 年，
　　第 155—156 頁。

50　季麒光，《東寧政事集》，〈預計糖額詳文〉，第 188 頁。

51　江日昇，《臺灣外志》卷一五，第 250 頁。

52　施琅，〈題為恭陳臺灣棄留事本〉，廈門大學臺灣研究所、中國第一檔案館編輯部，

　　清朝統一臺灣後，留下了許多有關臺灣的記錄，其時臺灣剛剛進入清朝的版圖，因此，到臺灣的官員對這一塊土地處處感到新鮮，他們以外來者的眼光查視經過荷蘭與明鄭統治的臺灣，留下了不少記載，這些文獻應可反映鄭氏統治臺灣時期市鎮發展的概況。

　　臺灣為海中孤島，地在東隅形似彎弓，中屬臺灣市，市以外皆海。由上而北至淡水、雞籠城界，與福建相近。其東則大琉球也。離灣稍遠。由下而南，至加洛堂、郎橋止。其西則小琉球也。與東港相對，由中而入，一望平原，三十餘里，層巒聳翠，樹木翁茂即臺灣澳之所也。而澳外復有沙堤，名為鯤身，自大鯤身至七鯤身止，起伏相生，狀如龍蛇，復有北線尾，鹿耳門，為灣澳之門戶。大線頭海翁窟為臺城之外障，船之往來，由鹿耳，今設官盤驗云。[53]

　　按，荷蘭據臺之時，臺南有兩個華人市鎮，赤嵌一帶是最早的華人市區，而荷蘭人入臺之後，主要經營七鯤身半島的熱蘭遮城，城外的華人市區即為安平鎮。隨著華人來臺越來越多，荷蘭人又在赤嵌一帶修建普羅岷西亞城，以控制日益發展的華人市區。鄭成功入臺後，最先收復普羅岷西亞城，因此，他將大寨紮於普羅岷西亞城，自稱東寧府。清軍入臺後，將東寧府改為臺灣城，是為臺灣府所在地。

　　「安平鎮城在一崑（鯤）身之上，東抵灣街渡頭，西畔沙坡抵大海，南至二崑（鯤）身，北有海門，原紅毛夾板船出入之處，按，一崑（鯤）身周圍四五里，紅毛築城用大磚、桐油灰，共搗而成。城基入地丈餘，深廣亦一二丈，城牆各垛俱用鐵釘釘之，方圍一里，堅固不壞，東畔設屋宇市肆，聽民貿易。城內曲屈如樓臺，上下井泉，鹹淡不一，另有一井，僅一小孔，桶不能入，水從壁上流下。其西南畔一帶，原係沙墩，紅毛前後載石堅築，水衝不崩」；「赤嵌城亦紅毛所築，在臺灣海邊，與安平鎮相向，其城方圍不過半里」。[54]

---

　　　《康熙統一臺灣檔案史料選輯》，第 309 頁。

53　林謙光，康熙《臺灣府紀略》，康熙二十九年刊本，四庫全書存目叢書，史部214冊，第 270 頁。

54　林謙光，康熙《臺灣府紀略》城郭，康熙二十九年刊本，四庫全書存目叢書，史部214 冊，第 270—274 頁。

這兩座城隔著大員灣遙遙相望。季麒光說：「查偽藩文武各官，皆住安平鎮，故設船三十四隻，偽侍衛發旗編號。」[55] 因鄭成功及鄭經主要住在東寧府，所以，文武各官要乘船往來於兩城之間。如果說荷蘭人在臺灣重點開發的對象是熱蘭遮城，那麼，鄭經時期則是將熱蘭遮城當作軍事城堡，而其主要開發對象則是赤嵌一帶的華人市區，當時稱之為東寧府，清人稱之為「臺灣」，清代最早的臺灣縣即為此地，也是臺灣府的駐地。「後經至廈門，委翁天祐為轉運使，任國政，於是，興市肆，築廟宇，新街、橫街皆其首建者也」。由於翁天祐的建設，安平鎮的市區大有擴展，初到臺灣的清人說：「臺灣縣居中，其所轄有⋯⋯大街、橫街、新街、禾寮港街、瀨口街、大井頭、嶺後、油桁、柴市等街」。[56]「下視街市，鱗鱗齒齒，俱交洰於清光寒照之中。」[57] 可見，當時的東寧府已經初具規模。從資本運作來看鄭氏時期臺灣的開發，應當說，這是福建商業資本對臺灣投資的效果。

## 三、發展臺灣的文教事業

鄭成功在東南沿海反清，有一大批明朝的遺老前來投靠他，鄭成功建儲賢館奉養這些在政治、文化上頗有影響的老人。又建育冑館，教養官員子弟。二館奉行儒學，以曾櫻、徐孚遠等名士為老師，培養了陳永華之類的學生。明鄭能夠長期堅持抗清，與其人材培養是分不開的。

鄭成功及鄭經入臺，隨同的有一批明朝的遺老，諸如徐孚遠、王忠孝、辜朝薦、沈佺期、郭貞一、盧若騰、李茂春等名儒，都在臺灣避難，不肯降清。後來，徐孚遠等人死於臺灣，還有一些人即使進入清朝，也不肯出來做官。丁紹儀的《東瀛識略》第八卷遺聞：

> 臺灣歸附後，前明舉人龍溪李茂春竄居臺之永康里，題所居曰「夢蝶」，安貧處困，日誦佛經自娛，人稱李菩薩云。時同安盧觀察若騰亦以遺老遯跡澎湖；前明以進士召對稱旨，授兵部主事，擢郎中，疏劾督師楊嗣昌、定西侯蔣惟祿，有惡其太直者，外遷甯紹兵備道，

55　季麒光，《東寧政事集》，〈請免二十三年半徵文〉，香港人民出版社 2004 年，第 156 頁。

56　林謙光，康熙《臺灣府紀略》沿革、建置，康熙二十九年刊本，四庫全書存目叢書，史部 214 冊，第 270—274 頁。

57　季麒光，《蓉洲文稿選輯》，〈秋夜遊北園記〉，香港人民出版社 2004 年，第 114 頁。

專意撫循兩郡士民，有盧菩薩之稱；後終於澎。甯之鄞縣有沈太僕光文，由前明副榜歷官太僕寺卿，奉使粵東航海回，風飄至臺，流寓目加溜灣，以醫藥活人；姚總督啟聖與有舊，招之歸，不可，因家焉。所著有《臺灣輿圖考》、《草木雜記》。越十餘年，又有前明副貢生惠安張士榔棄家至臺，杜門不出，焚香烹茗，學辟穀法，惟日食茶果，卒時年九十九。

他們這些人生活在臺灣，為臺灣儒學打下了基礎。

陳永華治臺，首重文教，他對鄭經說：「開闢業已就緒，屯墾略有成法，當速建聖廟，立學校。」鄭經尚以為臺灣地廣人稀，不如等候將來。陳永華說：「非此之謂也。昔成湯以百里而王，文王以七十里而興。豈關地方廣闊，實在國君好賢能，求人材，以相佐理耳。今臺灣沃野數千里，遠濱海外，且其俗醇，使國君能舉賢以助理，則十年生長，十年教養，十年成聚，三十年，真可與中原相甲乙。何愁其褊促稀少哉！今既足食，則當教之，使逸居無教，何異禽獸，須擇地建立聖廟，設學校，以收人材，庶國有賢士，邦本自固，而世運日昌矣。」[58] 這段話充分反應了陳永華的卓見真知。其後，臺灣逐次建立書院、府學、州學和社學，聘請儒者擔任老師，開始了臺灣的儒學教育。永曆二十年（康熙五年）正月，鄭經和陳永華在臺灣承天府：「建立先師聖廟成。旁置明倫堂，又各社令設學校延師，令弟子讀書。議兩州三年兩試，照科歲例開試。儒童州試有名送府，府試有名送院，院試取進准充入太學。仍按月月課，三年取中式者，補六官內都事，擢用陞轉。三月，經以陳永華為學院，葉亨為國子助教，教之養之。自此臺人始知學。」[59] 夏琳的《閩海紀要》上卷記載永曆二十四年（康熙九年）之事：

鄭經立國學，以葉后詔為國子司業。初，永曆開科粵西，詔諸勳鎮各送生員赴試；成功禮送生員十餘人，以后詔為首。舟至廣，遇風不得達；后詔乃回，隱遁海上，與王忠孝、沈佺期交最善。至是，聘為司業；善於訓導諸生，人人自慶得師。凡後進之士經其賞識，無不以文章著名於世。

---

58　江日昇，《臺灣外志》卷一三，第 227 頁。
59　江日昇，《臺灣外志》卷一三，第 227—228 頁。

　　可見，由於有一批名士在臺灣，當時臺灣的儒學教育水準不錯。為了補充官員的不足，鄭氏還在臺灣實行科舉制，考核《五經》，選拔官員，為儒學在臺灣的傳播打下了基礎。迄至康熙二十五年，清朝的臺廈兵備道周昌到了臺灣後說：「本道自履任後，竊見偽進生員，猶勤藜火，俊秀子弟，亦樂絃誦。」[60] 其後，陳永華子陳夢求等人，都在清初考中進士。可見，鄭經、陳永華的儒學教育是有成績的。

　　赴臺諸君子中，最為出名的是徐孚遠，他是江南幾社的名士，和陳子龍等人編纂《明經世文編》。徐孚遠在江南屬於領袖級的文士，鄭成功年輕時入南京國子監讀書，曾想拜徐孚遠為師學詩。隆武政權時，他曾入閩任職，隆武敗後，他隨魯王抗清，往來於閩浙沿海，曾入見鄭成功。鄭成功率諸將道迎。永曆十二年（清順治十五年，西元 1658 年），永曆帝授鄭成功為延平王，徐孚遠受命出使雲南，受阻於安南國，後回歸廈門，相傳住在廈門的曾厝垵。清康熙二年（1663 年）清軍攻克廈門、金門二島。徐孚遠東遷臺灣。也有人說他被清軍將領吳六奇迎至潮州饒平，兩年後去世。《徐孚遠年譜》記載：

> 鄭郊祭先生文：二島盡覆，始挈其家依於饒鎮，杜門塊處，憤極而哭，哭已復憤，誓以一死全其素衣。諸書記先生晚節詳略互異。《明史》謂其因松江破，遁入海，死島中。《泉州府志》謂其居廈之曾厝垵，卒。《福建通志》本《龍溪縣志》，謂其遊龍溪後不知所終。《南疆逸史》、《鮚埼亭集》均謂其歿於臺灣。《鷺江志》亦言其垂老更適臺灣，挈家佃於新港，躬耕沒世。《同安縣志》因之。「野乘」謂康熙癸卯島破，諸縉紳多東渡，獨閣公駕船歸華亭；並屬傳聞之誤。[61]

　　然而，全祖望的徐孚遠傳謂其人隨鄭成功赴臺，卒於臺灣。他在臺灣頗有影響：「及鄭氏啟疆，老成耆德之士，皆以避地往歸之，而公以江左社盟祭酒，為之領袖，臺人爭從之遊。公自歎曰：司馬相如入夜郎教盛覽，

---

60　周昌，〈詳請開科考試文〉，高拱乾纂輯、周元文繼修，康熙《臺灣府志》卷十，〈藝文志〉，臺灣史料集成，臺北，文建會 2004 年，第 396 頁。

61　陳乃乾、陳洙纂輯，《徐闇公先生年譜》永曆十七年，六十五歲。臺灣文獻叢刊，第 123 種。

此平世之事也；而吾以亡國之大夫當之，傷何如矣！至今臺人語及公，輒加額曰：偉人也！」[62] 全祖望是著名的史學家，為姚啟聖寫過傳記，嫻熟臺灣早期史料，他寫的東西應有所根據吧。

南明時期到過臺灣的文人除了徐孚遠之外，就數盧若騰與王忠孝留下了文集。盧若騰的著作名為《留庵文集》，原已散逸，卻在金門魯王墓發掘後復傳於世。後來臺灣文獻叢刊出版時，收入了盧若騰的《留庵文選》，是為臺灣文獻叢刊第245種。盧若騰這類當過大臣的人，其文章大都簡練而不廢話，議論某事，總能注入感情，激動讀者。他的另一部詩集《島噫集》也有不少感人的詩。

王忠孝，福建惠安人。崇禎元年進士。入仕後不久，因故被牽連入獄。但其人廉潔有名，藉此出獄罷官。隆武朝出任光祿寺少卿。後隨鄭成功抗清，居廈門、金門多年。他日常與盧若騰、諸葛倬、徐孚遠、沈佺期、洪旭諸人往來，「楊榷古今，校訂書史」。康熙二年清軍攻占廈門、金門兩島，王忠孝先居銅山島，後遷臺灣，死於康熙五年。王忠孝在臺灣時，故人星散，往來較多的是寧靖王朱術桂和禮科官員辜朝薦，他們「日相過往，賦詩著書，以盡餘年」。[63] 一生著作《四書語錄》、《易經測略》、《孝經解》、《四居錄》，大都散佚。後人輯其奏疏、文稿、詩篇彙成《王忠孝公集》。王忠孝是當時有名的文士，創作水準較高。他在臺灣所寫的〈東寧中秋有感〉云：「今夜東州月，初升色皎皎。晴空杳無雲，碧曜當天炤。四顧望霄輝，萬戶爭歡叫。爝火難為光，餘氛莫敢攬。天公似有意，明興為之兆。」[64] 從「萬戶爭歡叫」這句，可知當時臺灣的中秋節，大眾都很高興。但在老年人眼裡，還是有「爝火難為光」的孤獨。最後，詩人從明亮的月光想到這是明朝重興的一個好兆頭，他念茲在茲的還是明朝的復興大業。王忠孝還有〈東方首春有懷〉一詩：「問余何事渡橫流，為箇綱常割不休。歲曆忽頒懷舊闕，春英乍放警新籌。江山別剏雄風壯，書劍猶存灝氣留。佇見陽和迴北谷，何愁吾道付滄洲。」[65] 最後的「吾道付滄洲」是套

---

62　全祖望，《徐都御史傳》，陳乃乾、陳洙纂輯，《徐闇公先生年譜》附錄。
63　洪旭，〈王忠孝傳〉，《王忠孝公集》卷十二，第403頁。
64　明·王忠孝，《王忠孝公集》卷十一，第381—382頁。
65　明·王忠孝，《王忠孝公集》卷十一，第383頁。

用了朱熹的一句詩詞，表示儒學源源不斷之意。儘管到了天涯海角，王忠孝還是堅信儒學之道長青，表達了身老志堅的不屈性格。總之，王忠孝是臺灣文學的奠基者之一，他的文章條理清晰，詩歌清朗可誦，達到較好的水平。

　　鄭成功忙於軍務，平時做詩不多。其實他自幼拜名儒為師，基礎很好。鄭成功流傳於世的詩有〈出師討滿夷自瓜州至金陵〉：「縞素臨江誓滅胡，雄師十萬氣吞吳。試看天塹投鞭渡，不信中原不姓朱。」他的〈復臺〉一詩是有名的。「開闢荊榛逐荷夷，十年始克復先基。田橫尚有三千客，茹苦間關不忍離。」這兩首詩都反映了鄭成功氣吞山河的雄心壯志，也只有鄭成功這樣的英雄才能做出來。

## 第四節　南明時代鄭氏集團的海上貿易

　　從鄭芝龍、鄭成功到鄭經、鄭克塽四代人，一直是縱橫中國東南的海上力量，他們擁有強大的武裝貿易集團，在中國對外貿易中扮演了重要角色。

### 一、鄭成功時期海上貿易

　　鄭芝龍在其鼎盛時期，從對外貿易中獲得巨額利潤。鄭成功繼承鄭芝龍之後，十分注意發展海上貿易。據《臺灣外志》記載：「成功見士卒繁多，地方窄狹，以器械未備，糧餉不足為憂，隨與諸參軍潘庚鍾、馮澄世、蔡鳴雷、林俞卿等會議。澄世曰：『方今糧餉充足，鉛銅廣多，莫如日本。……且借彼地彼糧，以濟吾用，然後下販呂宋、暹羅、交趾等國，源源不絕，則糧餉足而進取易矣。』成功是之」[66]。由此可見，鄭成功對海外貿易十分重視。不過，《臺灣外志》將這條史料繫於順治八年，即永曆五年、西元1651年，實際上，鄭成功在鄭芝龍被清廷誘捕後，便繼承他的遺產，一直進行海外貿易。例如，據設於日本長崎的荷蘭商館日記記載，早在永曆三年，即有鄭成功的二艘以上的船隻在長崎靠岸，載來生絲等貿易商品[67]。永

---

66　江日昇，《臺灣外志》，第120頁。
67　轉引自曹永和，〈從荷蘭文獻談鄭成功之研究〉，鄭成功研究學術討論會學術組編，《臺灣鄭成功研究論文選》，第357頁。

曆五年之後，鄭成功在日本的貿易發展更快。木宮泰彥依據《長崎志》統計：南明時期來到日本的商船數量，多的時候如 1650 年，一年即有 70 艘，少的時候如 1648 年為 20 艘，大多數年分為四五十艘[68]。其時，南明以鄭成功為首的武裝力量控制了中國沿海，這些商船大都要取得鄭氏的號令才能安全在海上行走，所以，赴日本的中國商船大多來自鄭成功控制的港口。又據荷蘭東印度總督的記載，自 1654 年 11 月 3 日迄至 1655 年 9 月 16 日不及一年時間內，長崎有：「由各地開來的中國戎克船五十七艘入埠。即：安海船四十一艘，其大部分係屬於國姓爺的。泉州船四艘、大泥船三艘、福州船五艘，南京船一艘，漳州船一艘及廣南船二艘。如日本商館日誌末後所附載詳細清單，上述各戎克船總共裝載生絲 140100 斤，此外還進了巨量的織品及其他各種貨物。這殆都結在國姓爺的賬。」[69]楊英的《從征實錄》記載，永曆十一年（1657 年）二月，「六察常壽寧在三都告假先回，藩行令對居守戶官鄭宮傳、察算裕國庫張恢、利民庫林義等，稽算東西二洋船本利息，並仁、義、禮、智、信、金、木、水、火、土各行出入銀兩」。可見，鄭成功還是十分精明的。不過，他最信任的戶官鄭泰，本是他從小就起用的書僮，卻在戶官的長期任上欺騙了他。鄭泰為瞞過鄭成功，所貪汙的錢都寄存在日本，死前已達百餘萬銀兩。

鄭成功與南洋的貿易往來也十分繁榮，據荷蘭人的《熱蘭遮城日誌》記載：「屬於國姓爺的船隻二十四艘，自中國沿岸開去各地貿易。內開：向巴達維亞去七艘，向東京（即東京灣，今越南北部灣）去二艘，向暹羅去十艘，向廣南去四艘，向馬尼拉去一艘」[70]。可見，鄭成功的海外貿易規模相當大。清朝實行海禁後，鄭成功仍能控制安海、廈門一帶，福建商人依然去海外貿易。西班牙史料顯示，1657 年由中國大陸到馬尼拉港貿易的商船為 3 艘；1658 年為 18 艘；1560 年為 13 艘；1661 年為 10 艘，1662 年為 3 艘。[71] 平均每年 9 艘多。

---

68　木宮泰彥，《日中文化交流史》，第 627 頁。

69　轉引自曹永和，〈從荷蘭文獻談鄭成功之研究〉，《臺灣鄭成功研究論文選》，第 358 頁。

70　轉引自曹永和，〈從荷蘭文獻談鄭成功之研究〉，《臺灣鄭成功研究論文選》，第 358 頁。

71　方真真，《華人與呂宋貿易（1657—1687）史料分析與譯著》，第一冊，臺北，清華大學出版社 2012 年，第 94 頁。

　　為了配合海外貿易，鄭成功還建立了與大陸貿易的系統。鄭成功叛將黃梧曾向清廷揭發鄭成功有五大商行。他說：「成功山海兩路，各設五大商，行財射利，黨羽多至五、六十人。泉州之曾定老、伍乞娘、龔孫觀、龔妹娘等為五商領袖。……陰通犯禁百貨，漏洩內地虛實，貽害最大。」[72]楊英的《從征實錄》裡也記錄了鄭成功有：仁、義、禮、智、信、金、木、水、火、土等共十大商行，由戶官管轄[73]。臺灣學者南棲考證：金、木、水、火、土等山路五商設於杭州，而仁、義、禮、智、信等海路五商設於廈門，這些行商具備較大的資本，由鄭成功的親信管轄。據黃梧舉的一些例子，行商使用的資本十分巨大，曾定老曾一次領出 25 萬兩白銀，往杭州購貨，又一次領出 5 萬兩銀，去日本貿易[74]。當時海外貿易的利潤極高，而鄭成功的貿易組織相當龐大，所以，他的利潤也相當高。郁永河說：「成功以海外彈丸地，養兵十餘萬，甲胄戈矢，罔不堅利，戰艦以數千計；又交通內地，偏買人心，而財用不匱者，以有通洋之利也。我朝嚴禁通洋，片板不得入海，而商賈壟斷，厚賂守口官兵，潛通鄭氏以達廈門，然後通販各國。」[75]鄭成功以海島彈丸之地，養兵十餘萬，主要還是靠來自海外貿易的利潤。

## 二、鄭經、鄭克塽時代臺灣的對外貿易

　　鄭成功的家族世代經商，因此，鄭氏入據臺灣，可以看成福建商業資本在臺灣的發展，這是閩臺商業史的重要內容。

　　迄至鄭經時期，陳永華為了保證大陸的貨源，著力打開對大陸的貿易。他派江輝等人到清朝放棄的廈門、金門諸島活動，慢慢建立了與大陸的貿易通道。從此臺灣商人可以在金門、廈門二島購入大陸的各種手工業品，出售從海外販入的各種香料，還可以購入在海外市場上極為暢銷的瓷器、絲綢、生絲、白糖等。鄭經還與日本、英國及東南亞諸國建立貿易關係並獲得很大的成功。

　　鄭經治臺期間，尚擁有強大的水上力量。史偉琦說：「鄭成功強橫時期，

72　福建巡撫許世昌，〈敬陳滅賊五策事〉，載《明清史料己編》第六本，第 575—582 頁。

73　楊英，《先王實錄》，第 151 頁。

74　南棲，〈臺灣鄭氏五商之研究〉，載《臺灣鄭成功研究論文選》，第 197 頁。

75　郁永河，《禆海紀游‧鄭氏逸事》，臺灣文獻叢刊第 44 種，第 49 頁。

原以仁、義、禮、智、信五字為號，建置海船，每一字號下各設有船十二隻。」[76] 可見，僅這一系統的海船就有 60 隻上下。這一力量被鄭經所繼承。鄭氏「三世相繼，倚舟楫以為用。」[77] 直到明鄭後期，鄭氏水上力量還是很可觀的。季麒光說：「偽時民船二百一十隻，各給牌照。年徵銀一千五百兩。」[78] 據英國商人的記載，1670 年時，臺灣有大小船舶 200 艘。[79] 在這一基礎上，鄭氏大力發展海上貿易。鄭經入臺後，其重臣洪旭、陳永華等人十分重視貿易：「旭又別遣商船前往各港，多價購船料，載到臺灣興造洋船、烏船，裝白糖、鹿皮等物，上通日本，製造銅熕、倭刀、盔甲，並鑄永曆錢。下販暹羅、交趾、東京各處，以富國。從此臺灣日盛，田疇市肆，不讓內地。」[80] 臺灣位於東南亞與東北亞之間，本身出產蔗糖、硫磺等商品，對外貿易的條件很好。海上貿易給明鄭集團帶來很大的利益。清將史偉琦曾被明鄭俘虜，後於康熙三年降清。他說：「臣在海上從逆之際，專管通往外國之海船，故曾督船親臨日本、呂宋、交趾、暹羅、柬埔寨、西洋等國，因而有所知曉。」「鄭逆負臺灣之險，每年牟利不可勝數。」「鄭逆倚恃海島為王，依賴外國致富，且其烏合之眾，皆係中國之人，全賴糧食豐足。」[81] 由此可見，鄭經退到海外孤島，之所以能夠長期堅持抗清，靠的是海外貿易。

日本是鄭經主要貿易對象之一。「海外諸國，惟日本最富強，而需中國百貨尤多，聞鄭氏兵精，頗憚之；又成功為日本婦所出，因以渭陽誼相親，有求必與，故鄭氏府藏日盈。」[82] 據英國商人的記載，1670 年時，臺灣有 18 艘船去日本貿易。英國人估計，臺灣平均每年有 14 ～ 15 艘大船赴

76 史偉琦，〈密題臺灣鄭氏通洋情形並陳剿撫機宜事本〉康熙七年七月初七日，廈門大學臺灣研究所、中國第一檔案館編輯部，《康熙統一臺灣檔案史料選輯》，福建人民社 1983 年，第 82 頁。

77 季麒光，《蓉洲文稿選輯》，〈將軍侯生祠碑記〉，第 106—107 頁。

78 季麒光，《東寧政事集》，〈請免二十三年半徵文〉，香港人民出版社 2004 年，第 157 頁。

79 岩生成一摘錄，《十七世紀臺灣貿易史料》等，轉引自戚嘉林，《臺灣史》上冊，第 108—109 頁，臺灣自立晚報社，1986 年 9 月版。

80 江日昇，《臺灣外志》第十三卷，上海古籍出版社 1984 年，第 228 頁。

81 史偉琦，〈密題臺灣鄭氏通洋情形並陳剿撫機宜事本〉康熙七年七月初七日，廈門大學臺灣研究所、中國第一檔案案館編輯部，《康熙統一臺灣檔案史料選輯》，福建人民社 1983 年，第 82 頁。

82 郁永河，《裨海紀游‧鄭氏逸事》，臺灣文獻叢刊第 44 種，第 49 頁。

日貿易。臺灣向日本輸出糖、鹿皮以及若干大陸商品，鄭克塽時期，臺灣一次向日本輸出 99 萬斤糖。[83] 史偉琦評說日本：「共有六十六島，惟長崎一島，向與中國及南方諸國往來不絕，每年夏秋二季，均至長崎通商貿易。該地出產金銀、藥材、珍珠、翠羽。……今日猶如鄭錦（經）咽喉之糧道……倘偶順風，十五日內必可到達。所謂東連日本國者，乃此也。凡各國商貨，每年夏秋，必至日本。」[84] 鄭經在臺灣，還允許英國設立商館，雙方進行貿易，明鄭軍隊在戰爭中使用的英國步槍，大都是由英國人輸入的。

　　鄭經也和西班牙人有貿易關係，史偉琦說：「呂宋國極為富庶，城垣堅固，宮廷華麗，信奉天主教，又奴僕眾多，男女衣著皆以彩緞，鍋瓢器皿多為金銀，此乃與鄭錦相好通商之國。該國產蘇木、胡椒、檀香、降香、蘇合香、象牙、丁香、翠羽等珍奇異物。」[85] 從 1663 年到 1682 年，由大陸發往呂宋馬尼拉的商船共計：63 艘，平均每年 3 艘多。自 1664 年開始有臺灣船到呂宋貿易，迄至 1683 年共計 49 艘，平均每年 2.45 艘。[86] 這些商船所載貨值各年不同。1662 年的 6 艘商船載給馬尼拉 294150 里爾的貨物，平均每船價值 5 萬里爾；1665 年的 7 艘商船載到馬尼拉的貨物價值 418700 里爾，平均每船價值 6 萬里爾。[87]

　　據史偉琦的記載，除了日本和呂宋之外，安南、交趾、大泥、暹羅、六崑、柬埔寨、噶喇巴、占城等地都有明鄭的船隻貿易。海上貿易給明鄭帶來很大的利益。阮旻錫說鄭經：「改天興、萬年二縣為州，置鳳山、諸羅二縣，深耕種，通魚鹽，安撫土番，貿易外國，向之憚行者，今喜為樂土焉。」[88] 總之，鄭氏集團對臺灣的開發，使其成為東亞的一個重要的貿易區域，並成為閩臺區域主要經濟區之一。

---

83　岩生成一摘錄，《十七世紀臺灣貿易史料》等，轉引自戚嘉林，《臺灣史》上冊，臺灣自立晚報社，1986 年 9 月版，第 108—109 頁。

84　史偉琦，〈題報臺灣情形並陳宜切斷錢糧來源以破鄭錦事本〉，康熙七年七月初七日，《康熙統一臺灣檔案史料選輯》，福建人民社 1983 年，第 84 頁。

85　史偉琦，〈題報臺灣情形並陳宜切斷錢糧來源以破鄭錦事本〉，康熙七年七月初七日，《康熙統一臺灣檔案史料選輯》，福建人民社 1983 年，第 84 頁。

86　方真真，《華人與呂宋貿易（1657—1687）史料分析與譯著》，第一冊，臺北，清華大學出版社 2012 年，第 94 頁。

87　方真真，《華人與呂宋貿易（1657—1687）史料分析與譯著》，第一冊，第 101 頁。

88　阮旻錫，《海上見聞錄定本》，福建人民出版社 1992 年，第 54 頁。

## 三、明鄭時期的閩臺貿易

我們研究鄭氏集團在臺灣的對外貿易，也要注意一點：如果就臺灣論臺灣，鄭經等官員手中可供貿易的商品不多，也就白糖、鹿皮兩項。英國人記載明鄭時期的臺灣：「這裡屬大員的大小船隻有兩百艘。今年十八艘開往日本，其中大半為國王所有，鹿皮全為國王的貨物，年產有 20 萬張。臺灣每年產糖五萬擔。……登冊兵士有 7 萬名。」[89] 不過，到了明鄭統治的後期，臺灣的收入大大減少了。清代臺灣最早的諸羅縣令季麒光曾經代理臺灣府，當時福建官府承接鄭氏在臺灣的對外貿易，讓季麒光按照鄭氏舊額採購白糖、鹿皮兩項物資，這讓季麒光忙得焦頭爛額。對季麒光來說，最大的問題是：清軍占領臺灣後，將鄭氏官兵及其眷屬遷往大陸，其時臺灣的富人多為鄭氏官員，這批人遷走之後，臺灣剩下的都是窮人，而臺灣以往的賦稅也就沒有了著落。因此，他力爭為臺灣減稅。在與上級的信件往來中，季麒光說到了清初臺灣白糖及鹿皮的採購總額。「竊照白糖興販，關係軍需，在國賦為最重，在民力為最難。二十四年，臺灣辦糖一萬一千石之額，派于臺灣縣者六千石，派于鳳山縣者一千五百石，派于諸羅縣者三千五百石。」[90] 清代官員採購如此巨額的白糖，應是「偽鄭」時期的慣例。在鹿皮方面也有同樣的情況。季麒光認為：自「紅毛」以來臺灣的慣例是：「收皮之數，每年不過五萬張，或四萬餘張不等。」鹿皮中有「牡皮、母皮、末皮、麛皮、鰥皮分為五等，大小兼收，偽冊昭然。」這些鹿皮主要輸往日本，「以應彼國定買六十萬兩之數」。[91] 可見，在鄭氏時期，臺灣的商品大約是白糖一萬一千多石、鹿皮五萬張，其中鹿皮約值六十萬兩白銀。對一個初步開發的地區而言，這是一個不錯的成績。但鄭氏官兵達數萬人之多，要養活這麼多人，這一數量的貿易額就不夠了。正如福建總督姚啟聖所說：「竊照臺灣乃海中孤島，一歲之所入不足供一歲偽官兵之俸餉。」[92]

我們知道，17 世紀在國際市場上最為流行的商品是中國的生絲，瓷器

---

89　曹永和，〈英國東印度公司與臺灣鄭氏政權〉，張炎憲主編，《英國東印度公司與臺灣鄭氏政權》，臺北，中研院中山人文社會科學研究所 1997 年，第 398 頁。

90　季麒光，《東寧政事集》，〈預計糖額詳文〉，香港人民出版社 2004 年，第 188 頁。

91　季麒光，《東寧政事集》，〈申覆糖皮文〉，第 216 頁。

92　姚啟聖，〈題為嚴絕三省接濟臺灣事本〉，康熙二十二年正月，廈門大學臺灣研究所、中國第一檔案館編輯部，《康熙統一臺灣檔案史料選輯》，第 257 頁。

和白糖分居第二位和第三位。在這三大項商品中，臺灣只能生產白糖，當地的鹿皮只有日本市場才需要，同類東西，中國市場流行的是牛皮，而且臺灣的鹿皮取之於野生之鹿，其來源有限。臺灣是生產白糖的最佳場所，但因明鄭時期的臺灣人口有限，每年生產的白糖數量有限。那麼，國際市場上所需要的大量中國商品從何處得來呢？由於這一時期清朝實行海禁與遷界，海外諸國無法得到中國商品，他們只得與臺灣的明鄭政權貿易。因此，明鄭時期，到臺灣貿易的海外船隻也不少。鄭經在臺灣收稅。「載貨入港，年徵銀一萬三千兩。查偽時番船往來，故有是數。」[93] 其中英國人到臺灣的次數較多。鄭經特許英國人在臺灣設立商館[94]，雙方進行貿易，明鄭軍隊在戰爭中使用的英國步槍，大都是由英國人輸入的。總之，鄭氏集團對臺灣的開發，使其成為東亞的一個重要的貿易區域。

　　然而，明鄭時期的臺灣並不生產生絲與瓷器，因此，他們為了得到這些商品，就得發展臺灣與大陸的貿易。另外，臺灣草莽初闢，手工業落後，陳永華痛感：「寸帛尺布，值價甚多，皆由設法未周，故不流通。」[95]「向之所少者布帛耳，茲則木棉盛出，經織不乏。且舟帆四達，絲縷踵至，飭禁雖嚴，終難杜絕。」[96] 可見，當時的臺灣需要許多大陸的物資，只有發展臺灣與閩粵之間的貿易，臺灣才能自存。不過，自康熙元年（1662 年）始，清朝實行殘酷的遷海政策，將距海 30 里至 50 里的百姓全部遷走，「福建、浙江、廣東、南京四省近海處各移內地三十里，令下即日，挈妻負子載道路，處其居室，放火焚燒，片石不留。民死過半，枕藉道塗。」[97] 按照清廷決策者的構想，海禁與遷海政策實施後，會斷絕明鄭與大陸民眾的關係，臺灣政權不摧自垮，但是，清朝在沿海連綿數千里的封鎖線，到處都有漏洞。一個莆田人記載，遷海政策剛實行時，「海禁甚嚴，海味無敢賣」。

93　季麒光，《東寧政事集》，〈請免二十三年半徵文〉，香港人民出版社 2004 年，
　　第 155 頁。

94　英國人 1670 年到臺灣，1672 年在臺灣安平設立商館。曹永和，〈英國東印度公司
　　與臺灣鄭氏政權〉，張炎憲主編，《英國東印度公司與臺灣鄭氏政權》，臺北，中
　　研院中山人文社會科學研究所 1997 年，第 389 頁。

95　江日昇，《臺灣外志》，上海古籍出版社 1984 年，第 229 頁。

96　施琅，〈題為恭陳臺灣棄留事本〉，廈門大學臺灣研究所、中國第一檔案館編輯部，
　　《康熙統一臺灣檔案史料選輯》，第 309 頁。

97　海外散人，《榕城紀聞》，中國社會科學院歷史研究所清史研究室編，《清史資料》
　　第一冊，北京，中華書局 1980 年，第 22 頁。

其後，封鎖線上的官兵收取賄賂，放行人們下海謀生，封鎖線流於形式。「禁令雖嚴，圖利者不怕，上下相蒙，愈禁愈有。」[98]當鄭成功剛入臺的時候，士兵的糧食發生問題，「官兵日只二餐，多有病沒，兵心嗷嗷」。為了救急，鄭成功下令：「並官私船有米來者，盡行買糴給兵。」[99]可見，其中有「私船」在經營兩岸貿易。

　　就臺灣的地理形勢而言，發展大陸貿易有許多選擇。「臺灣地方，北連吳會，南接粵嶠，延袤數千里，山川峻峭，管道迂迴，乃江、浙、閩、粵四省之左護。」[100]鄭經答覆清朝和談的文件中說：「風帆所指，南極高瓊、北盡登遼，何地不可以開屯，何地不可以聚兵。」[101]這是說，當年明鄭的船隻航行於中國萬里海疆，北到山東的登州、遼寧的沿海，南到嶺南的高州和海南島，但是，當時的帆船時代，海船行駛靠風向，如果風向不順，船隻無法出海。所以，清代臺灣與北方港口之間的航行，大約一年只有一個來回。福建與臺灣隔海相望，廈門與臺南北港之間的航程不過十更左右，只要有兩天的順風，船隻便可抵達對岸港口，其間還有澎湖可以候風。因此，明鄭時期的兩岸往來，主要還是臺南與閩粵港口之間的往來。姚啟聖說：「竊照臺灣乃海中孤島，一歲之所入不足供一歲偽官兵之俸餉，所恃者奸民愍不畏死，貪利接濟以苟存耳。江南、山東，其為路迂曲，透越甚難，惟近而閩省，次則粵、浙，海面相聯，易於接濟。」[102]閩粵的港口，以廈門及潮州的達濠最重要。清軍於康熙二年攻占廈門，「男女童稚，擄掠一空，遺民數十萬，靡有孑遺。」[103]但清朝並未設鎮據守，而是將廈門劃為界外，在同安陸上掘壕巡邏，不讓民眾到廈門去。被拋荒的廈門後被海盜占領。鄭經見清軍不占廈門，便於康熙五年派漳浦人江勝率一支隊伍到廈門平定海盜，江勝初戰失利後，與潮州達濠港的豪強邱輝聯合再戰，

98　陳鴻、陳邦賢，《清初莆變小乘》，中國社會科學院歷史研究所清史研究室編，《清史資料》第一冊，北京，中華書局 1980 年，第 81 頁。

99　楊英，《先王實錄》，福建人民出版社 1981 年，第 257 頁。

100　施琅，〈題為恭陳臺灣棄留事本〉，廈門大學臺灣研究所、中國第一檔案館編輯部，《康熙統一臺灣檔案史料選輯》，第 309 頁。

101　鄭經，〈復孔元章書〉永曆二十一年六月二十三日，廈門大學臺灣研究所、中國第一檔案館編輯部，《康熙統一臺灣檔案史料選輯》，第 70 頁。

102　姚啟聖，〈題為嚴絕三省接濟臺灣事本〉，康熙二十二年正月，廈門大學臺灣研究所、中國第一檔案館編輯部，《康熙統一臺灣檔案史料選輯》，第 257 頁。

103　夏琳，《閩海紀要》，福建人民出版社 2008 年，第 71 頁。

終於大敗廈門的海盜集團。其後，廈門與潮州達濠成為鄭經在閩粵沿海的兩大據點。「勝踞廈門，斬茅為市，禁止擄掠，平價交易。凡沿海內地窮民，乘夜竊負貨物入界，雖兒童無欺。自是，內外相安，邊疆無釁。其回達濠貨物，聚而流通臺灣，因此物價平，洋販愈興。」[104] 從出土文物來看，臺南縣的社內遺址等地，出土了大量的明鄭時期的瓷器，澎湖也有同樣的發現。這說明明鄭海商集團可以得到許多大陸的器物，並將其出售於海外各港，獲得利潤。[105]

實際上，許多史家都認為，正是清朝廷的海禁政策，使明鄭集團成為中國商品出口的主要代理商。「凡中國各貨，海外人皆仰資鄭氏；於是通洋之利，惟鄭氏獨操之，財用益饒。暨乎遷界之令下，江浙閩粵沿海居民悉內徙四十里，築邊牆為界，自為堅壁清野計，量彼地小隘，賦稅無多，使無所掠，則坐而自困，所謂不戰而屈人之兵，固非無見。不知海禁愈嚴，彼利益普，雖智者不及知也。即疇昔沿海所掠，不過厚兵將私橐，於鄭氏公帑，原無損益。」[106]

話說回來，當年清朝的海禁對臺灣的貿易還是有影響的，由於海禁時鬆時緊，臺灣海商往往不能及時得到貨物，來到臺灣貿易的外籍商人常常留滯於商館。因此，臺灣海商對兩岸貿易期盼甚高。在臺灣貿易的英國人發現：「在目前的貿易情況中，大量貨物不易銷售。臺灣當局渴望中國之王（清廷）派專使來議和，如能成功，則臺灣可能成為繁盛之貿易地。……現在不知道臺灣每年多少貨物可以輸出中國，因貿易之情況甚不安定也。」[107] 其原因在於：清軍在克復臺灣之前，對臺灣的封鎖越來越嚴，臺灣的對外貿易規模也越來越小。明鄭在鄭成功時期，擁有戰艦數千艘，養兵數十萬，迨至鄭經時期，從事遠洋的商船還有 20 來艘，但到了鄭克塽時期，臺灣保有的洋船數量就很少了，康熙二十二年姚啟聖偵察到：「賊

---

104　江日昇，《臺灣外志》，上海古籍出版社 1984 年，第 230 頁。

105　盧泰康，〈閩商與臺灣發現的閩南貿易陶瓷〉，栗建安主編，《考古學視野中的閩商》，北京：中華書局 2010 年，第 122 頁。

106　郁永河，《裨海紀游・鄭氏逸事》，臺灣文獻叢刊第四四冊，第 49 頁。

107　賴永祥，〈鄭英通商關係之檢討〉，《臺灣鄭成功研究論文選》，福建人民出版社 1982 年，第 283 頁。

尚有洋船九隻，每年出往外國販洋，所得利息以為偽官兵糧餉之用。」[108]
在與施琅的澎湖之戰中，明鄭軍隊被焚「洋船」5 隻[109]，這些洋船應是平時
用於販運，戰時借用為戰船。其總數比鄭經時代要少了很多，這也是明鄭
臺灣最終失敗的原因之一。

## 小結

　　嚴格地說，本章所寫的是臺灣的歷史，不過，這一時期的臺灣歷史與
福建的歷史是完全揉合在一起，很難分開。因此，我的辦法是概要性地敘
述這段歷史。真正詳細的明鄭據臺歷史，應當留給正規的臺灣史吧。

　　荷蘭人東進臺灣，趁著明清鼎革之際的動亂，占據臺灣 38 年。荷蘭人
經營臺灣，粗看很有效果，其實他們沒能解決好與福建海商的關係問題。
東方的經商原則是和氣生財，但占據臺灣的荷蘭人崇奉的是武力至上的原
則，在其武力所到之地，荷蘭人都全力打擊本地的閩南商人。當時荷蘭商
人和福建商人都到日本貿易，日本人知道荷蘭人總想著搶劫中國商船。每
年秋風起、中荷商船都要南下之時，日本管理者會讓中國船先走，三天後
才放行荷蘭船。在西班牙人占據的馬尼拉港，荷蘭艦隊總在其外圍徘徊，
遇到中國船隻便搶劫，這導致閩商商人與馬尼拉的貿易蕭條。荷蘭人認為，
他們這些做法無非是想讓中國商人將貨物運到臺灣，再由荷蘭人轉運世界
各地。然而，中國商人很早就發現：其實荷蘭人無法全部收購中國商人運
到臺灣的商品。這樣，荷蘭人在臺灣便成為亞洲貿易的一根刺，只有拔掉
這根刺，才能發展中國商品的對外貿易。

　　從鄭芝龍到鄭成功、鄭經，鄭氏三代人都是中國海商利益的代表者。
鄭芝龍一直將與荷蘭人的對抗放在第一位，鄭成功因為抗清的重任，一直
無法展開與荷蘭殖民者的全面鬥爭。不過，鄭成功在抗清過程中發展了自
己的武裝，通過與清軍的數十場戰鬥，鄭成功軍隊的作戰能力大有提高，
這才有了打擊荷蘭軍隊的實力，這一點，鄭芝龍的部隊是沒有的。鄭芝龍
時代的明軍只能在水戰中對抗荷蘭軍隊，陸戰並無優勢。明鄭在水陸兩個

---

108　姚啟聖，〈題為派船阻擾臺灣販洋耕種事本〉，廈門大學臺灣研究所、中國第一檔
　　　案館編輯部，《康熙統一臺灣檔案史料選輯》，福建人民社 1983 年，第 258 頁。
109　季麒光，《蓉洲文稿選輯》，〈將軍侯生祠碑記〉，第 106—107 頁。

戰場上都壓倒荷蘭軍隊，只能是鄭成功時期。那時的鄭成功軍隊經歷多次殘酷的國內戰鬥，練出百戰精兵，荷蘭軍隊人數太少，無法與鄭成功對抗。

鄭成功能夠獲得攻取臺灣的勝利，還有主場因素。閩南海商有足夠的實力在家門口打敗任何一個挑戰者。以往的遺憾是這股力量無法組織起來。以後的遺憾是：海商直接的武裝，也就是在鄭成功時期是最強大的。鄭成功死後幾十年，閩南海商就沒有直接領導的海上武裝了。荷蘭人離開臺灣之後，一度聯合清朝軍隊攻擊明鄭，然而，清軍奪取廈門後，將廈門民眾全部驅離鷺島。荷蘭在福建沿海沒有了貿易對象，也就無法恢復對華貿易。清朝真正統一臺灣之後，又將荷蘭人忘之於腦後。荷蘭人抱著對清朝的怨恨，開始制裁清朝，賭氣不派商船到中國貿易。然而，小國制裁大國的命運從來是「自損一千，傷敵八百」，荷蘭的命運便是如此。清初荷蘭人走了，英國人來了，傳統由荷蘭人經營的茶葉生意，也交給了英國人。其時，茶葉貿易是世界上利潤最大的貿易之一，失去茶葉貿易，荷蘭人似乎沒有怎麼樣，但我們看到：17 世紀末期，荷蘭人在世界上屢戰屢敗，從世界大國轉成英國人的小弟，只能在世界市場上混日子罷了。

# 第十章　三藩之亂及明鄭抗清的尾聲

　　從康熙十二年（1673 年）開始，清朝分封的三位漢族藩王先後發動叛亂，平西王吳三桂反於雲南，靖南王耿精忠反於福建，平南王尚氏家族中的尚之信反於廣東，而臺灣的鄭經渡海而來，他們的軍隊席捲南方各地，掀起轟轟烈烈的反清運動，其聲勢不亞於明末的抗清鬥爭。清初的福建具有反清傳統，是三藩之亂的主要戰場之一，也是戰爭延續最久的區域。

## 第一節　三藩之亂的形勢和耿精忠反清

　　清朝入關之後，起用了大量的漢族兵將，其中最為出名的是吳三桂、耿仲明等人。不過，清朝對這些軍隊一向不太放心。康熙前期，朝廷企圖將吳三桂等漢將調回遼東貧苦之地，刺激了南方三大藩王舉起反清的旗幟。當此之際，長期盤踞臺灣的明鄭部隊也反攻閩粵，從而形成了長達數年的「三藩之亂」。

### 一、耿精忠反清

　　耿精忠的祖父耿仲明原為明朝的將領，於明末投於清廷，被封以王爵。清軍入關後，耿仲明隨滿清軍隊征討四方，主要在南方作戰，被封為靖南王，與平西王吳三桂、平南王尚可喜並稱清初的三大藩王。耿仲明死後，其子耿繼茂襲封，於順治十七年（1660 年）被派到福建，專門對付鄭成功。

耿繼茂死，耿精忠繼位。

圖 10-1　福州河口石橋旁的耿精忠捐建碑記

　　耿氏家族在福建經營多年，福建的漢軍將領大都出於他們的門下，可以說是稱霸一方，根深蒂固。康熙十二年（1673 年）三月，廣東的平南王尚可喜奏請回歸遼東老家養老，將爵位讓給其子尚之信。清廷對三藩尾大不掉早有戒心，想乘機削藩，便下令尚可喜帶其部眾家屬一起返回遼東。該年七月，吳三桂與耿精忠見到清廷的撤藩令，也上奏要求撤藩，試探清廷的意圖，他們原以為清廷會挽留他們。不料年輕果敢的康熙皇帝竟然同意他們的奏摺，八月初六，他下令將吳三桂與耿精忠都調回遼東。遼東為苦寒之地，而三藩所在的南方諸省，多為物產豐美之處。三藩在這些地方經營多年，霸占了許多商業、工礦業與田產，撤藩意味著他們在南方的經濟利益付諸東流，到了北方之後，只能靠薪俸過日子，生活水平大為下降。所以，撤藩令一下，三藩所部將士全部轟動起來，他們不願拋棄現有的利益，去過貧寒的生活。於是，他們策動兵變，並鼓動首領造反，終於促成了三藩之亂。對藩主來說，撤藩意味著清廷動搖他們的根本利益，所以，他們要反抗。十一月二十一日，吳三桂在雲南造反，很快攻占貴州等地。

　　在三藩中，耿精忠是較為積極的一個，他很早即與吳三桂有聯繫，決意共進退。康熙十二年八月，康熙皇帝剛剛發出撤藩令，他便派人去臺灣聯繫鄭經，請鄭經率福建舟師由海上出江南，而耿精忠統帥陸軍出浙江，與鄭經會師南京。為了說動鄭經，他以漳泉二府贈給鄭經。鄭經聞訊大喜，率部進駐澎湖。但是，耿精忠隨即又派人勸說鄭經稍候，以便做好準備。

　　山雨欲來風滿樓。清廷從三藩的動向看出他們的不滿，為了防止耿精

忠的造反，康熙帝專門派出與耿精忠有親戚關係的名臣之子范承謨任福建總督。范承謨入閩後，與耿精忠的關係極為緊張，但是，他又無法判斷耿精忠是否有叛亂之謀，行動受制。加上吳三桂造反之後，清廷著力安撫耿精忠與尚可喜，撤銷了對平南王與靖南王撤藩令，范承謨左右為難，十分被動，大局完全被耿精忠控制。

康熙十三年三月，耿精忠終於在福州起兵反清，自福建巡撫劉秉政以下的大多數官員降耿，范承謨被其囚禁。耿精忠掌控福州大局後，自稱「總統兵馬大將軍」，恢復明朝衣冠，鑄「裕民通寶」，派都統馬九玉、總兵曾養性、白顯忠等攻略八閩府州，八閩傳檄而定。其時，廣東潮州的劉進忠也起兵反清，隸屬於耿精忠部，而吳三桂的軍隊已進入湖南與江西，南方諸王舊部紛紛起兵，一時天下大震。

三藩起兵後，能取得顯著的戰績，與南方的形勢有關。以福建來說，由於多年戰爭的影響，福建的許多城市被焚毀，無數的農村荒廢。尤其是清廷實行遷界以來，沿海最富裕的地區被拋荒，二萬多頃良田無人耕種，數十萬人無家可歸，經濟受到極大的破壞。由於清廷不准片板下海，福建的海上通道被切斷，傳統的商業網絡廢棄，商品生產萎縮，人民的生活水平大大降低，所以，民間有很強的反清情緒。耿精忠倡義反清，八閩響應，耿精忠傳檄而定福建，都是這一形勢的反映。

耿精忠造反之後，分兵攻打浙江、江西。由曾養性率領的一路得到浙江境內綠營兵的響應，進展很快，五月，曾養性部已攻克溫州、平陽、瑞安、樂清、仙居、太平、黃巖，進窺寧波、紹興，分兵攻占處州。

五月，耿精忠進入江西的一路也有顯著的戰果，相繼攻克廣信、建昌、饒州三府，並分兵進入浙江，攻克常山、開化、壽昌、淳安、遂安諸縣，另一部分進入安徽南部，攻徽州、婺源、祁門等重鎮。但浙江總督李之芳苦守南部重鎮衢州府，擋住了耿精忠的攻勢。耿精忠部作戰順利原因在於大兵所到之處，往往有起義的農民軍配合，加上清廷地方官多不懂軍事，所以，耿精忠部才能順利得手。不過，清廷在長江一線集有重兵，康熙帝令康親王傑書率部入浙，耿精忠的攻勢頓挫。康熙十三年底，耿精忠部徐尚朝領兵五萬攻金華，桑明率兵五萬攻衢州，都被清軍擊敗。康熙十四年五月，清軍在浙江與江西都轉入反攻，八月，清兵在浙江黃巖縣大敗曾養

性部，形勢對清方有利。然而，康親王是紈綺子弟，對軍事不甚用心，所以，清軍的反擊不很有力，浙江的戰事呈現對峙狀態，一直持續數年。

## 第二節　鄭經經營廈門及攻略閩粵

盤踞臺灣的鄭經感到自身的地盤很小，經濟上很困難。臺灣明鄭對外貿易的商品大都來自大陸。三藩之亂發生後，鄭經感到這是一個機會，便渡海而來，試圖恢復金門和廈門，號令東南。他的努力一時獲得許多人的擁護。

### 一、鄭經出兵閩粵

鄭經退據臺灣，內心並未放棄大陸。早在康熙九年，鄭經便嘗試聯絡有反清之意的吳三桂。夏琳的《閩海紀要》下卷記載：

> 九年（明永曆二十四年）春、二月，明招討大將軍世子鄭經遣監紀推官吳濟聘平西王吳三桂。三桂在雲南，漸蓄異志。經使監紀推官吳宏濟持聘；略曰：「經兒髮未燥，即聞大名；每讀殿下家書檄草，忠孝激烈，未嘗不撫膺慨嘆、感極而繼之以泣也！今者四海仰望，惟殿下一人；未審軍政之暇，亦知有天外孤臣否？特遣推官吳宏濟恭候福履！敝國雖小，樓船千艘、甲士十萬，惟殿下所使之。仰俟德音，無任主臣」！

可見，還在吳三桂正式起兵前四年，南方的反清勢力便開始謀劃反清大起義了。迄至康熙十二年，三藩造反的局勢已經形成，耿精忠暗中派人到臺灣與鄭經聯繫。八月，鄭經移駐澎湖，秣馬礪兵，隨時準備攻擊大陸。「十一月，吳三桂反，陷雲南、貴州、四川、河南、岳州諸郡縣。」天下震動。然而，耿精忠卻以沒有準備好的理由，要求鄭經等待他的行動。康熙十三年三月，耿精忠正式起兵，隨即派人到臺灣，請求鄭經出兵江南，並答應給予船隻支持。鄭經接信，馬上派遣劉國軒等人趕赴廈門。可是，耿精忠的部屬見鄭經的部屬不多，「兵不滿二千，船不過百隻」[1]，都覺得鄭經不能成大事。耿精忠聞知消息，便下令依舊實行海禁，不許寸板下海。

---

[1]　江日昇，《臺灣外志》卷一六，第 258 頁。

五月，鄭經來到廈門，一方面調臺灣的「土番暨佃丁六分之四，前來廈門聽用」[2]。另一方面派人到福州，向耿精忠索要答應的東西，耿精忠竟不肯給。於是，雙方破裂。鄭經派人誘惑閩南清軍降鄭，其時耿精忠因前方戰事需要，下令調反正後的閩南軍隊北上作戰，然而，這些士兵大多不願出征，軍心動搖。

清將趙得勝以所據海澄歸於鄭經，化尚蘭以同安降鄭，鄭經大喜。夏琳：《閩海紀要》下卷記載：

> 經將濟兵，以參軍陳永華為總制，留守東寧；自率兵官陳繩武、吏官洪磊等奉永曆二十八年正朔渡海西來，傳檄直省；略曰：「洪惟二祖列宗，豐功偉業，澤潤生民；踐土食毛，世承君德。即有亡國之禍，非有失道之君；而煤山龍馭，死守社稷，尤忠臣義士所椎心而感泣者也。今平西倡義于滇南、靖南反正于閩中，秦、黔、楚、蜀莫不騷動；人懷逐鹿之心，家思執筆之逐。余組練數萬、樓船數千，陸戰而兕虎辟易，水陣則蛟龍震驚；願與同志之士，共效故主之恩，上雪國家之恥，下救生民之禍。凡諸官員，不論漢、滿，有能以城邑、兵馬反正來歸者，各照職加陞委用；其有前係故將中道離去者，悉赦不究，一本收錄。師之所過，秋毫無犯，非得罪社稷及抗我戎行者，一無所問。嘉與士民，共建匡復之業，永快昇平之樂」！既至廈門，敘海澄功：以趙得勝為左提督，封興明侯；敘同安功：以張學堯為左先鋒蕩虜將軍、化尚蘭為仁武鎮。鄧麟彩仍知縣事，以鄭省英知思明州。尋遣人至精忠處，議撥船及地方安插兵眾；精忠不答。於是，鄭、耿交惡。

鄭經無所顧忌地挖耿精忠的牆腳。不久，泉州發生兵變，王藩錫等人殺死耿精忠派出的將領，降於鄭經。漳州也發生兵變。海澄公黃芳度襲殺耿系將領劉豹，舉城降於鄭經。黃芳度為海澄公黃梧之子，黃梧在清朝曾上奏掘鄭成功祖墳，原與鄭氏有很深的矛盾。但耿精忠起兵後，軍隊騷動，迫於形勢，黃梧降耿，不久，黃梧病死，黃芳度又投降鄭經。但黃家畢竟與鄭家有大仇，不自安，又派人上密疏於清廷，表白自己降鄭不過是權宜之計，要求清廷派兵入閩，他作為內應。

---

2 江日昇，《臺灣外志》卷一六，第 259 頁。

　　七月，潮州的劉進忠受到廣東方面清軍的進攻，便向鄭經求救，鄭經派出援剿後鎮金漢臣率舟師增援，金漢臣作戰不利，全軍覆沒，而劉進忠在潮州竭力抵禦清軍。

　　九月，鄭經和耿精忠的矛盾激化。耿精忠派王進率二萬軍隊南下，而鄭經派劉國軒迎戰。十月，雙方會戰於惠安塗嶺，耿精忠部的後路被包抄，大潰，劉國軒一直進至興化城下。

　　十一月，漳浦的劉炎與耿精忠勾結，耿精忠派部支援，鄭經令黃芳度擊敗援兵。耿精忠再度派徐鴻弼間道入援，而鄭經則調集大軍進攻，擊敗徐鴻弼與劉炎，克取漳浦。

　　漳浦位於漳州與潮州之間，鄭經取得漳浦，便打通了進入廣東潮州的陸上通路。十二月，鄭經大將趙得勝率兵進入潮州，大敗廣東清軍，於是，潮州圍解。這樣，鄭經出兵僅幾個月，已獲得了泉州、漳州、潮州等三個府州，達到了鄭成功時期的規模。於是，鄭經擴建政權。《海上見聞錄》記載：

> 世藩分設六官，以陳永華為總制留守，兼管勇衛；馮錫範為侍衛；二衛皆親軍。薛進思（原文為忠）為左武衛、劉國軒為右武衛，何祐為右虎衛，以施福為五軍；其左右先鋒及諸鎮營皆聽五提督調遣。凡文武事宜，皆贊畫參軍陳繩武、侍衛馮錫範主之。

> 初，世藩之來思明也，兵餉取給於東寧。洪磊承其父旭遺命，助餉銀十萬兩。至是，兵多餉少，乃以六官督比紳士富民以充之。以鄭省英為宣慰使，總理各府縣錢糧。百姓年十六以上、六十以下，每人月納銀五分，名曰「毛丁」；船計丈尺納稅，名曰「樑頭」；及設各府鹽引，分管鹽場，以給兵食。

　　如上所記，鄭經對閩南民眾的稅收很重。不過，戰爭時期，養兵要錢，這也是不得已的事。

　　鄭經與吳三桂之間很早就有使者往來，吳三桂聽說鄭經與耿精忠發生矛盾，便派人調解雙方關係。耿精忠因浙江方面戰事不利，主動遣人赴鄭經處求和。夏琳的《閩海紀要》記載：「（康熙）十四年（明永曆二十九年）春正月，上將軍耿精忠遣少卿張文韜賀鄭經元旦。時精忠以船五隻送鄭經，

以踐前約；經許之，命鄭斌報聘，以楓亭為界，各不侵犯。自是，鄭、耿交好。」

康熙十四年五月，鄭經部在廣東方面作戰，大勝。其時，雖然湖南、江西、福建都有反清軍隊在活動，但廣東方面平南王尚可喜仍然為清據守。潮州的劉進忠便與劉國軒部合兵，向惠州方向進兵。平南王尚可喜遣其子尚之信率大軍數萬反攻。夏琳的《閩海紀要》下卷記載：

> 劉國軒自塗嶺捷後，率諸鎮入潮州，同劉進忠窺取屬縣之未附者。安達公尚之信調兵十餘萬盡銳攻之，相持日久。國軒等以所紮新墟壘次地坦，慮恐騎突，且偵知之信分兵由間道欲繞後邀擊，乃抽回鷺母山，據險以待；之信率兵追之，何祐奮勇衝擊，直貫其中，驍騎出其左右，國軒繼之；之信大敗，奔回。是役，以飢卒數千破勁敵數萬；自是，何祐名振粵東，廣兵望其旗幟皆遁。

這場戰鬥，劉國軒大將何祐以疲卒數千大破尚之信數萬之眾，廣東方面形勢對明鄭一方十分有利。

漳州的黃芳度雖然降鄭，但鄭經調芳度兵出征，芳度皆不肯答應。鄭經知其不肯真心歸附，便於六月進兵漳州，攻城不下，便築長垣圍困，派人誘惑黃芳度的部下。在廣東方面的何祐部鄭軍也從南進入漳州，攻下漳屬諸縣。黃芳度陷於重圍中，遣其兄黃芳泰入粵求援，但援軍遲遲不來。黃芳度之父黃梧原為鄭成功部下，黃梧死後，託好友吳淑照顧黃芳度。然而，吳淑也曾是鄭成功的部下，後被黃梧裹脅降清，心中對鄭成功、鄭經仍有好感。《閩海紀要》記載：「初，吳淑自海上投成功，撥歸黃梧標，梧待甚厚；將死，呼淑託曰：『吾兒年少，君可善輔之』！及漳圍日久，淑謂弟潛曰：『梧雖待我厚，顧負先藩實深。今世子待芳度有加，反圖逆命；吾豈可以私恩廢公義耶』？遂決計降。」十月初六，漳州城內發生兵變，漳州總兵吳淑開城降鄭，黃芳度自殺。其時，廣東方面來的清朝援軍在黃芳世和黃芳泰的率領下剛剛進入福建境內，攻克永定縣之後，聞知漳州已破，全軍退回廣東。

鄭經攻克漳州後，又向廣東方面進軍。康熙十五年二月，鄭軍圍攻惠州，而吳三桂部也攻占廣州附近的韶州與肇慶，在大軍壓境之下，廣東平

南王尚可喜之子尚之信終於起兵反清，投附吳三桂，因而形成了三藩一齊造反的局面。而吳三桂令尚之信將惠州交給鄭經。這樣，鄭經業已控制了廣東的惠州、潮州與福建的漳州、泉州。

## 二、明鄭與清軍的作戰

　　鄭經攻克惠州逼反尚之信之後，廣東方面已無用兵之處。當時吳三桂部攻下江西的吉安，而廣東尚之信部也攻入江西，至於耿精忠部在江西苦戰已久，也盼望鄭經能夠出兵江浙，扭轉戰局。然而，鄭經卻對耿精忠用兵，導致東南抗清形勢大壞。

　　康熙十五年五月，耿精忠調汀州鎮劉應麟出征，劉應麟懼戰，便與鄭經部聯繫投誠。鄭經以進兵江西為名，派遣吳淑領兵前去接應，與劉應麟合兵攻下汀州。耿精忠在浙江與江西作戰，漸漸處於不利地位。在浙江方面已退守溫州，在江西方面廣信府、建昌府都重新落入清兵之手。此時耿精忠部下見鄭經又襲占汀州，知道耿精忠已不可能再有作為，軍心思動。在浙江西南方面作戰的馬九玉與清兵聯繫，從仙霞嶺撤兵，引導清軍入閩。

　　清軍入閩後，幾乎沒有遇到抵抗。八月二十三日，清軍進入浦城，福建的大門洞開。九月九日，清軍攻戰建陽與建寧府城。十一日，康親王傑書致信耿精忠招降，許其回降後仍然保有王爵。耿精忠集諸將議事，欲投鄭經求生。但是，耿精忠的部將大都與清軍暗通消息，因而反對耿精忠降鄭。夏琳《閩海紀要》下卷論當時的形勢：

> 秋九月，總統兵馬上將軍耿精忠遣原提督王進功回泉州。初，精忠與鄭經脩好，欲以全力圖江、浙。至是，師老無功，大勢已潰；復聞失汀州，益憂內顧。諸將遂密謀歸誠，引康親王入閩。精忠聞變，知為王進等所謀，乃收進並范承謨、蕭震等，皆縊殺之。欲乘舟奔海，為都尉徐文耀等所脅，不得出；遣王進功回泉州取救兵，密囑曰：「吾忍死以待」！進功至，鄭經授為中提督匡明伯，竟不發兵。康親王兵遂入延、建，精忠勢困，不得已於十九日削髮待罪，迎康親王入福州。

　　十月初四，清軍進入福州。

　　耿精忠降清後，召回困守溫州的曾養性部。但耿清忠的水師多為閩南人，不願降清。於是，耿部水軍頭領朱天貴與興化、邵武二府的耿部軍隊，都轉投鄭經。這樣，鄭經占據了漳州府、泉州府、汀州府、邵武府、興化府等福建五府，此外還有占有廣東二府，占地範圍已超過鄭成功時代。但從戰略上來說，鄭經襲占汀州導致耿精忠部全面崩潰，清軍大舉入閩，占領福州、建寧府、延平府、福寧府，福建反清勢力遭受重挫。耿精忠方面的失敗，也引發江西與浙江的反清武裝失利，吳三桂部在湖南也難以支撐。所以，鄭經此舉破壞了南方的反清戰爭。此後，清軍開始全面進攻，可以說，三藩之亂失敗已成定局。

　　為了抗禦清軍的進攻，鄭經集中在閩南的部隊十二鎮計三萬人，進至福州城外的烏龍江，企圖據險自守，並謀圖福州。其時，閩江口外有降鄭的朱天貴部水師，對福州構成雙面的威脅。然而，鄭經任命不太出名的許耀為諸軍統帥，許耀在諸將中素無威信，根本無法指揮軍隊。雙方形勢漸漸轉向清軍優勢。其時，福州的耿精忠部與入閩清軍聯合，亦有數萬軍隊。而且耿精忠部降清之後，手下將領都想為清朝立功，以贖叛清之罪。十一月二十四日，清軍大集主力渡江作戰，攻勢犀利。許耀未能趁清軍半渡而擊之，迎戰不利，退至興化涵江。鄭經急令趙國勝等人率部增援。

　　清軍在烏龍江獲勝的同時，另有一支清軍於十二月攻克邵武。吳淑部明軍進戰不利，退守汀州，不久又退回漳州。這樣，鄭經在福建的管轄區只剩下泉漳二府和興化府了。

　　康熙十六年正月，福州的清兵南下興化，趙得勝部鄭軍出戰，而何祐部鄭軍卻不肯支持，趙得勝戰死後，何祐退兵泉州。二月初九，清軍突襲泉州，守將林定措手不及，泉州被攻克。十九日，清軍攻漳州，鄭經已喪失拒戰的信心，他退兵海澄，又棄海澄不守，退至廈門，打算退回臺灣。廈門百姓力勸鄭經留下抗清，而沿海諸鎮紛紛退兵廈門，鄭經整頓諸部，氣勢稍振。其時，漳州人蔡寅自稱「朱三太子」發動反清復明，他收集鄭軍餘部起兵，率 82 人於三月十九日攻進泉州城，重又退出，在漳泉一帶名聲大振。於是，漳泉鄉民紛紛響應，有眾數萬，官府稱之為「白頭賊」。由於白頭兵的牽制，清軍不敢貿然進攻廈門，鄭經終於熬過最困難的時期。該年六月，潮州的劉進忠部降清，廣州的尚之信部也降清，劉國軒部在惠

州被清軍隔斷，從海路返回廈門。夏琳的《閩海紀要》記載：「國軒，武平人，原漳州千總。甲午漳州破，歸成功；累遷至右武衛將軍。入潮，屢有戰功；鎮惠州，粵人畏之。諸郡失守，進忠據潮，尚氏據廣，國軒一軍攝其間，布置安閒，兩家俱不敢迫。未幾，尚之信、劉進忠相繼來降，聲問隔絕；經遣舟往迎，乃率所部從容航海而歸。」鄭經讓劉國軒掌管諸軍，廈門形勢逐步穩定。此時的鄭經雖然斷送大陸諸州，但仍然占據沿海諸島，呈現鄭成功時代以海島與大陸相抗的局面。

## 三、鄭經為何要堅守廈門？

康熙十二年（1673 年），三藩之亂席捲全國之時，鄭經渡海而來，趁亂占據了廈門沿海一帶，而後發展到將福建的泉州、漳州、興化、汀州、邵武，廣東的潮州、惠州都納入統治範圍的規模。然而，好景不長，康熙十六年，康親王所率清軍入閩，大敗明鄭部隊，將鄭經逼入廈門、金門等海島。從軍事戰略而言，此時的鄭經在大陸已經失去發展的可能性，不如退回臺灣，接受清朝招安條件，與清朝隔海對峙。然而，鄭經拒絕了清朝多次招撫的條件，仍然在廈門等海島苦撐，直到康熙十九年（1680 年）被徹底打敗，僅率數千人退回臺灣，導致實力損失，最後失敗。郁永河評說：「自耿逆叛亂，與鄭氏失好，耿兵方圖內嚮，鄭兵即躡其後，已據閩之興、漳、泉、汀、邵，粵之潮、惠七郡，養兵之用，悉資臺灣。自此府藏虛耗，敗歸之後，不可為矣。」[3] 其實，清朝對在沿海活動的明鄭軍隊也感到棘手，屢次派人到廈門招安鄭經，雙方卻無法談攏。夏琳的《閩海紀要》記載：「（康熙十六年）冬十二月，和碩康親王遣興化知府卞永譽、泉州知府張仲舉往廈門撫議；鄭經弗從。初，慕天顏之往東寧也，議照朝鮮例，稱臣納貢；不成。至是，康親王遣興、泉二知府同鄉紳黃志義〔美？〕、吳公鵬〔鴻？〕再申前議，經不從；亦無報使。」其後，清朝急於結束東南的戰事，多次派人到廈門招安。陳碧笙先生認為，在清鄭和談的後期，清朝方面的條件越來越鬆。鄭經對於和談，一直堅持「不剃髮，照高麗朝鮮例」，清朝幾經反復，最後終於答應了鄭經提出的條件。然而，在康熙十六年的第 7 次談判中，鄭經提出要由明軍占據沿海島嶼的條件，清朝無法答應。

---

3　郁永河，《裨海紀游・鄭氏逸事》，臺灣文獻叢刊第四四冊，第 49 頁。

康熙十七年，清軍攻下泉州、漳州所轄多數地區，在和談中，鄭經又提出：
「以海澄為廈門門戶，不肯讓還」。康熙十八年的第十次和談時，清方已
經同意明鄭的多數條款，而鄭經堅持要清方開放海澄為往來公所，導致清
方的拒絕。陳碧笙認為，這都是明鄭方面不理智的行為。[4]

　　那麼，明鄭方面的行為為何如此失常？我認為，關鍵在於：臺灣的生
存依賴於大陸的商品，若要得到大陸的商品，就得在大陸沿海保持通商港
口。明鄭集團商人的本性使其不肯放棄廈門、海澄等重要商港。當清朝封
鎖臺灣之際，商人在臺灣購買商品不易。在臺灣的英國人曾說：「欲將貨
物運往中國，甚為困難，尤其是體積龐大之商品，因在沿海一帶皆有要塞，
以阻止如此之貨物輸入也。若有人在防線外被發見，即被處死。一切皆以
賄賂行之。」[5]三藩之亂後，鄭經占領了廈門、海澄等港口，明鄭的貿易地
位馬上不同。此後，閩南商人就可從內陸的汀州等地購得國內商品。康熙
十五年（1676年），在日本長崎工作的一些華人記載：「從東寧（臺灣）
並思明州（廈門）錦舍（鄭經）裝貨者，有六艘程度，部下們裝貨有四艘
船之程度，今年絲物和雜貨仍不少，其原因係福建之汀州府此回從新規，
由錦舍接手取得浙江之絲之類，乃由汀州府開始江兼，亦由福州、泉州往
來，由於汀州府騷動，往來之商人通路形成困難，是以無貨物，是以東寧
船及思明州船絲類變少，只要明朝浙江絲類應可自由獲取。」[6]以上來自《華
夷變態》一書的華文有些疙瘩，但意思還是明白的，它表明當時的日本人
非常關注廈門鄭經及其部下能否取得浙江的生絲。因為，這才是在日本市
場最受歡迎的商品。總之，鄭經據臺時期，靠與福建及潮州的貿易獲取大
量商品，而後將其出售於海外諸國，因而可以在臺灣長期堅持。這是臺灣
對大陸依附性的反映。正是這種依附性，使明鄭臺灣軍隊不願輕易放棄廈
門。夏琳的《閩海紀要》說：「先是，廈門為諸洋利藪。癸卯破之，番船不至。
至是，英圭黎及萬丹、暹羅、安南諸國貢物於經，求互市，許之。島上人

---

4　陳碧笙，〈清鄭之間的和談〉，氏著，《鄭成功歷史研究》，北京，九洲出版社
　　2000年，第285—286頁。

5　賴永祥，〈鄭英通商關係之檢討〉，《臺灣鄭成功研究論文選》，福建人民出版社
　　1982年，第283頁。

6　松浦章，《清代臺灣海運發展史》，卞鳳奎譯本，臺北，博揚文化事業有限公司
　　2002年，第217頁。

烟輻輳如前。」[7] 明清之際廈門港的重要性於此可見。只要這個港開放，就會有許多國家的商人自行前來貿易，而明鄭也可以廈門為轉運港，經營福建與臺灣之間的貿易。清朝與明鄭之間的廈門港之爭，其原因在此，關鍵是福建海商能否控制這一時代臺灣海峽最重要的貿易港口。明鄭死咬廈門、海澄不放，則反映了臺灣海商對大陸的依附性。臺灣作為明清大陸商品的轉運站，一時一刻都離不開大陸的商品供應。

## 第三節　劉國軒指揮的金廈外圍戰

　　劉國軒是鄭經手下最有才華的將領之一，他回到廈門後，接過兵權，重新整頓部眾，鄭軍氣勢重振。

### 一、劉國軒反攻海澄的戰役

　　康熙十七年二月，劉國軒率部反攻海澄縣，海澄縣有數萬清軍，卻作戰不力。劉國軒先攻其外圍，連克玉洲、三叉河、江東橋、石碼鎮等重要據點，海澄合圍。於是，清軍從泉州、漳州、潮州等地紛紛來援，劉國軒利用鄭軍水上占絕對優勢的特點，忽水忽陸，清兵疲於奔命。三月，劉國軒進至漳州外圍，與漳、泉義軍朱寅的白頭兵相

圖 10-2　清代地圖上的海澄縣位於月港，縣城四面是水。當年清軍被圍困海澄城中，無法突圍。[8]

互聲援，繼任海澄公的黃芳世領兵反擊，擊敗白頭兵。十一日，劉國軒焚寨退兵，黃芳世不知是計，一股勁追來，於水頭中伏大敗。這一戰後，海澄清兵成為孤軍。

　　三月十八日，劉國軒兵臨海澄，清兵列陣於祖山頭。何祐部鄭軍佯攻，清提督段應舉反擊，鄭兵稍退。劉國軒命江勝、吳淑等部繞出祖山之後，

---

7　夏琳，《閩海紀要》，福州，福建人民社 2008 年，第 97 頁。

8　北京大學圖書館編，《皇輿遐覽——北京大學圖書館藏清代彩繪地圖》，中國人民大學出版社 2008 年，第 243 頁。

集中主力攻滿洲兵，滿兵大敗，引起清兵大潰，全部退入海澄縣。劉國軒馬上進圍海澄，令士兵挖濠包圍海澄，引江水灌溉，又在堤上安置銃砲，於是，清軍內外斷絕。

海澄城內有22000多清兵，其中滿洲兵2000人，戰馬8000餘匹，其實力超過鄭軍。但他們被鄭軍圍困，力無所施，只能等待援兵。斷糧後，清兵先是殺馬充飢，後是殺人為食，全軍危在旦夕。為了解救海澄的清軍，清兵在新任福建總督姚啟聖的率領下，從漳州來援。劉國軒屯筆架山，而清兵暗襲祖山頭，連破鄭軍二營。劉國軒援兵趕至，以大砲轟擊清軍，滿洲兵死者無數，填滿溝壑，只好退兵。其時，康熙皇帝令諸將能有解海澄圍者，給予上賞，但清兵上下束手無策。據《清實錄》的記載，五月五日，劉國軒回師海澄，攻克海澄周圍的砲樓、碉堡等工事。六月初十，海澄內的清兵因斷食棄城突圍，被劉國軒全殲。海澄守將段應舉、穆伯希佛等人自殺。

劉國軒戰勝後，發兵漳泉，連戰連勝，攻克二府所轄的平和、長泰、德化、安溪諸縣，並圍攻泉州城二月。清軍繞道從漳平入安溪，由李光地導引逼近泉州。其時，在閩江口的明鄭水師被清兵擊敗，退至海壇鎮。水師統帥蕭琛妄報清福州水師南下，鄭經大驚，召回劉國軒部防守廈門。後知虛驚一場，殺蕭琛。據《清實錄》，清軍敗劉國軒部，「沉燒賊船六十餘艘，剿殺賊兵六千餘級」[9]。

劉國軒再次反擊漳州，率27鎮攻至漳州外圍。先是，海澄敗後，清軍統帥康親王受責，而福建方面兵力十分緊張。然而，其時清軍已解決潮州方面的抗清武裝，將耿精忠部調回，於是清軍兵力重振。九月，劉國軒與清兵戰於漳州城北。初戰節節勝利，但逼近耿精忠營壘時，遇到耿精忠部騎兵的反擊，大敗。這一戰說明明鄭軍隊的特長是在水濱作戰，一旦在內陸與清軍騎兵交戰，肯定不敵。此時吳三桂在湖南衡陽稱帝，不久死去，三藩之亂已走到盡頭。劉國軒在漳州大敗，說明明鄭軍隊已無力扭轉戰局。從經濟方面來看，鄭經的軍事活動消耗了大量的軍費，鄭經雖然厚斂漳泉民眾，仍然無力支付浩繁的經費。所以，鄭經在漳泉一帶作戰已無意義。

---

9　《清聖祖實錄》卷七七，第8頁。

然而，劉國軒等人依然不肯甘休，苦戰於廈門外圍。

十月，福建總督姚啟聖見沿海諸縣僅剩海澄無法攻克，便派人到廈門招安，答應鄭經在臺灣時提出的談判條件——不剃髮，如琉球、朝鮮之例。但被鄭經拒絕。姚啟聖便上疏清廷，要求重新實行遷海，封鎖鄭經。然而，由於鄭經與閩南方面有千絲萬縷的關係，「時雖設界，而海汛往來內地，派糧如故，清朝乃議上自福寧，下及詔安，三十里量地險要，築小寨，安守兵，限以界牆，由是濱海數千里無復人煙」[10]。在這一背景下，鄭經只能去廣東高州等地運得部分糧食，軍糧日益緊張。鄭經對轄區內民眾的搜刮日益增加。先是，廈門民眾要求鄭經不要丟棄他們，願出錢養軍，「每月每戶輸米一斗，自二月（康熙十八年），起，每戶再加一斗。國軒請停各官俸，自出糧餉兵三月」[11]。

劉國軒駐軍於廈門與漳州之間的沿海一帶，僅率萬餘人的軍隊，而清軍達10萬人以上。但劉國軒的情報網十分有效，清軍凡有舉動，他都事先能偵知，便採取相應的措施堵擊。姚啟聖企圖攻占江東橋，打通漳州與泉州聯繫的大路。但劉國軒駐守江東橋附近的果堂寨，如鯁在喉。康熙十八年（1679年）三月，姚啟聖一攻果堂寨，失利。十月，清軍數萬人再襲果堂寨，劉國軒知道清軍計畫後，在果堂之外的版尾再築一寨。寨築未成，初九日，清軍大隊已攻至果堂。劉國軒部僅率2000餘兵，憑工事拒敵。在大砲的支援下，劉國軒數次挫敗清軍的進攻，殺死滿洲兵將領巴石兒。「其餘帶傷以數千計，始引回，自是氣奪，兵不敢出。國軒時縱卒數百人，皆持鹿銃，間以鳥槍，渡海衝擊，身登土阜，據胡床張蓋而觀之，滿漢兵遇之，無不摧破」[12]。十一月，清兵調來大砲猛攻版尾寨，鄭軍大將吳淑戰死。然而，清軍在陸上仍然無法突破明鄭的防線。

## 二、清軍攻破廈門和金門

姚啟聖任福建總督之後，採用招降及整頓水師的辦法來打擊明鄭軍隊。其實，歷史上清朝就很重視招降的辦法。清朝在將鄭芝龍裹挾至北京之後，

---

10　阮旻錫，《海上見聞錄》卷二，第 70 頁。
11　阮旻錫，《海上見聞錄》卷二，第 70 頁。
12　阮旻錫，《海上見聞錄》卷二，第 72 頁。

曾想以「海澄公」的名號招安鄭成功，被拒絕後，清朝在福建的戰將建議：將海澄公之印懸於城門，號召鄭成功部下前來投降。此後不久，鄭成功戰將之一黃梧獻海澄於清朝，果然得授「海澄公」之位。其後，鄭成功又一名得力部下施琅降清，於是，清朝有了兩員對付明鄭的水師大將，他們成為兩面旗幟，引誘鄭成功部下投清。但鄭成功善待將士，在其領導時期，雖有降清的將領，但降鄭的清朝將領更多，不下幾十員，因而鄭成功的團隊不斷擴大。鄭成功死後，情況逐漸發生變化，明鄭叛降清朝的事例多了起來：「自國姓全椗入臺灣，留其子在廈門，部下多叛。當事亦多方招撫。於是大鎮如揚富、如周全斌、如郭誼、如施琅，皆入港歸化，至於撥置郡縣、圈廬舍、斂米穀以奉之，各就原職，加少師，加伯爵，領給全俸以俟陞擢。其督同、督僉、參、遊、守備之類不可勝計。文官至有躋大參、憲副者，若郡縣佐貳，則薄而不足為也。」[13] 這種厚待對手的戰術，雖說在歷史上不乏先例，但絕對沒有清朝對付明鄭集團那樣規模大，給實職，造成清軍及地方官中有許多人來自明鄭集團的現象。迄至「三藩之亂」的後期，福建總督姚啟聖見閩海戰事拖延，接受黃性震的建議，於康熙十八年（1679年）正月，以漳州衛改建修來館，專門招攬鄭兵。「文官投誠，即以原銜題請，准照職推補。武官投誠，一面題請換箚，一面保題現任。兵民如果頭髮全長者，每人賞銀五十兩；如頭髮短者，每人賞銀二十兩。願入伍者，立撥在營，給以戰餉。願歸農者，立送回籍，飭府縣安插。不許強豪欺凌，宿怨報仇。」[14] 這樣，許多鄭經的部下都投入修來館，四月十九日，姚啟聖疏報：「海逆偽總兵鄭奇烈部率偽官五十三員、兵丁一千餘名投誠。」[15] 八月十一日，「福建巡撫吳興祚疏報：招撫偽總兵蔡冲瑚等三員、偽官八十五員、兵丁一萬二千五百一十七名，招回島民三千一百九十餘名，共獲大小船六十七隻，分撥水師營用。」[16] 可見，清廷的招降政策對鄭軍的打擊很大。清朝最後能戰勝鄭氏軍隊，與其說是軍事力量強，不如說是招降政策起了很大作用，大量鄭氏軍官與士兵進入清軍，使清朝水師大為加強，加上清

13　余颺，《莆變紀事》，中國社會科學院歷史研究所清史研究室編，《清史資料》第一冊，北京，中華書局1980年，第130頁。

14　江日昇，《臺灣外志》卷二二，第344頁。

15　《清聖祖實錄》卷八十，第25頁。

16　《清聖祖實錄》卷八三，第9—10頁。

朝龐大的物資力量，占據數島的鄭軍肯定無力抵抗。從另一方面來說，大量鄭氏官員進入清朝官場，也改變了清朝官員的結構，清朝與海上力量不再對立，而是成為「一家人」，清朝統一福建，也就成了必然的趨勢。[17]

清軍在金廈前線無法突破，主要是缺乏水師的緣故。其時泉漳沿海一帶都被鄭軍據有，清軍在福建的水師集中於閩江內河。而明鄭亦派出朱天貴水師駐紮海壇島，與清軍水師對抗。康熙十八年三月，朱天貴水師進至閩江入海口的定海所，而清軍水師亦從閩江順流而下，有船百餘艘。朱天貴率大熕船突入清軍水師船隊，擊毀十餘艘，俘獲一艘。兩軍酣戰之際，風暴突起，朱天貴退兵海壇島，清軍水師也退回閩江內港。

姚啟聖認為，要打敗明鄭部隊，必須有一支強大的水師。康熙十七年，姚啟聖便上奏朝廷，提出讓施琅出任福建水師提督。然而，清朝廷卻任命了王之鼎為將，但王之鼎其實不通海戰。他入閩上任後，便「屢疏題請乞休，以未經水戰，海島不熟，恐誤封疆，有負朝延至意，請調慣熟能員。」[18]於是，福建方面不得不再次挑選福建水師提督。

清廷為了在海上打敗鄭軍，從湖南前線調來萬正色的水師。萬正色，福建晉江人，原為鄭成功部下，後投入清軍。三藩之亂時他在陝西與吳三桂部作戰，卓著功勳。後來，萬正色被調至湖南前線。其時，吳三桂駐守岳陽多年，以洞庭湖為防線，清軍一直無法攻克。清朝終於發現，要打敗洞庭湖的吳三桂部隊，沒有水師是不行的。於是，清朝傾盡物力組織了一支水師，擁有戰船 500 餘艘。這支水師由萬正色統領，他們出戰後，便從水路切斷岳州守軍的糧道，迫使岳州的吳軍投降。其後，清軍在水師配合下，順勢攻克長沙。湖南是一個多山的區域，清軍與吳軍的戰鬥轉入山區之後，清朝水師已派不上用場。於是，清廷調萬正色水師入閩，並配給江浙水師戰船百艘，這樣，萬正色帶入福建的水師便是一支強大的力量。有了船，還要有人。為了加強萬正色水師，福建總督姚啟聖調閩兵 14000 名配給萬正色 [19]。另外，福州方面修造新戰艦 250 艘；康熙十八年十二月，福

17　關於清廷招撫臺灣，發表論文不少。例如：吳玫〈論姚啟聖的招撫活動〉，《臺灣研究集刊》1983 年第 2 期；秦國經〈從清廷祕檔看清廷招撫鄭氏集團的歷史真相〉，《清史研究》2001 年第 1 期。

18　江日昇，《臺灣外志》第 23 卷，第 352 頁。

19　《清聖祖實錄》卷八六，第 12 頁。

建清軍將領又為水師選拔 2000 名砲手 [20]，清軍水師的實力大增。

康熙十九年（1680 年）二月，萬正色率清水師出擊海壇島，明鄭水師迎戰，於是，雙方爆發了一次大規模的海戰。據《清實錄》萬正色的報告，萬正色於二月初六日進抵海壇：「賊乘舟逆戰，臣分前鋒兵為六隊，直衝而入，親統巨艦繼之，又以輕舟繞出其左右，并力夾攻，礮火齊發，擊沉賊船十六艘，溺水死者三千餘人，餘賊潰遁，我舟師遂駐泊於海壇。」 [21] 明鄭大敗之後，清軍乘勝追擊。

二月二十日，清軍南下泉州海面。明鄭大將朱天貴與林陛合兵，還有 300 餘艘戰艦，他們全力迎戰清水師，雙方攪在一起，互有殺傷。然而，一場大風使雙方交戰停止。明鄭軍隊退回金門一帶的港口。萬正色在戰後宣布自己勝利：「大敗賊眾，沉賊艍二十餘隻，陣斬偽總兵吳丙、偽副將林勳等，擒殺甚眾，克復湄洲、南日、平海、崇武諸嶼」 [22]。如其所述，清軍確實有進展，他們攻下了湄洲、南日、平海、崇武等明鄭主要據點，這樣便逼近了金門島和廈門島。可見，朱天貴及林陛確實是因戰敗而退回金門料羅灣，但其主力並未遭受重大損失。

在廈門的鄭經因前線戰敗，急招劉國軒回廈門。劉國軒卻很難將其部隊帶回廈門。這是因為二月二十三日，漳州方面的清軍也趁機反攻，連克玉洲、石馬等重要據點。得知姚啟聖招降納叛，明鄭部隊大都就地投降，無力再戰。隨著海澄守將蘇堪投降姚啟聖，清軍一氣攻至海邊。「國軒至廈門，知勢不可為，收拾餘眾下船，百姓遮道跪留。二十六日，兵變擄掠，世藩焚演武亭行營，盡率諸將登舟。」 [23] 二十八日，清軍進入廈門。

鄭經退往臺灣後，明鄭在金門的水軍分為二部，林陛率水師退回臺灣，而朱天貴水師南下銅山島，最後率部下降於福建總督姚啟聖部。他的部下僅有江勝部退回臺灣。於是，明鄭喪失了全部沿海島嶼。清軍為了防止明鄭捲土重來，設海壇、金門、銅山三支水師，各由一名總兵率領。

---

20　《清聖祖實錄》卷八七，第 7 頁。
21　《清聖祖實錄》卷八八，第 23—24 頁。
22　《清聖祖實錄》卷八九，第 6 頁。
23　阮旻錫，《海上見聞錄》卷二，第 73 頁。

## 第四節　清朝康熙皇帝統一臺灣

　　三藩之亂中臺灣明鄭軍隊的表現，使康熙皇帝感到：要保住東南海疆的長期穩定，一定要解決臺灣問題。然而，福建方面的軍隊中，多有消極情緒，唯獨總督姚啟聖對攻占臺灣十分積極。三藩之亂結束後，康熙皇帝支持姚啟聖的一系列舉動，奠定了統一臺灣的基礎。

　　對康熙時期統一臺灣事件的研究，自陳碧笙的〈一六八三年清政府統一臺灣〉[24]發表以來，學術界後人繼起，成果頗多。李細珠有一篇較長的述評，即〈中國大陸學界關於康熙統一臺灣研究述評〉[25]，相當詳細地概述學界相關學術觀點。此處就不再重複了。

### 一、姚啟聖治閩的成功與問題

　　在三藩之亂中，姚啟聖為康親王出謀畫策，隨軍進入福建，升任福建巡撫、都督等官。在其主持下，清廷調整了治理福建的策略，福建經濟文化有所恢復，清廷對福建的統治也逐步穩固。在這一背景下，姚啟聖對臺灣的策略奏效，為清廷統一臺灣奠定基礎。

　　姚啟聖——一個明清之際的亂世奇人。

　　姚啟聖，字熙止，又字憂庵，浙江紹興人。生於明天啟四年（1624 年）。10 歲能寫詩，13 歲補弟子員，明末中秀才。[26]他生性豪爽，好武任俠，且機警多智，放蕩不羈，不拘小節。清軍占領江南時，他才 21 歲，北遊通州，與當地土豪發生衝突，受辱。一怒之下，啟聖遊說清軍高官，聲稱願以家財充軍，得授通州知州。上任後，他立即處死與其作對的土豪，棄官逃走。又一次，他在蕭山路上遇到兩名清兵擄掠一對姐妹，其父隨後痛哭。啟聖偽與二兵攀談，伺隙奪劍殺死二兵，並將二女交給其父帶走。案發後，啟聖變名逃往異鄉，長期在江湖上流浪。順治十六年，啟聖得族人介紹加入八旗，隸鑲紅旗漢軍。康熙二年，啟聖上書舉行八旗鄉試，得中第一名舉

---

24　陳碧笙，〈一六八三年清政府統一臺灣〉，《中國古代史論叢》第 2 輯，福建人民出版社 1981 年，第 352—367 頁。

25　李細珠，〈中國大陸學界關於康熙統一臺灣研究述評〉，採自微信：「海洋史研究之友」，2020 年 10 月 27 日晚上 23 點 34 分。

26　王源，〈姚啟聖傳〉，《碑傳集》卷二四一。

人，授廣東香山知縣。在香山任內，啟聖除盜安民，頗受好評。香山之南為澳門，明清之際，葡萄牙人占據此地，發展對外貿易，使澳門成為廣東主要通商口岸。然而，清代初年，朝廷實行海禁，對澳門及香山民眾影響頗大。啟聖在任內，與平南王尚可喜等人合作，進行私人海上貿易，發了大財。可是，迄至康熙七年，新任廣東總督盧興祖揭發尚可喜等廣東官員違反海禁之令，進行走私貿易，姚啟聖以「擅開海禁、私通澳夷」罪，被革職下獄，判處死刑。後遇赦出獄，在廣東等地經商為生。其時，姚啟聖已經年近六十，仍然雄心不已，盼望能做一番大事業。

康熙十二年（1673年），平西王吳三桂在雲南叛清，大軍席捲貴州、湖南諸府縣，震動全國。次年，福州的靖南王耿精忠響應，他的軍隊在大將曾養性的率領下，北上浙江，很快逼近杭州。不久，廣東平南王尚可喜之子尚之信發兵響應，從而形成清初著名的「三藩之亂」。面對三藩之亂，康熙派諸位親王督率各路清軍出擊，東南方向，康親王率滿軍主力屯駐於長江一線，擋住了耿精忠北上之道。然而，康親王年少好玩，留戀姑蘇一帶的花花世界，儘管康熙皇帝一再催逼，康親王仍然不肯大舉出兵。當此之際，姚啟聖捐貲募兵數百人投效於康親王麾前。姚啟聖是旗人，與康親王有舊誼，因而得以在康親王帳前談論兵事：「屢獻奇謀，親王甚器重之。」[27]不久，康親王率清軍進入浙江作戰，姚啟聖得以復職為諸暨知縣。康熙十三年十二月，姚啟聖率部擊敗叛軍於紫瑯山，十四年初，姚啟聖又在楓橋戰勝，因功升職為浙江溫處道僉事。此後，姚啟聖增募士兵，自成一軍，進破曾養性部於石塘，再敗之於溫州。十五年九月，姚啟聖率清軍前鋒入閩，過仙霞嶺，未遇抵抗，連下建寧府和延平府。耿精忠見勢不妙，派人與姚啟聖聯繫，又怕清朝追究其罪惡，有心下海逃往南方。姚啟聖得知耿精忠複雜的心態，單騎進入福州，與耿精忠商談良久。耿精忠見姚啟聖的風儀，深為信服，曰：「是殆李抱真之流，定不欺我！」於是決策降清。姚啟聖以功升為福建布政使。

三藩之亂中，對清廷而言，最難處理的還是占據臺灣的明鄭軍隊。耿精忠叛亂之初，派使者約臺灣的鄭經西來協助，後見鄭經船兵不多，又下

---

27　林義儒，《少保兵部尚書姚公（啟聖）傳》，陳維安，《海濱外史》卷四，福建省圖書館抄本。

令斷絕與鄭經的關係。然而，鄭經戰艦在廈門靠岸之後，鄭成功的舊部紛紛前來投靠，很快發展成一支大軍。鄭軍分兵四出，占領了泉州、興化、漳州、汀州，耿精忠只好與鄭經分地而治。後來，在汀州的鄭軍北上，侵占耿清忠地盤上的邵武府。耿精忠前後受包夾，一怒之下，投降清軍，與姚啟聖合作，成為清軍南下的前鋒。康熙十六年，清軍渡過福州南部的烏龍江，大敗明鄭軍隊，連下興化、泉州、漳州、邵武諸地。姚啟聖乘清軍南下之威，招降盤踞廣東潮州的反清武裝劉進忠以及從江西入閩的吳三桂部下小淮陰韓大任，實力大為加強。此時，鄭經在福建的地盤已被壓縮到廈門、金門諸島。

在福建官員之中，上有康親王，下有諸路悍將，他們遇事推託，不求有功，但求無過。加上鄭經起用劉國軒負責前線作戰，很快穩定了陣線，因此，清軍的攻勢逐漸停頓，在漳州一帶與明鄭軍隊對峙。其時，姚啟聖一方面率軍隊在前線作戰，另一方面要負責大軍的糧食供應，工作繁忙。據林義儒所寫的《少保兵部尚書姚公（啟聖）傳》，姚啟聖「為人廓落有大志，鬚髯若神，看書目十行下。軍旅旁午，文移卷帙，堆積如山，目不暇覩。稍閒，即令吏列案前，隨拆隨看，批答如流，或予或奪，轉盼而畢。善飲酒，怒，鬚髯輒張，望之如虎。遇作奸當治，若實吐，亦原情宥，事無大小立剖。凡文移章奏皆躬親，無捉刀者。用兵極狙詐，而待人頗率直，於所好惡，無不立見。」[28] 可見，姚啟聖是一個性情中人，明清時期，紹興人以做幕僚聞名天下，他們有很高的文化水平，對衙門中所有的祕密瞭若指掌。姚啟聖早年應當過「師爺」，對衙門事務十分熟悉，此外，而他又具有紹興人中少見的武藝及軍事才華，繁重的軍務難不倒他。在旁人看來，姚啟聖好出風頭，實際上，他是一個有才華而又勇於負責官員。清朝有這樣一個人負責福建的後勤及政務，可以說是找到了一個最好的人選。其時，進入漳州一帶的清軍已經有十萬人左右，供應軍隊是一個大問題。漳州位於東南一角，與內地的交通十分困難，當地糧食不夠民眾食用，何況又有外來的軍隊？作為負責財政與後勤的福建布政使，姚啟聖精明地要求周邊

---

28　林義儒，《少保兵部尚書姚公（啟聖）傳》，既《海濱外史》，陳支平等編，《臺灣文獻匯刊》第二輯第八冊，北京，九州出版社、廈門大學出版社2005年，第417頁。

各省供應糧食而不要白銀，並在福建省交通線上設立九個兵站轉運糧餉，當年運至漳州的糧食達「三百萬斛」[29]，這是十萬清軍得以在前線長期作戰的原因。由於漳州糧食出現了供於求的情況，漳州百姓得以購買軍糧度日，瘡痍滿目的漳州開始出現經濟恢復的跡象。

康熙十七年，鄭經用劉國軒、吳淑等人統兵反攻，將清軍主力三萬圍困於海澄縣。為了隔斷援軍，劉國軒在海澄周邊挖濠引水，派兵據守，海澄變為無法與外界交通的孤城，三萬士兵有餓死的危險。福建總督郎廷相見勢不妙，上疏求去，推薦姚啟聖自代。當年六月，姚啟聖在危難中接任福建總督。然而，僅過幾天，劉國軒攻下海澄，三萬清軍被全殲，形勢極為嚴峻。姚啟聖上任後多方籌措，方才穩定了清軍的陣線。九月十九日，姚啟聖以耿精忠為前鋒，大敗劉國軒於漳州外圍，扭轉了局勢。其後，姚啟聖在漳州設修來館，招降明鄭官兵，瓦解了敵軍兵心，另一方面，姚啟聖大力組建水師。康熙十九年，清軍水師在海壇大敗明鄭水師，隨後占據廈門和金門，鄭經率明軍退至臺灣。

爭奪民心——姚啟聖治閩的出發點。[30]

姚啟聖起自下層社會，對民間疾苦有較深的認識，因此，重視民眾疾苦，成為他執政的一貫特點。早在就任福建布政使之時，姚啟聖就說過：「閩民苦，用吾主錢穀，吾當先去苦民者」。「公受事，首釐剔諸獘政」；「不朞月，民爬搔蘇息」。[31]康熙十七年六月，姚啟聖接任福建總督一職，因重任在肩，他連上十幾道奏疏，向朝廷坦陳自己的意見。他認為，清軍之所以失利，民心向背是很重要的。自清軍於 1645 年入閩之後，福建動盪不安，清朝在福建的統治一直不能鞏固。姚啟聖密陳：鄭經之所以能在福建狼奔豕突，「蓋閩人為之用也」，今「當先有以固閩人之心，而後賊可退。」這一方略得古人之意，康熙覽奏大悅，對諸閣臣說：「閩督今得人，

---

29　富鴻基，〈閩頌匯編序〉，佚名，《閩頌匯編》，《臺灣文獻匯刊》第二輯，第一冊，廈門大學、九洲出版社，第 13 頁。

30　徐曉望，〈論姚啟聖為統一臺灣所作的歷史貢獻〉，《理論學習月刊》1988 年第 5 期。

31　佚名，〈總督福建少保兵部尚書姚公再造全閩鴻功碑〉，佚名，《閩頌匯編》，《臺灣文獻匯刊》第二輯，第一冊，廈門大學、九洲出版社，第 21 頁。

賊且平矣。」[32] 特降璽書褒揚。

開海界，恢復民田種植。康熙十九年八月，姚啟聖鑒於清軍已經占領海壇、金門、廈門、銅山諸島的背景，向朝廷奉上奏疏，提出可以開海，將原來海邊的田地安插投降官兵居住，終於得到朝廷的認可。「為照展復舊界一議，誠貴部院為國為民至計，現今邊海要地已經酌定水師營官兵分布扼守，外防既設，內禁宜開。早展一日之界，非特流離失業殘黎，得早沾一日之恩，即投誠解散之眾，亦早安插得所，國計民生實兩有攸賴匪淺，至於土田墾而賦稅增，窮民安而盜賊息，變一、二千里之荒蕪為任土作貢之樂地，其利益不可殫述。」[33]

然而，細看歷史，姚啟聖是一個十分矛盾的人。他一方面說要收攬民心，另一方面，他生財有道，他曾上疏要求朝廷「借司庫銀十二萬兩經營取息」，「未蒙俞允。」[34] 任高官後，他挪用軍費作生意：「公又善於貨殖，凡番船、塩醬、魚米、絲絮、銅鐵冶鑄之屬，無所不通。」[35] 這些生意給他帶來百萬財富。對閩人而言，兵荒之後，百業凋敝，只有重振工商業，才能恢復繁榮。姚啟聖在戰亂之中經營工商業，雖有強取豪奪之嫌，但對當時的經濟恢復是有必要的。其時，康熙皇帝為了擊敗明鄭軍隊，統一臺灣，以舉國之力，支援前線，每年都要給福建巨額軍餉。姚啟聖在漳州督戰時，清廷令「三方協餉」，幕僚有「白鏹如山、黃金侣水」之語。[36] 姚啟聖擔任總督之後，「國家協餉省餉雜稅正供，年計數百鉅萬，朝廷註銷，任其糊塗不問」。[37] 加上生意上的收入，姚啟聖因而過著極為奢侈的生活，「侍妾以百數，衣絲曳縞，粉白黛綠，列屋間居」，「其營作苑囿、亭榭、池臺之娛，曲盡其巧」，每逢節慶，姚啟聖「宴賞燈市，迎棚結綵，競渡採蓮，

---

32　全祖望，〈會稽姚公神道第二碑銘〉，陳支平等編，《臺灣文獻匯刊》第二輯第八冊，第 102—104 頁。

33　廈門大學臺灣研究所，中國第一歷史檔案館，《康熙統一臺灣檔案史料選輯》福建人民出版社，1983 年，第一版，頁 222—225。

34　《清史列傳》卷八，〈姚啟聖傳〉。

35　林義儒，《少保兵部尚書姚公（啟聖）傳》，陳支平等編，《臺灣文獻匯刊》第二輯第八冊，《海濱外史》，北京，九州出版社、廈門大學出版社 2005 年，第 401 頁。

36　富鴻基，〈閩頌匯編序〉，佚名，《閩頌匯編》，《臺灣文獻匯刊》第二輯，第一冊，廈門大學、九洲出版社，第 13 頁。

37　林義儒，《少保兵部尚書姚公（啟聖）傳》，陳支平等編，《臺灣文獻匯刊》第二輯第八冊，《海濱外史》，第 401 頁。

水嬉奪標，備極壯觀。」[38] 姚啟聖的奇特之處在於：他一方面百計謀財，「用如泥沙」，另一方面，他也想建功立業，為民眾做些好事。他曾經向人說：「予年已六十，算所蓄銀尚有百萬，計予盡意用，今生料是足用。至兒子輩真豚犬，即有金山銀海，彼亦不能自存，與之何用？吾當立意，自今一錢不取，為民興利除害！」[39] 他還在公開場合向眾人發誓：「姚啟聖是何等樣人？乃無賴光棍，今竟翻然為善。從前種種，譬如昨日死；從後種種，譬如今日生。諸兄但看姚某此後若何，倘若蹈前轍，諸兄再見，當唾之、罵之、打之，書其惡迹于通衢以耻之。」[40] 有此決心，姚啟聖方能大刀闊斧地改革。

　　清代的官僚機構積弊已深，要想改革，首先會遇到官僚機構的各種掣肘。姚啟聖是一個巧舌如簧、能言善辯的人，因而能以片言隻語折服耿精忠之類的梟雄。自任福建布政使之後，他運籌帷幄，玩弄諸官於股掌之上，「文武百官盡在下風」。姚啟聖入閩之後，首任福建布政使，這一職務，掌握福建的財權，十分重要。姚啟聖後來升任福建總督，福建布政使一職，朝廷另派他人。姚啟聖要在財政上有所作為，首先要將布政使收歸已用。李光地記載姚啟聖：「一日，請藩司（布政使）姓馬者至，命坐其座，用二力士掖之不得動。渠自下堂，拜之八拜，藩司窘極呼叫。既畢，藩司叩頭不能起，請其故，姚曰：『無他，要汝做好官，幫我而已。凡予所欲為事，貴司幫我奉行盡力，不許絲毫欺蔽。』藩司領命惟謹。」[41] 在這一背景下，姚啟聖在福建興利除弊，為清朝爭奪民心做了不少事情。例如，康熙十八年收復廈門諸島後，他便上疏要求撤退滿軍。其理由為：滿軍餉銀較高，一人可抵漢軍數人，不如讓滿軍北歸，留下的兵餉可養多名漢軍。滿軍北歸時：「禁旅驅繫男婦二萬餘人以歸，公流涕，力請于王，令軍中敢有挈歸良民男女者，斬。而公則以金贖之。凡捐三十餘萬金，悉贖以還民。」[42]

---

38　林義儒，《少保兵部尚書姚公（啟聖）傳》，《海濱外史》，陳支平等編，《臺灣文獻匯刊》第二輯第八冊，第417—418頁。

39　李光地，《榕村語錄‧榕村續語錄》下冊，卷十二，〈本朝時事〉，北京，中華書局1995年，第719頁。

40　李光地，《榕村語錄‧榕村續語錄》下冊，卷十二，〈本朝時事〉，第719—720頁。

41　李光地，《榕村語錄‧榕村續語錄》下冊，卷十二，〈本朝時事〉，第719頁。

42　野史氏，〈太子少保姚公傳〉，陳支平等編，《臺灣文獻匯刊》第二輯第八冊，第15頁。

有時財政上運轉出現問題，姚啟聖還拿自家的錢財墊付。

姚啟聖死後，身邊僅剩數千兩白銀，百萬家產，被其揮霍一空，而且多數是花在政務及與民眾有關的事情方面，因此，姚啟聖死後，民間哭聲一片，為其建廟祭祀，如此作為，可謂人傑。

## 二、姚啟聖經略臺灣的軍事計畫

清廷收復臺灣是中國歷史上的重大事件，一方面，清廷剷除了明朝最後的勢力，宣告明朝復辟力量的最終失敗。另一方面，清廷最終統一了臺灣。

建立福建水師可以看成是姚啟聖為清統一臺灣的一大貢獻。清軍進入福建之後，陸戰獲得較大的勝利。但打到廈門、漳州一帶之後，明朝的劉國軒利用明鄭水軍的優勢，四處出沒，與清軍打游擊戰。當時明鄭占領了南澳、銅山、廈門、金門、海壇等一系列島嶼，經常由臨近福州的海壇島進兵閩江，直接威脅省城的清兵。正如福建總督姚啟聖所說：「我兵見海賊犯界，馬步奔馳，窮日之力不過四五十里，賊坐船消（逍）遙，頃刻而至，其間勞逸已自不同。我兵即有船隻，不過偏裨統領。調集各營之兵，湊成一師，操舟水戰，既無久練之功，官職相同，又無總統之任，所以海賊得獨擅其長而狂逞不休也。」[43] 姚啟聖認為：要戰勝明鄭「海寇」，就一定重組福建水師，還在康熙十七年九月初一，姚啟聖上了一本〈題為請復水師提督事本〉，正式向清廷提出：組織統一指揮的福建水師。經過幾個往復之後，在清廷大力支持下，姚啟聖終於組成以萬正色為核心的福建水師，成為打敗明鄭水師的資本。

關於出兵臺灣的爭議。

清軍將明鄭水師逐回臺灣之後，三藩之亂業已基本平定。對於是否要向明鄭用兵，清廷內部發生爭議。福建總督姚啟聖力主統一臺灣，而福建巡撫吳興祚反對，福建其他將領——包括水師提督萬正色，都贊成吳興祚的意見。其爭論的焦點並不是臺灣是否要統一的問題，而是出兵有無把握

43　姚啟聖，〈題為請復水師提督事本〉，廈門大學臺灣研究所、中國第一歷史檔案館編輯部，《康熙統一臺灣檔案史料選輯》，福建省人民出版社 1983 年版，第 164 頁。

的問題。臺灣殘明勢力的存在，一直使清廷如鯁在喉，一旦大陸發生變化，他們隨時都有可能在大陸登陸，從而加劇內亂。所以，清廷只要有可能，都想平定臺灣。但是，自荷蘭據守臺灣以來，臺灣一直有完善的防禦工事。清軍沒有跨海遠征的經驗，清軍將領大都善於陸戰而不善於海戰，能否跨海攻克臺灣，清軍將領大都沒有把握。清朝軍令極嚴，敗軍之將大都要受處分，所以，沒有把握的清軍將領都不敢輕易動兵。在福建滿漢諸將中，力主進攻臺灣的只有福建總督姚啟聖一人。

　　姚啟聖有謀略，任福建總督後，一些措施得到康熙皇帝的欣賞。康熙皇帝有「閩督今得人」的讚語。他一心建功立業，封侯蔭子，希望通過統一臺灣建立奇勳。[44]

　　姚啟聖對統一臺灣的貢獻在於：最早提出了武力統一臺灣的計畫。早在康熙十九年（1680 年），時當清廷收復金門、廈門二島不久，姚啟聖便上奏要求清廷同意他親率水師剿滅臺灣，以絕後患。然而其時清廷上下和談空氣甚濃，福建方面的將領——康親王、定南將軍賴塔、福建巡撫吳興祚、福建水師提督萬正色等等都反對出兵；而在朝廷方面，以納蘭明珠為首的內閣大臣都認為姚啟聖的奏疏不可取，還是以招撫為上。於是，清廷方面派出使者與鄭軍的明鄭政權和談，開出非常寬鬆的條件：允許明鄭政權可以使用明朝的官服，也可以不稱臣，不納貢。如果當時和議按這一方針簽訂，臺灣便成為獨立政權了。果然，明鄭政權很快接受了這一條款，同時要求請清廷方面開放海澄作為通商港口，以便雙方交易。說起來，這並不是一個過分的條件，清廷內部多數人傾向於接受。然而，姚啟聖卻故意作梗：海澄是海防重地，不可作為通商港。其實，他的真實目的誰都知道：拖死和談計畫，以便武力統一！在另一方面，他也在朝廷中爭取同盟者。這時，康熙皇帝對福建事務的主要顧問是大學士李光地。通過接觸，李光地也漸漸接受了姚啟聖的觀點，這對康熙皇帝的決策產生了重大影響。

　　康熙二十年，臺灣方面發生政變。先是，鄭經退回臺灣後，劉國軒、馮錫範等人發現臺灣的大權都掌握在陳永華手中。陳永華之女為鄭經長子鄭克臧之妻。鄭經在廈門時，令鄭克臧監國，陳永華輔佐克臧主持臺灣政

---

44　徐曉望，〈論施琅與姚啟聖〉，《施琅研究》，廈門大學出版社 2000 年。

事，劉國軒等人原為他的部屬。在廈門時期，劉國軒與馮錫範控制了鄭經的大權，到了臺灣之後，他們再也不能甘心居於陳永華之下。於是，馮錫範與劉國軒合謀，騙陳永華共同上疏辭職，陳永華上疏之後，馮錫範等人便勸鄭經答應陳永華退休，將所轄軍隊交給劉國軒。陳永華至此才知馮錫範等人根本沒有上疏請退，鬱鬱病死。

鄭經退至臺灣後，因大陸戰敗，一直無心政事。於是，鄭經將政事交給鄭克臧，自己優遊林下。克臧「既承委任，撫緝兵民，剛斷果決，有乃祖遺風。經之親信權倖，莫不畏憚」[45]。康熙二十年正月，鄭經在臺灣病死，馮錫範與鄭經諸弟發動政變，殺死克臧，扶克塽繼位。克塽為馮錫範之婿，時年十二歲，政事皆由馮錫範、劉國軒、鄭明等人處理。

臺灣諸臣弒主，殺死精明能幹的鄭克臧而扶植年幼的鄭克塽，導致政局動盪，政權已不穩固。臺灣一些來自清廷的降臣，便有謀反之議。夏琳的《閩海紀要》記載：

> 冬、十月，鄭克塽殺賓客司傅為霖。為霖，先同鄭纘緒入泉州投誠，授為湘江通判，革職歸。甲寅之變，以為賓客司；甚見親幸。及經卒，為霖即以密書通總督姚啟聖云：「東寧廢長立少，主幼國疑，權門樹黨，人心失望，可乘時進取之機也」；約為內應。事發，克塽乃收為霖磔之；其〔子〕弟黨羽皆斬。

> 明侍衛馮錫範殺懷安侯沈瑞。瑞在國朝襲父職續順公；鎮潮州，為〔劉〕進忠所迫，出屯饒平；鄭經令何祐攻之，不得已，降；封為懷安侯，遷之東寧。至是，人利其財，誣其與傅為霖謀；馮錫範遂收之，令自經。其祖母及母皆自縊。瑞妻鄭氏，禮官鄭斌女，斌欲全之；鄭氏守義，亦自經以殉。

其實，沈瑞也有可能是真的叛明歸清，只是失敗而已。傅為霖等人與姚啟聖聯絡，使姚啟聖看出這是一個「天亡海逆」的好機會，他進一步挑撥臺灣君臣之間的關係：

> 隨又赴漳，使興化知府卞永譽、泉州知府張仲舉往說賊降。而偽行

---

45　江日昇，《臺灣外志》卷二四，第369頁。

人傳為霖雖約為內應，實心持兩端。及為霖見殺，乃作急遽狀，從數騎招搖城市，見大屋輒扃之，榜其門曰某鎮公館、某將軍行臺，各盛陳供具。得賊偵，則佯曰：「若非某將軍人乎？歸語而主，某日之期不可爽」！倍予酒食遣歸。得他偵，亦如之。海上喧傳，自相猜忌。鄭氏心腹，人人自危，繼踵納欵。[46]

　　五月初九日，他上奏朝廷，要求「合水陸官兵審機乘便直搗巢穴（臺灣）」[47]。其時，由於臺灣的政變，清廷的眾臣都看出這是一次平定臺灣的好機會。在李光地等人的支持下，康熙皇帝終於下決心以武力統一臺灣。可見，姚啟聖是清廷決策統一臺灣的關鍵性人物。

## 三、施琅出山及姚施爭功

　　施琅與姚啟聖是清廷收復臺灣的兩大功臣，但是，姚與施的關係，卻從合作者發展為仇敵，不僅二人生前相互攻評，他們的子孫也勢不兩立，各自聘請歷史學家為其敘功。因此，在歷史學界，對施琅與姚啟聖二人功過，各有不同的說法，從而成為清史上有名的公案之一。本文探討施姚關係的變化軌跡。

　　施琅──姚啟聖眼中理想的水師統帥。

　　明清之際，滿清騎兵橫掃東亞大陸，不論是配備大砲的明朝軍隊，還是蒙古游牧騎兵，甚至是以步槍為主要武器的澳門雇傭軍及俄羅斯哥薩克武裝，全都不是他們的對手。然而，生活於內地的滿族人對海洋十分陌生，更別說海戰了。明末英雄鄭成功便是利用了這一點，在海上與清軍對抗，滿族將領望洋興嘆，徒喚奈何。這種狀況一直延續數十年，直到鄭成功死去，其子鄭經退往臺灣島。清廷與明鄭政權隔海相望，一段時期內，使者往來，雙方相安無事。然而，康熙十二年的「三藩之亂」發生後，鄭經乘機渡海而來，大鬧東南，這使清廷感到，為了政權的長治久安，一定要解決臺灣的明鄭問題。

　　姚啟聖對清朝一大貢獻是提出建立福建水師。但水師將領缺乏人選。

---

46　李元春，《臺灣志略》卷二，臺灣文獻叢刊第 18 種。

47　〈姚啟聖題為報明鄭經病故克臧被殺等事本〉，康熙二十年五月十九日，《康熙統一臺灣檔案史料選輯》，第 231─232 頁。

康熙十七年九月十七日，兵都在給姚啟聖的咨文中，也同意了重設福建水師提督，並要求姚啟聖會同福建巡撫吳興祚等人，提出具體人選。然而，姚啟聖等人「細加搜求，實無諳練水戰堪任閩省水師提督之官，不敢冒昧妄保，合無仰請皇上垂念閩疆重地，見在蕩剿方殷，請乞敕部另簡廉勇優長、威名素著、深識水性、諳練才能者，仰祈欽點一員，勒限星馳赴任，庶封疆有賴而海宇立見蕩平矣。」[48] 從其對福建水師提督的要求中，似乎只有施琅一人可以適合，這可以看作姚啟聖向康熙奏保施琅的前聲。據江日昇的《臺灣外志》，姚啟聖啟的目標確是施琅：「啟聖以平海非老宿諳練水務者不可，今黃芳世（度）已死，水師提督缺現空懸。苟非其人而任之，難以奏膚功。因查歷任志切平海者，惟有施琅，現在京為內大臣。當此任，非琅不可。遂具疏題請，保琅為福建水師提督平海。」[49] 這一奏摺未見於《康熙統一臺灣檔案史料選輯》一書，看來是未曾保留下來。然而，據姚啟聖後來回憶：「查去年四月臣曾具有保舉施琅啟詳，早賜定奪，速滅海氛。」這是康熙十八年七月的奏議，所謂去年，那就是康熙十七年了。[50] 可見，姚啟聖確實有過這樣一封保奏施琅的奏疏。然而，其時清廷派出的福建水師提督卻是定海將軍王之鼎。後來，王之鼎辭職，清朝派出萬正色到福建任水師提督。姚啟聖知萬正色奉調福建，仍想請施琅出山，在《康熙統一臺灣檔案史料選輯》一書中，尚有康熙十八年七月二十八日〈議政王等題復姚啟聖疏請施琅以將軍總統水師事務本〉，文中提及姚啟聖七月一日再次保舉施琅。「福督姚啟聖疏稱：臣曾保舉原任水師提督施琅，如以萬正色擬補水師提督，即施琅曾蒙國恩授靖海將軍，或以施琅以將軍總統水師事務，則將軍、提督並收得人之效。」[51] 以上是姚啟聖三疏保舉施琅，事雖未成，但對加重施琅在朝廷中的地位，是起了重要作用的。

　　施琅與鄭氏有殺父之仇，且又有水戰經驗，是一位老資格的水上將軍，為何不受信任？這是由於施氏家族與鄭氏有千絲萬縷的關係。鄭經從臺灣渡海而來，從前降清的舊部不斷投入鄭氏部下，其中即有施氏家族的人物。

---

48　廈門大學臺灣研究所等，《康熙統一臺灣檔案史料選輯》，第 172 頁。
49　江日昇，《臺灣外志》第 23 卷，上海古籍出版社 1984 年版，第 351—352 頁。
50　廈門大學臺灣研究所等，《康熙統一臺灣檔案史料選輯》，第 185 頁。
51　廈門大學臺灣研究所等，《康熙統一臺灣檔案史料選輯》，第 187 頁。

施琅的一個姪兒施明良成為鄭經部下的大將——援剿前鎮。[52] 又如施琅的兒子施世澤原為清軍將領，後來也投入明鄭部下，任職女宿鎮，「因風傳施琅仍出為水師提督，故解兵權以避嫌疑。迨丁巳七府俱敗，世澤叛海投清，從段應舉隨征。舉受困海澄，城破，世澤復叛清歸海，經仍授為監提。與明良二人合，密款於啟聖。」[53] 考海澄之戰發主於康熙十七年六月，這一戰中，守海澄的清軍 3 萬被殲，施世澤於此時轉投於明鄭。這樣，施家就有兩個人在鄭經的部下，這當然會影響到三個月後施琅的任命。

　　姚啟聖對明鄭另一重要的策略是招降納叛。在姚啟聖的招安計畫中，招降施氏兄弟是其重要的一部分。蓋因海上盛傳施琅將回福建任水師提督後，鄭經將施明良與施世澤調至身邊，其時施世澤為「監提」，施明良為亢宿鎮。鄭經之意是讓清朝覺得鄭家與施家的關係密切，從而不敢用施琅為將。應當說，這一策略是有效的。可是，施家二將在鄭經身邊活動，也使姚啟聖看到了機會，《臺灣外志》記載：「明良業與啟聖交通，（啟聖）許以公爵，欲擒經而獻諸島。」施世澤「與明良二人合，密款於啟聖。聖以其能共擒鄭經而獻全島，自當保奏，封為公侯。」[54] 根據這些記載，姚啟聖是以公侯之封為釣餌，唆使施氏兄弟捕獲鄭經，並獻出金廈二島。據清代的檔案記載：施世澤兒子在清廷克復金門與廈門之後，曾上疏講明事件詳情：「伊父世澤緣隨提督段從征海澄，致陷賊手，貞誠不泯，矢志滅賊。自奉將軍老爺密諭，遂與族伯偽援剿前鎮施亥舍即明良，及族叔偽副將軍施琦、施廷輔，海道被陷田香五、偽僉事道王捷、偽都事施典國等，歃血私室，密圖獻逆。」[55] 又據《臺灣外志》的記載，施氏兄弟的確實行了這一冒險的計畫。他們在海邊埋伏船隻，誘引鄭經去海邊遊玩，企圖在鄭經下船以後，立即揚帆駛向大陸，投入清軍。其實，這一計畫實現的可能性太小，老奸巨滑的姚啟聖未必不知其中利害。但對他來說，這一計畫雖然失敗的可能性很大，但對自己卻是有百利而無一害，施明良成功，他可以坐收戰果，施明良失利，鄭氏非殺施明良與施世澤不可，這會有利於解除清廷對施琅的不信任。事情的結果完全在姚啟聖的意料之中，施明良與施世

---

52　江日昇，《臺灣外志》第 23 卷，第 347 頁。
53　江日昇，《臺灣外志》第 23 卷，第 357 頁。
54　江日昇，《臺灣外志》第 23 卷，第 357 頁。
55　廈門大學臺灣研究所等，《康熙統一臺灣檔案史料選輯》，第 226 頁。

澤的計畫被劉國軒識破，在千鈞一髮之際揭穿了陰謀，捕殺施明良與施世澤。這是康熙十九年二月的事件。姚啟聖為此上過〈為優恤施齊施亥以慰忠魂事本〉，疏中提到：「康親王劄授副將施齊即施世澤出師海澄，城陷被執，與賊授總兵族兄施亥即施明良謀擒鄭逆，假心事賊，真心為國。不料事露被拿磔殺，並亥男施馨、施偉全家沉死在海。」清廷下令調查事件過程，姚啟聖回疏提到：三月二十三日夜，鄭經知道施明良、施世澤企圖擒獲自己投降清朝後，怒不可遏，下令「立將世澤、明良等兩家七十餘口，盡行砍殺下水。琦等聞知，率兵殺脫。至于同謀將弁，立即陰散。從來報國未有此慘。」[56] 可見，死於該事件的施家人相當多，在北京的施琅聽說此事，肯定十分震驚。這一事件也給施琅出山創造了條件。

在姚啟聖看來，福建水師提督的人選一直不理想。當施明良與施世澤被殺以後，對姚啟聖來說，已經解除了施琅復出的障礙，於是他再次上本保舉施琅。

姚啟聖與施琅的出山。

施琅被調於北京任內大臣，實際上反映了清廷對漢族大臣不信任的心理，姚啟聖三疏保舉施琅，清廷仍然不肯將這一人才派至前線，也說明了清廷在用人方面的持重。施琅最終出山，與統一臺灣不可缺少這一人才有關。

三藩之亂中鄭經渡海而來，徹底打破了清廷與鄭經的明鄭隔海對峙、相安無事的想法。再次提出攻臺之役的是福建總督姚啟聖。姚啟聖從一個革職的知縣一直被提為福建總督，與康熙對他的破格提拔有關，他為了報康熙的知遇之恩，同時也為了實現「大丈夫生當封侯」的理想，一心想統一臺灣，建功立業，封妻蔭子。還在清軍收復金門、廈門不久，姚啟聖在為善後籌措時，便在〈詳議平海善後條款事本〉中提出：「一款臺灣斷須次第攻取，永使海波不揚。此款在臣必欲親率舟師剿滅臺灣，永除後患，以報國恩。」[57] 有人以姚啟聖主張招撫臺灣，而不是直接出兵，其實是站不住腳的。然而，姚啟聖的統一臺灣的計畫，一開始便受到很大的阻力，首

---

56　廈門大學臺灣研究所等，《康熙統一臺灣檔案史料選輯》，第 225、227 頁。
57　廈門大學臺灣研究所等，《康熙統一臺灣檔案史料選輯》，第 220 頁。

先，滿族大臣都不懂航海，對此不敢贊一辭。而漢族大臣多有懷念明朝的故國之思，對統一臺灣的計畫消極怠工，甚至打擊姚啟聖。清人記其事說：「啟聖姚佐康親王平閩，欲滅鄭氏以絕民望，嘗與納蘭太傅（明珠）不睦，太傅嗾徐總憲（元文）劾之。立齋（元文）故為顧亭林甥，陰庇明裔，亦嗛公所為，遂周納其罪，露章彈劾。」[58] 徐元文在彈章中抨擊啟聖欲出師統一臺灣是「窮兵黷武」，納蘭明珠等人也說姚啟聖的壞話，若非康熙祖護啟聖，啟聖幾遭不測。其時，朝廷內部主和派占了上風，姚啟聖十分孤立。

使清廷最終下決心統一臺灣的是臺灣內部的紛爭。康熙二十年，臺灣的鄭經病故，長子克臧被殺，馮錫範等人擁立次子鄭克塽上臺。這一事件暴露了臺灣內部深刻的矛盾。姚啟聖指出：這是「天亡海逆之時也。」[59] 他抓緊機會上疏籌劃統一臺灣的軍事行動，很快得到康熙皇帝的同意。

但在物色水師統帥的人選方面，清廷又遇到了新困難。清朝的水師大都在沿海活動，跨海進攻的困難，使許多清朝的水師將領望而生畏。最為典型的是福建水師提督萬正色，他原是明鄭舊臣，降清後曾在清廷平定「三藩之亂」中大顯身手。他本是進攻臺灣的最好人選，當康熙皇帝徵詢他的意見時，他卻說海戰很難，百方推託，康熙只得甘休。康熙深知，渡海作戰絕非易事，沒有找到合適的不可輕易發動渡海之戰。前車之鑑，不可不察。早在康熙四年（1665）四月，靖海將軍施琅便曾發動過攻臺之役，但在海上遇到大風，福建水師被颱風吹散，不得不退回大陸。其時康熙雖然年幼，但此後大臣們的議論，不能不給他留下深刻的印象。在這一背景下，清廷可用的人材只有施琅一人了。康熙二十年，內閣李光地「薦琅素習海上情形，上遂授福建水師提督，加太子少保」。[60] 李光地為福建安溪人，清朝進士。「三藩之亂」時，他家居安溪，不接受耿精忠之偽命，暗中上疏朝廷，建議清軍從江西瑞金到汀州的小道進入福建，是為有名的蠟丸疏。李光地因此得到朝廷的信任，後被招至翰林院任職，成為康熙帝信任的重臣之一。他在福建與姚啟聖多有接觸，推舉施琅，其實是他們的共識。姚啟聖三次推薦施琅被否決，在策略上，此時不宜再次推舉施琅，由李光地

---

58　《清朝野史大觀》卷五。
59　廈門大學臺灣研究所等，《康熙統一臺灣檔案史料選輯》，第 232 頁。
60　《清史列傳》卷九，〈施琅傳〉。

出面是最好的。應當說，主要是姚啟聖促成清廷下決心統一臺灣，給施琅的再出造成了機會。在施琅出山問題上，李光地起的是順水推舟的作用。

## 四、澎湖之戰與臺灣歸降

　　施琅獨掌軍權後，於康熙二十二年（1683 年）六月發兵，「自銅山開船，大小五百餘號，姚總督撥陸兵三千隨征」[61]。當時福建水軍定員二萬，加上 3000 陸軍，是一支相當龐大的力量。劉國軒部率臺灣水師主力赴澎防守，約有 200 艘戰船，2 萬餘水軍。但是，鄭軍的船隻已使用多年，其堅固程度已不如福建水師。其次，明鄭水師主力由朱天貴率領，朱天貴降於清廷後，福建水師的戰力遠遠超過明軍。再次，劉國軒雖為鄭成功的老部下，但他在明鄭內部一向是以指揮陸軍聞名，對水師作戰並不熟悉。他不是發揮水師的機動性，而是將水師作為保衛澎湖的護衛力量。雙方接觸之時，明鄭水師將領都主張乘清軍立足未穩，主動出擊，但劉國軒卻以保衛澎湖為主，放棄主動權。又如，他將主力 4000 餘人部署於澎湖的岸上，堅守砲臺。這部分人在水戰中根本沒有發揮作用。這些錯誤，都削弱了鄭軍的實力。

　　據史冊的記載，施琅的水師於六月十五日到達澎湖，十六日發動第一次進攻，雙方接戰後，施琅的先鋒七艦一度被鄭軍圍攻，施琅親自赴援，也受到鄭軍猛烈的砲火攻擊。施琅的眼睛被擊傷，侍衛被打死。幸虧先鋒藍理率船來救，擊退鄭軍。但藍理也因此受重傷。據《清實錄》，施琅的戰果是：「焚殺偽將軍沈誠等大小賊目七十餘員，賊兵三千餘名」[62]。

　　二十二日，施琅整頓全軍後大舉進攻。雙方在澎湖水域會戰。施琅兵分三路，每路約有 50 餘隻大艦，分頭進入澎湖港，並親率 80 餘艘船策應。大戰開始後，「自辰至申，我師奮不顧身，戮力殺賊，擊沉大小賊船一百九十四隻，焚殺偽官三百餘員，賊兵一萬二千有奇。劉國軒力不能支，乘快船從吼門潛遁。偽將軍楊德等一百六十五員，率賊兵四千八百餘名，倒戈投降」[63]。

---

61　阮旻錫，《海上見聞錄》卷二，第 76 頁。
62　《清聖祖實錄》卷一百一十，第 14—15 頁。
63　《清聖祖實錄》卷一百一十，第 14—15 頁。

澎湖之戰後，姚啟聖利用控制驛道的便利條件搶先報功，得到康熙嘉獎。隨後，臺灣傳出要求投降的消息。姚啟聖與施琅又在招降問題上展開了競爭。姚啟聖一方面上奏要求准許盤踞臺灣的鄭克塽投誠，一方面派出使者去臺灣招降，然而，由於風期不順，他派出的使者之船延遲 20 多天才到臺灣，錯過了大好時機；與此同時，施琅也在大力招降臺灣割據者。施琅與臺灣鄭氏本有殺父殺子之仇，但是，為了全取統一臺灣之功，他置個人恩怨於不顧，全力招降鄭軍。由於他在澎湖，與臺灣交往方便，所以雙方很快達成協議。

據史冊記載，康熙二十二年七月十五日，臺灣方面的降書已送到澎湖施琅的軍前。八月十三日，施琅到達臺灣，臺灣的明鄭部隊在劉國軒的率領下全部投降。於是，清廷終於完成了統一東南的大業。從此，福建進入一個新的發展時代。

清廷統一臺灣的戰事，前後僅持續幾個月，然而，有關誰是這一大功的創建者的爭議，卻延續了幾百年。當年事畢後，施琅被封為「靖海侯」，反映了清廷認定施琅為主要功臣，這引起了當時任福建總督的姚啟聖的極大不滿。他認為這一大功本是自己的，卻被施琅騙取，乃至憤恚而死。姚家子弟聘請全祖望等著名學者為姚啟聖作傳，力爭統一臺灣之功。從此，史學界聚訟不已，莫衷一是。其實，姚啟聖對統一臺灣有功，正如上文所述，但最後完成這一大功的卻是施琅，這也是不爭的事實。

不過，臺灣明確投降後，施琅故意不告訴姚啟聖，而是派出使者，從澎湖乘船北上天津，搶在姚啟聖之前報功。同時他「蓄毒入鄭家，得姚一點陰利事」[64]，派人在康熙皇帝面前說姚啟聖的壞話，康熙皇帝對姚啟聖的態度大變。康熙後來說，「朕觀姚啟聖近來行事頗多虛妄，當施琅進兵時，不及時接濟軍需，每事掣肘，所造戰船，徒費錢糧，多不堪用。又屢奏捐銀十七八萬兩，大約虛冒居多。況姚啟聖並無勞績，而奏內妄自夸張，稱臣與提臣如何調度。」[65]這裡所列罪狀是導致姚啟聖不得封侯的根本原因，而姚啟聖最後憤恚而死。

---

64 李光地，《榕村語錄續集》卷一二，〈本朝時事〉，第 721 頁。
65 廈門大學臺灣研究所等，《康熙統一臺灣檔案史料選輯》，第 326 頁。

　　施琅對姚啟聖恨之入骨，不惜置之死地，這是為什麼？除了政見不同外，他是否知道了長子施世澤與侄兒施明良被殺的內幕？在史料中，我們看不到施琅對兒子之死發表過任何議論。臺灣統一之後，施琅與明鄭將領廣泛接觸，他不可能不知道其中原因。但是，站在清廷的立場上，他永遠無法指責姚啟聖，因為，他的兒子是叛逆，姚啟聖策動他們歸清，是在為清廷建功，他死了，也洗刷了施琅叛清的罪名，也為施琅自己的出山創造了條件。但是，作為一個父親，作為一個老年喪子的白髮老人，他永遠無法原諒別人奪去自己愛子的生命。他雖然功成名就，而喪子之痛卻永遠伴隨著他，因此，他要報復！姚啟聖因建功被奪，遺憾而死，施琅在榮耀中走完孤獨的殘年，他們縱然成為永垂青史的人物，但自身的遺憾卻是永遠無法彌補的。

　　在康熙朝統一臺灣的過程中，居於中樞的是康熙皇帝。從其起用姚啟聖和施琅以及利用施姚爭功的心理完成統一臺灣的計畫，後代的史官都認為康熙用人高人一籌。但我們看歷史演變的具體過程，有些變化並非康熙所能料到。例如，在姚啟聖與施琅互爭的時期，康熙皇帝一向重視姚啟聖，而大學士明珠等人卻主張獨用施琅。雙方的爭議使征臺計畫擱置兩年，最後康熙接受了明珠等人的意見，才使施琅得到專征的機會。康熙皇帝一直不太喜歡施琅，卻被明珠、李光地等人的意見所左右，用其不喜歡之人達成統一臺灣的目的。清初中樞的議政過程有其獨特之處。不過，明珠與小皇帝硬拗，頂著小皇帝的意見實施眾臣的主張，他的晚年遭受康熙皇帝的棄置，也是命運注定的。

　　清朝對明鄭文武官員的招納不下數千人，為了安置這些人，東南一帶的許多官職都被閩南人占據。以福建水師來說，它長期是由福建人（尤其是閩南人）壟斷的一個職務，這和明朝福建水師將領多由外省人擔任完全不同。例如擔任臺灣總兵的吳英，晉江人，原為明鄭將領。這類人還有莆田人陳斌、游觀光，安溪人阮欽為、林濤，南安人林達、潘承家，福州人葉國鼎，福清人楊仕珣，羅源人黃英，晉江人曾春、黃瑞、洪範、張國、林政、施世驃，同安人黃昇、陳昂、吳楠、林莊雄、方劉進、蔣熹、魏大猷、魏平、魏天錫，雲霄人何祐，龍海人陳龍、許雲、許良彬，漳浦人藍廷珍、

林亮、阮蔡文、歐陽凱等，他們在清代官員中形成一個群體。[66]

　　為了平定東南，清朝皇帝很重視閩南籍大臣的培養，安溪人李光地，漳浦人蔡世遠、蔡新，是清代福建僅有的三名進入內閣的宰相級大臣。可以說，在清代初期和中期，閩南人在朝廷中樞都占有一定位置。這一轉變，使閩南人與清朝的利益漸趨一致，而清朝對海洋的政策也不能不考慮他們的利益，在施琅的建議下，清朝決定在臺灣建立郡縣制，發展經濟，從而使臺灣的發展進入了一個新的階段。在海洋政策方面，康熙皇帝決定撤銷海禁，允許民眾對外貿易，在很大程度上是受閩南籍諸臣的影響。值得注意的是，康熙二十三年（1684 年）海禁的廢除，最早群臣們的方案是有條件的開放，而康熙皇帝認為，這樣做僅有利於個別人，不如完全開放，允許百姓自由到海外貿易。因此，康熙初年，中國的海洋政策進入一個新時代，萬里海疆成為沿海民眾自由往來的地方，從而在中國沿海出現了一批對現代中國有重要意義的港口，如上海、大連、營口、煙臺、汕頭，那些老港口如廣州、寧波、福州、廈門、天津也都獲得很大的發展。這一切都與閩南海商的海上鬥爭有關。清代對外通商也有發展，福建商人可以從廈門、上海等港口駕船到海外貿易，這些貿易不再是特權，而是民眾自有的權利。當然，康熙初年的開放也有其局限性，那就是臺灣被視為海疆要害地帶，官府限制臺灣的港口開放，僅留安平港與廈門港交通，不過，這一限制也許是閩籍官員自行造成的，它導致閩商長期壟斷在臺灣的商業。

　　至於隨明鄭政權逃難到臺灣的明代諸王，多數人被俘，少數人自殺殉國。清軍入關後，俘虜了許多明朝的王爺，這些人在民眾中仍有號召力，清朝十分頭痛。如果公開殺掉明朝諸王，等於刺激百姓反叛，養著他們，也怕其中一些人會找機會造反。清朝最終的解決辦法是：養幾年後悄悄地殺掉。他們的下場，臺灣朱姓諸王不可能不知道。鄭克塽、劉國軒投降時，臺灣明朝諸王大都隨波逐流，成了俘虜。唯有為首的寧靖王朱術桂選擇自殺，他的五個姬妾也隨同自殺。丁紹儀《東瀛識略》的第八卷〈遺聞〉：

> 五妃墓在臺邑仁和里，為前明寧靖王姬妾葬所。寧靖名術桂，太祖
> 九世孫遼王後。流賊破荊州，避亂至浙，唐王封為長陽王；旋請讓

---

66　參見《福建通志‧列傳》等。

與兄子，改封甯靖。桂王命監鄭鴻逵軍；師潰，偕鄭成功至臺，墾田數十甲自給。鄭氏歸命，甯靖曰：「時逢大難，遠潛海外，今死期至矣，汝輩聽自便」。時元妃已故，姬袁氏、王氏、秀姑、梅姊、荷姊僉曰：「王能全節，妾等願從」！先同縊於室。甯靖書絕命詩畢，亦自經。眾舁甯靖柩於鳳山縣竹滬與元妃合窆，而瘞五姬於里之魁斗山麓，後人又稱五烈墓。

朱術桂尋死也罷了，五妃殉葬有這必要嗎？我曾在五妃墓前為這五位女子惋惜，後來才想到：她們是在以生命表達明朝遺民的抗議罷了。

朱術桂的絕命詩云：「艱辛避海外，總為幾根髮。於今事畢矣，祖宗應容納。」這場本該 1645 年清軍下江南時就結束的戰爭，因清朝的剃髮令又多打了 38 年，多流了幾千萬人的血，終於在朱元璋的裔孫朱術桂為明朝殉葬的悲劇中落幕了。至於漢人的頭髮，清朝也做了妥協：從剃掉大部頭髮僅留一小撮的「金錢尾」，變成僅僅剃去前額頭髮的大辮子，多數頭髮保留下來了。不過，這是民間表面不違反清朝禁令的靜悄悄的變化。

## 小結

清軍俘虜逃到緬甸的永曆皇帝之後，明清鼎革之際大規模的戰爭逐漸少了。清朝的統治走向穩定。在這一背景下，中國經濟慢慢地恢復力量。不幸在這個時候發生了三藩之亂，它不符合中國經濟發展的要求，這應該是三藩造反很難成功的原因吧。

三藩之亂中，鄭經率臺灣部眾積極到大陸來發展，和當時臺灣對大陸的依附性有關。鄭經的明鄭政權是一個商業性很強的武裝集團。他們懂得致富的關鍵在於經商，而在臺灣經商，就要掌握海外世界最歡迎的絲綢、瓷器、藥材等商品。因此，鄭經等人對清朝的海禁十分頭痛，只要有機會就要到大陸來發展，只有這樣，他們才能獲得商品之源，在東亞和東南亞的市場上做生意。這是他們在三藩之亂已經失敗後，還在廈門等島嶼苦戰的原因。

三藩之亂的結局帶來的積極因素是：清朝通過統一戰爭，解決了地方藩王割據問題，清朝的統一也加強了，尤其是統一了臺灣，從而在東亞經

濟中占據較好的位置。三藩之亂產生的問題是：東南一帶的海商力量官僚化了。他們與官府的關係越來越密切，但也缺少自己解決問題的能力。就像是溫室裡培養出來的花，害怕世界的巨變。

　　清代的歐洲在工業化的道路上猛進，中國經濟卻呈現內卷化，中國商品在世界上的地位，不是取決於中國商人，而是取決於歐洲商人。由茶葉、生絲帶來的出口利潤還在增加，每年幾百萬白銀的流入，使中國商人安享廣州十三行的富貴中。不知這是安樂死過程，震盪的時代即將到來。然而，人們無法改變歷史的過程。

# 主要參考文獻

## 一、古籍文獻

明・張惟賢等修，《明神宗實錄》，臺北，中研院歷史語言研究所 1962
年校印本。

《明熹宗實錄》，臺北，中研院歷史語言研究所 1962 年校印本。

《明實錄・崇禎長編》，臺北，中研院歷史語言研究所 1962 年校印本。

李國祥、楊昶主編，薛國忠、韋洪編，《明實錄類纂・福建臺灣》，武漢
出版社 1993 年。

明・顧炎武，《天下郡國利病書》，商務印書館四部叢刊三編顧氏手稿本。

明・顧炎武，《肇域志》抄本，續修四庫全書史部，第 595 冊。

明・陳子龍等選輯，《明經世文編》，北京，中華書局 1987 年。

清・嵇璜、曹仁虎等編，《續文獻通考》，文淵閣四庫全書本。

明・谷應泰等，《明史紀事本末》，北京，中華書局 1977 年。

明・李賢等，《明一統志》，文淵閣四庫全書本。

明・王在晉，《三朝遼事實錄》，崇禎刻本。

明・陳建，《皇明從信錄》，《四庫禁燬書叢刊》史部第一冊，明刻本。

明・朱國楨，《皇明大事記》，明崇禎《皇明史概》本。

明・朱國楨，《皇明大政記》，崇禎皇明史概本。

明・過庭訓，《明分省人物考》，周駿富輯，《明代傳記叢刊》第 137 冊。
明文書局影印本。

明・黃訓，《名臣經濟錄》，文淵閣四庫全書本。

清・孫承澤，《春明夢餘錄》，文淵閣四庫全書本。

清・錢謙益，《國初群雄事略》，北京，中華書局 1982 年。

明・高汝栻輯，《皇明續紀三朝法傳全錄》，崇禎刻本。

清・溫睿臨，《南疆繹史》，臺灣文獻叢刊本第 132 種，第 89 冊。

清・李瑤，《南疆繹史摭遺》，臺灣文獻叢刊本第 132 種，第 90 冊。

清・劉兆麟，《總制浙閩文檄》，清康熙刊本。

清・和珅等，《清一統志》，文淵閣四庫全書本。

清・顧祖禹，《讀史方輿紀要》，北京，中華書局 2005 年；又，傳世藏書本，海口市，海南國際新聞出版中心 1995 年。

清・張廷玉等，《明史》，北京，中華書局 1974 年標點本。

民國・趙爾巽等，《清史稿》，北京，中華書局 1977 年標點本。

清・畢沅，《續資治通鑑》，上海古籍社 1987 年。

清・徐乾學等，《資治通鑑後編》文淵閣四庫全書本。

清・《清世祖實錄》，北京，中華書局，1985 年影印本。

清・《清聖祖實錄》，北京，中華書局，1985 年影印本。

清・《清世宗實錄》，北京，中華書局，1985 年影印本。

清・《清高宗實錄》，北京，中華書局，1985 年影印本。

清・胤禛，《雍正朱批諭旨》，文淵閣四庫全書本。

清・乾隆帝主編，《欽定大清會典則例》，文淵閣四庫全書本。

清・乾隆帝，《御製詩五集》，文淵閣四庫全書本。

清・乾隆帝等，《御定淵鑑類函》，文淵閣四庫全書本。

故宮博物院編，《宮中檔乾隆奏摺》，臺北，故宮博物院，1982 年。

清・賀長齡，《清經世文編》，北京，中華書局 1992 年影印本。

國立中研院歷史語言研究所輯，《明清史料》，上海，商務印書館 1936 年。

清・陳夢雷等，《古今圖書集成》，北京中華書局、巴蜀書社影印本。

清・杜臻，《粵閩巡視紀略》，文淵閣四庫全書本。

清・佚名，《清初海疆圖說》，臺灣文獻叢刊第 155 種。

臺灣文獻叢刊編輯部，《鄭氏史料初編》，臺灣文獻叢刊第 157 種。

臺灣文獻叢刊編輯部，《明季荷蘭人侵據彭湖殘檔》，臺灣文獻叢刊第 154 種。

清・徐松輯，《宋會要輯稿》，北京，中華書局 1957 年。

明・黃鳳翔，《田亭草》，何炳仲點校，商務印書館 2018 年點校本。

明・駱日升，《駱台晉先生文集》，鄭煥章點校，商務印書館 2017 年。

明・莊履豐，《莊梅谷先生文集》，陳建中、陳秋紅點校本，商務印書館 2018 年。

明・李廷機，《李文節集》，明人文集叢刊本，臺灣，文海出版社 1970 年。

明・朱絅，《甓餘雜集》，明朱質刻本，《四庫全書存目叢書・集部》，第 78 冊。齊魯書社 1995 年。

明・溫純，《溫恭毅集》，文淵閣四庫全書本。

明・吳蕭公，《街南續集》，康熙程士琦等刻本。

明・許弘綱，《群玉山房疏草》，康熙四十一年許氏百城樓刻本。

明・林偕春，《雲山居士集》，漳浦方志辦 1986 年據光緒十五年多藝齋刻本謄印。

明・蔡獻臣，《清白堂稿》，福建省圖書館 1980 年據崇禎本抄。

明・周之夔，《棄草集》，江蘇廣陵古籍刻印社，1997 年景印本。

明・董應舉，《崇相集》，崇禎刻本，四庫禁燬書叢刊集部，第 102 冊。

明・董應舉，《崇相集》，民國十七年重刊本，不分卷。

明・曾異，《紡授堂文集》，明崇禎刻本。

明・黃克纘，《數馬集》，江蘇廣陵古籍刻印社 1997 年。

明・何喬遠，《鏡山全集》，福建人民出版社 2015 年。

明・蔣德璟，《蔣氏敬日草》，明隆武續刊本。

明・駱日升，《駱台晉先生文集》，民國 34 年力行印刷所鉛印本。

明・嚴九岳，《笥存集》，光緒十四年活字排印本。

明・熊開元，《魚山剩稿》，上海古籍出版社 1986 年。

明・洪旭，《惠安王忠孝公全集》，福建師範大學藏手抄本。

明・孫承澤編，《硯山齋雜記》，文淵閣四庫全書本。

明・徐時進，《啜墨亭集》，明刻本。

明・陳仁錫，《無夢園初集》，明崇禎六年張一鳴刊本。

明・池顯方，《晃巖集》，廈門大學出版社 2009 年。

明・顧炎武，《顧亭林詩文集》，中華書局 1983 年。

明・李魯，《重編燼餘集》，民國潮安集文印社重刊本。

明・錢謙益，《牧齋初學集》，崇禎瞿式耜刻本。

明・林芝蕃，《林涵齋文集》，不分卷，民國重刊本。

明・熊開元，《魚山剩稿》，上海古籍出版社 1986 年。

明・黃道周，《黃漳浦文選》，臺灣文獻叢刊第 137 種。

明・盧若騰，《留庵文選》，臺灣文獻叢刊第 245 種。

明・曹學佺，《石倉歷代詩選》，文淵閣四庫全書本。

明・黃宗羲主編，《明文海》，文淵閣四庫全書本。

明・程敏政編，《明文衡》，文淵閣四庫全書本。

清・馮奉初輯，《潮州耆舊集》，吳二持點校本，暨南大學出版社 2016 年。

清・朱彝尊編，《明詩綜》，文淵閣四庫全書本。

清・乾隆帝，《御選明詩》，文淵閣四庫全書本。

明・徐紘編，《明名臣琬琰續錄》，文淵閣四庫全書本。

清・季麒光，《東寧政事集》，香港人民出版社 2004 年。

清・季麒光，《蓉洲文稿選輯》，香港人民出版社 2004 年。

清・李世熊，《寒枝初集》，清同治十三年刊本。

明・陳軾，《道山堂後集》，康熙甲戌刊本。

明・洪若皋，《南沙文集》，康熙三十三年。

明・張家玉，《張家玉集》，廣東高等教育出版社 1992 年。

清・劉坊，《天潮閣集》，民國五年刊本。

清・藍鼎元，《鹿洲全集》，廈門大學出版社 1995 年。

清・李光地，《榕村全集》，乾隆元年刊本。

清・李光地，《榕村語錄》，《榕村續語錄》，中華書局 1995 年標點本。

清・蔡世遠，《二希堂文集》，清乾隆四十八年刊本。

清・鄭方坤，《閩詩錄》，文淵閣四庫全書本。

清・鄭杰輯、陳衍補訂，《閩詩錄》，民國刊本。

鄭麗生，《鄭麗生文史叢稿》，福州，海風出版社。

明・李日華纂輯，《輿圖摘要》，崇禎六有堂刊本。

明・顧充纂輯，《新鍥纂輯皇明一統紀要》，萬曆元年廣居堂葉近山刊本。

明・楊雲聰，《玉堂薈記》，借月山房匯抄第十四集。

明・方以智，《物理小識》，康熙三年丁氏刻本。

明・方以智，《物理小識》，文淵閣四庫全書本。

明・陳舜系，《亂離見聞錄》，李龍潛、楊寶霖、陳忠烈、徐林等校，《明清廣東稀見筆記七種》，廣東人民出版社 2010 年。

清・佚名，《商賈便覽》，乾隆五十七年刻本。

明・林時對，《荷牐叢談》，臺灣文獻叢刊第 153 種。

明・瞿昌文，《粵行紀事》，上海古籍出版社 1987 年。

明・曹履泰，《靖海紀略》，臺灣文獻叢刊第 33 種。

明・計六奇，《明季北略》，北京，中華書局，1984 年。

明・計六奇，《明季南略》，臺灣文獻叢刊第 88 種。

明・黃宗羲，《行朝錄・隆武紀年》，臺灣文獻叢刊第 25 種。

明・蒙正發，《三湘從事錄》，中國歷史研究資料叢書本。

明・李天根，《爝火錄》，臺灣文獻叢刊第 177 種。

明・方孔炤，《全邊略記》，崇禎刻本。

清・葛應忠，《清初建州大事記》，福建省圖書館藏油印本。

明・張萱，《西園聞見錄》，燕京社民國二十九年重刊本，又見，《續修
　　四庫全書》，上海古籍社 2000 年。

明・北京大學圖書館編，《皇輿遐覽》，中國人民大學出版社 2008 年。

明・盧若騰，《島居隨錄》，廈門大學圖書館藏手抄本。

明・沈有容，《閩海贈言》，臺灣文獻叢刊第 56 種。

明・姚士麟，《見只編》，叢書集成初編本。

洪思等撰，《黃道周年譜》，侯真平校點，福建人民出版社 1999 年。

明・佚名，《思文大紀》，臺灣文獻叢刊本，第 111 種。

明・錢飲光，《所知錄》，〈隆武紀事〉，荊駝逸史本。

明・佚名，《隆武遺事》，商務印書局 1912 年。痛史本。

明・佚名，《隆武紀略》，清光緒十八年抄本。北京大學圖書館藏。

明・彭孫貽，《靖海志》，臺灣文獻叢刊本第 35 種。

明・金堡，《嶺海焚餘》，臺灣文獻叢刊本，第 302 種。

明・瞿其美，《粵游紀聞》，臺灣文獻叢刊本第 239 種。

明・錢飲光，《藏山閣集》，龍潭室叢書本。

明・華廷獻，《閩遊月記》，臺灣文獻叢刊第 239 種。

明・華廷獻，《閩遊月記》，沈雲龍，《明清史料彙編》三集，臺北，文
　　海出版社。

明・夏琳，《海紀輯要》，臺灣文獻叢刊本第 22 種。

明・夏琳，《閩海紀要》，福州，福建人民社 2008 年。

明・徐鼐，《小腆紀年》，臺灣文獻叢刊第 134 種。

明・黃宗羲，《鄭成功傳》，清宣統三年上海時中書局鉛印本。

明・楊英，《先王實錄》，陳碧笙點校，福建人民出版社 1981 年。

明・楊英，《從征實錄》，臺灣文獻叢刊第 32 種。

明・阮旻錫，《海上見聞錄》定本，福建人民出版社 1982 年。

明・邵廷寀，《東南紀事》，臺灣文獻叢刊第 96 種。

清・翁洲老民，《海東逸史》，臺灣文獻叢刊第 99 種。

清・（釋）大汕，《海外紀事》，北京，中華書局 1987 年。

清・屈大均，《廣東新語》，中華書局 1985 年。

清・周亮工，《閩小記》，福建人民出版社 1985 年。

清・王士禎，《香祖筆記》，文淵閣四庫全書本。

清・葉夢珠，《閱世編》，上海古籍出版社 1981 年。

清・鈕琇，《觚賸續編》，中華歷代筆記全集本電子版。

清・郁永河，《裨海紀遊》，臺灣文獻叢刊第 44 種。

清・黃叔璥，《臺海使槎錄》，文淵閣四庫全書本。

清・許奉恩，《里乘》，光緒五年常熟刻本。

清・丁紹儀，《東瀛識略》（1868 年），同治十二年福州吳玉田刊本。

清・姚瑩，《識小錄》，臺灣文海出版社，近代中國史料叢刊續輯，第 55 冊。

清・施鴻保，《閩雜記》，福建人民出版社 1985 年。

清・王韜，《瀛壖雜志》，小方壺輿地叢抄第四十冊。

清・里人何求，《閩都別記》，福建人民出版社 1987 年。

清・王勝時，《漫遊紀略》，江蘇廣陵古籍刻印社筆記小說大觀本，第 17 冊。

中國社會科學院歷史研究所清史，研究室編，《清史資料》第一冊，北京，中華書局 1980 年。

清・余颺，《莆變紀事》，《清史資料》第一冊，北京，中華書局 1980 年。

清・陳鴻、陳邦賢，《熙朝莆靖小紀》，《清史資料》第一輯，北京，中華書局 1980 年。

清・林義儒，《少保兵部尚書姚公（啟聖）傳》，陳維安，《海濱外史》卷四，福建省圖書館藏抄本。又見，陳支平等編，《臺灣文獻匯刊》第二輯第八冊，北京，九州出版社、廈門大學出版社 2005 年。

清・德福等，《閩政領要》，福建省圖書館藏手抄本。

清・許旭，《閩中紀略》，清道光吳江沈氏刻本。

清・李世熊，《寇變記》，《清史資料》第一輯，中華書局 1980 年。

清・施琅，《靖海紀事》，施琅研究會編，《施琅》，1996 年自刊本。

清・江日昇，《臺灣外志》，上海古籍出版社 1984 年。

清・王大海，《海島逸志》，《小方壺輿地叢鈔》第十帙。

清・陳夢雷等，《古今圖書集成》，北京中華書局、巴蜀書社影印本。

清・永瑢等撰，《四庫全書總目》，北京，中華書局 1965 年。

清・郝玉麟等，雍正《福建通志》，文淵閣四庫全書本。

清・沈廷芳等，乾隆《福建通志》，乾隆三十三年刊本。

清・陳壽祺等，道光《福建通志》，臺灣華文書局 1968 年影印本同治十年刊本。

民國・李厚基修、沈瑜慶、陳衍纂，民國《福建通志》，1938 年福州刊本。

清・佚名，《福建省例》，臺灣文獻叢刊本。

福建省測繪局，《福建省地圖冊》，福建省地圖出版社 1983 年。

清・徐景熙等，乾隆《福州府志》，福州，海風出版社 2001 年。

明・夏允彝，崇禎《長樂縣志》，崇禎十四年刊本。

清・楊希閔等，同治《長樂縣志》，清同治八年刊本。

民國・李駒等，民國《長樂縣志》，福建人民出版社 1994 年標點本。

民國・李永選，《長樂六里志》，福建省長樂縣地方志編纂委員會校刊，福建地圖出版社 1989 年。

民國・邱景雍等，民國《連江縣志》，連江縣方志委 1988 年標點本。

清・釋如一，《福清縣志續略》，北京，書目文獻出版社《日本藏中國罕見方志叢刊》，1990 年影印本。

清・林傳甲修、郭文祥纂，康熙《福清縣志》，康熙十一年刊本。

清・林以宷，順治《海口特志》，福州，海潮攝影藝術出版社 1994 年。

清・林昂等，乾隆《福清縣志》，福清縣方志委 1987 年。

明・隱元、清馥等，《黃檗山寺志》，福建省地圖出版社 1989 年。

清・俞荔等，乾隆《永福縣志》，清乾隆十三年刊本。

民國・王紹沂等，民國《永泰縣志》，永泰方志委 1987 年標點本。

民國・楊宗彩等，民國《閩清縣志》，民國十年排印本。

清・林春溥等，道光《羅源縣志》，羅源縣政協文史委 1983 年點校本。

清・辛竟可等，乾隆《古田縣志》，古田縣方志委 1987 年標點本。

明・楊德周，崇禎《玉田志略》，福建省圖書館藏抄本。

民國・余鍾英等，民國《古田縣志》，民國三十一年排印本。

清・沈鍾，乾隆《屏南縣志》，屏南縣方志委 1989 年油印本。

民國・黃履思等，民國《平潭縣志》，平潭縣方志委 1990 年標點本。

清・張琦修、鄒山、蔡登龍纂，康熙《建寧府志》，清康熙三十二年刊本。

清・鄧其文，康熙《甌寧縣志》，康熙三十四年刊本。

民國・詹宣猷、劉達潛修，蔡振堅、何履祥纂，民國《建甌縣志》，民國十八年刊本。

清・柳正芳等，康熙《建陽縣志》，清康熙四十二年刊本。

清・李再灝等，道光《建陽縣志》，1986 年 7 月建陽縣志辦重刊本。

民國・羅應辰等，民國《建陽縣志》，民國十八年刊本。

清・潘拱辰等，康熙《松溪縣志》，松溪縣編纂委 1986 年點校本。

民國・李熙等，民國《政和縣志》，民國八年刊本。

明・馮夢龍，崇禎《壽寧待志》，福建人民出版社 1983 年。

清・柳上芝等，康熙《壽寧縣志》，壽寧縣方志辦 1988 年標點本。

清・翁昭泰等，光緒《浦城縣志》，清光緒二十三年刊本。

清・管申駿纂修，康熙《崇安縣志》，康熙九年刻本。

清・張彬等，雍正《崇安縣志》，清雍正十一年刊本。

清・章朝栻等，嘉慶《崇安縣志》，清嘉慶十三年刊本。

清・董天工，乾隆《武夷山志》，方志出版社 1997 年。

清・張景祈等，光緒《邵武府志》，清光緒二十三年刊本。

清・李正芳等，咸豐《邵武縣志》，邵武市地方志編纂委員會 1986 年自印本。

清・朱霞等，乾隆《建寧縣志》，清乾隆二十四年刊本。

民國・錢江、范毓桂等，民國《建寧縣志》，民國八年刊本。

清・許燦等纂修，乾隆《泰寧縣志》，泰寧縣志編纂委 1986 年點校本。

清・高澍然等，道光《光澤縣志》，清同治九年補刊本。

清・邱豫鼎編，光緒《光澤鄉土志》，光緒三十二年（1906 年）排印本。

清・孔自洙等，順治《延平府志》，順治十七年刊本。

清・陶元藻等，乾隆《延平府志》，清乾隆十一年刊本。

清・楊桂森等，嘉慶《南平縣志》，清同治十一年重刊本。

民國・蔡建賢等，民國《南平縣志》，南平市志編纂委 1985 年點校本。

清・徐觀海等，乾隆《將樂縣志》，福建省圖書館藏抄本。

清・徐逢盛等，道光《沙縣志》，清道光十四年刊本。

清・徐逢盛等，道光《沙縣志》，同治刊本。

民國・羅克涵等，民國《沙縣志》，民國十七年排印本。

清・裘樹榮，雍正《永安縣志》，永安縣方志委 1989 年據道光重刊本標點本。

清・陳樹蘭等，道光《永安縣續志》，永安縣方志委 1989 年據道光重刊本標點本。

明・鄧一鼎等纂修，崇禎《尤溪縣志》，明崇禎九年刊本，書目文獻出版社《日本藏中國罕見方志叢刊》，1990 年影印本。

民國・洪清芳等，民國《尤溪縣志》，尤溪縣方志辦 1985 年標點本。

清・吳天芹等，乾隆《順昌縣志》，清乾隆三十年刊本。

清・葉銘等，乾隆《大田縣志》，清乾隆二十四年刊本。

清・李拔，乾隆《福寧府志》，寧德地區方志編纂委員會，1991 年自印本。

明・陳曉梧等，崇禎《福安縣志》，清康熙十六年刊本膠捲。

清・黃錦燦等，光緒《福安縣志》，福安縣方志委 1987 年標點本。

清・盧建其等，乾隆《寧德縣志》，寧德縣方志辦 1983 年點校本。

清・崔嵸，《寧德支提寺圖志》，李懷先、季左明、顏素開點校本，福州，福建省地圖出版社 1988 年。

民國・徐有吾等，民國《霞浦縣志》，霞浦方志委 1986 年點校本。

清・黃鼎翰，光緒《福鼎縣志》，清光緒三十二年刊本。

清・廖必琦等，乾隆《莆田縣志》，乾隆二十三年刊本。

石有紀、張琴，民國《莆田縣志》，福建省圖書館藏抄本。

莆田縣志編纂委員會編，共和國《莆田縣志五十八種》，莆田縣志編纂委員會 1959—1965 年鉛印本。

清・胡啟植、葉和侃，乾隆《仙遊縣志》，乾隆三十五年原刊，民國重刊本。

清・黃任等，乾隆《泉州府志》，清乾隆二十八年刊本、民國重刊本。

清・方鼎等，乾隆《晉江縣志》，清乾隆三十年刊本。

清・周學曾等，道光《晉江縣志》，福建人民出版社 1990 年標點本。

莊為璣，《晉江新志》，泉州市方志委 1986 年鉛印本。

清・謝宸荃等，康熙《安溪縣志》，清康熙十二年刊本。

清・沈鍾等，乾隆《安溪縣志》，廈門大學出版社 1988 年。

清・王必昌等纂修，乾隆《德化縣志》，德化縣志編纂委1987年點校本。

民國・王光張等，民國《德化縣志》，民國二十九排印本。

清・顏鑄等，乾隆《永春州志》，清乾隆五十一年刊本。

清・吳裕仁，嘉慶《惠安縣志》，民國二十五年重刊本。

清・葉獻綸等，康熙《南安縣志》，康熙十一年刊本。

民國・蘇鏡潭等，民國《南安縣志》，泉州泉山書社排印本。

安海志修編小組，新編《安海志》，1983年安海自刊本。

清・陶元藻等，乾隆《同安縣志》，民國八年重刊本。

清・劉光鼎等，嘉慶《同安縣志》，清嘉慶三年刊本。

民國・吳錫璜等，民國《同安縣志》，民國十八年排印本。

清・周凱、凌翰等，道光《廈門志》，鷺江出版社1996年標點本。

清・林焜熿，道光《金門志》，臺灣，臺灣書店1956年鉛印本。

清・蔡世遠等，康熙《漳州府志》，清康熙五十三年刊本。

清・李維鈺、官獻瑤等，乾隆《漳州府志》，清嘉慶補刊本。

清・沈定均、吳聯熏等，光緒《漳州府志》，清光緒三年刻本。

清・吳宜燮等，乾隆《龍溪縣志》，清光緒五年增刊本。

清・葉先登等，康熙《長泰縣志》，康熙二十六年刊本。

清・張懋建等，乾隆《長泰縣志》，民國二十一年排印本。

明・梁兆陽修，蔡國楨、張燮等纂，崇禎《海澄縣志》，崇禎五年刊本，北京，書目文獻出版社，《日本藏中國罕見方志叢刊》，1990年影印本。

清・李基益等，康熙《海澄縣志》，清康熙三十二年刊本。

清・鄧來祚等，乾隆《海澄縣志》，乾隆二十七年刊本。

清・陳汝咸修、林登虎纂，康熙《漳浦縣志》，康熙三十九年原修，民國十七年翻刻。

清・陳汝咸修、林登虎纂，康熙《漳浦縣志》，民國二十五年排印本。

清・王相等，康熙《平和縣志》，清光緒十五年重刊本。

清・黃評桂等，道光《平和縣志》，平和縣方志委1997年影印稿本。

民國・鄭豐稔等，民國《南靖縣志》，南靖縣方志委1994年整理本。

清・薛凝度等，嘉慶《雲霄廳志》，民國二十四年排印本。

清・秦炯纂修，康熙《詔安縣志》，康熙三十年刊本。

民國・陳蔭祖修、吳名世纂，民國《詔安縣志》，民國三十一年排印本。

民國 • 李猷明等，民國《東山縣志》，原纂於民國三十一年，東山縣方志
　　　辦 1987 年。

清 • 徐銑等纂修，乾隆《龍巖州志》，福建省地圖出版社 1987 年。

清 • 陳文衡等，道光《龍巖州志》，清光緒十六年補刊本。

清 • 林得震等撰，道光《漳平縣志》，民國二十四年排印本。

明 • 蕭亮修、張豐玉纂，金基增修，永曆《寧洋縣志》，永曆二十九年增
　　　修本。

清 • 蕭亮等，康熙元年《寧洋縣志》，漳平方志辦 2001 年。

清 • 董鐘驦撰，同治《寧洋縣志》，清光緒三年增刊本。

明 • 唐世涵等，崇禎《汀州府志》，明崇禎十年刊本膠捲。

清 • 曾曰瑛（或作曾日瑛）等，乾隆《汀州府志》，中國方志叢書影印清
　　　乾隆十七年刊本。

清 • 曾曰瑛（或作曾日瑛）等，乾隆《汀州府志》，北京，方志出版社
　　　2004 年。

清 • 潘世嘉等，康熙《長汀縣志》，清康熙二十五年刊本膠捲。

清 • 許春暉纂，乾隆《長汀縣志》，清乾隆四十七年刊本。

清 • 楊瀾等，道光《長汀縣志》，咸豐四年刊本。

民國 • 丘復等，民國《長汀縣志》，民國三十年刊本。

清 • 趙成等，乾隆《上杭縣志》，乾隆十八年刻本。

清 • 顧人驥等，乾隆《上杭縣志》，乾隆二十三年刻本。

民國 • 丘復等，民國《上杭縣志》，民國二十八年上杭啟文書局刊本。

清 • 杜士晉等，康熙《連城縣志》，方志出版社 1997 年。

清 • 李龍官、徐尚忠，乾隆《連城縣志》，廈門大學出版社 2008 年。

民國 • 王集吾修、鄧光瀛纂，民國《連城縣志》，民國二十七年維新書局
　　　排印本，《中國地方志集成》，福建府縣志輯，35。

清 • 趙良生，康熙《武平縣志》，武平縣方志委 1986 年點校本。

明 • 張士俊等，崇禎《寧化縣志》，明崇禎八年刊本膠捲。

清 • 李世熊，康熙《寧化縣志》，福建人民出版社 1989 年。

民國 • 王維梁等，民國《明溪縣志》，廈門大學出版社 2008 年點校本。

清 • 王霖等，康熙《清流縣志》，康熙四十一年刊本。

清 • 喬有豫，道光《清流縣志》，福建人民出版社 1992 年。

清 • 林善慶，民國《清流縣志》，福建地圖出版社 1988 年。

清・王見川等，乾隆《永定縣志》，乾隆二十二年刊本。

清・巫宜福等，道光《永定縣志》，道光十年刊本影抄本。

卓劍舟等，《太姥山全志》（外四種），福州，福建人民出版社 2008 年。

明・陳組綬，《皇明職方兩京十三省地圖表》，崇禎九年刊本，鄭振鐸編，《玄覽堂叢書三集》第十一冊，國立中央圖書館 1948 年。

清・朱正元，《福建沿海圖說》，上海，光緒二十八年刊本。

曹婉如、鄭錫煌、黃盛璋、鈕仲勳、任金城、秦國經、胡邦波編，《中國古代地圖集・明代》，北京，文物出版社 1995 年。

民國・連橫，《臺灣通史》，商務印書館 1946 年原刊，北京，商務印書館 1983 年修訂本。

清・林謙光，康熙《臺灣府紀略》，康熙二十九年刊本，〈形勢〉，四庫全書存目叢書，史部 214 冊。

清・蔣毓英，康熙《臺灣府志》，廈門大學出版社 1985 年。

清・李元春，《臺灣志略》，臺灣文獻叢刊第 18 種。

清・朱仕玠，《小琉球漫誌》，臺灣文獻叢刊第 3 種。

清・陳文達，康熙《鳳山縣志》，康熙五十九年始刊，臺灣文獻叢刊第 124 種。

清・盧德嘉，《鳳山縣采訪冊》。光緒二十年修成本。臺灣文獻叢刊第 34 冊。

清・陳淑均纂，咸豐《續修臺灣府志噶瑪蘭廳志》，咸豐二年刊本。

清・陳培桂，同治《淡水廳志》，同治刊本。

清・郝玉麟等，乾隆《廣東通志》，文淵閣四庫全書本。

清・阮元修，陳昌齊、劉彬華纂，道光《廣東通志》，上海古籍出版社 1990 年影印，上海商務印書館 1934 年影印本。

清・印光任、張汝霖，乾隆《澳門紀略》，澳門文化司署 1992 年點校本。

清・尹繼善、謝旻等，雍正《江西通志》，文淵閣四庫全書本。

清・李衛等，雍正《浙江通志》，文淵閣四庫全書本。

清・趙宏恩等，乾隆《江南通志》，文淵閣四庫全書本。

廈門鄭成功研究會、廈門鄭成功紀念館，《鄭成功族譜三種》，福州，福建人民出版社 1987 年。

廈門大學臺灣研究所、中國第一歷史檔案館編輯部等編，《鄭成功檔案史料選輯》，福建人民出版社 1985 年。

鄭芝龍等，《鄭氏族譜》，陳支平等編，《臺灣文獻匯刊》第一輯第五冊，
　　北京，九州出版社、廈門大學出版社 2005 年。

## 二、近人著作、論文

陳台民，《中菲關係與菲律賓華僑》，香港，朝陽出版社 1985 年。

朱杰勤，《東南亞華僑史》，中華書局 2008 年。

王賡武，《南海貿易：南中國海華人早期貿易史研究》，香港，中華書局
　　香港分局 1988 年。

林惠祥，《臺灣番族之原始文化》，北京，中研院社會科學研究所專刊第
　　3 號，1930 年。

莊為璣、鄭山玉主編，李天錫、林少川、白曉東副主編，《泉州譜牒華僑
　　史料與研究》，北京，中國華僑出版社 1998 年。

薩士武、傅衣凌等，《福建對外貿易史研究》，福建省研究院社會科學研
　　究所 1948 年。

傅衣凌，《明清時代商人及商業資本》，中華書局 1956 年。

臺灣文獻委員會編，《臺灣省通志》，1970 年自刊本。

鄭學稼，《日本史（三）》，臺北，黎明文化公司 1977 年。

鄭成功研究學術討論會，學術組編，《臺灣鄭成功研究論文選》，福建人
　　民出版社 1982 年。

南安市政協合編，《鄭成功與臺灣》，廈門大學出版社 2003 年。

集體，《鄭成功研究論叢》，福建教育出版社，1984 年。

陳碧笙主編，吳文華、孫晉華、陳毅明著，《南洋華僑史》，江西人民出
　　版社 1989 年。

陳碧笙，《世界華人華僑簡史》，廈門大學出版社 1991 年。

福建省地方志編纂委員會，《福建華僑志》，福建人民出版社 1992 年。

陳碧笙，《鄭成功歷史研究》，北京，九州出版社 2000 年。

戚嘉林，《臺灣史》上冊，臺灣自立晚報社，1986 年。

顧誠，《南明史》，中國青年出版社 1997 年。

〔美〕司徒琳，《南明史》，上海人民出版社 2017 年。原文於 1985 年出
　　版於美國耶魯大學。

錢海岳，《南明史》，北京，中華書局 2006 年。

南炳文，《南明史》，北京，故宮出版社 2012 年。

梁方仲，《梁方仲經濟史論文集》，北京，中華書局 1989 年。

梁方仲，《梁方仲經濟史論文集補編》，中州古籍出版社 1984 年。

梁嘉彬，《廣東十三行考》，廣東人民出版社 1999 年。

全漢昇，《中國經濟史論叢》，香港，新亞研究所 1972 年。

全漢昇，《明清經濟史研究》，臺北，聯經出版公司 1987 年。

全漢昇，《中國經濟史研究》，北京，中華書局 2011 年。

方豪，《六十至六十四自選待定稿》，臺北，作者自刊本 1974 年。

方豪，《臺灣早期史綱》，臺灣學生書局 1994 年。

曹永和，《臺灣早期歷史研究》，臺灣聯經公司 1981 年。

曹永和，《臺灣早期歷史研究續集》，臺灣聯經公司 2000 年。

曹永和，《中國海洋史論集》，臺北，聯經出版公司 2000 年。

〔日〕山脇悌二郎，《長崎の唐人貿易》，東京，吉川弘文館 1964 年。

〔日〕黑田明伸，《貨幣制度的世界史》，中譯本，中國人民大學出版社
　　2011 年。

陳在正，《臺灣海疆史》，臺灣，揚智文化事業公司 2003 年。

中國海洋發展史論文集編輯委員會編，《中國海洋發展史論文集》第一輯，
　　臺北，中研院三民所 1984 年。

中國海洋發展史論文集編輯委員會編，《中國海洋發展史論文集》第二輯，
　　臺北，中研院中山人文社會科學研究所 1986 年。

張炎憲主編，《中國海洋發展史論文集》第三輯，臺北，中研院中山人文
　　社會科學研究所 1988 年。

吳劍雄主編，《中國海洋發展史論文集》第四輯，臺北，中研院中山人文
　　社會科學研究所 1988 年。

張彬村、劉石吉主編，《中國海洋發展史論文集》第五輯，臺北，中研院
　　中山人文社會科學研究所 1988 年。

張炎憲主編，《中國海洋發展史論文集》第六輯，臺北，中山人文社會科
　　學研究所 1997 年。

湯熙勇主編，《中國海洋發展史論文集》第七輯，臺北，中山人文社會科
　　學研究中心 1999 年。

朱德蘭主編，《中國海洋發展史論文集》第八輯，臺北，中研院人文社會
　　科學研究中心 2002 年。

劉序楓主編，《中國海洋發展史論文集》第九輯，臺北，中研院人文社會

科學研究中心 2005 年。

湯熙勇主編，《中國海洋發展史論文集》第十輯，臺北，中山人文社會科
　　學研究中心 2008 年。

廈門大學歷史系編，《鄭成功研究論文選》，福建人民出版社 1982 年。

福建省歷史學會廈門分會編輯，《月港研究論文集》，1983 年自刊本。

鄭永常，《來自海洋的挑戰——明代海貿政策演變研究》，臺北縣，稻鄉
　　出版社 2008 年刊本。

朱維幹，《福建史稿》下冊，福建教育出版社 1986 年。

彭信威，《中國貨幣史》，上海人民出版社 1988 年。

丘光明編著，《中國歷代度量衡考》，科學出版社 1992 年。

《安海港史》研究編輯組編，《安海港史研究》，福州，福建教育出版社
　　1989 年。

石守謙等，《福爾摩沙——十七世紀的臺灣・荷蘭與東亞》，臺北，故宮
　　博物院 2003 年。

廈門大學歷史研究所主編，《福建經濟發展簡史》，廈門大學出版社 1989
　　年。

楊國禎，《閩在海中——追尋福建海洋發展史》，江西高校出版社，1998 年。

楊國禎，《東溟水土——東南中國海洋環境與經濟開發》，江西高校出版
　　社，2003 年。

林仁川，《明末清初私人海上貿易》，上海華東師範大學出版社 1987 年。

林仁川，《福建對外貿易與海關史》，鷺江出版社 1991 年。

李伯重，《理論、方法、發展、趨勢，中國經濟史研究新探》，浙江大學
　　出版社 2013 年。

李伯重，《江南的早期工業化，1500—1850 年》。中國社會科學文獻出版社，
　　2000 年。

李伯重，《火槍與帳簿——早期經濟全球化時代的中國與東亞世界》，生
　　活、讀書、新知三聯書店 2017 年。

陳支平，《民間文書與臺灣社會經濟史》，長沙，嶽麓書社 2004 年。

孔遠志，《中國印尼文化交流》，北京大學出版社 1999 年。

莊國土，《華僑華人與中國的關係》，廣東高等教育出版社 2001 年。

黃仁宇，《十六世紀明代中國之財政與稅收》，阿風、許文繼、倪玉平、
　　徐衛東譯，北京，生活、讀書、新知三聯書店 2001 年。

張崇根，《臺灣四百年前史》，北京，九州出版社 2005 年。

張增信，《明季東南中國的海上活動》上編，臺北，中國學術著作獎助委員會 1988 年。

韓振華，《中外關係歷史研究》，香港大學亞洲研究中心編韓振華選集。

李東華，《泉州與我國中古的海上交通》，臺灣學生書局 1986 年。

邱炫煜，《明帝國與南海諸蕃國關係的演變》臺北，蘭臺出版社 1995 年。

李金明，《明代海外貿易史》，中國社會科學出版社 1990 年。

李金明，《海外交通與文化交流》，雲南美術出版社 2006 年。

李金明、廖大珂，《中國古代海外貿易史》，廣西人民出版社 1995 年。

陳衍德，《現代中的傳統——菲律賓華人社會研究》，廈門大學出版社 1998 年。

陳孔立編，《臺灣歷史綱要》，北京，九洲圖書出版社 1997 年。

唐次妹，《清代臺灣城鎮研究》，北京，九州出版社 2008 年。

張海鵬、陶文釗，《臺灣簡史》，香港，鳳凰出版傳媒集團、鳳凰出版社 2010 年。

高賢治等，《縱覽台江——大員四百年地輿圖》，臺南市台江公園管理處 2012 年。

萬明，《明代中外關係史論稿》，中國社會科學出版社 2011 年。

許賢瑤譯，《荷蘭時代臺灣史論文集》，臺灣，佛光人文學院 2001 年。

楊彥杰，《荷據時代臺灣史》，江西人民社 1992 年。

吳鳳斌，《東南亞華僑通史》，福建人民出版社 1994 年。

吳承明，《中國資本主義與國內市場》，中國社會科學出版社 1985 年。

許滌新、吳承明主編，《中國資本主義發展史》第一卷，《中國資本主義萌芽》，人民出版社 1995 年。

林滿紅，《四百年來的兩岸分合》，臺北，自立晚報文化出版部 1994 年。

林滿紅，《銀線—— 19 世紀的世界與中國》，詹慶華、林滿紅等譯，江蘇人民出版社 2011 年。

謝必震，《明清中琉航海貿易研究》，北京，海洋出版社 2004 年。

鄭廣南，《中國海盜史》，上海，華東理工大學出版社 1998 年。

林滿紅，《茶、糖、樟腦業與臺灣之社會經濟變遷》，臺灣，聯經出版公司 1997 年。

陳碧笙，《鄭成功歷史研究》，〈明代末期海上商業資本與鄭芝龍〉，北京，

九州出版社，2000 年。

鄧孔昭，《鄭成功與明鄭臺灣史研究》，北京，臺海出版社 2000 年。

鄧孔昭，《鄭成功與明鄭在臺灣》，廈門大學出版社 2004 年。

歐陽泰，《1661，決戰熱蘭遮——中國對西方的第一次勝利》，陳信宏譯，北京，九州出版社 2014 年。

廖大珂，《福建海外交通史》，福建人民出版社 2002 年。

陳自強，《漳州古代海外交通與海洋文化》，福建人民出版社 2014 年。

林南中，《漳州外來貨幣概述》，福建人民出版社 2014 年。

〔日〕高良倉吉，《琉球の時代》，那霸 1989 年重印本。

〔日〕外山幹夫，《松浦氏と平戶貿易》，日本，東京，國書刊行會 1987 年。

〔日〕松浦章，《中國の海賊》，東京，東方書店 1995 年。

〔日〕松浦章，《清代臺灣海運發展史》，卞鳳奎譯本，臺北，博揚文化事業有限公司 2002 年。

〔日〕松浦章，《明清時代東亞海域的文化交流》，鄭潔西等譯，江蘇人民出版社 2009 年。

〔日〕松浦章，《清代帆船東亞航運與中國海商海盜研究》，上海辭書出版社 2009 年。

〔日〕松浦章，《清代帆船與中日文化交流》，上海科技文獻出版社 2012 年。

〔日〕三木聰，《明清福建農村社會の研究》，北海道大學圖書刊印會 2002 年。

〔日〕坂本太郎，《日本史》，北京，中國社會科學出版社 2008 年。

〔日〕上田信，《海與帝國：明清時代》，高瑩瑩譯本，廣西師範大學出版社 2014 年。

〔日〕上田信，《東歐亞海域史列傳》，寇淑婷譯本，廈門大學出版社 2018 年

許雪姬、吳密察，《先民的足跡——古地圖話台灣滄桑史》，臺灣，南天書局有限公司。

夏黎明總論、王存立、胡文青編著，《台灣的古地圖——明清時期》，臺灣，遠足文化有限公司 2005 年。

中國第一歷史檔案館、澳門一國兩制研究中心，《澳門歷史地圖精選》，北京，華文出版社 2000 年。

北京大學圖書館編，《皇輿遐覽——北京大學圖書館藏清代彩繪地圖》，
　　北京，中國人民大學出版社 2008 年。

陳宗仁，《雞籠山與淡水洋——東亞與臺灣早期史研究》，臺北，聯經出
　　版公司 2005 年。

卓克華，《清代臺灣行郊研究》，福建人民出版社，2006 年。

〔葡萄牙〕曾德昭（Alvaro Semedo），《大中國志》，何高濟譯，李申校，
　　上海古籍出版社 1998 年。

〔西班牙〕門多薩（J. G.de Mendoza），《中華大帝國史》，何高濟譯，北京，
　　中華書局 1998 年。

〔西班牙〕胡安・岡薩雷斯・德・門多薩（J. G.de Mendoza），《中華
　　大帝國史》，孫家堃譯，北京，中華書局 2009 年。

〔瑞典〕龍思泰（Anders Ljungstedt），《早期澳門史》，吳義雄、郭德炎、
　　沈正邦譯，章文欽校，北京，東方出版社 1997 年。

〔英〕C. R. 博克塞，《澳門與日本的早期貿易》，C. R. Boxer, *The Great
　　ship from Amacon: Annals of Macao and the Old japan Trade, 1550-1640*,
　　Centro de Estudos Historicos Ultramarinos, Lisboa, 1959.

張天澤，《中葡早期通商史》，姚楠、錢江譯，中華書局香港分局 1988 年。

金國平編譯，《西方澳門史料選萃（15—16 世紀）》，廣東人民出版社
　　2005 年。

翁佳音，《荷蘭時代臺灣史的連續性問題》，臺北，稻香出版社 2008 年。

鮑曉鷗著、那瓜（NaKao Eki）譯，《西班牙人的臺灣體驗 1626—1642》，
　　臺北南天書局有限公司 2008 年。

李毓中編注，《臺灣與西班牙關係史料彙編 I》，李毓中譯、陳柏蓉協譯，
　　臺灣南投市，臺灣文獻館 2008 年。

方真真，《臺灣西班牙貿易史料 1664—1684》，臺北，稻鄉出版社 2006 年。

方真真，《華人與呂宋貿易（1657）史料分析與譯著》，第一冊，臺北，
　　清華大學出版社 2012 年。

薛化元等，《臺灣貿易史》，臺北，對外貿發展協會 2008 年。

栗建安主編，《考古學視野中的閩商》，北京，中華書局 2010 年。

陳小沖主編，《臺灣歷史上的移民與社會研究》，北京，九州出版社 2011
　　年。

段立生，《泰國通史》，上海社會科學院出版社 2014 年。

劉小珊、陳曦子、陳訪澤著，《明中後期中日葡外交使者陸若漢研究》，

北京，商務印書館陶 2015 年。

黃滋生、何思兵，《菲律賓華僑史》，廣東高等教育出版社 2016 年。

亨利・卡門（Henry Camen），《黃金時代的西班牙》，呂浩峻譯，北京大學出版社 2016 年。

向大有，《越南封建時期華僑華人研究》，中國社會科學出版社 2016 年。

佚名，《中國古陶瓷論文集》，文物出版社，1982 年。

葉文程，《中國古外銷瓷研究論文集》，北京，紫禁城出版社 1988 年。

福建省博物館，《德化窯》，文物出版社 1990 年。

福建省博物館，《漳州窯》，福建人民出版社 1997 年。

福建省博物館、日本茶道資料館等，《特別展：交趾香合——福建出土的遺物和日本的傳世品》，日本寫真株式會社 1998 年。

廣東文物考古研究所、廣東省博物館、國家文物水下文化遺產保護中心編著，《孤帆遺珍——南灣 I 號出水精品文物圖錄》，北京，科學出版社 2014 年。

孟原召，《閩南地區宋至清代製瓷手工業遺存研究》，北京，文物出版社 2017 年。

〔日〕岩生成一，《朱印船貿易史の研究》，東京，吉川弘文堂 1958 年原版，1985 年修訂版。

〔日〕木宮泰彥，《日中文化交流史》，胡錫年譯，商務印書館 1980 年。

徐曉望，《16—17 世紀環臺灣海峽區域市場研究》，廈門大學歷史系博士論文 2003 年。

〔美〕穆黛安（Murray, D. H.），《華南海盜：1790—1810》，劉平譯，北京，中國社會科學出版社 1997 年。書名原文：Pirates of the South China Coast: 1790-1810，美國斯坦福大學出版社 1987 年。

〔日〕中村孝志，《荷蘭時代的臺灣史研究・上卷・概說・產業》，臺北，稻鄉出版社 1997 年。

〔日〕速水融、宮本又郎編，《日本經濟史》，北京，三聯書店 1997 年。

〔日〕川北稔，《一粒砂糖裡的世界史》，趙可譯本，海口市，南海出版社 2018 年。

〔美〕施堅雅主編，《中華帝國晚期的城市》，中華書局出版社 2000 版。

程紹剛譯註，《荷蘭人在福爾摩莎》，臺北，聯經出版事業公司 2000 年。

〔英〕崔瑞德、〔美〕牟復禮編，《劍橋中國明代史 1368—1644 年》下卷，北京，中國社會科學出版社 2006 年。

〔澳大利亞〕雪珥，《大國海盜》，山西人民出版社 2011 年。

徐泓，《二十世紀的明史研究》，臺灣大學出版社中心 2011 年。

〔日〕森正夫、野口鐵郎、濱島敦俊、岸本美緒、佐竹靖彥編，《明清時
　　代史的基本問題》，周紹泉、欒成顯等譯，北京，商務印書館 2013 年。

〔英〕羅傑　克勞利，《征服者：葡萄牙帝國的崛起》，北京，社會科學
　　文獻出版社 2016 年。

〔美〕尤金・賴斯、安東尼・格拉夫頓，《現代歐洲史・早期現代歐洲
　　的建立 1460—1559》，北京，中信出版社 2016 年。

〔日〕淺田實，《東印度公司——巨額商業資本之興衰》，顧姍譯本，北京，
　　社會科學出版社 2016 年。

董建中主編，《清史譯叢》第十一輯，《中國與十七世紀危機》，商務印
　　書館 2013 年。

〔義大利〕喬吉奧・列略（Giorgio Riello），《棉的全球史》劉媺譯，上
　　海人民出版社 1981 年。

〔德〕普塔克（Roderich Ptak），《普塔克澳門史與海洋史論集》，趙殿紅、
　　蔡潔華等譯，廣東人民出版社 2018 年。

田汝康，〈十七世紀至十八世紀中葉中國帆船在東南亞洲運輸和商業上的
　　地位〉，《歷史研究》1956 年第 8 期。

田汝康，《17—19 世紀中葉中國帆船在東南亞洲》，上海人民出版社 1957
　　年。

〔日〕岩生成一，《在臺灣的日本人》，許賢瑤譯，《荷蘭時代臺灣史論
　　文集》，臺灣，佛光人文學院 2001 年。

〔日〕岩生成一，〈近世日支貿易に関する数量的考察〉，《史學雜誌》
　　第 62 編第 11 號。

〔日〕岩生成一，〈明末日本僑寓支那人甲必丹李旦考〉，《東洋學報》
　　第 23 編第 3 號，1936。又見許賢瑤譯，《荷蘭時代臺灣史論文集》，
　　臺灣，佛光人文社會學院 2001 年。

〔日〕岩生成一，〈豐臣秀吉の臺灣島招諭計畫〉，《臺北帝國大學文政
　　學部史學科研究年報》第 7 輯，1942 年。

陳碧笙，〈一六八三年清政府統一臺灣〉，《中國古代史論叢》第 2 輯，
　　福建人民出版社 1981 年，第 352—367 頁。

〔日〕松浦章，〈清代福建的海外貿易〉，廈門，《中國社會經濟史研究》
　　1986 年第 1 冊。

〔日〕松浦章，〈明末清初的澳日貿易〉，陳燕虹譯、孔穎校，《澳門研究》2016 年第 3 期。

錢江，〈1570—1760 年中國和呂宋貿易的發展及貿易額的估算〉，《中國社會經濟史研究》1986 年第 3 期。

錢江，〈17 至 18 世紀中國與荷蘭的瓷器貿易〉，廈門大學，《南洋問題研究》1989 年第 1 期。

莊國土，〈略論早期中國與葡萄牙關係的特點 1513—1613 年〉，澳門《文化雜誌》1994 年第 18 期。

莊國土，〈16—18 世紀白銀流入中國的估算〉，《中國錢幣》1995 年 3 期，第 3—10 頁。

楊雲萍，〈鄭成功的歷史地位〉，《南明研究與臺灣文化》，臺灣風物雜誌社 1993 年。

包樂史，〈論鄭芝龍的崛起〉，福州，《福建史志》增刊，1994 年。

李毓中等，〈七世紀的臺灣 · 基隆港〉，《臺灣史料研究》第 4 號，吳三連臺灣史料基金會會刊，1994 年 10 月。

江樹生等，〈十七世紀荷蘭人繪製的臺灣老地圖〉，《漢聲》雜誌第 105 期，臺北，《漢聲》雜誌社，1997 年。

翁佳音，〈近代初期北部臺灣的商業與原住民〉，原刊中研院臺灣史研究所籌備處，《臺灣商業傳統論文集》，1999 年。

徐曉望，〈閩南民系的社會經濟特徵與臺灣開發〉，《福建論壇》（文史哲版）2000 年第 1 期。

徐曉望，〈論早期臺灣開發史的幾個問題〉，北京，《臺灣研究》2000 年第 2 期。

陳學文，〈明清時期臺灣蔗糖業的發展〉，載萬斌主編，《我們與時代同行——浙江省社會科學院論文精選 1996—1999 年》，杭州出版社，2005 年。

金國平、吳志良，〈鄭芝龍與澳門——兼談鄭氏家族與澳門黑人〉，泉州，《海交史研究》，2002 年第 2 期。

蔡相輝，〈清代北港的閩臺貿易〉，載海峽交通史論叢編輯委員會編，《海峽交通史論叢》，福州海風出版社，2002 年。

陳宗仁，〈北港與「Pacan」地名考釋：兼論十六世紀、十七世紀之際臺灣西南海域貿易情勢的變遷〉，《漢學研究》第二十一卷第二期，總第 43 號，臺北，2003 年。

〔澳門〕塞亞布拉（Leonor Diaz Seabra），〈16—17世紀澳門、中國和日本的歷史關係〉，澳門文化局《文化雜誌》2004年春季刊。

〔澳門〕塞亞布拉（Leonor Diaz Seabra），《強權、社會及貿易—澳門和菲律賓的歷史關係》（16—18世紀）。

徐曉望，〈論17世紀荷蘭殖民者與福建商人——關於臺灣海峽控制權的爭奪〉，《福建論壇》人文社會科學版，2003年第3期。收入《臺灣早期史考證》，福州，海風出版社2014年。

萬明，〈明代白銀貨幣化：中國與世界連接的新視角〉，《河北學刊》2004年第3期。又載：萬明，《明代中外關係史論稿》，中國社會科學出版社2011年。

陳支平，〈清代泉州黃氏郊商與鄉族特徵〉，《中國經濟史研究》2004年第2期。

陳支平，〈中國古代史研究的創新與回歸傳統〉，《史學月刊》2016年第4期。

徐曉望，《試論明清時期閩浙贛邊山區經濟發展的新趨勢》，廈門大學歷史系碩士論文，1985年。

徐曉望，〈鄭芝龍家族與明代澳門的閩商〉，澳門，《澳門研究》2008年第8期。

徐曉望，〈論明代福建商人的海洋開拓〉，《福建師範大學學報》2009年第1期。

徐曉望，〈論荷據時期臺灣市鎮的性質〉，王碧秀主編，《五緣文化與兩岸關係》，同濟大學出版社2010年。收入《臺灣早期史考證》，福州，海風出版社2014年。

徐曉望，〈梁嘉彬「流求論」的成功與失誤〉，2010年福建省五緣文化研究會參會論文。收入《臺灣早期史考證》，福州，海風出版社2014年。

徐曉望，〈「中國資本主義萌芽論」的合理內核與中國近代化問題〉，廣東，《學術研究》2003年1期。

徐曉望、陳支平，〈論傅衣凌先生與《中國資本主義萌芽》的研究〉，《明史研究論叢》，黃山書社2004年7月。

羅得里格斯，〈臺灣的中國人、荷蘭人和西班牙人（1624—1684）〉，澳門，《文化雜誌》，2007年秋季刊。

徐曉望，〈臺灣光復與釣魚島列嶼的法理回歸〉，《東南學術》2011年，第2期。收入《臺灣早期史考證》，福州，海風出版社2014年。

〔法〕蘇爾夢，〈從梵鐘銘文看中國與東南亞的貿易往來〉，廣東省社會
　　科學院、廣東海洋史研究中心編，《海洋史研究》第三輯，社會科學
　　文獻出版社 2012 年。

〔日〕中島樂章，〈日本朱印船時代的廣州、澳門貿易〉，郭陽譯，鄭德華、
　　李慶新編，《海洋史研究》第三輯，社會科學文獻出版社 2012 年。

徐曉望，〈論明清之際臺灣海洋經濟的形成〉，福州，《學術評論》2012
　　年第 2 期。

徐曉望，〈論鄭成功復臺之際臺灣的法律地位〉，《福建論壇》2012 年第
　　10 期。

徐曉望、徐思遠，〈論明清閩粵海洋文化與臺灣海洋經濟的形成〉，《福
　　州大學學報》2013 年第 1 期。

李金明，〈明代後期私人海外貿易的發展與華僑出國高潮的形成〉，《華
　　僑史研究論文集》第一集，華僑大學華僑研究所，1986 年。

李金明，〈16 世紀後期至 17 世紀初期中國與馬尼拉的海上貿易〉，廈門，
　　《南洋問題研究》1989 年第 1 期。

曾少聰，〈明清海洋移民菲律賓的變遷〉，《中國社會經濟史研究》1997
　　年第 2 期。

劉序楓，〈清代前期的福建商人與長崎貿易〉，《九州大學東洋史論文集》，
　　第 16 期，1988 年 1 月。

劉序楓，〈明末清初的中日貿易與日本華僑社會〉，臺北，《人文及社會
　　科學集刊》第十一卷第三期（1999 年 9 月）。

張彬村，〈十七世紀末荷蘭東印度公司為甚麼不再派船到中國來？〉，劉
　　序楓主編，《中國海洋發展史論文集》第九輯，臺北，中研院人文社
　　會科學研究中心 2005 年。

張彬村，〈美洲白銀與婦女貞節，1603 年馬尼拉大屠殺的前因與後果〉，
　　朱德蘭主編，《中國海洋發展史論文集》第八輯，臺北，中研院人文
　　社科所，2002 年。

〔日〕森村健一，〈菲律賓聖達戈號沉船中的瓷器〉，曹建南譯，《福建
　　文博》1997 年第 2 期。

〔日〕金澤陽，〈埃及出土的漳州窯瓷器——兼論漳州窯瓷器在西亞的傳
　　播〉《福建文博》1999 年增刊，總第 35 期。

范金民，〈明清時期江南與福建廣東的經濟聯繫〉，《福建師範大學學報》
　　2004 年 1 期。

陳春聲，〈從倭亂到遷海——明末清初潮州地方動亂與鄉村社會變遷〉，
　　《明清論叢》第 2 輯，北京，紫禁城出版社 2000 年。

陳春聲，〈明清之際潮州的海盜與私人海上貿易〉，《文史知識》1997 年
　　第 9 期。

〔葡〕魯伊・羅里多（Rui D Ávila Lourido），〈葡萄牙人與絲綢之路：
　　明朝末年的澳門與馬尼拉〉，《文化雜誌》2002 年秋季刊。

〔澳〕布里安・莫洛尼（Brian Moloughney）、夏維中，〈白銀與明朝的
　　滅亡再研究〉，澳大利亞大學編，《遠東歷史論集》，坎培拉，澳大
　　利亞大學 1989 年，第 51—78 頁。

倪來恩、夏維中，〈外國白銀與明帝國的崩潰〉，《中國社會經濟史研究》
　　1990 年第 3 期。

石奕龍，〈澳門媽祖信仰形成問題的辨識〉，《文化雜誌》中文版第 49 期，
　　澳門特別行政區政府文化局 2003 年。

廣東文物考古研究所、國家文物水下文化遺產保護中心、廣東省博物館，
　　〈廣東汕頭市南澳 I 號明代沉船〉，《考古》2011 年第 7 期。

岸本美緒，〈中國與十七世紀危機〉，董建中主編，《清史譯叢》第十一輯，
　　商務印書館 2013 年。

〔德〕普塔克，〈亞洲海峽歷史導言〉，《亞洲海峽的地理、功能和類型》，
　　廣東省社會科學院、廣東海洋史研究中心主辦，李慶新主編，《海洋
　　史研究》第二輯，北京，社會科學文獻出版社 2011 年。

S. 耶亞思納・斯蒂芬，〈近世印度南部海上貿易中的工亞、東南亞與葡萄
　　牙人之角色〉，周鑫譯，廣東社會科學院海洋史研究中心主辦、李慶
　　新編，《海洋史研究》第二輯，北京，社會科學文獻出版社 2011 年，
　　第 89—108 頁。

陳宗仁，〈北港與「Pacan」地名考釋：兼論十六世紀、十七世紀之際臺灣
　　西南海域貿易情勢的變遷〉，《漢學研究》第二十一卷第二期，總第
　　43 號，臺北，2003 年。

羅得里格斯，〈臺灣的中國人、荷蘭人和西班牙人（1624—1684）〉，澳門，
　　《文化雜誌》，2007 年秋季刊。

孫靖國，〈明代海防地圖——全海圖注〉，北京，《地圖》，2013 年第 2 期。

李細珠，〈中國大陸學界關於康熙統一臺灣研究述評〉，採自微信：「海
　　洋史研究之友」，2020 年 10 月 27 日晚上 23 點 34 分。

## 三、資料彙編

吳晗輯，《朝鮮李朝實錄中的中國史料》，北京，中華書局 1980 年。

莊為璣、王連茂，《閩臺關係族譜資料選編》，福建人民出版社 1984 年。

余定邦、黃重言編，《中國古籍中有關新加坡馬來西亞資料彙編》，北京，中華書局 2002 年。

黃重言、余定邦編，《中國古籍中有關泰國資料彙編》，北京大學出版社 2016 年。

〔荷〕包樂史（Lenoard.Blussé），《巴達維亞華人與中荷貿易》，莊國土、吳龍、張曉寧譯，廣西人民出版社 1997 年。

包樂史、吳鳳斌，《18 世紀末吧達維亞唐人社會》，廈門大學出版社 2002 年。

〔澳大利亞〕安東尼・瑞德（Anthony Reid），《東南亞的貿易時代：1450—1680 年》第一卷，《季風吹拂下的土地》（原版，耶魯大學出版社 1988 年），吳小安、孫來臣、李塔娜譯，北京，商務印書館 2013 年。

〔澳大利亞〕安東尼・瑞德（Anthony Reid），《東南亞的貿易時代：1450—1680 年》第二卷，《擴張與危機》（原版，耶魯大學出版社 1993 年），孫來臣、李塔娜、吳小安譯，北京，商務印書館 2013 年。

周鑫，《東南亞的貿易時代，1450—1680 年》評價，廣東省社會科學院、廣東海洋史研究中心編，《海洋史研究》第二輯，2011 年 8 月版。

國立中研院歷史語言研究所，《明清史料甲編》等，上海，商務印書館 1951 年。

郭輝譯，《巴達維亞城日記》，中文版，臺灣省文獻委員會 1970 年印行。

梁方仲，《中國歷代戶口、田地、田賦統計》，上海人民出版社 1980 年。

姚楠譯，〔荷〕威伊邦特庫著，《東印度航海記》，北京，中華書局 1982 年。

廈門大學鄭成功歷史調查研究組編，《鄭成功收復臺灣史料選編》，福建人民出版社 1982 年。

福建師大鄭成功史料編輯組，《鄭成功史料選編》，福建教育出版社 1982 年。

廈門大學臺灣研究所、中國第一歷史檔案館編輯部，《康熙統一臺灣檔案史料選輯》，福建人民出版社 1983 年。

廈門大學臺灣研究所編，《鄭成功滿文檔案史料選譯》，福建人民出版社

1987 年。

費爾南・門德斯・平托，《葡萄牙人在華見聞錄》，澳門文化司署、東方葡萄牙學會、海南出版社、三環出版社，王鎖英譯本，1998 年。

〔西〕伯來拉、克路士等著，《南明行紀》，何高濟等譯，北京，中國工人出版社 2000 年。

余定邦、黃重言等編，《中國古籍中有關新加坡、馬來西亞資料彙編》，北京，中華書局 2002 年。

平托著、金國平譯，《遠遊記》，澳門基金會等，1999 年。

江樹生譯註，《熱蘭遮城日誌》，台南市文獻委員會 2000 年。

中國測繪研究院編纂，《中華古地圖珍品選集》，哈爾濱地圖出版社 1998 年。

〔美〕薩拉・羅斯（Sarah Rose），《茶葉大盜：改變世界的中國茶》，孟馳譯，社會科學文獻出版社 2015 年。

〔瑞士〕艾利・利邦（Élie Ripon），《利邦上尉東印度航海歷險記——一個傭兵的日記 1617—1627 年》，伊弗・紀侯編注，賴慧芸譯，包樂史、鄭維中、蔡香玉等校注，臺北市，遠流，曹永和文教基金會 2012 年。

徐曉望，《福建民間信仰源流》，福建教育出版社 1993 年。

徐曉望、陳衍德，《澳門媽祖文化研究》，澳門基金會 1998 年。

林仁川、徐曉望，《明末清初中西文化衝突》，上海華東師大出版社 1999 年。

徐曉望，《福建通史・明清卷》，福州，福建人民出版社 2006 年。

徐曉望，《早期臺灣海峽史研究》，福州，海風出版社 2006 年。

徐曉望，《媽祖信仰史研究》，福州，海風出版社 2007 年。

徐曉望，《福建民間信仰論集》，北京，光明出版社 2011 年。

徐曉望，《閩商研究》，北京，中國文史出版社 2014 年。

徐曉望，《明清東南海洋經濟史研究》，北京，中國文史出版社 2014 年。

徐曉望，《明清東南山區社會經濟轉型——以閩浙贛邊為中心》，北京，中國文史出版社 2014 年。

徐曉望，《早期臺灣史考證》，福州，海風出版社 2014 年。

徐曉望，《商海泛舟——閩臺商緣》，北京，社會科學文獻出版社 2015 年。

徐曉望等，《閩臺商業史新探》，經濟日報出版社 2015 年。

徐曉望，《中國福建海上絲綢之路發展史》，北京，九州出版社 2017 年。

徐曉望，《大航海時代的臺灣海峽與周邊世界》第二卷：《東亞的樞紐──晚明環臺灣海峽區域與周邊世界》，北京，九州出版社 2019 年。

徐曉望，〈論姚啟聖為統一臺灣所作的歷史貢獻〉，《理論學習月刊》1988 年第 5 期。

徐曉望，〈從閩都別記看福建古代商人的活動〉，《福建論壇》1989 年第 4 期。

徐曉望，〈沈有容與大埔石刻〉，李乾朗主編，《馬祖大埔石刻研究》，參寫 40000 字，馬祖島連江縣 1996 年印。

徐曉望，〈清廷統一臺灣的決策內幕〉，北京，《統一論壇》1996 年第 6 期。

徐曉望，〈明代抗倭名將沈有容傳〉，《福建史志》1996 年第 3 期。

徐曉望，〈論施琅與姚啟聖〉，施偉青等，《施琅研究》，廈門大學出版社 2000 年。

徐曉望，〈明代福建的銀礦業〉，《福建史志》2001 年，第 5 期。

徐曉望，〈論隆武帝的戰略問題〉，《中國史研究》2002 年 2 期。

徐曉望，〈論隆武帝與鄭氏家族的權力之爭〉，《福建師範大學學報》2002 第 1 期。

徐曉望，〈論隆武帝與鄭芝龍〉，《福建論壇》人文版 2002 年 3 期。

徐曉望，〈論明末清初漳州區域市場的發展〉，《中國社會經濟史研究》2002 年 4 期（人大複印資料《中國近代史》2003 年第 6 期轉載）。

徐曉望，〈晚明在臺灣活動的閩粵海盜〉，北京，《臺灣研究》2003 年第 3 期。收入《臺灣早期史考證》，福州，海風出版社 2014 年。

徐曉望，〈論 17 世紀荷蘭殖民者與福建商人──關於臺灣海峽控制權的爭奪〉，《福建論壇》人文社會科學版 2003 年第 3 期。收入《臺灣早期史考證》，福州，海風出版社 2014 年。

徐曉望，〈論隆武時期的閩軍〉，《第九屆明史國際學術討論會》，廈門大學出版社 2003 年。

徐曉望，〈明代福建絲織業考略〉，《福建史志》2004 年第 1 期。

徐曉望，〈曹學佺「石倉全集」與晚明臺灣、澎湖的開發〉，廈門大學臺灣研究中心、廈門大學臺灣研究院，《海峽兩岸臺灣史學術會論文集》，2004 年。

徐曉望，〈論施琅與清朝的關係〉，《施琅研究》，香港人民出版社 2005 年。

徐曉望，〈晚明臺灣北港的事變與福建官府〉，臺北，臺灣各姓淵源研究學會編，《臺灣源流》，2005 年冬季刊，第 33 卷。

徐曉望，〈福建省統轄臺灣之始〉，本篇為作者參加 2005 年學術會議的文章，後發表於福建省炎黃文化研究會等編，《臺灣建省與抗日戰爭研究——紀念抗日勝利 60 周年暨臺灣建省 120 周年學術研討會論文集》，廈門，鷺江出版社 2008 年。收入《臺灣早期史考證》，福州，海風出版社 2014 年。

徐曉望，〈鄭芝龍之前開拓臺灣的海盜袁進與李忠——兼論鄭成功與荷蘭人關於臺灣主權之爭〉，福建漳州，《閩臺文化交流》2006 年 1 月。

徐曉望，〈晚明海盜袁進、李忠及福建省統轄臺灣之始〉，氏著《早期臺灣史考證》，福州，海風出版社 2014 年，第 200—229 頁。

徐曉望，〈論明代北港的崛起〉，《臺灣研究》2006 年 2 期。收入《臺灣早期史考證》，福州，海風出版社 2014 年。

徐曉望，〈晚明福建財政與福建疆吏對臺灣問題的處理〉，《法國漢學》第十二輯，《邊臣與疆吏》，中華書局 2007 年。徐曉望，《早期臺灣史考證》，福州，海風出版社 2014 年。

徐曉望，〈清軍入閩與鄭芝龍降清事考〉，《福建論壇》2007 年 7 期，人大複印資料明清史 2007 年 11 期轉載。

徐曉望，〈鄭芝龍家族與明代澳門的閩商〉，澳門，《澳門研究》2008 年 8 期；徐曉望，《閩商研究》，北京，中國文史出版社 2014 年。

徐曉望，〈關於廈門港崛起的一些認識〉，《福建經濟史考證》，澳門出版社 2009 年。

徐曉望，〈明末西班牙人占據臺灣雞籠、淡水時期與大陸的貿易〉，《臺灣研究集刊》2010 年第 2 期。徐曉望，《早期臺灣史考證》，福州，海風出版社 2014 年。

徐曉望，〈晚明日本市場的開拓和限制〉，《中共福建省委黨校學報》2010 年 6 期。

徐曉望，〈歷史學——人類社會發展的資鑒之學〉，陳必滔主編，《社會科學概覽》，福建人民出版社 2010 年。

徐曉望，《早期臺灣史考證》，福州，海風出版社 2014 年。

徐曉望，〈明代葡萄牙人在漳州的貿易及東亞歷史的拐點〉，《澳門研究》2012 年第 3 期。

徐曉望，〈論鄭成功復臺之際臺灣的法律地位〉，福建論壇 2012 年第 10 期；

　　《人大複印資料 • 明清史》2013 年第 2 期。

徐曉望，〈論明清時期福建瓷器生產大勢〉，《澳門研究》2013 年第五期。

徐曉望，〈明代的東海漁業〉，《福建論壇》2018 年第 5 期。

徐曉望，〈論絲綢之路與科技的創造、傳播〉，《中共福建省委黨校學報》
　　2018 年 10 期。

國家圖書館出版品預行編目資料

明清福建臺灣史第四卷：南明福建臺灣史 / 徐曉望著. -- 初版. -- 臺北市：蘭
臺出版社, 2024.03
　　冊；　公分. -- (臺灣史研究叢書；21)
ISBN 978-626-97527-4-4(全套：精裝)

1.CST: 歷史 2.CST: 臺灣史 3.CST: 明代 4.CST: 清代 5.CST: 福建省

673.12　　　　　　　　　　　　　　　　　　　　　　112020852

臺灣史研究叢書21

# 明清福建臺灣史第四卷：南明福建臺灣史

作　　者：徐曉望
總　　編：張加君
主　　編：沈彥伶
編　　輯：沈彥伶　凌玉琳
美　　編：凌玉琳
校　　對：張建民　楊容容　古佳雯
封面設計：陳勁宏
出　　版：蘭臺出版社
地　　址：臺北市中正區重慶南路1段121號8樓之14
電　　話：(02)2331-1675或(02)2331-1691
傳　　真：(02)2382-6225
E－MAIL：books5w@gmail.com或books5w@yahoo.com.tw
網路書店：http://5w.com.tw/
　　　　　　https://www.pcstore.com.tw/yesbooks/
　　　　　　https://shopee.tw/books5w
　　　　　　博客來網路書店、博客思網路書店
　　　　　　三民書局、金石堂書店
經　　銷：聯合發行股份有限公司
電　　話：(02) 2917-8022　　傳真：(02) 2915-7212
劃撥戶名：蘭臺出版社　　　　帳號：18995335
香港代理：香港聯合零售有限公司
電　　話：(852) 2150-2100　　傳真：(852) 2356-0735
出版日期：2024年03月 初版
定　　價：全套新臺幣12000元整（精裝，套書不零售）
ISBN：978-626-97527-4-4